제 2 판

유가증권법리와 어음 · 수표법

양 동 석 · 김 재 형 공저

법 영 사

제2판 머리말

양동석 교수님이 조선대학교 법과대학에서 34년간 봉직하시다가 금년 1월 31일자로 명예퇴임을 하시게 됨에 따라 교수님의 제자로서 이 교재의 공동저자로 이름을 올리게 되었다. 남다른 연구열과 교육열로 후학들에게 본이 되어 온 양동석 교수님께서 오랫동안 강의하면서 다듬어온 이 교재를 별다른 수고 없이 공동저자로 무임승차하게 되어 한편으로는 부끄러운 생각이 앞선다. 이제 나의 일천한 학식과 교육경험을 가지고 이 교재를 앞으로 수정하고 보완하면서 관리해야 한다는 생각을 하니 무거운 책임감이 느껴진다. 이 교재의 발간 취지가 초심자나 실무자가 부담 없이 유가증권의 기본개념을 이해하고 어음과 수표법을 활용하도록 돕는 데 있기 때문에 이 취지를 어떻게든 잘 살려나가는 것이 주요 과제라고 생각이 되고 이 번 개정판을 내는 데 이 부분에 초점을 맞추어 다소 보완을 하였다.

로스쿨이 도입된 이후 로스쿨이나 법과대학에서 유가증권법의 비중이 그렇게 높지 않은 것이 사실이다. 로스쿨에서는 변호사 시험에서의 비중이 그다지 높지 않아 다소 도외시되고 있는 경향이 있는 듯하고, 법과대학에서는 학생들이 주로 목표로 하는 시험의 과목에 포함이 되어 있지 않을 뿐만 아니라 다른 과목에 비해 상대적으로 어렵게 느껴지는 선입견이 작용하여 기피되고 있는 경향이 있다. 그런데다가 최근 인터넷뱅킹 등 전자금융망을 이용한 결제금액의 증가로 어음、수표 결제 규모가 종래에 비해 줄어들고 있다는 언론기사도 한 몫을 한 듯하다.

그러나 아직도 우리 생활에서 어음수표를 비롯한 유가증권의 활용도는 높은 편에 속한다. 대표적인 유가증권인 어음·수표는 오늘날 기업과 가계에서 화폐에 버금가는 지급수단으로 여전히 이용되고 있고, 앞으로도 경제가 발달하면 할수록 획기적인 대체수단이 개발되지 않는 한 어음수표는 우리 사회에서 중요한 기능을 담당할 수밖에 없다. 또 자본시장에서는 갈수록 다양한 증권들이 금융상품으로 새롭게 개발되어 판매되고 있다. 더 나아가 유가증권의 법리는 그 자체의 법원리에 그치지 않고 다른 권리의 체계와도 밀접하게 연관되어 있어 전체적인 법학체계를 세우는 데 있어서도 중요한 역할을 수행한다.

이 개정판을 내는데 박승남 박사가 교정도 보고 출판사와 가교역할을 하면서 여러 모로 애를 써서 각별히 고마운 생각이 든다. 아울러 이 개정판을 출판하는데 수고해주신 법영사 관계자들께도 지면을 통해서 감사를 드린다.

2014년 2월

공동저자 김 재 형 씀

개정판 머 리 말

최근 유가증권과 어음·수표의 환경에는 많은 변화가 일어나고 있다. 법률의 개정이나 판례의 발전뿐만 아니라 실무계에서 사용, 대학에서 교육 등에도 적지 않은 변화가 일어나고 있는 실정이다. 따라서 이 책도 이미 개정판을 내어 변화에 부응해야 할 상황이었지만 매우 부끄럽게도 자신의 불민함과 해외연구 등의 사유로 차일피일 하다가 오늘에 이르고야 말았다.

개정판을 출판하면서 종래 출판을 담당했던 진원사와 타협하였으나 출판사의 사정도 있고 해서 갑자기 법영사에서 출판하기로 결정하였다. 책은 세간에 나오고 나면 독자가 생기고 독자의 평이 당연히 따르게 되므로 저자로서는 사실 부담스럽기도 하지만, 큰 출판사의 명성과 함께 멋지게 만들고 싶은 욕심도 있게 된다. 그러나 저자의 개인적인 능력에도 한계가 있고 독자층 대부분이 학생들이므로 신학기에 교재구입을 위한 조건도 고려하지 않을 수 없는 것이 과목을 담당하는 저자의 마음이다.

개정판에서는 그동안 개정된 법률과 늘어난 판례를 수록하고, 설명이 미흡하여 독자들이 이해하기 어려운 부분의 설명을 보충하는 형태로써 구성하였다. 내용면에서는 상당한 정도의 증보가 있었으나 부록부분과 참고문헌의 글자 크기를 줄여서 책의 전체적 부피는 초판과 차이가 별로 없도록 하였다. 초심자나 실무자로서 이 책을 읽게 되는 독자는 부담 없이 유가증권의 기본개념을 이해하고 어음과 수표법을 활용하는데 큰 도움을 받게 될 것이라고 확신한다.

개정판을 내면서 오탈자를 수정하고 참고문헌을 정리하며, 편집과 내용을 검토한 박승남 박사, 주수익 박사 그리고 연구실에서 크고 작은 일을 모두 맡아 처리해 주는 중국 유학생 김림호 군에게 고맙게 생각한다. 그리고 시간상으로 촉박함과 판매의 불확실함에도 불구하고 흔쾌히 출판을 맡아준 법영사 사장님께도 감사드린다.

마지막으로 2010년 6월 4일 비운에 간 아내 慈敬堂 김용자 영전에 사랑하는 마음과 함께 이 책을 올리며, 그동안 나를 보살펴 주고 염려해준 친지 친구 모든 분들께도 감사드린다. 이 자리를 통해 아내를 잃은 슬픔을 털어내고 새로운 희망과 비전으로 학문에 매진하여 선후배 제현의 기대에 부응할 것을 약속드리고자 한다.

2010년 2월

저자 양 동 석 드림

머 리 말

20년이 넘도록 대학에서 어음법, 수표법 강의를 하면서 교재를 집필해 보겠다는 생각을 항상 해 왔지만 개인적으로 여의치 못하고 선배 교수님들의 역작이 너무 훌륭하여 감히 엄두를 내지 못하였으나, 몇 년 전에 고시연구사의 도움으로 간단한 어음·수표법을 출판할 수 있는 기회를 갖게 되었고, 이번에 이를 수정·가필하여 본 책을 출판할 수 있게 되었다. 그 동안 어음법과 수표법의 개정이 빈번하지 않았기 때문에 체제나 형식은 종래의 것과 대동소이하게 편집하였지만 그 내용은 많은 부분을 삽입하고 보충하였으며, 판례를 보완하여 유가증권 이론과 어음·수표법의 이해에 도움을 주고자 노력하였다. 법과대학 학생 및 로스쿨 학생을 위한 교재로서 적합할 것으로 생각하며, 유용한 길잡이가 될 수 있기를 기대해 본다.

학생들은 유가증권이나 어음 수표에 관한 지식이나 경험이 전혀 없기 때문에 매우 어렵게 생각하는 것이 일반적이고, 이들을 실제로 사용하고 있는 일반인들은 체계적으로 법이나 이론을 공부한 것이 아니어서 이유도 잘 이해하지 못하는 가운데 습관적으로 어음이나 수표를 사용하고 있는 것이 상례이다. 사회의 신용을 바탕으로 유통성을 조장해야 하기 때문에 기술적 측면이 강한 유가증권과 어음·수표에 관한 강의는 교수의 입장에서 보통 머리 무거운 일이 아니며, 더구나 교재를 출판하는 일은 매우 두렵고 힘든 일이 아닐 수 없다. 솔직하게 고백하자면 선배제현의 잘 다듬어진 훌륭한 저서들과 축적된 판례가 없었다면 이 졸작은 빛을 보지 못했을 것이다.

이 책은 일반적인 대학교재와 같이 구성을 하여 제1편에서는 유가증권의 일반이론에 관하여 기술하고, 제2편 이하에서는 어음·수표법의 통칙, 환어음, 약속어음, 수표에 관하여 기술하였다. 그리고 부록에서는 어음법, 수표법, 국제 환어음에 관한 UN협약, 당좌계정 거래약관을 삽입하여 이해의 편의를 도모하였다. 또한 본문 중에 필요에 따라서는 학설과 외국의 입법례를 상세히 소개하였으며, 판례를 보충하여 이론과 실무의 이·동점을 설명하여 독자에게 응용능력을 배양할 수 있게 하였다.

어음이나 수표의 폐해를 크게 생각하거나 이들을 대체하는 새로운 제도의 출현을 보고 어음과 수표를 폐지될 제도로 성급하게 생각하는 견해도 있지만, 현금과 수표, 신용카드 등이 현대사회에서 혼용되고 있는 모습과 같이 이들도 새롭게 출현하는 제도들과 함께 지속적으로 사용될 것으로 생각된다. 어떤 새로운 제도가 나온다고 하더라도 이 법리를 근본으로 할 것이며, 지금도 기업거래와 결제에 있어서 어음과 수표는 필수불가결한 수단이 되고 있음을 부인할 수 없다. 따라서 제도의 문제점을 끊임없이 보완하며 법리를 발전시켜 나가야 할 것이고 신용사회의 구현을 위하여 노력하여야 할 것이다.

이 책을 다시 출판할 수 있도록 도와주신 많은 분들을 일일이 모두 거론할 수 없지만 이 지면을 통하여 감사의 말씀을 올리고자 한다. 특히 출판사 관계자와 원고를 정리하고 편집하는 일을 맡아준 박사과정 박승남양, 참고문헌을 정리한 이영주 박사와 전영주 박사, 교정을 맡아준 박사과정 정화정군과 주수익군에게 고마운 마음을 전한다.

끝으로 이 책을 읽는 독자들에게 신의 가호가 있기를 빌며, 이 책을 통하여 유가증권의 법리와 어음법, 수표법의 이론 및 실무를 완성할 수 있기를 기원한다. 그리고 저자는 앞으로 더욱 노력하여 이 책이 훌륭한 안내서가 될 수 있도록 개정을 거듭할 것을 다짐한다.

2007년 8월

저자 조선대학교 양 동 석

參 考 文 獻

【國內書】

姜 渭 斗	어음·手票法	1996
金 正 皓	商法講義(下)	2005
徐 廷 甲	商法(上)	1984
徐 燉 珏·鄭 完 溶	商法講義(上)	1999
徐 燉 珏·鄭 完 溶	商法講義(下)	1996
徐 憲 濟	어음·手票法	2000
孫 珠 瓚	商法(下)	2005
梁 承 圭	어음法·手票法	1994
李 基 秀	어음法·手票法學	1998
李 範 燦·崔 埈 璿	商法槪論	1992
李 範 燦·崔 埈 璿	商法(下)	1999
李 哲 松	어음·手票法	2010
鄭 東 潤	어음·手票法	2004
鄭 熙 喆·鄭 燦 亨	商法原論(下)	1995
鄭 燦 亨	어음·手票法講義	2009
蔡 利 植	商法講義(下)	2003
崔 基 元	어음·手票法	2001
崔 埈 璿	어음·手票法	2007

【日本書】

高窪榮三	手形·小切手法通論	1986
納當義光	手形法·小切手論	1941

大隅建一郎·河本一郎	註釋手形法·小切手論	1977
服部榮三	手形法·小切手法	1974
石井照久	手形法·小切手法	1956
蓮井良憲 外	學說·判例 商法Ⅲ	1982
田邊光政	最新手形·小切手法	1994
前田 庸	手形法·小切手法入門	1983

【歐美書】

Baumbach/Hefermehl, Wechselgesez und Scheckgesetz, 19. Aufl., 1995

Brunner, Die Wertpapiere in Handbuch der Deustschen Handelsrecht, Bd.Ⅱ, 1881

Bülow, Kommentar zum Wechselgesez und Scheckgesetz, 1991

Caemmerer von Marschall, Internationale Rechtsperechung zum Genfer einheitlichen Wechsel und Scheckrecht, 1954, 2. Folge(1967), 3. Folge(1976)

Canaris, Großkommentar HGB Bd.Ⅲ Teil. 3(Bankvertagstrecht), 1981

Hueck/Canairs, Recht der Wertpapiere, 10. Aufl., 1986

Jacobi, Wechsel und Scheckrecht, 1955

Lotter, Das Englische Wechsel und Scheckrecht, 1979

Rehfeldt-Zöllner, Wertpapierrecht, 12. Aufl., 1978

Ulmer, Das Recht der Wertpapiere, 1938

Zimmermann, Kommenter der Schweizer Scheckrecht, 1964

Zöllner, Wertpapierrecht, 14. Aufl., 1987

차 례

제 1 편 有價證券 一般論

제 3 편 어음 各論

제4편 手 票

제 1 편

有價證券 一般論

제 1 장 有價證券의 意義

제 1 절 有價證券의 槪念과 學說

유가증권이라는 용어는 상법, 형법, 민사소송법 등 여러 법률에서 사용되는 것이지만, 통일적인 정의규정은 없으며, 학문적으로도 유가증권이라는 용어를 사용하고 있는 모든 법률에 있어서 각각의 입법목적이 다르기 때문에 통일적인 개념을 정립할 수 없다. 유가증권법에서 말하는 유가증권(Wertpapier, valuable instruments)이란 私權이 表彰되어 있는 증권으로서, 그 權利의 이전과 행사를 위하여 증권의 소지가 필요한 것이다. 이 개념은 19세기 발경에 부르니(Heinrich Brunner)가 제창[1]한 것으로서 오늘날 독일의 通說的 見解이고 우리나라의 유력설이다.[2]

유가증권은 증권에 권리를 화체시키는 것으로서 단순히 사실을 증명하거나 공권을 표창하는 증서와는 다르며, 私法上의 친족권·상속권을 제외한 財産權을 표창하는 증권이라는 점에서는 異論이 없다. 따라서 재산권을 표창하는 것이므로 채권, 물권, 사원권을 불문한다. 그리고 각종의 有價證券은 증권의 소지가 어느 정도로 요구되는가의 문제로서 그 권리와 증권의 결합 정도에 차이가 있다. 그러므로 권리의 발생·이전·행사와 관련하여 그 공통적인 특징을 어떻게 이해하느냐에 따라 견해가 갈라진다.

제1설은 유가증권이란 재산적 가치가 있는 私權을 표창하는 증권으로서 그 권리의 발생·행사·이전의 전부 또는 일부를 위하여 증권의 소지를 필요로 한다는 견해로서 우리나라의 다수설이다.[3] 권리의 발생, 이전, 행사의 전부에 증권의 소지를 요하는 가장 전형적인 것은 어음·수표가 있고(완전유가증권), 그 일부에 증권의 소지를 요하는 것으로는 화물상환증, 창고증권, 선하증권, 주권 등이 있다. 불

1) 양승규, p.36; 정동윤, p.43; Die Wertpapiere, in Endemanns Handbuch des deutschen Handels-, See-und Wechselrechts, Bd. Ⅱ, 1882, S.147.

2) 정동윤, p.43.

3) 손주찬, p.7; 정찬형, p.4.

완전유가증권 중에서는 화물상환증, 창고증권, 선하증권, 무기명주권 등은 권리의 이전과 행사에 증권을 소지할 것이 요구되며, 기명주권은 권리의 이전에만 소지가 요구되고 권리의 행사를 위해서는 소지가 요구되지 않으며, 기명채권 등의 경우에는 권리의 행사를 위해서만 증권의 소지를 요한다.

제2설은 유가증권이란 재산적 가치가 있는 사권을 나타낸 증권으로서 권리의 이전과 행사에 증권을 필요로 한다는 견해이다.[4] 이 견해는 대부분의 유가증권에 공통되는 점을 잘 파악하고 있으나 기명주권의 경우에는 권리의 이전에만 증권을 소지할 것이 요구되고 행사에는 소지가 요구되지 않는다. 따라서 기명주권의 유가증권성을 인정하는데 문제가 있다.

제3설은 유가증권은 재산적 가치가 있는 사법상의 권리를 표창하는 증권으로서 권리의 행사를 위하여 증권의 점유가 필요하다는 견해이다.[5] 독일의 통설이다. 권리의 행사에 증권을 소지해야 하기 때문에 부수적으로 권리의 이전에 증권의 소지를 요하게 된다. 이 견해는 기명증권도 유가증권에 포함되므로 그 범위가 넓어진다.

제4설은 유가증권이란 재산적 가치가 있는 사법상의 권리를 표창하는 증권으로서 권리의 이전을 위하여 증권이 필요하다는 견해이다.[6] 권리를 증권화 하는 목적은 그 유통성의 증진에 있기 때문에 권리의 이전에 증권의 소지를 요하는 것이라고 한다. 무기명증권, 지시증권을 유가증권으로 설명할 수 있으나, 기명채권·수표·화물상환증·창고증권 등 기명증권을 설명할 수 없게 된다.

제 2 절 學說의 批判

제1설은 유가증권의 개념을 선택적으로 정의하여 모든 유가증권을 포함한 공통된 개념을 제시할 수 있는 것 같지만 사실은 통일적인 이론적 근거가 애매하다. 왜냐하면 유가증권 중에는 증권발행 전에도 이미 증권상의 권리가 발생된 것은 있어도(株券, 운송증권, 창고증권 등), 권리의 발생만을 위하여 증권을 발행하는 경우는 없기 때문이다. 따라서 이 견해에 의하면 권리의 발생에만 증권의 소지를 요하고, 권리의 행사·이전에는 소지를 요하지 않는 유가증권이 있는 것 같은 오해가 있을 수 있다.[7]

---

4) 강위두, pp.6-7; 양승규, pp.37-38; 이범찬, p.249; 강위두, p.515.

5) 정희철·정찬형, p.7; 정동윤, p.47; 이범찬·최준선, p.47; 이기수, pp.21-23.

6) 최기원, p.16; 서돈각·정완용, p.166.

제2설은 어음·수표뿐만 아니라 화물상환증·선하증권·창고증권·무기명주권 등 대부분의 유가증권의 개념을 설명할 수 있다. 그러나 기명주권의 발행을 원칙으로(상§357) 하는 우리 상법에 있어서 주권이 유가증권의 개념에 포함될 수 없다는 비판이 있게 된다.[8] 왜냐하면 기명주권은 권리의 행사를 위하여 주권을 제시해야 할 필요가 없기 때문이다. 그러나 주식회사에서 기명주권을 발행한 경우 주주명부를 근거로 권리행사를 하도록 하는 것은 주주의 편의를 위하여 인정된 제도라고 할 수 있으며, 명의개서를 위하여는 반드시 주권을 제시하여야 하기 때문에 기명주권이라고 할지라도 제2설의 개념에 포함된다고 본다.[9]

제3설은 권리의 행사만을 유가증권의 공통된 특징으로 들고 있다. 왜냐하면 기명증권(지시금지어음 등)은 증권 없이도 권리를 이전할 수 있기 때문이다. 그러나 기명주권이 제외되고, 양수인이 그 권리를 행사하기 위해서 증권의 점유가 필요하다면 권리양도시에 증권도 함께 양도해야 하는 점을 간과했다고 볼 수 있다.[10]

제4설은 기명주권의 경우에 권리의 행사를 위해서는 반드시 증권을 점유하지 않아도 되므로 권리의 이전에만 증권의 점유를 필요로 한다는 견해이다.[11] 즉 권리의 증권화 목적이 그 유통성에 있으므로 모든 유가증권에 공통되는 요소는 권리의 이전에 증권을 소지하는 것이라고 본다. 그러나 증권에 권리를 결합시키는 것은 증권상의 채무자가 그 증권의 제시 없이는 채무를 이행하지 않겠다는 의도라고 할 수 있으므로 권리의 행사에 증권을 필요로 하지 않는 유가증권은 인정하기 어려울 것이다.

이상의 각 견해에 의하면 어느 것도 모든 유가증권을 통일적으로 설명하고 있지 못하지만 모든 유가증권에 공통되는 소지의 정도로써 개념을 정의하면 유가증권이란 재산적 가치가 있는 私法上의 권리가 유형의 증권과 결합하여 그 권리의 행사와 이전에 증권을 필요로 하는 것이라고 개념을 정의할 수 있을 것이다.[12]

《有價證券》

유가증권이라는 용어는 독일어인 Wertpapier를 번역한 것으로서 증권에 표창된

---

7) 정희철·정찬형, p.7; 정동윤, p.45; 최기원, p.14.

8) 최기원, p.15.

9) 이범찬·최준선, p.47; 정동윤, p.47; 양승규, pp.37-38; 강위두, p.7; 스위스채무법 §965는 이 설에 따라 유가증권의 개념을 정함.

10) 양승규, p.38; 최기원, p.16.

11) 최기원, p.16.

12) 스위스 채무법 제965조와 같은 내용이 된다.

권리에 중점을 둔 용어이다. 독일의 Heinrich Bruner는 「私權을 표창하는 증권으로서 그의 행사 또는 이전에 증권의 소지를 요하는 것」을 유가증권이라고 정의하였으며, 그 후 일본과 우리나라에 큰 영향을 미쳤다. 이에 비하여 영미법에서 유가증권이라는 개념은 증권의 유통성에 중점을 둔 negotiable instrument라는 용어가 사용되고 있다. 증권상의 권리가 배서 또는 교부에 의하여 양도되는 증권을 transferable instrument라고 하고, 이중에서 선의취득자에게 항변권이 절단되어 양도되는 증권을 negotiable instrument라고 한다. 이에 반하여 양도를 증명하는 서류를 작성하여 채무자에게 통지함으로써 양도의 효력이 발생하는 증권을 assignable instrument라고 한다.

특히 미국은 통일상법전(U.C.C.)에서 유통증권을 체계화하고 있다. U.C.C. 제3장에서는 negotiable instrument에 속하는 약속어음(note), 환어음(draft), 수표(check), 예금증서(certificate of deposit, C.D.)에 관하여 규정하고 있다. 그리고 제7장에서는 권원증권(document of title)으로서 창고증권(warehouse receipt), 선하증권(bill of lading)에 관하여, 제8장에서는 투자증권(investment securities)으로서 certificated security(증명증권)와 uncertificated security(비증명증권)의 주식(share), 사채(bonds) 등을 규정하고 있다.

제 3 절 有價證券과 區別되는 證券

전술한 유가증권의 개념에 비추어 볼 때 유가증권과 비슷하면서도 유가증권이라고 할 수 없는 유사한 증권들과 구별된다.

1. 證據證券

증거증권(Beweisurkunde)은 실질적인 私法上의 法律關係의 존부 또는 그 내용을 증명하는 證書로서 借用證·領收證·매매계약서·운송장·기명승선표 등이 이에 해당한다. 따라서 이러한 증서에는 실질적인 권리가 化體된 것이 아니며, 권리자는 증권을 소지하고 있지 않더라도 다른 방법으로 이를 증명하고 권리를 행사할 수 있다. 증거증권은 증거법적 기능을 하는 것에 불과한 것이다. 다만 유가증권은 일정한 법률관계를 나타내고 있는 점에서 모두 증거증권으로서의 기능을 하지만, 모든 증거증권이 유가증권인 것은 아니다.

2. 免責證券(資格證券)

(1) 意 義

면책증권이란 증권의 소지인이 권리자의 자격을 갖는 것으로 인정되는 증권으로서 채무자가 惡意 또는 중대한 과실 없이 증권의 소지인에게 채무를 이행하면 그 소지인이 정당한 권리자가 아닌 경우에도 채무를 면하게 되는 증권을 말한다. 이러한 면책증권은 같은 종류의 채권자가 다수이고 그 권리의 행사가 대량적으로 이루어지기 때문에 채무자가 채권자를 식별하기 곤란한 경우에 채무자의 선의의 변제를 보호하고 의무를 경감시키기 위하여 이용되는 증권이다. 면책증권은 증권의 소지인에게 채무자가 채무를 이행하면 면책이 될 뿐만 아니라 증권소지인도 일응 권리를 행사할 수 있는 자격자라고 할 수 있기 때문에 이를 자격증권이라고도 한다.

(2) 有價證券과의 區別

유가증권에는 資格授與的 效力이 인정되기 때문에 증권의 소지인에게 形式的資格이 인정되면 진정한 권리자로 추정되지만, 免責證券은 채무이행의 편의를 위한 것이므로 資格授與的 效力은 인정되지 않는다. 따라서 면책증권의 소지인은 증권의 소지로써 권리자임을 보다 쉽게 증명할 수 있지만 채무자는 증권소지인에게 권리의 입증을 요구할 수 있으며, 반면에 권리자는 증권이 없더라도 권리자임을 증명하고 권리를 행사할 수 있다.

또한 유가증권은 권리와 증권의 합치로서 양도를 전제로 하는 증권이지만 면책증권은 양도를 전제로 하는 것이 아니다. 따라서 면책증권에는 유가증권 일반에 인정되는 유통성을 촉진하기 위한 효력은 인정되지 않는다.[13)]

【대법원 1970.10.23. 선고 70다1985 판결 : 면책증권】

피고회사가 갑회사에 대하여 경유를 출사하라는 출사지시서는 일종의 면책증권이므로 실질관계인 매매계약에 의하여 영향을 받는 유인증권이라 할 것이어서 위 지시서의 양수인은 증권을 양도받았다는 사실만으로는 그 물건의 인도청구권을 취득할 수 없으며 또 지령서의 양도는 그 표시물건의 양도와 같은 효력이 없다.

---

13) 대법원 1970.10.23. 선고 70다1985 판결.

그러나 유가증권에는 면책적 효력이 인정된다. 기명식 화물상환증이나 기명식 선하증권 등은 유가증권이지만 면책증권은 아니고, 예금통장 등은 면책증권이지만 유가증권은 아니다.

(3) 種 類

자격증권으로서의 면책증권에는 신발표, 철도 수하물 상환증, 휴대품보관증, 예금통장 등이 있다. 그러나 양도성예금증서는 만기까지 양도가 자유롭고, 만기에 그 예금증서와 상환으로써 원리금을 청구할 수 있는 것이므로 유가증권의 일종이다.

3. 金額券(金券)

이것은 사법상의 재산권을 표창하는 증권이 아니라 법률로써 특정한 목적을 위하여 금전에 갈음하는 효력이 인정된 것이다. 은행권(지폐), 우표, 수입인지 등이 대표적인 것이다. 이 같은 증표에는 어떤 가치가 부여된 것이고 권리가 표창된 것이 아니며, 따라서 이러한 금액권을 상실한 경우에는 공시최고절차와 除權判決節次에 의한 권리의 회복이 인정되지 않고, 동산과 같이 취급되어 증권자체의 멸실은 가치의 소멸을 의미한다.

제 2 장 有價證券의 屬性

유가증권은 무형의 권리를 이전하고 행사하기 쉽게 하기 위하여 증권에 화체시킨 것으로서, 증권에 화체된 권리는 유가증권을 통하여 거래가 간편·확실해지고 그 유통성이 증대된다. 대부분의 유가증권에 인정되는 속성은 다음과 같다.

1. 要式證券性

유가증권은 法律이 정한 방식과 조건에 따라 작성되어야 그 효력을 발생하게 되는 것을 要式證券性이라고 한다. 어음이나 수표뿐만 아니라 株券·화물상환증·창고증권·선하증권 등이 모두 요식증권성을 갖지만 특히 어음·수표는 法定記載事項이 흠결되면 법이 그의 구제를 규정한 경우를 제외하고는 증권자체를 무효로 하는 엄격한 요식증권(절대적 요식증권)이다. 그러나 화물상환증·창고증권·선하증권·주권 등의 경우에는 법정사항이 기재되지 않아도 그것이 본질적인 것이 아닌 한 증권을 무효로 하지 않는 완화된(상대적) 요식증권이다.[14)]

2. 文言證券性

문언증권성이란 증권의 권리자(취득자)는 증권에 기재된 바에 의하여 권리를 취득하고 증권상의 의무자는 증권상의 문언으로부터 알 수 없는 사항으로써 취득자에 대하여 대항할 수 없는 속성을 말한다. 즉 증권상의 권리·의무의 내용이 증권의 문언에 따라 정하여지는 것으로서 이로 인하여 증권의 유통성이 크게 증대된다. 대부분의 유가증권은 이 성질에 의하지만, 주권 및 기명증권은 이러한 성질이 없다. 증권의 선의취득자는 증권에 기재된 문언에 따라 증권상의 권리를 선의취득하고 증권에 없는 실질관계에 의하여 채무자로부터 항변을 받지 않는다.

---

14) 정찬형, p.40; 서돈각·정완용, p.233; 채이식, p.11.

3. 指示證券性(양도를 위하여 인정되는 성질)

유가증권상의 권리는 보통 유가증권에 고유한 방법인 背書에 의하여 양도할 수 있는 속성을 말한다. 특히 법률상 당연한 지시증권이란 증권상의 지시에 의하여 권리자를 지정할 수 있다는 문언이 없더라도 법률상 당연히 증권상에 권리자를 지시할 수 있는 것을 말한다. 지시증권성은 증권상의 권리를 양도할 수 있는 성질이고, 제시증권성은 권리를 행사하기 위하여 요구되는 성질이다.

4. 提示證券性(행사를 위하여 인정되는 성질)

소지인이 증권상의 권리를 행사하기 위해서는 채무자에게 증권을 제시하여야 하며, 따라서 변제기가 있는 경우에도 증권을 제시하지 않는 한 채무자는 이행지체의 책임을 지지 않는 것을 말한다. 지시증권 또는 無記名證券뿐만 아니라 記名證券도 이러한 제시증권성을 갖지만 記名株券의 경우에는 주주명부에 명의개서만 하면 주권을 제시하지 않고도 株主權을 행사할 수 있으므로 제시증권성이 없다.[15]

5. 相換證券性(還受證券性)

채무자가 증권상의 채무를 이행할 때 증권과 상환하지 않고는 채무의 변제를 할 필요가 없는 속성이다. 대부분의 유가증권은 상환증권성이 있으며, 법은 이를 명문으로 인정하고 있으나(상§129, §157, §820. 어§39①, 수§34①), 주권은 기명주권이든 무기명주권이든 상환증권성이 없다. 기명주권의 경우에는 제시 없이도 권리를 행사할 수 있고, 무기명주권의 경우에는 주권을 회사에 공탁하여 권리를 행사할 수 있다. 또한 화물상환증, 선하증권, 창고증권의 경우에는 증권과 상환하지 않고서도 貨物을 인도하는 商慣習인 保證渡 또는 假渡가 있으므로 상환증권성은 그 의미를 잃고 있다.

6. 免責證券性

증권상의 채무자가 惡意 또는 중대한 과실 없이 증권의 소지인(형식적 자격을 가진

15) 정동윤, p.70; 정찬형, p.41.

자)에게 채무를 이행하면 그 소지인이 비록 정당한 권리자가 아닌 경우에도 채무를 면하는 것이다. 대부분의 유가증권은 면책증권성을 갖지만(민§518, 상§65, 어§40③), 기명식 화물상환증, 기명식 선하증권 등은 면책증권성을 갖지 않는다. 그리고 예금통장, 신발표, 휴대품 보관증 등은 면책증권성은 있으나 유가증권이 아니다.

7. 設權證券性·非設權證券性

설권증권이란 증권상의 권리가 증권의 작성에 의하여 비로소 발생하는 것이다. 어음·수표가 그 대표적인 것이다. 이에 대하여 비설권증권은 증권의 작성에 의하여 새로운 권리가 창조되는 것이 아니라 기존의 권리를 표창하는 데 불과한 것으로서 선언적 유가증권이라고 한다. 株券·貨物相換證·船荷證券·倉庫證券 등이 있다.

8. 要因證券性·無因證券性

요인증권은 증권상의 권리의 성립을 위하여 증권의 작성 외에 原因關係가 필요하고 그것이 증권에 기재되어 있는 것으로서 화물상환증·선하증권·창고증권 등이 해당된다. 전술한 비설권증권은 모두 要因證券(有因證券)다. 이에 대하여 無因證券은 原因關係의 在否, 유효·무효에 영향을 받지 않는 것으로서 어음·수표가 여기에 속한다. 무인증권(抽象證券)은 모두 설권증권이다. 요인증권인 화물상환증에서 운송인이 운송물을 받지 않았거나 운송계약 없이 화물상환증을 발행하였다면 선의취득자에게 운송인 등이 책임을 지는 것은 별문제로 하고 그 화물상환증은 무효가 된다. 그러나 무인증권인 어음·수표에 있어서 아무런 원인관계 없이 발행되었다고 하더라도 이 증권은 무효가 되지 않고 채무자는 증권소지인에게 증권상의 채무를 부담하게 된다.

【대법원 1998.5.22. 선고 96다52205 판결 : 수표의 무인증권성】

수표행위는 무인행위로서 수표수수의 원인관계로부터 분리하여 다루어져야 하고 수표는 원인관계와는 상관없이 일정한 수표상의 권리를 표창하는 증권이다.

【대법원 1984.1.24. 선고 82다카1405l 판결 : 실질적 원인관계 없이 배서받은, 원인채무가 소멸된 약속어음으로써 한 어음금 청구와 권리남용】

어음행위는 무인행위로서 어음수수의 원인관계로부터 분리하여 다루어져야 하고 어음은 원인관계와 상관없이 일정한 어음상의 권리를 표창하는 증권이라 할 것인바, 원인채무가 변제된 백지약속어음을 소지함을 기화로 이를 부당보충하여 실질적 원인관계 없이 배서양도하였다 하더라도 무인성의 법리에 비추어 그 양수인의 약속어음금청구가 바로 신의성실의 원칙에 어긋나는 것으로서 권리남용에 해당한다고 볼 수 없다.

제3장 有價證券의 機能

1. 重要한 經濟的 機能

유가증권은 무형의 권리를 증권이라는 유형의 실체에 化體시킴으로써 權利의 존재와 내용을 명백히 하고, 그 권리의 이전 및 행사를 신속하고 확실하게 하는 것이다. 현대의 경제생활은 그 내용이 다양할 뿐만 아니라 규모와 활동범위도 확대되었기 때문에 유체물 뿐만 아니라 무형의 권리도 유통의 대상이 되었다. 그리하여 권리의 流通과 行使를 조장하고 이를 보호하기 위한 수단으로서 유가증권제도가 발전된 것이다. 특히 유가증권은 자본주의 경제에서는 재산의 상품화에 따르는 필연적 현상이므로 이를 빼놓고 생각할 수 없을 정도로 중요한 역할을 수행해 왔으나 공산주의 경제에서는 株券·債券 등은 발행되지 않았으며 환어음이 대외거래의 결제수단으로 사용되는 정도에 그쳤다.[16] 유가증권은 무형의 권리를 유체화 하여 그 유통성을 높이고자 하는 것이므로 그 권리의 양도절차가 쉽고 신속하게 이루어지도록 하는 기능이 있다. 즉 배서 또는 교부라는 간편한 방법에 의하여 양도된다. 또 유가증권은 거래의 안전을 보호하기 위하여 증권의 소지인은 적법한 권리자로 추정되므로 그는 자기가 진정한 권리자임을 증명할 필요 없이 그의 권리를 행사할 수 있다. 이에 대한 반사적 효과로서 채무자는 증권의 소지인에게 악의 또는 중대한 과실 없이 채무를 이행하면 그가 실질적으로 무권리자라고 하더라도 면책되는 기능이 있다.

그리고 각각의 유가증권은 그 증권에 특유한 기능을 수행한다. 예컨대 수표는 지급기능을 수행하며, 어음은 신용의 창조와 담보의 수단으로 이용되기 때문에 신용기능, 지급기능, 송금기능 및 추심기능을 수행한다. 또한 株券·債券등의 資本市場證券(Kapitalmarktpapier)은 발행인에게는 자본조달의 기능을 수행하고 소지인에게는 자본투자의 기능을 수행한다. 나아가서 화물상환증, 창고증권, 선하증권 등

16) 최기원, p.3; 정희철·정찬형, p.15.

은 재화의 인도청구권을 표창함으로써 재화의 유통을 촉진하는 기능을 한다.

2. 有價證券의 機能의 變化

현대 사회가 다방면에서 큰 변화를 맞고 있는 실정이지만, 유가증권제도에도 예외 없이 종래에 예측할 수 없었던 변화가 일어나고 있다. 그 대표적인 것이 주식이나 사채와 같은 資本市場證券(investment securities)의 변화이다. 즉 증권의 發行과 保管이라는 새로운 경제적·법률적 문제에 대처하기 위하여 證券對替決濟制度가 출현하였다. 그리고 은행의 전자자금이체제도(E.F.T.S: Electronic Fund Transfer System) 및 지로(Giro)제도에 의하여 종래 支給機能을 하던 수표의 기능이 대체되고 있으며, 신용 및 지급기능을 하던 어음의 기능은 신용카드(Credit Card)의 출현으로 대체되고 있는 실정이다. 이와 같은 현상은 「증권화된 권리」에서 「증권없는 권리」로의 이전을 나타내는 것으로서 독일의 Opitz는 「유가증권에서 가치권으로(von Wertpapier zum Körperlosen Wertrecht)」라는 말을 썼다. 이에 따라 변화된 새로운 제도는 종래의 유가증권의 기능을 완전히 대체할 수 있을 것인가에 대하여 어음이나 수표는 곧 사라지게 될 것이라고 성급한 결론을 내리는 학자들도 나타나게 되었다. 그러나 현대의 자본주의 경제에서 어음이나 수표가 없는 결제제도라는 것은 생각할 수도 없는 것이며, 다만 수표와 현금이 병존하듯이 전자자금이체제도, 지로, 신용카드 등이 종래의 어음·수표와 병존하면서 이용될 것으로 생각된다.[17)]

3. 資本市場證券과 그 變化

(1) 價値權의 出現

유가증권의 기능은 자본시장증권, 즉 株券과 社債券에 있어서 큰 변화가 있었다. 즉 無形의 권리를 有形의 證券에 化體한다는 종래 유가증권의 기능은 그 의미를 상실하고 특히 컴퓨터 기술의 발달과 함께 脫證券化가 일반화되었다. 원래 권리를 증권에 化體하는 경우에는 증권상의 권리의 양도나 행사가 편리하지만, 그 증권을 상실하게 된 경우에는 취득자에게 선의취득이 인정됨으로 진정한 권리자는 증권의 상실과 함께 권리도 행사할 수 없게 된다. 따라서 진정한 권리자를

---

17) 정동윤, pp.40-41; 정희철·정찬형, pp.18-20.

보호하기 위하여 그 증권을 보관하고 관리할 전문가와 전문적 시설이 필요하게 된다. 특히 대량으로 발행되어 고도의 流通性을 지닌 資本市場證券은 그러하기 때문에 종래의 기능이 감퇴 또는 상실되었다.

독일에서는 자본시장증권의 보관을 위해서 有價證券混藏任置制度(Wertpapiersammelbank, Kassenverein)가 출현하였다. 이 기관은 동일종류의 증권은 각 권리자별로 분리하지 않고 모든 권리자를 위하여 混合的으로 보관하도록 하였다. 따라서 각 권리자는 特定한 증권을 소유하는 것이 아니라 유가증권혼장은행에 보관된 총증권에 대한 共有權(Miteigentum)을 갖는다. 이는 보관은행이 破産한 경우 권리자들이 還取權을 확보할 수 있는 근거를 제공한다. 이러한 보관형태를 混藏任置라고 하며, 任置人의 授權이 있는 경우에만 가능하다.[18)]

이러한 상황 아래서 권리자가 그 권리를 행사하거나 제3자에게 증권을 양도하는 경우에도 증권에 의한 증명이나 증권의 제시·소지 등이 필요 없게 되었으며 보관기관에 대한 任置만으로써 충분하게 되었다. 즉 株券의 현실적인 제시에 대신하여 주권을 보관기관에 任置했다는 保管證明書 내지 預置證의 제시만으로써 충분하며, 利益配當·利子支給의 경우에도 이러한 證明만 있으면 가능하다. 또한 證券의 讓渡에 있어서 株券을 交付하여야 한다는 상법의 원칙(상§336①)에도 불구하고 실제로 증권을 주고받는 것은 불가능하다. 이 경우에도 전술한 保管證明書 또는 預置證의 양도나 장부상의 對替로 가능하다.

이처럼 증권상의 권리를 행사하거나 양도할 때 증권을 授受하였던 종래의 有價證券의 기능은 상실되고, 증권에 화체된 權利의 행사·양도의 경우에 있어서 증권의 제시나 교부는 필요 없게 되었다.

따라서 유가증권을 비싼 비용을 들여 증권을 인쇄하고 보관할 필요가 있는가 하는 의문이 제시되었으며, 그 결과 처음부터 증권을 작성하지 않는 價値權이 창설되기에 이르렀다. 價値權(Wertrecht)이란 증권에 화체되지 아니한 株式·社債 등 帳簿上의 證券(Bucheffekten)을 의미한다. 이와 같은 권리는 증권화된 권리와 미찬가지로 유통되고 행사될 수 있지만 混藏任置人을 통하여 信託的으로 관리되는 경우에만 가능하다.

가치권제도는 독일에서 人力과 비용을 절감하기 위하여 독일제국국채를 현물 없이 발행하고, 이것을 권리가 증권에 화체된 경우와 동일하게 취급하기 위하여 나타났다.

---

18) 정동윤, p.35.

(2) 우리나라의 實情

우리나라에서도 유가증권의 預託決濟, 株券不所持 및 登錄社債의 각 제도가 인정되고 있다. 公社債登錄法에 따르면 증권의 발행 없이 일정한 公社債를 이전하거나 담보로 제공하거나 신탁재산으로 위탁하는 경우에는 이를 등록하여야 한다. 이를 등록하지 않으면 그 公社債의 發行者 기타 제3자에게 대항하지 못하며, 記名式의 公社債인 경우에는 동록외에 그 뜻을 발행자가 비치하고 있는 公社債原簿에 기재하여야 한다.

우리나라의 有價證券預託決濟制度는 證券預託院이 보관기관이 되며, 유가증권을 예탁한 예탁자·고객간에는 유가증권의 수수 대신에 예탁자계좌부·고객계좌부 사이의 對替로써 결제하는 제도이다.

고객계좌부와 예탁자계좌부에 기재된 자는 각각 그 유가증권을 점유하는 것으로 보고, 유가증권의 讓渡 또는 質權設定을 위하여 顧客計座簿와 預託者計座簿의 對替가 있으면 유가증권의 교부가 있었던 것과 동일한 효력을 가진다(자본§311). 예탁자의 고객과 예탁자는 고객계좌부와 예탁자계좌부에 기재된 예탁유가증권에 대하여 그 종류에 따라 共有持分을 갖는 것으로 추정하며, 예탁자의 고객·질권자는 예탁자에 대하여 또 예탁자는 증권예탁원에 대하여 언제든지 공유지분에 해당하는 예탁유가증권의 반환을 청구할 수 있다(자본§312②). 증권예탁원은 예탁자 또는 고객의 신청에 의하여 예탁유가증권에 관한 권리를 행사할 수 있다(자본§314). 다만 예탁원은 예탁유가증권을 他에 流用하지 못한다(자본§314⑤ 각 호).

우리나라의 株券不所持制度는 株券不所持의 신고를 하면 그 株式에 관하여 株券을 발행하지 않거나 이미 발행된 주권은 이를 無效로 하거나 名義改書代理人에게 任置하여야 한다. 그러나 그 株券을 양도하려면 會社로부터 株券을 발행받아야 한다.

2011년 개정상법은 주식의 전자등록제도를 도입하였으며, 이는 증권무권화제도의 최종단계라고 볼 수 있다. 회사는 주권을 발행하는 대신 정관의 정함에 따라 전자등록기관의 전자등록부에 주식을 등록할 수 있다(상§356의2①). 전자등록은 주식의 발행에 관한 것이 아니고 주권의 발행에 관한 것이다. 전자등록부에 등록된 주식의 양도나 입질은 전자등록부에 등록하여야 효력이 발생한다(동조②).

제 4 장 有價證券의 分類

1. 讓渡方式에 의한 分類

證券을 讓渡할 때 權利者를 어떻게 지정하며, 어떤 방법으로 양도될 수 있느냐에 따른 분류방식으로서, 다음과 같이 네 가지로 나뉜다.

(1) 記名(指名)證券(Rektapapiere, Namenspapiere)

記名證券이란 證券上에 特定人을 權利者로 기재한 證券을 말한다. 證券上에 기재된 특정인 및 그로부터 보통의 指名債權讓渡의 방법으로 증권을 讓受한 者만이 권리를 행사할 수 있을 뿐 背書讓渡가 허용되지 않는다. 유가증권 중에는 증권상에 특정인이 권리자로 기재된 경우에도 법률의 규정에 의하여 당연히 그가 타인을 권리자로 지정할 수 있는 유가증권(법률상 당연한 지시증권)이 있는데, 이러한 유가증권은 기명증권이 아니라 지시증권이라고 본다. 기명증권은 일반지명채권의 양도방법에 따라서만 양도될 수 있다. 그리고 각각의 증권에 대하여 필요한 효력요건과 대항요건을 갖추어야 한다.

이와 같이 기명증권은 유통성이 부족하므로 有價證券으로서의 효용이 적다. 다만 권리의 행사에는 證券을 필요로 하고, 그 결과 權利의 移轉에도 원칙적으로 證券을 引渡하여야 하는 점에서 권리와 증권이 결합되어 있을 뿐이다. 따라서 記名證券에는 背書를 전제로 하는 善意取得이나 人的 抗辯의 切斷 등이 인정되지 않으며, 또한 公示催告에 의한 除權判決의 대상이 되지 않는다. 記名債券(상§479), 背書禁止된 어음이나 수표(어§11②, §77① 1호, 수§14②), 背書가 금지된 貨物相換證·倉庫證券·船荷證券 등이 이에 속한다. 기명증권은 권리의 행사를 위하여 증권의 제시가 필요한 것이라고 하면 유가증권에 포함된다고 할 수 있으나 권리의 이전을 위하여 증권이 필요한 것이라는 견해에 의하면 유가증권이라고 하기가 어렵게 될 것이다.

【대법원 1989.10.24. 선고 88다20774 판결】

배서금지어음(기명증권)을 양도함에는 민법 제450조의 대항요건을 구비하는 외에 동 어음을 인도(교부)하여야 하고, 지급을 위하여서는 어음을 제시하여야 하며, 또 어음금을 지급할 때에는 환수하여야 한다.

(2) 指示證券(Oderpapiere)

指示證券이란 證券上에 기재된 者 또는 그가 지시하는 者를 權利者로 하는 유가증권을 말한다. 이 지시는 보통 背書에 의하여 행해지므로 이를 背書證券이라고도 한다. 이러한 증권은 배서에 의하여 계속적인 양도가 가능하다.

指示證券이 되기 위해는 원칙적으로 證券上에 指示文言이 있어야 하지만 그러한 文言이 없이도 배서금지의 기재만 없으면 법률상 당연히 배서에 의하여 양도할 수 있는 證券도 있다. 前者를 選擇的 指示證券(예컨대 민법상의 지시채권증권 등), 後者를 法律上 당연한 指示證券이라고 한다. 어음, 手票, 貨物相換證, 倉庫證券, 船荷證券, 株券 등(어§11①, §77① 1호, 수§14①, §130, §157, §820, §336)은 法律上 당연한 指示證券이다. 지시증권은 유가증권의 특유한 양도방법인 배서에 의하여 양도되고, 배서의 연속에 의하여 적법한 권리자로 추정받게 된다. 따라서 지시증권에 의하여 권리를 행사하려면 증권의 소지만으로는 불충분하고 배서의 연속에 의하여 증권상의 권리자로서 형식적 자격을 갖추어야 한다.

(3) 無記名證券(所持人出給式證券, Inhaberpapiere)

無記名證券이란 證券上에 權利者로서의 특정인을 지정하지 아니하고 證券의 정당한 소지인을 權利者로 취급하는 증권을 말하고, 所持人出給式證券이라고도 한다. 그러므로 소지인이 진정한 권리자가 아니라도 증권의 소지라는 외관에 의하여 권리자로서 추정을 받는다. 따라서 증권상의 채무자는 소지인의 무권리를 증명할 수 없는 한 증권의 소지인에게 채무를 이행함으로써 책임을 면하게 되며, 소지인은 그 실질적 권리를 증명하지 않고도 제시만으로써 권리를 행사할 수 있다. 無記名證券은 단순한 교부에 의하여 이전이 가능하고(민§523) 證券의 善意取得도 인정되므로(민§§524·514), 證券의 진정한 權利者는 盜難 기타 喪失의 事實로써 대항할 수 없게 된다(민§250 단서 유추적용). 실제로 많이 이용되는 것은 手票(수§5① 3호), 社債券(상§478② 2호), 商品券(상품§6) 등이고, 화물상환증, 창고증권, 선하증권 등도 무기명식의 발행이 해석상 인정되고 있다.[19] 換어음(어§1 6호)과 約束어음(어§75 5호)은 無記名式이 인정되지 않는다. 背書에 의하지 않는 어음의 유통을 금지함으로써 어음의 信用을 높일 수 있기 때문이다.

商法上의 記名株式의 경우에는 권리행사의 면에서는 記名證券으로서의 性質을 가지고 있으나(상§337) 그 權利의 移轉에 있어서는 株券의 交付만으로 이루어지므로 無記名證券과 같이 처리되고 있다.[20]

(4) 選擇無記名式證券(alternative Inhaberpapiere)

選擇無記名式證券이란 證券上에 特定人을 權利者로 지정하고 있으면서 동시에 證券의 정당한 소지인도 權利者로 인정하는 증권을 말한다. 이를 指名所持人出給證券 또는 選擇所持人出給證券이라고도 한다. 선택무기명증권은 민법상 증권채권 및 수표에서는 명문으로 인정되며(민§525, 수§5②), 화물상환증, 창고증권, 선하증권 등에도 인정된다고 본다.[21] 이것은 無記名證券과 동일한 효력이 있으므로(수§5②, 민§525) 역시 어음에는 인정되지 않는다.

2. 證券에 化體된 權利의 性質에 의한 分類

證券이 어떤 權利를 표창하느냐에 따른 분류방식으로서, 다음 세 가지가 있다.

(1) 債權證券(schuldrechtliche Wertpapiere od. forderungsrechtliche Wertpapiere)

債權證券이란 債權을 표창하는 有價證券이다. 채권 중에서도 金錢支給請求權을 표창하는 것을 金錢證券(예컨대, 어음·手票), 채권 등 物件引渡請求權을 표창하는 것을 物品證券(예컨대, 貨物相換證, 倉庫證券, 船荷證券, 商品券 등)이라고도 한다.

한편 手票나 引受되지 않은 換어음은 支給人에 대한 權利를 표창하지 않으므로 이를 債權證券과 구별하여 權限證券이라고 하기도 하나,[22] 이것은 적어도 發行人

---

19) 정찬형, pp.36-37; 서돈각·정완용, (上), p.168; 정동윤, p.64; 최기원, p.21.

20) 정찬형, p.37; 정동윤, p.64; 1984년 상법개정 전에는 배서에 의하여 양도되었으므로 지시증권에 속하였다.

21) 정찬형, p.37; 정동윤, p.64.

22) 최기원, p.30; 정희철, p.9.

또는 背書人에 대한 遡求權(償還請求權)을 표창하고 있으므로 이것 역시 債權證券에 속한다고 보아야 할 것이다.[23)]

(2) 物權證券(sachenrechtliche Wertpapiere)

物權證券이란 物權을 표창하는 有價證券으로서, 우리나라에는 例가 없다. 獨逸의 抵當證券(Hypothekenbrief), 土地債務證券(Grundschuldbrief), 定期土地債務證券(Rentenschuldbrief) 등이 이에 속한다. 화물상환증, 창고증권, 선하증권 등은 그 양도에 의하여 물건의 인도청구권이 이전됨과 동시에 물건을 인도한 것과 같은 물권적 효력이 인정되기 때문에 물권증권으로 오인될 수 있으나, 동 증권이 표창하는 것은 물건의 인도청구권이므로 채권증권이다.[24)]

(3) 社員權證券(Mitgliedschaftspapiere)

社員權證券이란 社團에 있어서의 社員의 지위, 즉 주식회사의 社員權을 표창하는 有價證券으로서 株券이 그 대표적인 例이다. 有限會社는 物的 會社이기는 하지만 社員의 持分에 대하여는 株式會社의 경우와 달리 指示式 또는 無記名式證券을 발행하지 못한다(상§555). 따라서 유한회사의 지분증권은 증거증권일 뿐이다.[25)]

3. 그 밖의 分類

위에 든 분류 외에도 ① 有價證券의 경제적 목적에 따라 手票나 어음과 같은 '支給 및 信用去來의 有價證券', 株券이나 社債와 같은 '資本市場의 有價證券', 貨物相換證·船荷證券·倉庫證券과 같은 '財貨流通의 有價證券'으로 분류한다. ② 證券上의 권리가 발생하려면 證券의 發行行爲 외에 원인관계가 필요한가에 따라서 無因證券(不要因證券, 抽象證券이라고도 하며, 어음·手票가 그 대표적인 例이다)과 有因證券(要因證券이라고도 하며, 어음·手票를 제외한 대부분의 有價證券이 이에 속한다)으로 분류한다. 有價證券의 경우에는 원인관계의 부존재·무효·취소 등이 증권상의 행위(특히 발행행위)에 영향을 미치나, 無因證券의 경우에는 원인관계의 부존재·무효·취소 등이 증권상의 행위(특히 발행행위)에 원칙적으로 영향을 미치지 않는다. ③

23) 정동윤, p.61; 정찬형, p.33-34; 이기수, pp.10-11.

24) 정찬형, p.34; 채이식, p.15.

25) 정동윤, p.50; 이기수, p.10; 정찬형, p.34-35.

證券上의 權利關係가 증권기재의 文言에 의하여 결정되는가에 따라서 形式權的 有價證券(文言證券, 예컨대 어음·手票, 貨物相換證, 船荷證券, 倉庫證券)과 實質權的 有價證券(非文言證券, 예컨대 株券)으로 분류한다. 즉, 증권상의 권리의 내용(범위)이 증권에 기재된 문언만에 의하여 정하여지고 이의 결과 동 증권을 선의로 취득한 자는 동 증권에 기재된 바에 의하여 권리를 취득하는 증권을 形式權的 有價證券(文言證券)이라고 하고, 증권상의 권리의 내용(범위)이 실질관계에 의하여 정하여지고 이의 결과 동 증권을 선의로 취득한 자도 동 증권에 기재된 문언에 의하여만 권리를 취득할 수 없는(또한 채무자는 동 증권에 기재되지 않은 사항에 의해서도 항변을 주장할 수 있는) 증권을 實質權的 有價證券(非文言證券)이라고 한다. ④ 證券의 작성으로 인하여 비로소 그 證券에 표창되어 있는 權利가 창설되는가, 또는 기존의 權利가 證券化되는 데 그치는가에 따라서 設權證券(예컨대, 어음·手票)과 非設權證券(宣言證券 : 주권·신주인수권증서·화물상환증·창고증권·선하증권)으로 구분되기도 한다.

4. 기타의 有價證券

(1) 乘車券·乘船券·航空券

승차권은 집단적인 운송관계를 처리하기 위한 기술적인 것이며 유통을 목적으로 하는 것이 아니므로 그 유가증권성을 부정하는 견해[26]도 있지만, 일반적으로 운송청구권을 표창하는 것이므로 그의 유가증권성이 긍정되어야 한다는 것이 통설이다.[27] 그러나 승차권이 유가증권인지 여부는 승차권의 여러 형태에 따라 각각 다르게 설명될 수 있다.

즉 승차 전에 발행되는 무기명식 승차권에 대해서만 유가증권성을 인정하고 기명식 승차권에 대해서는 유가증권성을 부정하려는 견해[28]가 있으나, 승차권은 유통의 목적보다는 운송거래를 획일직이고 신속하게 처리하는 것이라면 기명식 승차권도 유가증권이라고 보아야 할 것이다.[29] 무기명식 승차권이 개찰된 후에는 운송인은 특정인에 대하여만 운송채무를 부담하며 양도할 수 없기 때문에 단순한

26) 정찬형, p.13; 鈴木竹雄, 「商行爲法·海商法·保險法」(弘文堂, 1954), 53面.

27) 정찬형, p.13; 서돈각·정완용, (上), pp.238-239; 정동윤, pp.52-55; 최기원, (上), p.411; 西原寬一, 「商行爲法」(有斐閣, 1973), 333面.

28) 최기원, (上), p.411; 이철송, (총), p.439.

29) 정동윤, (총), p.344; 정찬형, p.13.

증거증권 또는 면책증권으로 변한다는 견해가 있으나,[30] 승차권은 양도의 목적이 중요하지 않은 점, 승차중 청구가 있으면 언제든지 제시하여야 한다는 점 등을 고려하면 역시 개찰 후의 승차권도 유가증권성을 상실하지 않는다고 본다.[31]

회수승차권에 대해서는 구입시에 운송노선·구간 등이 특정되어 있지 않기 때문에 운임의 선급을 증명하는 단순한 표권이며 유가증권이라고 볼 수 없다는 견해도 있지만, 이들에 대한 포괄적 운송계약상의 권리를 표창하는 유가증권으로 해석해야 할 것이다.[32] 운임이 인상된 경우에 차액을 추가지급하는 것은 승차권의 유가증권성 여부와는 무관한 것이다. 그리고 정기승차권은 보통 기명식이고 운송청구권자, 운송노선, 구간, 사용기간 등이 특정되어 있어서 기명식 승차권의 유가증권성을 부정하는 견해에서는 정기승차권은 유가증권이 아니라고 볼 것이다. 그러나 정기승차권도 양도성은 제한될 수 있으나 이것은 기명증권의 경우와 같이 유가증권성이 인정된다고 보는 것이 우리나라의 다수설이다.[33]

航空券이나 乘船券은 우리나라에서는 記名式만 인정되고 있고 讓渡性이 없으므로(대한항공 국제·국내 여객운송약관) 證據證券 또는 면책증권이라고 보는 견해도 있으나, 전술한 기명식 승차권의 경우와 같이 권리의 행사에 증권의 제시를 필요로 한다는 점에서 역시 有價證券으로 보아야 할 것이다. 그러나 항공운송인이 발행하는 수하물증도 철도수하물증과 같이 면책증권이며, 송하인이 항공운송인의 청구에 의하여 발행하는 항공운송장도 증거증권 또는 면책증권이다.

(2) 商品券

商品券은 물품을 판매하는 商人이 所持人에 대하여 그 商人이 취급하는 상품의 일정량을 급여한다는 약속을 기재하여 발행한 一覽出給의 無記名有價證券이다. 왜냐하면 상품권은 商品券所持人이 상품권발행인 또는 그와 가맹계약을 맺은 가맹점에서 상품의 引渡를 받거나 용역을 제공받을 수 있는 권리를 표창하고, 이러한 권리의 발생·이전 및 행사에 증권의 소지를 요하는 완전유가증권이기 때문이다. 이러한 상품권의 종류에는 금액상품권·물품상품권·용역상품권이 있다(상품권 표준약관). 고객이 상품권면 금액의 100분의 60 이상에 해당하는 물품 등을 제공

30) 손주찬, (上), p.368; 최기원, (上), p.411.

31) 정찬형, p.14; 정동윤, p.53; 서돈각·정완용, p.239.

32) 정찬형, p.14; 정동윤, p.54; 西原寛一, 前揭書, 333面.

33) 정동윤, p.54; 정찬형, p.15; 西原寛一, 前揭書, 334面.

받고 잔액의 반환을 요구하는 경우 발행자 또는 가맹점은 잔액을 현금으로 반환하여야 하며(동 표준약관§7②), 상품권의 사용기간은 상사채권 소멸시효기간인 5년이다(동 표준약관§6).

(3) 선불카드·직불카드·신용카드

현금이나 수표에 의한 지급이나 어음에 의한 신용창출보다 간편하고 편리하게 하며, 사고를 줄이기 위하여 새로운 지급수단인 카드가 출현하게 되었다. 즉 여신전문금융업법에 의하여 규율되는 선불카드, 직불카드, 신용카드가 도입되어 이용되고 있다.

선불카드(prepaid card)는 신용카드 업자가 대금을 미리 받고 이에 상당하는 금액을 기록하여 발행한 증표로서, 소지인의 제시에 따라 가맹점이 기록된 금액의 범위 내에서 물품 또는 용역을 제공할 수 있게 한 것이다(여금§2 8호). 상품권의 경우와 같이 물품구입 또는 용역을 제공받을 수 있는 권리가 표창되어 있으며, 이 권리의 발생·이전·행사에 증권의 소지가 요구되는 완전유가증권이다.[34] 공중전화카드가 대표적인 예이다. 이에 대하여 직불카드(debit card)란 물품 또는 용역의 제공과 그 대가의 지급을 동시에 이행할 수 있도록 신용카드업자가 발행한 증표로서, 회원자격을 증명하는 증거증권이다.[35] 직불카드는 기능이 확장된 현금카드로서 가맹점에서 물품 또는 용역을 제공받고 그의 예금구좌에서 가맹점구좌로 대금이 자동이체 되는 기능이 겸비되어 있다. 직불카드의 대금이체 구조는 신용카드와 유사하다. 그리고 신용카드는 이를 제시함으로써 반복하여 가맹점에서 물품의 구입 또는 용역의 제공을 받을 수 있는 증표로서 신용카드업자가 발행한 것이다. 이는 물품의 구입이나 용역을 먼저 제공받고 후에 대금을 지급하기 때문에 선불카드나 직불카드와 다르다. 신용카드는 재산권을 표창한 것이 아니고 회원자격을 증명하는 증거증권이라는 것이 통설이다.

---

34) 정찬형, p.22-23; 정동윤, p.58.

35) 정찬형, p.23.

제5장 有價證券에 관한 通則

제1절 有價證券法定主義

유가증권에 관한 通則은 새로운 有價證券理論에 의한 民法上의 指示債權·無記名債權에 관한 규정이며 상법 제65조의 유가증권과 준용규정 및 화물상환증, 창고증권, 선하증권, 주권, 채권 등에 관한 규정과 어음법·수표법상의 어음·수표에 관한 규정들이다. 유가증권의 유통성을 보호하고 거래의 안전을 도모하기 위하여 다양한 법적보호가 부여되고 있으며, 강행법적 성질을 갖기 때문에 유가증권은 법이 인정하는 경우에만 인정된다. 이와 같이 유가증권의 종류 및 증권상 권리의 성립·양도·행사 등에 제한을 가하는 것을 有價證券法定主義라고 한다.[36)]

제2절 有價證券의 發行

유가증권의 발행이란 權利와 證券을 결합시키는 행위로서 증권적 요건을 갖추어 작성하여(서면행위) 그것을 상대방에게 교부함으로써(교부행위) 증권의 효력을 발생시키는 행위이다. 증권적 요건이란 민·상법 또는 어음·수표법 등에서 규정하는 유통에 적합한 방법이다.

증권에 결합시킬 수 있는 권리란 유가증권의 개념에서 「재산적 가치가 있는 사법상의 권리」라고 정의하였다. 그러나 이와 같은 권리라도 유통성을 인정할 수 없는 것들, 즉 상속법상의 권리, 유한회사의 사원의 지위, 보험금청구권 등은 증권화 할 수 없는 것이 당연하다. 유가증권의 발행은 법이 예정하고 있는 것에 한하여 당사자간의 특약으로 가능하지만, 상관습법에 의하여 발행할 수도 있다.

---

36) 정찬형, p.46; 정동윤, p.40, 73; 최기원, p.34.

제 3 절 權利의 行使

1. 證券의 提示·還收

증권채권의 경우에는 증권에 辨濟期限이 있는 경우에도 그 기한이 도래한 후에 소지인이 증서를 제시하여 이행을 청구한 때부터 지체책임을 진다(민§517, 상§65). 이것은 유가증권의 유통성을 보호하기 위하여 일반원칙인 채무자가 기한이 도래한 때부터 지체책임을 지도록 한 것에 대한 예외이다.

따라서 유가증권은 권리행사를 위하여 증권을 제시해야 하는 提示證券이며, 채무를 이행한 후 그 증권이 다시 유통되는 것을 방지하기 위하여 증권과 相換함이 없이는 채무자가 채무를 이행할 필요가 없는 相換證券이다.

2. 辨濟場所

증권에 변제장소를 정하지 아니한 때에는 채무자의 영업소를 변제장소로 한다. 영업소가 없는 때에는 현주소를 변제 장소로 한다(민§516, §524, 상§65). 이것은 증권의 유통성을 고려하여 채무의 변제는 채권자의 현주소에서 하거나 현영업소에서 한다는 일반원칙(持參債務)에 대한 예외(推尋債務)를 인정한 것이다. 그러나 이미 채권자의 제시와 청구가 있어서 이행을 지체하고 있는 경우에는 채무자는 채권자를 확인할 수 있으므로 지참채무로 보아야 할 것이다.[37]

3. 人的抗辯의 制限

유가증권은 그 양도로 인하여 채권자가 수시로 변경되기 때문에 채무자가 양도인에게 대항할 수 있는 항변으로써 양수인에게도 대항하게 한다면 유가증권의 유통성은 크게 저해될 것이다. 원래 채권을 양도할 경우에 양수인이 취득하는 권리는 양도인이 양도전에 가지고 있던 것보다 큰 권리를 취득할 수는 없는 것이 원칙이지만 유가증권의 유통성을 조장하기 위하여 예외적으로 인정하고 있는 것이

---

37) 최기원, p.36.

다. 따라서 指示債權과 無記名債權의 채무자는 양도인에게 주장할 수 있었던 인적관계의 항변으로써 소지인에게 대항할 수 없도록 하고 있다(민§515, §524). 이러한 원칙은 금전·물건 또는 유가증권의 지급을 목적으로 하는 유가증권에도 적용되며(상§65), 어음법·수표법도 이러한 규정이 있다(어§17, 수§22).

제 4 절 債務者의 保護(조사의무의 경감)

증권상의 채무자는 채무를 이행함에 있어서 배서의 연속여부를 조사할 의무가 있다. 그러나 배서인의 서명 또는 날인의 진위나 소지인의 진위를 조사할 권리는 있으나 의무는 없다. 따라서 조사의무는 없으므로 조사하지 않고 변제했다 하더라도 그 변제는 유효하다. 그러나 채무자가 변제하는 때에 소지인이 권리자가 아님을 알았거나 중대한 과실로 알지 못한 때에는 그 변제는 무효로 한다(민§518). 일반원칙에 의하면 채무자가 변제의 수령자격이 없는 자에게 변제한 때에는 그 변제는 무효이며 진정한 권리자에게 다시 지급하지 않으면 안된다. 그러나 채권자가 수시로 바뀌는 증권채무에도 이 원칙이 적용된다면 진정한 권리자인가를 조사하기 위하여 많은 시간과 노력이 필요할 것이며 결국 유가증권의 유통성을 크게 저해하게 될 것이다. 이러한 원칙에 대하여 증권채무자를 보호하기 위해서 조사의무를 경감시켜 주고 있다.

또한 증권상의 채무자는 채무이행의 증명으로서 증권에 영수의 뜻을 기재하여 교부해 줄 것을 청구할 수 있다.

제 5 절 有價證券의 讓渡

증권상의 권리자를 지정하는 방법에 따라 지시증권, 소지인출급식(무기명식) 증권, 선택무기명증권, 기명증권으로 분류할 수 있으며, 이들은 권리의 양도에 있어서도 중요한 의미를 갖는다.

지시증권은 배서와 교부에 의하여 권리를 양도하며, 배서와 교부는 양도의 효력발생요건이다. 배서의 요건·방식은 법정되어 있다(민§510, 어§12, §13, 수§15, §16). 지시증권은 배서 외에도 민법상의 指名債權讓渡의 方法이나 相續·合併·경매·전부명령 등에 의하여 배서 없이 양도할 수 있다고 본다.[38] 이에 대하여 所持人出給式有價證券(無記名式)과 選擇無記名式의 有價證券은 交付에 의하여 양도의 효력이 발생한다(민§523).

記名式 有價證券의 양도는 指名債權讓渡의 방법에 의한다. 지명채권의 양도는 당사자간의 청약과 승낙에 의하는 諾成契約이고, 채무자에 대한 대항요건으로서 통지 또는 채무자의 승낙을 필요로 하며 증권을 양수인에게 교부하여야 한다(민§450①). 기명식 유가증권에는 배서(양도성)가 금지된 어음·수표·화물상환증 등도 포함되지만 記名株券은 이에 속하지 않는다. 채무자가 이의를 보유하지 아니하고 그 양도를 승낙하면 양도인에게 대항할 수 있는 사유로써 양수인에게 대항하지 못한다(민§451①).

제 6 절 有價證券의 入質

일반적으로 指示證券은 배서와 교부로써 質權設定의 효력이 발생하고, 無記名證券의 경우에는 증권을 질권자에게 교부함으로써 입질의 효력이 생긴다. 記名證券의 경우에는 그 증권을 질권자에게 교부하여야 하지만(민§347), 이를 제3자에게 대항하기 위해서는 민법 제450조에 의하여 설정자가 제3채무자에게 질권설정의 사실을 통지하거나 그의 승낙을 얻어야 제3채무자가 기타 제3자에게 대항할 수 있다. 지명채권양도의 승낙·통지의 효과의 규정(민§451)은 전항의 경우에 준용한다(민§349②).

환어음, 약속어음의 경우에는 入質背書(어§19, §77①)가 별도로 인정되지만, 수표의 경우에는 지급제시기간이 짧고 지급기능을 하는 유가증권이므로 이에 대하여 질권을 인정할 실익이 없다.

記名株式의 경우에는 등록질과 약식질의 두 방법이 인정된다(민§451).

---

38) 최기원, pp.37-38.

제 7 절 有價證券의 强制執行

유가증권은 그 자체가 마치 유체동산처럼 거래의 대상이 되기 때문에 이에 대한 강제집행도 유체동산에 대한 강제집행과 동일한 방법에 의한다. 제3자에 대한 채무자의 금전채권 또는 유가증권, 그 밖의 유체물의 권리이전이나 인도를 목적으로 한 채권에 대한 강제집행은 집행법원의 압류명령에 의하여 개시된다(민집§223). 어음·수표 등 배서양도가 가능한 증권으로 배서가 금지된 증권채권의 압류는 집행관이 그 증권을 점유함으로써 가능하며[39](민집§233), 환가절차는 추심명령, 전부명령에 의한다(민집§231, §232).

【대법원 1974.6.11. 선고 73다1345 판결 : 주식에 대한 압류방법】

배서로 이전할 수 있는 증권인 주식의 압류 등은 집달리가 증권을 점유하지 아니한 이상 일반채권에 대한 압류등의 방법에 의하였다 하여도 이는 법률상 아무런 효력이 없다.

그리고 집행관이 유가증권을 압류한 때에는 시장가격이 있는 것은 賣却日의 시장가격에 따라 적당한 방법으로 매각하고 시장가격이 형성되지 아니한 것은 일반 현금화의 규정에 의하여 경매하여야 한다(민집§210).

제 8 절 有價證券의 善意取得

지시증권 및 무기명증권은 유통성이 강하기 때문에 거래의 안전과 원활을 보장하기 위하여 일반 동산의 선의취득에 관한 것보다 더 선의취득자를 보호하고 있다. 즉, 증서의 점유자가 배서의 연속으로 그 권리를 증명하면 선의취득을 인정하여 적법한 소지인이 되므로 악의 또는 중대한 과실이 없는 한 증권의 반환의무를 지지 않는다. 따라서 유가증권의 선의취득은, 민법상의 동산의 선의취득의 경우와는 달리 경과실이 있는 경우에도 인정된다. 평온·공연의 요건은 요구되지 않는다.

---

39) 대법원 1974.6.11. 선고 73다1345 판결.

유가증권의 선의취득을 위한 요건은 ① 증권법적 양도방법인 배서나 교부에 의하여 취득한 것이어야 하며, ② 형식적 자격자로부터 취득했어야 한다. ③ 그리고 악의 또는 중대한 과실 없이 양도인이 진정한 권리자라고 믿었어야 하며 ④ 취득자에게 유가증권을 취득할 만한 독립된 경제적 이익이 있어야 한다.

선의취득이 인정되는 유가증권으로서는 환어음·약속어음·수표와 무기명 또는 지시식으로 발행된 채권·화물상환증·선하증권·창고증권 및 株券 등이 있다. 그러나 기명증권(배서가 금지된 증권 등)은 유통성을 전제로 하는 것이 아니기 때문에 선의취득이 인정될 여지가 없다.

제 9 절 有價證券의 喪失과 除權判決

1. 有價證券의 喪失

유가증권이 발행된 경우에는 증권상의 권리를 행사하기 위하여 반드시 그 증권을 제시하여야 하지만, 그 증권을 상실한 경우 증권상의 권리까지 상실되었다고 할 수는 없을 것이다. 왜냐하면 증권은 권리의 유통을 위한 수단이고 권리자체는 아니기 때문이다. 증권의 상실은 물리적 멸실 뿐만 아니라 분실, 도난 등에 의하여 그 소재를 알 수 없는 경우는 물론, 증권의 내용을 식별할 수 없을 정도로 파손된 경우이다. 이 경우에 증권 없는 권리행사나 재발행을 인정한다면 상실된 증권의 선의취득자를 보호할 수 없고 하나의 권리에 복수의 증권을 인정하는 부당한 결과를 초래하게 될 것이다. 따라서 법은 공시최고에 의한 제권판결제도를 두고 있다.

2. 公示催告

공시최고는 불특정한 상대방에 대하여 증권의 상실자의 신청에 따라 일정한 기간 내에 신고를 하지 않으면 실권한다는 경고를 하면서 권리의 신고 또는 청구를 최고하는 법원의 공고이다. 이러한 최고에 의하여 제권판결로써 실권을 선언하는 절차를 공시최고절차라고 하며, 권리 또는 청구의 신고를 하지 아니하면 실권될 것을 법률로 정한 경우에만 할 수 있다(민소§475).

【대법원 1961.11.23. 선고 4293민상478 판결】

공시최고절차에 의하여 제권판결을 할 수 있는 유가증권은 그 증권에 표시된 권리의 발생 · 이전 · 행사에 있어서 필히 그 증권을 필요로 하는 증권을 말한다.

(1) 申請權者

공시최고의 신청권자는 무기명증권 또는 배서로써 이전할 수 있거나 약식배서 있는 증권·증서의 경우에는 최종소지인이 신청권자로 될 수 있으며, 기타의 증권의 경우에는 그 증권 또는 증서로써 권리를 주장할 수 있는 자가 신청할 수 있다(민소§493). 즉 교부나 배서하여 양도할 수 있는 증권·증서의 경우에는 형식적 자격 있는 최종소지인이 공시최고의 신청권자이다. 다만 기명주식의 경우에는 주권을 소지하였던 주주명부상의 주주만이 신청권자가 되는 것은 아니고 명의개서를 하지 않은 주식의 양수인도 주권의 최종소지인이었던 경우에는 신청권자가 될 수 있으며, 盜取者는 형식적 자격이 인정될지라도 실질적 권리가 없으므로 신청권자가 될 수 없다.

민사소송법 제493조에서 공시최고의 신청권자는 「증권의 최종소지인」이라고 함으로서 증권상의 진정한 권리자만을 의미하는 것은 아니다. 따라서 증권상의 권리자와 증권의 소지인이 다른 때에는 소지인을 신청자로 보아야 할 것이다.[40] 즉 증권을 入質한 경우 질권자뿐만 아니라 질권설정자도 공시최고신청을 할 수 있다는 견해도 있지만,[41] 이 경우에도 질권자만이 신청권을 갖는다고 해야 할 것이다. 자기의 증권을 질물로서 제공하고 질권설정자가 공시최고신청을 한다든지, 증권을 상실한 경우 질권설정자나 질권자가 모두 공시최고를 하는 등의 곤란함을 피할 수 있기 때문이다. 또한 주식을 보관하는 자가 보관중인 주권을 상실한 경우에는 受置人이 공시최고의 신청권자가 되며, 어음상의 추심위임배서가 있는 경우에는 피배서인이 신청권을 갖는다[42].

유효한 증권을 작성한 후 교부하기 전에 도난·분실된 경우에는 발행인이 신청권자가 되며, 지급인이 지급을 한 후에 어음·수표를 상실한 경우에는 지급인이 공시최고 신청권자가 된다.

---

40) 최기원, pp.43-44.

41) 정동윤, p.219.

42) 大隅·河本, 459面.

(2) 管轄法院

도난, 분실 또는 없어진 증권 기타 상법에 무효로 할 수 있음을 규정한 증서의 무효선고를 청구하는 공시최고는 증권이나 증서에 표시된 이행지를 관할하는 지방법원에 하여야 한다. 다만 이행지의 표시가 없는 때에는 발행인의 보통재판적이 있는 지방법원이 관할한다(민소§476). 그 법원이 없는 경우에는 발행당시 발행인의 보통재판적이 있었던 곳의 지방법원이 각각 관할한다.

(3) 公示催告할 수 있는 證券

공시최고는 전술한 바와 같이 법률이 정한 경우에 한하여 할 수 있다. 따라서 어음·수표·주권 등은 물론 그 밖의 지시증권·무기명증권·지명소지인출급식증권 등이 이에 해당한다. 또한 화물상환증, 선하증권, 창고증권, 무기명채권 등에 대해서도 배서가 금지되지 않는 한 가능하지만 기명증권의 경우에는 인정되지 않는다.

어음의 상실이란 소실(燒失) 등에 의한 어음의 물리적·절대적 상실, 즉 멸실(Vernichtung)과 유실·도난 등으로 인하여 어음의 소재가 불분명하게 된 상대적 상실 즉 紛失(Verlust) 및 증권의 동일성을 인정할 수 없을 정도로 抹消·毁損된 경우 등을 포함하는 개념이다. 그러므로 권리자가 증권을 스스로 교부하였거나 권리자가 증권을 분실하였으나 그 점유자를 알고 있는 경우에는 공시 최고 신청의 대상이 아니고 반환청구가 가능할 것이다. 또 여러 조각으로 그 증권이 찢어진 경우에 그 조각을 모아 증권의 동일성을 재현시킬 수 있으면 공시최고 신청의 대상이 아니지만 증권의 중요부분이 파손되어 그 내용을 확인할 수 없을 때는 무효선언이 가능할 것이다.

(4) 公示催告의 申請

공시최고의 신청에는 그 신청의 원인과 제권판결을 구하는 취지를 명시해야 하며, 서면으로써 신청해야 한다(민소§477①,②). 신청인은 증서의 등본을 제출하거나 또는 증서의 존재 및 그 중요취지를 충분히 알 수 있게 함에 필요한 사항을 제시하여야 한다(민소§494①). 또한 신청인은 증서가 도난, 분실되거나 없어진 사실과 기타 공시최고절차를 신청할 수 있는 이유가 되는 사실 등을 소명하여야 한다(동조②). 신청원인을 소명하는 방법으로는 첫째 유가증권의 등본 또는 그 증권의 중요 취지와 동일성을 인식할 수 있도록 발행번호·발행인·지급인·지급지·액면 등을 신고해야 하며 둘째, 증권의 상실을 소명할 수 있도록 신문의 분실광고, 경찰관서의 도난신고서, 화재증명을 필요로 하며, 셋째 신청인이 권리자였음을 증명하는 발행증명, 미지급증명 등을 첨부하여 소정의 경비(인지와 송달료, 2회분의 신문공고료, 2회분의 관보게재료 등)를 납부하고 신청한다.

(5) 公示催告와 그 效果

法院은 公示催告의 신청내용을 조사하여 적법하다고 인정한 때에는 3월의 최고기간을 정하여(민소§481), 공시최고를 하여야 한다. 이때에 법원은 신청인, 공시최고 기일까지 권리 또는 청구의 신고최고, 신고하지 않으면 권리를 잃게 되는 실권경고, 공시최고기일을 표시하여야 하며(동§479②), 대법원 규칙이 정하는 바에 따라 법원의 게시판, 관보, 신문지에 2회 이상 게재하여야 한다(동§480). 다만 소액의 증권 또는 증서에 관하여 공시최고를 할 때에는 간이한 방법에 의할 수 있다. 소액의 증권 또는 증서라 함은 액면금 총액 또는 표창하는 권리의 가액이 2,000만 원 이하인 증권 또는 증서를 말한다.

공시최고 기간 중에도 증권의 선의취득자는 증권상의 권리를 행사할 수 있으며, 또한 선의취득도 계속될 수 있다. 채무자도 형식적 자격이 있는 증권소지인에게 사기 또는 중대한 과실 없이 채무를 이행한다면 면책된다. 실제로는 공시최고 신청인이 지급은행에 사고계를 제출하고 지급인인 은행으로 하여금 어음·수표의 소지인에게 지급하는 것을 거절하게 하지만 결국에는 지급하지 않으면 안 된다.[43)]

공시최고를 신청하고 제권판결을 받기까지는 3개월 이상의 장기간을 필요로 하므로 그동안 채무자가 무자력하게 되거나 목적물에 변경이 생기게 된다면 제권판결을 받고도 채권의 목적을 달성할 수 없는 경우도 있게 될 것이다. 그러므로 공시최고 신청을 한 후에는 채무자로 하여금 채무의 목적물을 공탁시키거나 소지인이 상당한 담보를 제공하면서 만기에 그 증권상의 채무를 이행하게 할 수 있다(민§522).

(6) 證券所持人의 申告

공시최고의 대상이 되는 증권의 소지인 기타 이해관계인은 제권판결을 저지하기 위하여 권리의 신고나 청구를 공시최고 기간 내에 하여야 하며, 공시최고기간이 종료한 후에도 제권판결 이전에 신고나 청구를 하여 증권이 무효화되는 것을

43) 대법원 1964.9.8. 선고 64다464 판결.

막아야 한다(민소§482). 신청이유로 주장한 권리 또는 청구를 다투는 신고가 있는 때에는 법원은 그 권리에 관한 재판의 확정시까지 공시최고절차를 중지하거나 신고한 권리를 유보하고 제권판결을 하여야 한다(민소§485).

권리의 신고나 청구는 당해 공시최고 기간 내에 공시최고 절차에 따라 공시최고법원에 하여야 하며, 일반재판부에 수표금 지급청구 소송을 제기하거나 지급은행에 제시하는 것만으로는 신고나 청구가 있다고 볼 수 없다.[44]

【대법원 1983.11.8. 선고 83다508,83다카1705 판결】

수표에 관하여 제권판결이 있으면 제권판결의 소극적 효과로서 수표로서의 효력이 상실되고 그 수표의 소지인은 수표상의 권리를 행사할 수 없으며, 설사 그 제권판결이 있기 전에 그 소지인이 지급은행에 지급제시를 하였다거나 또는 그 수표금 지급청구소송을 제기하였다 하여도 이를 공시 최고법원에 대한 권리의 신고나 청구로 볼 수 없는 것으로서 위와 같은 제권판결의 효력을 좌우할 수 없다.

3. 除權判決

(1) 節 次

공시최고 기간 내에 권리의 신고가 없는 때에는 법원은 소정의 절차를 거쳐 제권판결을 선고하여야 하며(민소§487①). 그 뜻을 대법원 규칙이 정하는 바에 따라 관보나 신문지에 공고하여야 한다(민소§489). 신청인이 제권판결기일에 출석하지 아니하거나 기일변경신청이 있는 때에는 법원은 2월을 초과하지 아니하는 범위 내에서 1회에 한하여 신기일을 정할 수 있다(민소§483). 신청인이 신기일에도 출석하지 아니한 때에는 공시최고신청을 취하한 것으로 본다(민소§484). 그러나 신고 또는 청구가 있는 때에는 법원은 그 권리에 관한 재판의 확정시까지 공시최고절차를 중지하거나 신고한 권리를 유보하고 제권판결을 하여야 한다(민소§486). 그리고 공시최고의 신청인은 공시최고기일에 출석하여 그 신청의 원인과 제권판결을 구하는 취지를 진술하여야 한다(민소§486).

법원은 신청인의 진술이 있는 후에 그 신청이 이유 없다고 인정하는 때에는 결정으로써 신청을 각하하여야 하며, 이유 있다고 인정한 때에는 제권판결을 선고하여야 한다(민소§487).

---

44) 대법원 1983.11.8. 선고 83다508 판결; 동 1976.6.13. 선고 75다1008 판결; 동 1969.12.23. 선고 68다2186 판결.

(2) 除權判決의 效力

공시최고 기간 내에 권리의 신고나 청구가 없는 때에는 법원은 증권의 무효를 선언하는 제권판결을 한다. 공시최고기일이 끝난 후에도 제권판결에 앞서 권리 또는 청구의 신고를 한 자는 그 권리를 잃지 않는다(민소§482).

① 除權判決의 消極的 效力

제권판결의 소극적 효력으로서 증권과 권리는 분리되고, 상실된 그 증권은 제권판결시부터 무효가 된다(민소§496). 따라서 공시최고 기간 중 선의취득자라 할지라도 그 증권으로써는 권리행사를 할 수 없고,[45] 채무자가 이에 대하여 변제하더라도 면책되지 않으며, 증권의 선의취득도 인정되지 않는다.[46]

② 除權判決의 積極的 效力

적극적 효력으로서 제권판결의 취득자는 증권상의 권리를 증권 없이 채무자에 대하여 행사할 수 있다(민소§468). 그 결과 채무자는 진정한 권리자가 아닌 자가 제권판결을 취득했다는 항변으로 대항하지 못한다.[47] 제권판결은 증권의 실질적 권리자임을 창설하거나 확인하는 것이 아니라 증권을 점유하고 있었다는 형식적 자격을 회복시켜 준다는 뜻이다.[48] 그러나 증권상의 채무자는 제권판결 이전에 선의로 지급하였다는 사실이나, 제권판결의 내용이 사실상 증권상의 권리와 상이하다는 항변은 제한 없이 할 수 있다.

또한 제권판결의 취득자는 증권상의 주채무자뿐만 아니라 증권의 소구의무자에 대하여도 권리행사(소구권 행사)가 가능하다.[49]

【대법원 1993.11.9. 선고 93다32934 판결 : 제권판결의 소극적 효력으로서 그 어음소지인은 어음상의 권리를 행사할 수 없다고 본 판례】

약속어음에 관한 제권판결의 효력은 그 판결 이후에 있어서 당해 어음을 무효로 하고 공시최고 신청인에게 어음을 소지함과 동일한 지위를 회복시키는 것에 그치

45) 대법원 1976.6.22. 선고 75다1010 판결; 동 1993.11.9. 선고 93다32934 판결.

46) 정찬형, p.690; 정희철, p.21.

47) 최기원, p.49.

48) 정찬형, p.690; 대법원 1965.11.30. 선고 65다1926 판결.

49) 최기원, p.49.

는 것이고, 공시최고 신청인이 실질상의 권리자임을 확정하는 것은 아니나, 취득자가 소지하고 있는 약속어음은 제권판결의 소극적 효과로서 약속어음으로서의 효력이 상실되는 것이므로 약속어음의 소지인은 무효로 된 어음을 유효한 어음이라고 주장하여 어음금청구를 할 수 없다.

【대법원 1994.10.11. 선고 94다18614 판결 : 제권판결의 적극적 효력으로서 신청인에게 형식적 자격만을 회복시켜 준다고 본 판례】

약속어음에 관한 제권판결의 효력은 그 판결 이후에 있어서 당해 어음을 무효로 하고 공시최고 신청인에게 어음을 소지함과 동일한 지위를 회복시키는 것에 그치는 것이고 공시최고 신청인이 실질상의 권리자임을 확정하는 것은 아니나, 취득자가 소지하고 있는 약속어음은 제권판결의 소극적 효과로서 약속어음으로서의 효력이 상실되는 것이므로 약속어음의 소지인은 무효로 된 어음을 유효한 어음이라고 주장하여 어음금을 청구할 수 없다.

(3) 除權判決取得者와 善意取得者의 關係

증권상의 권리를 선의취득한 자는 제권판결이 있기 전에 법원에 신고나 청구를 하여 증권이 무효로 되는 절차의 진행을 저지하여야 한다. 그러나 그 신고나 청구를 하지 않아서 공시최고신청인이 제권판결을 받게 되면 선의취득자와의 관계에서 누구의 권리가 우선하는가 하는 문제가 있다.

이에 대하여 선의취득자 우선설 및 제권판결취득자 우선설이 대립한다.

① 선의취득자 우선설[50]은 그 논거로서 선의취득자는 공시최고가 있다는 것을 알기는 어려운 것이며 공시최고의 주지방법도 불완전하다는 점, 선의취득자에게 권리를 인정하는 것이 거래의 안전을 위하여 바람직하다는 점, 선의취득자의 권리를 부인하면 증권을 타인에게 양도한 자 등이 제권판결을 받아 악용할 염려가 있다는 점, 제권판결절차는 소송절차가 아니고 비송사건절차이므로 실실적 권리를 제한할 수 없다는 점 등을 들면서 선의취득자가 우선적으로 보호되어야 한다고 주장한다.

② 제권판결취득자우선설[51]은 그 이유로서 공시최고절차가 비록 완벽한 것은 아니지만 제권판결을 받기까지 상당한 비용과 시일을 소비한 공시최고신청인이 권리의 신고를 하지 않았던 선의취득자보다 우선하여 보호되어야 된

50) 정희철·정찬형, p.465; 정동윤, p.283; 최기원, pp.51-52(어음·수표에 대해서는 선의취득자 우선설을 취하고 주권에 관하여는 제권판결취득자우선설을 취함); 안동섭, “제권판결과 선의취득과의 관계”, 「고시연구」, 1981, pp.108-110.

51) 이영섭, 학설판례 민사소송법, pp.923-924.

다는 점, 증권을 상실한 본래의 권리자는 무권자가 아니므로 제권판결을 취득하면 권리를 행사할 수 있어야 한다는 점 등을 들어서 제권판결취득자가 실질적 권리자라고 주장한다. 즉 선의취득자라고 할지라도 제권판결에 의하여 증권이 무효화함은 물론 실질적 권리까지 상실하는 것으로 본다.

③ 이에 대하여 절충설[52](제한적 선의취득자 보호설)은 선의취득자는 제권판결 취득자에 우선하여 보호할 필요가 있으므로 비록 공시최고법원에 권리신고를 하지 않았더라도 제권판결 이전에 그 증권상의 권리를 적법하게 행사(예, 은행에 적법한 지급제시를 한 수표소지인 등)한 자만 제권판결에 우선하고 그렇지 않은 선의취득자는 제권판결에 의하여 그 권리를 상실한다고 주장한다. 공시최고절차에서 권리신고를 재촉하는 취지는 상실된 유가증권의 소재를 파악하기 위한 것이며, 제권판결은 그 소재의 확인이 되지 아니함을 전제로 성립하기 때문이라는 것이다.

이에 대하여 우리나라의 판례[53]는 '手票喪失에 관한 제권판결의 효력은 이 판결 이후에 있어서 당해 수표를 無效로 하고 公示催告申請人에게 수표를 소지함과 동일한 지위를 회복시키는 것에 그치는 것이고 公示催告 신청시에 소급하여 그 수표를 無效로 하는 것이 아니며 또 公示催告申請人이 실질상의 권리자임을 확정하는 것도 아니라 할 것인 바 본건에 있어 原告가 公示催告申請 이전에 본건 수표를 선의취득 하였다면 原告가 공시최고기일까지 權利의 신고를 하지 않았다하여도 당연히 實質的 權利를 상실하는 것이 아니며 다만 소지하고 있는 수표는 除權判決의 消極的 效力으로서 무효가 된 것이므로 原告로서는 위 除權判決의 효력을 소급적으로 소멸시키기 위한 不服의 訴를 제기할 수 있다 할 것이로되 유효한 수표라고 주장하여 본건 수표금 청구를 할 수 없다 할 것이며...'라고 하였다. 이 판례의 입장은 선의취득자의 우선보호설이지만, 이 판례에 의하면 선의취득자는 권리를 행사하기 위하여 제권판결을 소급적으로 소멸시키기 위한 불복의 소를 제기하여 취소판결을 얻어야 한다.

《제권판결에 대한 불복의 사유 (민소§490②)》

1. 법률상 공시최고절차를 허가하지 아니할 경우일 때
2. 공시최고의 공고를 하지 아니하였거나, 법령이 정한 방법으로 공고를 하지 아니한 때

52) 박우동, "제권판결취득자와 선의취득자와의 관계", 「법조」 제26권 8호, p.76; 송상현, 「민사소송법」, p.713.

53) 대법원 1965.7.27. 선고 65다1002 판결; 동 1965.11.30. 선고 65다1926 판결.

3. 공시최고기간을 지키지 아니한 때
4. 판결을 한 판사가 법률에 따라 직무집행에서 제척된 때
5. 전속관할에 관한 규정에 어긋난 때
6. 권리 또는 청구의 신고가 있음에도 법률에 어긋나는 판결을 한 때
7. 거짓 또는 부정한 방법으로 제권판결을 받은 때
8. 제451조 제1항 제4호 내지 제8호의 재심사유가 있는 때

그러나 취소판결은 공시최고절차의 하자, 위법한 판결 등의 사유가 있는 경우에만 가능하기 때문에 결과적으로 제권판결취득자를 우선적으로 보호하게 된다. 우리나라의 판례의 기본입장에 대한 해석도 명확하지 못한 실정이다. 즉 판례의 기본입장이 선의취득자 우선설인가 제권판결취득자 우선설인가 해석하는데 의견이 서로 다르다.[54)]

생각건대, 유가증권은 고도의 유통성을 전제로 하는 것이므로 선의취득자를 우선적으로 보호해야 할 것이며, 제권판결에 의하여 선의취득자가 소지하는 유가증권이 무효로 되었기 때문에 그 증권으로써는 권리행사를 할 수 없지만 제권판결의 정본의 반환을 청구할 수 있을 것이다.[55)] 그러나 주권의 경우는 요인증권, 비설권증권, 비문언증권임을 감안하여 선의취득자보다 제권판결취득자 보호가 우선되어야 할 것이다.[56)]

【대법원 1976.6.22. 선고 75다1010 판결 : 수표의 지급은행에 지급제시를 하거나 수표지급청구소송을 제기한 것이 공시최고법원에 대한 권리의 신고로 볼 수 없다고 본 판례】

수표에 관하여 제권판결이 있으면 그의 소극적 효과로써 그 수표는 수표로서의 효력을 상실하고 수표의 정당한 소지인이라 할지라도 그 수표상의 권리를 행사할 수 없고 제권판결의 신청인이 정당한 소지인을 알고서 그 신청을 한 경우에도 일단 제권판결이 선고된 이상 당연무효로 되지 아니하고 제권판결전에 은행에 지급제시를 하였거나 그 수표금지급청구소송을 제기하였어도 이를 공시최고법원에 대한 권리의 신고나 청구로 볼 수 없다.

54) 선의취득자 우선보호설: 최기원, p.51; 정동윤, p.284, 제권판결취득자 우선보호설: 이범찬·최준선, p.170; 정찬형, pp.691-693.

55) 최기원, p.51.

56) 이태로·이철송, p.246; 대법원 1991.5.28. 선고 90다6774 판결.

(4) 證券의 再發行

유가증권을 상실하여 공시최고절차에 의한 제권판결을 받은 자가 발행인에 대하여 유가증권의 재발행을 청구할 수 있는가에 대한 문제가 있다. 주권의 경우에는 회사가 존속하는 한 사원권을 표창하는 증권으로서 계속 필요하기 때문에 상법에 명문규정을 두어 재발행을 청구할 수 있게 하였으나(상§360 ②), 기타의 유가증권에는 재발행에 관한 규정이 없다. 그러나 어음 등의 유가증권은 금전지급이라는 1회적인 권리관계를 표창함으로 제권판결로써 목적달성이 가능하기 때문에 재발행의 실익이 없다고 본다.[57] 이에 대하여 백지어음의 경우에는 백지를 보충하여야만 권리행사가 가능하고 어음·수표의 재발행을 인정하여도 특별한 불합리가 없고 편리하기 때문에 제권판결취득자는 백지어음의 재발행을 청구할 수 있다고 본다.[58] 재발행을 청구할 수 있다는 견해가 타당하다고 본다.

【대법원 1994.10.11. 선고 94다18614 판결 : 결과적으로 제권판결을 받은 자가 우선한다는 취지의 판결】

약속어음에 관한 제권판결의 효력은 공시최고 신청인에게 어음을 소지한 것과 같은 지위를 회복시키는 것에 그치는 것이고, 공시최고 신청인이 실질상의 권리자임을 확정하는 것은 아니다. 그러나 제권판결은 동시에 소극적 효과로서 그 판결 이후에 있어서 당해 어음을 무효로 하므로, 취득자가 소지하고 있는 약속어음은 기실 약속어음으로서의 효력이 없게 된다. 따라서 소지인은 무효로 된 어음을 유효한 어음이라고 주장하여 어음금을 청구할 수는 없다. … 이와 같은 이치는 공시최고의 신청인이 발행인이라고 하여 달라지는 것이 아니다. 즉, 공시최고의 신청인이 발행인이거나 발행인이 아닌 소지인(어음상의 권리자)이거나 차이가 없다. … 또한 어음소지인이 공시최고기간 개시 전에 선의취득 하였다고 하더라도 결론은 같다.

---

57) 손주찬, p.151; 최기원, p.53.

58) 정동윤, p.289; 정찬형, p.694-695; 이범찬·최준선, p.168.

제 2 편

어음·手票에 관한 通則

제1장 어음·手票의 意義와 經濟的 機能

제2장 어음·手票行爲

제3장 어음·手票의 實質關係

제 1 장 어음·手票의 意義와 經濟的 機能

제 1 절 어음·手票의 意義 및 性質

1. 어음·手票의 意義

어음·수표는 일정한 금액의 금전지급청구권을 표창하는 金錢債權的 有價證券이다. 즉 일정한 금액의 지급을 목적으로 발행된 것으로서 어떠한 경우라도 금전 이외의 물건 또는 유가증권 인도청구권을 표창할 수 없다. 어음에는 換어음과 약속어음이 있다.

(1) 換어음

환어음(bill of exchange, draft)은 발행인이 제3자인 지급인에 대하여 어음상의 정당한 권리자(수취인 또는 피배서인)에게 어음금액을 만기에 지급할 것을 무조건 위탁하는 유가증권이다. 그 때문에 환어음은 支給委託證券이라고 할 수 있다. 즉 환어음의 경우에는 발행인이 직접 금전을 지급하지 않고 제3자에게 지급을 의뢰함으로써 발행인·수취인·지급인 등 3者의 관계가 생긴다. 발행인은 어음을 최초로 발행하는 자를 말하며, 발행이란 증권상에 어음요건을 기재하고 이것에 기명날인 또는 서명하여 수취인에게 교부하는 것을 말한다. 환어음의 발행인은 배서인과 같이 소구의무만을 부담할 뿐이며, 약속어음의 발행인과 같이 주채무자가 되는 것이 아니다. 수취인은 직접 어음금액을 수령하거나 어음상의 권리자가 될 자를 어음상에 지시할 수 있는 자(배서인)를 말하며, 어음을 양도받은 피배서인은 다시 배서에 의하여 이 어음을 다른 사람에게 양도할 수 있고 최후의 피배서인에게 이르기까지 배서의 연속이 있게 된다. 지급인은 발행인에 의하여 지급인으로 지시되어 있는 자이며 보통 발행인에 대하여 자금관계상의 채무를 부담하고 있다. 이 경우 단순한 지급인은 지급위탁을 받았을 뿐이고 어음채무자는 아니지만 지급인이 어음채무를 부담하는 의사표시로서 인수를 한 때에는 인수인으로서 어음의 주채무자가 된다. 환어음의 지급인 또는 인수인이 만기에 소지인에 대하여 어음금을 지급하면 어음관계는 종료한다.

(2) 約束어음

약속어음(promissory note)은 발행인 자신이 일정한 날(만기일)에 일정금액을 어음상의 권리자(수취인 또는 피배서인)에게 지급할 것을 무조건으로 약속하는 증권으로서 지급약속증권이라고 할 수 있다. 약속어음의 경우에는 2인(발행인·수취인)간의 관계가 생길 뿐이다. 약속어음의 경우에는 지급인이 따로 없고, 발행인이 언제나 주채무자가 되며 인수제도가 없는 점이 환어음과 다르다. 따라서 약속어음의 발행인이 소지인에 대하여 지급을 거절하면 어음소지인은 발행인에 대하여 지급청구권을 행사하거나 앞의 모든 배서인에게 소구권을 행사할 수 있다.

(3) 手 票

수표(check)는 발행인이 제3자(은행)에 대하여 일정금액(수표금액)을 수표상의 권리자에게 지급을 무조건 위탁하는 유가증권이다. 그러므로 수표는 법률적 구조가 지급위탁증권인 換어음과 같다고 할 수 있으나 수표의 경우에 지급인은 반드시 은행이어야 하고(수§3) 만기가 없고 항상 일람출급식이며, 인수제도가 존재하지 않는 것이 환어음의 경우와 다르다. 따라서 수표는 언제나 주채무자가 존재하지 않으며 지급인(은행)이 지급을 거절하면 소지인은 발행인 및 배서인에 대하여 소구권만을 행사할 수 있을 뿐이다. 또 경제적 기능에 있어서 환어음은 주로 신용의 수단으로 이용되는 데 비하여 수표는 단순히 지급의 수단이라는 점에 차이가 있다. 그러므로 어음을 발행하는 자는 금전을 필요로 하는 자이고, 수표를 발행하는 자는 금전을 갖고 있는 자라고 할 수 있다.

2. 어음·手票의 性質

(1) 完全有價證券性

어음·수표는 증권과 그 표창하는 권리와의 결합정도가 아주 밀접하여 권리의 발생, 이전, 행사를 위하여도 증권을 필요로 하는 完全有價證券(vollkommenes Wertpapier)이다. 즉 증권의 작성과 교부가 없이는 권리가 발생하지 않으며 증권의 제시 없이 권리를 행사하지 못하고 증권에 의하지 않고는 권리를 이전할 수 없는 증권이다.

(2) 設權證券性

어음·수표는 권리의 발생을 위하여 증권의 작성이 반드시 필요한 設權證券(konstitutionelles Wertpapier)이다. 즉 어음·수표라는 증권상의 한 법률행위인 어음행위·수표행위에 의하여 비로소 원인관계와는 별개의 어음·수표에 의한 법률관계가 발생한다. 그러므로 기존의 채권을 표창하는 비설권증권인 운송증권이나 창고증권 및 社員權을 표창하는 株券과는 대조적이다.

(3) 金錢債權證券性

어음·수표는 일정한 금전의 지급을 위탁(환어음·수표)하거나 약속(약속어음)하는 것으로서 金錢債權證券이다. 왜냐하면 어음·수표는 순수한 채권을 표창하기 때문이다. 어음·수표는 일정한 금액이 표시되는 증권이므로 금전증권(Geldpapier)이라고도 한다. 그러므로 일정한 수량의 상품이나 유가증권의 인도를 약속하는 商品어음(Werenwechsel)은 인정되지 않는다.

(4) 無因(抽象)證券性

어음·수표는 증권상에 원인관계가 기재되어 있지 않고 증권상에 표창되어 있는 권리가 원인관계의 존부 또는 유효·무효에 의하여 영향을 받지 않는 抽象證券(abstraktes Wertpapier)이다.[1] 그러므로 증권의 발행이 어떠한 목적에 의한 원인으로 이루어졌는가 하는 것은 문제삼지 않고 증권의 발행은 독립된 법률행위로서 환어음의 인수인 또는 약속어음의 발행인이 증권에 대한 채무를 부담하며 권리의 행사에 있어서도 그 원인관계에 의한 실질적 권리의 입증을 필요로 하지 않는 증권이다. 그러므로 증권상의 권리와 원인관계가 법률적으로 분리된 증권이라고 할 수 있다.[2] 어음·수표의 設權證券性은 이러한 어음·수표의 抽象證券性과 밀접한 관계가 있다.

【대법원 1984.1.24. 선고 82다카1405 판결 : 실질적 원인관계 없이 배서받은, 원인채무가 소멸된 약속어음으로써 한 어음금 청구와 권리남용】

어음행위는 무인행위로서 어음수수의 원인관계로부터 분리하여 다루어져야 하고 어음은 원인관계와 상관없이 일정한 어음상의 권리를 표창하는 증권이라 할 것인

1) 대법원 1965.10.19. 선고 65다1594 판결; 동 1966.7.19. 선고 66다195 판결.
2) 대법원 1984.1.24. 선고 82다카1405 판결.

바, 원인채무가 변제된 백지약속어음을 소지함을 기화로 이를 부당보충하여 실질적 원인관계없이 배서양도하였다 하더라도 무인성의 법리에 비추어 그 양수인의 약속어음금청구가 바로 신의성실의 원칙에 어긋나는 것으로서 권리남용에 해당한다고 볼 수 없다.

(5) 文言證券性

증권상의 권리의 내용이 증권에 기재된 문언에 따라 결정되는 증권을 文言證券(skripturrechtliches Wertpapier)이라 한다. 그러므로 어음·수표의 선의취득자는 증권에 기재된 문언에 따라 권리를 취득하고 증권에 기재되지 않은 사항으로 대항을 받지 않는다. 이러한 어음·수표의 文言的 效力은 서면상의 기재를 의사표시의 내용으로 한 증권적 행위의 결과라고 할 수 있다.

어음·수표의 중요한 성질은 設權證券性과 無因證券性 그리고 文言證券性이라고 할 수 있다. 이 3者의 관계는 무인증권은 설권증권이어야만 하고, 무인증권성과 문언증권성의 관계는 전자가 권리의 성립에 관한 것인 데 비하여 후자는 권리의 내용에 관한 것이라는 점이 다르다. 그러나 문언증권성은 무인증권성을 전제로 하는 경우에만 인정된다.

(6) 絶對的 要式證券性

어음·수표는 반드시 기재하여야 할 요건이 법정되어 있기 때문에 법정기재사항 중의 하나라도 기재하지 않으면 증권으로서의 효력이 발생하지 않는(어§2, §76, 수§2) 엄격한 要式證券이다. 요식증권성은 일정한 사항이 최소한도의 기재사항으로 요구된다는 점이다. 만일 법적기재사항이 흠결되면 법이 구제를 예정하지 않는 한 증권자체를 무효로 한다. 그리고 법정기재사항 이외의 사항을 기재하면 그 기재사항은 효력이 발생하지 않을 뿐만 아니라 어음·수표 자체를 무효로 한다.[3)]

(7) 法律上 當然한 指示證券性

어음·수표는 指示式으로 발행된 경우뿐만 아니라 記名式으로 발행되었더라도 배서금지의 기재가 없는 한 배서에 의하여 양도할 수 있는 법률상 당연한 지시증권이다(어§11, §77① 1호, 수§14).

---

3) 서헌제, p.31.

(8) 提示證券性

어음·수표는 권리의 행사를 위하여 증권의 제시를 필요로 하는 제시증권이다. 그러므로 채무자는 증권의 제시가 없는 한 어음채무의 이행의무를 지지 않는다(어§38①, §77① 3호, 수§28). 즉 어음·수표가 이러한 제시증권성을 가지는 결과 어음상의 채무는 일반적인 지참채무가 아니라 추심채무로 된다. 증권의 제시 없이 하는 청구는 그 효력이 없고 채무자는 이행지체에 빠지지 않는다.

(9) 相換證券性

어음·수표는 증권과 상환하지 않고는 채무의 이행을 하지 않아도 되는 상환증권이다(어§39, §77① 3호, 수§34). 이는 어음의 지급인은 소지인에 대하여 어음에 영수를 증명하는 기재를 하여 교부할 것을 청구할 수 있는 것을 말한다. 어음·수표의 상환은 임의변제의 경우뿐만 아니라 강제집행의 경우에도 그 상환을 필요로 한다.[4] 이것은 이중변제의 위험을 방지하는 데 목적이 있는데 이를 還受證券性이라고도 한다. 그런데 판례에는 채무자가 채권증서에 갈음하거나 채무의 이행확보를 위하여 채권자에게 약속어음을 교부한 경우에는 채무를 이행함에 있어 그 약속어음을 반환받는 것이 상례이고 채무를 이행하고도 그 약속어음의 반환을 받지 않는다는 것은 극히 이례에 속하는 일이므로, 그 약속어음을 채권자가 소지하고 있다면 채무이행을 하고도 반환하지 않는 데에 대한 수긍할 만한 설명이 없는 한 아직도 채무이행은 안 된 것으로 봄이 타당하다고 한 것이 있다.[5]

제 2 절 換어음의 經濟的 機能

1. 推尋機能

환어음은 국제거래에 있어서 수출상에게 매매대금의 추심기능을 한다. 즉 한국의 수출상 甲이 미국의 수입상 A에게 주문받은 물건을 수출(매도)하고 그 대금을 추심하기 위하여 甲은 A를 지급인으로 하는 환어음을 발행하고 자기의 거래은행

4) 대법원 1991.11.24. 선고 90다카28405 판결.
5) 대법원 1992.6.23. 선고 92다886 판결.

인 乙은행으로부터 그 어음을 할인받아 수출대금을 추심할 수 있다. 이 경우에 환어음의 수취인은 매도인 甲일 수도 있고(자기지시 환어음), 거래은행(할인은행)인 乙일 수도 있으나, 수취인이 매도인 甲일 경우에는 할인은행 乙에게 배서양도 하여야 한다. 어음을 취득한 할인은행 乙은 미국의 A의 주소지에 있는 자기의 지점 또는 거래은행인 B에게 그 환어음을 송부하여 A에게 제시하게 함으로써 할인대금을 회수할 수 있다.

환어음의 할인은행은 어음금의 지급을 보장하기 위하여 어음과 함께 수출상품의 인도청구권을 표창하는 운송증권(화물상환증, 선하증권 등)을 첨부하게 하는데, 이를 貨換이라고 하며, 이와 같이 운송증권에 의하여 담보되는 환어음을 貨換어음(荷換어음)이라고 한다. 이러한 貨換어음에 수입상 A의 去來銀行이 인수와 지급을 약속하는 인적신용인 「상업신용장(letter of credit: L/C)」이 발행되면 수출업자(매도인)는 신용장발행은행을 지급인으로 하는 환어음을 발행하여 신용장을 첨부하여 할인을 받는다. 수입자가 수입대금 즉 어음금의 지급을 거절할 경우 중간에 개입한 은행은 매우 번거로운 절차를 거쳐야 하므로 오늘날은 보통 商業信用狀에 의하여 어음금지급의 확실성을 높이는 방법을 취하고 있다. 상업신용장이란 수입자의 거래은행이 수출자에게 자기를 支給人으로 하여 어음을 발행할 수 있는 권한을 부여하는 문서이다. 수입자가 이 신용장을 수출자에게 송부하면 이 신용장에 근거하여 수출자가 위와 같은 환어음을 발행하고 당초의 신용장의 조건에 부합하는 한 이 어음의 지급이 보장되는 것이다.[6)]

《推尋機能》

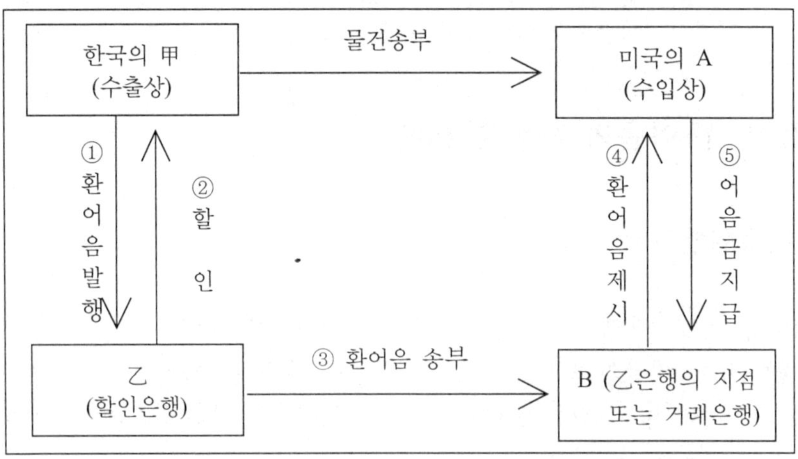

6) 이철송, p.27.

2. 信用機能

상품의 매매에서 매수인이 구입자금이 없어 외상으로 매수하고 장래의 일정한 기일에 매매대금을 지급하기로 한 경우에, 매도인이 환어음을 발행하여 매수인에게 인수시킨 후 소지(자기지시 환어음)하거나 매수인이 환어음을 발행하여 인수한 후 매도인에게 교부한다면 이 환어음은 매수인에게 만기까지 신용을 창조하는 기능을 한다. 매도인은 이 경우 어음채권과 매매대금채권을 취득하게 되며, 이 환어음을 만기까지 소지하고 있다가 만기에 매수인에게 어음금지급청구를 할 수 있다. 그러나 매도인은 자기의 자금을 고정시키지 않기 위하여 자기의 거래은행으로부터 그 어음을 이용하여 할인을 받는다. 이와 같이 환어음은 매수인에게는 만기까지 신용을 창조해 주고 매도인에게는 어음할인 등을 통하여 상품대금을 즉시 자금화 하는 기능을 한다.

신용창조기능은 약속어음에서 더욱 현저하게 나타나며, 신용창조를 위하여 약속어음이 발행된다고 해도 괴언이 아니다. 약속어음의 신용창조기능은 어음을 발행하는 원인관계에 따라 양상을 달리한다. 상거래에 있어서 매매대금을 결제하기 위하여 발행되는 어음을 상업어음(진성어음)이라고 하며, 상품거래 등의 원인관계가 전혀 없이 융통을 위하여 발행되는 어음을 융통어음이라고 한다. 상업어음은 기업이 발행하는 어음의 주종을 이루며, 가장 건전한 거래동기를 가진 어음이라 할 수 있다. 기업은 어음을 통하여 만기에 이르기까지 현금사용을 유보한다는 의미에서 또는 만기에 생길 현금을 앞당겨 활용한다는 의미에서 신용을 창조하는 효과가 있는 것이다. 융통어음은 고객이 발행한 어음을 은행이 수수료를 받고 인수하게 되면 은행이 주채무자가 되며, 자금을 융통하고자 하는 자가 발행한 어음에 대하여 일반인 중에서도 신용이 두터운 사람이 인수하여 주채무자가 되면(호의어음) 지급 또는 신용수단으로 사용될 수 있다.

【대법원 1996.5.14. 선고 96다3449 판결 : 융통어음의 의의 및 발행인이 할인을 의뢰하면서 어음을 교부한 경우, 융통어음인지의 여부】

융통어음이라 함은 타인으로 하여금 어음에 의하여 제3자로부터 금융을 얻게 할 목적으로 수수되는 어음을 말하는 것이고, 이러한 융통어음에 관한 항변은 그 어음을 양수한 제3자에 대하여는 선의·악의를 불문하고 대항할 수 없는 것이므로 어떠한 어음이 위에서 말하는 융통어음에 해당하는지 여부는 당사자의 주장 만에 의할 것은 아니고 구체적 사실관계에 따라 판단하여야 하는데, 어음의 발행인이 할인을 의뢰하면서 어음을 교부한 경우, 이는 원인관계 없이 교부된 어음에 불과할 뿐이고, 악의의 항변에 의한 대항을 인정하지 아니하는 이른바 융통어음이라고 할 수는 없다.

3. 送金機能

종래 국내거래에 따른 송금은 수표·우편환·현금등기우편 등이 이용되었으나 최근에는 은행지로 및 온라인제도가 주로 이용되고 있다. 그러나 금전을 타국으로 송금하고자 할 때는 여전히 환어음이 중요한 기능을 하고 있다.

예컨대, 매수인이나 수입상과 같은 송금인이 매매대금을 결제하기 위하여 매도인등 수출상에게 송금하고자 할 때, 매수인(甲)은 자기의 거래은행(乙)에 송금할 금액을 납입하고 송금을 의뢰한다. 거래은행은 매도인(수출상 A)을 수취인으로 하고 그의 주소지에 있는 자기의 외국지점 또는 거래관계가 있는 다른 은행(B)을 지급인으로 하는 환어음을 발행하여 송금인에게 교부하면 송금인은 이를 수취인에게 송부한다. 수취인은 이 환어음(송금환 또는 외국환이라고 함)을 제시하고 송금액을 추심한다.

《送金機能》

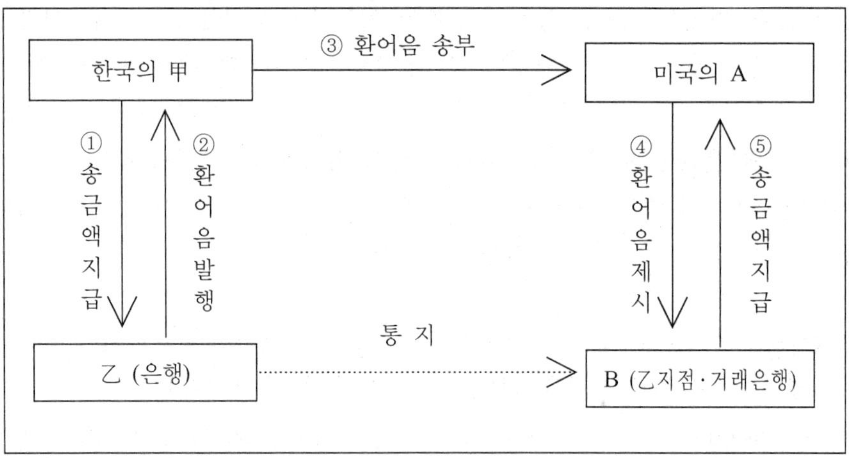

4. 擔保機能

은행이 貸付를 할 때 채권의 회수를 확보하기 위하여 借用證書 대신에 환어음을 받거나 또는 차용증서와 함께 借主가 인수한 환어음을 받는 경우가 있는데 이때 어음은 담보기능을 하게 된다. 이러한 대출을 어음대출이라고 하며, 이 어음을 貸付어음 또는 寄託어음이라고 한다.

또한 어음은 장래에 발생할 수 있는 채무, 즉 경업피지의무의 위반이나 불법행위로 인한 손해배상책임, 계속거래관계가 있는 자간의 매매대금채권 등을 담보하기 위하여 어음이 이용되기도 한다. 이상의 모든 경우에 어음상의 채무자가 채무를 이행하지 않을 때는 은행 등 증권의 소지인은 어음상의 권리를 행사한다.

제 3 절 約束어음의 經濟的 機能

약속어음은 신용기능, 담보기능, 추심기능 및 지급기능을 한다. 그러나 환어음이 3자간의 법률관계(발행인, 지급인수인, 수취인)인 것과는 달리 약속어음은 발행인과 수취인뿐인 2자간의 법률관계이므로 송금기능은 없다. 특히 약속어음의 담보기능과 신용기능은 국내거래에서 환어음의 경우보다 훨씬 두드러지게 이용된다. 예컨대 甲이 乙로부터 금전을 차용하거나 외상으로 물품을 구입하면서 장차의 채무이행을 담보하기 위하여 채무액 또는 그 이상의 액면으로 약속어음을 발행해주고, 채무를 변제할 때에 어음을 회수하기로 약속하는 것이다. 그리고 甲이 채무를 이행하지 아니하면 乙은 그 어음을 제시하여 어음금의 지급을 청구하거나 타인에게 양도하여 재권의 만족을 얻는 것이다. 後述하는 바와 같이 어음금청구소송은 특히 신속하고, 이 소송에서는 어음소지인이 매우 유리한 입장에 서는 까닭에 어음의 擔保價値가 매우 높다고 할 수 있어 어음은 빈번히 원인채권의 담보수단으로 쓰인다.[7)]

7) 이철송, p.4.

제 4 절 手票의 經濟的 機能

수표의 경제적 기능으로서 중요한 것은 지급기능과 송금기능이며, 특히 신용기능을 가지지 않는다는 점에서 어음과 구별된다. 우리나라의 수표법에서는 수표의 신용증권화를 방지하기 위하여 인수금지, 이자기재의 금지, 지급인의 보증·배서금지, 일람출급성의 인정 등의 규정을 두고 있다. 따라서 어음을 교부하고 매각하는 자는 현재 금전을 필요로 하여 신용을 창출하는 사람이며, 수표를 사용하는 자는 거래은행의 자기계좌에서 처분할 수 있는 금전이 있는 사람이라고 할 수 있다.

1. 支給機能

오늘날 경제규모가 확대됨에 따라 가계경제나 기업경제에 있어서 거래를 현금으로 결제하는 것은 계산상의 착오 또는 위험·불편이 따를 수 있기 때문에 전문지급기관인 은행을 지급인으로 하여 수표를 발행하면 안전하고 원만하게 지급의 목적을 달성할 수 있다. 수표를 이용하는 것은 자금을 은행이 보유하게 되어 국민 경제적으로 유용하며 통화절약의 효과가 생긴다. 기업은 거래은행과 당좌거래계약을 체결하고 당좌수표를 발행하며, 개인은 가계종합예금계약을 체결하고 가계수표를 발행하여 대금지급결제를 한다. 즉 수표를 발행하려면 은행과 예금계약이나 대월계약을 체결하고 은행으로 하여금 발행인의 예금 또는 대월계정에서 수표금을 지급할 것을 약정하는 계약이 있어야 한다. 또한 은행에 현금을 지급하고 자기앞수표를 교부받아 지급하기도 한다.

수표의 신용증권화를 방지하고 지급수단으로서만 이용될 수 있게 하기 위하여 수표법에서 인정하는 단기의 제시기간(발행일로부터 10일 이내), 일람출급식 등은 전술한 바와 같다. 다만 수표의 종래의 지급기능은 최근 새로운 제도인 은행의 지로제도, 전자자금이체제도, 신용카드 등에 의하여 대체되고 있는 실정이지만, 여전히 경제거래의 원활과 촉진에 크게 기여하고 있다.

2. 送金機能

수표는 송금수단이 되기도 한다. 환어음의 경우와 마찬가지로 송금인이 은행에 송금하고자 하는 금액을 납입하고 송금을 의뢰하면 은행은 수취인의 주소지에 있는 자기의 지점 또는 거래은행을 지급인으로 하고 송금을 받을 자를 수취인으로 하여 수표(송금수표)를 발행하여 송금인에게 교부한다. 송금인은 수취인에게 그 수표를 송부하고 수취인은 지급은행에 제시함으로써 송금목적을 달성한다. 이와 같이 수표는 은행을 지급인으로 하여 발행되는 것이므로, 은행의 전국적인 점포망을 이용하여 널리 송금수단으로 활용할 수 있는 것이다.

자기앞수표와 송금수표를 비교해 보자면 양자는 은행이 발행인이라는 점에서 같으나 자기앞수표의 경우에는 발행인과 지급인이 완전히 동일하지만 송금수표의 경우에는 지급인이 다른 점포 또는 거래은행이라는 점에서 상이하다.

제 5 절 어음·手票의 濫用

어음·수표는 기업뿐만 아니라 비상인간에도 신용기능·지급기능 등을 수행하는 현대 경제생활에서 필요불가결한 것이지만, 지식과 경험이 있는 자에 의하여 남용될 수 있는 가능성도 높은 것이다.

1. 無因性의 濫用

어음·手票는 原因關係에 의하여 아무런 영향을 받지 않는 점을 악용하여, 賭博債權 또는 暴利行爲 등 불법원인으로 인한 債權을 받기 위하여 어음·手票가 이용되는 경우가 있다. 즉, 원인관계가 무효인 경우에도 제3자가 선의로 취득하게 되면 원인관계에 기한 항변이 성립되지 않으므로 채무자는 지급의 책임을 면하지 못한다.

2. 要式性의 濫用

어음·手票는 가장 엄격한 要式證券으로서 그 要件의 하나라도 빠지면 無效가 되는 점을 악용하여, 어음·手票의 발행인 등이 故意로 어음要件의 일부를 누락시키거나 유해적 기재사항을 기재한 어음을 상대방에게 교부하고 나중에 그 어음·手票를 무효라고 주장하여 어음·수표상의 債務를 免하는 경우가 있다.

3. 抗辯切斷의 濫用

어음·手票의 債務者는 직접의 상대방에게 대항할 수 있는 原因關係上의 抗辯事由로써 이러한 사실을 모르고 어음·手票를 취득한 者에게 대항할 수 없는 점을 惡用하여, 단순히 타인에게 보이기만 하겠다고 하여 어음·手票를 발행받은 者 또는 原因關係가 소멸되었음에도 불구하고 어음·手票를 반환하지 않고 소지하고 있는 者가 자기의 債務를 변제할 목적 등으로 同어음·手票를 善意의 제3자에게 양도하여 同어음·手票의 발행인 등이 아무런 原因關係 없이 어음·手票上의 債務를 이행하여야 하는 경우가 있다.

4. 信用機能의 濫用

어음의 경우 滿期까지의 信用機能이 있는 점을 악용하여, 만기에 어음金을 지급할 능력이 없는 者들이 상호간에 融通어음을 발행하고 각자는 同어음을 타인으로부터 割引받아 資金을 조달하는 경우가 있다. 이러한 어음을 「騎乘어음」(빈어음 또는 공어음; Reitwechsel)이라고 한다. 기승어음은 만기에 부도가 될 가능성이 크며, 경우에 따라서는 허무어음이 기승어음으로 이용될 수 있는 것이기 때문에 민법 제103조(반사회질서의 법률행위)에 의하여 무효가 될 것이다.

어음의 인수인·발행인·지급인·배서인 등 모든 어음관계자나 그중 일부를 가설인으로 하거나 파산자등과 같이 자력이 없는 자로 하여 발행한 어음을 「虛無어음」(地下室어음)(Kellerwechsel)이라고 한다. 이러한 행위는 사기행위이며 유가증권의 위조행위가 될 것이다.

5. 어음·手票制度에 대한 批判

확실히 어음·수표제도는 기술적·법률적 지식이 풍부하고 경험이 많은 사람이 악용할 가능성이 있는 것이다. IMF 경제위기 이후에는 어음제도의 기초가 되고 있는 사회적 신뢰가 붕괴되고 기업의 연쇄도산이 나타나게 되었으므로 어음의 폐지론까지 나타났다. 그러나 어음·수표제도는 현대의 경제생활에서 필요불가결한 제도이고, 남용의 폐단보다 그 효용이 훨씬 크기 때문에 종래와 같은 남용을 방지하기 위하여 법률적·기술적 제도의 개선과 지식의 보급을 위하여 노력하여야 할 것이다. 특히 최근에는 새로운 제도인 Giro제도·전자자금이체제도·신용카드제도 등의 도입이 있었지만, 기업이나 비상인간에도 어음·수표가 끊임없이 사용되고 발전되고 있음을 감안하여 볼 때 성급한 폐지론이나 대체론 보다는 단속법규를 강화하는 등 남용의 폐해를 방지하기 위한 노력을 계속하여야 할 것이다.

제 6 절 어음의 分類

1. 委託어음

委託어음이란 발행인이 타인(위탁자)의 계산으로 발행한 어음이다.

2. 延期어음

延期어음이란 이미 발행된 어음의 만기가 도래하였을 때, 당사자의 합의하에 그 지급을 연기하기 위하여 발행한 어음이다. 改書어음(Prolongations wechsel)이라고도 한다. 그리고 이러한 행위를 어음의 改書라고 한다.

3. 貸付어음

貸付어음이란 금융기관 등이 금전소비대차에 있어 그 지급을 확보하기 위해 차용증서 대신으로 또는 차용증서와 함께 차주에게 교부하게 하는 어음이다.

4. 商業어음(Handelswechsel)

商業어음이란 실제상거래가 원인이 되어 발행되는 어음이다. 眞正어음 또는 實어음이라고도 하는데 그 배후에 상품의 수수가 있으므로 '商品어음'(Warenwechsel)이라고도 한다. 이것은 融通어음에 대응하는 명칭이다.

5. 單名어음

單名어음이란 어음상의 채무자의 수가 한명뿐인 어음이며, 어음대부나 어음할인 등의 거래에서 이용되는 용어이다. 約束어음의 경우는 발행인 한 사람만이 어음채무자이고 수취인은 은행이며 배서가 없는 경우를 가리키고, 환어음의 경우는 발행인이 동시에 지급인이면서 인수인인 어음으로서 은행이 수취인인 경우이다. 이에 대하여 어음채무자가 다수인 어음을 複名어음이라 한다.

6. 貨換어음

貨換어음이란 운송중의 화물을 담보로 하여 발행된 어음으로서 일종의 擔保附어음이다. 이에 대하여 물적 담보 없는 어음을 clean bill이라고 하여 貨換어음과 구별한다. 이것은 격지자 사이의 매매거래에 있어서 매도인이 신속하게 자금을 회수할 수 있기 때문에 많이 이용되고 있다. 貨換어음에는 화물을 대표하는 서류만이 첨부된 것과 이것에 상업신용장과 같은 물적 담보를 부여하는 증권이 첨부된 것의 두 가지가 있다.

7. 不渡어음

不渡어음이란 換어음의 인수인, 지급인 또는 約束어음의 발행인이 지급을 거절한 어음이다.

8. 融通어음(Gefälligkeitswechsel od. Finanzwechsel)

(1) 融通어음의 意義

融通어음이란 상업어음에 대한 관념으로서, 아무런 현실적 거래가 없이 오직 자금융통의 목적으로 발행된 어음이다. 舊債를 메우기 위하여 또는 자금의 일시융통을 위하여 이러한 어음이 발행되는 일이 많다. 이것을 財政어음이라고도 하고, '빈어음', '貸어음', '借어음'이라고 부르기도 한다.

또 타인에게 신용을 줄 목적으로 발행·배서·인수 등의 행위를 한 경우, 예컨대 은행이나 친족·친지 등이 好意引受(Gefälligkeitsakzept)와 好意背書를 하거나 委託어음을 발행하는 경우, 이 어음을 信用어음(Kreditwechsel)이라고 부르기도 하는데, 이것도 광의의 融通어음이다. 또한 融通어음이라 함은 타인으로 하여금 어음에 의하여 제3자로부터 금융을 얻게 할 목적으로 수수되는 어음을 말하는 것이므로, Y가 A에게 할인을 의뢰하면서 이런 어음을 교부한 것이라면 이는 원인관계 없이 교부된 어음에 불과할 뿐 融通어음이라고는 할 수 없다.[8)]

(2) 融通어음의 效力

融通어음은 발행인(약속어음) 또는 인수인(換어음)이 수취인에 대하여 금전을 지급할 원인채무 없이 발행된 것이므로, 당사자 사이에서는 이러한 사유를 항변으로 대항할 수 있다. 즉, 만기에 수취인이 어음금의 지급을 청구하여 오는 경우에는 어음채무자는 融通어음이라는 항변을 내세워 어음금의 지급을 거절할 수 있다. 그러나 融通어음이 수취인의 손을 떠나 제3자에게 배서 양도된 경우에는 사정은 달라진다.

① 제3취득자가 融通어음임을 몰랐을 경우에는 발행인은 融通어음임을 이유로 하여 어음금의 지급을 거절할 수 없다.

② 제3자가 融通어음임을 알고 이를 취득한 경우에 관하여도 발행인은 지급하여야 한다.[9)] 본래 融通어음은 그 발행인이 수취인으로 하여금 이것을 이용하여 금전의 융통을 받을 수 있도록 하기 위한 것이므로, 이것은 수취인으로부터 타인의 수중에 넘어가는 것을 당연한 운명으로 하고 있기 때문이다.

【대법원 1979.10.30. 선고 79다479 판결 : 제3자가 융통어음임을 알고 이를 취득한 경우에도 발행인은 항변을 제기할 수 없다는 판례】

타인의 금융 또는 채무담보를 위하여 약속어음(이른바 융통어음)을 발행한 자는 피융통자에 대하여 어음상의 책임을 부담하지 아니하나, 그 어음을 양수한 제3자에 대하여는 선의이거나 악의이거나 또한 그 취득이 기한후배서이었다 하더라도 대가없이 발행된 융통어음이었다는 항변으로 대항할 수 없다.

그러나 융통어음의 발행인은 융통어음수취인이 어음을 타에 담보로 제공하고 금원을 차용한 채무에 대한 보증책임까지 지는 것은 아니다. 즉, 융통자는 피융통자 이외의 제 3자에 대하여 어음금지급의무를 부담하는 이외에 당연히 피융통자의 보증인이 되는 것은 아니다.

---

8) 대법원 1996.5.14. 선고 96다3449 판결.

9) 정동윤, p.93; 최기원, p.76; 강위두, p.34.

【대법원 1987.4.28. 선고 86다카2630 판결】

융통어음의 발행인은 융통어음수취인이 어음을 타에 담보로 제공하고 금원을 차용한 채무에 대한 보증 책임까지 지는 것은 아니다.

어음행위를 한 자는 특별한 사정이 없는 한 어음상의 문언에 따라 어음상의 채무만을 부담하게 되므로 발행인이 약속어음을 자금융통을 위하여 발행하였다는 사유만으로는 수취인이 위 융통어음을 타에 담보로 제공하고서 금원을 차용한 채무를 보증한 것으로는 볼 수 없다.

【대법원 1994.12.9. 선고 94다38106 판결】

융통자는 피융통자 이외의 제3자에 대하여 어음금지급의무를 부담하는 이외에 당연히 피융통자의 보증인이 되는 것은 아니다.

융통어음을 발행한 경우에 융통자가 피융통자 이외의 제3자에 대하여 그 어음금지급의무를 부담하는 이외에 당연히 피융통자의 보증인이 된다는 법리는 있을 수 없다.

9. 割引어음

割引어음이란 할인받은 어음이다. 할인이라 함은 만기미도래어음의 소지인이 어음금액에서 할인료를 공제한 금액을 지급받고 그 權利를 양도하는 거래를 말한다. 양수인은 보통 은행이 된다. 일단 할인한 어음을 다시 할인하는 경우, 이 어음을 '再割引어음'이라고 하며 중앙은행에 의하여 再割引받을 수 있는 어음을 '適格 어음'이라고 한다.

10. 預金어음

預金어음은 어음이라는 문자를 사용하고 있기는 하나, 어음법상의 어음은 아니다. 주로 은행에서 예금을 찾아 그 현금을 타인에게 교부하고자 할 때, 이에 따르는 위험과 번잡을 덜기 위하여, 예금상환금액의 증서를 받는데 이를 예금어음이라 한다.

11. 기업어음(Commercial Paper, CP)

CP어음이란 기업자금의 조달을 위하여 발행되는 약속어음으로서 상거래의 뒷받침이 없는 融通어음이기 때문에 商業어음이라 하지 않고 속칭 企業어음 또는 新種企業어음이라 한다. 이것은 단자회사에서 기업의 신용을 조사하여 우량적격업체로 선정된 기업의 어음을 매입하여 다시 고객에게 매출한 것이기 때문에 단자회사의 신용으로 유통된다고 볼 수 있다. 그러나 단자회사가 무담보배서를 한 경우에는 부도가 나도 단자회사의 책임은 없으므로 주의할 필요가 있다.[10] 어음소지인은 할인기관에 대하여 매도인의 瑕疵擔保責任, 어음발행인에 대한 신용도의 조사에 있어서 과실이 있다거나 또는 그 신용도에 관한 진실에 반한 설명 등을 원인으로 한 不法行爲責任, C.P.어음의 매매가 소비대차의 성질도 함께 갖는다고 보아 借主로서의 변제책임 등에 근거하여 그 책임을 묻는 경우가 있다.[11] 신종기업어음은 액면이 3천만원 이상, 지급기일이 91일 이상 180일 이내 중도해약불가조건하에 연 4할의 범위 내에서 실세금리에 따른 선이자 및 제세금을 공제한 가격으로 매출한다는 특색이 있다.

12. 양도성예금증서(C.D.)

양도성예금증서(Certificate of Deposit; C.D.)는 금융통화운영위원회가 제정한 '양도성예금증서 발행업무와 수신이율 및 부대조건'에 의거하여 발행되는데, 최고 이율은 각 금융기관이 자율적으로 정할 수 있고 만기는 90일 이상 270일 이내이며(금융기관에 대한 발행은 30일 이상 270일 이내), 최저발행금액은 5백만원, 발행형식은 무기명 할인식이다. 양도성예금증서는 권리의 이전·행사에 증서가 필요하고, 은행이 지급을 약속한 증서로서 약속어음과 유사한 유가증권이다.

13. 表紙어음

表紙어음이란 금융기관이 보유하고 있는 割引어음(이를 '原어음'이라고 한다.)의

10) 대법원 1997.9.13. 선고 77다1136 판결은 어음상의 책임이 아니라 발행인의 신용도에 대한 조사에 과실이 있을 경우의 손해배상책임의 발생가능성을 시사하고 있다.

11) 정찬형, p.69.

일정범위 내에서 割引어음을 분할하거나 통합하여 은행을 발행인으로 하는 새로운 어음을 발행, 고객에게 판매하는 約束어음이다. 表紙어음은 기존의 할인어음(原어음)과는 전혀 별개의 어음으로서 은행이 발행인이 된다. 따라서 原어음의 부도 등에 상관없이 그 지급이 보장되고 일반 어음과 꼭 같이 배서에 의하여 양도할 수 있다. 表紙어음은 은행이 보유어음의 금액과 기간 내에서 고객의 투자여건에 맞추어 수신으로 유치할 수 있는 장점이 있다.

14. 貿易어음

貿易어음은 신용장 등을 받은 수출업자가 필요자금을 조달하기 위하여 수출품 선적 전에 수출대금의 범위 내에서 종합금융회사 또는 외국환은행 등의 금융기관을 지급인으로 하여 발행한 자기지시환어음이다. 수출업자는 수출상품의 선적 후에 신용장의 조건에 따라 환어음(貨換어음)을 발행하여 선적서류와 함께 貿易어음을 인수한 인수기관에 양도하면 인수기관은 이 貨換어음에 의하여 貿易어음의 결제자금을 상환한다.

貿易어음은 상업어음이고 할인어음이다. 貿易어음은 貨換어음과 같지만 수출품 선적 전에 발행되므로 선적 후에 발행되는 貨換어음과 차이가 있다. 기업의 자금조달 면에서 貿易어음은 환어음이지만 C.P.는 약속어음이므로 양자는 구별된다.

제2장 어음·手票行爲

제1절 어음·手票行爲의 意義

어음·手票上의 法律關係는 의사표시를 요소로 하는 법률행위에 의하여 발생하는 것이고, 어음·手票라는 증권 위에 한 법률행위를 어음행위·수표행위라고 한다. 따라서 어음·수표행위라 함은 의사표시를 요소로 한다는 점에서 일반 법률행위와 다를 바가 없으나 어음·수표상의 권리·의무를 변동시키는 것을 목적으로 하기 때문에 다른 법률행위와 구별하여 어음행위라고 부른다. 어음행위는 그 종류에 따라서 ① 형식설(기명날인 또는 서명을 요건으로 하는 요식의 증권적 법률행위라는 형식적 특색에 착안한 견해),[12] ② 실질설(어음상의 채무의 발생원인이 되는 행위라는 실질적 내용에 착안한 견해),[13] ③ 어음행위의 형식적 의미와 실질적 의미를 구분하여 정의하는 설(형식적으로는 기명날인 또는 서명을 요건으로 하는 법률행위이고 실질적으로는 어음상의 법률관계를 발생·변동케 하는 법률행위라는 견해),[14] 어음행위의 형식적 특성과 실질적 내용을 결합시켜 정의하는 설(기명날인 또는 서명을 요건으로 하는 요식의 서면행위로서 그 행위의 결과 어음·수표상의 채무를 부담하게 하는 행위라고 정의하는 견해)[15] 등이 있다. 따라서 형식적으로는 모든 어음·수표행위에 공통하는 기명날인 또는 서명을 불가결의 요소로 하는 서면행위로서, 어음·수표상의 권리를 변동시키려는 법률행위라고 정의하는 제3설이 타당하다고 생각된다.

어음·수표법은 어음·수표거래의 안전과 유통성 보호를 위하여 어음행위자의 책임을 인정하는 것이 원칙이다. 따라서 환어음의 경우에는 인수, 참가인수, 보증, 약속어음의 경우에는 발행, 보증, 수표의 경우에는 보증, 지급보증 등의 어음·수표행위자는 발행인이나 양도인 외에도 어음·수표상의 책임을 진다.

---

12) 강위두, p.49; 정찬형, pp.95; 이기수, p.136; 최기원 p.99.

13) 이범찬·최준선, p.88.

14) 이철송, p.53; 손주찬, p.36.

15) 정동윤, p.85.

제 2 절 어음·手票行爲의 種類

환어음행위에는 발행, 인수, 배서, 보증, 참가인수가 있고 약속어음의 경우에는 발행, 배서, 보증이 있으며, 수표행위의 경우에는 발행, 배서, 보증, 지급보증이 있다. 환어음·약속어음·수표의 경우에 발행, 배서, 보증은 공통하는 것이며, 특히 발행은 어음·수표를 창조하는 행위이므로 기본적 어음·수표행위라고 한다. 지급이나 참가지급은 변제 또는 변제에 유사한 행위이지만 어음·수표행위는 아니다. 그 이외의 어음·수표행위는 기본적 어음·수표행위 위에 하는 어음행위이므로 부속적 어음·수표행위라고 하고, 기본적 어음·수표행위가 형식적 하자로 인하여 무효가 되면 그 위에 한 모든 부속적 어음행위는 무효가 되지만 실질적 하자(어음행위자의 무능력·무권한 등)로 인하여 무효가 되더라도 그 위에 한 부속적 어음행위는 무효가 되지 않는다(어음·수표행위 독립의 원칙에서 상술함).

제 3 절 어음·手票行爲의 特性

어음이 발행되면 당사자들 사이에 권리·의무관계가 형성되며, 어음만의 발행이나 유통으로 어음상의 권리가 창설되거나 이전되기 때문에 일반 사법상의 법률관계에서 볼 수 없는 특수성을 갖게 된다.

1. 要式性

법률행위는 일반적으로 당사자의 자치에 의하여 이루어지며, 방식의 자유원칙이 적용된다. 그러나 어음·수표는 불특정 다수의 당사자간에 유통되는 것이고 이들의 이해에 영향을 미치는 것이므로 통일된 방식을 구비하여야 한다. 따라서 어음·수표행위는 어음法·수표법이 정하는 法定要件을 갖추어야 하며, 要件不備가 있으면 法이 특히 구제를 인정하지 않는 한 어음·수표행위는 무효가 된다. 이 특성은 어음의 유통성을 확보하고 취득자를 보호하기 위하여 方式의 自由原則을 배제한다.

2. 抽象性(無因性)

어음·수표행위는 매매·소비대차·도급 등의 원인관계를 결제하기 위한 수단으로서 행하는 것이 일반적이지만, 그 자금관계나 원인관계의 存否·無效·取消 등에 의하여 영향을 받지 않는다. 이러한 성질을 추상성 또는 무인성이라고 하며, 無色的性質, 中性的性質이라고도 한다. 어음·수표의 발행에 관하여 무조건 지급위탁을 하거나 지급약속을 하며, 어음채무자는 양도인에게 주장할 수 있는 인적항변으로써 양수인에게 대항하지 못하게 하는 것도 무인성을 나타내는 것이다.

어음·수표행위의 무인성은 어음授受의 직접당사자 사이에서는 인적항변을 주장할 수 있기 때문에 입증책임의 전환의 기능을 한다. 어음이 발행되지 않은 경우에는 채권자 B는 채무자 A에 대하여 매매대금을 청구하게 될 것이고, 이를 위하여 B는 A와 사이에 매매계약이 있었다는 것을 증명하면, A는 그 계약이 해제되었음을 주장·증명하여야 하고, B는 다시 해제사유가 없었음을 증명하여야 한다. 그러나 어음이 발행된 경우에는 B는 A에게 어음을 제시하여 청구하면 되고, 매매계약의 존재나 그 유효를 입증할 필요가 없다. A가 어음지급을 거절하기 위하여 계약이 이미 해제되었다는 사실 등을 증명하여야 한다.

【대법원 1997.7.25. 선고 96다52649 판결】

어음행위는 무인행위로서 어음수수의 원인관계로부터 분리하여 다루어져야 하고 어음은 원인관계와 상관없이 일정한 어음상의 권리를 표창하는 증권이라 할 것인바, 원인채무가 이미 변제된 약속어음을 소지함을 기화로 그 발행인을 상대로 어음금청구를 하였다 하더라도 어음행위의 무인성의법리에 비추어 그 소지인의 어음금청구가 바로 신의성실의 원칙에 어긋나는 것으로서, 권리의 남용에 해당한다고 볼 수는 없다.

【대법원 1989.10.24. 선고 89다카1398 판결】

어음행위는 무인행위로서 어음수수의 원인관계로부터 분리하여 다루어져야 하고, 어음은 원인관계와 상관없이 일정한 어음상의 권리를 표창하는 증권이라 할 것이므로, 이 사건 어음이 피고 주장과 같이 소외 신영찬에게 광업소 근로자들에 대한 노임체불사실이 있을 때에만 권리를 행사하기로 한 약정 하에 발행되었다 하더라도 이와 같은 사정은 어음의 원인관계에 기한 인적항변사유에 불과하고 어음상의 권리는 일단 유효하게 성립하였다고 보아야 할 것이다.

3. 文言性

어음·수표행위의 내용은 어음·수표상의 기재에 의해서만 정하여지며 어음 외의 합의나 기재되지 않은 실질관계에 의하여 영향을 받지 않는 성질을 문언성이라고 한다. 따라서 어음·수표행위의 해석에 있어서도 어음·수표상에 기재되지 않은 사실에 따라 행위자의 의사를 추측하거나 그 기재를 변경·보충하는 것은 인정되지 않는다. 어음행위의 무인성과 문언성이 결합되어 어음이 강력한 유통성을 조장한다. 어음의 법정기재사항에 흠결이 있을 경우 어음법에서 정하는 예외를 제외하고는 당사자의 의사를 추정하거나 의제하여 유효로 해석하거나 다른 행위로 전환하여 해석할 수 없다. 이와 같이 어음의 형식적 기재사항이 엄격히 존중되어야 함을 어음엄정의 원칙이라 하며, 이는 어음상의 권리를 확실하게 함과 아울러 어음당사자들에게 의무의 내용을 경고하는 기능도 한다.[16)]

4. 協同性

어음·수표행위는 모두 일정한 금액의 지급과 그 지급받을 지위의 유통성의 확보라는 공동목적을 가지고 있기 때문에, 이러한 협동성에서 어음채무자의 합동책임이나 어음단체와 같은 개념이 생긴다. 따라서 환어음의 발행·인수·배서 또는 보증을 한 자는 소지인에 대하여 합동책임을 지게 되며(어§47①, §77① 4호 약속어음에도 준용함), 수표상의 각 채무자는 소지인에 대하여 합동하여 책임을 진다(수§43①). 어음·수표행위의 협동성을 어음행위의 특성의 하나라고 보는 것에 대하여 이를 인정하지 않으려는 견해도 있다. 그러나 어음·수표행위자의 의사에 불문하고 어음법이 어음채무자의 합동책임을 규정한 것은 어음행위의 특성의 하나인 협동성을 반영한 것이다.[17)]

어음채무자의 合同責任은 ① 각 채무자마다 責任發生原因 및 責任範圍가 상이하고, ② 遡求義務者의 채무의 이행은 그 前者(遡求義務者)와 주채무자(換어음의 引受人 및 約束어음의 發行人)의 채무에 영향이 없으며, ③ 채무자의 1인에 대한 履行請求는 다른 채무자에 영향이 없고, ④ 어음채무자간에는 분담부분이 없는 점 등

---

16) 이철송, p.56.

17) 정찬형, pp.121-122.

에서 민법상의 連帶債務와 구별되고 있다.[18)]

5. 獨立性(어음·手票行爲獨立의 原則)

(1) 意 義

어음·手票行爲獨立의 原則이란 어음·手票行爲를 한 자는 그 전제가 되는 다른 사람의 어음·수표행위가 형식상의 흠결 이외의 사유(실질적 흠결)로 인하여 무효가 되어도 그 영향을 받지 않고 독립하여 자신이 행한 어음행위의 내용에 따라 어음·수표상의 채무를 부담하게 된다는 것이다. 이 원칙은 사법상의 일반원칙에 의하여 선행행위가 무효이면 후행행위도 당연히 무효가 될 것이지만 이에 대한 예외를 인정하여 어음의 유통성을 보호하고 어음거래의 안전 및 신용의 증대를 도모하는 것이다. 앞에 설명한 無因性은 어음행위가 그 동기가 된 원인관계에 의해 영향을 받지 않는다는 것임에 대해 어음행위독립의 원칙은 「어음행위와 어음행위」의 관계에 관한 것이다.[19)] 어음발행인의 기명날인이 위조로 무효인 경우 그 후의 배서도 당연히 무효가 된다고 하면 어음이나 수표를 취득하려고 하는 자는 그 어음이나 수표에 한 모든 행위에 대하여 유효·무효 여부라든지, 기명날인의 진위를 조사하여야 하기 때문에 어음거래의 신속과 안전을 해치게 된다.

어음행위의 흠은 어음행위의 形式要件을 결한 경우와 實質要件에 흠이 있는 경우로 나누어 볼 수 있다. 前者의 경우에는 그에 이어 인수·배서가 행해지더라도 일반원칙에 따라 전부 무효가 되며, 그 같이 처리하더라도 거래의 안전에 문제가 없다. 이러한 어음을 취득하는 자는 어음면을 보고 흠의 존재를 알 수 있기 때문이다. 하지만 後者의 경우, 예컨대 발행인이 無能力者라서 발행을 취소한 경우, 그 어음을 취득하는 자는 취소된 사실을 알지 못하므로 발행의 취소로 인해 引受, 背書가 따라서 효력을 잃는다면 예측하지 못한 손해를 입는다. 이러한 손해를 피하기 위해서는 어음을 취득하는 자가 자신에게 양도한 자의 어음행위뿐 아니라 그 전에 이루어진 모든 어음행위의 유효성을 확인해야 할 것인바, 그래야 한다면 어음의 유통성을 기대할 수 없다. 그러므로 어음법은 어음行爲獨立의 원칙을 취하여 後行行爲는 先行行爲의 무효·취소에 의해 영향을 받지 않고 독립적으로 그 행위의 효력에 따라 책임이 발생하도록 하고 있다.[20)]

---

18) 정희철, p.227.

19) 이철송, p.58.

어음·수표행위 중에는 발행과 같이 선행행위가 필요하지 않아서 오직 그 행위 자체의 효력만 문제가 되는 것도 있지만, 기타의 어음·수표행위는 다른 행위를 전제로 한다. 즉 인수는 발행을 전제로 하며, 배서는 발행 및 전배서를, 보증은 피보증인의 행위를, 참가인수는 피참가인의 어음행위를 전제로 한다. 반면 어음행위독립의 원칙으로 인하여 어음행위자들은 자신의 前者의 어음행위가 무효·취소될 경우 자신의 後者에 대해서는 책임을 지지만 前者에 대해서는 소구권을 행사하지 못하는 경우가 있다. 원인관계상의 채권을 행사할 수 있을 뿐이다.

(2) 根 據

① 實定法上의 根據

어음·수표법은 모든 어음·수표행위에 공통적으로 적용될 독립성에 관한 통칙적인 규정을 두지 않고 다만 발행에 관한 어음법 제7조와 수표법 제10조, 보증에 관한 어음법 제32조 2항과 수표법 제27조 2항에만 명시적인 규정을 두고 있다. 약속어음은 이 조문을 준용하고 있다(어§77②).

② 理論的 根據

어음·수표행위의 독립의 원칙을 인정하는 이론적 근거에 대하여 우리나라에서는 법이 인정하는 특칙설(정책설, 예외법칙설)과 어음·수표행위의 결과설(당연설, 당연법칙설)로 나뉘어져 있다. 특칙설에 의하면 선행행위가 무효이면 그것을 전제로 하는 후행행위도 무효가 된다는 사법상의 일반원칙이 어음·수표행위에도 적용되어야 할 것이나 어음·수표거래의 안전과 유통성을 조장하기 위하여 법이 정책적으로 인정하고 있는 특칙[21]이라는 것이다. 이에 대하여 어음·수표행위 결과설에 의하면, 1매의 어음·수표위에 한 수개의 행위는 제각기 별도의 서면에 한 것을 하나로 묶어서 하나의 어음·수표가 되는 것으로서 그 중 한 행위가 무효가 되더라도 다른 어음·수표행위의 유효·무효에 영향을 미치지 않는다는 것이다.[22] 이에 대하여 절충설은 발행이나 인수와 같이 다른 어음행위를 전제로 하지 않는 행위의 경우에는 어음행위독립의 원칙은 文言性에 따른 당연한 결과이고, 배서·보

20) 이철송, p.60.
21) 손주찬, p.71; 정동윤, p.157; 정찬형, pp.123-124; 이철송, pp.60-61; 강위두, p.75; 채이식, p.67.
22) 서정갑, p.89; 일본의 다수설.

증과 같이 다른 행위를 전제로 하는 어음행위의 경우에는 법이 인정하는 특례로 보기도 한다.[23]

생각건대 결과설의 입장은 어음행위의 성질에서는 당연할 수도 있지만 한 장의 서면에 순차로 이루어지는 행위를 상호연관이 없이 각각 존재하는 행위라고 보는 것은 타당성이 없는 의제이고, 일반사법상의 원칙에 대한 예외법칙인 점을 간과하고 있다. 특칙설(정책설)의 근거에 대하여 일치된 의견이 있는 것은 아니지만 특칙설(정책설)이 타당하다고 본다.

③ 適用範圍

i) 適用되지 않는 경우

ⓐ **先行行爲가 필요하지 않는 경우** : 이 원칙은 다른 어음·手票行爲를 전제로 하는 어음행위에 대해서만 의미가 있는 것이므로 발행과 같이 다른 어음·手票行爲를 전제로 하지 않는 것에는 이 원칙을 적용할 여지가 없다. 어음법과 수표법에서는 발행에 관한 장에서 어음(手票)行爲獨立의 원칙을 규정하고 있으나(어§7, 수§10), 이는 오히려 어음행위 일반에 적용되는 總則的인 규정이라고 보는데 異說이 없다. 그러므로 인수 역시 어음행위독립의 원칙의 적용대상으로서, 발행에 실질적인 하자가 있을 경우 引受人은 어음행위독립의 원칙에 의해 引受한 文言에 따라 책임을 진다고 보아야 한다.[24] 발행의 경우에는 발행인이 法定責任을 질뿐이다(어§9, §78, 수§12). 따라서 약속어음의 발행인은 주채무자로서, 환어음 및 수표의 발행인은 소구의무자로서 어음·수표행위 독립의 원칙과 무관하게 법정담보책임을 진다.

ⓑ **方式에 瑕疵가 있는 경우** : 이 원칙은 그 방식에 하자가 없는 어음·수표행위에 적용되는 것으로서 방식에 하자(형식상의 흠)가 있는 경우 예컨대 어음요건이 흠결되어 무효인 어음에 인수·배서·보증을 하여도 그 행위자는 책임을 지지 않는다. 이 원칙은 증권상의 요건불비가 명백하여 식별이 가능한 경우에는 어음취득자가 쉽게 이를 식별할 수 있기 때문에 이러한 어음을 취득한 자를 특히 보호할 필요가 없으므로 이 원칙이 적용될 여지가 없을 것이다.

ⓒ **어음·手票上의 채무가 소멸한 경우** : 이 원칙은 어음·수표행위의 효력발생을 전제로 하는 것이므로, 어음·수표상의 채무가 소멸한 경우에는 적용되지 않

23) 양승규, p.109; 서헌제, p.109.

24) 강위두, p.75; 서헌제, p.110; 정동윤, p.110; 정찬형, p.124; 정희철, p.99.

는다. 예컨대, 주채무자의 변제 기타의 사유로 인하여 어음채무가 소멸하면 당연히 보증인, 배서인 등의 책임도 모두 소멸하고 어음·수표행위독립의 원칙이 적용될 여지가 없다.

ii) 適用되는 경우

ⓐ **保證·引受·參加引受·支給保證의 경우** : 보증·참가인수·지급보증은 채무부담을 그 내용으로 하는 어음·수표행위이므로 이들에 대해서는 어음·수표행위 독립의 원칙이 적용된다. 따라서 그 전제가 되는 선행행위가 형식상의 흠결 이외의 이유로써 무효로 되더라도 보증인 또는 참가인수인의 채무부담행위는 무효가 되지 않는다(어§32②, §77③, 수§27②). 이에 대하여 인수를 발행의 경우와 동일하게 보아 인수에는 선행행위가 없으므로 어음행위독립의 원칙이 적용될 수 없다는 견해도 있으나,[25] 인수는 발행된 어음을 전제로 하는 것이므로 인수의 선행행위는 발행이라고 보아야 할 것이다. 그러므로 인수에도 어음행위 독립의 원칙이 적용되기 때문에 발행에 실질적인 하자가 있는 경우에도 인수인은 인수한 문언에 따라 책임을 지는 것이다.[26]

ⓑ **背書의 경우** : 어음·수표법은 배서에 대해 독립성을 인정하는 명시적 규정을 두지 않고 있다. 배서에 어음·수표행위 독립의 원칙이 적용되는가에 대하여 적용부정설과 적용긍정설이 대립하였으나, 현재는 적용부정설을 취하는 학자는 없다.[27]

a. 適用否定說

배서는 유효한 권리를 타인에게 이전하는 행위이므로 선행행위가 무효가 되어 배서인이 권리를 취득하지 못하면 후의 배서행위도 무효로 된다고 한다. 그러나 배서인이 선의취득자에 대하여 책임을 지는 것은 선의취득의 효과이며, 어음·수표행위 독립의 원칙이 적용되는 결과가 아니라고 본다. 그 근거로서 배서는 채무부담을 내용으로 하는 발행, 인수, 보증 등과는 달리 권리의 이전을 내용으로 하기 때문이다. 그리고 배서에 독립성을 인정하지 않더라도 선의취득자의 보호는 어음법 제16조 2항(어§77①, 수§21)의 규정에 의하는 것이기 때문에 문제가 되지 않는다고 한다.

---

25) 손주찬, p.73; 강위두, p.75; 최기원, p.107.

26) 정찬형, pp.125-126; 정동윤, p.158.

27) 이철송, p.63.

b. 適用肯定說

배서야말로 독립의 원칙을 필요로 하는 행위이고 어음법 제16조 2항(어§77①, 수§21)은 배서행위의 유효를 전제로 하여 선의취득자의 권리를 인정한 것이므로 독립의 원칙을 갈음하는 것은 아니라는 견해이다. 이 견해가 통설이다.[28] 즉 선행배서가 유효인 때에만 후행배서의 피배서인이 권리를 취득할 수 있는 것은 권리이전의 면에서 독립성이 없음을 의미하는 것이다. 이에 반하여 채무부담의 면에서 선행배서가 실질적으로 무효인 경우에도 후행배서가 무효가 되지 않는 것은 배서에도 어음·수표행위 독립의 원칙이 적용되기 때문이다.[29] 그러나 무담보 배서를 한 때에는 채권양도의 의사표시만 있을 뿐, 채무부담의 의사표시가 없어서 담보적 효력이 적용되지 않는다.

판례도[30] 배서에 어음행위독립의 원칙이 적용된다고 보고 있다. 즉, 「…어음의 最終所持人은 그 어음의 최초의 發行行爲가 僞造되었다고 하더라도 어음行爲獨立의 原則上 그 뒤에 유효하게 背書한 背書人에 대하여는 遡求權을 행사할 수 있다」고 판시하고 있다.

c. 독립의 원칙과 선의취득과의 관계

적용부정설에 의할 경우 예를 들어 발행인이 무능력을 이유로 발행을 취소하면 이후 배서도 무효로 되어 배서인은 담보책임을 부담하지 아니한다. 따라서 비록 소지인이 어음법 제16조 2항에 의해 선의취득을 한다고 하더라도 소지인은 발행인이나 배서인에 대해 어음금지급청구를 하지 못하며, 만일 보증인도 무자력이 될 경우 누구에게도 어음금을 받지 못하는 부당한 결과가 된다. 결국 이 견해는 배서에 있어서의 독립의 원칙과 선의취득의 법리를 혼동한 잘못을 범하고 있다고 하겠다. 즉 독립의 원칙은 배서의 담보적 효력을 바탕으로 하여 각 배서인이 독립적인 책임을 부담한다는 원칙임에 비해, 선의취득은 자격수여적 효력에 근거하여 권리를 인정하는 것이기 때문에 그 기초를 달리한다. 따라서 선의취득이 인정된다고 하여 담보적 효력을 부정하는 것은 법리에 맞지 않으며 선의취득자를 충분하게 보호하지 못하는 결과가 되어 부당하다.

ⓒ 취득자의 선의·악의

어음·수표행위 독립의 원칙은 어음·수표의 선의취득자에게만 적용되는 것인가

28) 강위두, p.76; 손주찬, p.74; 정동윤, p.161; 최기원, p.103; 양승규, p.111; 이범찬, p.24; 이철송, p.63.
29) 최기원, p.104.
30) 대법원 1977.12.13. 선고 77다1753 판결.

상대방이 악의인 경우에도 적용될 것인가가 문제이다. 예컨대 발행인이 미성년자로서 부모의 승낙도 없이 자동차를 사고 어음을 발행하였다는 사실을 소지인이 알고 있는 경우, 그 악의의 소지인에게 배서인이 담보책임을 부담하는가이다. 이에 대하여 국내에서는 선의·악의를 불문한다는 견해가 다수설이지만[31] 선의자에 대해서만 적용된다는 소수설도 있다.[32] 소수설은 독립의 원칙이 어음·수표의 선의취득자를 보호하기 위해 특히 인정한 제도라는 것을 근거로 하고 있으며, 무효인 어음인줄 알면서 어음을 취득한 자를 위해 어음의 신용을 높여야 한다는 것은 법의 이념에 반한다고 한다. 이에 대하여 다수설은 독립의 원칙이 단순히 선의취득자 보호에서 한걸음 더 나아가 어음·수표행위의 확실성을 높이고 또 어음·수표의 신용을 증진시키기 위한 제도라는 것을 근거로 한다.

소수설에 의하면 배서인은 악의의 취득자에게 소구의무를 부담하지 않는다고 보는 데 비해 다수설은 소구의무를 부담한다고 본다. 그러나 다수설에 의할 경우에도 악의의 소지인은 선의취득 요건을 구비하지 못하여 어음상 권리를 취득하지 못하기 때문에 배서인에게 소구권을 행사할 수 없다. 또 소수설은 어음이 선의의 소지인에게 배서되면 소지인은 선의취득을 하기 때문에 배서인은 모두 소지인에게는 소구의무를 부담한다고 보며 이 점은 다수설도 마찬가지이다. 따라서 소수설이나 다수설 중 어느 견해를 취해도 악의취득자는 배서인에게 소구권을 행사하지 못하고 선의취득자만 소구권을 행사할 수 있다는 점에서는 차이가 없다.

다만 그 이론구성에 있어서 소수설에 의할 경우에는, 배서인은 악의취득자가 어음을 소지하고 있을 때에는 소구의무가 없다가 선의취득자가 취득하면 소구의무가 새롭게 발생한다고 설명하는데 대하여, 다수설에 의할 경우에는 취득자의 선의·악의를 불문하고 배서인이 배서를 할 때 소구의무가 발생한다고 본다. 생각건대 어음·수표행위 독립의 원칙은 어음·수표행위자의 채무부담의 측면에서 독립성을 말하는 것으로서 상대방의 선의취득여부와는 관계없다. 따라서 어음·수표행위 독립의 원칙은 상대방의 주관적 요소인 선의·악의와 상관없이 적용된다는 다수설이 타당하다고 본다.

---

31) 정희철, pp.78-79; 손주찬, p.73; 양승규, p.112; 정동윤, p.164; 강위두, p.544; 이범찬, p.272; 이기수, p.167; 채이식, p.253; 정찬형, p.128.

32) 최기원, p.111; 이철송, p.65.

제 4 절 어음·手票行爲의 成立要件

일반법률행위는 방식의 자유가 허용되므로 법률행위의 적법·타당, 행위자의 능력, 의사와 표시의 일치 등 실질적 요건을 갖추면 유효하게 성립하고 형식에 대하여 특별한 제한이 없지만 어음·수표행위는 요식의 증권적 법률행위이므로 유효하게 성립되기 위해서는 증권의 작성행위와 유효한 교부행위가 있어야 한다. 증권의 작성행위는 법률행위를 할 수 있는 요건을 갖춘 행위자가 증권상에 법정사항을 기재하고 기명날인 또는 서명하여야 한다. 이하에서는 형식적 요건과 실질적 요건을 살펴보고, 교부행위에 대해서는 어음이론에서 설명한다.

1. 形式的 要件(證券의 作成)

어음·수표행위가 유효하게 성립하기 위해서는 우선 그 意思表示가 法定方式에 따라 증권상에 기재되어야 한다. 그리고 기명날인 또는 서명을 하여 그 형식을 갖추어야 한다. 발행은 그 증권을 작성하는 행위이지만 기타의 부속적 어음·수표행위는 이미 작성된 어음·수표에 하게 되며, 특히 배서나 보증 등은 보전이나 등본에 기재할 수도 있다.

(1) 方 式

각 어음·수표행위는 법정된 방식에 따라서 하여야 한다. 어음행위자의 의사표시가 증권화되어 다수인 사이에 유통되기 위해서는 모든 당사자들이 단일한 의미를 부여할 수 있도록 의사표시가 정형화 되어야 한다. 의사표시의 정형화는 두 가지 측면에서 요구된다.[33] 첫째는 의사표시의 '내용의 정형화'이다. 어음법에서는 일반 私法上의 거래에서처럼 다양한 내용의 의사표시를 허용하지 않고 최소한의 의사표시의 내용을 요구하는 동시에 추가할 수 있는 내용의 한계를 설정하고 있다. 둘째는 의사표시의 '방법을 규격화'하고 있다. 어음행위자의 의사표시가 법이 정한 방식에 따라 표시되어야 하는 것이다. 그래서 어음·수표법은 어음행위별

33) 이철송, p.71.

로 그에 부합하는 의사표시의 내용과 방법을 정형화하여 규정하고 있다. 그러나 한 어음·수표행위가 다른 어음·수표행위를 전제로 하는 경우에는 그 고유한 방식 외에 전제가 되는 다른 행위의 방식도 구비하여야 한다. 그러므로 그 요식성은 다른 유가증권에 비해 특히 엄격하여 그중 어느 하나가 구비되어 있지 못하면 그 어음·수표행위는 무효가 된다. 예를 들어 배서의 방식은 구비하고 있으나 그 전제가 되는 발행의 방식을 구비하지 못한 때에는 배서 자체도 무효가 된다. 방식은 어음·수표행위마다 다르지만 모든 어음·수표행위에 공통된 방식은 어음행위자를 표시하는 기명날인 또는 서명이다.

법정된 방식에 대하여 발행은 어음법 제1조, 제75조, 수표법 제1조에서 규정하고 있으며, 배서는 어음법 제13조, 제77조 제1항 제1호, 수표법 제16조에서 규정하고 있다. 그리고 보증은 어음법 제31조, 제77조 제3항, 수표법 제26조에, 인수는 어음법 제25조 등에서 규정하고 있다.

(2) 記名捺印 또는 署名

① 意 義

모든 어음행위의 형식적 요건으로서 공통된 요건은 어음행위자의 기명날인 또는 서명이다. 기명날인 또는 서명(signature)이란 어음·수표에 행위자의 명칭을 기재하고 그의 의사에 의하여 인장을 날인하거나 서명하는 것이다. 1995년 어음법 및 수표법의 개정으로 인하여 상거래의 국제화 추세에 맞추게 되었기 때문에 어음·수표행위자는 기명날인과 서명을 선택적으로 사용할 수 있게 되었다. 어음행위자의 기명날인 또는 서명은 어음행위에 불가결한 요소이기 때문에 기명날인 또는 서명이 없는 어음행위는 절대로 무효가 된다.

기명날인 또는 서명을 요구하는 이유는 행위자로 하여금 어음·수표상의 책임을 질 것을 자각시키려는 주관적 이유(행위시에 신중을 기하게 함)와 행위자의 필적과 인영을 남기게 하여 취득자로 하여금 행위자가 누구임을 알 수 있게 하고 동시에 어음·수표행위의 위조를 방지(행위자의 동일성 공시, 증명방법 정형화)하려는 객관적 이유를 들 수 있다.

② 自然人의 記名捺印 또는 署名

행위자의 명칭은 自署·타이프·인쇄·姓名印 등으로 기재할 수 있으며, 성명·상호·아호·통칭 등(어음행위자를 특정할 수 있는 한 유효함)을 사용할 수도 있다. 인장은 기명자의 명칭과 일치할 필요가 없고 기명자의 동일성이 식별될 수 있으면 된다는 것이 통설·판례의 입장이다.[34] 印影上의 문자와 기명이 일치하지 않는 경우, 어음행위는 기명되어 있는 자가 한 것으로 본다.[35] 그러나 기명만 있고 날인이 없는 경우뿐만 아니라 날인만 있고 기명이 없는 것도 무효이다.[36] 商人이 어음을 발행하거나 배서하면 상인 자신의 성명 대신 상호만을 기재하는 예가 있다. 통설은 이를 유효로 보는 듯하다.[37]

拇印도 날인으로서 유효하다는 견해가 있으나 무인 기타 지장은 일반인으로서는 식별이 곤란하기 때문에 날인으로 볼 수 없다는 것이 통설과 판례[38]의 입장이다.

서명은 행위자가 자신의 의사로써 직접 자신의 명칭을 기재하는 것으로서 별도로 인장을 압날할 필요가 없다. 서명은 성명을 기재하여 어음행위자가 누구인가를 나타내는 방법이므로 그 외관은 성명의 식별이 가능하도록 하여야 한다. 따라서 흔히 '사인'(signature)이라 하여 筆跡의 고유성을 나타내기 위해 성명의 일부 또는 전부를 도형화하여 표시하는데, 이를 통해 서명자의 성명을 식별할 수 없다면 서명이라 할 수 없다. 판독할 수 있는 성명을 수기하고 그 옆에 이같은 사인을 하는 것은 무방하다. 이와 같이 서명은 행위자의 자필의 성명서명을 의미하므로 타이프라이터나 스탬프, 모사 등은 서명이 될 수 없다. 종래에는 외국인의 경우에만 서명만으로써 어음·수표행위를 할 수 있었으나 1995년 어음법·수표법 개정으로 內國人도 서명만으로써 어음·수표행위를 할 수 있게 되었다. 이에 대하여 일본의 실정을 보면 자서를 하는 경우는 드물고 여전히 기명날인 하는 방식이 관행이라고 한다.

【대법원 1969.7.22. 선고 69다742 판결】

약속어음의 발행에 있어서 발행인의 기명날인이 필요요건으로 되어 있으나 그 기명에 있어서는 반드시 공부상의 명의와 동일함을 필요로 하지 않으며, 발행인의 의사에 의하여 발행되었다고 인정되는 이상 외형상 발행인의 기명이 있는 것으로 보여지면 되는 것이고 반드시 발행인의 본명을 기입하여야 되는 것은 아니라고 할 것인바, 원심은 이 사건 약속어음이 피고의 의사에 의하여 발행되었다고 인정하고

34) 최기원, p.114; 이범찬·최준선, p.90; 대법원 1978.2.28. 선고 77다2489 판결.

35) 이철송, p.76.

36) 대법원 1962.1.31. 선고 4294민상200 판결; 동 1999.3.9. 선고 97다7745 판결.

37) 강위두, p.63; 정동윤, p.87; 정찬형, p.99; 이기수, p.137. 반대설, 이철송, p.74.

38) 대법원 1956.4.26. 선고 4288민상424 판결; 동 1962.11.1. 선고 62다604 판결. 이에 대하여 무인만큼 확실한 것이 없으므로 날인으로서 유효하다는 견해, 정희철, p.64; 田中誠二, 130面; 鈴木竹雄, 129面.

있는 것이므로 피고의 본명이 '정창균'임에도 불구하고 '정창규'라고 기명하였다고 하여도 창균이라는 피고의 도장을 찍은 이상에는 약속어음으로서의 유효조건을 결여하였다거나 피고가 발행한 것이 안 된다고는 할 수 없으므로 원심이 이 사건 약속어음을 피고가 발행한 것으로 인정한 조처에 위법이 없다.

【대법원 19978.2.28. 선고 77다2489 판결 : 어음상의 기명날인이 반드시 기명과 날인이 일치할 필요가 있는지 여부】

어음의 법정요건의 구비여부는 그 어음면의 문면자체에 의하여 외관적으로 이를 판단하면 족하고, 어음면의 기재가 어떤 객관적인 사실과 일치하지 않더라도 어음으로서의 효력에는 아무런 지장이 없다고 하는 것이 본원의 판례이고(1961.8.10 선고, 4293민상714호 판결참조), 또 어음법상의 기명날인이라는 것은 기명된 자와 여기에 압날된 인영이 반드시 합치됨을 요구한다고 볼 근거는 없는 것이므로, 본건에서 원심이 인정한 바와 같이 위 약속어음에 피고 황택임의 기명이 되고 거기에 어떤 인장이 압날되어있는 이상 그 인영이 서상길로 되어 있는 이상 그 인영이 서상길로 되어있어 비록 그 기명과 일치되지 않는다 할지라도 이 약속어음의 문면상으로는 기명과 날인이 있는 것이 되어 외관상 날인이 전연 없는 경우와는 구별이 되어야 할 것이다.

【대법원 1962.11.1. 선고 62다604 판결】

배서날인에는 기명무인은 포함되지 않으므로 기명무인으로서 한 어음행위는 무효라 할 것이어서 약속어음에 수차 배서가 될 경우에 시초에만 배서가 기명무인이 되었다면 그 어음에는 본조가 규정한 배서의 연속이 없고 위 무효인 배서이후의 어음취득자는 배서의 연속에 의하여 그 권리를 증명한 자라 할 수 없다.

③ 法人의 記名捺印 또는 署名

법인이 기명날인 또는 서명을 하는 경우에는 法人의 명칭과 代表關係를 표시하고 代表者가 기명날인 또는 서명을 하여야 한다. 그러므로 대표기관이 法人名을 기재하고 法人印을 날인한 것만으로는 法人의 記名捺印으로 볼 수 없다.[39] 또한 법인의 명칭만 표시하고 대표기관의 표시가 없이 자연인의 기명날인만 있는 경우나 법인의 표시를 결한 경우에는 法人의 기명날인으로 인정할 수 없다.[40] 법인의 행위는 대표기관을 통해서만 실현될 수 있으며, 어떠한 대표기관에 의하여 발행되었는가 하는 것을 명확히 표시하여야 하기 때문이다.

39) 대법원 1964.10.30. 선고 63다1168 판결; 정희철·정찬형, p.11; 서돈각·정완용, p.67; 정동윤, p.133; 이범찬·최준선, p.92.

40) 대법원 1979.9.13. 선고 79다15 판결; 동 1959.8.27. 선고 429민상287 판결.

그러나 甲주식회사 A라고 기재하고 등록된 대표이사 A印이라는 직인을 사용한 경우 회사에 책임이 있으며, 대표이사 대신에 「이사」라고만 쓴 경우에도 회사의 책임을 인정한 판례가 있다.[41)]

【대법원 1994.10.11. 선고 94다24626 판결】

갑 회사의 대표이사인 을이 그 재직기간 중 수표에 배서함에 있어서 회사의 대표이사의 자격으로 '갑 주식회사, 을'이라고만 기재하고, 그 기명 옆에는 '갑 주식회사 대표이사'라고 조각된 인장을 날인하였다면 그 수표의 회사 명의의 배서는 을이 갑 회사를 대표한다는 뜻이 표시되어 있다고 판단함이 정당하다.

【대법원 1979.3.27. 선고 78다2477 판결】

원래 약속어음의 발행인 명의가 단순히 '홍경민'으로만 되어 있고 동인이 피고회사를 위하여 발행하였다는 뜻이 표시되어 있지 않은 이상 비록 그 명하에 날인된 인영이 피고회사의 대표이사 직인이라 할지라도 그 어음은 동 소외인이 피고회사를 대표하여 발행한 것이라고 볼 수 없다.

【대법원 1969.9.23. 선고 69다930 판결】

소외 전명형은 피고 회사의 대표이사로 재직하는 동안에 어음발행함에 있어서 명의표시와 날인형식의 예에 따라 피고 회사 대표이사 자격으로 '화성건설주식회사 전명형'이라고 표시하고 등록된 '대표이사 전명형인'이라고 된 회사 대표이사 직인을 날인하여 이 사건 어음2장을 발행하였다는 것이므로 피고 회사는 어음상의 의무가 있다고 할 것이다.

④ 法人格 없는 團體의 記名捺印 또는 署名

조합이 어음·수표행위를 할 때는 법인격이 없기 때문에 원칙적으로 조합 자체가 어음행위를 할 수 없고 조합원 전원이 기명날인 또는 서명을 하여야 한다. 그러나 조합원의 수가 많은 경우에는 조합원 전원이 기명날인 또는 서명하기가 현실적으로 불가능하므로 실제의 관행은 대표조합원이 대표자격을 표시하고 전조합원을 대리하여 기명날인 또는 서명을 한다.[42)] 권리능력 없는 사단의 경우에도 대표자가 사단의 명칭과 대표자격을 기재하고 기명날인 또는 서명을 하면 된다. 학교법인의 경우에 법인명의의 어음·수표발행이 아니고 대학장명의의 어음·수표가 발행되었다면 대학장 개인의 어음·수표발행으로 보아야 할 것이다.

---

41) 대법원 1969.9.23. 선고 69다930 판결; 동 1974.6.25. 선고 73다1412 판결.

42) 대법원 1970.8.31. 선고 70다1360 판결.

【대법원 1970.8.31. 선고 70다1360 판결 : 조합대표가 조합의 명칭과 그 대표 자격을 표시하고 기명날인한 경우에도 전조합원의 어음행위로서 유효하다는 판례】

조합이 어음행위를 하였을 경우에는 그 조합원이 위 어음행위로 인한 권리의 취득 또는 의무의 부담을 하는 것이고 조합자체가 위 어음행위로 인한 권리취득이나 의무부담을 하는 것은 아니다. 조합의 어음행위는 전조합원의 어음상의 서명에 의한 것은 물론 대표조합원이 그 대표자격을 밝히고 조합원 전원을 대리하여 서명하였을 경우에도 유효하다고 하여야 할 것이다. 그리고 조합의 대표조합원이 그 대표자격을 밝히고 어음상의 서명을 하는 경우에는 그 조합의 대표자격을 밝히기만 하면 유효한 것이며 반드시 어음행위의 본인이 되는 전조합원을 구체적으로 표시할 필요는 없다 할 것이다.

【대법원 1956.9.22. 선고 56다276 판결 : 학교법인의 명의가 아닌 대학장 명의의 수표발행의 효력여부】

재단법인 항도학원 경영의 항도고등학교 교장이 '항도고등학교장'이라는 직명을 표시하여 수표를 발행한 경우에, 재단법인이 그 사업으로 경영하는 학교는 교육을 위한 시설에 불과한 것이므로 학교 자체는 권리의무의 주체가 될 수 없고, 이는 위 재단법인을 대표하여 발행된 것이라고도 볼 수 없다.

【대법원 1971.2.23. 선고 70다2981 판결 : 학교법인의 명의가 아닌 대학장 명의의 약속어음발행의 효력여부】

학교법인의 사업체에 불과한 학교로서는 권리의무의 주체로 될 수 없는 것이므로 '청구대학장 최해청'이라는 직명은 권리의무의 주체로서 표시될 수 없고, 따라서 '청구대학장 최해청'이란 직명으로 발행된 위 약속어음은 최해청 개인의 이름으로 발행된 것으로 보아야 한다.

⑤ 기명날인·서명의 대행

기명날인은 자필서명을 뜻하는 것이 아니므로 타인이 어음행위자 본인의 기명을 하고 본인의 인장을 압날하는 이른바 기명날인의 대행도 허용된다. 기명날인의 대행에는 대행자가 본인의 지시에 의해 어음면을 작성한 후 기명날인하는 사실적 대행과 대행자가 본인의 수권에 의해 본인을 대신하여 의사결정을 하는 대리적 대행이 존재한다. 서명의 대행이란 타인이 대리인으로서가 아니라 본인의 성명을 手記하는 행위 자체를 대신해 주는 것이다. 이 때 대행자는 어음행위자로부터 대행의 授權을 받아야 한다. 서명이 '자필'기명임을 강조한다면 이론상 대행이 있을 수 없다. 그러나 실제는 서명의 대행이 많으리라 짐작된다. 기명날인의 대행이나 서명의 대행이 본인의 수권 없이 이루어진다면 위조가 되고, 일정한 요건아래서 표현대리가 될 수 있다.

《換어음의 表面》

No.123(16) 환 어 음(1)a

인수(17)	년 월 일
	(18)
丙	印 (19)

광주광역시 동구 서석동 375-1 (13)
丙 (10) 귀하

금 壹阡萬원整(2)a
₩10,000,000(2)b
위의 금액을 이 환어음(1)b과 상환하여
乙(8) 또는 그 지시인에게 (15)a 지급하여
주십시오(9)a

거절증서 작성 불요(14)

지급기일 년 월 일 (3)
지 급 지 광주광역시 동구(4)
지급장소 A銀行 광주지점(11)

발행일 년 월 일(5)
발행지 지산동 (6)
주 소 광주광역시 동구
지산동 1(12)
발행인 甲印(7)

《約束어음의 表面》

No.123(16) 약 속 어 음(1)a

광주광역시 동구 서석동 375-1
乙 (8) 귀하

금 壹百萬원整(2)a
₩1,000,000(2)b
위의 금액을 귀하 또는 귀하의 지시인에게 (15)a
이 약속어음 (1)b과 상환하여 지급하겠습니다(9)b

지급기일 년 월 일 (3)
지 급 지 광주광역시 동구(4)
지급장소 A銀行 광주지점(11)

발행일 년 월 일(5)
발행지 동구 (6)
주 소 광주광역시 동구
지산동 1(12)
발행인 丙印(7)

《換어음 · 約束어음의 裏面》

앞면에 적은 금액을 丁(21) 또는 그 지시인 (15)b에게 지급하여 주십시오(22) (목적 또는 부기) 거절증서의 작성의무를 면제함(14) 년 월 일(23) 주소 광주광역시 북구 오치동 375 (24) 성명 乙 印(20)
앞면에 적은 금액을 戊(25) 또는 그 지시인 (15)b에게 지급하여 주십시오 (목적 또는 부기) 거절증서의 작성의무를 면제함(14) 년 월 일(23) 주소 성명 丁 印(26)
앞면에 적은 금액을 (27) 또는 그 지시인 (15)b에게 지급하여 주십시오 (목적 또는 부기) 거절증서의 작성의무를 면제함(14) 년 월 일(23) 주소 성명 戊 印(28)
앞면에 적은 금액을 틀림없이 받았음 년 월 일 주소 성명 印

(1)ab는 어음文句, (2)ab는 어음金額, (3)은 滿期, (4)는 支給地, (5)는 發行日, (6)은 發行地, (7)은 發行人의 記名捺印, (8)은 受取人, (9)a는 支給委託文句, (9)b는 支給約束文句이며, (10)은 支給人인데, 이것들은 기본어음으로서 갖추어야 할 요건, 즉 必要的 記載事項이다(約束어음에는 (10)은 없다).

(11)은 지급장소(제3자方支給文句), (12)는 發行人의 명칭에 附記한 地(肩書地), (13)은 支給人의 명칭에 附記한 地(肩書地), (14)는 無費用償還文句인데 이것들은 有益的 記載事項이다.

(15)ab는 指示文句, (16)은 어음번호인데, 이것들은 無益的 記載事項이다.

(17)은 引受文句, (18)은 引受日字, (19)는 引受人의 記名捺印이고, (20)은 第一背書의 背書人의 記名捺印, (21)은 第一背書의 被背書人, (22)는 背書文句, (23)은 背書日字, (24)는 背書人의 주소, (25)는 第二背書의 被背書人, (26)은 第二背書의 背書人의 記名捺印, (27)은 第三背書의 被背書人欄(白地背書의 경우), (28)은 第三背書의 背書人의 記名捺印이다.

《手票의 表面》

No.(10) 당 좌 수 표(1)a

광주광역시(8)

주식
A銀行 지산지점 앞(9)
회사

금 壹百萬원整(2)a ₩1,000,000(2)b

위의 금액을 이 수표(1)b와 상환하여 소지인에게(3) 지급하여 주십시오(4)
2000년 8월 8일 (5)

발행지 광주광역시 북구 오치동 375(6)
발행인 甲 印(7)

《手票의 裏面》

광주광역시 동구 서석동 1(11)
乙 印(12)

(1)ab는 手票文句, (2)ab는 手票金額, (3)은 所持人出給文句, (4)는 支給委託文句, (5)는 發行 日, (6)은 發行地, (7)은 發行人의 記名捺印, (8)은 支給地, (9)는 支給人인데, 이것들은 手票의 必要的 記載事項이다.

(10)은 手票番號, (11)은 背書人의 주소, (12)는 背書人의 記名捺印이다.

2. 實質的 要件

어음·수표행위가 유효하게 성립하기 위해서는 이상과 같은 형식적 요건 외에 행위자에게 어음·수표능력이 있어야 하고 그 의사표시에 하자가 없어야 한다. 그러나 이 부분에 대해서 어음·수표법은 아무런 규정을 두고 있지 않으므로 민법상의 법률행위에 관한 일반원칙에 따르지 않을 수 없다. 다만 어음·수표행위의 특성상 위의 규정이 수정되는 경우는 있을 것이다. 어음행위의 실질적 요건으로서 ① 당사자의 能力이 있을 것 ② 어음행위의 목적이 가능·적법·사회적 타당성을 가져야 하며 확정할 수 있을 것 ③ 의사와 표시가 일치하고 의사표시에 하자가 없을 것을 요구한다. 그런데 어음행위의 무인성·추상성 때문에 불가능하거나 확정할 수 없는 것이 아니며, 무색적 성질로 인하여 그 자체가 사회적 타당성이 없거나 강행법규에 반하는 경우는 없다. 따라서 ②의 경우는 문제될 것이 없다.

(1) 어음·手票 能力

어음·수표능력에는 어음·수표행위의 주체가 될 수 있는 어음·수표권리능력과 스스로 어음·수표행위를 할 수 있는 어음·수표행위능력이 있다.

① 어음·手票 權利能力

어음·수표권리능력이란 어음·수표상의 권리자와 의무자가 될 수 있는 능력으로서 일반사법상의 권리능력이 있는 자는 어음·수표권리능력이 있다.

따라서 자연인은 생존하는 동안 당연히 어음·수표권리능력을 갖게 되며, 비영리법인의 경우 권리능력이 정관소정의 목적범위내로 제한된다고 하더라도 금전거래의 수단인 어음·수표행위는 비영리법인의 목적범위 내에 속한다고 할 것이다. 또한 비영리법인이 정관소정의 목적범위 외의 행위를 하고 이를 결제하기 위하여 어음·수표행위를 했다면 이는 원인관계로 인한 인적항변의 문제가 생길 뿐이고 어음·수표행위의 추상성으로 인하여 그 어음·수표의 효력에는 영향을 미치지 않는다.

영리법인인 회사의 경우 정관소정의 목적에 의한 제한설에 따르면 비영리법인의 경우와 같은 결론에 이르게 되며, 제한부정설(무제한설)에 따르면 당연히 어음·수표행위는 회사의 행위가 된다. 영리회사는 목적 여하에 불문하고 어음상의 권리능력이 있다고 해야 할 것이다. 또한 공법인도 금전거래 등의 주체로 어음·수표권리능력이 있다.

권리능력 없는 사단의 대표자가 사단명을 기재하고 어음행위를 한 경우에는 그 단체의 구성원이 어음행위를 한 것으로 보아야 할 것이므로 법인이 아닌 사단에게도 어음상의 권리능력이 있다고 할 것이다.[43] 판례의 취지도 이와 같다.[44] 그

---

43) 이석형, "법인아닌 사단·조합의 어음행위", 「어음·수표법에 관한 제문제」 법원행정처 재판자료 30(1986), p.69 이하; 강위두, p.56; 정찬형, pp.103-104; 정동윤, p.91; 채이식, p.34; 이기수, p.141;

러나 이에 대하여는 권리능력 없는 사단의 사원이 사단을 위하여 어음·수표행위를 한 때에는 대표자가 책임을 진다는 견해(代表者責任說),[45] 사단의 재산만으로 책임을 진다는 견해(社團責任說),[46] 구성원이 공동으로 어음상의 책임을 진다는 견해(構成員共同責任說) 등이 있다. 그러나 어음행위가 사단의 授權에 의하여 이루어진 때에는 사단의 재산으로써 우선 지급하고, 제2차적으로 모든 구성원이 공동하여 보충적 책임을 진다고 본다.[47] 사단의 수권이 없는데 사원이 사단을 위하여 어음·수표행위를 했다면 무권대리인에 관한 이론이 적용될 것이다.

주식회사나 유한회사의 설립중의 회사는 그 법적 성질이 권리능력 없는 사단이라고 하더라도 회사설립을 목적으로 하며 장래 설립될 회사와 동일성이 인정되므로 예외적으로 어음·수표권리능력이 있다고 본다.[48] 그러므로 설립중의 회사가 어음의 교부로 인하여 지게 되는 채무는 설립된 회사로 이전된다.

조합의 경우는 법인격도 없고 社團的 實體를 갖추고 있지도 않으므로 어음·수표권리능력이 없다는 것이 통설이다. 그러므로 조합이 어음행위를 함에 있어서는 조합원 전원이 기명날인 또는 서명을 하여야 한다. 그러나 이것은 현실적으로 불가능 하므로 조합의 대표자에 의한 어음·수표행위는 인정되므로 내표조합원이 그 대표자격을 밝히고 어음상의 서명을 하는 경우에는 이에 대하여는 전조합원이 공동으로 합동책임을 진다고 하여야 할 것이다(組合員共同責任說).[49]

특별법에 의하여 설립된 비영리법인에 대해서는 자금차입 기타 채무부담행위를 엄격하게 제한하기 위하여 어음의 발행, 배서, 보증 등 채무부담행위를 무효로 본다.

【대법원 1985.2.26. 선고 84다카527 판결】

소외 김용식은 피고 새마을 금고의 이사장으로 근무함을 기화로 피고 이사회의 의결없이 개인목적에 사용할 자금차입을 위하여 액면 금 1,000만원의 약속어음 2매를 발행하여 피고명의로 거절증서작성의무를 면제하여 각 배서양도하고 소외 김재걸로부터 자금을 차입한 사실 … 살피건대, 피고 새마을금고는 새마을금고법에 의하여 설립된 비영리법인으로서, 동법 제13조 제3항 제3호에는 소요자금의 차입에는

양승규, p.94. 반대설: 이철송, p.85; 손주찬, p.44; 최기원, p.122.

44) 대법원 1992.7.10. 선고 92다2431 판결.

45) 이철송, p.85; 손주찬, p.44; 최기원, p.122.

46) 정동윤, p.91; 김정호, p.53.

47) 최기원, p.120.

48) 최기원, p.122; 정동윤, p.137.

49) 대법원 1970.8.31. 선고 70다1360 판결; 동 1982.6.8. 선고 82다150 판결.

이사회의 의결을 얻어야 한다고 규정하고 있고, 동법 제16조 제1항 제1호에는 금고의 신용사업으로는 회원으로부터의 예탁금, 적금의 수입 및 회원에 대한 자금의 대출로 한정하고 있는 점 … 에 비추어 볼 때, 이사회의 의결없이 한 비조합원으로부터의 자금차입이나 약속어음 배서행위는 무효라고 해석함이 상당할 것이다.

【대법원 1974.11.26. 선고 74다993 판결】

피고조합은 농업협동조합법에 의하여 설립된 법인으로서 위 법 제111조 제4항의 취지에 의하면 그 사업에 소요되는 자금은 농업협동조합중앙회 이외의 자로부터 차용할 수 없게 되어 있고, 그 사업내용 또한 위 법에 정하여져 있어 타인의 채무이행을 보증하기 위하여 약속어음을 발행하는 것은 피고조합의 사업능력범위에 속하지 아니하며 피고조합의 상무대리는 피고조합을 대표하거나 대리할 자격이 있는 것이 아니라 다만 조합명의의 자기앞수표발행을 그 관장하는 직무의 하나로 하고 있을 뿐 피고조합명의의 약속어음을 발행할 권한은 없는 자이므로 위 소외인이 원심판시와 같은 경위로 약속어음을 발행하였다면 이는 위 소외인이 개인자격으로 발행한 것으로 볼 수 있을지언정 우리의 경험칙상 피고조합의 직무의 일부로 또는 그와 관련하여 이를 발행한 것으로는 볼 수 없다.

② 어음·手票行爲能力

어음·수표행위능력은 스스로 어음·수표행위를 할 수 있는 능력이다. 어음·수표행위능력에 대해서도 어음법·수표법에 특별한 규정이 없으므로 무능력자에 관한 사법의 이념에 비추어 볼 때 민법의 일반원칙이 적용된다고 할 것이다. 그러나 어음·수표행위의 특성으로 인하여 일반원칙의 적용에는 수정이 있을 수 있다.

유아·만취자 등 의사무능력자의 어음·수표행위는 무효이므로 법정대리인이 어음·수표행위를 대리하여야 한다. 또한 금치산자의 어음·수표행위도 다른 규정이 없는 한 취소할 수 있으므로 언제나 후견인이 대리하여야 한다. 그리고 심신이 박약하거나 재산의 낭비로 인하여 자기나 가족의 생활을 궁박하게 할 염려가 있는 자로서 한정치산의 선고를 받은 자는 미성년자에 관한 규정을 준용하므로 미성년자와 한정치산자가 법정대리인의 同意없이 한 어음·수표행위는 이를 취소할 수 있다. 그러나 미성년자와 한정치산자가 단지 권리만을 얻거나 의무만을 면하는 행위에 관해서는 법정대리인의 동의를 요하지 않지만(민§5①但) 어음행위는 언제나 채무부담을 하거나 권리를 처분하는 내용이므로 이 예외에 해당하는 예는 생각할 수 없다(통설). 미성년자나 한정치산자가 詐術로써 법정대리인의 동의가 있는 것으로 믿게 한 때에는 그 어음·수표행위는 취소할 수 없으며(민§17②), 오늘날 거래의 안전과 선의의 거래 상대방을 보호하기 위하여 사술의 범위를 넓게 해석하는 경향이 있다. 미성년자나 한정치산자가 법정대리인으로부터 영업의 허락을 받았거나 무한책임사원이 될 것을 허락받은 미성년자 또는 한정치산자는 그 영업에 관하여 또는 회사의 사원으로서 완전한 어음·수표능력을 갖는다. 그리고 처분을 허락받은 재산에 대하여는 그 범위 내에서 어음·수표행위능력이 있다(민§6).

어음·수표행위능력은 어음의 교부시를 기준으로 하여 존재하여야 하며, 능력의 존부에 대한 입증책임은 능력이 없음을 주장하는 자가 진다. 어음·수표행위가 무효인 경우는 물론이고 취소된 경우에도 그 행위는 처음부터 소급하여 무효가 되기 때문에 행위자는 누구에게도 책임을 지지 않는다. 무능력자가 동의권자의 동의 없이 한 어음·수표행위는 그 행위자·포괄 승계인·법정대리인 등이 취소할 수 있다. 이 경우에 미성년자는 그 행위로 인하여 받은 이익이 현존하는 한도 내에서 상환할 책임이 있다. 그러나 취소할 수 있음에도 불구하고 취소권자가 추인할 수도 있다. 추인은 취소권의 포기로서 완전하게 유효한 어음·수표행위로 확정되는 효력을 발생시킨다. 추인 후에는 이를 다시 취소하지 못한다.

민법에서는 취소와 추인을 직접의 상대방에 대하여 하도록 하지만(민§142, §143②), 어음·수표행위의 경우에는 직접 상대방뿐만 아니라 현재의 소지인에게도 할 수 있다. 어음·수표의 거래의 안전을 위하여 염려되는 점도 있으나 무능력자의 보호를 우선으로 하는 원칙이라고 본다.[50)]

(2) 意思表示의 瑕疵

어음·수표행위에 있어서 의사표시의 하자에 관하여는 어음·수표법에는 아무런 규정이 없으므로 민법의 규정이 어음·수표행위에도 그대로 적용된다. 그러나 민법상의 의사표시에 관한 규정은 어음·수표의 유통성을 조장하기 위한 특성상 약간의 수정이 필요하다. 따라서 眞意 아닌 意思表示(민§107), 通情한 虛僞의 意思表示(민§108), 錯誤로 인한 意思表示(민§109), 詐欺·强迫에 의한 意思表示(민§110)에 관한 민법의 규정은 모두 어음·수표행위에 적용된다. 그러나 公序良俗 기타 社會秩序에 반하는 법률행위를 무효로 하는 규정(민§103)과, 不公正한 법률행위를 무효로 하는 규정(민§104)은 어음·수표행위에 적용되지 않는다. 왜냐하면 어음·수표는 無色的·抽象的인 것이어서 원인관계의 反社會性·不公正性은 당사자간의 인적항변사유가 되는데 불과하기 때문이다.[51)]

50) 최기원, p.127.

또한 법률행위의 일반원칙은 의사주의를 근본원칙으로 하고 예외적으로 표시주의를 채용하지만 어음·수표행위는 불특정다수인을 상대로 하는 행위이므로 표시주의에 입각하여 어음·수표취득자의 보호를 우선해야 하기 때문이다.[52] 그런데 선량한 풍속의 위반이나 폭리행위가 어음·수표행위 자체에까지 관련된 경우에는 그 어음행위를 무효로 하여야 한다는 견해가 있다.[53]

의사표시의 흠결이나 하자는 어음행위 자체에 존재하여야 무효나 취소를 주장할 수 있다. 즉 원인행위에는 의사표시의 흠결이나 하자가 존재하지만 어음행위 자체에 존재하지 않는다면 어음행위의 무효나 취소를 주장할 수 없고 인적항변의 사유가 될 뿐이다.

【대법원 1997.5.16. 선고 96다49513 판결 : 어음행위에 착오·사기·강박 등이 있는 경우 어음소지인이 어음채무자를 害한 것을 알고 어음을 취득한 경우에만 대항할 수 있다고 본 판례】

어음행위에 착오·사기·강박 등 의사표시의 하자가 있다는 항변은 어음행위 상대방에 대한 인적 항변에 불과한 것이므로, 어음채무자는 어음소지인이 어음채무자를 해할 것을 알고 어음을 취득한 경우가 아닌 한, 소지인이 중대한 과실로 그러한 사실을 몰랐다고 하더라도 종전 소지인에 대한 인적 항변으로써 소지인에게 대항할 수 없다. … 사기와 같은 의사표시의 하자를 이유로 어음발행행위를 취소하는 경우에 그 취소의 의사표시는 어음발행행위의 직접 상대방에 대하여 뿐만 아니라 어음발행행위의 직접 상대방으로부터 어음을 취득하여 그 어음금의 지급을 청구하고 있는 소지인에 대하여도 할 수 있다고 봄이 상당하다 할 것이지만, 이와 같은 의사표시의 취소는 선의의 제3자에게 대항할 수 없는 것이고, 이때의 제3자라 함은 어음발행행위의 직접 상대방 이외의 자를 가리키는 것이므로, 어음의 발행인이 어음발행행위의 직접 상대방이 아닌 소지인을 상대로 어음발행행위취소의 의사표시를 할 수 있다하여 소지인의 선의·악의를 불문하고 취소의 효과를 주장할 수 있게 되는 것은 아니다.

【대법원 1996.8.23. 선고 96다18076 판결】

동일인에 대한 대출액 한도를 제한한 구 상호신용금고법(1995.1.5. 법률 제4867호로 개정되기 전의 것) 제12조의 적용을 회피하기 위하여 실질적인 주채무자가 실제 대출받고자 하는 채무액 중 일부에 대하여 제3자를 형식상의 주채무자로 내세웠고 상호신용금고도 이를 양해하면서 제3자에 대하여는 채무자로서의 책임을

51) 이범찬·최준선, p.98; 서돈각·정완용, p.71; 정희철·정찬형, p.81.

52) 최기원, p.127.

53) 정동윤, p.141.

지우지 않을 의도하에 제3자 명의로 대출관계서류 및 약속어음을 작성받았음을 충분히 추단할 수 있는 경우, 제3자는 형식상의 명의만을 빌려 준 자에 불과하고 그 대출계약의 실질적인 당사자는 상호신용금고와 실질적 주채무자이므로, 제3자 명의로 되어 있는 대출약정 및 약속어음 발행은 상호신용금고의 양해하에 그에 따른 채무부담 의사 없이 형식적으로 이루어진 것에 불과하여 통정허위표시에 해당하는 무효의 법률행위이다.

【대법원 2005.4.15. 선고 2004다70024 판결】

피고가 이 사건 공정증서에 집행문을 부여받고 이를 집행권원으로 내세워 이 사건 공사대금채권에 관하여 채권압류 및 전부명령을 받은 이후에 뒤늦게 이를 알게 된 원고들을 비롯한 소외 회사의 채권자들이 이 사건 공사대금채권을 가압류 또는 압류한 사실 등에 터잡아, 소외 회사와 피고가 통모하여 실제로 피고에게 어음상의 권리를 취득하게 할 의사는 없이 단지 소외 회사의 채권자들에 의한 채권의 추심이나 강제집행을 피하기 위하여 이 사건 약속어음을 발행하였다고 봄이 상당하므로 이 사건 약속어음 발행행위는 통정허위표시로서 무효라고 판단하였다.

【대법원 1996.7.30. 선고 95다6861 판결】

상호신용금고가 어음할인거래 채무자를 위한 연대보증인으로부터 할인대상 어음과 별도로 담보 목적의 약속어음을 발행 · 교부받고 어음할인거래 채무자에게 할인대상 어음을 할인하여 주었는데, 그 할인대상 어음이 위조된 것이었으나 연대보증인이 어음할인거래 채무자에게 기망을 당하여 그 위조사실을 모르고 연대보증 및 담보 목적의 약속어음을 발행한 사안에서, 구체적 사실관계에 비추어 상호신용금고로서는 위조어음을 할인할 당시 그 어음이 위조되었다는 것과 나아가 연대보증인이 어음할인거래 채무자에게 기망을 당하여 어음할인거래 채무에 대하여 연대보증하여 약속어음을 상호신용금고에게 발행 · 교부하기에 이른 것임을 알 수 있었던 것으로 봄이 상당하다는 이유로, 그 연대보증인의 약속어음 발행행위는 민법 제110조 제2항을 근거로 채무부존재확인을 구하는 소장 부본이 상호신용금고에게 송달됨으로써 적법하게 취소되었다고 인정한다.

(3) 어음행위의 목적

법률행위가 유효하게 성립하기 위해서는 그 목적의 확정성, 가능성, 적법성 외에도 사회질서에 반하지 않을 것이 요구된다. 그러나 어음행위의 경우 법정의 방식에 따르면 확정성, 적법성 문제는 당연히 해결되고, 금전채권이기 때문에 가능성 문제도 없어지게 된다. 그리고 어음은 무인성(추상성)을 갖는 증권이기 때문에 어음 자체의 목적은 사회질서나 공서양속에 반하지 않고 언제나 적법하게 된다.

따라서 어음행위는 목적에 관한 일반법률행위의 요건이 적용되지 않는다.[54)]

3. 어음의 交付(어음學說, 어음이론)

어음·수표행위의 실질적 요건과 형식적 요건을 모두 갖추어 어음·수표를 작성하면 어음·수표행위는 완성되는 것인가(단독행위설 또는 창조설), 아니면 이를 상대방에게 交付해야 완성되는가(계약설 또는 교부계약설)가 문제이다. 이는 어음·수표의 交付를 어음·수표행위의 성립요건의 하나로 볼 것인가 하는 문제인데, 성립요건의 하나로 볼 경우에는 교부가 있어야 어음·수표행위는 성립하고 어음·수표상의 권리와 의무가 발생하게 된다. 반면 이를 어음·수표요건의 하나로 보지 않을 경우에는 어음·수표의 작성만으로 어음·수표상 권리가 발생하고 交付는 다만 상대방이 이러한 권리를 행사할 수 있도록 증권의 점유를 넘겨주는 것에 불과하다는 것이다.

이러한 문제를 해결하기 위해 종래부터 어음·수표행위의 성립시기가 언제인가, 어음·수표관계에서 직접적인 당사자뿐 아니라 제3취득자와의 사이에서도 어음·수표의 채권·채무가 생겨나는가 하는 점을 이론적으로 밝혀내려는 '어음이론' 또는 '어음학설'이 전개되고 있다.

(1) 단독행위설(창조설)

어음·수표채무는 발행인이 어음을 일방적으로 작성함으로써 발생된다고 한다. 이 설에 의하면 어음·수표요건을 갖춘 증권상에 발행인의 記名捺印이 있으면 어음·수표상의 권리의무가 생겨나므로 증권의 交付는 어음·수표행위의 요건이 아니게 된다. 따라서 어음발행 단계에서 이미 어음상의 권리가 발생하므로, 발행인의 의사에 반하여(도난, 분실 등) 유통되더라도 적법하게 성립한 권리의 유통이므로 선의취득이 가능하게 된다.

(2) 교부계약설(계약설)

어음·수표채무도 일반채무와 같이 당사자 사이의 계약에 의해 발생하지만, 이 계약은 어음·수표행위자가 어음수표 요건을 갖춘 증권에 記名捺印해서 이를 상

54) 이철송, p.89.

대방에게 交付하고 상대방의 수령행위에 의한 承諾이 있어야 성립한다고 보는 견해이다.[55] 교부계약은 한편 어음에 기재된 채무를 창설하는 계약이 되는 동시에 어음상의 권리를 처분하는 계약이라는 이중의 성격을 갖게 된다. 그러나 이 說은 어음거래의 安定性이라는 관점에서 비판의 소지를 안고 있다. 즉 어음상의 권리가 발생하기 위하여는 어음의 교부시에 쌍방의 의사의 합치를 요구하는 까닭에 어음을 수령하는 자에게 의사의 흠결이 있을 때에는 어음이 발행되지 않은 것으로 보아야 한다. 따라서 상대방이 이 어음을 소지하고 있어도 권리를 취득하지 못하며, 다시 이 어음을 양도하더라도 善意取得이 불가능하다. 교부계약설은 어음행위자와 직접당사자 사이의 어음관계를 쉽게 설명할 수 있지만 간접당사자(이후 취득자) 사이의 어음관계를 설명하지 못하는 단점이 있다.

(3) 권리외관설

권리외관설은 교부계약설이 안고 있는 취약점을 보완하기 위하여 최근에 출현한 견해이다. 어음·수표행위의 성립을 위해서는 원칙적으로 交付契約이 필요하지만 어음·수표요건을 갖춘 증권을 작성함으로써 어음·수표상의 채무가 발생한 것과 같은 外觀을 나타내게 한 이상, 그 어음·수표행위자는 그러한 外觀을 믿고서 善意로 어음·수표를 취득한 사람에 대해서는 교부계약이 없었던 경우라도 그 계약이 있었던 경우처럼 어음·수표상 책임을 부담해야 한다는 견해이다.[56]

(4) 발행설

어음·수표의 발행은 단독행위로서, 어음·수표행위자의 의사에 의해 서면이 작성되고 특정의 상대방에게 교부되면 어음·수표채무가 발생하며 상대방의 어음·수표수령의사를 요하지 않는다고 보는 견해이다.[57] 이 설은 어음·수표의 발행을 단독행위라고 보는 까닭에 창조설과 기본을 같이 하지만, 어음이 발행인의 의사에 의하여 누군가에게 교부되어야 한다는 것이 창조설과 다르다. 그러나 교부계약설과 달리 어음·수표를 수령하는 상대방의 의사에 흠결이 있더라도 어음·수표채무의 성립에는 이상이 없다는 데에 특징이 있다.

---

55) 정동윤, p.121.

56) 최기원, pp.134-141; 양승규, p.103 등.

57) 채이식, p.64.

(5) 判 例

대법원 판례[58]는 「… 약속어음의 발행이란 그 작성자가 어음요건을 갖추어 유통시킬 의사로 그 어음에 자기의 이름을 기명날인하여 상대방에게 교부하는 단독행위이다.」라고 판시하여 기본적으로 발행설에 입각하고 있다. 한편, 대법원은 「… 법인이 백지식배서를 하여 보관하고 있는 약속어음을 무권리자가 이를 제3자에게 권한 없이 교부하여 할인받은 경우, 어음소지인이 그 어음을 선의취득하는 한 발행인은 어음상 책임을 부담한다.」고 판시함으로써 간접적으로는 권리외관설의 입장을 취하고 있다.[59]

따라서 판례는 권리외관설에 의해 보완된 발행설의 입장을 취하고 있다고 할 수 있다. 통설도 마찬가지이다.[60]

【대법원 1989.10.24. 선고 88다카24776 판결 : 발행설 입장】

약속어음의 발행이란 그 작성자가 어음요건을 갖추어 유통시킬 의사로 그 어음에 자기의 이름을 기명날인하여 상대방에게 교부하는 단독행위이다.

【대법원 1999.11.26. 선고 99다34307 판결 : 권리외관설 입장】

어음의 교부흠결의 점에 대하여 어음을 유통시킬 의사로 어음상에 발행인으로 기명날인하여 외관을 갖춘 어음을 작성한 자는 그 어음이 도난 · 분실 등으로 인하여 그의 의사에 의하지 아니하고 유통되었다고 하더라도, 배서가 연속되어 있는 그 어음을 외관을 신뢰하고 취득한 소지인에 대하여는 그 소지인이 악의 내지 중과실에 의하여 그 어음을 취득하였음을 주장 · 입증하지 아니하는 한 발행인으로서의 어음상의 채무를 부담한다고 할 것이다.

피고는 물품대금의 지급에 사용할 목적으로 이 사건 약속어음에 금액은 백지로 하여 발행인으로서 서명날인하여 두었음을 인정하고 있고, 한편 원고는 그 후 백지가 보충되어 완성된 이 사건 약속어음을 소외 안용배로부터 할인취득하였음을 알 수 있으므로, 원고가 이 사건 약속어음을 취득함에 있어서 악의 또는 중과실이 있음을 피고가 주장 · 입증하지 아니하는 한, 이 사건 약속어음을 유통시킬 목적으로 작성하여 발행인으로 기명날인한 피고는 이 사건 어음의 적법한 소지인인 원고에 대하여 발행인으로서의 어음상의 채무를 부담한다고 보아야 할 것이다.

---

58) 대법원 1989.10.24. 선고 88다카24776 판결.

59) 대법원 1987.4.14. 선고 85다카1189 판결; 동 1999.11.26. 선고 99다34307 판결.

60) 정희철, p.71; 서돈각·정완용, p.178; 손주찬, pp.65-67; 강위두, p.53; 정찬형, pp.116-117.

제 5 절 어음·수표行爲의 代理

1. 代理의 意義 및 要件

어음·수표행위는 재산법적 법률행위로서 대리인에 의하여 할 수 있음은 물론이다. 어음법도 어음행위의 대리의 가능성을 전제로 하였으나, 무권대리인의 책임(어§8, §77②)과 추심위임배서(어§18, §77①)에 관한 규정을 두었을 뿐이므로 그 방법·효력 등에 관하여는 어음·수표의 특수성을 고려하여 민법의 일반원칙과 상법의 규정을 따르도록 하였다. 그러나 어음행위는 문언성으로 인한 특색이 있기 때문에 민법과 상법의 대리에 관한 규정이 약간의 수정을 받게 되었다. 어음·수표행위의 대리를 위하여는 형식적 요건과 실질적 요건을 갖추어야 한다.

(1) 代理의 形式的 要件

어음행위의 대리로서 효력을 발생하기 위해서는 본인의 표시, 대리관계의 표시, 대리인의 기명날인 또는 서명이라는 세 가지 요건이 필요하다. 법인의 어음행위는 법인 스스로가 할 수는 없고 법인의 대표기관인 自然人이 하게 되고 그 법률효과는 법인에게 귀속되는 관계상 自然人의 경우 代理人의 어음행위와 아주 유사하게 된다.

① 本人의 表示(顯名主義)

어음행위의 대리에 있어서는 어음·수표행위를 하는 자와 법률효과의 귀속자가 다르다. 그러므로 어음행위의 효과를 본인에게 귀속시키려면 그 본인을 어음 위에 반드시 밝혀야 한다. 이러한 顯名主義의 요청은 상행위법상의 비현명주의에 대한 예외로서, 민법상의 일반원칙과 같다. 그러나 어음행위의 대리에 있어서의 현명주의는 민법규정(민§114, §115)을 적용한 결과는 아니고, 어음행위의 증권적 행위로서의 특질, 즉 어음행위의 서면성·문언성에 근거를 둔 것이다. 따라서 어음법상의 현명주의는 민법의 경우보다 더 엄격하게 적용되어야 한다.

본인의 표시가 없으면 실제로는 본인의 대리인으로서 기명날인 또는 서명한 자에게 대리권을 주었다 하더라도 본인은 어음상의 책임을 지지 않는다. 또 본인의 표시가 없는 한 어음행위의 상대방이 본인을 위하여 대리인으로서 한 것임을 알았거나 알 수 있을 때에도 어음행위의 문언성 때문에 본인은 어음상의 책임을 지지 않는다(민§115但, 상§48 적용제외). 즉 대리인 자신이 어음·수표행위자로서 책임을 진다. 상법 제48조에 의하여 商行爲의 대리인은 본인을 위한 것임을 표시하지 아니하여도 그 행위의 효과는 본인에게 귀속한다(非顯名主義). 이러한 상법 제48조도 어음행위에는 그 文言性으로 인하여 적용되지 않는다. 따라서 영업상의 대리권을 가진 지배인이 영업주의 영업을 위하여 어음행위를 하면서 영업주를 표시하지 않은 경우에는 그 행위의 효과는 영업주에게 귀속하지 않고 지배인만이 어음상의 책임을 부담한다.

본인의 표시는 특정인(본인의 동일성)을 인식 할 수 있는 정도의 기재가 되어 있으면 된다. 따라서 본인의 명칭은 정식명칭(호적상 또는 등기부상의 명칭)이 아닌 상호·통칭·약칭·아호·필명이라도 상관없다. 표시된 본인은 자연인이든, 법인이든, 조합이든 상관없고, 실재하지 않는 자라도 어음행위 자체의 효력에는 차이가 없다(자칭대리인의 책임이 문제될 뿐이다).

【대법원 1999.3.27 선고 78다2477 판결 : 보닌의 표시가 없는 경우 본인의 어음행위라고 볼 수 없다고 한 판례】

약속어음의 발행인 명의가 단순히 A로만 되어 있고, 同人이 Y회사를 위하여 발행하였다는 뜻이 표시되어 있지 않은 이상, 비록 그 名下에 날인된 인영이 Y회사의 대표이사 직인이라 할지라도 그 어음은 同人이 Y회사를 대표하여 발행한 것이라고 볼 수 없다.

② 代理關係의 表示

대리관계가 증권면에 본인을 위한 어음행위로 인식될 수 있을 정도로 표시되어야 한다. 그 표시방법은 '甲(의) 대리인 乙'이라고 표시하는 것이 보통이겠으나, 반드시 대리라는 용어를 표시하여야 하는 것은 아니고, 지배인·지점장·영업부장·이사·친권자 등 일반적으로 대리인의 자격으로 그 행위를 하는 것이라고 인정할 수 있는 기재가 있으면 된다. 그러므로 金의 대리인 李, 甲회사 대표이사 金, 甲법인 이사장 金과 같이 표시한다. 판례는 주식회사와 이사의 대리관계를 단순히 '이사'라고만 표시하는 경우, 즉 A주식회사 甲이사라는 표시는 위 회사의 대리관계의 표시로서 적법하다고 한다. 그러나 어음의 엄격한 문언증권성이 입각하여 볼 때 어음 외의 사실판단에 의하여 유효한 대표행위로 보는 것은 타당하지 않다. 대리관계를 표시하지 아니하고 대리인이 기명날인 또는 서명을 하면 대리인의 의사와는 관계없이 대리인 자신의 행위로 된다. 복대리인의 경우에는 자기에게 대리권을 수여한 대리인을 표시할 필요가 없으며, 본인을 표시하고 기명날인 또는 서명하면 그 효과를 본인에게 귀속시킬 수 있다.

③ 代理人의 記名捺印 또는 署名

어음행위는 기명날인 또는 서명을 요건으로 하므로 대리의 경우에도 대리인이 기명날인 또는 서명을 하여야 한다. 어음면에 표현되는 어음행위는 대리인의 의사에 기해 행해지므로 기명날인 또는 서명은 본인이 아니라 대리인이 하여야 한다. 법인의 경우에는 그 성질상 법인 스스로가 어음행위를 할 수는 없고 법인의 대표기관(대리인)인 自然人이 어음행위를 하여야 하므로 법인의 어음행위에는 대표기관(대리인)인 自然人의 기명날인 또는 서명이 반드시 존재하여야 한다. 대리인이 기명날인 또는 서명을 하지 않으면 어음행위로서는 무효이기 때문에, 대리인은 물론 본인도 책임을 지지 않는다. 공동지배인과 같은 공동대리의 경우는 수인의 공동지배인이 각기 기명날인 또는 서명하여야 한다. 그러므로 그 전원이 기명날인 또는 서명하지 않은 때에는 무권대리행위로 볼 것이다.

【대법원 1999.10.8. 선고 99다30367 판결】

법인의 어음행위는 어음행위의 서면성·문언성에 비추어 법인의 대표자 또는 대리인이 그 법인의 대표자 또는 대리권자임을 어음면상에 표시하고 기명날인하는 대리방식에 의하던가, 법인의 대표자로부터 대리권을 수여받고 직접 법인의 대표자 명의로 서명할 수 있는 권한이 주어져 있는 자의 대행방식에 의하여 이루어져야 할 것이므로, 법인의 대리인이 법인 명의의 배서를 함에 있어 행위자인 대리인의 기명이 누락된 경우에는 그 요건을 갖추지 못한 무효의 배서라고 하여야 한다.

기명날인의 대행은 대리인이 직접 본인을 위하여 본인의 기명날인을 하는 것이다.

(2) 代理人의 實質的 要件

어음행위의 대리로서 유효하게 성립하기 위해서는 위의 형식적 여건을 구비하는 것 외에도 실질적으로 대리권이 존재하여야 한다.

① 代理權의 存在

어음행위의 대리가 효력을 발생하려면 그 실질적인 요건으로서 본인을 위하여 어음행위를 할 수 있는 권한, 즉 대리권이 존재하여야 하고, 그 대리권의 범위를 벗어나지 않아야 한다. 대리권의 존재는 어음·수표의 소지인이 증명하여야 한다. 대리권은 본인이 수여하는 것이 보통이나(임의대리권), 법규에 의해서, 또는 법원의 지정·선임행위에 의해서 발생하는 경우도 있다(법정대리권).

법원의 지정이나 선임행위(지배인, 대표이사 등)에 의하여 대리권이 있는 자는 그 법률상의 지위에 의하여 포괄적 대리권이 있고 이에 대한 제한으로써 선의의 제3자에게 대항하지 못한다. 포괄적 대리권을 가진 자는 어음·수표행위를 당연히 대리할 수 있으나, 부분적 포괄대리권을 가진 사용인이나 물건판매 점포의 사용인은 특별한 수권이 없는 한 영업주의 영업에 관하여 어음행위를 할 수 있는 권한은 없다고 본다.[61] 만약 대리권이 없는 자가 대리방식을 갖추어 어음·수표행위를 하면 무권대리인으로서 책임을 지게 된다.

어음행위의 대리권 수여방식에 관하여 특별한 규정이 없으므로 구두나 묵시적으로도 가능하지만, 실제 거래계에서는 대리권의 수여를 명백히 하기 위하여 위임장 등을 교부한다.

② 代理權의 制限

어음·수표행위에 대하여도 본인과 대리인 또는 회사와 이사 간의 이해상충행위를 금지하는 민법 제124조와 상법 제199조, 제398조가 적용되는가에 대하여 다른 입장들이 있다. 즉 본인의 허락 없이 자신과 본인과의 법률행위를 하거나 동일한 법률행위에 관하여 쌍방을 대리하는 것을 금지하는 민법, 상법규정들이 어음·수표행위에도 적용될 것인가에 대하여 학설이 나누어지고 있다. 이들을 고찰하면 다음과 같다.

i) 民法 제124조

동일한 법률행위에 있어서 상대방의 대리인이 되거나 당사자 쌍방의 대리인이 될 수 없다는, 이른바 민법상의 자기거래 또는 쌍방대리의 금지규정이 어음행위의 대리에도 적용되는가에 관해서는 학설이 나누어지고 있다. 부정설[62]은 민법

61) 최기원, p.148; 대법원 1960.12.8. 선고 4293민상22 판결; 동 1978.3.28. 선고 77다292 판결.

제124조는 이익의 충돌을 전제로 하여 본인의 이익을 보호하기 위한 규정인데, 어음행위는 이익충돌의 염려가 없는 手段的·無色的인 행위이기 때문에 동조를 적용할 여지가 없다고 한다. 또한 어음·수표행위는 동조 단서의 채무이행행위로 간주할 수 있어서 동조가 적용되지 않는다고 한다. 이에 대하여 긍정설[63]은 어음·수표행위는 원인관계를 청산하여 이해관계가 없는 상태를 만들어 낸다기보다는 원인관계보다 더 강력한 무조건의 지급의무를 발생케 하여 한층 더 큰 이해관계의 충돌을 가져오므로 당연히 민법 제124조가 적용되어야 한다고 한다.

생각건대 어음·수표행위에 의한 어음채무에 대하여는 항변절단의 인정, 입증책임의 전환, 은행도 어음의 부도처분 제재, 담보제공 없이 가집행선고 등 어음행위자에게 불이익을 줄 수 있기 때문에 당사자 간에 이익충돌이 있다. 따라서 민법 제124조는 어음행위에도 적용된다고 본다.

다만 동조위반의 어음·수표행위의 효력에 관하여 절대적 무효설, 상대적 무효설이 있으나 상법 제398조 위반의 경우와 마찬가지로 상대적 무효설이 타당하다.[64] 판례도 일관하여 상대적 무효설을 취하고 있다.[65] 즉 민법 제124조 및 상법 제398조에 위반하는 어음행위가 있는 경우에 그 효력이 어떠한가에 문제는 본인(회사)의 이익보호와 거래안전을 어떻게 조화할 것인가의 문제이다. 이에 대하여 어음은 유통증권이기 때문에 특히 선의취득자의 보호를 고려하여야 할 것이다.

그리하여 상대적 무효설에 의하면 대내적으로는 무효이고 대외적으로는 상대방인 제3자의 악의를 회사가 입증하지 못하면 유효라고 한다. 선의의 제3자에게는 대항할 수 없으나 악의인 제3자에게는 대항할 수 있으므로 민법 제124조 또는 상법 제398조 위반을 인적항변사유로 보는 것과 같다.[66] 그러나 무효설은 상법 제398조를 강행규정으로 보고 이를 위반하는 행위를 일단 무효로 보나 이사회의 사후승인이 있으면 유효해질 수 있다고 하며, 선의의 제3자는 善意取得規定에 의하여 보호된다고 한다.[67] 유효설은 상법 제398조를 명령규정으로 보고 이에 위반하는 행위를 유효로 보며, 회사의 이익보호는 이사의 손해배상책임과 악의의 抗辯의 원용에 의하여 보호될 수 있다고 한다.[68]

---

62) 서돈각·정완용, p.79.

63) 이철송, p.103; 손주찬, p.92; 이범찬·최준선, p.120; 정동윤, p.121; 정찬형, p.142; 채이식, p.46.

64) 최기원, p.151; 정동윤, p.171; 정찬형, pp.146-147.

65) 대법원 1973.10.31. 선고 73다95 판결; 동 1978.3.28. 선고 78다4 판결; 동 1984.12.11. 선고 84다카1591 판결.

66) 정찬형, pp.146-147.

67) 서돈각·정완용, (上), p.445.

【대법원 1978.3.28. 선고 78다4 판결 : 이사회의 승인없이 회사 이사에게 발행된 어음의 무효주장과 취득자의 악의입증책임】

어음의 발행 또는 배서행위가 상법 제398조에 저촉되는 경우에도 어음취득자의 악의를 주장 입증하여야만 어음발행의 무효를 주장할 수 있다.

ii) 商法 제199조·제398조

회사의 무한책임사원 또는 이사가 자기 또는 제3자의 이익을 목적으로 회사와 거래를 함에는 다른 사원의 과반수의 결의 또는 이사회의 승인을 얻어야 한다는 자기거래의 금지규정이 어음행위의 대리에 적용되는가에 관해서도, 민법 제124조의 경우와 같은 이유로 부정설[69]과 긍정설이 있으나, 긍정설이 타당하다고 본다.

본조위반의 경우의 효력에 관하여는 절대적 무효설, 상대적 무효설 등이 대립하고 있다. 상대적 무효설에 의하면 이사회의 승인을 받지 아니한 회사와 이사간의 어음거래는 이들 두 당사자간에는 무효를 주장할 수 있지만, 이 어음이 일단 제3자에게 양도된 경우에는 어음거래의 안전을 위하여 회사가 어음행위에 관하여 이사회의 승인이 없었던 점 및 그 제3자가 이에 관하여 악의였음을 주장·입증한 경우에만 제3자에 대하여 그 어음행위의 무효를 주장할 수 있다. 따라서 상대적 무효설의 입장이 타당하다고 본다.

민법 제124조 또는 상법 제398조가 적용되는 거래의 범위에 관하여 회사와 이사가 직접 거래의 당사자인 경우뿐만 아니라, 이사의 기존채무를 인수하기 위하여 회사가 제3자에 대하여 하는 간접거래의 경우와 같이 형식상으로는 본인과 제3자간의 거래이나 실질적으로 대리인에게 유리하고 본인에게 불리한 경우에는 이사회의 승인이 있어야 한다. 다만 이사와 회사간에 이해가 상충될 염려가 없는 경우(기존채무의 변제 등)에는 동조가 적용되지 않는다고 본다.

2. 無權代理

(1) 意 義

무권대리란 대리권이 없는 자가 마치 대리권이 있는 것처럼 본인을 위하여 어음행위를 한다는 것을 표시하여 어음·수표행위를 하는 것이다(어§8, 수§11). 무권

68) 서정갑, p.286.

69) 서돈각·정완용, p.79.

대리에는 대리권이 없어 본인이 책임을 지지 않는 협의의 무권대리와 대리권은 없지만 본인이 表見責任을 지는 表見代理가 있다. 협의의 무권대리에 관하여는 어음법 제8조 및 민법 제135조가 적용되며, 다만 민법 제135조는 어음법 제8조에 저촉되지 않는 범위내에서 어음·수표행위의 특수성에 따라 수정 적용될 수 있다. 이하에서는 협의의 무권대리에 관하여 설명하고 이어서 표현대리와 월권대리에 관하여 설명한다.

(2) 本人의 責任

무권대리의 경우에 본인은 누구에 대하여도 절대적 항변으로써 대항할 수 있으므로 책임을 지지 않지만 표현대리가 성립하거나 어음·수표의 소지인이 행위자의 대리권을 증명하면 본인이 예외적으로 책임을 진다. 그리고 본인이 추인을 한 경우에는 무권대리가 있었더라도 처음부터 유효한 대리행위가 되어 본인이 책임을 진다(민§133, §135). 추인의 성질은 대리행위로서의 효력이 없는 것에 대하여 대리의 효력이 생기게 하는 단독행위라고 할 것이다. 추인의 의사표시는 직접의 상대방뿐만 아니라 모든 어음·수표의 소지인에게 할 수 있다고 보며, 본인이 추인하면 無權代理人은 책임을 지지 않는다.

본인이 책임을 지지 않는 경우라도 어음·수표행위독립의 원칙에 의하여 어음·수표상에 한 이후의 어음·수표행위의 효력에 영향을 미치지 않는다. 따라서 무권대리인이 발행한 어음·수표의 취득자는 발행인으로 기재된 본인에게는 청구할 수 없지만 그 위에 보증·배서 등의 어음·수표행위를 한 자에게는 청구할 수 있다.

(3) 無權代理人의 責任

① 責任의 意義

대리권이 없이 타인의 대리인으로서 기명날인 또는 서명을 한 무권대리인은 어음·수표상의 책임을 진다(어§8, 수§11). 그 책임은 무권대리인이 대리방식으로 기명날인 또는 서명하였기 때문에 의사표시에 의하여 인정하는 것이 아니라 대리관계가 존재한 것과 같이 표시한데 대하여 인정하는 법정담보책임이라고 본다.[70] 어음·수표행위의 무권대리인은 이와 같이 어음법·수표법에 의한 책임뿐만 아니라 민법상의 무권대리인의 상대방에 대한 책임도 진다(민§135②). 그러나 어음법

70) 이범찬·최준선, p.118; 정동윤, p.176.

제8조와 수표법 제11조는 민법 제135조 ①의 특칙이므로 무권대리인은 민법상의 이행 또는 손해배상책임과는 달리 이행책임만을 진다.[71] 이를 인정하는 근거에 대하여 첫째, 무권대리와 관련하여 보호해야 할 대상은 무권대리의 직접의 상대방뿐만 아니라 그 이후의 취득자도 있으므로 모든 어음취득자를 만족시킬 수 있는 방법으로 무권대리인으로 하여금 어음상의 책임을 지게 하는 것이다.[72] 둘째, 상대방에게 손해배상청구를 인정한다면 상대방이 무권대리인에게 손해배상을 청구하는 한편, 어음을 유통시킬 우려가 있으므로 이를 차단하는 것이다. 셋째, 손해배상청구를 인정할 경우 손해액의 증명이 필요하고 이에 관해 다툼이 있을 수 있으므로 어음상의 책임을 물어 이러한 다툼을 제거하려는 것이다. 넷째, 이 규정은 책임을 이행한 무권대리인을 보호하는 뜻도 있다.[73]

② 責任의 要件

i) 무권대리인의 대리방식에 의한 어음·수표행위

무권대리인이 대리방식(본인의 표시, 대리관계의 표시 등)을 갖추어 기명날인 또는 서명하여야 한다. 타인의 기명날인 또는 서명을 권한 없이 대행하였으면 무권대리가 아니고 僞造가 되며, 본인에게 귀책사유가 있는 경우 기명날인의 대행이 되어 표현대리의 성립이 문제될 수 있다. 그러므로 실재하지 않는 자의 대리인으로서 기명날인 또는 서명한 자는 무권대리인으로서 책임을 지지만, 본인의 표시가 없거나 본인이 분명하지 않은 경우는 무권대리인으로서 책임의 성립이 어렵다.

ii) 代理權 및 追認의 不存在

무권대리인은 대리권도 없고 추인도 얻지 못한 경우에 책임을 진다. 대리권의 흠결에 관한 입증책임은 어음·수표의 소지인이 지는 것이 아니고 소지인은 본인의 지급거절 또는 추인거절의 사실만 입증하면 되고, 자칭대리인이 무권대리인으로서의 책임을 면하려면 대리권의 존재를 입증하여야 할 것이다.[74] 어음·수표의 소지인은 본인과 무권대리인과의 내부적 관계를 알 수 없기 때문에 입증이 곤란

---

71) 최기원, p.161; 정찬형, pp.152-153; 정동윤, p.176; 이철송, p.114.

72) 민법 제135조 및 제136조를 적용함에 있어 무권대리인의 책임을 물을 수 있는 상대방이란 무권대리행위의 직접의 상대방만을 의미한다. 따라서 무권대리의 상대방으로부터 어음을 취득한 자 및 그 이후의 소지인은 민법 제135조 및 제136조에 의한 권리행사가 불가능하다.

73) 이철송, p.114.

74) 최기원, p.163; 이기수, p.168; 강위두, p.92; 채이식, p.233.

할 것을 고려하여야 할 것이므로 타당한 견해이다. 그러므로 무권대리인(자칭대리인)이 대리권의 존재를 입증하지 못하면 무권대리인으로서 책임을 면하지 못한다. 그리고 본인이 가설인이거나 실재하지 않는 자인 때에는 이러한 사실만으로 무권대리인에게 청구할 수 있을 것이다.

무권대리인의 책임의 발생시기는 본인의 추인거절에 의하여 책임이 발생하는가(소수설 : 정지조건설,[75] 추인은 무권대리인의 책임 없음을 확인하는 효력이 있다고 봄) 또는 무권대리행위에 의하여 책임이 발생하고 본인의 추인에 의하여 소급하여 책임이 소멸하는가(다수설 : 해제조건설,[76] 추인은 이미 발생한 책임을 소멸시키는 원인이라고 봄)하는 견해의 대립이 있다. 생각건대 어음·수표법상의 본 제도는 특칙으로서 본인의 추인 또는 추인거절이 있기 전에 이미 무권대리인의 책임은 성립했다고 보아야 할 것이므로 해제조건설이 타당하다고 본다. 그러므로 어음·수표의 소지인은 본인의 추인에 의하여 무권대리인에 대한 청구권을 상실하게 된다.

iii) **表見代理의 不成立**

무권대리인의 어음·수표행위가 표현대리의 요긴을 갖추게 되어 본인이 책임을 지게 되면 협의의 무권대리가 되지 않는다. 그러나 표현대리가 성립되어 본인이 책임을 지더라도 표현대리인의 책임은 당연히 면책되는 것이 아니다. 그 책임의 근거가 각기 다르기 때문이다. 따라서 어음·수표소지인은 본인과 표현대리인에 대하여 책임을 중첩적으로 추궁할 수 있다는 견해가 있으나,[77] 무권대리인과 본인중의 어느 일방에 대하여 선택적으로 권리를 행사할 수 있다고 본다.[78]

iv) **相對方 또는 어음取得者의 善意**

무권대리에 대하여 상대방 또는 어음취득자가 무권대리임을 알지 못하는 선의여야 한다. 어음법 제8조와 수표법 제11조는 선의의 제3자를 보호하기 위한 법정담보책임이므로 대리권의 흠결을 아는 악의의 상대방에게는 책임을 지지 않는다. 그러나 과실로 인하여 대리권의 흠결을 알지 못하고 어음·수표를 취득한 경우에는 무권대리인의 책임을 인정하여야 할 것이다.

상대방이 악의인 경우에 무권대리인의 책임은 처음부터 성립하지 않는다고 볼

---

75) 정희철·정찬형, p.121; 손주찬, p.90; 정동윤, p.177.

76) 이철송, p.115; 강위두, p.95; 이범찬·최준선, p.122; 최기원, p.155; 서돈각·정완용, p.78; 채이식, p.234.

77) 시헌제, p.147; 이범찬·최준선, p.119; 채이식, p.54.

78) 정동윤, p.126; 이철송, p.116; 최기원, p.167; 손주찬, p.83; 강위두, p.104.

것인가 아니면 처음부터 책임은 성립하지만 상대방의 악의를 항변으로 주장할 수 있을 뿐인가에 대하여 무권대리인의 책임은 후자와 같이 처음부터 발생하는 것이지만, 상대방의 악의를 항변으로 주장할 수 있다고 본다. 따라서 악의의 상대방으로부터 어음·수표를 양수한 선의의 제3자는 무권대리인에 대하여 권리를 취득한다.

v) 瑕疵의 不存在

무권대리행위에는 하자가 없어야 한다. 무권대리인의 책임은 본인이 책임을 지지 않을 때 성립하는 법정책임이기 때문에 본인이 가설인·무능력자·무권리자·어음·수표능력이 없는 민법상의 조합·권리능력 없는 사단인 경우에도 발생한다.[79] 그리고 법인은 실재하지만 어음·수표행위를 한 자에게 대표권한이 없는 경우뿐만 아니라 실재하지 않은 법인의 대표자로서 어음행위를 한 자에게도 어음법 제8조는 유추적용 된다고 본다. 그러나 무권대리인 자신이 무능력자인 경우에는 그 행위를 취소함으로써 책임을 지지 않는다고 할 것이다.[80] 무능력자의 보호가 어음·수표 소지인의 보호보다 우선하여야 하기 때문이다.

③ 無權代理人의 責任의 內容

무권대리인은 만일 그에게 대리권이 있었다면 본인이 부담하게 될 책임과 동일한 책임을 진다. 민법 제135조 1항에 의하면 무권대리인은 상대방의 선택에 좇아 이행 또는 손해배상의 책임을 지지만 어음·수표의 경우에는 당연히 어음·수표상의 책임(이행책임)을 진다. 따라서 본인으로 기재된 자가 절대적 의무자(환어음의 인수인, 약속어음의 발행인 등)이면 무권대리인도 절대적 의무를 지며 소구의무자(환어음의 발행인이나 배서인 등)이면 소구의무를 진다.

무권대리인은 有權代理의 경우에 본인이 주장할 수 있는 항변권을 갖는다. 왜냐하면 어음소지인은 본인이 책임을 진다는 것을 기대하고 어음을 취득하였으므로 그 이상의 이익을 줄 필요가 없기 때문이다. 그러나 무권대리인은 어음·수표행위의 원인관계와 관계없이 본인이 갖는 항변권은 주장할 수 없다.[81] 예를 들어 본인이 어음과는 관계없이 갖는 채권으로 상계를 주장할 수 없다. 또한 본인이 무능력자라는 항변은 하지 못한다.

무권대리인은 자신이 어음·수표의 소지인에게 갖는 항변권을 행사할 수 있다.

79) 이철송, pp.116-117, 정동윤, p.126; 최기원, p.168; 손주찬, p.84.

80) 최기원, p.168; 이범찬·최준선, p.119; 정찬형, pp.155-156; 채이식, p.49.

81) 최기원, p.190; 정희철, p.91.

이에 대하여 우리나라의 학자들의 의견은 명백하지 않으나, 무권대리인은 어음에 의하여 마치 자신이 직접 어음행위를 한 경우와 같은 책임을 지는 것이므로, 어음채무자로서 어음소지인에 대하여 자신이 갖는 항변으로 대항할 수 있음은 당연한 것이라고 본다.[82)]

④ 無權代理人의 責任의 保全

무권대리인이 절대적 의무자를 본인으로 기재한 경우에는 그 책임이 절대적 책임이므로 3년의 소멸시효기간 내에 권리를 행사하거나 시효중단절차를 밟으면 될 것이다. 그러나 소구의무자를 본인으로 기재한 경우에는 소구의무를 지게 될 것이므로 지급인에 대한 거절증서의 작성만 있으면 되고 무권대리인에 대한 별도의 절차는 필요 없다.

소지인은 본인에 대한 시효중단 절차만으로써는 무권대리인의 시효를 중단시킬 수 없으므로 무권대리인에 대하여 별도의 시효중단절차가 필요하다. 왜냐하면 무권대리인은 법률에 의하여 특별한 책임을 지기 때문이다. 그러나 어음·수표의 소지인은 어음·수표에 기재된 대리관계의 표시에 따라 우선 본인에 대하여 청구하고 본인이 거절하는 경우에 무권대리인에게 청구하게 됨으로써 무권대리인에 대한 시효중단의 절차를 밟을 수 있는 시기를 놓치게 되어 권리를 상실할 염려가 있다. 그리하여 어음·수표의 소지인이 본인에 대하여 시효중단의 절차를 밟은 때에는 무권대리인에 대하여도 효력이 있도록 해야 한다는 입법론과 해석론이 있다.[83)]

⑤ 無權代理人의 權利

무권대리인이 어음·수표상의 금액을 지급하고 책임을 이행한 때에는 본인과 동일한 권리를 갖는다. 그러나 무권대리인의 권리취득이 문제가 되는 경우는 소구의무자를 본인으로 표시한 때와 같이 전자에 대한 권리가 잔존하는 경우이다. 그러므로 절대적 의무자를 본인으로 하는 무권대리인은 책임을 이행하고도 권리취득의 여지가 없다.

무권대리인으로부터 청구를 받은 자는 本人에 대한 항변권뿐만 아니라 무권대리인 자신에게 갖는 모든 항변권을 주장할 수 있다. 왜냐하면 무권대리인은 본인의 대리인으로서가 아니라 자신의 명의로 권리를 행사하기 때문이다.

---

82) 최기원, p.170.

83) 정희철, p.93; 최기원, p.171; 정동윤, p.179; 정찬형, pp.157-158; 강위두, p.96; 서헌제, p.157.

⑥ 本人의 無權代理人에 대한 權利

본인과 무권대리인 사이의 관계는 본인이 당초 어음상의 권리를 갖는 경우와 갖지 않는 경우에 따라 다르다. 본인이 어음·수표상의 권리를 갖지 않는 때에는 무권대리인이 어음상의 의무를 이행하더라도 권리자가 되는 것이 아니므로, 본인과 무권대리인 사이에는 아무런 문제가 발생하지 않는다. 그러나 배서의 무권대리인이 어음·수표상의 의무를 이행하고 어음·수표를 환수한 경우에는 본인은 어음·수표의 소지를 상실하게 되어 무권대리인의 권리취득과 본인의 어음·수표반환청구권이 경합하게 된다. 이때에는 본인은 전에 가졌던 자기의 권리에 의거하여 무권대리인에 대한 어음의 반환청구권을 가지게 된다. 이 경우에 어음의 소지를 회복한 본인의 권리는 무권대리인이 가졌던 권리가 아니고 본인이 전에 가졌던 권리이므로 어음채무자는 무권대리인에게 대항할 수 있었던 항변으로 본인에게 대항하지 못한다.

(4) 越權代理人의 責任

대리인이 그 대리권을 초월하여 어음행위를 한 경우에 월권대리가 된다. 월권대리도 대리권이 전혀 없는 협의의 무권대리와는 구별되지만 권한 없는 부분에 관하여 대리권을 행사하였으므로 무권대리의 일종이다. 표현대리와 달리 외관이 존재하지 않기 때문에 본인에게 책임을 지우지 않는다. 따라서 대리인이 대리권을 초과하여 어음·수표행위를 한 경우 책임의 범위에 관하여 학설이 나누어지고 있다.

첫째, 대리인만이 어음금 전액에 대해서 책임을 진다는 本人無責任說이 있으며, 둘째, 본인은 대리권을 수여한 범위 내에서 책임을 지고 대리인은 월권부분에 대해서만 책임을 진다는 월권부분책임설이 있다. 그리고 마지막으로 대리인은 어음금 전액에 대해서 책임을 지고 본인도 대리권을 수여한 범위 내에서는 책임을 진다는 전액책임설이 있다.

생각건대, 본인무책임설은 대리권이 있는 부분에 대하여도 본인이 책임을 지지 않게 되어 이론적 무리가 있으며, 월권·부분책임설에 의하면 본인과 대리인으로부터 각각 일부의 지급만을 받게 되면 소지인에게 복잡하고 불편한 법률관계가 되게 할 우려가 있다. 어음은 문언증권인 점과 어음金額不可分의 原則을 고려하고 어음의 유통을 보호해야 한다는 입장에서 고찰하면 통설인 전액책임설(책임병

존설)이 타당한 견해이다.[84] 그러나 민법 또는 상법에 의하여 표현대리가 성립하는(이사, 지배인 등의 상업사용인, 선장 등) 경우에는 본인은 어음금 전액에 대하여 책임을 지게 되고 소지인은 본인과 월권대리인중 자력이 있는 자에게 선택적으로 책임을 추궁할 수 있을 것이다.

【대법원 2001.2.23. 선고 2000다45303 판결】

어음행위의 대리 또는 대행권한을 수여받은 자가 그 수권의 범위를 넘어 어음행위를 한 경우에 본인은 그 수권의 범위 내에서는 대리 또는 대행자와 함께 어음상의 채무를 부담한다.

그러나 민법·상법상의 표현대리가 성립하는 경우에는 본인은 당연히 전액에 대하여 책임을 진다. 즉 월권대리인이 법인의 이사(민§60), 지배인(상§11③), 부분적 포괄대리권을 가진 상업사용인(상§15②), 회사대표자(상§209②, §269, §389②, §567), 선장(상§751)인 경우에는 해당규정에 의하여 본인(회사)은 어음금 전액에 대하여 책임을 지게 되고, 또 민법 제126조에 의하여 월권대리인의 상대방이 그 권한이 있다고 믿을 만한 정당한 사유가 있는 경우에는 본인은 어음금 전액에 대하여 책임을 지게 된다.

3. 表見代理

(1) 意 義

무권대리인의 어음·수표행위에 대하여 본인이 책임을 지지 않는 것은 당연하지만 제3자가 볼 때 어음·수표행위자에게 대리권이 있다고 믿을만한 사정이 있고, 믿을 만한 사정이 생긴 데 대하여 본인에게 귀책사유가 있으면 본인은 어음·수표상의 책임을 져야 한다. 본인의 이러한 표현책임에 관하여 어음·수표법에는 특별한 규정이 없기 때문에 민법과 상법의 규정이 증권적 행위의 특수성을 감안하여 적용 또는 유추 적용될 것이다. 표현책임은 선의의 제3자를 보호하기 위한 것이다.

어음의 표현대리가 적용되기 위해서는 발행·배서·보증 등의 어음행위가 있어야 하며, 단순히 어음을 교부한 것은 그 교부행위가 민법상 표현대리의 요건을

84) 이철송, p.118; 최기원, p.162; 정찬형, pp.158-159.

갖추었더라도 표현대리가 될 수 없다.

(2) 成立要件

민법에 의하면 代理權授與의 表示에 의한 경우(민§125), 권한을 넘은 경우(민§126), 代理權消滅後의 경우(민§129)에 표현대리가 성립하며 이 경우에는 본인이 책임을 지도록 하고 있다. 이와 같은 민법상의 표현대리는 어음·수표에도 성립하는 것들이다. 표현대리의 일반원칙에 의하면 상대방의 선의·무과실을 요구하지만 어음·수표의 경우에는 이를 완화하여 중대한 과실이 없으면 선의로 인정하여 본인이 표현책임을 지도록 함으로써 취득자를 보호하여야 할 것이다.[85)]

표현대리의 규정(민§125, §126, §129)을 어음·수표행위에 적용하는 경우 제3자의 범위에 관하여 양 견해가 대립한다. 즉 제3자란 본인 또는 대리인의 직접 상대방을 의미하며 그 후의 제3취득자는 제외된다는 직접 상대방 한정설이 있다. 이에 대하여 제3자에는 제3취득자도 포함된다는 제3취득자 포함설(무제한설)이 있다. 이 견해에 의하면 직접상대방에게 표현대리가 성립하지 않는 경우라도 제3취득자에게 표현대리가 성립하게 되면 本人은 책임을 진다고 한다. 어음·수표행위는 대공중적 의사표시이며, 유통성을 전제로 하여 제3자의 범위를 확대할 필요가 있으므로 후설이 타당한 견해이다.[86)]

상법에서는 민법과는 달리 표현대리에 관한 규정을 정형화하여 일정한 지위나 명칭을 갖고 있거나 일정한 내용이 등기된 경우에 그 외관을 신뢰한 자를 보호하고 있다. 그리하여 상법상의 표현지배인(상§14), 부실등기된 지배인의 어음행위에 대한 영업주의 책임(상§39), 表見代表理事의 어음행위에 대한 회사의 책임(상§395)은 제3자에 대하여 어음·수표상의 책임을 져야 하는 것이다. 또한 대리권이나 대표권에 제한이 있는 자가 그 제한을 위반하여 어음·수표행위를 한 경우에도 본인 또는 회사는 선의의 제3자에 대하여 책임을 진다. 제3자에는 직접 상대방뿐만 아니라 그 후의 제3취득자도 포함된다.

---

85) 최기원, p.167; 정찬형, pp.148-149. 반대설: 이철송, p.101: 어음행위의 표현대리에 관해 이같이 요건을 완화해서 해석할 근거가 없고, 어음의 유통성의 보호는 과실의 유무에 관한 사실인정에서 고려될 수도 있으므로 민법의 法文대로 선의·무과실을 요한다고 보는 것이 옳다는 견해가 있다.

86) 최기원, p.168; 정찬형, p.149; 정동윤, p.184; 양승규, p.127; 손주찬, p.86. 이에 대하여 우리나라의 대법원의 최근 판례는 제3자는 직접 상대방만을 의미한다고 판시하고 있다(대법원 1986.9.9. 선고 84다카2310 판결; 동 1991.6.11. 선고 91다3994 판결; 동 1994.5.27. 선고 93다21521 판결; 동 1997. 11.28. 선고 96다21751 판결; 동 1999. 1.29. 선고 98다27470 판결).

【대법원 1986.9.9. 선고 84다카2310 판결】

표현대리에 관한 민법 제126조의 규정에서 제3자라 함은 당해 표현대리행위의 직접 상대방이 된 자만을 지칭하는 것이고, 이는 위 규정을 표현대리에 의한 어음행위의 효력에 적용 또는 유추적용 할 경우에 있어서도 마찬가지로 해석함이 상당하다. 또 약속어음의 지급보증은 발행인을 위하여 그 어음금 채무를 담보할 목적으로 하는 보증인의 단독행위이므로 그 행위의 구체적, 실질적인 상대방은 어음의 제3취득자가 아니라 발행인이라 할 것이다.

【대법원 1999.12.24. 선고 99다13201 판결】

어음행위의 위조에 관하여도 민법상의 표현대리에 관한 규정이 적용 또는 유추적용되고, 다만 이 때 그 규정의 적용을 주장할 수 있는 자는 어음행위의 직접 상대방에 한한다고 할 것이며, 약속어음의 배서행위의 직접 상대방은 당해 배서의 피배서인만을 가리키고 그 피배서인으로부터 다시 어음을 취득한 자는 위 배서행위의 직접 상대방이 아니라 제3취득자에 해당하며, 어음의 제3취득자는 어음행위의 직접 상대방에게 표현대리가 인정되는 경우에 이를 원용하여 피위조자에 대하여 지신의 어음상의 권리를 행사할 수가 있을 뿐이다(대법원 1986.9.9. 선고 84다카2310 판결, 동 1991.6.11. 선고 91다3994 판결, 동 1994.5.27. 선고 93다21521 판결, 동 1999.1.29. 선고 98다27470 판결 등 참조).

원심이 적법하게 확정한 사실관계에 의하면, 제1심 공동피고 회사의 대표이사인

소외 1이 이 사건 각 약속어음의 배서인란에 피고의 배서를 위조한 다음 다시 제1심 공동피고 회사의 명의로 배서를 하여 원고에게 교부하였다는 것인바, 사실관계가 그와 같다면 피고 명의의 배서의 직접 상대방은 어디까지나 그 피배서인인 제1심 공동피고회사이고 원고는 제1심 공동피고 회사로부터 다시 배서양도 받아 취득한 자로서 피고 명의의 배서에 대하여는 제3취득자에 해당하므로, 원고가 피고에 대하여 직접 피고 명의의 배서에 대한 표현대리 책임을 물을 수는 없고 그 직접 상대방인 제1심 공동피고 회사에게 표현대리가 인정되는 경우에 이를 원용할 수 있을 뿐이라고 할 것인데, 피고 명의의 배서를 위조한 제1심 공동피고 회사에게 민법 제126조 소정의 표현대리가 성립할 수 없음은 자명하다.

(3) 表見代理의 效果

표현대리가 성립하면 본인은 민·상법의 규정에 의하여 당연히 어음·수표상의 책임을 지며, 이 경우에도 표현대리인은 무권대리인이므로 어음·수표상의 책임을 진다(어§8). 즉 무권대리인은 표현대리의 성립을 주장하여 책임을 면하지 못한다. 이 점이 무권대리의 경우 본인이 추인한 경우와 다르다. 그러므로 소지인은 본인과 표현대리인에 대하여 동시에 중첩적으로 또는 선택적으로 어음상의 권리를 행

사할 수 있다.[87] 이에 대하여 본인의 책임과 무권대리인의 책임이 병존하여 어음·수표소지인이 선택적으로 청구할 수 있다는 견해가 다수설이다.[88]

【대법원 1994.5.27. 선고 93다21521 판결】

권한을 넘은 표현대리에 관한 민법 제126조의 규정에서 제3자라 함은 당해 표현대리행위의 직접 상대방이 된 자만을 지칭하는 것이고, 이는 위 규정을 배서와 같은 어음행위에 적용 또는 유추적용할 경우에 있어서도 마찬가지로 보아야 할 것이며, 약속어음의 배서행위의 직접 상대방은 그 배서에 의하여 어음을 양도받은 피배서인만을 가리키고 그 피배서인으로부터 다시 어음을 취득한 자는 민법 제126조 소정의 제3자에는 해당하지 아니한다.

제6절 어음·手票의 僞造

1. 僞造의 意義

僞造(forgery)란 권한이 없는 자가 타인의 기명날인 또는 서명을 僞作하여 마치 그 타인이 어음·수표행위를 한 것과 같은 外觀을 나타내는 것이다. 즉, 대리와 같이 타인에 의한 어음·수표행위이지만 대리방식이 아니고 대행방식에 의한 것으로서 무권대행에 의한 어음·수표행위를 위조라고 한다. 위조의 대상이 되는 행위에는 제한이 없으므로 발행·배서·인수·보증 등 모든 어음·수표행위에 위조가 있을 수 있으며, 위조는 객관적 사실을 말하는 것으로서 고의 또는 과실을 필요로 하지 않는다. 타인은 자연인뿐만 아니라 법인도 포함하며 사자나 가설인이라도 상관없다.

어음의 위조에 대하여 어음법에서는 위조어음에 기명날인 또는 서명한 자의 어음채무(어§7)에 대하여만 규정하고 있을 뿐, 그 밖의 점에 대하여는 규정이 없다. 따라서 어음위조에 관한 많은 문제점은 학설과 판례에 맡겨져 있다. 위조의 방법은 인장의 위조, 인장의 도용, 이미 기명날인 또는 서명된 지면의 이용 등이 있다. 어음의 위조에 있어서는 어음의 외관대로 권리를 행사하려는 어음소지인과 그의 권리를 부정하는 어음채무자간의 주장이 충돌하기 때문에 피위조자의 보호

---

87) 이범찬·최준선, p.122.

88) 최기원, p.169; 정찬형, p.152.

와 외관을 신뢰한 어음채권자의 보호를 어떻게 조정할 것인가 하는 점이 중요한 문제이다.

형법상 어음위조의 문제는 유가증권위조죄라는 범죄행위에 대한 처벌을 목적으로 하며 위조자의 고의를 요하고 무권대리나 보충권 남용의 경우까지 유가증권위조로 취급하므로 어음법·수표법상의 위조와는 근본취지를 달리한다. 어음법에서의 위조는 결과를 중시하여 고의·과실을 요하지 않고 권한 없이 타인명의를 침해하면 위조로 본다.

2. 僞造와 變造 및 無權代理

(1) 僞造와 變造

위조는 권한 없는 자가 어음·수표행위의 주체를 위작(허위로 나타내는 것)하는 것이고, 변조는 권한 없는 자가 어음·수표행위의 기명날인 또는 서명 이외의 내용인 문언을 변경하는 것이다. 즉 위조는 타인의 허락 없이 타인의 이름으로 어음행위를 하는 어음채무의 성립에 관한 허위인데 대하여, 변조는 이미 성립한 어음채무의 내용에 관하여 개작하는 허위이다. 그러므로 위조는 어음채무의 주체에 관한 허위이기 때문에 피위조자라는 개념이 존재하고 피위조자의 책임유무가 문제로 되지만, 변조의 경우에는 피변조자라는 개념이 없고 어음상의 모든 기명날인자 또는 서명자의 책임유무가 문제된다.

기명날인 또는 서명의 변경에 관하여 예컨대 약속어음의 발행인 甲의 기명날인을 乙의 기명날인으로 변경한 경우에 위조와 변조가 함께 있다고 할 수 있다. 이 경우 甲에게는 변조가 되지만 乙에게는 위조가 되는 것이다. 따라서 타인에 의하여 자기의 성명이 말소되었다고 하여 어음·수표상의 책임을 면할 이유가 없고, 그는 변조전의 문언에 따라 어음상의 책임을 져야 한다.

(2) 僞造와 無權代理

위조와 무권대리는 타인이 권한 없이 행위 한다는 점에서는 같으나 위조는 타인의 기명날인 또는 서명을 직접 어음행위에 사용하는 代行方式(機關方式)으로 하는 것이고 무권대리는 기명날인 또는 서명은 자신의 것으로 하되 권한 없이 대리인이라는 자격을 사용하여 대리방식으로 하는 것이다.

피위조자나 무권대리의 경우 본인은 다른 사정이 없는 한 누구에게도 책임을 지지 않지만 다른 어음·수표행위자의 책임에는 영향을 미치지 않는다는 점이 동일하다. 위조자와 무권대리인이 지는 책임의 내용과 근거에는 차이가 있다. 즉 무권대리인은 어음·수표의 유통성 조장을 위하여 본인의 추인이 없으면 본인이 지는 것과 동일한 내용의 어음·수표상의 의무를 지지만(어§8, 수§11), 위조자의 책임에 대하여는 어음법·수표법에 아무런 정함이 없고 학설상으로 부정설·긍정설이 있을 뿐이다.

3. 僞造의 效果

(1) 被僞造者의 責任

피위조자는 어음·수표행위를 한 것도 아니고 타인에게 代行權을 수여한 것도 아니기 때문에 누구에게도 책임을 지지 않는 것이 원칙이다. 위조의 항변은 물적 항변이라는 것이 통설이다. 따라서 어음소지인의 선의·악의를 불문하고 위조로써 대항할 수 있으며,[89] 피위조자에게 중과실이 있는 경우에도 표현책임이 발생하지 않는 한 어음상의 책임을 지지 않는다.

【대법원 1965.10.19. 선고 65다1726 판결 : 피위조자에게 위조의 절대적 항변을 인정한 판례】

약속어음을 다른 사람이 위조하여 발행한 경우에 피위조자는 그 어음을 선의로 양수한 제3자에 대하여도 발행인으로서의 의무를 부담하지 않는다.

그러나 다음과 같은 경우에는 예외적으로 피위조자의 책임이 발생한다고 본다.

① 追認에 의한 責任

어음·수표가 위조된 경우에 추인에 대하여는 민법이나 상법이 규정하지 않기 때문에 무권대리의 경우와 같이 피위조자가 추인할 수 있는가에 대하여 긍정설·부정설의 양설이 있다.

i) **肯定說** : ⓐ 위조와 무권대리는 대행방식인가 대리방식인가의 차이 밖에 없으며, ⓑ 무권대리의 경우가 위조의 경우보다 본인의 이익을 위한 행위라고 할

89) 대법원 1965.10.10. 선고 65다1726 판결.

수 없고, ⓒ 위조의 경우에도 추인을 인정하는 것은 피위조자·소지인·위조자의 의사에 반하지 않는다는 것이다. 따라서 위조의 경우에도 무권대리에 관한 규정(민§130)을 유추적용 하여 추인을 인정하고자 한다.[90)]

ii) **否定說** : ⓐ 위조에는 피위조자를 위하는 의사가 없으며, ⓑ 위조자의 기명날인 또는 서명이 존재하지 않기 때문에 추인할 대상이 없고. ⓒ 추인을 인정할 어음법상의 명문규정이 없다는 것이다. 또한 (d) 위조는 절대적 무효이며, ⓓ 위조에 추인을 인정하면 온정적 처리를 기대하는 위조행위가 끊임없이 출현할 것이라고 한다. 따라서 무권대리에 인정되는 추인은 위조에는 인정될 수 없다고 한다.[91)]

생각건대 어음·수표의 위조와 무권대리는 대행방식인가 대리방식인가의 차이만 있으며 권한 없는 자의 행위라는 것은 동일하다. 무엇보다 피위조자의 의사를 존중하고 소지인의 기대를 저버리지 않게 되어 거래의 안전을 기할 수 있다. 또한 위조의 추인을 인정하는 근거는 대체로 무권대리의 추인에 관한 규정을 들고 있으며, 무권대리라고 하여 본인을 위한 것이라고 볼 수 없으므로 무권대리에 비교할 수 있다. 그러므로 어음거래의 안전을 위하여 민법 제130조를 유추적용 하여 추인을 인정하는 것이 타당하다. 미국의 통일상법전에서도 위조의 추인(ratification)을 인정하고 있다. 이 경우에 추인은 명시적으로 뿐만 아니라 묵시적으로도 할 수 있으며, 추인은 위조자에 대해서 뿐만 아니라 발행인 또는 형식적 자격이 있는 어음소지인에 대하여도 할 수 있다.[92)]

【대법원 1998.2.10. 선고 97다31113 판결 : 피위조자가 위조를 추인하려면 추인의 의사가 표시되었다고 볼 만한 사유가 있어야 한다고 본 판례】

무권대리행위에 대한 추인은 무권대리행위로 인한 효과를 자기에게 귀속시키려는 의사표시이니만큼 무권대리행위에 대한 추인이 있었다고 하려면 그러한 의사가 표시되었다고 볼 만한 사유가 있어야 하고, 무권대리행위가 범죄가 되는 경우에 대하여 그 사실을 알고도 장기간 형사고소를 하지 아니하였다 하더라도 그 사실만으로 묵시적인 추인이 있었다고 할 수 없는바, 권한 없이 기명날인을 대행하는 방식에 의하여 약속어음을 위조한 경우에 피위조자가 이를 묵시적으로 추인하였다고 인정하려면 추인의 의사가 표시되었다고 볼 만한 사유가 있어야 한다.

---

90) 최기원, p.180; 정동윤, p.166; 양승규, p.146; 이범찬·최준선, p.128; 이철송, p.130; 이기수, p.181; 정찬형, p.172.

91) 강위두, p.120; 손주찬, p.102; 서돈각·정완용, p.89.

92) 이철송, p.130.

② 表見責任

위조자와 피위조자 간의 특수한 관계 때문에 위조자와 거래한 제3자가 위조자에게 그러한 어음행위를 할 권한이 있다고 믿을만하고 그에 대하여 피위조자의 귀책사유가 인정되는 때에는 민법과 상법의 표현대리에 관한 규정을 유추적용 하여 피위조자의 책임을 인정하여야 한다(통설·판례).[93] 피위조자의 책임을 인정하려면 어음의 교부시에 표현대리가 성립되어야 하지만 피위조자의 책임을 넓게 인정하기 위하여는 권리외관설에 따라야 한다는 견해가 있다.[94]

【대법원 1968.7.16. 선고 68다334·335 판결 : 경리담당 상무이사의 무권대행의 어음행위에 대하여 표현책임을 인정한 판례】

Y주식회사의 경리담당 상무이사인 B가 수권범위 외의 어음행위를 대표이사 A의 명의로 한 경우에 Y회사는 B에게 위조의 기회를 준 경우이므로 표현책임의 법리에 의하여 피위조자인 Y회사는 어음상의 책임을 부담한다(同 1988.10.25. 선고 86다카1228 판결; 同 1989.3.28. 선고 87다카2152·2153 판결).

③ 信義則에 의한 責任

위조어음에 대한 피위조자의 항변이 신의칙에 반하는 경우에는 피위조자가 어음·수표상의 책임을 져야 한다. 예컨대, 종래 수차례에 걸쳐 동일한 위조자의 위조어음을 지급함으로써 계속적인 위조행위를 가능하게 한 경우에는 피위조자가 책임을 져야 할 것이다(선행행위와 모순되는 주장을 할 수 없다는 원칙).[95]

【대법원 1972.11.28. 선고 72다36 판결】

원심은 소외 이상묵과 피고는 연탄동업자일 뿐만 아니라 같은 고향 출신이어서 서로 의형제처럼 지내는 처지로서 다 같이 그들의 사업상 각각 지급은행과 당좌수표 거래를 하여 왔는데 1970.7월경부터 위 소외인의 사업이 부진하여 동 소외인 명의의 수표로는 사업자금의 융통이 어렵게 되자 소외인은 자기를 위하여 1970.8월 중순경부터 함부로 피고의 인감과 서명판도장을 위조하고 그것을 사용하여 피

---

93) 대법원 1969.9.30. 선고 69다964 판결; 동 1991.6.11. 선고 91다3994 판결; 정찬형, pp.173-174; 정동윤, pp.192-193; 이철송, p.129.

94) 최기원, p.180; 홍복기, "어음행위의 무권대행과 표현대리규정적용의 문제점", 「고시연구」(1993, 8), p.172.

95) 이철송, p.131; 정동윤, p.139; 채이식, p.76; 최기원, p.193.

고 명의의 선일자 당좌수표를 수 십장 발행하였는데 피고는 같은 해 10월경 동 소외인으로부터 피고 명의의 위와 같은 위조수표 발행사실을 듣고 이에 발행한 위조수표를 조속히 결제하고 앞으로는 더 이상 발행하지 말라고 이르고 동 소외인으로부터 그가 함부로 새겨가지고 있는 인감도장과 서명한 도장을 회수해가는 한편 지급은행으로부터 이와 같은 위조수표 제시가 있다는 통보를 받으면 그때마다 동 소외인에게 직접 또는 지급은행을 통하여 간접적으로 연락하여 동 소외인이 입금 결제토록 한 것이 같은 해 12월 초 까지에 걸쳐 10,000,000원 가량이나 되었는바, 동 소외인은 다시 자기 이익을 위하여 위와 같은 도장들을 함부로 새겨 그해 12월 중순경 까지 계속 위에서 본 바와 같이 같은 수법으로 피고 명의의 선일자 수표를 발행하여 자금을 융통하고서 스스로 입금 결재해오다가 1970.12.19. 자금부족으로 지급은행이 제시된 수표를 결제해 주지 못하고 만 사실 … 한편 원고를 포함한 수많은 채권자들도 위 소외인과 피고간의 위와 같은 우의관계를 알고 있었을 뿐만 아니라 그때마다 위 소외인으로부터 받은 피고명의의 선일자 수표들이 잘 결제되어 가므로 동 소외인에게 피고 명의의 수표행위를 할 수 있는 권한이 있는 것으로 믿었으며 또 피고는 위 소외인이 통고를 피고명의의 수표가 위조되고 있다는 사실을 미리 알았음에도 불구하고 동 소외인이 자금부족으로 지급은행에 수표금을 입금시킬 수 없었던 1970.12.19.까지 수개월 간에 걸쳐 위 위조수표들이 지급은행에 제시되어 왔다는 통지를 지급은행으로부터 받았을 때마다 적극적으로 소외인에게 직접 또는 간접으로 알려 그에게 입금 결제토록 하여 왔으니 원고가 위와 같이 믿는데 정당한 이유가 있다고 보는 것이 상당하다 할 것이고 따라서 피고는 비록 이 사건 수표가 위조 되었다 하더라도 원고를 포함한 제3자에게 피고가 적법하게 발행시킨 것과 같은 신뢰를 갖게 했으니 이사건 수표금을 지급할 의무가 있다할 것이라는 이유로 원고의 이사건 청구를 인용하였다. 그러나 … 위와 같은 관계만으로는 일반 제3자가 위 소외인이 피고 명의의 수표를 발행할 수 있는 것으로 믿을 수 있는 특수관계가 있다고 할 수는 없을 것이고, … 원심이 이사건 위조수표에 관한 표현책임이 있는 것으로 판단하였음은 위조수표에 관한 피위조자의 표현책임의 법리를 오해하여 위법이다.

④ 使用者責任

ⅰ) **意義** : 실제로 기업의 사용인이 기업의 명의로 어음·수표행위를 하는 경우 즉 사용인이 사익을 위하여 어음·수표를 위조한 경우에 제3자가 위조자에게 어음·수표행위를 할 권한이 있는 것으로 믿고 그에 대하여 피위조자인 사용자에게 귀책사유가 인정되는 때는 권리외관이론이나 표현대리의 법리로써 사용자의 책임을 물을 수 있을 것이다. 그러나 이러한 법리가 인정되지 않을 경우를 대비하여 민법 제756조에 의한 피위조자의 사용자배상책임을 인정하려는 것이다. 피위조자에게 어음상의 책임을 물을 수 있더라도 어음소지인은 선택적으로 사용자배상책임을 물을 수 있을 것이다.

ii) **責任의 要件** : 사용자에게 책임을 지우기 위해서는 민법 제756조 제1항의 요건을 충족해야 한다. 즉 ⓐ 위조자와 피위조자 사이에 사용관계가 있어야 하며, ⓑ 위조자는 사무의 집행에 관하여 어음·수표를 위조하였어야 한다. 즉, 어음수표의 위조가 사용인의 직무와 밀접한 관련이 있거나 상당한 관련성이 있어야 한다. 그리고 ⓒ 제3자에게 손해가 발생해야 하며, ⓓ 제3자는 선의이며 중대한 과실이 없어야 한다. 즉 어음취득자는 사용인의 어음행위가 그의 직무범위에 속하지 않음을 알았거나 중대한 과실로 알지 못하였을 때에는 사용자는 배상책임을 지지 않는다. 악의 또는 중대한 과실에 대한 입증책임은 위조를 주장하는 사용자가 진다.

그리고 어음소지인이 배서인에 대하여 소구권행사를 위한 권리보전절차를 취하지 못하여 소구권을 상실한 경우에도 사용자책임을 추궁할 수 있는가 하는 문제가 있다. 즉, 위조어음의 취득자가 어음상의 권리를 행사하지 않고도 사용자에 대하여 손해배상을 청구할 수 있는가 하는 문제이다.

이에 대하여 대법원 전원합의체판결[96]에서 「… 민법 제756조 소정의 사용자책임을 논함에 있어서는 어음소지인이 어음법상 소구권을 가지고 있느냐는 등 어음법상의 권리의무를 따질 필요가 없다. 어음소지인이 적법한 지급제시기간 내에 지급제시를 하지 아니하여 소구권보전의 절차를 밟지 않았다고 하더라도 이는 어음소지인이 미리 발생한 위조자의 사용자에 대한 불법행위책임을 묻는 것에 장애가 되는 사유라고 할 수 없다」고 하였다. 이 판례의 입장은 어음소지인의 귀책사유로 소구권보전절차의 해태나 시효소멸에 의하여 어음금을 지급받지 못하게 되었더라도 사용자 책임을 부정할 수 없다는 뜻으로 판단된다.[97]

【대법원 1994.11.8. 선고 93다21514 전원합의체판결】

가. 제3점에 대하여

… (2) 어음이 위조된 경우에 피위조자는 민법상 표현대리에 관한 규정이 유추적용될 수 있다는 등의 특별한 경우를 제외하고는 원칙적으로 어음상의 책임을 지지 아니한다. 그러나 피용자가 어음위조로 인한 불법행위에 관여한 경우에 그것이 사용자의 업무집행과 관련한 위법한 행위로 인하여 이루어졌으면 그 사용자는 민법 제756조에 의한 손해배상책임을 지는 경우가 있다. 이 경우에 사용자가 지는 책임은 어음상의 책임이 아니라 민법상의 불법행위 책임이므로 그 책임의 요건과 범위가 어음상의 그것과 일치하는 것이 아니다. 따라서 민법 제756조 소정의 사용

---

96) 대법원 1994.11.8. 선고 93다21514 판결.

97) 이철송, p.133.

자 책임을 논함에 있어서는 어음소지인이 어음법상 소구권을 가지고 있느냐는 등 어음법상의 권리유무를 따질 필요가 없다.

뿐만 아니라 어음소지인으로서는 위조된 배서를 진정한 것으로 믿고 할인금을 지급하는 즉시 그 어음액면금이 아닌 그 지급한 할인금 상당의 손해를 입었다고 할 것이므로(당원 1992.6.23. 선고 91다43848 전원합의체 판결 참조) 그 후 어음소지인이 현실적으로 지급제시를 하여 지급거절을 당하였는지의 여부가 어음배서의 위조로 인한 손해배상책임을 묻기 위하여 필요한 요건이라고 할 수 없고, 어음소지인이 적법한 지급제시기간 내에 지급제시를 하지 아니하여 소구권 보전의 절차를 밟지 않았다고 하더라도 이는 어음소지인이 이미 발생한 위조자의 사용자에 대한 불법행위책임을 묻는 것에 장애가 되는 사유라고 할 수 없다(당원 1977.2.22. 선고 75다1680 판결; 1993.8.24. 선고 93다6164,6171 판결 참조).

(3) 이에 대하여는 배서가 위조되지 아니하였다고 가정하더라도 소지인이 지급제시기간을 도과하였으면 배서인에 대하여 어음상 소구책임을 물을 수 없는데 우연히 배서가 위조된 어음의 소지인이 되었다고 하여 지급제시기간을 도과한 경우에도 손해배상을 받을 수 있다면 배서가 위조된 어음의 소지인이 진정한 어음의 소지인보다 더 보호를 받는 것이 되어 균형을 잃는다는 반론이 있을 수 있으나, 배서가 위조된 어음의 경우에는 어음의 소지인은 적법하게 지급제시를 하였더라도 배서명의자나 직접 불법행위를 한 자의 사용자에 대하여는 소구권을 행사할 수 없으므로 그에 대한 관계에 있어서는 지급제시기간의 준수 여부가 별다른 의미를 가지지 아니하고 오히려 어음소지인이 지급제시기간의 도과로 말미암아 사용자책임을 물을 수 없게 된다고 하는 것이야말로 우연한 사정에 의하여 결과가 달라지는 부당한 것이 되므로 위와 같은 반론은 근거가 없다고 하지 않을 수 없다.

뿐만 아니라 어음의 만기 이전에 그 배서가 위조된 사실이 밝혀진 경우에도 어음소지인으로서는 어음법상의 책임을 부담하지 않는 불법행위자의 사용자에 대한 관계에 있어서도 만기까지 기다려 적법한 지급제시를 하여야만 위조로 인한 사용자책임을 물을 수 있다고 하여야 할 아무런 이유도 없다. …

나. 제1점에 대하여

위조된 약속어음을 취득함으로써 입은 손해는 다른 특별한 사정이 없는 한 이를 취득하기 위하여 현실적으로 출연한 할인금 상당액일 뿐, 소론과 같이 위 어음들이 진정한 것이었더라면 원고가 지급받았을 것이라고 인정되는 그 어음액면 상당액이라고는 할 수 없다.

iii) **責任의 範圍** : 사용자가 져야 할 책임은 어음금액이 아니라 위조로 인한 실손해액이며 어음취득자에게 과실이 있는 경우는 과실상계 할 수도 있다. 표현대리행위가 성립하는 경우에 그 본인은 표현대리행위에 의하여 전적인 책임을 져야 하고, 상대방에게 과실이 있다고 하더라도 과실상계의 법리를 유추적용하여 본인의 책임을 경감할 수 없다. 종래 대법원은 손해액은 어음금액이라고 하였으나 전원합의체 판결을 통하여 이를 할인액이라고 수정하였다.[98] 「위조된 수표를 할인에 의하여 취득한 사람이 그로 인하여 입게 되는 손해액은 특별한 사정이 없는 한, 그 위조수표를 취득하기 위하여 현실적으로 出捐된 割引金에 상당하는 금액이지 그 수표가 진정한 것이라면 그 수표의 소지인이 지급받았을 것으로 인정되는 그 수표의 액면에 상응하는 금액이 아니라고 봄이 상당하다. 僞造手票의 액면에 상응하는 금액은 그 수표가 위조된 것이 계기가 되어 그 소지인이 그 금액을 얻을 수 있으리라는 기대를 갖게 되는 불법행위가 없었더라면 그 소지인이 원래 얻을 수 있었던 것으로서 그 수표의 위조행위로 말미암아 얻을 수 없게 된 이익은 아니라고 할 것이므로, 그 소지인이 그 액면에 상당하는 금액을 지급받지 못하게 된 것이 불법행위로 인한 소극적 손해에 해당한다고 볼 수 없기 때문이다」고 하였다. 그러나 실손해액이 어음금액을 초과할 경우 판례는 어음금액을 손해액으로 보아야 할 것이다.[99]

⑤ 被僞造者의 支給

피위조자가 어음이 위조된 것을 알면서도 어음금액을 지급한 때에는 어떠한 학설에 의하든지 위조의 법정추인이 되어(민§145 제1호) 그 지급이 유효하게 된다(민§145).

그러나 피위조자가 위조된 어음인 것을 모르고 지급한 때에는 그 반환을 청구할 수 있다. 다만 지급이 있었기 때문에 소지인이 권리보전절차를 취하지 못하여 어음상의 권리를 상실하게 된 때에는 반환을 청구할 수 없다고 할 수 있다(민 §744).

【대법원 1992.7.28. 선고 92다18535 판결】

배서위조가 있는 약속어음에서 피위조자인 배서인이 위조사실을 알지 못하고 진정하게 이루어진 것으로 오인하여 어음소지인에게 어음금을 지급한 경우에는 피위조자는 어음소지인에 대하여 부당이득반환청구권이 있다.

(2) 僞造者의 責任

① 어음·手票上의 責任

어음·수표행위의 위조자는 민법상의 不法行爲責任과 형법상의 有價證券僞造罪의 처벌을 면할 수 없으나 어음·수표에 자신의 명의로 기명날인 또는 서명을 한

98) 대법원 1992.6.23. 선고 91다43848 전원합의체 판결.

99) 대법원 1985.12.10. 선고 85다카578 판결; 김형진, "어음·수표 피위조자의 책임", 「어음·수표법에 관한 제문제(上)」, p.321.

바가 없으므로 어음·수표상의 책임을 지는가에 관해서는 견해가 대립하고 있다.

i) **否定說** : 위조자는 무권대리인과는 달리 어음·수표상에 성명이 표시되지 않으므로 어음·수표의 문언성에서 볼 때 위조자가 어음·수표상의 채무를 부담할 근거가 없으며, 위조자에게 불법행위책임 이외에 별도로 어음상의 책임을 물을 실익이 없다. 또한 위조자를 신뢰한 제3자의 보호라는 문제도 없으므로 위조자는 어음·수표상의 책임을 지지 않는다는 견해로서 종래의 다수설이다.[100]

ii) **肯定說** : 긍정설의 입장은 피위조자가 어음·수표상의 책임을 지지 않을 때는 소지인의 보호를 위하여 위조자가 책임을 져야 한다고 한다. 다만 그 근거에 관하여 무권대리규정유추적용설과 위조자행위설이 있다.[101]

전설에 의하면, 무권대리와 위조는 그 방식에 차이가 있을 뿐이고 양자는 기본적으로 그 구조가 동일하므로 무권대리에 관한 규정을 위조에 유추적용할 수 있다는 것이다. 특히 무권대리인의 책임은 유권대리의 경우와 같이 표시한데 대하여 인정하는 특수한 담보책임이므로 위조의 경우에도 피위조자가 책임을 진다는 것을 더 직접적으로 표시하고 있기 때문에 무권대리에 관한 규정을 당연히 유추적용 하여야 한다고 한다.[102]

이에 대하여 후설의 입장은 위조자는 자기의 어음·수표행위에 의하여 책임을 진다는 것이다. 그 이유는 위조자가 어음·수표행위를 자기명의로 하였는가 타인명의로 하였는가를 가릴 필요가 없이 어음·수표에 기명날인 또는 서명한 이상 채무부담의 의사가 있었으므로 거래의 안전을 위하여 어음·수표상의 책임을 져야 한다고 한다.[103]

생각건대 어음·수표의 소지인을 보호하기 위한 가장 타당한 견해는 긍정설의 입장이라고 본다. 다만 무권대리와 위조가 그 방식에 있어서 분명히 다름에도 불구하고 기본적 구조가 동일하다고 보는 것은 문제이므로 무권대리규정유추적용설은 타당하지 않다. 따라서 긍정설 중 위조자행위설이 타당하다.

② 民法·刑法上의 責任

위조자는 위조행위로 인하여 제3자에게 손해가 생기게 한 때에는 민법상의 불

100) 이철송, p.135; 강위두, p.125; 서돈각·정완용, p.88; 이범찬·최준선, p.131; 채이식, p.77.

101) 서헌제, p.159; 손주찬, p.105; 양명조, p.126; 양승규, p.148; 정동윤, p.142; 정찬형, p.183; 최준선, p.198.

102) 정찬형, p.183; 정동윤, p.197; 양승규, p.148; 서헌제, p.159; 손주찬, p.105; 양명조, p.126.

103) Baumbach/Hefermehl, WG Art. 7 Rdn. 2; 최기원, p.192.

법행위 책임을 진다(민§750). 또한 형법에 의하여 유가증권위조죄로서 형벌을 받게 된다(형§214).

어음법·수표법상의 위조의 개념과 형법상의 위조의 개념은 다르다. 어음·수표법상의 위조는 교부행위를 필요로 하며 위조자의 고의·과실을 필요로 하지 않는다. 그러나 형법상 위조는 교부행위를 요하지 않으며 행위자의 고의·과실을 필요로 한다.

③ 僞造된 어음·手票에 記名捺印 또는 署名한 者의 責任

위조된 어음위에 기명날인 또는 서명한 자는 어음문언에 따라 책임을 지고(어음·수표행위 독립의 원칙), 위조자라도 소지인이 되면 진정하게 기명날인 또는 서명을 한 자에 대하여 어음상의 권리를 행사할 수 있다.[104)]

어음소지인이 위조어음이라는 사실을 알고 어음을 취득한 경우에도 위조어음위에 기명날인 또는 서명한 자는 어음상의 책임을 부담하는가의 문제가 있다. 어음행위독립의 원칙이 악의의 어음취득자에 대하여는 적용되지 않는다는 소수설[105)]도 있으나, 통설에 의하면 어음행위독립의 원칙은 선행하는 어음행위의 실질적 무효에도 불구하고 형식상 완전한 어음에 한 어음행위를 독립적인 채무부담행위로 보는 것이라고 할 수 있으므로 어음취득자의 선의·악의와는 전혀 무관하게 그러한 어음에 기명날인 또는 서명한 자는 어음상의 책임을 부담한다.

4. 僞造의 立證責任

어음소지인으로부터 어음상의 청구를 받고 자신의 기명날인이 위조되었음을 주장할 때 입증책임을 누가 지는가의 문제가 있다. 위조의 입증책임에 관하여 학설이 나누어져 있으며, 판례도 입장을 변경한 적이 있다. 종래의 판례는[106)] 위조의 입증책임을 피위조자가 부담하여야 한다고 하였으나 대법원은 종래의 태도를 변경하여 소지인이 입증하여야 한다고 하였으며, 다수설의 입장이다.[107)]

즉 적극적인 사실의 주장(피위조가가 어음행위를 하였다는 사실의 주장)과 소극적인

---

104) 이범찬·최준선, p.132.

105) 최기원, pp.110-111.

106) 대법원 1987.7.7. 선고 86다카2154 판결; 동 1971.5.24. 선고 71다570 판결.

107) 대법원 1993.8.24. 선고 93다4151 판결; 강위두, p.118; 김정호, p.98; 손주찬, p.100; 정동윤, p.143; 정찬형, p.189; 최기원, p.195.

사실의 주장(피위조자가 어음행위를 하지 않았다는 사실의 주장)이 대립할 경우, 적극적인 사실의 주장자가 입증책임을 진다는 것이 입증책임배분의 원칙이므로 위조가 아님을 주장하는 자, 즉 어음소지인이 입증책임을 져야 한다.[108]

【대법원 1993.8.24. 선고 93다4151 전원합의체판결 : 어음상의 어음채무자가 자신의 기명날인이 위조되었음을 주장하는 경우 그 기명날인의 진정 여부에 대한 입증책임의 소재】

어음에 어음채무자로 기재되어 있는 사람이 자신의 기명날인이 위조된 것이라고 주장하는 경우에는 그 사람에 대하여 어음 채무의 이행을 청구하는 어음의 소지인이 그 기명날인이 진정한 것임을 증명하지 않으면 안된다.

민사소송에서의 입증책임의 분배에 관한 일반원칙에 따르면 권리를 주장하는 자가 권리발생의 요건사실을 주장 입증하여야 하는 것이므로, 어음의 소지인이 어음채무자에 대하여 어음상의 청구권을 행사하는 경우에도 어음채무발생의 근거가 되는 요건사실, 즉 그 어음채무자가 어음행위를 하였다는 점은 어음소지인이 주장 입증하여야 된다고 볼 것이다. 배서의 자격수여적 효력에 관하여 규정한 어음법 제16조 제1항은 어음상의 청구권의 적법하게 발생한 것을 전제로 그 권리의 귀속을 추정하는 규정일 뿐, 그 권리의 발생 자체를 추정하는 규정은 아니라고 해석되므로, 위 법조항에 규정된 "적법한 소지인으로 추정한다"는 취지는 피위조자를 제외한 어음채무자에 대하여 어음상의 청구권을 행사할 수 있는 권리자로 추정된다는 뜻에 지나지 아니하고, 더 나아가 자신의 기명날인이 위조된 것임을 주장하는 사람에 대하여 까지도 어음채무의 발생을 추정하는 것은 아니라고 할 것이다. 그렇다면 어음에 어음채무자로 기재되어 있는 사람이 자신의 기명날인이 위조된 것이라고 주장하는 경우에는 그 사람에 대하여 어음 채무의 이행을 청구하는 어음의 소지인이 그 기명날인이 진정한 것임을 증명하지 않으면 안 된다고 볼 수밖에 없다.

그러나 피고 명의의 배서란에 찍힌 피고 명의의 인영이 피고의 인장에 의한 것임을 피고가 인정하고 있으므로 그 배서부분이 진정한 것으로 추정되기는 하지만, 그 인영이 작성명의인인 피고 이외의 사람이 날인한 것으로 밝혀질 때에는 위와 같은 추정은 깨어지는 것이므로, 이와 같은 경우에는 이 사건 어음을 증거로 제출한 원고가 작성명의인인 피고로부터 날인을 할 권한을 위임받은 사람이 날인을 한 사실까지 입증하여야만 그 배서부분이 진정한 것임이 증명되는 것인바(당원 1989.4.25. 선고 89다카6815 판결; 1990.4.24. 선고 89다카21569 판결 등 참조), 기록에 의하면 피고 명의의 배서란에 찍힌 피고 명의의 인영이 피고가 날인한 것이 아니라 위 김태염이 날인한 것임은 원고도 스스로 인정하고 있는 바이므로(원고소송대리인이 원심의 제3차 변론기일에서 진술한 1992.9.3.자 준비서면), 위 김태염에게 피고를 대리하여 피고의 명의로 배서를 할 권한이 있었음이 증명되어야만 … 피고 명의 배서부분이 진정한 것임을 인정할 수 있다. …

---

108) 이철송, p.137.

학설로서 피위조자가 위조의 입증책임을 부담한다는 논거로서는[109] ① 권리를 주장하는 자가 그 권리를 입증하여야 하며 ② 피위조자가 위조사실을 증명하기 쉽고 ③ 피위조자가 입증하여야만 어음의 거래보호와 유통성이 강화될 수 있다는 점이다. 이에 대하여 소지인이 입증책임을 부담한다는 논거[110]로서는 소지인은 자기의 위험부담 하에 어음관계에 관여하게 된 자인데 반하여 피위조자는 어음의 위조와 전혀 무관할 수 있다는 것이다.

이에 대하여 피위조자와 소지인 중 누가 위조의 사실을 입증하기 용이한가 또 피위조자가 위조와 어느 정도 관련성이 있는가 등은 구체적 사건마다 다르므로 구체적 사안에 따라 입증책임 있는 자를 결정하여야 하고, 이를 획일적으로 판단할 수 없다는 견해가 있다.[111] 생각건대, 어음소지인이 소지하고 있는 어음이 위조된 것이 아니고 피위조자의 기명날인 또는 서명이 진정한 것임을 입증하여야 할 것이며, 피위조자의 인장이 진정한 것으로 밝혀졌다면 피위조자가 타인에 의해 그 기명날인이 이루어졌다는 것을 증명해야 한다는 견해가 타당하다.[112] 위의 판례에서 피위조자가 타인이 압날한 인영이라는 것을 증명하였으므로 피위조자의 책임을 묻기 위해서는 소지인측이 인장을 압날한 타인이 피위조자의 대리인이라는 것을 증명하여야 한다고 하였다.

제 7 절 어음·手票의 變造

1. 變造의 意義

어음·수표의 변조는 권한 없는 자가 어음·수표의 문언을 변경하는 것이다. 변경은 어음요건뿐만 아니라 유익적 기재사항의 변경도 포함된다. 무익적 기재사항의 변경은 어음·수표의 내용과 효력에 아무런 변동이 생기지 않으므로 변조라고 할 수 없다.

변조는 권한 없는 자가 내용을 변경을 하는 것이므로 어음·수표관계자 전원의

109) 이기수, "위조있는 어음의 입증책임", 「상사법연구」 제12집(1993), p.206 이하.
110) 손주찬, p.100; 정동윤, p.143; 최기원, p.195.
111) 이범찬·최준선, p.133.
112) 이철송, p.138.

동의로써 내용을 변경하였다면 변조가 아니고 유효한 변경이다.[113] 다만 수인의 어음·수표행위자 중 변경에 동의하지 않은 자가 있는 경우에는 동의하지 않은 자에게만 변조가 되고 동의한 자에게는 유효한 변경이 된다. 또한 이미 어음상에 다른 권리 또는 의무를 가진 자가 있는 경우에 이러한 자의 동의 없이 자기의 기재내용을 변경하면 변조가 된다.[114]

【대법원 1981.11.24. 선고 80다2345 판결 : 어음발행인이 어음보증인의 동의를 얻지 않고 한 수취인의 정정은 변조가 된다고 본 판례】

어음보증인이 있는 경우에는 비록 아직 수취인에게 어음을 교부하기 전이라고 하더라도 발행인은 이러한 사람의 동의를 받지 아니하고는 어음상의 그 어떠한 기재도 변경할 수 없고, 이를 변경한 경우에는 어음변조에 해당한다.

변조의 방법에는 제한이 없으므로 기존문언의 變改·抹消·新文言의 첨가 등이 있다. 어음의 유익적 기재사항 위에 인지를 붙여 이를 보이지 않게 한 것도 말소로서 변조가 된다는 판례[115]가 있다. 그러나 변조 후에도 유효한 어음이 되어야 하기 때문에 기본어음으로서의 형식적 요건을 구비하고 있어야 한다. 변조도 위조와 같이 어음행위가 아니고 사실행위이므로 변조자의 고의·과실을 요하지 않는다(통설).

2. 變造와 白地어음의 不當補充

변조는 변조행위의 전후를 불문하고 형식적 요건이 완전히 구비된 완성어음을 전제로 하지만, 백지어음의 부당보충이란 미완성의 어음에 대하여 보충권을 남용하는 것이다. 그러나 백지어음 중에 이미 유효하게 기재된 사항을 권한 없이 변경하는 것은 변조가 될 것이다. 어음금액을 숫자로 기재하고 문자란을 공백으로 한 어음을 교부한 경우에 문자란의 어음금액을 숫자란보다 高額으로 기재한 때에는 변조가 되지만 백지어음의 부당보충은 되지 않는다. 이미 완성된 어음금액을 변경하는 것이기 때문이다. 반대로 이미 기재된 문자란의 어음금액과 다른 숫자

113) 대법원 1995.5.9. 선고 94다40659 판결.

114) 대법원 1981.11.24. 선고 80다2345 판결; 동 1987.3.24. 선고 86다카37 판결; 동 1989.10.24. 선고 88다카20774 판결.

115) 대법원 1980.3.25. 선고 80다202 판결.

를 기재하더라도 변조가 되지 않는다. 왜냐하면 문자와 숫자상의 차이가 있을 때는 문자로 기재한 금액을 어음금으로 하기 때문이다(어§6①).

변조 후의 어음이나 보충권이 남용된 어음은 외관상으로는 처음부터 그와 같은 내용으로 발행된 어음과 차이가 없음에도 불구하고 그러한 어음취득자에 대한 책임의 내용은 어느 경우에 속하는가에 따라 달라지게 된다.

변조는 물적항변사유이므로 이를 기재한 자에게 변조에 대하여 귀책사유가 있어야 어음상의 책임을 물을 수 있으나,[116] 보충권 남용은 인적항변사유이므로 어음취득자의 악의·중과실을 입증하지 못하면 백지어음행위자는 보충된 문언에 따라 책임을 져야 한다(어§10, §77②, 수§13).

3. 變造의 效果

(1) 變造前에 記名捺印 또는 署名을 한 者의 責任

어음·수표의 변조가 있기 전에 어음·수표에 기명날인 또는 서명을 한 자는 원문언, 즉 기명날인 또는 서명당시의 문언에 따라 책임을 진다(어§69, §77① 7호, 수§50). 왜냐하면 한번 유효하게 발생한 어음·수표상의 책임이 권한없는 자의 변경에 의하여 소멸될 수 없고, 변조에 의하여 신문언이 첨가되더라도 변조전에 기명날인 또는 서명을 했던 자는 이를 알 수가 없으므로 변조 후의 문언에 의한 책임을 지울 근거가 없기 때문이다. 변조에 의하여 어음이 무효가 되더라도 변조전의 어음행위자는 여전히 변조전의 문언에 따라 책임을 진다.

그러나 변조 전에 기명날인 또는 서명한 자가 부주의하게 기재를 하여 변조를 쉽게 하도록 외관을 야기한 때는 변조된 후의 문언에 따라 책임을 져야 할 것이다.[117] 이러한 경우에도 변조어음을 취득한 자가 변조에 대하여 악의 또는 중과실이 없어야 변조전의 기명날인자 또는 서명자는 변조후의 문언에 따라 어음상의 책임을 진다. 또한 변조의 경우에도 추인을 한 때에는 변조 전에 기명날인 또는 서명을 한 자는 변조 후의 문언에 따라 책임을 지며, 변조에 동의를 한 경우에도 변조 후의 문언에 따라 책임을 질 것이다.[118]

---

116) 前田 庸, 146面; Hueck/Canairs, §6 v 2b; 이기수, p.217; 최기원, p.190.

117) 정동윤, p.201; 정찬형, p.196; 최기원, p.190.

118) 정동윤, p.201; 정찬형, p.196.

【대법원 1987.3.24. 선고 86다카37 판결 : 어음의 변조와 배서인의 책임】

어음發行人이라 하더라도 어음상에 권리의무를 가진 자가 있는 경우에는 이러한 자의 동의를 받지 아니하고 어음의 기재내용에 변경을 가하였다면 이는 변조에 해당할 것이고 약속어음에 배서인이 있는 경우 배서인은 어음행위를 할 당시의 문언에 의한 책임을 지는 것이지 그 변조된 문언에 의한 책임을 지울 수는 없다.

(2) 變造後에 記名捺印 또는 署名한 者의 責任

변조 후에 기명날인 또는 서명을 한 자는 변조 후의 문언에 따라서 책임을 진다(어§69, §77① 7호, 수§50). 왜냐하면 변조 후의 신문언을 자기의 의사표시의 내용으로 하여 어음·수표행위를 한 것이고, 또 어음채무 부담의 문언성이나 어음행위 독립의 원칙에서 보아도 당연하기 때문이다.[119] 기명날인자 또는 서명자는 취득자의 변조사실에 대한 선의·악의를 불문하고 변조 후의 문언에 따라 책임을 진다. 그러나 변조로 인하여 어음·수표가 형식적으로 무효가 된 경우에는 그 변조 전에 기명날인 또는 서명한 자는 원문언에 따라 책임을 지지만 변조 후에 기명날인 또는 서명을 한 자는 책임을 지지 않는다.

변조어음의 취득자는 변조어음을 악의 또는 중과실로 취득하더라도 변조후의 기명날인자 또는 서명자에 대하여는 변조 후의 문언에 따른 어음상의 권리를 취득한다.

(3) 立證責任

변조된 어음·수표에 수인의 기명날인 또는 서명이 있는 경우에 그들의 책임은 기명날인 또는 서명이 변조 전인가 후인가에 따라 다르게 된다. 따라서 변조여부 및 변조시기의 입증책임을 놓고 어음소지인과 어음채무자 사이에 자주 다툼이 생기게 된다. 이에 대하여 변조에 관한 입증책임은 일반원칙에 의하게 되므로 변조사실을 주장하는 자가 지게 된다는 판례가 있다.[120] 그러나 이 견해는 변조의 사실이 어음·수표상 명백함에도 불구하고 채무자가 입증책임을 진다는 불합리성이 있다.

이에 대하여 변조의 식별 가능성여부에 따라 입증책임자를 달리하려는 견해가 있다. 어음·수표의 특수성에서 볼 때 타당하다고 생각된다(통설, 판례).[121] 위조인

119) 이철송, p.140; 정찬형, p.198; 최기원, p.207; 정동윤, p.202.

120) 대법원 1985.11.12. 선고 85다카131 판결.

경우에는 언제나 어음소지인에게 입증책임이 있다고 보면서 변조인 경우에는 구별하여 변조의 사실이 어음면상 명백하지 않은 경우에는 어음채무자가 입증책임을 부담한다고 보는 것은 논리의 일관성을 결한 것이 아닌가 하는 의문이 있으나, 변조 전에 기명날인 또는 서명한 자는 변조 전의 문언에 따라 자기의 의사에 기하여 어음행위를 한 자로서 어음행위를 전혀 하지 않은 피위조와는 구별된다.[122] 이 견해에 의하면 변조의 입증책임자는 다음과 같다.

① **변조의 識別이 不可能한 경우** : 변조의 사실이 어음·수표상 명백하지 않은 경우에는 거래의 안전을 위하여 변조의 사실이 없는 것으로 추정해야 한다는 것이다. 그러므로 어음·수표상의 채무자가 原文言과 자기의 기명날인 또는 서명 후에 변조되었음을 입증하여야 변조전의 문언에 따라 책임을 지고 현재의 문언에 따르는 책임을 면할 수 있다.

② **변조의 識別이 可能한 경우** : 변조의 사실이 어음·수표상 명백한 경우에는 어음·수표의 소지인이 입증하여야 한다. 즉 어음·수표상의 채무자가 변조 후에 기명날인 또는 서명을 하였다거나 변조에 동의하였다는 것을 증명하고 채무자에게 변조 후의 문언에 따른 청구를 할 수 있다. 이러한 입증을 할 수 없어서 원문언에 따른 청구를 하려면 원문언을 입증하여야 한다. 따라서 원문언도 증명할 수 없으면 어음·수표에 기명날인 또는 서명한 자는 아무런 책임도 지지 않게 되며 불이익은 소지인에게 돌아간다.

【대법원 1987.3.24. 선고 86다카37 판결 : 어음의 변개가 있는 경우 배서인 등에게 책임을 지우기 위한 요건 및 입증책임】

어음의 문언에 변개(개서)가 되었음이 명백한 경우에 어음소지인이 기명날인자(배서인등)에게 그 변개후의 문언에 따른 책임을 지우자면 그 기명날인이 변개후에 있은 것 또는 기명날인자가 그 변개에 동의하였다는 것을 입증하여야 할 것이다. 기록에 의하여 이 사건 약속어음인 갑 제1호증의 1, 2의 문언을 보면, 소외 이상만이 발행하여 소외 홍재락, 피고 김은환, 피고 서진석, 소외 주식회사 상호무역, 소외 박일선을 거쳐 원고앞으로 배서연속이 되어 있으나 그 어음전면 지급기일이 1984.7.20에서 9.20로 변개(개서)되고 여기에 발행인인 위 이상만의 정정인만이 날인되어 있음이 명백하므로 이러한 경우 어음소지인인 원고가 배서인인 피고들에

---

121) 최기원, p.211; 정희철, p.368; 서돈각, p.85; 손주찬, p.111; 정찬형, pp.200-202; 대법원 1990.2.9. 선고 89다카14165 판결.

122) 정찬형, p.201.

게 위 변개된 문언에 따른 책임을 구하기 위하여는 피고들의 배서가 위 변개후에 되었거나 또는 피고들이 그 변개를 동의하였다는 점을 입증해야 할 것이고, 원고가 그 입증을 다하지 못하면 그 불이익은 원고가 입어야 할 것이다.

【대법원 1992.4.28. 선고 92다4802 판결】

약속어음의 지급인인 은행이 소지인에게 어음금을 지급함에 있어 그 액면금이 변조되었는지 여부를 조사하였더라면 쉽게 변조사실을 알 수 있었을 터인데 이를 소홀히 한 채 변조된 액면금 전액을 지급한 경우 어음의 발행인이 은행에 대하여 위와 같은 과실을 이유로 초과지급된 부분에 대한 배상을 구하는 방법 등에 의하여 그 손실을 보전할 수 있다 하더라도, 발행인이 어음금 수령인에게 부당이득금의 반환을 청구하는 데 장애가 된다고 할 수 없다.

(4) 變造者의 責任

① 어음·手票상의 責任 : 변조자가 변조 후에 어음·수표에 기명날인 또는 서명을 한 경우에는 변조 후의 문언에 따라 책임을 진다. 그러나 변조를 하고 기명날인 또는 서명을 하지 아니한 경우에는 학설이 갈린다.

제1설은 변조자의 기명날인 또는 서명이 없는 한 어음·수표의 문언증권성에 따라 변조자는 어음·수표상 아무런 책임을 부담하지 않는다고 한다.[123] 또한 변조자에게 불법행위책임을 묻는 것보다 어음상의 책임을 물어야 할 실익이 없다고 주장한다.[124] 이에 대하여 제2설은 무권대리에 관한 어음법 제8조(수§11)를 유추적용하거나 변조된 문언을 변조자 자신의 어음행위로 보아 변조자의 책임을 인정해야 한다고 한다.[125]

전술한 위조의 효과에서 본 바와 같이 어음소지인을 보호하고 변조를 예방한다는 입장에서 볼 때 변조자에게 가능한한 엄격한 어음상의 책임을 지우는 것이 타당하다고 보기 때문에 변조자의 어음상의 책임을 인정하여야 할 것이다.

② 變造者의 民·刑事上 責任 : 변조자가 어음·수표를 변조하여 제3자에게 손해를 입힌 경우에는 불법행위로 인한 손해배상책임을 진다(민§750). 그리고 어음·수표를 행사할 목적으로 변조한 자는 유가증권 위조죄가 성립하여 10년 이하의 징역이

123) 서돈각·정완용, p.90; 최기원, p.212; 손주찬, p.110; 이철송, p.140; 이범찬·최준선, p.137; 채이식, p.83.

124) 이철송, p.141.

125) 정희철, p.152; 정동윤, p.204; 이기수, p.195; 정찬형, p.197; 양승규, p.156; 서헌제, p.177.

라는 형사책임을 면할 수 없다(형§214). 또한 어음을 변조하여 재물의 교부를 받거나 재산상의 이익을 취득한 경우에는 형법 제347조에 의한 사기죄의 책임을 지기도 한다. 변조자가 변조된 문언에 따라 책임을 지는 경우에도 형사책임을 진다.[126)]

③ **變造者**의 어음上의 **權利** : 소지인이 어음·수표의 변조를 하여도 변조전의 원문언에 따른 권리를 상실하지 않는다. 따라서 소지인은 변조전의 기명날인 또는 서명자에 대하여 변조전의 원문언에 따르는 권리를 행사할 수 있다.

제 8 절 어음·手票의 喪失

유가증권 일반론(유가증권의 상실과 제권판결) 참조.

제 9 절 善意取得

1. 善意取得의 意義

어음의 선의취득이란 배서의 연속이 있는 형식적 자격자로부터 배서 또는 교부에 의하여 악의 또는 중대한 과실없이 어음을 취득한 자는 배서인이 무권리자이거나 무권대리인·무처분권자인 경우에도 어음상의 권리를 취득하는 제도이다(어§16②). 배서의 자격수여적 효력의 결과로서 인정되는 것이다. 선의취득이 인정되면 어음상의 권리를 취득하므로 어음의 점유를 상실한 자에 대하여 어음의 반환의무를 지지 않는다. 양도인에게 실질적 권리가 없어서 양도행위가 무효이므로 어음의 승계취득이 인정되지 않는 경우에 어음의 원시취득을 가능하게 하여 외관의 신뢰를 보호하는 것이다.

어음의 선의취득은 민법상의 동산의 선의취득과 그 취지를 같이 하지만 어음거래의 원활과 안전을 보호하기 위하여 동산의 선의취득에 관한 요건을 완화하고 있다. 즉 민법상의 동산의 선의취득은 선의이며 무과실책임을 요구하는 것과는 달리 어음·수표의 선의취득에는 경과실이 있더라도 악의 또는 중대한 과실이 없

---

126) 대법원 1983.7.12. 선고 82도680 판결.

으면 선의취득이 인정된다. 또한 민법은 제250조, 제251조에 의하여 도품·유실물에 대한 선의취득을 제한하고 있으나 어음법에는 이러한 특칙이 없으므로 사유여하를 불문하고 선의취득이 인정될 수 있다. 또한 민법 제249조의 평온·공연한 취득에 대하여도 어음법·수표법에는 명문규정을 두고 있지 않다. 그러나 어음·수표의 선의취득에도 그러한 요건이 필요하다고 해석한다.[127)]

이것은 어음의 선의취득을 용이하게 하고 어음의 선의취득자를 강력하게 보호하기 위한 것이다. 그리고 민법에서는 거래의 유효를 선의취득의 요건으로 하고 있기 때문에 양도인이 무권리자인 경우에만 선의취득이 인정되고 거래행위가 무능력, 착오, 사기, 강박, 대리권의 흠결 등의 경우에는 선의취득이 있을 수 없다고 한다. 그러나 어음법에서는 무권리자 이외의 경우(무권대리인, 무처분권자 등)에도 인정된다는 것이 다수의 견해이다.

2. 善意取得의 要件

(1) 어음法的 讓渡方法에 의한 取得

선의취득은 어음에 특유한 유통방법에 의하여 취득한 경우에만 인정된다. 따라서 배서에 의하거나 최후의 배서가 백지식인 경우 교부에 의한 경우에만 선의취득이 인정된다. 그 이외의 상속·합병·유증 등의 포괄승계나 지명채권양도방법, 전부명령 등에 의한 경우이거나, 배서에 의한 경우라도 추심위임배서, 기한후배서의 경우에는 선의취득이 인정되지 않는다.[128)] 왜냐하면 기한후배서의 경우에는 지명채권 양도의 효력밖에 없으며, 추심위임배서의 경우에는 권리이전적 효력이 없으므로 유통을 보호할 필요가 없기 때문이다. 그러나 입질배서, 백지어음의 배서 등에는 어음법적 양도방법으로 유통되므로 선의취득이 인정된다.

(2) 形式的 資格者로부터의 取得(背書의 連續)

선의취득이 인정되기 위해서 취득자는 배서가 연속된 어음소지인으로부터 어음을 취득하였어야 한다. 왜냐하면 선의취득은 배서의 자격수여적 효력의 결과로 인정되기 때문이다. 이와 같이 형식적 자격자로부터 어음을 취득하였으나 양도인

---

127) 정찬형, pp.524-525; 채이식, p.160; 서돈각·정완용, p.103.

128) 정동윤, p.214; 최기원, p.458; 강위두, p.148; 이범찬·최준선, pp.144-145.

이 실질적 무자격자인 경우에 그 외관을 신뢰한 양수인을 보호하려는 제도이다.

형식적 자격이란 배서에 의하여 양도되는 어음의 경우에는 배서의 연속을 의미하며, 교부만으로써 양도되는 어음의 경우에는 단순한 점유를 의미한다. 현재의 소지인은 배서에 의하여 어음을 양수하였으나, 그 전의 배서에 흠결이 있는 경우에 선의취득이 인정되지 않는다는 견해도 있지만 흠결된 부분에 대하여 실질적으로 권리이전이 되었음을 입증(상속인이 호적등본으로써 증명, 채권양도증서로써 증명, 전부명령 등)하면 선의취득이 인정된다. 이 경우에는 배서의 연속이 가교되어 어음소지인의 형식적 자격이 회복되기 때문이다(배서의 연속에 관한 상세한 설명은 배서 참조).

(3) 背書의 實質的 瑕疵(讓渡人의 範圍)

선의취득은 형식적 자격자로부터 배서에 의하여 어음을 양수하였으나 어음의 양도인이 무권리자 등으로서 배서의 효력이 발생할 수 없는 경우에 인정되는 것이다. 무권리자 이외의 양도행위의 하자(대리권·처분권의 하자, 무능력, 의사의 흠결, 의사표시의 흠결 등)의 경우에도 선의취득이 인정되는지 여부 즉 양도인의 범위에 관하여 학설이 대립하고 있다.

① 無權利者 限定說

이 견해에 의하면 선의취득에 의하여 보완될 수 있는 하자란 민법상의 선의취득에서와 같이 무권리자로부터 취득한 경우에 한정 된다[129]고 한다. 따라서 無能力·代理權欠缺·意思表示의 瑕疵 등의 사유가 있는 경우에는 선의취득은 인정되지 않는다. 민법의 경우와 같이 선의취득의 범위를 제한하게 되어 어음거래의 안전을 해할 우려가 있다.

② 無能力 除外說

선의취득은 양도인이 무능력자인 경우에는 인정될 수 없으나 무권리자·무처분권자·대리권의 흠결·의사표시의 하자 등도 치유할 수 있다는 견해이다. 어음거래의 안전을 위하여 선의취득을 넓게 해석하여야 하지만 민법의 무능력자보호에 관한 규정을 우선할 수 없다고 한다.[130]

---

129) 서돈각, p.96; 손주찬, p.116; 강위두, p.150; 채이식, p.158; 이철송, p.345.

130) 정희철, pp.213-214.

③ 部分的 制限說

선의취득은 무한정하게 인정되는 것이 아니고, 양도인의 무권리, 무권대리, 무처분권의 경우에만 인정되며 무능력, 교부계약의 하자 등의 경우에는 인정되지 않는다고 한다. 무능력제도를 비롯하여 민법규정의 취지를 살리기 위한 것이라고 한다.131)

④ 無制限說

무제한설은 어음법 제16조 2항에서 「사유의 여하를 불문하고 환어음의 점유를 잃은 자가 있는 경우에…」라고 규정한 것은 어음거래의 유통성을 보장하고 거래의 안전을 도모하려는 취지이다. 따라서 양도인이 무권리자인 경우뿐만 아니라 무능력, 무처분권, 의사표시의 하자, 대리권의 흠결 등의 경우에도 선의취득이 인정된다고 한다. 특히 이 견해에 의하면 양도인이 무능력자인 경우에도 선의취득이 인정되며, 무능력자의 보호는 어음행위의 취소에 의하여 어음상의 책임을 지지 않음으로써 충분하다. 그리하여 어음소지인(선의취득자)은 다른 기명날인 또는 서명자에게 지급을 청구할 수 있다. 오늘날 무제한설이 다수설이다.132)

⑤ 私見(部分的 制限說)

선의취득은 양도인이 무권리자, 무처분권자, 대리권의 흠결 등의 경우에 인정되지만 무능력자인 경우와 의사표시에 하자가 있는 경우에는 인정되지 않는다고 본다. 선의취득이 민법상의 무능력을 치유할 수 없기 때문에 낭연히 무능력자의 법정대리인은 어음행위를 취소할 수 있고, 그 효과로서 이미 받은 어음금을 반환하고 어음을 환수할 수 있을 것이다. 양도인의 의사표시에 하자가 있는 경우 즉, 양수인이 사기 또는 강박에 의하여 어음을 취득한 경우나 제3자의 사기·강박이 있고 양수인이 이를 알았거나 알 수 있었을 경우에는 양도인은 그 어음행위를 취소할 수 있다고 할 것이다. 따라서 이 경우에는 선의취득이 인정되지 않는다. 그러나 양도인에게 착오가 있는 경우에는 선의취득이 인정되어야 할 것이다. 따라서 부분적 제한설이 타당하다고 본다.

---

131) 정동윤, pp.183-184; 이범찬·최준선, pp.147-149.

132) 최기원, p.460; 양승규, p.16; 정찬형, pp.526-527; 이기수, p.245.

【대법원 1995.2.10. 선고 94다55217 판결 : 대리권의 흠결의 경우 선의취득의 인정여부】

어음의 선의취득으로 인하여 치유되는 하자의 범위 즉 양도인의 범위는 양도인이 무권리자인 경우뿐만 아니라 대리권의 흠결이나 하자의 경우도 포함한다. 따라서 대리권의 흠결의 경우에도 선의취득이 인정되므로 피고의 상고를 기각하고 원심을 확정한다.[133)]

(4) 惡意 또는 重大한 過失이 없을 것

어음취득시에 양수인에게 악의 또는 중대한 과실이 없어야 한다. 악의란 흠결을 아는 것으로서 그 흠결의 내용이 무엇인가에 대해서는 양도인이 무권리자, 무권대리인, 무처분권자라는 것이나 인적동일성의 흠결이 있다는 것을 양수인이 알고 있는 것이다. 이 경우의 선의의 요건은 만기에 어음을 지급하는 지급인의 경우보다 가중되고 있다.

중대한 과실이란 무권리자임을 알지 못했으나 알지 못한데 대해 현저한 부주의로 거래관계에서 가장 기본적으로 필요한 주의를 해태하여 무권리자임을 알지 못하고 어음을 취득한 경우이다. 악의 또는 중과실이 있었는가의 판단시점은 어음을 취득하는 때이며 자기의 직접 전자에 대한 관계에만 있으면 충분하다. 따라서 자기에게 어음을 양도하는 직접 전자가 선의취득자라고 믿었다면 그 배서인의 전자 중에 무권리자가 있었다는 것을 알고 있었더라도 선의취득이 된다.

중대한 과실이 있는가의 판단은 어음·수표의 경우가 다르고 수표에 있어서도 자기앞수표와 그 외의 수표가 다르다. 일반적인 기준을 제시한다면 양도인의 무권리성에 대해 의심이 갈 객관적인 사정이 있음에도 불구하고 발행인이나 前背書人에게 조회해 보는 등의 노력을 기도하지 않았다면 이는 중대한 과실이 있다고 해야 할 것이다. 무권리성을 의심할 만한 객관적 사정으로서 판례는 상대방의 신분의 확실성, 상대방의 형편과 관련한 금액의 크기, 거래계에 잘 알려진 어음의 특성, 어음의 외양, 조사의 난이도, 어음거래조건의 통상성 여부 등을 종합적인 판단자료로 제시하고 있다.[134)] 또한 동산의 선의취득의 경우와 같은 평온·공연이라는 요건은 어음의 경우에는 필요 없지만, 평온·공연한 취득이 아닌 때에는 악

133) 찬성평석: 정찬형, "배서위조와 어음의 선의취득",「판례연구」제7집(고려대학교 법학연구소, 1995), pp.241-267; 최준선,「법률신문」2431호(1995.8.21), 15면. 반대평석: 정용상, "배서위조와 선의취득",「상사판례연구」제7집(1996), pp.262-265.

134) 이철송, p.338.

의 또는 중대한 과실이 존재할 수 있을 것이다. 그러나 선의취득을 위한 공통적 기준은 그 금액이 상당한 경우에 소지인의 신분을 확인할 것이 요구된다.[135] 악의 또는 중대한 과실의 입증책임은 양수인이 형식적 자격을 구비하고 있는 한 어음의 반환을 청구하는 자가 진다.

【대법원 1997.5.28. 선고 97다7936 판결】

피고는 '국제주류상사'라는 상호로 주류도매업에 종사하기 위하여 1994.11. 말경 소외 홍순양 소유의 대전 대덕구 오정동 소재 건물을 보증금 30,000,000원에 임차하기로 하고 그 임차보증금 중 잔금의 지급을 위하여 이 사건 어음을 수취인, 발행일, 발행지, 지급기일, 발행인의 주소 모두 공란으로 두고 액면금과 발행인란에 피고의 명판과 도장만을 날인한 채 발행하여 위 홍순양에게 교부하려고 하였으나, 위 홍순양이 어음은 받지 않겠다고 거절하는 바람에 교부하지 못하고 보관하고 있다가 1995.1.10.경 업무차 광주에 내려갔다가 소외 강성은을 만나 저녁식사를 한 후 대전으로 올라온 다음 그 해 1. 12. 위 어음이 분실된 것을 알고 … 한편 소외 강신달은 1994.8.13. 소외 장순만의 연대보증 아래 원고로부터 … 금 20,000,000원 등을 대출받았으나 그 상환을 지체함에 따라 추가담보제공을 요구받게 되자 자신이 발행인으로 있던 시도자치신문사의 광주지사 계약문제로 알게 된 위 강성은에게 담보제공을 부탁하게 되었고 위 강성은은 자신이 우연히 습득한 이 사건 어음을 위 강신달의 원고에 대한 위 대출금채무를 위하여 담보로 제공하기로 승낙하고 1995.1.16. 원고 은행 미아지점 사무실에서 원고와 유가증권용 근질권설정계약을 체결한 다음 원고 앞으로 배서하여 준 사실, 위 강성은은 전남 광주에 거주하는 자로서 그 동안 원고 은행과 거래실석이 전무하었으며, 지급이 불확실한 개인 발행의 어음이며 피고도 원고 은행과 거래실적이 전혀 없는 자인데, 원고는 이 사건 어음의 지급 은행인 위 오류동지전에 전화연락하여 피고의 거래사실 유무만을 확인하고 주민등록번호를 알아 금융결제원에 연결되어 있는 원고 은행 내의 컴퓨터단말기로 피고의 신용정보조회를 하여 적색거래자에 해당되지 않는다는 정보만을 취한 뒤, 이 사건 어음을 피고로부터 공사대금조로 교부받았다는 위 강성은의 설명에 위 강성은이 사업자등록이 되어 있는 사실만을 확인한 채 더 이상 이 사건 어음의 발행 · 교부가 적법하게 이루어졌는가에 대한 아무런 조사도 아니한 사실 … 금융기관인 원고로서는 어음거래에 정통하고 있으므로 일반인의 경우에 비하여 어음거래 및 담보취득에 있어 더욱 신중하게 대처하여야 할 것인데, 원고가 이 사건 어음을 담보취득함에 있어, 이 사건 어음은 일반적으로 법인 발행의 어음에 비하여 지급이 불확실한 개인 발행의 어음이고, 발행인인 피고나 배서인인 위 강성은이 원고 은행과 아무런 거래실적이 없는 자였으며, 전남 광주에 거주하는 위 강성은이 지급 은행이 대전 소재 은행으로 되어 있고 개인이 발행한 어음으로서는 비교적 고액인 이 사건 어음을 서울에서 담보제공하는 것이었고, 특히 당시 이 사

135) 최기원, p.462.

건 어음의 지급기일 등 어음요건이 대부분 불비되어 있는데다가 원고의 주장에 의하더라도 원고가 이 사건 어음을 취득할 당시에 위 강성은이 이 사건 어음을 피고로부터 공사대금조로 교부받았다고 하였다면 경험칙상 피고가 지급기일 조차도 기재하지 않는다는 것은 극히 이례에 속하는 경우인 점에서 그 양도인의 실질적 무권리성을 의심하게 할 만한 사정이 있었다고 보여짐에도 불구하고 원고는 이 사건 어음의 발행인인 피고에게 그 발행 경위에 관하여 확인하거나 지급 은행에 구체적인 정보조회를 하여 이의 의심을 해소할 만한 상당한 조사를 하여 보지도 아니한 채 이를 취득한 데에는 중대한 과실이 있다고 할 것이다.

【대법원 1988.10.25. 선고 86다카2026 판결】

… 원고 회사가 어음할인을 하여 준 소외 회사는 자본금이 2억 5천만원인 중소기업 규모의 회사로서 … 이 사건 어음금액이(101,157,268원임) 위 회사로서는 그 영업규모에 비해 과다하고 … 어음, 수표를 취득함에 있어서 통상적인 거래기준으로 판단하여 볼 때 양도인이나 그 어음, 수표 자체에 의하여 양도인의 실질적인 무권리성을 의심하게 할 만한 사정이 있는데도 불구하고 이와 같은 의심할 만한 사정에 대하여 상당하다고 인정될 만한 조사를 하지 않고 만연히 양수한 경우에는 중대한 과실이 있다고 하여야 할 것이고, 원고는 신용금고로서 어음거래 및 할인업무에 정통하고 있으므로 일반인의 경우에 비하여 어음거래 및 할인취득에 있어 더욱 신중하게 대처하여야 할 것인 바, 원심판결이 판시한 바와 같이 일반적으로 피고회사와 같은 단자회사가 발행한 약속어음을 환금을 목적으로 상호신용금고 등에서 높은 이자율로 할인하는 것은 지극히 이례에 속하는데 비정상적으로 발행된 소위 꺾기식 약속어음만은 일반적인 약속어음과 같이 취급되어 유통되어 온 관행이 있어 왔다면 금융업을 주업무로 하는 원고 회사로서는 이 사건 어음이 꺾기식 예금에 의한 약속어음인지의 여부에 대하여 확인하여보고 만약 정상적으로 발행된 약속어음이라면 약속어음의 성격상 소지인의 무권리성에 대하여 의심을 하였어야 할 것이고, 또 이 사건 약속어음의 소지인인 위 소외 회사가 원고 회사와 약속어음 할인거래를 시작한지 한달도 안되고 그 회수나 그 액수가 … 월등히 큰 액수의 이 사건 약속어음을 물품대금으로 받은 어음이라고 하면서(증인 김재억, 조수한의 증언에 의함) 물품대금영수증사본과 납품확인서를 첨부하지 않은 채 할인을 요구한 행위는 위 소외 회사의 실질적인 무권리성을 의심하게 할 만한 사정이 된다고 할 것이고, 반면 이 사건 약속어음의 수취인이자 유일한 배서양도인인 피고보조참가인 회사에 전화로 확인하는 행위가 어렵고 시간이 소요되는 것이 아닌 점에 비추어 볼 때, 원고 회사가 이의 의심을 해소할 만한 상당한 조사를 하지 않고 발행인에 대하여 발행여부와 지급은행에 사고유무의 확인전화만을 하고 이를 할인하여 취득한데는 중대한 과실이 있다고 하여야 할 것이다. …

【대법원 1995.8.22. 선고 95다19980 판결】

원고는 이 사건 약속어음 26매(이하 이 사건 어음들이라 한다)를 포함한 총 34

매의 약속어음을 할인, 매입한 후, 이를 소외 최윤환에게 보관하게 하였는데 위 최윤환이 1992.9.8. 서울 지하철 2호선 을지로입구역과 을지로3가역 사이에 위 약속어음 34매를 분실한 사실, 위 약속어음의 분실 후 원고와 위 최윤환은 같은 해 9.9. 서울중부경찰서에 분실신고를 하고, 약속어음의 발행회사와 지급은행에 약속어음의 분실 사실을 알려둔 사실, 한편 소외 1은 1992.10.2. 19:00경 목포시 상동 시외버스터미날 앞 공중전화박스 안에서 위 최윤환이 분실한 이 사건 어음들을 포함한 위 분실된 약속어음 29매를 습득하였고 같은 해 10.7. 피고에게 그가 습득한 위 어음들의 할인을 의뢰한 사실, 그런데 피고는 경찰공무원으로 15년간 근무한 후 변호사 사무실에서 사무장으로 7년 가량 근무하던 자로서 1989.경부터 목포시 내에서 부동산중개업을 하고 있으면서 소외2를 그 보조원으로 채용하고 있었으며, 소외 1은 원래 목포시에서 거주하면서 고등학교를 졸업한 후 운수회사에서 1년간, 수산업협동조합에서 약 9개월간 근무한 대우자동차 영업사원으로 5년간 근무하다가 퇴직한 자로서 별다른 재산이 없는 상태에 있었고, 소외 2와는 처남, 매부 사이인 사실, 위와 같은 연고로 소외 1이 이전에는 위 부동산중개인사무소를 자주 찾아 왔고 그러한 탓에 피고도 소외 1을 잘 알고 있었던 사실, 그러나 위와 같이 1992.10.7. 피고에게 어음할인을 의뢰하기 전 약 7 내지 8개월 동안은 서로 연락이 없다가 소외 1이 위 날짜에 갑자기 피고를 찾아와 지급지가 모두 서울로 된 위 어음들의 할인을 의뢰하게 된 것인데, 당시 소외 1은 피고에게 "친구의 아버지가 소지하고 있던 어음인데 그 아버지가 사망한 후 친구가 어음을 할인하여 함께 사업을 하자고 한다"라고 하였던 사실, 소외 1이 할인을 의뢰한 약속어음은 29매에 이르고 액면금만도 합계 금 203,848,000원에 이르며, 위 어음들의 만기도 빠른 것은 같은 해 10.13.이고 늦은 것이라도 같은 해 12.10.인데, 피고는 어음취득 경위와 그 할인의 이유에 대하여 소외 1의 위와 같은 말만을 믿고 더 이상의 추궁을 하지도 않았으며 이 사건 어음들의 발행인들 및 최후 배서인들 내지 지급은행에 확인 조회를 해보지 아니한 채 그 할인율에 관하여서도 일률적으로 월 3푼의 선이자를 공제한 금 196,000,000원에 할인하여 주기로 하고 위 장선호로부터 어음할인용 인감증명서와 주민등록등본을 교부받은 후 그 인감도장을 사용하여 이 사건 어음들 이면에 피고를 피배서인으로 한 소외 1명의의 배서를 하게 한 다음 동인에 대한 대여금 5,000,000원을 공제한 금 191,000,000원을 지급한 사실을 인정한 다음, 위 인정 사실에 의하면 별다른 새산이 없는 소외 1이7 내지 8개월만에 피고의 사무소를 갑자기 찾아와 액면금이 2억 원을 상회하며 그 매수도 29매에 이르는 어음에 대하여 한꺼번에 할인을 요구한 점, 이 사건 어음들을 포함한 위 약속어음 29매의 발행인은 서울에 있는 신용있는 회사들인데 위 장선호는 서울이 아닌 목포에서 위 약속어음들을 할인하고, 할인율도 통상의 경우보다 고율일 뿐만 아니라 만기를 고려함이 없이 일률적으로 월 3푼으로 한 점 등 여러사정을 종합하면, 피고가 이 사건 약속어음들을 할인, 취득함에 있어 양도인의 실질적인 무권리성을 의심하게 할 만한 사정이 있다고 할 것이고, 따라서 경찰공무원, 변호사사무소 사무상 경력이 있어 어음의 할인거래에 관하여 잘 알고 있는 피고로서는 이 사건 어음들을 포함한 위 약속어음 29매를 할인함에 있어 위 약속어음들의 발행회사 및 최후배서인 내지 지급은행에 사고 유무를 확인하여야 할 것임에도 불구하고 이에 이르지 아니한 채 어음취득 경위에 관하여 선뜻 믿기 어려운 소외 1의 말만을 믿고 … 위 약속어음들을 할인, 취득한 것에는 중과실이 있다. …

【대법원 1993.9.24. 선고 93다32118 판결 : 어음의 취득자에게 중과실이 있는 경우 선의취득의 인정여부】

회사의 직원이 약속어음의 회사명의의 배서를 위조함에 있어 날인한 회사의 인장이 그 대표자의 직인이 아니라 그 대표자 개인의 목도장이고, 그 어음금액이 상당히 고액인 점 등에 비추어, 위 약속어음을 할인의 방법으로 취득한 자에게 배서의 진정 여부를 확인하지 아니한 중대한 과실이 있다.

【대법원 1996.10.11. 선고 94다55163 판결】

무권리자가 수표 발행인 회사의 상호가 변경된 후에 임의로 그 회사가 상호변경 전에 적법하게 발행하였던 백지수표의 발행인란의 기명 부분만을 사선으로 지우고 그 밑에 변경 후의 상호를 써넣은 경우, 그 변경 전후의 기명은 모두 동일한 회사를 가리키는 것이어서 객관적으로 볼 때 그 백지수표의 발행인란의 기명날인은 그 동일성이 유지되어 있고 그 백지수표의 다른 기재 사항에는 아무런 변경도 없으므로 그와 같은 발행인란의 기명의 변경에 의하여 수표면에 부진정한 기명날인이 나타나게 되었다거나 새로운 수표행위가 있은 것과 같은 외관이 작출되었다고 볼 수는 없으므로 이를 수표법상 수표의 위조에 해당한다고 할 수는 없고, 또한 그 백지수표의 발행인란의 기명을 그와 같이 변경함으로 말미암아 그 백지수표의 효력이나 그 수표 관계자의 권리의무의 내용에 영향을 미친 것은 아니므로 이를 수표법상 수표의 변조에 해당한다고 할 수도 없다.

【대법원 1996.11.26. 선고 96다30731 판결 : 업무규정위반을 악의 또는 중대한 과실로 볼 수 있는지 여부】

상호신용금고가 상업어음만을 할인하여야 하는 규정에 위반하여 담보용으로 발행된 어음이나 융통어음을 잘못 할인하였다고 하여 곧바로 악의 또는 중대한 과실로 어음을 취득한 때에 해당한다고는 볼 수 없다.

【대법원 1988.11.22. 선고 86다카1923 판결】

원고 회사가 이 사건 위조약속어음을 그 위조인 정을 모르고 할인한데 대하여 과실이 있다고 인정한 사실관계 즉 이 사건 어음의 지급장소란에 기재된 "영업부" 기재 중 장방형 외곽부분은 일반적으로는 사용되지 아니하는 표시인 점, 이 사건 어음의 액면금액이 거액인 점에 비추어 지급은행인 위 조흥은행 본점 영업부에 피고 회사와의 거래여부 및 신용상태를 확인조회하면서 적어도 어음번호의 일치여부정도는 용이하게 조회할 수 있으므로 이를 조회해 보았어야 함에도 불구하고 이를 하지 아니함으로써 이 사건 약속어음이 위조인 것을 사전에 발견하지 못하였다는 것은 중과실이 아니고 과실상계를 할 과실에 해당한다고 볼 것이다.

(5) 獨立된 經濟的 利益의 存在

선의취득은 위의 요건을 모두 갖추었더라도 양수인이 독립된 경제적 이익을 갖는 때 인정된다. 따라서 무권리자로부터 숨은 추심위임배서를 받은 피배서인에게는 선의취득을 할 수 없다. 그러나 입질배서의 피배서인에게는 독립된 경제적 이익을 가지므로 선의취득이 인정된다. 또한 어음을 무상으로 취득한 때에는 선의취득이 인정되지 않고 반환하여야 한다.

3. 善意取得의 效果

선의취득의 요건을 구비하면 어음의 양수인은 양도인이 무권리자·대리권의 흠결, 무처분권·인적동일성의 흠결 등의 사유가 있더라도 어음을 반환할 필요가 없다. 즉 선의취득의 성립으로 인하여 양수인은 어음상의 권리를 취득하고 도난·분실 등으로 어음을 상실한 본래의 권리자는 어음상의 권리를 상실한다. 선의취득에 의한 어음상의 권리의 취득은 새롭게 하자 없는 권리를 취득하는 原始取得이므로 그 이후에 승계취득한 자는 선의취득의 사실을 알고 취득하더라도 적법하게 권리를 취득한다.

어음을 분실·도난당한 자가 公示催告節次를 거쳐 除權判決을 받은 경우에 어음의 善意取得者와 除權判決取得者 중 누가 실질적 권리자인자가 문제되는데, 이에 대하여 학설은 善意取得者優先說[136]과 除權判決取得者優先說[137]로 나뉘어진다.

A (발행인 : 유책) → B (수취인 : 이전행위 무효·취소, 무책)
↓
C (무권리자 : 유책, 어음행위독립의 원칙)
↓ ↑
D (선의취득자)

136) 강위두, p.156.
137) 이영섭(편집대표), 「學說判例 註釋民事訴訟法」(한국사법행정학회, 1972), pp.923-924.

선의취득자 D는 발행인 A와 그의 前者인 C에 대하여 어음상의 권리를 행사할 수 있다. 그러나 B는 배서를 한 사실이 없었거나 있었어도 이전행위가 무효 또는 취소되기 때문에 일반적으로 D에게 책임을 지지 않는다.

제10절 消滅時效

1. 時效規定

어음상의 권리도 민법에 정한 채권의 일반적인 소멸사유, 즉 消滅時效의 完成, 辨濟, 代物辨濟(민§406), 供託(민§487), 相計(민§492), 更改(민§500), 免除(민§506)에 의해 소멸한다. 일반채권은 混同(민§507)에 의해서 소멸하지만, 어음은 還背書(어§11③, 수§14③)가 허용되므로 어음상의 권리는 混同에 의해서는 소멸하지 않는다. 이와 같이 어음상의 권리도 채권으로서 시효에 의하여 소멸한다. 그러나 어음법은 시효에 관한 민법의 일반원칙이 적용된다는 것을 전제로 하고 시효기간·시효의 시기·시효의 중단에 관하여 특별한 규정을 두고 있을 뿐이다. 특히 어음에 관한 규정은 채권자의 보호를 위하여 채무자에게는 엄격하고 불리하게 되어 있으므로 이를 완화하기 위하여 시효기간을 단축하고 있다(어§70, §77① 8호).

2. 時效期間

시효기간은 주된 채무자(환어음의 인수인, 약속어음의 발행인)에 대한 청구권과 소구권·재소구권의 경우가 각각 다르다. 그리고 보증인·참가인수인·무권대리인에 대한 청구권의 시효는 피보증인·피참가인 및 본인의 경우와 같다. 다수인에 걸쳐 존재하는 엄격한 책임을 일반 民事時效를 적용하여 10년씩(민§162①) 존속시킨다면 어음·수표의 거래를 침체시키고 지급수단으로서의 이용도를 감소시킬 것이다. 그리고 어음은 일반적으로 신용증권의 기능을 하고 수표는 一覽出給性으로 인해 지급증권성이 더욱 강하게 표출됨을 생각하면 수표거래를 보다 신속히 종결지을 필요가 있으므로 수표의 시효를 어음시효에 비해 더 短期로 하고 있다. 어음상의 권리가 확정판결 또는 이와 동일한 효력이 있는 재판상의 화해·조정, 청구의 인락 등으로 확정된 경우에는 시효기간은 10년이다.

【대법원 1992.4.14. 선고 92다169 판결】

공증인가 합동법률사무소가 개정 전의 간이절차에 의한 민사분쟁사건처리특례법 제4조(1985.9.14. 법률 제3790호로 삭제되기 전의 것)에 의하여 작성한 약속어음 공정증서는 채무명의로서 집행력은 있으나 확정판결과 같은 기판력은 없는 것이다.

(1) 주채무자(환어음의 인수인, 약속어음의 발행인)에 대한 청구권은 만기일로부터 3년의 시효로 소멸한다(어§70①, §77① 8호). 이 경우 초일은 산입하지 않는다(어§73). 주채무자의 보증인과 참가인수인의 시효도 어음상의 권리와 같다고 할 것이다. 만기일이 법정휴일인가 아닌가, 만기일에 지급제시를 하였는가 등을 불문하고 시효는 만기의 翌日부터 기산하지만, 시효기간의 만료일이 법정휴일인 때에는 이에 이은 제1거래일까지 시효기간이 연장된다(어§72②). 만기가 백지인 어음의 경우에는 보충권이 행사되어 기재된 만기로부터 시효기간이 기산되며, 보충권자체가 시효에 의하여 소멸한 경우에는 인수인에 대한 어음상의 권리가 소멸한다. 어음의 개서에 의하여 만기가 변경된 경우에는 새로운 만기일이 시효의 기산점이 된다.

주채무자에 대한 시효는 만기일로부터 기산함이 원칙이나, 장래 발생할 채무를 담보하기 위하여 채무자가 채권자에게 발행한 어음의 경우에는 피담보채무가 발생한 시점을 起算點으로 삼아야 한다. 피담보채무가 발생한 시점에서 비로소 어음채권을 행사할 수 있기 때문이다.

(2) 소구의무자(환어음 및 약속어음의 배서인, 이들의 보증인, 환어음의 발행인 및 이들의 보증인 등)에 대한 소구권은 거절증서의 작성일 또는 그 작성이 면제된 때에는 만기일로부터 1년의 시효로 인하여 소멸한다(어§70②). 이 경우의 거절증서는 지급거절증서뿐만 아니라 인수거절증서도 포함한다. 배서인 등 소구의무자와 소지인이 지급유예의 특약을 한 경우, 이들 간에는 주채무자에 대해 말한 바와 같이 지급유예기간이 경과한 날로부터 起算해야 한다.

(3) 어음소지인에게 소구의무를 이행한 자의 재소구의무자에 대한 재소구권은 상환을 한 배서인이 어음을 환수한 날로부터 또는 提訴된 날로부터 6월의 시효로 인하여 소멸한다(어§70③). 배서인의 보증인 또는 무권대리인이 소구 또는 재소구에 응한 후 어음을 환수한 경우나 참가인수인이 지급을 하고 어음을 환수한 경우에도 그 전자에 대한 권리는 6월의 시효에 의하여 소멸한다.

어음을 환수한 날이라 함은 상환일과 구별되며, 환수하게 된 원인은 현실적인 상환이든 상계·갱개 등으로 인한 경우이든 불문한다. 제소된 날이란 소의 제기를 받고 소장을 송달 받은 날을 말한다.

【대법원 2004.12.10. 선고 2003다33769 판결 : 소멸시효의 기산점】

발행인에 대한 약속어음상의 청구권의 소멸시효는 만기의 날로부터 진행하는 것이 원칙이나, 그 약속어음이 수취인 겸 소지인의 발행인에 대한 장래 발생할 구상채권을 담보하기 위하여 발행된 것이라면, 소지인은 발행인에 대하여 구상채권이 발생하지 않은 기간 중에는 약속어음상의 청구권을 행사할 수 없고, 구상채권이 현실로 발생한 때에 비로소 이를 행사할 수 있게 되는 것이므로, 그 약속어음의 소지인의 발행인에 대한 약속어음상의 청구권의 소멸시효는 위 구상채권이 현실적으로 발생하여 그 약속어음상의 청구권을 행사하는 것이 법률적으로 가능하게 된 때부터 진행된다고 봄이 상당하고 이러한 결과가 민법 제184조 제2항의 규정에 반하여 소멸시효를 가중하는 것이라고 할 수는 없다.

(4) 수표의 시효

수표에는 주채무자가 없으므로 주채무자의 시효가 따로 없으며, 소구의무자들의 시효는 소구와 재소구를 구분하지 않고 단일한 시효를 적용한다. 수표소지인의 지급보증인에 대한 수표금청구권은 지급제시기간이 경과한 날로부터 1년이 경과하면 소멸하며(수§58), 발행인·배서인·보증인 등의 소구의무자에 대한 소구권은 지급제시기간이 경과한 날부터 6월이 경과하면 소멸한다(수§51①). 수표의 제시기간은 발행일자의 익일부터 10일간이며 말일이 휴일인 때에는 이에 이은 제1의 거래일까지 연장된다. 지급보증인에 대한 시효는 제시기간 내에 지급보증인에게 제시를 하였으나 지급받지 못한 경우에 진행하는 것이고 제시기간 내에 제시하지 않은 경우에는 지급청구권이 소멸하고 시효의 문제는 생기지 않는다.[138] 지급제시기간의 말일이 휴일인 때에는 이에 이은 제1거래일까지 지급제시기간이 연장되므로 시효기간의 시기도 당연히 연장된다.

소구의무를 이행한 자의 前者에 대한 재소구권도 6월의 시효에 걸린다(수§51②). 재판상 확정된 채무의 시효는 어음의 경우와 같이 10년이다.

138) 이철송, p.194.

3. 時效中斷

(1) 中斷事由

어음상의 권리에 관한 소멸시효의 중단사유는 민법의 규정에 의하는 청구·압류·가압류·가처분·승인에 의하여 시효가 중단된다. 그리고 어음법 제80조는 소송고지에 관하여 특별한 규정을 하고 있다. 즉, 배서인의 다른 배서인과 발행인에 대한 환어음과 약속어음상의 청구권의 소멸시효는 그 자가 제소된 경우에는 전자에 대한 소송고지를 함으로 인하여 중단된다.

訴訟告知라 함은 소송당사자의 일방이 소송의 결과에 대해 이해관계 있는 제3자에게 소송계속중임을 알리는 제도로서(민소§84①), 소송고지를 하면 고지받은 자에게까지 판결의 효과를 미치게 할 수 있으므로(민소§86) 흔히 소송당사자가 피고지인으로 하여금 소송에 참가하도록 유도하기 위한 목적에서 한다. 원래 소송고지는 시효중단과는 무관한 제도이니, 어음채무자의 前者에 대한 소송고지에만은 시효중단의 효력을 인정하고 있다(어§80①, 手§64①).

재소구권은 어음·수표 모두 제소를 당한 날로부터 6월의 시효에 걸리므로 어음소지인과의 소송이 6월 이상 지연되면 재소구권이 시효로 소멸하게 된다. 패소판결 후 소구의무를 이행한 배서인은 전자에 대한 재소구권을 시효의 소멸로 인하여 행사할 수 없게 되는 불합리한 결과를 대비하기 위한 것이다. 어음금청구소송이 제기되면 원인채권의 소멸시효도 중단되는가 하는 점에 대하여 종래에는 이를 긍정하는 판례가 있었으나 양자는 청구권을 달리하는 별개의 소송이라고 하여 이를 부정하고 있다.[139)]

(2) 어음의 提示와 所持

일반시효중단사유를 어음·수표에 적용함에 있어서는 어음·수표의 제시증권성과 관련하여 어음·수표의 제시를 필요로 하는가의 문제가 있다. 청구는 재판상 또는 재판외의 두 가지 청구가 있으나 어느 경우이든 어음을 제시하거나 소지할 필요가 없다는 것이 통설이다. 그러나 판례는 구분하여 재판상의 청구에 대해서는 어음·수표를 제시하지 않아도 시효중단의 효력이 있다고 한 반면,[140)] 재판 외의

139) 대법원 1967.4.25. 선고 67다75 판결.

청구에 대해서는 어음을 제시해야 시효중단의 효력이 있다고 판시하고 있다.[141)]

시효중단사유인 청구는 채권자가 권리 위에 잠자고 있지 않다는 것을 나타내는 것이며, 이행의 청구만으로 권리를 행사할 의사가 있음이 분명하지만 어음을 제시하거나 소지할 수 없는 경우가 있기 때문이다.[142)] 그렇다고 어음을 소지하지 않고 권리를 행사할 수 있다는 의미는 아니며, 이에 대하여 유가증권의 제시성에서 설명한 바와 같다.

또한 백지어음에 의한 소제기에도 시효중단의 효력이 있다고 본다. 그리고 어음채무의 승인의 경우에도 어음의 제시는 필요하지 않다. 통설에 의하면 시효의 중단을 위하여 어음의 제시가 필요 없다고 보기 때문에 어음의 소지도 필요 없다고 할 것이다. 따라서 어음을 상실한 자는 제권판결을 받기 전에도 시효를 중단시킬 수 있다.

시효중단은 그 중단사유가 생긴 자에 대하여만 그 효력이 생긴다(어§71). 어음채무는 각각 독립된 것으로서 각 채무에 대한 소멸시효도 독립하여 진행하고 완성되기 때문이다. 그러므로 주채무자에 대한 시효중단의 효력은 당연히 어음보증인에 대하여 미치지 않으며, 공동발행인 가운데 1인이 한 승인은 다른 발행인에 대한 시효중단의 사유가 되지 않는다.

그러나 보증인 또는 소구의무자에 대하여는 시효중단을 하였으나 주채무자에 대하여는 시효중단을 하지 않아 주채무자에 대한 권리가 먼저 시효소멸한 경우에는 보증인에 대한 권리(부종성의 결과) 및 소구의무자에 대한 권리도 소멸한다고 본다.

4. 時效消滅의 效果

소구권(상환청구권)이나 보증인 등에 대한 권리가 시효로 인하여 소멸하더라도 주채무자에 대하여는 청구권을 행사할 수 있다. 반대로 주채무자에 대한 청구권이 시효로 소멸한 때에는 소구권도 소멸하게 되어 어음소지인은 이득상환청구권만을 갖게 될 것이다. 왜냐하면 소구권행사의 전제요건으로서 유효한 어음의 존재가 필요하며(어§50), 주채무와 상환의무는 主從關係에 있기 때문이다.

---

140) 대법원 1962.1.31. 선고 4294민상110, 111 판결; 동 1998.6.12. 선고 98다1645 판결.

141) 대법원 1962.12.20. 선고 62다680 판결.

142) 이철송, p.195; 日最高判 1963.1.30 判決, 民集 17卷1号, 99面.

제11절 어음抗辯

1. 어음抗辯의 意義

어음항변이란 어음상의 청구를 받은 자(채무자)가 어음소지인의 청구를 거절하기 위하여 주장 할 수 있는 모든 사유 또는 방어방법을 말한다. 어음항변을 주장할 수 있는 자는 주채무자 뿐만 아니라 소구의무자도 될 수 있다. 어음항변이 정당한 것이면 의무이행을 거절하더라도 채무불이행이 되지 않으며, 항변의 근거로서 제시하는 사유를 항변사유라고 하고, 항변할 수 있는 권리를 항변권이라고 한다.

어음항변은 어음채무자가 주장하는 것이므로 어음채무자가 아닌 환어음의 支給人, 단순히 어음을 교부에 의해 양도한 자는 어음채무의 이행을 청구 받을 이유가 없으므로 어음항변을 할 근거도 없다.

어음항변제도는 어음이 양도될 경우 일정한 항변사유(人的抗辯)로는 어음소지인에게 대항하지 못하게 한다는 점(어§17)에서 민법상의 항변제도에 대해 특색을 이룬다. 민법상 채권양도의 일반원칙에 의하면 양수인은 양도인이 갖는 권리 이상을 취득하지 못하므로 채무자는 양도인에 대한 모든 항변사유로써 양수인에게 대항할 수 있다(민§451②). 인적 항변의 제한에 관한 어음법의 규정은 權利外觀의 法理에 근거하여 어음의 유통성을 보호하기 위하여 민법에 대한 예외로서 정책적으로 규정된 것이라고 볼 수 있다.

채무자가 채권의 양도인에게 주장할 수 있는 항변으로써 양수인에게도 주장할 수 있는 즉, 어음채무자가 자신의 상대방에 대해 가진 항변사유로 어음의 양수인에게 대항할 수 있다면, 어음을 양수 받은 자는 항상 자신의 前단계에서 이루어진 모든 어음행위에 관련된 당사자들의 거래관계를 일일이 조사해야 할 것이고, 그래야 한다면 어음의 양도란 실질적으로 원인채권의 양도와 차이가 없어지게 되어 거래의 안정을 기대할 수 없게 될 것이다.

어음의 항변권은 형성권의 일종이다.

2. 어음抗辯의 分類

어음항변은 여러 가지의 기준에 따라 분류할 수 있다. 종래 우리나라와 일본의 통설은 그 효력에 따라 인적항변과 물적항변으로 분류하는 것이었으나 그 외에도 항변의 성립요건이나 권리외관론에 따라 분류하려는 신항변이론의 주장이 있다.[143]

(1) 抗辯의 效力에 따른 分類

우리나라의 어음항변은 물적항변(절대적 항변)과 인적항변(상대적 항변)을 분류한다.

① 物的抗辯

물적항변이란 어음에 의하여 청구를 받은 자가 모든 청구자에 대하여 대항할 수 있는 항변이다. 예컨대 어음요건을 흠결한 경우와 같이 어음의 외관상 권리의 장애가 뚜렷하여 누구에게나 주장하더라도 어음의 유통성을 해하는 바가 없거나, 무능력자의 어음행위를 취소한 경우와 같이 외관상 명백하지 않더라도 항변을 인정하지 않을 경우 타당한 근거 없이 특정인에게 어음채무를 귀속시키게 되어 형평에 어긋나기 때문에 유통성 보호에 우선하여 항변을 인정해야 할 사유들이다.[144] 이것은 어음상의 객관적 존재에 관한 것으로서 다음과 같이 세분화 할 수 있다.

ⅰ) 어음상의 기재에 기한 항변으로서 누구나 인식할 수 있고, 유통성에 장애를 주지 않는 어음요건의 흠결, 소멸시효의 완성, 만기미도래, 배서의 불연속, 어음의 제시가 없었다는 것, 어음의 상환을 요구하는 것, 무담보문언, 지급필 또는 일부지급의 항변 등이 있다. ⅱ) 어음행위의 효력에 관한 항변으로서 행위무능력, 위조·변조, 무권대리 등이 있다. ⅲ) 어음채무의 소멸 또는 실효에 관한 항변으로서 지급필, 소구권 상실, 공탁, 제권판결, 소멸시효, 권리보전절차의 흠결 등이 있다.

② 人的抗辯

인적항변이란 청구를 받은 자가 특정한 청구자에 대하여만 대항할 수 있는 항변 즉, 청구를 받은 자와 청구자 사이의 인적관계에서 발생하는 항변이다. ⅰ) 인

143) 정동윤, pp.226-227.

144) 이철송, p.148.

적항변은 어음의 실질관계에 기한 항변으로서 원인관계의 부존재·무효·취소·해제의 항변, 불법원인항변, 원인관계가 공서양속 기타 사회질서에 반하는 항변 등이 있으며, ii) 어음행위의 성립에 관한 하자의 항변으로서 의사표시의 흠결·하자, 백지보충권의 남용 등이 있다. 그리고 iii) 어음외의 특약에 기한 항변으로서 지급유예, 청구하지 않겠다는 항변이 있으며, iv) 어음상 권리소멸의 항변으로서 어음과 상환하지 아니한 지급·상계·면제의 항변, 어음에 기재하지 아니한 일부지급 등이 있다. 또한 v) 무권리·무자격의 항변으로서 어음의 습득·도취를 주장하는 것 등이 있다.

그 외에도 어음의 문언을 통하여 표현되지 않은 것은 인적항변 사유이다. 예컨대 교부흠결의 항변, 의사의 흠결 또는 의사표시의 하자, 민법 제124조, 상법 제398조 위반, 융통어음의 항변 등이 있다.

(2) 抗辯의 成立要件에 따른 分類

이 기준에 의하면 어음항변을 내용적 항변(증권상의 항변), 어음효력에 관한 항변 및 인적항변으로 구분한다. ① 내용적 항변(증권상의 항변)은 증권상의 내용으로부터 알 수 있는 항변으로서 어음요건흠결, 배서불연속, 소구권보전절차의 흠결 등이 있으며 ② 어음의 효력에 관한 항변은 어음 자체로부터 알 수 없는 어음채무의 효력에 관한 것으로서 위조·변조, 무능력, 무권대리, 교부계약의 흠결 등이 있다. 그리고 ③ 인적항변이라 함은 어음채무의 객관적 존속과는 달리 채무자와 청구자 사이의 특별한 인적 법률관계에 기하여 발생하는 항변이다. 예컨대, 원인관계의 무효·취소·해제의 항변 등이 이에 속한다.

(3) 權利外觀理論에 따르는 分類

독일의 Canaris교수는 어음항변은 ① 직섭석 항번(어음법직 방법에 외하지 아니한 상속, 지명채권 양도방법에 의한 양도 등), ② 내용적 또는 증권상의 항변(어음요건의 흠결 등) ③ 귀책가능성에 관한 항변(위조·변조, 무능력, 무권대리 등), ④ 어음의 효력에 관한 항변 또는 어음채무의 유효성에 관한 항변(교부계약의 흠결·하자 등), ⑤ 인적 항변(원인계약의 무효·취소·부존재, 지급유예의 특약 등), ⑥ 배제불요의 항변으로서 그 성질상 항변의 제한이나 배제를 필요로 하지 아니하는 항변(융통어음의 항변)으로 분류한다.

3. 어음抗辯의 制限과 그 根據

어음법 제17조는 「환어음에 의하여 청구를 받은 자는 발행인 또는 종전의 소지인에 대한 인적관계로 인한 항변으로써 현재의 소지인에게 대항하지 못한다. 그러나 현재의 소지인이 그 채무자를 해할 것을 알고 어음을 취득한 때에는 그러하지 아니하다」라고 함으로써 인적항변의 제한(절단)을 규정하고 있다. 이 원칙은 어음의 유통성을 보호하기 위한 것이므로 어음수수의 직접적인 당사자인 최초의 수취인에 대하여는 모든 항변을 주장할 수 있다.

채권양도의 일반원칙에 의하면, 양수인은 양도인이 가지는 권리 이상의 것을 취득하지 못하므로 채무자는 양도인에게 대항할 수 있었던 모든 항변을 양수인에 대하여도 대항할 수 있다(민§451). 그러나 어음에 관하여도 이 원칙을 적용한다면 최후의 양수인은 전자 모두에 대하여 성립한 누적된 항변을 받게 될 것이므로 어음의 유통성은 크게 저해될 것이다. 따라서 어음법은 어음의 유통성을 증진하고 어음취득자를 보호하기 위하여 항변의 제한(절단)을 정책적으로 인정하였다고 한다(정책설). 이에 대하여 인적항변은 원래 양수인에게 승계되지 않는 것이므로 어음항변의 제한은 어음법의 정함이 없더라도 당연한 법리라고 한다(당연설).

일반적으로 정책설과 같은 입장에서 증권의 내용을 신뢰한 자를 보호하고 유통성을 확보하기 위하여 권리외관이론에 따라 법이 정책적으로 인정한 특칙이라고 보는 견해가 타당하다.[145)]

인적항변사유라 하더라도 항변이 절단되지 않는 경우는 다음과 같다. 즉 어음이 指名債權의 양도방법으로 양도된 경우(어§11②) 또는 期限後背書(어§20①但)에 의해 양도된 경우에는 지명채권양도의 효력밖에 없으므로 항변이 절단되지 않는다. 그리고 인적항변을 절단시키는 취지는 어음의 유통성을 보장하려는 것이므로 어음의 유통과 무관하게 어음이 이전된 경우에는 항변이 절단되지 않는다. 예컨대 상속이나 합병과 같은 포괄승계에 의해 어음이 이전된 경우에는 항변이 절단되지 않으며, 추심위임배서(어§18①)의 피배서인이 어음금을 청구하는 경우에는 어음의 양도가 없으므로 항변이 절단될 수 없음은 물론이다.[146)]

---

145) 정동윤, p.226.

146) 이철송, p.155.

4. 어음抗辯制限의 適用範圍

인적항변을 제한하여 당사자 이외의 자에 대하여 대항할 수 없게 한 것은 어음의 유통성을 확보하려는 것이므로 어음의 유통보호와 관계가 없는 경우에는 어음항변제한의 규정이 적용되지 않을 것이다.

(1) 融通어음의 抗辯

융통어음이란 타인의 자금사정을 도와주기 위하여 대가 없이 발행해 주는 어음을 말한다. 주로 은행도 약속어음을 이용한다. 융통어음의 항변에 대하여 통설과 판례의 입장은 어음법 제17조에 해당하는 인적항변으로 보고, 융통어음이 제3자에게 양도된 경우에 제3자가 그러한 사정을 알았더라도 「어음채무자를 해할 것을 알고」 취득한 것이라고 볼 수 없으므로 어음채무자는 지급을 거절할 수 없다고 한다.[147)]

이에 대하여 융통어음은 발행인이 어음채무를 부담하려는 의사에서 발행한 것이므로 융통어음의 항변이나 성질상 처음부터 제3자에게는 대항할 수 없는 항변이고 아예 절단이나 배제가 논의될 수 없는 항변이라고 설명하는 견해도 있다.[148)]

생각건대 융통어음의 항변은 당사자간에서만 주장할 수 있고 어떠한 경우에도 제3자에게 대하여는 주장할 수 없는 항변이라는 점에서 볼 때 일반적인 어음항변은 아니라고 할 것이다.

【대법원 1979.10.30. 선고 79다479 판결 : 융통어음의 항변이 악의의 제3자에게도 대항할 수 있는지 여부】

타인의 금융 또는 채무담보를 위하여 약속어음(이른바 융통어음)을 발행한 자는 피융통자에 대하여 어음상의 책임을 부담하지 아니하나, 그 어음을 양수한 제3자에 대하여는 선의이거나 악의이거나 또한 그 취득이 기한후배서에 의한 것이었다 하더라도 대가없이 발행된 융통어음이었다는 항변으로 대항할 수 없다.

【대법원 1990.4.25. 선고 89다카20740 판결 : 융통어음의 경우 취득자가 채무자를 해할 것을 알고 취득한 때 악의의 항변이 성립되는지 여부】

어음채무자는 기한후배서의 피배서인에 대하여는 그 배서의 배서인에 대한 인적

147) 서돈각·정완용, p.110; 손주찬, p.130; 양승규, p.180; 최기원, p.567.

148) 강위두, p.179; 정동윤, p.240; 정찬형; p.618; 채이식, p.322.

항변을 가지고 대항할 수가 있지만 특단의 사정이 없는 한 그 배서인의 전자에 대한 항변사유를 가지고는 피배서인에게 대항할 수 없는 것이고, 따라서 배서인이 어음취득당시 선의였기 때문에 배서인에게 대항할 수 없었던 사유에 대하여는 피배서인이 비록 어음취득 당시 그 사유를 알고 있었다 하여도 그것으로써 피배서인에게 대항할 수는 없는 것이므로 피고 Y가 소외 A에게 발행한 약속어음을 소외 A가 소외 B에게 배서양도하여 B가 지급기일에 지급제시 하였으나 지급거절 된 후 다시 원고 X에게 배서양도한 경우, 원고 X의 피고 Y에 대한 어음금청구에 대하여 피고 Y가 위 어음이 융통어음이고 이에 대한 담보로 받은 A 발행의 동액의 담보어음이 지급거절 되었다는 주장을 하더라도 이에 대한 B의 악의를 주장 입증하지 못하는 한 피고 Y는 B에 대하여 이로써 대항할 수가 없고, 따라서 이를 승계한 원고 X에 대하여 그의 선의, 악의에 불구하고 위 사유로써 대항할 수 없다.

【대법원 1995.1.20. 선고 94다50489 판결】

타인의 금융 또는 채무담보를 위하여 약속어음(소위 융통어음)을 발행한 자는 피융통자에 대하여 어음상의 책임을 부담하지 아니하지만, 그 어음을 양수한 제3자에 대하여는 선의, 악의를 묻지 아니하고 대가 없이 발행된 융통어음이었다는 항변으로 대항할 수는 없다(당원 1994.5.10. 선고 93다58721 판결 및 1979.10.30. 선고 79다479 판결 참조).

다만 피융통자가 융통어음과 교환하여 그 액면금과 같은 금액의 약속어음을 융통자에게 담보로 교부한 경우에 있어서는 융통어음을 양수한 제3자가 양수 당시 그 어음이 융통어음으로 발행되었고 이와 교환으로 교부된 담보어음이 지급거절되었다는 사정을 알고 있었다면, 융통어음의 발행자는 그 제3자에 대하여도 융통어음의 항변으로 대항할 수 있다고 할 것이다(위 93다58721 판결 및 당원 1990.4.25.선고 89다카20740 판결 참조).

(2) 獨立된 經濟的 利益을 갖지 않은 取得者

인적항변의 절단은 취득자의 이익의 보호를 목적으로 하는 것이기 때문에 숨은 추심위임배서의 경우와 같이 독립된 경제적 이익을 갖지 않은 어음취득자에 대해서는 선의·악의를 불문하고 전자에 대한 항변으로써 대항할 수 있다.

(3) 非어음法的 流通方法에 의한 取得者

어음의 본래의 유통방법인 배서에 의하지 않고 상속·합병·전부명령·지명채권양도방법에 의한 취득의 경우에는 양도인에 대한 인적항변사유로써 양수인에게 대항할 수 있다. 또한 본래의 유통기간을 경과한 후 배서인 기한후배서의 경우에도 인적항변의 절단의 효력은 인정되지 않는다. 그리고 어음을 무상으로 취득한 자에 대하여는 비록 선의취득자라고 할지라도 전자에 대한 인적항변으로써 대항할 수 있다.

(4) 惡意의 抗辯(惡意의 取得者)

① 意 義

어음소지인이 채무자를 해할 것을 알고 어음을 취득한 때에는 인적항변은 절단되지 않고, 채무자는 전자에 대항할 수 있었던 인적항변으로써 소지인에게 대항할 수 있다고 규정하고 있다(어§17). 채무자를 해할 것을 알고 어음을 취득한 소지인은 스스로 권리행사에 관한 위험부담을 안고 어음을 취득한 자이므로 항변의 제한으로써 보호할 가치가 없을 것이므로 前者에 대한 항변으로써 소지인에게 대항할 수 있도록 인정하는 것으로서 이를 악의의 항변이라 한다.

이것은 어음채무자가 어음소지인에 대하여 채무자를 해할 것을 아는 악의의 권리취득을 사유로 하는 항변으로서 무권리자 등으로부터 어음상의 권리를 원시취득하는 것에 관하여 前者가 無權利者라는 것을 아는 악의가 있는 경우와 다르다.[149] 따라서 악의의 항변이라기 보다는 해의(害意)의 항변이라고 부르는 것이 보다 정확하다.[150]

② 惡意의 內容

「소지인이 채무자를 해할 것을 알았다」는 악의의 내용에 관하여 다음과 같은 3가지 견해가 있다.

i) **共謀說** : 악의의 내용을 협의로 해석하여 채무자의 항변을 절단시킬 것을 목적으로 하는 공모를 요한다는 입장이다.

ii) **單純認識說** : 악의 내용을 광의로 해석하여 항변의 존재를 양수인이 단순히 아는 것만으로 충분하다는 입장이다.

iii) **折衷說** : 어음법통일회의에서 채택한 기준으로서 악의란 양도인과 취득자 사이에 사기적인 공모까지는 필요하지 않고 또한 항변의 존재를 단순히 인식하는

149) 최기원, p.571.

150) 정동윤, p.179; 정찬형, p.629.

것만으로는 불충분하다는 입장이다. 그러므로 항변사유의 존재에 대한 인식만으로는 부족하고, 더 나아가 자기가 어음을 취득함으로써 항변이 절단되어 채무자가 해를 입게 된다는 것을 알았어야 한다는 것이다.[151] 우리 어음법 제17조 단서의 입장이다.

【대법원 1998.2.13. 선고 97다48319 판결】

수표법 제22조 단서에서 규정하는 '채무자를 해할 것을 알고 수표를 취득한 때'라 함은 단지 항변사유의 존재를 아는 것만으로는 부족하고 자기가 수표를 취득함으로써 항변이 절단되고 채무자가 손해를 입게 될 사정이 객관적으로 존재한다는 사실까지도 충분히 알아야 하는 것인바, 발행인이 수표에 횡선을 긋고, 수표 표면 좌측상단에 '제누디세'라는 자신의 상호와 '기일엄수'라는 기재를 하였다는 사정만으로 소지인이 발행인의 인적 항변을 충분히 알았다고 볼 수 없다.

그러나 어음소지인이 항변의 존재를 모르는 데 대하여 「중과실」이 있는 경우에는 어음법 제17조 단서의 害意가 될 수 없다(통설).[152]

【대법원 1996.3.22. 선고 95다56033 판결 : 어음소지인에게 중대한 과실이 있는 경우에도 해의가 없다고 하여 악의의 항변을 부정한 판례】

원심이 X가 A로부터 이 사건 어음을 배서양도 받았을 당시 이 사건 어음이 Y에게 돌려주어야 하는 어음인 사정을 알면서 이를 취득하였음을 인정할 만한 아무런 증거가 없다고 본 조치도 정당하며, 또한 어음채무자는 어음소지인이 그 채무자를 해할 것을 알고 어음을 취득한 경우가 아닌 한 소지인이 중대한 과실로 그러한 사실을 몰랐다고 하더라도 종전 소지인에 대한 인적 항변으로써 소지인에게 대항할 수 없는 것이므로, 설사 X가 A로부터 이 사건 어음을 배서양도 받았을 당시 중대한 과실로 이 사건 어음이 Y에게 돌려주어야 하는 어음인 사정을 몰랐다고 하더라도, Y로서는 이러한 사정을 들어 X의 이 사건 어음금 청구를 거부할 수는 없는 것이다.

③ 惡意의 存在時期

악의의 유무를 결정하는 시기는 어음취득시를 기준으로 한다. 따라서 어음취득시는 몰랐으나 취득 후에 안 경우에는 어음채무자는 소지인에 대하여 악의의 항

---

151) 대법원 1996.5.14. 선고 96다3449 판결; 제네바통일어음조약의 초안 당시에 악의의 항변의 요건을 어떻게 규정할 것인가에 관하여 위의 세 가지 안이 제기되었는데, 동 조약에서는 절충설을 택하였다.

152) 정동윤, p.180; 최기원, p.573 외 다수.

변을 주장할 수 없다. 어음소지인을 보호하고 유통을 조장하기 위한 것이다. 그러나 어음취득시에는 항변사유가 존재하지 않았으나 만기 또는 권리행사의 시기에 항변사유가 성립할 것을 예견할 수 있는 때에는 악의의 항변이 성립할 수 있다. 또한 악의의 항변은 소지인의 직접 전자에 대하여 인적항변이 존재하는 때에만 문제이고, 그 전자의 전자에 대한 항변의 존재를 안 것으로는 성립되지 않는다.

④ 惡意의 立證責任

취득당시에 이미 항변사유가 발생한 경우에는 소지인에게 채무자를 해할 것을 알았다는 악의가 있었다는 입증책임은 어음채무자가 진다는 것이 통설이다. 그러나 어음취득 당시에는 원인관계만 알았을 뿐이고, 어음취득 후 항변사유가 발생한 경우에는 어음소지인이 원인관계를 알고 있었다는 사정 외에 장차 항변사유가 성립할 것을 예상할 수 있었다는 것도 증명해야 한다.

(5) 惡意의 抗辯이 적용되지 않는 경우

어음소지인이 자기의 前前者에 대한 항변의 존재를 알고 어음을 취득하였으나 양도인인 자기의 前者가 그러한 항변의 존재를 모르고(善意) 어음을 취득한 경우에는 어음소지인이 악의인 경우에도 어음채무자의 惡意의 抗辯은 인정되지 않는다.[153)]

非어음법적 유통방법(상속·합병·경매 등)에 의하여 어음이 유통되는 경우에는 인적 항변의 절단이 인정되지 않으므로 어음채무자는 언제나 어음소지인에 대하여 前者의 인적 항변을 주장할 수 있다.

期限後背書의 경우에는 지명채권양도의 효력만이 있기 때문에(어§20①但, §77①1호, 수§24①), 어음항변과 무관하다.

융통어음이 어음법적 유통방법에 의하여 유통된 경우에도 어음채무자는 직접 상대방 이외의 자에 대하여는 그의 선의·악의를 불문하고 언제나 융통어음이라는 항변을 주장할 수 없으므로, 이것도 어음항변과 무관하다.

---

153) 정동윤, p.181; 정찬형, p.634 등.

제12절 利得償還請求權

1. 利得償還請求權의 意義

이득상환청구권이란 어음·수표상의 권리가 소구권보전절차의 흠결 또는 시효기간의 경과로 말미암아 소멸한 경우에 어음소지인이 증권상의 채무자(발행인·인수인·배서인)에 대하여 증권상의 권리가 소멸함으로써 받은 이득의 반환을 청구할 수 있는 어음법·수표법상의 특수한 청구권을 말한다(어§79, 수§63). 즉 어음상의 권리가 소구권 보전절차의 흠결·시효기간의 경과로 소멸한 후 어음소지인이 어음관계자들의 原因關係와 資金關係를 추급하여 어음상의 권리소멸로 인해 최종적으로 이득을 얻은 者에게 그 반환을 청구할 수 있는 권리가 이득상환청구권이다. 환어음의 경우에는 보통 발행인과 인수인 사이에 자금의 공급 여부에 따라 발행인 또는 인수인이 利得者가 될 것이고, 약속어음과 수표의 경우에는 대부분 발행인이 利得者가 된다.

어음법상 어음채무자의 책임은 매우 엄격하므로 이를 완화하기 위하여 어음상의 권리의 소멸원인으로 권리보전절차의 흠결과 단기소멸시효를 두고 있다. 그 결과 어음채무자가 지급책임을 면하였음에도 불구하고 원인관계나 자금관계에 의한 대가 또는 자금을 그대로 보유하게 되어 불공평한 결과가 초래된다. 이득상환청구권은 이러한 불공평을 시정하고 형평의 원리에 입각하여 실질적 수정을 시도하는 독일법계 어음법에 특유한 제도이다. 영미법에서는 어음소지인에게 자기 앞의 모든 양도인에게 담보책임을 물을 수 있도록 하여 어음소지인을 보호하고 있으며 이득상환청구권을 인정하지 않는다.

2. 法的性質

이득상환청구권의 법적성질에 관하여 학설이 나누어지고 있는데, 그 성질을 무엇으로 보는가에 따라 그 권리의 양도방법, 행사방법, 담보권의 이전, 시효기간 등에 차이가 있다. 그 학설로서는 부당이득반환청구권설, 손해배상청구권설, 어음상 권리의 잔존물설, 어음상 권리의 변형물설, 특수청구권설 등이 있다.

생각건대 이득상환청구권은 어음상의 권리와 관련성을 갖는 것이고, 어음법상 인정된 권리이기는 하지만 어음행위와는 무관한 것이고 어음상의 권리가 소멸한 후에 발생하는 것이므로 민법상의 권리와 관련하여 파악하는 것이 타당하다. 그렇더라도 손해배상청구권이나 부당이득반환청구권으로 볼 수 없으므로 어음의 형식적 엄격성을 완화하기 위하여 형평의 견지에서 어음법이 인정하는 특수한 청구권으로서 지명채권의 일종이라고 보아야 할 것이다.[154)]

3. 當 事 者

(1) 權利者

이득상환청구권자는 어음상의 권리가 소구권보전절차의 흠결 또는 소멸시효의 완성으로 소멸할 당시의 정당한 소지인이다. 배서양도를 통한 소지인뿐만 아니라 상환의무를 이행하고 어음을 환수한 발행인·배서인 및 이들로부터의 상속인 등도 정당한 소지인이다. 그 외에도 합병·지명채권양도·전부명령·경락 등에 의하여 권리를 취득한 자도 포함된다. 다만 지명채권양도의 방법에 의하는 경우에는 그 대항요건 등 양도절차를 밟아야 한다.[155)]

백지어음의 소지인은 백지보충권의 행사기간까지 보충권을 행사하지 않은 경우에는 어음상의 권리를 취득하지 못하므로, 동 어음에 시효기간의 경과 또는 권리보전절차의 흠결이 있더라도 백지어음의 소지인은 이득상환청구권을 행사하지 못한다.[156)]

期限後背書에 의하여 어음상의 권리를 양수한 자도 어음상의 권리의 소멸 당시 어음을 소지하고 있으면 물론 이득상환청구권자이다(통설).[157)] 入質背書(어§19, §77 ① 1호)의 피배서인은 그에게 독립적·경제적 이익이 있으므로 그가 질권의 목적으로 취득한 어음상의 권리가 시효기간의 경과 또는 절차의 흠결로 소멸하면 어음법의 규정에 의하여 이득상환청구권을 취득한다고 본다.

어음상의 권리가 소멸할 당시에 어음상의 권리를 행사할 수 없었던 자라도 이

154) 이범찬·최준선, p.172; 정동윤, p.264; 정찬형, p.662; 이철송, p.204; 이에 대하여 이득상환청구권을 부당이득반환청구권, 손해배상청구권, 어음상 권리의 변형물 또는 잔존물이라고 보는 견해가 있었다.

155) 이범찬·최준선, p.172; 대법원 1970.3.10. 선고 69다1379 판결.

156) 정동윤, p.271; 정찬형, p.662; 이철송, p.205; 이범찬, "이득상환청구권"「고시계」(1970. 3), p.32.

157) 양승규, p.206; 정찬형, p.663 외 다수.

득상환청구권자로부터 동 권리를 양수한 자는 이득상환청구권을 행사할 수 있다. 이 때의 이득상환청구권의 양수는 상속·합병 등과 같은 포괄승계에 의하여 양수할 수도 있고, 이득상환청구권의 양도방법에 의하여 양수할 수도 있다.

(2) 義務者

어음법상의 이득상환의무자는 발행인·인수인·배서인 등 어음상의 권리소멸로 인하여 이득을 얻은 자이다. 어음채무의 소멸과 인과관계를 이루어 실질관계상의 이득을 얻은 자이어야 하므로 어음채무자만이 이득상환의무자가 될 수 있을 것이다. 수표의 경우에는 발행인·배서인·지급보증인이다. 그러나 인수하지 않은 지급인·지급담당자·보증인·참가인수인은 의무자가 되지 않는다. 배서인이 의무자가 되는 경우는 형식적으로는 배서인이지만 실질적으로는 발행인과 같은 지위에 있는 경우이다.

4. 利得償還請求權의 成立要件

(1) 어음上의 權利의 存在

어음소지인은 형식적으로나 실질적으로 완전한 어음상의 권리를 취득하고 있었어야 한다. 따라서 시효기간의 경과나 소구권보전절차의 흠결이 없었더라도 어음상의 권리를 행사할 수 없는 요건불비의 불완전어음이나 물적항변이 부착된 어음의 경우에는 이득상환청구권이 생기지 않는다. 백지어음의 경우에도 이득상환청구권의 성립을 인정할 것인가에 대하여 이를 부정하는 견해가 타당하다. 왜냐하면 백지어음에는 아직 어음상의 권리가 발생되어 있지 않기 때문이다.[158)]

【대법원 1962.12.20. 선고 62다680 판결】

본건 약속어음은 그 지급기일인 1958.6.30 로부터 법정시효기간이 3년이 지난 1961.6.30 당시에도 아직 피고가 본건 어음의 이른바 수취인으로서 보충권을 행사하고 있지 않았던 사실이 명백하므로 피고는 필경 본건 어음에서 생긴 권리가 시효로 인하여 소멸할 당시에도 아직 어음상의 청구권을 가지고 있지 않았다 할 것이다. 그렇다면 본건 어음으로 인한 이득이 있건 없건 피고로서는 이득상환청구권을 행사할 수 있는 요건을 갖추고 있지 못하였다 할 것이다.

---

158) 정동윤, p.264; 대법원 1962.12.20. 선고 62다680 판결. 반대설; 이범찬·최준선, p.173.

(2) 어음上의 權利의 消滅

어음상의 권리가 보전절차의 흠결 또는 소멸시효의 두 가지 사유로 소멸한 경우에만 이득상환청구권이 인정된다(어§79). 권리의 소멸에 소지인의 과실유무는 불문한다. 이득상환청구제도는 어음상의 권리를 행사하는 절차가 일반채권에 비해 엄격하고 일반채권보다 단기의 소멸시효가 적용됨으로 인해 생기는 불공평을 시정하려는 뜻에서 만들어진 것이므로 이 두 가지 사유는 제한적인 것으로 보아야 한다. 따라서 그 밖의 사유로 인하여 어음상의 권리가 소멸한 경우에는 이득상환청구권이 생겨날 수 없다.

어음상의 권리가 소멸할 당시에 이득상환청구권자가 어음증권을 소지하고 있어야 하는가에 대하여 이득상환청구권은 특수한 청구권이고 지명채권의 일종이라는 입장에서 보면 이를 부정한다.

【대법원 1992.3.31. 선고 91다40443 판결 : 원인관계에 있는 채권의 지급을 확보하기 위하여 어음이 발행된 경우에 어음채권이 시효로 인하여 소멸시 이득상환청구권의 발생여부】

원인관계에 있는 채권의 지급을 확보하기 위하여 어음이 발행된 경우에는 어음채권이 시효로 인하여 소멸되었다고 하더라도 이득상환청구권이 발생 하지 않는다. 이러한 이치는 어음채권이 소멸하기 전에 민저 원인관계에 있는 채권이 시효 등의 원인으로 소멸한 경우에도 마찬가지이다.

(3) 救濟手段의 不存在

어음소지인이 이득상환청구권을 행사하려면 누구에 대하여 또 어음관계와 원인관계 중 어느 것에 관하여 구제수단이 없어야 하는가에 대하여 학설이 나누어진다. 첫째 소지인에게 민법상 또는 어음법상의 구제수단이 전혀 없는 경우에 이득상환청구권이 발생한다고 보는 견해이다.[159] 어음상의 권리가 소멸하더라도 원인관계상의 채권을 행사할 수 있는 때에는 이득상환청구권을 행사할 수 없다. 판례가 취하는 입장이다. 이에 의하면 이득상환청구권의 인정범위가 좁고 결국 채권자에게 불리하다. 둘째, 이득상환청구를 하려는 상대방에 대해 어음상의 권리가 소멸한 것만으로 족하다는 견해이다.[160] 이에 의하면 다른 어음채무자에 대하여

159) 이철송, pp.207-208.

어음상의 권리를 가지고 있거나 상대방에 대하여 민법상의 구제수단이 있는 경우에도 이득상환청구가 가능하므로 인정범위가 매우 넓다. 셋째, 청구의 상대방뿐만 아니라 모든 어음채무자에 대하여 어음상의 권리가 소멸하여야만 이득상환청구가 가능하다는 견해이다. 이에 의하면 원인관계상의 구제방법 유무는 불문한다. 민법상의 구제수단이 존재한다고 하더라도 어음법상의 구제와 민법상의 구제 사이에는 법적보호에 현저한 차이가 있으므로 이득상환청구권을 부정할 것은 아니다.

따라서 첫 번째 견해는 이득상환청구권이 어음상의 권리에 기초를 두고 있다는 점을 너무 소홀히 하고 또 어음소지인(채권자)에게 너무 가혹하다는 점 등에서 타당하지 않으며, 두 번째 견해는 어음상의 권리가 소멸되기 전후에 있어서 어음소지인의 권리에 차이가 없게 되어 (어음상의 권리가 소멸된 후에 비로소 발생하는 권리인) 이득상환청구권의 인정취지에 어긋나고 또 어음소지인을 불필요하게 너무 과보호하는 점 등에서 타당하지 않다고 본다. 세 번째 견해가 타당하다고 본다.[161]

그러나 어음의 경우 이득상환청구권의 성립에 관한 대법원의 입장은 매우 엄격하다. 즉 어음상 또는 민법상의 채무자에 대하여 각 권리가 소멸되었음을 요한다.[162]

【대법원 1970.3.10 결정, 69마1370 판결】

… (1) 어음법에 약속어음의 소지인의 발행인에 대한 이득상환의 청구권을 인정함은 소지인이 타에 어음상 또는 민법상 하등의 구제방법이 없을 경우에 발행인으로 하여금 그 이득을 취득시킴은 불공평하다는 원칙에서 나온 것이므로 이득상환의 청구권이 발생하는데 있어서는 모든 어음상 또는 민법상의 채무자에 대하여 각 권리가 소멸되었음을 요한다 함이 당원의 견해(대법원 1959.9.10. 선고 429민상717 참조)인바, … 원고는 원판시 특약에 따른 주식반환청구권(그 이행불능시는 손해배상청구권) 또는 주식매매대금청구권 등(채무불이행으로 인한 손해배상청구권 또는 부당이득반환청구권이 인정될 경우도 있을 것임) 민법상의 청구권이 있다고 보여 지는 본건에 있어서 특별한 사유가 없는 한 원고는 본건 약속어음상의 권리가 시효에 의하여 소멸하였다 하더라도 원고가 이와 병존하는 민법상의 권리를 행사할 수 있는 이상 그 이득상환청구를 할 수 없다. …

(2) 이득상환청구권은 법률의 직접 규정에 의하여 어음의 효력소멸 당시의 소지인에게 부여된 지명채권에 속하므로 지명채권양도의 방법에 의하여 양도할 수 있는 것이고 약속어음상의 권리가 소멸된 이후에 배서양도만으로써는 양도의 효력이 없다 할 것이다. …

---

160) 서돈각·정완용, p.128; 손주찬, p.155; 양승규, p.205.

161) 정동윤, p.267; 이범찬·최준선, p.174.

162) 대법원 1959.9.10. 선고 4291민상717 판결; 동 1993.3.23. 선고 92다50942 판결.

【대법원 2000.5.26. 선고 2000다10376 판결】

원인관계상의 채무를 담보하기 위하여 어음이 발행되거나 배서된 경우에는 어음채권이 시효로 소멸되었다고 하여도 발행인 또는 배서인에 대하여 이득상환청구권은 발생하지 않는다고 할 것인바, 이러한 이치는 그 원인관계상의 채권 또한 시효 등의 원인으로 소멸되고 그 시기가 어음채무의 소멸 시기 이전이든지 이후이든지 관계없이 마찬가지라고 보는 것이 당원의 견해이다(대법원 1993. 10. 22. 선고 93다26991. 선고 대법원 1992. 3. 31. 선고 91다40443. 선고 대법원 1963. 5. 15. 선고 63다155 판결 등 참조).

따라서 위 판례의 법리에 의하면, 원심 인정대로 피고의 위 어음에의 배서가 피고의 원고에 대한 보증채무의 담보를 위한 것이라면, 피고의 배서인으로서의 어음채무가 시효로 소멸되었다고 하여도 피고에 대한 이득상환청구권은 발생하지 않는다고 할 것이다.

(4) 어음債務者의 利得

어음상의 권리의 소멸로 인하여 어음채무자(발행인, 배서인, 인수인)에게 이득이 있어야 한다. 이득이란 어음상의 권리가 소멸하여 그 지급을 면하게 된 것 자체를 의미하는 것이 아니라, 원인관계에서 현실로 받은 재산상의 이익을 말한다.[163] 이득은 적극적으로 금전을 취득한 경우이든 소극적으로 기존채무를 면한 경우이든 상관이 없다. 그러나 민법상의 부당이득과는 달리 이득이 현존하여야 하거나 어음 소지인에게 손해가 있어야 하는 것은 아니다. 예컨대 인수인이 발행인으로부터 어음금지급을 위한 자금을 공급받고 인수하였으나 어음채무가 시효로 소멸하였다면 인수인이 이득상환의무자가 될 것인데, 이 때 인수인이 반환해야 할 이득이란 지급을 면한 어음금이 아니라 발행인으로부터 공급받은 자금인 것이다.

5. 利得償還請求權의 行使

(1) 證券의 所持問題

이득상환청구권을 행사하기 위하여 증권의 소지 또는 제권판결을 필요로 하는가 문제가 있다. 이득상환청구권을 어음의 변형물이나 잔존물로 본다면 이득상환청구권은 여전히 어음에 의해 표창된다고 보아야 하므로 이득상환청구권의 행사

163) 대법원 1993.7.13. 선고 93다10897 판결.

는 어음상의 권리행사와 같이 어음의 所持를 요한다는 견해가 있다.[164] 그러나 이득상환청구권은 어음법이 인정하는 특별한 청구권으로서 어음상의 권리가 소멸한 경우에 인정되는 어음법상의 권리이므로 실효된 어음은 단순한 증거증권일 뿐이다. 따라서 이득상환청구권의 행사에는 어음의 소지나 제권판결은 필요하지 않다고 본다.[165]

(2) 立證責任

이득상환청구권을 행사하고자 하는 어음소지인은 청구자가 어음상의 권리가 소멸할 당시 자신이 적법한 소지인이었다는 사실, 이득상환청구권의 성립요건과 채무자가 받은 이득의 한도 등을 입증하여야 한다. 특히 이득상환청구권을 양수받은 자는 어음상의 권리가 소멸할 당시 적법한 소지인으로부터 적법하게 승계취득한 사실을 증명하여야 한다.

(3) 債務者의 抗辯

이득상환의무자는 어음소지인으로부터 이득상환의 청구를 받은 경우 실권당시의 소지인에 대하여 가지고 있던 모든 항변으로써 소지인에게 대항할 수 있다. 특히 자신이 원인관계나 자금관계로 인해 얻은 이익이 없음을 항변할 수 있다. 왜냐하면 어음채무자가 어음상의 채무가 소멸한 뒤에 더 불리한 입장에 처하는 것은 형평에 반하기 때문이다. 그러나 이득상환청구권은 권리가 소멸된 후에 발생하는 어음법상 인정된 특별한 청구권이므로 실권된 증권과 상환하여 지급하겠다는 항변은 할 수 없다.

(4) 債務의 履行地

이득상환청구권은 어음상의 권리가 아니므로 민법의 일반원칙에 따라 지참채무로 보아야 할 것이다. 그러나 채무자는 누가 이득상환청구권자인가를 알 수 없고 종전보다 불리한 지위에 서야 할 이유가 없으므로 이득상환채무도 추심채무로 보고 청구자가 의무자의 주소에서 이행을 청구하여야 한다.

---

164) 양승규, p.207; 정희철, p.453.

165) 정동윤, p.275; 정찬형, p.673; 최기원, p.649; 이철송, p.211.

(5) 기 타

이득상환청구권의 시효기간에 대해서는 명문의 규정을 두지 않고 있으나 일반 채권의 시효와 같이 어음상의 권리가 소멸한 때, 즉 이득상환청구권을 행사할 수 있을 때부터 기산하여 10년이라고 본다. 이득상환청구권은 추심채권이므로 그 청구가 있는 때부터 이행지체에 빠지며 지연이율은 年5分으로 본다.

이득상환청구권은 어음법상의 권리이므로 어음상의 권리를 위하여 설정된 질권·저당권·보증 등의 담보권이 있더라도 이득상환청구권 위에 당연히 이전하지 않는다.

6. 利得償還請求權의 讓渡

이득상환청구권은 지명채권이므로 지명채권양도방법에 의해서만 양도할 수 있으며, 단순한 증권의 배서반으로써는 양도의 효력이 없다(통설·판례). 따라서 ① 어음·수표상의 권리가 소멸할 당시의 정당한 소지인으로부터, ② 지명채권양도방법에 의하여 ③ 대항요건을 갖추고 이득상환청구권을 양도하여야 한다. 이득상환청구권의 행사에 증권의 소지를 필요로 하지 않으므로 그 양도에도 증권의 교부는 필요하지 않다고 본다.

이득상환청구권은 지명채권이므로 선의취득이 허용될 수 없다. 따라서 어음상의 권리가 소멸할 당시의 정당한 소지인에 한해 이득상환청구권을 갖고 그로부터 적법하게 승계한 자에 한해 이득상환청구권을 취득한다. 그리고 이 사실은 이득상환청구권의 양수를 주장하는 자가 입증해야 한다.[166)]

【대법원 1978.6.13. 선고 78다568 판결】

이득상환청구권이 있는 수표소지인이라 함은 그 수표상의 권리가 소멸할 당시의 정당한 소지인으로서 그 수표상의 권리를 행사할 수 있었던 자를 가리켜 뜻한다고 할 것인바, 이 사건에 있어서 원심이 인용한 재심 판결이유에 의하면, 피고가 액면금 900,000원, 지급지 및 발행지 각 주식회사조흥은행 동대문지점, 발행일 1977.4.6로 된 자기앞수표 1매을 발행하였고, 원고가 이 수표를 그 지급제시기간이 지난 1977.4.25에 취득하였다는 것이며, 원래 이 사건 수표의 정당한 소지인은 소외 전봉엽이었던 바, 동 소외인은 1977.4. 일자불상경, 이 사건 수표와 주민등록증 및

166) 대법원 1983.3.8. 선고 83다40 판결.

명함 등이 들어 있는 지갑을 분실하였는데, 그 후 같은 달 25일, 성명불상자가 위 분실된 위 전봉엽의 주민등록증과 명함 등을 제시하면서 자기가 전봉엽이라고 사칭하며, 금 900,000원과 상환하여 이 사건 수표를 원고에게 넘겨주었다는 것이다.

그렇다면 위 소외 전봉엽임을 사칭하여 원고에게 이 사건 수표를 넘겨준 위 성명불상자는 분실된 이 사건 수표를 습득한 자이거나, 적어도 이 사건 수표가 위 소외 전봉엽에게서 분실된 것임을 알고 있는 악의의 취득자라고 보아 마땅하다 할 것이니, 그로부터 지급제시기간이 경과한 후에 이를 취득한 원고는 이득상환을 청구할 수 있는 정당한 권리자가 될 수 없다. …

【대법원 1976.1.13. 선고 70다2462 전원합의체판결】

은행 또는 기타 금융기관이 발행한 자기앞수표는 제시기간 내에는 물론 제시기간 후에도 발행은행에서 또는 그 외의 금융기관에서 쉽게 지급받을 수 있다는 거래상의 확신에 의해서 현금과 같이 널리 유통되고 있고 또한 수표의 양도는 거래의 일반적인 인식으로서는 수표에 표시된 액면상당의 금원을 발행은행으로부터 지급받을 수 있는 권리가 수표상의 권리이든 또는 이득상환권이든 간에 구별 없이 또 이를 구별하려고도 않고 양도·양수한다는 거래의 실정에 비추어 볼 때 수표소지인이 수표법상의 보전절차를 취함이 없이 제시기간 도과 후에 수표상의 권리가 소멸된 수표를 양도하는 행위는 수표금액의 지급수령권한과 아울러 특별한 사정이 없는 한 수표상의 권리의 소멸로 인해서 소지인에게 발생한 이득상환청구권까지도 이를 양도하는 동시에 그에 수반해서 이득을 한 발행인인 은행에 대하여 소지인을 대신해서 그 양도에 관한 통지를 할 수 있는 권능을 부여하는 것이라고 하여야 할 것이고 위 양도받은 수표를 양수인이 다시 제3자에게 양도하는 행위는 이와 같이 양도받은 수표금액의 지급수령권한 및 이득상환청구권을 위 소지인으로부터 수권된 이득을 한 채무자인 발행은행에 대한 통지의 권능이 수반된 상태로 이전하는 행위라 할 것이고 이와 같은 수표의 정당한 소지인은 발행은행에 대하여 그가 받은 이익의 한도에서 이득상환청구권을 행사할 수 있고 또 채무자인 발행은행도 동 수표의 소지인에게 변제함으로써 유효하게 동 채무를 면하게 된다(이상 다수의견).

은행의 자기앞수표의 경우에 있어서도 이득상환청구권의 양도행위 외에 지명채권양도의 대항요건을 별도로 밟아야 한다(이상 반대의견).

7. 利得償還請求權의 消滅과 消滅時效

이득상환청구권의 법적 성질을 指名債權으로 보면 민법상 일반채권의 소멸원인과 동일한 원인으로 소멸한다. 즉 이득상환청구권은 辨濟(민§460), 代物辨濟(민§466), 供託(민§487), 相計(민§492), 更改(민§500), 免除(민§506), 混同(민§507), 소멸시효의 완성 등으로 인하여 소멸한다.

이득상환청구권의 시효기간에 대하여는 10년설, 5년설, 10년 또는 5년설, 3년(수표의 경우는 1년)설로 나뉘어 있다. 이득상환청구권의 법적 성질을 지명채권으로 보는 견해에서는 이득상환청구권의 시효기간은 민법상 일반채권의 시효기간(민 §162①)과 같이 10년이라고 한다(통설).[167)]

167) 정동윤, p.199; 손주찬, p.161 등 다수.

제3장 어음·手票의 實質關係

제1절 實質關係의 意義

어음·수표는 수단적 성질이 강하여 여러 가지의 대가적 기초가 되는 어음·수표 외의 관계와 밀접한 관련을 갖게 된다. 즉 매매대금의 지급, 신용의 제공, 기존어음채무의 변제 등을 위하여 어음이 수수된다. 이와 같이 어음수표의 이면에 존재하는 이유 내지 목적을 실질관계라고 한다.

실질관계에는 原因關係로서 어음·수표행위의 당사자 간에 있어서 어음·手票授受의 원인이 되는 법률관계, 자금관계로서 발행인과 지급인 사이에 지급인이 지급 또는 인수를 함에 있어서 근거가 되는 법률관계인 자금관계 등이 있으며, 原因關係의 일부로 볼 수 있는 어음·手票豫約으로서 어음·수표관계의 준비단계인 법률관계가 있다.

제2절 原因關係(對價關係)

1. 意 義

어음·手票授受의 당사자간에 있어서 어음·수표행위를 하게 되는 원인인 법률관계를 어음·수표의 원인관계 또는 기본관계라고 한다. 원인관계는 매매대금의 지급, 어음상의 권리의 賣買(어음割引), 債務의 담보, 債權의 추심, 消費貸借의 변제, 資金의 융통, 贈與 등 그 원인관계는 헤아릴 수 없이 다양하다. 또한 어음·수표채무의 지급연기 등과 같이 다른 어음·수표관계의 원인관계가 되는 때도 있다. 어음·수표의 授受에는 일반적으로 반대급부가 따르기 때문에 이를 對價關係라고도 한다. 그러나 融通어음의 경우와 같이 자금의 융통을 위하여 어음을 발행하는 때에는 대가관계가 존재하지 않으므로 원인관계라는 말만 사용한다.

어음행위는 원인관계의 기초 위에서 행해지지만 유통성보호의 이념 때문에 어음관계는 無因性을 가지고 원인관계로부터 절연됨이 원칙이다.

2. 原因關係와 어음·手票關係의 分離

원인관계와 어음·수표관계는 목적과 수단의 관계에 있다고 할 수 있지만 어음·수표의 抽象證券性·設權證券性·文言證券性·抗辯의 斷絕(어§17) 등의 특수성으로 인하여 원인관계와 어음·수표관계는 종속성이 없고 엄격하게 분리되는 것이 원칙이다. 즉 어음·수표상의 권리는 원인관계상의 권리가 아니라 어음발행으로 인하여 새로이 창출된 권리로서 원인관계와는 법률적으로 엄격히 분리된다. 이와 같이 어음관계의 무인성은 어음의 유통성을 확보하여 주고 어음거래의 안전을 보호 하는 기능을 한다.

그러므로 어음·수표를 양도하더라도 원인관계는 이전하지 않는다. 그리고 어음·수표의 양수인이 어음·수표상의 권리를 행사함에 있어서는 그 원인관계에 대한 입증책임이 없고, 어음·수표상의 權利義務는 원인관계의 유효 또는 무효에 의하여 영향을 받지 않는다.

3. 原因關係가 어음·手票關係에 미치는 影響

원인관계와 어음·수표관계는 법률적으로 엄격하게 분리되지만 양자는 경제적으로 밀접한 관계에 있다. 어음법·수표법은 양자의 분리원칙을 유지하면서 어음·수표의 유통성을 害하지 않는 범위 내에서 어음당사자들의 이해를 공평하게 조정할 수 있는 양자의 관련을 고려한 제도들을 두고 있다.

(1) 當事者間의 人的抗辯

어음·수표상의 권리는 原因關係의 欠缺이나 瑕疵가 있어도 유효하게 성립한다. 그러나 어음·手票授受의 당사자간에 있어서는 소지인의 권리가 존재한다는 것을 전제로 하여, 채무자는 원인관계에 의한 사유를 인적항변으로 주장할 수 있다. 왜냐하면 이 경우에는 유통의 보호는 문제가 되지 않고 오히려 당사자간에 구체적인 형평을 실현할 수 있기 때문이다.

예컨대 매매대금의 지급을 위하여 어음을 발행한 경우에 매매계약이 해제되었다면 매수인은 매도인에게 어음금지급을 거절하는 항변을 할 수 있을 것이다.

【대법원 1993.11.9. 선고 93다16390 판결】

상사채무인 이 사건 약속어음의 원인채무가 5년의 상사시효기간이 지나서 시효소멸하였다면, 피고는 위 사유를 들어 이 사건 약속어음의 수취인인 원고에 대하여 이 사건 약속어음금의 지급을 거절할 수 있다고 볼 것이므로 같은 취지로 판단한 원심은 정당하고 거기에 소론과 같은 법리오해의 위법이 있다고 할 수 없다.

(2) 遡求權

어음·수표에 대한 지급이 없거나 만기 전이라도 소구권을 행사할 수 있는 요건이 구비되면 어음·수표의 소지인은 배서인 등 전자에 대하여 어음·수표금액과 비용 등을 청구할 수 있다. 이러한 소구권(또는 상환청구권)은 어음·수표의 유통성을 강화하기 위하여 원인관계에 기한 담보책임을 법정한 것이다. 즉 원인관계 또는 대가관계가 어음·수표관계에 영향을 미치는 것이다.

(3) 利得償還請求權

이득상환청구권제도(어§79, 수§63)는 어음·수표상의 권리가 단기소멸시효나 소구권보전절차의 흠결에 의하여 소멸한 경우에 채무를 면하게 된 어음·수표상의 채무자가 원인관계에서 취득한 대가를 보유하게 되어 형평에 반하는 결과를 초래하게 되므로, 이 경우에 어음·수표의 소지인은 발행인, 인수인, 배서인 등 소구의무자에게 그가 받은 이익의 한도에서 상환청구를 하는 제도이다. 이 제도는 어음·수표소지인의 구제를 목적으로 원인관계에서 소구의무자가 대가를 취득한 것을 전제로 하여 인정된 제도이다.

4. 어음·手票關係가 原因關係에 미치는 影響

어음·수표의 수수는 원인관계(매매, 소비대차 등)가 있으므로 원인관계상의 채권자는 어음·수표 없이도 채무이행을 청구할 수 있겠지만 실제로 어음·수표는 채무의 결제를 위하여 수수된다. 이와 같이 어음·수표는 여러 가지 목적달성을 위하여 수수되기 때문에 어음·수표관계는 원인관계의 목적이나 법적성질에 따라 다르기는 하지만 원인관계에 대하여 어떤 영향을 미치게 된다. 이에는 기존채무의 지급과 관련하여 어음·수표의 수수가 기존채무에 대하여 어떠한 영향을 미치는가 하는 문제가 있다.

(1) 支給을 위하여 어음·手票가 授受되는 경우

① 兩債權의 竝存

이 경우에 어음·수표는 기존의 금전채무를 지급하는 방법으로서 교부되는 것이므로 기존채무는 소멸하지 않고 채권자는 추가로 어음·수표상의 채권을 취득하게 되므로 어음·수표상의 권리와 원인채권이 병존하게 된다. 어음과 수표는 약간 차이가 있지만 이것의 교부는 지급의 시도일 뿐이며 어음·수표의 수수만으로 변제의 목적이 달성되었다고 할 수 없다.

변제의 수단으로 어음을 교부하는 당사자의 의사는 첫째, 변제에 갈음하여 어음을 교부하는 경우 둘째, 변제를 위하여 즉, 支給의 방법으로 어음을 교부하는 경우 셋째, 支給을 확보(擔保)하기 위하여 어음을 교부하는 경우라는 세 가지 유형으로 나누어 볼 수 있다. 그러나 어음·수표를 수수한 당사자간에 의사가 명백하지 않은 때에는 원칙적으로 지급을 위하여 수수된 것이라고 추정하여야 한다.[168]

수표의 경우에는 기존채무와 수표상의 채무가 병존하는지에 관한 문제가 있으나 이에 대한 당사자의 의사가 명백하지 않은 때에는 기존채무와 수표채무는 병존한다고 보아야 할 것이다. 왜냐하면 수표의 수수는 채무자가 금전지급수단을 제공한 것에 불과하고 수표는 통화와 같은 강제통용력이 없으므로 현금지급과 동일시될 수 없기 때문이다. 지급의 확실성을 이유로 자기앞수표의 수수는 변제의 제공이라는 견해도 있으나 수표에 위조·변조 등 사고가 있는 경우에는 그 처리가 번잡하여 변제의 제공과 같지 않으므로 당사자 간의 의사가 명확하지 않은 경우에는 지급을 위한 것으로 보아야 할 것이다.

【대법원 1999.8.24. 선고 99다24508 판결】

채권자가 기존 채무의 지급을 위하여 그 채무의 변제기보다 후의 일자가 만기로 된 어음의 교부를 받은 때에는 묵시적으로 기존 채무의 지급을 유예하는 의사가 있었다고 보는 것이 상당하므로 기존 채무의 변제기는 어음에 기재된 만기일로 변경된다고 볼 것이다.

---

168) 대법원 1990.1.12. 선고 89다카11685 판결; 동 1993.11.9. 선고 93다11203 판결.

② 權利行使의 順序

어음·수표채권과 기존채권이 병존할 경우에 채권자는 어느 권리를 먼저 행사해야 하는가 그 순서가 문제된다. 어음·수표가 지급을 위하여 수수된다는 의사가 명백한 경우와 의사가 명백하지 않은 경우에는 지급을 위하여 수수한 것으로 보고 채권자는 어음·수표상의 권리를 먼저 행사하여야 한다. 그리고 이것으로 만족을 얻지 못했을 때에는 원인채권을 행사할 수 있다. 지급을 위하여 어음·수표를 수수한 경우에는 지급의 수단을 제공한 것이며 어음채권의 행사가 쉽고 강력하기 때문에 당사자간에는 어음·수표상의 권리를 먼저 행사한다는 합의가 있는 것으로 볼 수 있으므로 곧 원인채권은 휴지하게 된다.

그러므로 채권자가 원인채권을 먼저 행사하거나 兩權利의 同時行使는 이행을 위하여 어음·수표를 교부한 목적에 위배되므로, 채무자는 어음·수표채권의 선행사를 항변으로 주장할 수 있다. 그리고 양 채권이 병존하는 경우에 어음·수표채권을 먼저 행사하여야 할 경우에는 그 지급제시가 없는 한 채무자는 원인채권에 대하여도 이행지체가 되지 않고 채권자는 契約解除도 할 수 없다고 본다.

먼저 어음·수표상의 권리를 행사하여야 함에도 불구하고 어음상의 권리보전절차를 게을리 하여 어음상의 권리를 상실한 때에는 원인채권을 행사할 수 없다. 따라서 채권자는 어음·수표상의 권리보전을 위하여 필요한 행위를 하여야 할 의무를 진다. 특히 적법한 제시를 하여야 하며(어§38, 수§29), 인수나 지급의 거절이 있는 때에는 거절증서를 작성하여야 한다(어§44, 수§39). 어음·수표에 의한 만족을 얻지 못하여 원인채권을 행사할 수 있는 경우란 인수 또는 지급이 거절되었다는 사실만으로 할 수 있으며 어음·수표의 소송의 결과까지 기다릴 필요는 없다.[169] 왜냐하면 어음·수표는 지급을 위하여 교부되므로 원인채무는 그 어음·수표로부터 만족을 얻을 때까지 존속할 것이기 때문이다.

③ 原因債權의 消滅

어음·수표채권을 먼저 행사하여 지급이 되면 원인채권도 소멸한다. 채권자는 만기 전이라도 어음의 할인을 위하여 배서양도가 가능하지만 이 때에도 할인에 의하여 그 대가를 취득한 때에 곧 원인채권이 소멸하는 것이 아니라, 채권자가 얻은 대가를 다시 상실한 염려가 없게 된 때에 즉 배서인으로서 상환의무를 면하

169) 최기원, p.224; 정동윤, p.301.

게 된 때에 비로소 원인채권이 소멸하게 된다.

【대법원 2000.2.11. 선고 99다56437 판결 : 기존 채무의 지급을 위하여 또는 지급확보를 위하여 어음이 교부된 후 어음채권이 변제·상계 등에 의하여 소멸된 경우, 기존 채권의 소멸 여부(적극)】

기존 채무의 지급을 위하여 또는 지급확보를 위하여 어음이 교부되어 기존 채권과 어음채권이 병존하는 경우 어음채권이 변제나 상계 등에 의하여 소멸하면 기존 채권 또한 그 목적이 달성되어 소멸하는 것이고, 이러한 법리는 채권자가 어음을 제3자에게 배서·양도한 후 그 어음소지인과 채무자 사이에서 어음채권의 변제나 상계 등이 이루어진 경우에도 마찬가지이다.

【대법원 2000.7.28. 선고 2000다16367 판결 : 채무자가 기존 채무의 이행기에 채무를 변제하지 아니하여 채무불이행 상태에 빠진 다음에 기존 채무의 지급을 위하여 어음을 발행한 경우, 기존 채무의 변제기가 어음에 기재된 만기일로 변경되는지 여부(소극)】

재권자가 기존 체무의 지급을 위하여 그 채무의 이행기가 도래하기 전에 미리 그 채무의 변제기보다 후의 일자가 만기로 된 어음의 교부를 받은 때에는 묵시적으로 기존 채무의 지급을 유예하는 의사가 있었다고 볼 경우가 있을 수 있고 이 때 기존 채무의 변제기는 어음에 기재된 만기일로 변경된다고 볼 것이나, 특별한 사정이 없는 한 채무자가 기존 채무의 이행기에 채무를 변제하지 아니하여 채무불이행 상태에 빠진 다음에 기존 채무의 지급을 위하여 어음이 발행된 경우까지 그와 동일하게 볼 수는 없다.

(2) 擔保를 위하여 어음·手票가 授受되는 경우

어음·수표가 「擔保를 위하여」 수수된 경우 원인채권의 확보를 위한 것이므로 원인채권과 어음·수표채권은 병존하지만 그 중 어느 채권을 먼저 행사할 것인가 하는 문제는 채권자의 자유에 속한다. 채권자는 임의로 어느 하나를 신댁하여 권리를 행사할 수 있다.[170] 어음·수표가 담보를 위하여 수수된 때에는 원인채권의 持參債務性은 상실되지 않으며 원인채권의 변제기가 도래함으로써 어음·수표의 지급제시 여하에 불구하고 채무자는 당연히 이행지체에 빠지게 된다. 또한 채권자는 원인관계의 계약해제를 할 수 있다.

170) 대법원 1999.6.11. 선고 99다16378 판결.

① 어음·手票債權의 先行使

원인채권보다 어음·수표채권을 먼저 행사하는 경우의 절차 및 효력 등에 대해서는 지급을 위하여 어음을 수수한 경우와 같을 것이다.

② 原因債權의 先行使

채권자가 원인채권을 먼저 행사하려고 할 때에는 어음·수표를 채무자에게 반환하여야 한다.[171] 채권자가 어음·수표를 반환하지 않는 때에는 채무자는 同時履行의 抗辯權을 행사할 수 있다는 것이 통설이며 판례의 입장이다.[172] 만약에 어음·수표의 반환을 받지 않고 채무자가 원인채권을 변제하게 되면 어음·수표의 선의취득자에 대하여 또다시 二重으로 지급하여야 될 것이며, 또 전자에 대하여 遡求權을 행사할 수 없게 되는 불공평한 결과가 야기될 수도 있다.

따라서 채권자가 어음·수표를 분실한 경우에는 그것이 선의취득 되어 채무자가 이중지급을 할 위험이 있으므로 채권자는 제권판결을 취득하여서만 어음·수표상의 권리를 행사할 수 있다. 그리고 채권자가 어음·수표를 양도하여 어음·수표를 소지하고 있지 않는 때에는 채무자에게 그것을 반환할 수 없어서 원인채권의 행사를 할 수 없게 된다. 어음·수표가 물리적으로 멸실되었으며 멸실 당시에 채권자가 그것을 소지하고 있었을 때에는 二重支給의 위험이 없기 때문에 채무자에 의한 어음상환의 항변은 인정되지 않는다고 본다.

【대법원 1996.12.20. 선고 96다41588 판결】

채무자가 채권자에게 기존 채무의 이행에 관하여 어음이나 수표를 교부하는 경우 당사자 사이에 특약이 없는 한 '지급을 위하여' 또는 '지급 확보를 위하여' 교부하는 것으로 추정할 것이고, 따라서 특별한 사정이 없는 한 기존의 원인채무는 소멸하지 아니하고 어음, 수표상의 채무와 병존한다고 보아야 하는바, 기존의 원인채권과 어음, 수표 채권이 병존하는 경우에 채권자가 기존의 원인채권을 행사함에 있어서는 어음이나 수표를 채무자에게 반환하여야 하는 것이므로(당원 1993. 11. 9. 선고 93다11203, 93다11210. 선고 1995. 10. 13. 선고 93다12213 판결 등 참조), 채권자가 기존 채무의 이행에 관하여 채무자로부터 어음을 교부받은 후 이를 다시 채무자에게 반환하였다면 특단의 사정이 없는 한 채무자로부터 기존의 원인채권을 변제받은 사실을 추정할 수 있다

171) 대법원 1996.11.8. 선고 95다25060 판결.

172) 대법원 1992.12.22. 선고 92다8712 판결.

③ 支給을 위한 것과 擔保를 위한 것의 區別

당사자의 의사가 명백한 경우에는 그에 따라야 하지만 어음·수표의 수수가 원인채권과 관련되어 있으나 당사자의 의사가 분명하지 않은 경우 지급을 위한 수수인지 담보를 위한 수수인지 구별할 필요가 있다. 왜냐하면 원인채권과 어음·수표상의 채권이 병존한다고 해도 지급을 위한 경우와 담보를 위한 경우의 채권행사의 순서 및 방법이 다르기 때문이다.

i) 區別의 基準

원인관계의 채무자와 어음상의 주채무자가 다른 경우, 예컨대 원인관계의 채무자가 환어음이나 수표를 발행하였거나 타인이 발행한 약속어음이나 타인이 인수한 환어음을 배서양도한 경우에는, 채권자가 어음·수표를 수취한 이상 「지급을 위하여」어음·수표가 수수된 것으로 추정할 수 있다.[173] 그리고 원인관계상의 채무자가 동시에 어음상의 주채무자인 경우로서 예컨대 제3자방지급의 기재가 없는 약속어음을 발행한 경우와 채권자가 발행한 자기시시환이음에 원인관계의 채무자가 인수한 경우 등에는 「擔保를 위하여」어음을 수수한 것으로 추정할 수 있을 것이다.[174]

다만 원인관계상의 채무자가 어음상 유일한 채무자인 경우에도 어음수수가 지급을 위한 것이므로 보아야 할 예외적인 경우가 있다. 즉, 채무자가 약속어음을 발행하면서 제3자방지급의 기재를 한 때에 이를 담보를 위한 것으로 보게 되면 채권자는 양 채권중 선택하여 행사할 수 있게 되이 채무자는 제3자에게도 지급자금을 제공하여야 하므로 이중으로 자금을 마련하여야 될 것이다. 그러므로 채무자가 약속어음을 발행하였더라도 제3자방지급의 경우에는 지급을 위하여 약속어음이 수수된 것으로 추정되어야 한다. 이 경우 채권자로서는 제3자방지급어음을 수취한 이상 어음채권을 먼저 행사할 것을 양해하고 어음을 취득한 것이라고 보아야 할 것이기 때문이다.[175]

ii) 區別의 實益

어음·수표가 지급 또는 담보를 위하여 수수된 경우에는 원인채권과 어음·수표

---

173) 대법원 1996.11.8. 선고 95다25060; 동 1997.3.28. 선고 97다126·133.

174) 대법원 1964.6.2. 선고 63다586 판결; 동 1966.7.19. 선고 66다195 판결.

175) 정동윤, p.308.

채권은 병존하지만 지급을 위하여 수수된 경우에는 채권자는 어음·수표상의 권리를 먼저 행사하여야 할 의무가 있고 어음·수표의 지급제시가 없는 한 채무자는 원인채권에 대하여 이행지체에 빠지지 않으므로 채권자는 이행지체를 이유로 계약을 해제할 수 없게 된다.

그러나 담보를 위하여 어음·수표가 수수된 경우에는 원인채무의 변제기가 도래하면 어음·수표의 지급제시와 관계없이 채무자는 이행지체가 되므로 채권자는 이를 이유로 계약을 해제할 수 있다.

【대법원 2002.12.24. 선고 2001다3917 판결】

수표가 기존 원인채무의 지급확보를 위하여 또는 그 담보를 위하여 발행 또는 교부된 경우에, 채권자가 그 수표를 유상 또는 무상으로 타인에게 양도하였다고 하더라도 그에 의하여 바로 기존 원인채무가 소멸하는 것이 아니고, 수표를 양도한 채권자가 수표상의 상환의무를 종국적으로 면하게 될 때 비로소 기존 원인채무가 소멸한다고 보아야 한다.

【대법원 1999.6.11. 선고 99다16378 판결】

원인채권의 지급을 확보하기 위한 방법으로 어음이 수수된 경우에 원인채권과 어음채권은 별개로서 채권자는 그 선택에 따라 권리를 행사할 수 있고, 원인채권에 기하여 청구를 한 것만으로는 어음채권 그 자체를 행사한 것으로 볼 수 없어 어음채권의 소멸시효를 중단시키지 못하는 것이지만(대법원 1967. 4. 25. 선고 67다75. 선고 1994. 12. 2. 선고 93다59922 판결 등 참조), 다른 한편, 이러한 어음은 경제적으로 동일한 급부를 위하여 원인채권의 지급수단으로 수수된 것으로서 그 어음채권의 행사는 원인채권을 실현하기 위한 것일 뿐만 아니라, 원인채권의 소멸시효는 어음금 청구소송에 있어서 채무자의 인적항변 사유에 해당하는 관계로 채권자가 어음채권의 소멸시효를 중단하여 두어도 채무자의 인적항변에 따라 그 권리를 실현할 수 없게 되는 불합리한 결과가 발생하게 되므로, 채권자가 어음채권에 기하여 청구를 하는 반대의 경우에는 원인채권의 소멸시효를 중단시키는 효력이 있다고 봄이 상당하고(대법원 1961. 11. 9. 선고 4293민상748 판결 참조), 이러한 법리는 채권자가 어음채권을 피보전권리로 하여 채무자의 재산을 가압류함으로써 그 권리를 행사한 경우에도 마찬가지로 적용된다.

(3) 支給에 갈음하여 어음·手票가 수수되는 경우

당사자 간에 원인채무의 지급에 갈음하여 어음·수표를 수수한다는 뜻의 합의가 있는 때에는 원인채권은 소멸하고 채무자는 어음·수표에 따르는 책임만을 지게 된다. 따라서 원인채권에 부수된 담보나 보증은 특약이 없는 한 당연히 그 효력을 잃게 되며 채권자는 어음에 의하지 않고는 그 권리를 행사할 수 없다. 일반적으로 채무자가 자기앞수표나 지급보증이 있는 당좌수표와 같이 지급이 확실한 수표를 교부한 때는 지급에 갈음한 것이라고 보아야 한다.

원인채무의 지급에 갈음하여 어음·수표를 수수하는 법률관계의 성질을 更改라고 보는 견해[176]와 代物辨濟라고 보는 견해[177]가 대립하고 있다. 更改는 舊債務의 소멸을 新債務發生의 조건으로 하므로(민§504), 구채무가 존재하지 않는다면 신채무도 발생하지 않는 것이 되기 때문에 無因證券인 어음에 있어서는 代物辨濟로 보아야 할 것이다. 즉 대물변제로 인하여 원인채권이 소멸된 후 어음·수표가 부도가 되어도 원인채권은 復活하지 않는다. 그러나 수취한 어음·수표가 형식상의 하자 또는 위조 등의 사유로 인하여 무효가 된 때에는 법률행위의 착오를 이유로 취소하여(민§109) 원인채권의 존재를 주장할 수 있고, 대물변제계약이 무능력에 의한 때에도 법률행위 취소에 의하여 원인채권은 부활한다고 할 것이다.

(4) 어음·手票관계에 의한 原因關係의 推定

어음·수표는 抽象證券이고 설권증권이므로 어음·수표상의 기재만으로는 원인관계의 내용을 파악할 수 없고 법률적으로 분리된다. 경제적으로 보면 수단과 목적인 관계에 있기 때문에 어음·수표관계는 원인관계에 대한 추정을 가능하게 한다.

기존채무의 지급을 위하여 발행한 어음의 만기는 기존채무의 변제기로 볼 수 있으며, 대부어음인 경우에는 대부금의 변제기로 볼 수 있다. 그리고 어음의 만기 이전에는 원인채권의 변제기가 도래하여도 변제를 청구할 수 없으므로 원인채권의 시효는 어음의 만기부터 진행될 것이다. 채무의 이행장소도 특약이 없는 한 어음에 기재된 지급장소로 추정할 수 있으며, 원인채무의 지연이자에 관한 정함이 없는 때에도 채무자는 만기이후의 법정이자를 지급할 책임을 질 수 있다. 기존채무지급을 위하여 어음·수표를 수수한 경우에는 채권자가 일부변제를 승낙한 것으로 볼 수 있다.

消費貸借上의 원인채무를 담보하기 위하여 수표를 교부하거나 약속어음에 배서하는 것은 기존채무에 대한 保證債務를 부담한 것으로 보는 것이 판례의 입장이다. 담보의 의미로 어음에 배서하였다면 배서인은 어음발행의 원인이 된 차용금

176) 日最高判 1973.10.20, 民錄 19,833.

177) 최기원, pp.232-233; 정동윤, pp.299-300; 이범찬·최준선, p.185.

채무에 대하여도 連帶保證의 책임을 질 意思로 배서행위를 한 것이라고 보아야 한다고 하였다.[178] 그러나 오늘날은 특별히 다른 사정이 존재하지 않는 한 배서인의 책임을 내용으로 한 담보의 의미로 배서행위를 한 것으로 보는 것이 학설과 판례의 입장이다.[179]

그러나 원인채무와 어음·수표상의 채무는 별개의 법률관계에 있는 것이므로 어음·수표에 의하여 원인관계를 추정하는 것은 제반사정을 고려하여 신중하게 하여야 할 것이다.[180]

【대법원 2003.5.30. 선고 2003다13512 판결】

기존채무의 지급을 위하여 수표를 교부받은 채권자가 그 수표와 분리하여 기존 원인채권만을 제3자에게 양도한 경우, 기존채무의 지급을 위하여 수표를 교부하였다는 것은 채무자와 기존채권의 양도인 사이에서는 그 수표금이 지급되는 등 채무자가 그 수표상의 상환의무를 면하게 되면 원인채무 또한 소멸할 것을 예정하고 있었던 것으로 보아야 할 것인데, 수표금의 지급으로써 기존 원인채무도 소멸할 것을 예정하고 있었던 사정은 그 채권양도통지 이전에 이미 존재하고 있었던 것이므로, 그 채권양도통지 후에 수표금의 지급이 이루어지더라도 이는 양도통지 후에 새로이 발생한 사유로 볼 수는 없다고 할 것이니, 따라서 채무자로서는 기존 원인채권의 양수인에 대하여 기존채무의 지급을 위하여 교부한 수표가 양도통지 이후에 결제되었다는 사유로써 그 기존채무의 소멸을 주장할 수 있다.

【대법원 1995.10.13. 선고 93다12213 판결】

채무자가 기존채무의 이행에 관하여 채권자에게 어음을 교부하는 경우에 당사자 사이에 특별한 의사표시가 없고, 다른 한편 어음상의 주채무자가 원인관계상의 채무자와 동일하지 아니한 때에는 제3자인 어음상의 주채무자에 의한 지급이 예정되고 있으므로 이는 '지급을 위하여' 교부된 것으로 추정할 것이다.

---

178) 대법원 1989.7.25. 선고 88다카19460 판결; 동 1987.8.25. 선고 87다카891 판결; 동 1986.9.9. 선고 86다카1088 판결; 동 1986.7.22. 선고 86다카783 판결.

179) 대법원 1992.12.22. 선고 92다17457 판결; 동 1994.8.26. 선고 94다5397 판결; 동 1994.12.2. 선고 93다59922 판결; 동 1998.6.26. 선고 98다2051 판결.

180) 정동윤, p.310.

제 3 절 資金關係

1. 意 義

어음·수표의 자금관계란 지급위탁증권인 환어음과 수표의 발행인이 지급인에게 자금을 제공하여 지급을 위탁하는 어음·수표 외의 관계 즉, 지급인이 어음·수표의 인수 또는 지급을 하는 원인이 되는 실질관계를 말한다. 따라서 지급인이 별도로 존재하지 않은 약속어음에는 자금관계가 없다. 이러한 관계는 지급위탁증권인 환어음·수표에 있어서 법률상으로 지급을 할 자와 실질적으로 지급하는 자가 다르기 때문에 생기는 것이다. 그러므로 환어음과 수표의 발행인은 지급인에게 자금을 제공할 의무를 지는 자금의무자라고 할 수 있지만 발행인이 제3자의 위탁에 의하여 환어음과 수표(위탁어음·수표)를 발행한 경우에는 위탁자인 제3자가 자금의무자가 된다.

자금관계의 일반적인 경우로는 미리 발행인으로부터 자금의 제공을 받는 때로서, 자금은 발행인이 지급인에게 미리 현금으로 교부하거나 매매대금채권이나 예금채권인 때가 많을 것이며, 자금의 제공을 받지 않고 발행인과의 소비대차계약 등에 의하여 지급을 한 다음에 발행인에 대하여 청구권을 행사하는 경우도 있다. 전자의 경우에는 자금관계의 법적성질이 위임이 될 것이고, 후자의 경우에는 사무관리가 될 것이다. 이와 같이 자금관계의 법적성질은 각 경우에 구체적으로 결정하여야 한다. 환어음을 지급한 지급인이 발행인에게 보상청구를 하려면 단순히 지급하였다는 사실만으로는 부족하고 자금관계를 증명하지 않으면 안 된다.

2. 換어음의 資金關係

(1) 資金關係와 어음關係의 分離

어음의 추상성에서 볼 때 자금관계도 어음의 원인관계와 마찬가지로 어음관계에 영향을 미치지 못한다. 그러므로 환어음의 발행 및 인수는 자금의 유·무에 불구하고 유효한 것이며 반대로 지급인이 자금을 수령하였다고 하여 당연히 지급이나 인수를 하여야 할 의무가 있는 것은 아니다. 다만 지급인이 인수를 하였을 때에만 어음상의 의무를 지며 자금의 교부가 없더라도 어음금의 지급을 거절하지 못한다.

또한 발행인이 그 자금관계에 따라 그 범위 내에서 환어음을 발행한 경우에는 지급인은 발행인에 대한 관계에 있어서 어음을 인수할 의무가 있기 때문에 적법한 소지인의 제시에 대하여 인수를 거절한 때에는 발행인에 대하여 채무불이행의 책임을 져야 한다. 그러나 발행인은 자금관계를 이유로 소지인에 대한 소구의무를 면할 수 없다.

(2) 資金關係와 어음關係의 關聯性

자금관계와 어음관계는 원칙적으로 분리되지만 실질적으로는 밀접한 관계에 있기 때문에 그 관련성이 인정되는 경우가 있다.

즉 환어음의 인수인은 어음에 의하여 발행인에 대하여도 책임을 지지만, 발행인의 청구에 대하여는 자금관계에 의한 인적항변의 허용이나 발행인의 인수인에 대한 지급청구권과 이득상환청구권 등은 자금관계를 고려한 제도라고 할 수 있다.

3. 手票의 資金關係

(1) 資金關係와 手票關係

수표에 대하여는 환어음과 달리 자금관계에 관한 명문규정을 두고 있다. 즉, 수표는 제시한 때에 발행인이 처분할 수 있는 자금이 있는 은행을 지급인으로 하고 발행인이 그 자금을 수표에 의하여 처분할 수 있는 명시 또는 묵시의 계약에 따라서만 이를 발행할 수 있다(수§3 본문). 그러나 수표관계와 자금관계는 분리되어 자금관계의 유무나 그 내용 등이 이 규정에 위반하는 경우에도 수표로서의 효력에는 영향을 미치지 아니한다(동조 단서). 따라서 자금관계가 없는 지급인을 기재한 수표의 경우에는 과태료의 제재가 있지만 그 효력에는 영향을 미치지 않는다.

【대법원 1998.2.13. 선고 97다48319 판결 : 수표계약에 위반하여 발행한 수표도 유효한 수표라고 본 판례】

가계수표 용지에 부동문자로 인쇄되어 있는 '100만원 이하' 등의 문언은 지급은행이 사전에 발행인과의 사이에 체결한 수표계약에 근거하여 기재한 것으로서 이는 단지 수표계약의 일부 내용을 제3자가 알 수 있도록 수표 문면에 기재한 것이 지나지 아니한 것이고, 한편 수표법 제3조 단서에 의하면 수표자금에 관한 수표계약에 위반하여 수표를 발행한 경우에도 수표로서의 효력에는 영향을 미치지 아니하므로 발행한도액을 초과하여 발행한 가계수표도 수표로서의 효력에는 아무런 영향이 없다.

(2) 當座計定去來契約

발행인이 수표를 발행하려면 지급인인 은행과 당좌예금계약(당좌차월계약)에 의하여 자금이 있어야 하고, 동시에 발행인이 발행한 수표를 그 자금의 범위 내에서 은행이 지급한다는 수표계약이 존재하여야 한다. 이와 같이 당좌예금계약(또는 당좌차월계약)을 포함한 수표계약을 當座計定去來契約이라 한다. 수표계약의 법적 성질은 위임계약이므로, 예입 또는 차월한 자금이 있는데도 지급을 거절하는 경우에 소지인은 지급인인 은행에 대하여 수표계약에 의한 권리를 주장할 수 없다. 은행은 다만 수표계약의 당사자인 발행인에 대하여 위임계약의 불이행에 의한 책임을 질뿐이다.

4. 準資金關係

환어음의 인수인 또는 약속어음의 발행인과 지급담당자, 보증인과 주채무자, 참가지급인 또는 참가인수인과 피참가인 사이에도 자금관계와 유사한 실질관계가 존재하여야 한다. 이것을 준자금관계라고 한다.

제 4 절 어음·手票의 豫約

어음·수표행위를 하기 전에 당사자간에 어음·수표의 종류·금액·만기 등의 내용에 대하여 미리 합의를 하는 경우 이러한 선행계약을 어음·수표의 예약이라 한다.

예약의 방식에 대하여는 아무런 제한이 없으므로 명시 또는 묵시적 의사표시로도 가능하고 구두로도 할 수 있지만 서명으로 하는 때에는 이를 假어음·假手票라고도 한다. 어음·수표행위가 예약과 다르게 된 경우에도 어음·수표행위는 유효하며, 그 위반은 직접의 당사자간에 인적항변의 사유가 될 뿐이다. 어음·수표의 예약이 있는 때에는 당사자간에 합의된 내용에 따라 어음·수표행위를 하여야 할 의무가 생길 뿐이고 어음·수표상의 효력은 없는 것이다.

제 5 절 貨換어음(荷換어음)

1. 意 義

貨換어음(Dokumentenwechsel, documentary bill or draft)이란 어음상의 권리가 船荷證券 또는 貨物相換證 등의 운송증권에 의하여 擔保되어 있는 환어음이다. 화환어음은 특히 격지자간의 거래에 있어서 매도인이 매수인을 지급인으로 환어음을 발행하여 매매대금 등의 추심을 안전하게 하는 제도이다.

국내거래에서 이용되는 내국화환어음과 국제거래에서 사용되는 외국앞화환어음이 있다. 그러나 화환어음은 주로 국제거래에서 이용된다. 화환어음이 운송증권과 분리되면 보통의 환어음과 다를 바 없으며, 그것이 이용되는 경제적 목적에 의하여 화환어음이라는 명칭이 붙여진 것이다.

2. 貨換어음의 經濟的 機能

화환어음을 이용함으로써 격지매매의 원활화를 도모할 수 있다. 즉 격지자간의 매매에 있어서 대금지급에 따르는 현금수송의 위험성·번잡성이 없어지고, 매매당사자간에 급부의 동시이행이 실현되며, 매도인은 매매대금을 즉시 받는 결과가 되어 시간적 장벽을 극복하는데 도움이 된다. 그리고 매수인은 수입화물담보보관증(trust receipt)을 은행에 차입함으로써 환어음의 인수만을 하고 운송증권을 교부받아 어음금액(매매대금) 지급전에 운송물을 매도할 수도 있게 된다.

화환어음은 이용방법에 따라 할인화환어음과 추심화환어음으로 나눌 수 있다. 매도인(A)이 매수인(B)에게 상품을 매도한 경우 A는 B에게 보내는 상품의 운송을 운송인에게 위탁하고 선하증권을 받는다. 그리고 매도인(A)은 매수인(B)을 지급인으로 하는 환어음을 발행하고, 선하증권을 담보로 청구하여 거래은행(C)에게 추심을 위임하거나(추심화환어음), 매매대금 지급기일 전이라도 거래은행(C)로부터 할인을 받아 그 대가를 수령하면서 선하증권을 어음의 지급을 위한 담보로서 C은행에 교부한다(할인화환어음).

C은행은 추심 또는 할인을 위하여 받은 어음과 선하증권을 매수인의 주소지에 있는 자기의 지점이나 거래은행인 D에게 송부하여 D의 제시에 따라 B가 어음을 지급(지급도) 또는 인수(인수도)하면 동시에 매수인 B에게 선하증권을 교부하고 B는 이에 의하여 상품을 수령할 수 있게 된다. 매수인 B가 지급한 금액은 추심화환어음의 경우에는 매도인 A에게 교부될 것이며, 할인화환어음의 경우에는 C은행이 매도인 A에게 할인하여 준 금액의 회수를 위하여 충당될 것이다.

그러나 매수인 B가 지급을 하지 않은 때에는 추심화환어음의 경우에는 어음과 선하증권을 매도인 A에게 반환하여야 하며, 할인화환어음의 경우에는 C은행이 어음에 의하여 매도인 A에게 소구권을 행사하든가 선하증권을 처분하여 할인대금을 회수하게 된다.

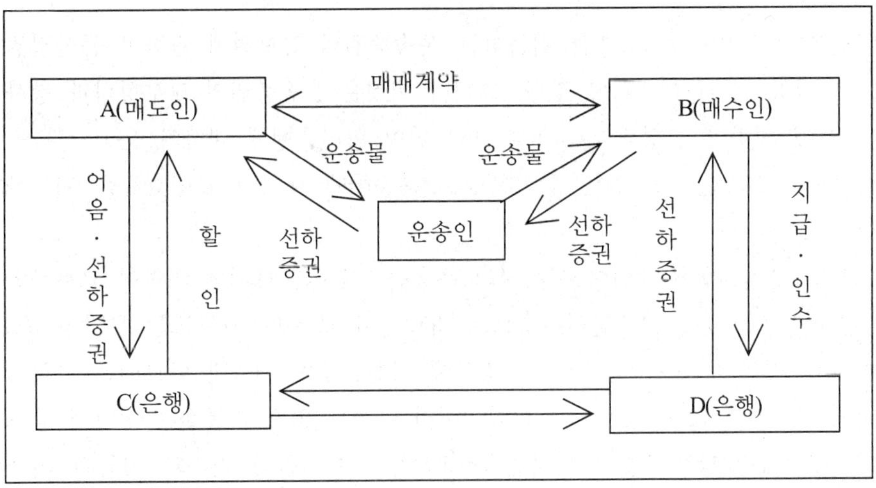

3. 貨換어음의 法律關係

(1) 賣渡人과 割引銀行과의 法律關係

① 어음關係

화환어음을 할인하는 경우에 매도인과 할인은행의 관계는 화환어음약정서의 내용에 따라 정하여 진다. 매도인이 할인을 위하여 환어음을 발행함에 있어서는 수취인을 할인은행으로 하든가 자기지시환어음을 발행하여 할인은행에 배서양도하는 방법에 의한다. 할인은행은 매도인에게 대가를 지급하고 어음을 취득하며, 그리하여 매도인과 할인은행 사이에 어음할인이 성립한다. 보통 지급인은 매수인이지만, 환어음이 상업신용장에 의하여 발행된 때에는 지급인은 신용장의 개설은행이 되고 지급인은 매수인의 계산으로 지급하게 된다.

할인은행에 대한 어음의 교부는 지급인으로부터 지급을 받을 수 있는 지위(권한)의 매매를 내용으로 하는 어음매매설과 할인액에 상당하는 금전의 소비대차가 할인은행과 매도인간에 이루어지고 이 소비대차채무의 지급방법으로 화환어음이 할인은행에 교부된다는 소비대차설이 대립하고 있다. 전자에 의하면 할인은행은 매도인에 대하여 어음상의 소구권을 갖게 되며, 후자에 의하면 할인은행은 매도인에 대하여 소비대차채권과 어음상의 소구권을 갖게 된다.

② 運送證券關係

할인은행이 매도인으로부터 취득하는 운송증권의 담보권에 관하여 동산질권설과 신탁적양도설이 대립하고 있다. 그러나 이것은 운송증권의 교부형식과 당사자의 의사에 의하여 결정될 성질이다. 매도인이 할인은행에 대하여 운송증권을 入質背書하여 교부한 경우에는 할인은행은 운송물에 대하여 動産質權을 취득하게 된다.

그리고 할인은행에 대하여 지시식의 운송증권을 양도배서에 의하여 교부하였거나, 운송증권에 受荷人을 할인은행으로 기재하여 교부한 경우 또는 무기명식(또는 선택무기명식)의 운송증권을 교부한 경우에 할인은행이 취득한 담보권은 당사자의 의사가 분명하지 않은 경우는 동산질권이라는 설도 있으나 통설은 신탁적 양도로 본다. 왜냐하면 담보권을 동산질권이라고 하면 환어음의 인수나 지급이 거절된 경우에 질권은 상환청구권을 담보하는 것이 되므로 할인은행은 먼저 상환청구권을 행사하여 그 목적을 달성하지 못한 때에 비로소 질권의 행사가 가능하게 되는데, 신탁적 양도라고 할 경우에는 환어음의 인수나 지급의 거절이 있는 즉시 상환청구를 함이 없이 운송물을 처분할 수 있어서 할인은행을 위하여 유리하기 때문이다.

또한 수하인을 매수인으로 한 운송증권을 할인은행에 교부한 경우에는 할인은행은 이것을 유치하여 매수인에 대하여 어음금의 지급을 간접적으로 강제할 수 있을 뿐이다.

(2) 賣渡人과 推尋銀行의 關係

양자 사이에는 매도인이 추심은행에 대하여 환어음의 추심과 어음의 지급(지급도의 경우) 또는 인수(인수도의 경우)와 상환으로 운송증권을 지급인에게 교부할 것을 의뢰하는 위임관계가 성립한다(민§680). 이때에 매도인은 자기제시의 환어음에는 추심위임배서를 하고, 운송증권에는 백지식배서를 하여 추심은행에 교부한다. 어음이 지급되면 추심은행은 이를 매수인에게 교부하고 지급 또는 인수가 없는 때에는 환어음 및 운송증권을 매도인에게 반환하게 된다. 그러나 인수도의 경우에는 매수인이 인수한 때에 이미 운송증권을 교부하게 되므로 지급이 없더라도 추심은행은 운송증권을 반환할 수 없고 어음만을 매도인에게 반환할 수 있을 따름이다.

(3) 賣渡人과 買受人의 關係

특약이 없는 한 매도인은 매매의 목직물을 메수인에게 이전시켜야 하며 매수인은 매도인에게 대금을 지급하여야 한다(민 §568). 즉 매도인과 매수인은 同時履行의 抗辯權이 있는 것이다. 화환어음에 의하여 결제하는 경우에도 동시이행의 항변권이 인정된다. 매매계약을 화환어음에 의하여 결제하려면 매도인과 매수인 사이에 특약이 있거나 상관습이 있어야 할 것이다. 국제거래에 있어서는 이를 금지하는 특약이나 상관습이 없는 한 매도인은 화환어음으로 결제할 수 있다고 본다. 매수인의 매매대금채무는 매도인이 어음을 할인하여 그 대금을 사실상 확보하였더라도 소멸하지 않고 어음의 지급인이나 신용장개설은행이 어음소지인에게 지급한 때에 소멸한다. 왜냐하면 매도인이 할인을 하였더라도 할인은행에 대하여 상환의무를 지거나 할인은행에 대하여 약정서에 따라 소비대차채무의 반환의무를 지게 되고, 담보를 제공한 때에는 그것이 할인은행에 의하여 처분될 수도 있기 때문이다.

운송증권이 매수인에게 교부되기 전에 목적물에 대한 소유권은, 매도인의 할인은행에 대한 운송증권의 교부가 동산질권의 설정을 위한 것인 경우에는 매도인에게 있고, 신탁적 양도인 때에는 할인은행에 있게 된다. 운송증권의 수하인이 매수인인 때에는 매수인이 운송증권을 취득하였을 때에 운송물의 소유권을 취득한다.

4. 商業信用狀

(1) 商業信用狀의 意義

상업신용장(Commercial letter of credit)은 매수인(신용장 발행의뢰인, applicant for the credit)의 위탁에 의하여 그 거래은행(신용장 발행은행 또는 신용장 개설은행, issuing bank or opening bank)이 일정한 조건하에 매도인(수익자, beneficary)이 발행한 환어음을 인수·지급 또는 매입할 것을 약정하는 증서이다.

실무에서는 L/C로 약칭되고 있으며 상업신용장 중에서 환어음에 선하증권·보험증권·상업송장 등의 선적서류가 첨부된 것을 화환신용장(documentary credit)이라 하는데, 보통 신용장이라고 하면 이것을 말한다.

(2) 商業信用狀의 機能

국제거래에 있어서는 매수인의 신용도를 조사할 수 없고 또 매수인의 부도의 경우에 담보의 처분이나 압류도 법률이나 관습의 차이 때문에 실효를 거둘 수 없다. 결국 할인은행은 매도인의 신용에 의존할 수 밖에 없으며, 매도인의 신용이 확실하지 못할 경우에는 담보의 제공이나 보증인을 세워야 한다. 상업신용장은 이러한 점을 보완해 주는 것이다.

오늘날 국제물품매매에 있어서는 일반적으로 은행신용을 이용하는 상업신용장에 의하여 대금결제를 하도록 약정되어 있다. 매수인의 거래은행이 매도인이 발행한 환어음의 인수·지급을 확약하면 매도인의 거래은행이 매도인에게 안심하고 어음할인을 할 수 있기 때문에 무역대금을 안전·신속·확실하게 결제할 수 있게 된다.

(3) 商業信用狀의 法的性質 및 特性

상업신용장의 법적성질에 관한 우리나라의 학설은 위임설, 발행은행이 인수·지급의 약속을 함으로써 담보를 제공하는 서면이라는 설,[181] 특수한 법률관계[182] 또는 독자적인 법조직이라는 설,[183] 지시와 위임계약이 병존하는 법률관계라고

181) 서돈각, p.145.

182) 정동윤, pp.323-324.

보는 설[184] 등이 있다.

상업신용장은 국제간의 대금결제의 확실을 도모하기 위하여 창안된 제도로서 관계당사자가 다각적으로 연결되고 그 내용이 다양하여 법적성질을 일률적으로 정의하기가 쉽지 않다. 그러나 상업신용장은 매수인의 위탁에 의하여 발행은행이 매도인을 위하여 발행한 지급약속서라고 보는 견해가 유력하다.

상업신용장에 의한 발행은행의 채무는 원인계약과는 별개·독립된 채무로서 신용장거래의 신속·안전·원활을 위한 것이다(상업신용장의 독립·추상성). 또한 은행은 제시된 서류가 문면상 신용장조건에 합치하는가를 형식적으로 심사할 의무만 있고 그 내용에 관하여 실질적으로 심사할 의무가 없다. 따라서 신용장거래의 필요서류는 신용장조건에 엄격하게 합치하여야 한다(엄격일치의 원칙). 신용장조건에 합치하지 않은 경우에는 은행은 상당한 기간 내에 서류의 접수여부를 결정하고 접수를 거절한 때에는 그 사실을 통지해야 한다. 은행이 서류의 신용장조건에 합치여부를 심사할 때에는 상당한 주의를 하여야 한다.

【대법원 1979.5.8. 선고 78다2006 판결 : 은행은 제시된 書類가 文面上 신용장조건에 합치하는가를 형식적, 실질적으로 심사할 의무가 있는지 여부】

은행이 신용장에 의하여 환어음을 매수함에 있어서 관계당사자·관계서류에 관하여 단지 외관상으로 신용장조건의 문면과 서류의 문면이 완전히 합치 하는지의 여부에 관하여 신중한 조사를 할 책임이 있고, 그 밖의 서류의 형식·충분성·진정성·위조 또는 법적 효력 등에 관하여는 아무런 의무나 책임을 지지 아니하며 또 서류상에 표시된 물품의 수량·중량·품질·상태나 상품의 인도, 관계자의 성실성·이행능력 등에 관하여서는 아무런 의무나 책임을 지지 아니한다.

【대법원 1985.5.28. 선고 84다카696 판결 : 신용장조건의 엄격일치의 원칙에 대한 해석】

신용장부대서류가 신용장조건과 문언대로 엄격하게 합치하여야 한다고 하여 자구 하나도 틀리지 아니하고 완전히 일치하여야 한다는 뜻은 아니며, 비록 자구에 약간의 차이가 있더라도 은행이 상당한 주의를 기울이면 그 차이가 경미하여 문언의 의미에 차이가 있는 것이 아니고 또 신용장조건을 해하는 것이 아님을 문면상 알 수 있는 경우에는 신용장조건과 합치하는 것으로 보아야 할 것이다.

---

183) 윤승진, "상업신용장의 법률관계", 「사법논집」 14집(1983), p.75 이하.

184) 이범찬·최준선, p.193.

(4) 信用狀去來의 法律關係

① 買受人과 賣渡人의 關係

양자 사이에는 일반적으로 매매계약이 존재하지만 그 대금을 신용장에 의하여 지급하려면 신용장의 구체적인 내용에 관한 합의가 있어야 한다. 즉, 발행은행과 그 유효기간, 제출서류, 그리고 은행의 책임의 범위가 정해진다.

신용장은 대금채무의 이행을 위한 제1차적인 수단이라고 할 수 있다. 그러므로 매도인은 우선 신용장의 발행은행에 대하여 매매대금채권을 청구하여야 하고 그 지급이 되지 않은 때에 비로소 매수인에 대하여 청구를 할 수 있다. 이는 원인채권의 지급을 위하여 어음을 발행한 경우와 같다.

② 買受人과 開設銀行과의 關係

양자의 관계는 사무처리를 목적으로 하는 도급계약이며 유상·쌍무계약이다.[185] 이 계약에 따라 개설은행은 신용장을 개설하고 신용장조건에 따라 지급할 의무를 부담한다. 그리고 개설은행은 선관주의로써 매도인이 제출한 서류와 신용장조건과의 일치성을 조사하여야 한다. 매수인은 은행과의 법률관계로 인한 비용 및 수수료의 지급의무를 부담한다.

③ 賣渡人과 開設銀行과의 關係

개설은행은 신용장조건에 따라 매도인이 발행한 환어음에 대하여 지급의무를 부담한다. 이는 매수인과 발행은행 사이에 자금관계가 존재하기 때문이거나 제3자를 위한 계약이 체결되었기 때문이 아니라 발행은행이 신용장개설로써 독립된 채무약속을 하였기 때문이다. 개설은행은 매수인과 개설은행 사이의 자금관계나 매수인과 매도인 사이의 원인관계에 기한 항변으로써 매도인에게 대항하지 못한다. 신용장의 담보기능을 보장하기 위해서이다.

(5) 信用狀의 支給拒絶

신용장개설은행은 제출된 서류가 신용장조건에 합치하면 대금을 지급하여야 하지만 신용장조건에 합치하지 않거나 제출된 서류가 위조된 경우에는 개설은행은

185) 최기원, pp.257-258; 정동윤, p.324; 이범찬·최준선, p.196.

선의의 신용장소지자에 대하여도 지급을 거절할 수 있다.

제 6 절 어음割引

1. 意 義

어음割引(Diskontgeschäft, discount)이란 만기가 도래하지 아니한 어음의 소지인이 어음금액으로부터 만기까지의 이자 기타 비용(할인료)을 공제한 금액을 상대방으로부터 취득하고 어음을 은행 등 금융업자(할인자)에게 양도하는 거래를 말한다. 어음割引을 함에는 보통 어음을 배서양도 하지만 때로는 환어음을 인수하거나 약속어음을 발행하여 수취인에게 교부하기도 한다. 실제에 있어서는 할인어음의 대상이 되는 어음은 상업어음을 비롯하여 화환어음과 은행인수어음이지만 상업어음이 대부분이다.

어음割引은 은행 등이 자금이용방법으로 많이 이용하고 있으며, 은행의 여신업무 중의 중요한 하나를 이루고 있다. 어음割引의 경우는 보통 어음소지인이 신용있는 자가 발행하거나 인수한 어음을 은행 등에 배서양도 함으로써 하는데, 때로는 은행 등을 수취인으로 하여 어음을 발행하여 할인받는 경우도 있다.[186]

2. 어음割引의 法的性質

어음할인의 법적성질에 관하여는 여러 가지 학설이 대립하고 있으나 그 가운데 가장 중요한 것은 이것을 매매로 보는 견해와 소비대차로 보는 견해이다.

매매설은 세계적 통설이며,[187] 할인의뢰인의 의사에서 그 근거를 구한다. 할인의뢰인은 어음을 양도하고 그 대가로서 할인대금을 수령할 의사를 가지고 있으며, 은행은 우선 어음의 주채무자로부터 어음금액의 지급을 구하려는 것이며 따라서 당사자의 의사는 어음을 일종의 상품으로 보아 매매하는 것으로 본다. 이에 대하여 소비대차설은 은행이 실무에 있어서 어음상의 주채무자 이상으로 할인의뢰인의 신용을 중시하고 있으며, 약정서에 광범위한 환매사유를 규정하고 있는

186) 정동윤, p.251; 최기원, p.261; 정찬형, p.280.

187) 정동윤, p.333; 최기원, pp.263-264; 이범찬·최준선, pp.203-204.

점 등을 이유로 할인계약을 소비대차라고 보는 견해이다.

생각건대 어음할인은 어음의 실질관계에 관한 것으로서 관계당사자의 의사내용에 따라 그 법적성질을 달리할 수도 있다. 그러나 일반적으로 당사자의 의사는 어음금액으로부터 할인료를 공제한 금액을 대가로 받고 어음상의 권리를 이전하는 데 있다고 볼 수 있고, 어음취득자가 권리의 행사 또는 재할인에 의하여 어음금액을 수령한 경우를 보더라도 그것이 할인의뢰인의 소비대차채무의 변제에 충당되는 것으로 볼 수 없다. 따라서 매매설이 타당하며, 매매설을 취함으로써 어음대출과 구별된다. 판례도 같은 입장이다.[188)]

그런데 매매설의 근거도 당사자의 의사에서 구하고 있으므로, 당사자간의 특약으로 소비대차임을 약정하거나 또는 당사자간의 의사의 합리적인 해석에 의하여 묵시적인 소비대차로 해석될 수 있거나, 또는 소비대차로 취급하는 商慣習이 존재하는 경우에는 예외적으로 소비대차로 볼 수 있다.[189)]

3. 還買請求權

(1) 意　義

할인어음의 還買請求權(Zurückbelastungsrecht)이라 함은 할인의뢰인인 거래처 또는 주채무자에게 신용의 악화를 나타내는 일정한 사실이 발생하거나 당해 어음에 관하여 채권보전의 필요가 있다고 인정되는 때에, 은행이 할인의뢰인인 거래처에 대하여 할인어음의 환매를 청구할 수 있는 권리를 말한다. 이러한 환매청구권에 관하여는 할인의뢰인과 은행간의 약정서에서 그 발생원인과 행사요건을 명확하게 규정하고 있는데, 그 내용은 할인어음 자체가 부도가 되었을 때뿐만 아니라, 수통의 할인어음 중 1통이 부도가 되면 다른 수통의 어음이 만기 전이라도 은행이 그 어음의 환매청구를 할 수 있고, 또 어음에 법적 결함이 있는 경우에도 환매청구를 할 수 있다는 것 등이다. 따라서 은행은 어음상의 소구권 행사의 절차를 밟지 않고서도 또한 그 요건이 구비되어 있지 않아도 할인대가의 반환을 청구할 수 있다.

만기에 어음이 부도된 경우에 할인은행이 배서인인 할인의뢰인 등에 대하여 어음상의 溯求權을 행사할 수도 있고 또 채권매매에 있어서 매도인의 담보책임(민§579)을 물을 수도 있다. 그러나 이것만으로는 불충분하므로 할인은행은 할인의뢰

188) 대법원 1984.11.15. 선고 84다타1227; 동 1985.2.13. 선고 84다카1832 판결.

189) 정동윤, p.252; 정찬형, p.285.

인과의 특약에 의하여 어음의 주채무자 등이 지급기일에 지급하지 않거나 또는 일정한 신용악화의 사실이 있는 경우에는 할인의뢰인이 할인어음의 還買債務를 부담하는 것으로 규정하고 있다.

(2) 還買請求權의 法的 性質

어음이 부도가 된 경우에 어음할인을 어음의 매매로 본다면 은행은 할인의뢰인에 대하여 상환청구밖에 할 수 없으므로 어음법 제43조에 열거되어 있는 경우에 한하여 상환청구를 할 수 있을 뿐이다. 따라서 할인의뢰인이나 약속어음을 할인한 경우의 발행인이 파산선고를 받거나 지급을 정지한 것이 아니고 단순히 그 자산상태가 악화되기만 한 경우에는 상환청구권은 발생하지 않으므로 은행에 할인의뢰인의 예금이 있어도 그 예금채권과 부도의 경우의 상환청구권를 상계할 수 없고, 예금채권을 가압류하는 수밖에 없다.

그러나 어음할인을 소비대차로 본다면 이러한 경우에는 일반적으로 거래약정서에 정하여져 있는 기한이익의 상실약관에 의하어, 할인어음의 지급기일 이전이라도 은행은 소비대차상의 채무의 이행을 청구하여 할인의뢰인의 예금과 상계할 수 있다. 이 점에 있어서 어음의 할인을 소비대차로 보는 편이 은행에 대하여 유리하며, 은행실무가가 소비대차설을 취하는 이유도 여기에 있다 할 수 있다.

그러나 실제에 있어서는 어음의 부도가 된 경우에는 할인의뢰인이 어음을 환매할 것을 약정하는 것이 보통인데, 이 경우의 환매는 법률상 어떠한 성질을 가진 것인가가 문제된다. 어음할인을 어음의 매매로 본다면 어음의 환매는 상환의무의 이행과는 별개의 것으로서 환매약관부 어음매매라 할 수 있다. 그러므로 어음매매설의 입장에서도 할인의뢰인은 상환의무 이외에 어음 환매의무를 지게 된다. 그리고 할인의뢰인이 상환의무와 환매의무 중 어느 하나를 이행하면 다른 의무는 소멸한다.

(3) 還買請求權의 範圍

은행의 환매청구에 의하여 할인의뢰인이 지급하여야 할 채무의 범위는 당초의 할인대가가 아니고 어음에 기재된 금액이다. 만기후의 환매에 있어서는 그 이외에 만기의 다음날부터 환매일까지의 지연이자를 지급하여야 하며, 그 이율은 할인율과 동률이거나 또는 특약한 이율에 의한다. 만기 전의 환매에 있어서는 명문의 규정은 없으나, 위와는 반대로 미경과분의 이자를 은행이 할인의뢰인에게 반환하여야 한다.

(4) 還買請求權의 發生과 實行

환매청구권의 발생사유는 약정서에 자세히 정하여져 있으나, 대체로 할인의뢰인 또는 어음의 주채무자의 신용이 악화된 때 또는 은행의 채권보전을 위하여 필요하다고 인정되는 때 두 가지 경우이다. 은행은 상계를 위하여 미리 거래약정서에 상계할 수 있다는 뜻을 정하고, 그 예금에 대한 제3자의 압류가 불가능하도록 하고 있다.

환매청구권은 어음상의 청구권이 아닌 계약상의 채권이므로 이를 행사함에 있어 어음의 제시와 교부를 필요로 하지 않는다.

(5) 還買請求權의 消滅時效

환매청구권은 시효에 의하여서도 소멸한다. 소멸기간은 이 권리가 일정한 사실의 발생으로 인하여 당연히 생기는 때에는 그 발생시로부터 5년, 의사표시에 의하여 발생하는 때에는 은행이 청구한 때부터가 아니고 청구할 수 있는 상태가 된 때로부터 5년이다(상사채권의 소멸시효). 어음상의 권리가 시효로 소멸될 때 매매설에 의하면 이득상환청구권이 생긴다.

환매청구권의 소멸시효와는 별도로 割引어음의 어음상의 권리는 어음법에 의한 별도의 시효기간이 진행된다(어§70, §77① 8호). 그런데 어음상의 권리의 소멸시효기간이 반환청구권의 소멸시효기간보다 단기이므로 어음상의 권리가 먼저 시효소멸 되는 것이 일반적이다.

제 4 장 어음·手票의 은행거래와 不渡

제 1 절 어음·手票와 은행거래

어음은 신용증권으로서 주로 지급유예를 위하여 사용되며, 반드시 은행을 통하여 지급되는 것은 아니지만 현금지급의 위험과 불편을 해소하기 위하여 주로 은행도어음을 이용한다. 은행도어음이란 특정은행을 지급담당자로 하여 발행된 어음을 말한다. 이에 대하여 수표는 지급인이 반드시 은행 기타의 금융기관으로 한정되어 있으며, 발행인은 예금된 자금을 수표에 의하여 처분할 수 있는 수표계약에 따라 수표를 발행할 수 있다.

이와 같이 어음·수표는 대부분 은행을 통하여 지급되고 있기 때문에 은행거래와 불가분의 관계를 맺고 있다. 따라서 어음법·수표법의 이해와 함께 은행거래법 및 은행의 추심절차·지급절차와 거래관행을 알아 둘 필요가 있다.

1. 당좌거래

은행도 어음이나 수표를 발행하기 위해서는 발행인과 은행 사이에 당좌거래계약이 체결되어야 한다. 발행인은 은행에 당좌예금계좌를 개설하고 은행으로부터 수표용지 또는 어음용지를 교부받아 그 위에 어음 또는 수표의 요건을 기재하고 기명날인 또는 서명하여 발행하고, 어음·수표를 취득한 소지인은 지급인 또는 지급담당자인 은행에 직접 제시하여 청구하거나 거래은행에 추심을 의뢰하여 어음금 또는 수표금을 받게 된다. 어음·수표의 발행인은 지급에 필요한 자금을 예금잔고가 없더라도 대월계약의 범위 내에서 은행이 어음금·수표금을 지급할 수 있도록 하여야 한다.

2. 어음교환

(1) 意 義

은행이 그의 업무를 통하여 고객으로부터 받은 많은 어음·수표 등을 일일이 지급은행에 추심하면 많은 시간과 노력 및 비용이 들 뿐만 아니라 거액의 현금의 휴대 및 운반에 따른 위험도 많고, 은행은 다액의 지불준비금을 준비하지 않으면 안 되는 등의 많은 불편과 불리한 점이 있다. 따라서 각 은행의 이러한 개별적인 추심에 따른 불편과 불리한 점을 제거하기 위하여 발생한 것이 어음교환제도이다.

실제로 어음·수표의 소지인은 자기의 거래은행에 추심을 의뢰하여 은행을 통한 지급제시가 이루어진다. 은행은 어음교환소를 통하여 자기의 고객을 위한 지급제시를 하거나 자신이 지급인 또는 지급담당자로 되어 있는 어음·수표를 결제한다. 이와 같이 지리적으로 인접한 지역 내의 은행 기타의 금융기관이 매일 일정한 시각, 일정한 장소에 모여서 서로 추심하거나 지급할 어음·수표를 교환한 다음 그 교환차액을 결제하는 집단결제제도를 어음교환이라고 한다.

어음교환의 법적성질은 어음교환소 규칙에 의한 어음의 특수한 결제방법이다(통설).[190] 그리고 각 금융기관들이 모여서 조직한 단체를 어음교환소라고 하며, 각 지역의 어음교환소를 총괄하는 기관이 사단법인인 금융결제원이다. 현재 전국적으로 51개 어음교환소가 설치 운영되고 있다.

어음법(어§38②, §77① 3호) 및 수표법(수§31)은 어음교환소에서의 제시는 지급제시의 효력이 있다고 규정하고 있으며, 구체적인 지급제시일자는 거래은행에 교환제시된 때가 아니라 어음교환소에 제시된 때라는 하급심 판례가 있다.[191]

【서울고법 1969.2.11. 선고 67나1885 제1민사부판결 : 확정】

해당 당좌수표를 1966.6.18. 국민은행 부평지점에 추심 의뢰하였는데 이 수표가 1966.6.21.에 어음교환소를 거쳐 같은 날 지급인에게 제시되었음이 분명하므로 위 수표는 어음교환소에 제시된 때인 1966.6.21.에 지급을 위한 제시가 있었다고 볼 것이다.

---

190) 양명조, p.24; 대법원 1985.2.13. 선고 84다카1832 판결.

191) 서울고법 1969.2.11. 선고 67나1885 판결.

(2) 法的 性質

어음交換(엄격히는 어음交換에 의한 決濟)의 법적 성질에 대하여 상계설, 상호계산설, 대체멸제설, 특수결제방법설 등으로 나누어져 있으나, 어음교환업무규약에 의한 어음의 특수한 결제방법이라고 보는 특수결제방법설이 타당하다고 본다.

(3) 어음交換節次

① 參加銀行(主體)

어음교환에 참가할 수 있는 자는 금융기관에 한정되며 어음소지인은 직접 참가할 수 없다. 이와 같이 어음교환에 참가할 수 있는 은행을 참가은행이라고 하는데, 이러한 참가은행에는 일반참가은행과 특별참가은행이 있다(어음교환업무규약§3 1호).

② 交換證券(對象)

원칙적으로 자기점포·타참가은행 및 위탁은행 앞으로 발행된 어음, 교환소별 참가지역 이외에 소재한 참가은행 및 위탁은행 점포가 발행한 자기앞수표이다(규약§3 제2호, 동 시행세칙(이하 '세칙')§13①).

예외적으로 이러한 증권 외에도 지급보증서·주식배당금영수증·환대금청구서·콜자금상환영수증·지방자치단체공금수납금영수증·정기예금이자청구서·정기예금증서(만기도래분에 한함)·국고채권과 회사채권 및 同利票(관계법령에 의한 등록발행시에는 원리금영수증)·국고자금영수증·우편환증서(대체수표와 대체지급증서를 포함, 수수료징수가 필요한 우편환증서는 제외) 등도 교환에 회부할 수 있다(규약§3 제2호, 세칙§15).

③ 交換節次

i) 提示銀行의 處理節次

제시은행이 어음교환에 회부할 어음을 수납한 때에는 먼저 어음의 표면에 특정횡선을 표시하여야 한다(규약§9, 세칙§22).

제시은행은 어음교환에 회부할 어음에 세칙에서 정하는 交換印을 찍어야 한다(규약§9, 세칙§21①, ②). 이렇게 교환인이 찍혀 있는 어음은 어음교환을 경유하지 않고 직접 지급청구할 수 없다(세칙§21③). 이러한 교환인의 표시는 참가은행간에는 영수증(영수배서)의 효력을 갖는다(세칙§21④본문). 다만 기명식 또는 지시식어음의 경우에 지급은행이 정식배서를 요청한 때에는 제시은행은 이에 응하여야 한다(동항 단서).

어음에는 컴퓨터에 의한 기계처리가 가능한 어음(機械交換어음, 기어음)과 기계처리가 불가능한 어음(手交換어음, 수어음)이 있는데(세칙§2① 3호), 이러한 어음의 종류에 따라 그 처리 절차가 상이하다(세칙§§32-37).

제시은행은 제시하는 어음의 내용을 기록·비치하여야 하며, 이의 미비로 인하여 지급은행에 손해를 끼쳤을 때에는 제시은행이 그 책임을 져야 한다(세칙§25). 그러나 제시은행은 입금받은 어음에 대하여 사고조회를 소홀히 하였다고 하더라도 지급은행에 대하여 불법행위책임을 부담하지 않는다.[192)]

【대법원 1997.11.28. 선고 96다21751 판결】

사고수표 여부의 사전 조회는 위조 또는 변조된 수표를 지급하는 경우에 은행이 입을지도 모를 손해를 사전에 예방하기 위한 조치에 불과한 것이므로, 수표를 입금받은 제시은행이 사고수표 조회를 소홀히 하였다고 하더라도 지급은행에 대하여 불법행위를 구성하지 아니한다.

ii) 어음交換所의 處理節次

어음교환소에서는 참가은행이 지정한 교환원이 당해 은행이 행할 교환사무를 담당하는데, 이러한 교환원이 행한 행위에 대하여는 당해 은행이 모든 책임을 부담한다(세칙§11①). 참가은행은 주임교환원을 어음교환소에 신고하여야 한다(동조③).

어음교환소는 참가은행으로부터 제출된 계수보고제표와 기계교환어음을 접수하여 장수의 일치여부 및 기재내용의 누락여부를 점검하고 총계표(접수확인용)에 접수인을 찍어 반환한다(세칙§39①). 어음교환소는 기계교환어음을 지급은행별·지점별로 분류하고, 참가은행별로 제시 및 지급계수를 산출한 후, 어음상에 처리번호를 찍어 기계처리가 끝났음을 표시하여야 한다(세칙§40). 수교환어음에 대하여는 계수보고제표에 의하여 참가은행별로 수교환어음의 제시 및 지급계수를 산출한다(세칙§41①).

어음교환소는 위에서 산출한 지급계수의 금액으로 참가은행별로 차액결제금액 및 자금조정결제금액을 산출한 후(세칙§42) 교환계수를 확정하여 장표 및 보고서 등을 작성하고(세칙§43), 처리가 끝난 기계교환어음과 제보고서 등을 해당어음의

---

192) 대법원 1997.11.28. 선고 96다21751 판결.

기계처리어음용 보관함에 투입하여 참가은행에게 교부한다(세칙§44).

iii) 支給銀行의 處理節次

참가은행은 교환일의 영업개시 2시간 30분 전까지 自行 지급어음을 일정한 사항을 점검하여 수취하여야 하며(세칙§45, §47①), 어음수취 후 어음의 장수·금액 등의 일치여부를 확인하여야 한다(세칙§47②). 이 때 확인결과 이상을 발견한 경우에는 즉시 어음교환소에 통보하여 필요한 조치를 받아야 한다(동조③).

참가은행은 교환을 통하여 수취한 어음 중 지급지가 自行이 아닌 어음(混入어음)을 상호교환 한다(세칙§48).

참가은행은 착오로 결제된 교환위산금이 발생한 경우에는 신속히 그 원인을 찾아낸 후 관련은행 간에 청산하여야 하는데(세칙§30①), 이러한 교환위산금의 청산은 원칙적으로 교환일로부터 1개월 이내에 하여야 한다(동조②).

iv) 交換差額의 決算節次

교환어음의 차액은 한국은행에 있는 참가은행 당좌예금계좌의 대차결제로써 결제한다(규약§13, 세칙§§60-61).

참가은행은 교환차액의 결제결과를 결제일의 14시 30분까지 한국은행에 확인하여야 하는데, 이의 확인은 한국은행 금융결제망(BOK-Wire) 단말기 또는 유선 등을 이용하여야 한다(세칙§63①).

한국은행에 예치한 참가은행의 당좌예금 잔액이 교환어음 차액결제청구금액에 부족할 경우에는 참가은행은 그 부족액을 현금·한국은행앞수표 또는 한국은행에 개설된 당좌예금계좌의 계좌이체방법에 의해 결제일 14시 30분까지 한국은행에 납입하여야 한다(세칙§64①).

v) 代理交換節次

대리교환이란 참가은행 이외의 은행 또는 법령에 의하여 은행과 동시되는 지(위탁은행)가 일반참가은행(수탁은행)에 위탁하여 교환에 참가하거나(규약§8①), 어음교환을 실시하지 않는 지역에 소재하는 은행 또는 법령에 의하여 은행과 동시되는 자(위탁은행)는 수납어음의 제시업무에 한하여 일반참가은행(수탁은행)에 위탁하여 교환에 참가하는 것(동조②)을 말한다. 이러한 대리교환에 대하여는 업무의 성격에 벗어나지 않는 범위 내에서 어음교환에 관한 규정이 준용된다(동조③).

(4) 어음交換의 效力

어음교환의 효력은 교환어음의 차액이 한국은행에 있는 참가은행 당좌예금계정에서 결제된 때에 발생한다고 본다[193](규약§13참조). 다만 한국은행에 예치한 참가은행의 당좌예금잔액이 교환어음의 차액에 부족한 경우에는 참가은행이 그 부족액을 소정의 시한까지 납입한 때(규약§14①, 세칙§64①,②) 또는 이를 납입하지 않은 경우에는 소정의 절차에 따라 다시 교환어음의 차액결제절차를 밟은 때에(규약§14②) 그 효력이 발생한다고 본다.

어음교환의 효력발생에 의하여 그 교환에 편입되어있던 개개의 어음도 지급의 효력이 발생한다고 볼 수 있으나, 다만 지급은행에 의한 부도처리를 해제조건으로 하여 지급의 효력이 발생한다고 볼 수 있다.[194]

어음교환의 효력이 발생한 후에 개개의 교환어음이 지급은행으로부터 부도된 경우에는 다시 어음교환에 회부하지 않고 참가은행 간에 개별적으로 부도어음을 반환하고 부도어음대전을 지급받는다(규약§15, 세칙§82, §84). 따라서 부도어음이 발생한 경우에도 전체로서 어음교환의 효력은 여전히 발생하고, 다만 해당어음에 한하여 지급의 효력이 발생하지 않을 뿐이다.

제 2 절 어음·手票의 不渡

不渡란 넓은 의미에서 볼 때 어음·수표소지인이 적법하게 支給提示하였으나 지급인이 지급에 응하지 않는 것을 의미한다. 어음交換所의 업무규약에서는 不渡란 "지급 제시된 어음의 대금을 일정한 사유로 지급할 수 없는 경우"를 가리키며(어규§3) 어음교환소에 교환 제시되었든 소지인 또는 추심의뢰은행이 직접 지급은행 또는 지급인에게 제시하였든 상관없다. 어느 경우이든 不渡란 어음·수표지급인의 지급거절을 의미하는데 어음·수표법에서는 지급거절의 사유를 정하지 않고 있으며(어§43①, §77① 4호, 수§39), 또 지급거절시 처리방법에 대해서도 소구의무자에 대한 소구절차 이외에는 특별한 규정을 두지 않고 있다. 이에 비하여 어음교환업무규약에는 不渡返還事由를 상세하게 정하고 각 부도유형에 따른 처리 및 去

193) 이기수, p.313.

194) 이기수, p.313; 정찬형, p.348.

來停止處分에 관하여 규정하고 있다. 이는 어음·수표의 신용을 유지하고 그 유통 질서를 확립하기 위해서 부도어음·수표의 발행인을 어음 交換 및 금융거래로부터 배제할 필요에서 마련된 것이라고 할 수 있다.

부도어음·수표와 무효어음·수표는 구별해야 한다. 어음·수표의 유효무효는 순전히 형식적인 차원에서 어음·수표법상의 요건을 구비하였는가의 관점에서 판단되는 데 비해, 부도여부는 그 어음·수표의 지급가능성에 따른 판단이기 때문이다. 무효인 어음·수표는 당연히 부도로 처리되지만 어음·수표법상으로는 유효라도 不渡事由로 되는 경우가 많다.

1. 不渡返還事由

(1) 意 義

은행을 지급인으로 하는 수표의 경우에는 물론이고 은행도 어음에 있어서도 어음·수표의 지급사무는 발행인과 지급인간의 當座計定去來約款을 통한 지급위탁계약에 의해 이루어지고 있다. 그러므로 지급은행은 발행인이 발행한 어음·수표의 지급사무의 처리를 위임받은 것에 불과하므로 발행인의 의사에 반하여 어음·수표금을 지급할 수 없으며 이 때 지급을 거절하는 구체적인 사유를 不渡返還事由라고 한다.

이러한 不渡返還事由는 어음·수표법상의 사유, 약관상의 사유 등 다양한데 이를 각 지급은행별로 임의로 적용한다면 분쟁의 소지가 많아 어음·수표의 안정적인 거래를 저해하게 된다. 이에 따라 어음교환업무규약은 어음·수표 부도반환사유를 11가지로 한정하고 있다. 이러한 부도반환사유 중에는 어음·수표금 지급사무를 처리하는 은행들의 사무처리의 편의라든가 지급에 관련된 책임을 면하기 위한 사항들도 상당수 포함되어 있어 어음·수표법의 취지와 배치되는 것도 일부 존재한다.

(2) 類 型

① 예금부족 또는 지급자금의 부족(어규세칙§ 97① 1호)

지급은행과 당좌계정거래관계가 있는 자가 발행한 어음·수표가 支給提示되었으나 거래계좌에 어음·수표의 지급자금이 부족한 경우이다. 실무적으로는 이를 통틀어 "예금부족"이라고 부르는데 가장 전형적인 不渡事由라고 할 수 있다. 수표법상으로는 수표발행 전에는 수표자금을 지급인에게 예입하도록 제한하고 있으나(수§3), 어음에는 이러한 제한이 없다. 그러나 이를 위반하여 수표자금 없이 발행한 어음·수표의 경우에도 무효로 되는 것은 아니지만(수§3) 지급가능성이 없기 때문에 이를 不渡事由라 하는 것이다.

주의할 것은 어음·수표법상으로는 수취인이 일부지급을 거절할 수 없도록 되어 있지만(어§39②, §77①3, 수§34②), 은행거래에 있어서는 일부지급을 하지 않는 것으로 특약하고 있으므로(약관§3②) 계좌에 예금잔액이 일부 있는 경우에도 실무적으로는 전부 부도처리된다. 이는 어음交換所를 통하지 않은 직접적인 지급제시의 경우에도 마찬가지이다. 따라서 일부지급에 관한 위 어음·수표법의 규정은 개인끼리 주고받는 소위 '문방구 어음' 이외에는 적용되지 않는 것이 현실이다.

② 무거래(어규세칙§ 97①2)

어음·수표가 지급제시된 때 지급은행과 발행인간에 당좌계정거래 자체가 없는 경우이다. 처음부터 거래가 없었거나 또는 거래는 있었으나 어음·수표가 지급제시된 때에 임의해지나 강제해지 등으로 거래가 없는 경우를 포함한다. 수표법상으로는 수표발행 전에 지급은행과 당좌거래약정 등을 체결하도록 제한하고 있으나 어음에는 이러한 제한이 없다. 그러나 이를 위반해도 어음·수표가 무효로 되는 것은 아니지만 지급가능성이 없기 때문에 不渡事由가 되는 것이다.

③ 형식불비(어규세칙§ 97① 3호)

지급제시된 어음·수표가 어음·수표법이나 당좌계정거래약관에서 요구하는 요건을 구비하지 못하는 경우이다. 어음·수표의 형식적 요건을 구비하지 못하면 무효가 되어 不渡로 처리되는 것은 당연하다.

i) 인감누락·기명(서명)누락·인감불선명·인감서명상위

발행인의 기명날인이 없으면 어음·수표로서 무효이기 때문에 당연히 不渡事由로 된다. 어음·수표법상 어음·수표요건으로서의 기명날인은 반드시 지급은행에 신고된 인감에 한정되지 않고 아무 도장이나 찍혀 있으면 유효하지만, 규약상 부도반환사유로서의 인감, 서명의 누락은 반드시 신고된 인감이 찍혀 있는가에 의해 판단되는 차이가 있다. 나아가 인감이 선명하지 않게 찍혀 있는 경우도 부도사유로 된다.

ii) 정정인 누락 또는 상이

어음·수표의 기재내용을 정정한 경우에 그 정정한 부분에 발행인의 인감을 날인해야 하는데, 인감을 날인하지 않고 정정하였거나 거래은행에 신고된 인감과 다른 인감을 찍은 경우이다. 이렇게 되면 정정행위가 발행인에 의해 정당하게 이루어진 것인지를 판단할 수 없기 때문에 이를 지급거절사유로 한 것이다. 그러나 어음·수표법상으로는 어음·수표의 기재내용을 변경하거나 말소한 경우, 그것이 정당한 권한자에 의한 때에는 반드시 변경된 부분에 기명날인을 하지 않더라도 유효하다.

iii) 배서금지위배

발행인은 어음·수표를 발행할 때 배서를 금지시킬 수 있으며(어§11①, §77①, 수§14②), 이러한 어음·수표는 지명채권 양도방식에 의해서만 양도가 가능하다. 그런데 당좌거래약관에서는 배서금지어음·수표의 경우에는 수취인에 대해서만 지급한다는 특약을 두고 있으며, 또 규약에는 배서금지어음·수표가 그 취지에 반해 배서양도된 경우를 부도사유로 정하고 있다.

iv) 횡선조건위배

수표법에서는 2개 이상의 횡선이 있는 경우 지급할 수 없도록 제한하고 있으므로(수§38④) 이를 부도사유의 하나로 하고 있다. 횡선제도는 법률상으로는 수표에만 적용되지만 은행간에 교환되는 어음이나 다른 증서에 대해서도 분실이나 도난의 위험에 대비해 특정횡선을 표시하도록 하고 있다. 따라서 어음에도 두 개 이상의 횡선이 그어진 경우에는 부도사유에 해당된다. 다만 어음교환소에 제시하여 추심하기 위한 경우에는 2개의 횡선이 있는 경우에도 부도가 되지 아니한다.

v) 금액·발행일자 오기

어음·수표금액은 일정해야 하므로(어§1, §75, 수§1) 만일 선택적 또는 중복적으로 기재한 경우에는 어음·수표 자체가 무효로 된다. 따라서 이를 부도사유의 하나로 하고 있는 것이다. 어음·수표법은 문자와 숫자금액이 서로 다른 경우 문자로 기재한 금액을 기준으로 하고 있으나(어§6 §,77②, 수§9), 당좌계정거래약관에서는 주금액란에 기재된 금액으로 처리하도록 특약하고 있다(약관§3). 발행일자 오기란 가령 2002.5.33과 같이 잘못 기재한 경우 또는 지급일이 2002.5.1인데 발행일자를 그 후일로 정한 경우로서 이들 경우는 모두 부도처리된다. 다만 평년의 2.29,

또는 4.31, 6.31과 같이 기재한 경우에 당좌계정거래약관에서는 그 달의 말일로 기재한 것으로 간주하고 있으며(약관§9), 또 대법원 1981.7.28. 선고 80다1295에서도 마찬가지로 보고 있다.

vi) 배서불비

背書不備란 어음·수표법상의 용어로는 배서연속이 없는 것을 의미하며 배서연속 없는 어음·수표는 부도로 처리된다. 배서연속이 없는 어음·수표의 소지인은 형식적 자격을 보유하지 못하지만 실질적 권리를 증명하면 권리를 행사할 수 있음은 물론이다. 그러나 규약은 이를 허용하지 않고 일단 배서연속이 없는 어음·수표를 모두 不渡처리함으로써 참가은행이 당사자간의 분쟁에 말려들지 않도록 방지하고 있다.

vii) 인수 없음

인수제시자유의 원칙(어§21)상 인수명령이 있는 경우를 제외하고는 인수제시를 할 것인지 여부는 원칙적으로 소지인의 자유이며 만기까지는 언제라도 제시할 수 있다. 따라서 소지인이 인수제시를 하지 아니하고 만기에 지급제시하더라도 이로 인해 불이익을 받지 않는 것이 어음법의 입장이다. 그러나 규약상으로는 적법한 기간 내에 지급인의 引受가 없는 어음은 모두 부도처리되므로 사실상 인수가 강제된다.

viii) 약정용지상위

어음·수표법에서 어음·수표용지에 관한 규정이 없으므로 어떠한 용지를 사용해도 어음·수표의 효력에는 영향이 없다. 그러나 당좌계정거래약관에서는 거래처에 대해 은행에서 교부한 용지만을 사용하도록 특약하고 있기 때문에 이를 위반한 경우에는 부도처리하고 있다.

④ 사고신고접수(도난·분실·피사취·계약불이행)(어규세칙§ 97① 5호)

어음·수표를 분실하였거나 도난당한 발행인이나 소지인이 발행인의 동의를 얻어 지급은행에 이를 신고한 경우 일정한 요건을 거쳐 부도처리된다. 또한 사기나 강박에 의해 어음·수표를 발행하였거나 어음·수표 수취인의 상대채무불이행으로 인해 지급은행에 지급위탁을 취소한 경우에도 마찬가지이다. 이 때 지급은행은 발행인으로부터 지급정지의뢰서 등을 제출받아 지급거절을 하게 되나 신고내용이 정당한 것인지의 여부를 확인할 수 없으므로 사고신고의 정당성을 보장하고 어음·수표권리자에 대한 어음·수표금 지급을 담보하기 위해 어음·수표금액을 손해담보금으로 예치하도록 하고 있다.

그런데 피사취와 상대채무불이행을 이유로 한 사고신고의 경우에도 이를 부도로 처리하는 것은 어음·수표의 무인성과 항변절단의 법리에 정면으로 배치되는 것이 아닌가 하는 문제가 있다. 즉 어음·수표행위가 사기 또는 강박에 의한 경우에도 이를 선의의 제3자에게 대항할 수 없으며, 원인관계상의 사유로 인한 항변은 해의가 없는 취득자에게는 대항할 수 없는 것이 어음·수표법의 대원칙이다. 그럼에도 불구하고 어음·수표법의 하위규정인 규약으로 이러한 사유가 있는 경우 발행인의 신고만으로 지급거절하도록 하는 것은 어음·수표거래의 안전에 중대한 침해가 된다고 할 것이다. 특히 지급증권인 수표의 경우에는 지급증권성을 높이기 위해 발행인이 지급위탁취소를 하더라도 제시기간 경과 후에만 효력이 있도록 제한하는 것에 정면으로 배치된다. 즉 이러한 문제는 당사자간에 원인관계에 기한 부당이득반환청구 내지 계약취소로 인한 원상회복청구로 해결하고 이를 부도처리해서는 안된다고 본다.

⑤ 위조·변조(어규세칙§ 97① 6호)

어음·수표가 위조되거나 변조되었을 경우 피위조자와 변조전의 기명날인자는 표현책임이나 사용자책임을 지는 경우를 제외하고는 원칙적으로 책임이 없다. 따라서 이를 부도사유로 정하고 있다. 그러나 지급은행이 지급제시된 어음·수표의 위조·변조여부를 정확히 파악하는 데에는 한계가 있으므로, 어음·수표에 찍힌 도장과 신고 된 인감을 상당한 주의로 대조확인한 후 지급했을 경우에는 면책을 받게 된다.

⑥ 제시기간경과 또는 미도래

만기가 정해져 있는 어음의 경우에는 만기일과 그에 이은 2거래일이 지급제시기간이며 수표의 경우에는 발행일로부터 10일이다. 이 기간이 경과된 후에 지급제시하면 모두 부도처리 된다. 다만 수표의 경우에는 발행인의 지급위탁취소가 없으면 제시기간 경과여부를 불문하고 시효가 소멸될 때까지는 지급책임이 있지만 당좌계정거래약관은 제시기간 경과 후에는 지급을 거절하도록 정하고 있다. 따라서 제시기간이 경과된 이후에는 지급담당자에게는 지급제시를 할 수 없고 약속어음의 발행인이나 환어음의 인수인에게 직접 지급제시해야 한다.

만기가 정해져 있는 어음의 제시기간이 도래하지 않은 상태에서 지급제시된 경우에는 부도로 된다. 다만 선일자수표에 있어서는 일람출급성으로 인해 제시기간 도래 전에 지급제시된 경우에도 지급되어야 한다.

⑦ 법적 지급제한(어규세칙§ 97① 10호)

어음·수표의 지급제시가 적법한 경우에도 법률의 규정에 의해 지급할 수 없는 경우 부도처리된다. 어음·수표의 이해관계인 또는 제3자가 어음·수표 그 자체나 당좌계좌에 입금되어 있는 결제자금에 대해 압류·가압류·가처분 등의 명령을 받았거나 발행인이 채무자회생 및 파산에 관한 법률 등에 의한 재산보전처분명령을 받았을 때, 또는 지급은행 앞으로 법원으로부터 지급정지가처분명령이 송달된 때, 어음·수표가 제권판결로 인하여 무효로 선고된 때 등이다. 지급은행은 법원으로부터 직접 이와 같은 명령, 결정문을 받은 경우를 제외하고는 법원의 결정사항을 알 수 없으므로 발행인 또는 제3자가 지급은행에 증거자료의 제출과 함께 지급위탁을 취소해야 지급거절할 수 있다.

그러나 발행인 등이 지급을 고의로 미루기 위해 제3자를 통해 법원의 지급정지가처분명령을 받아내는 경우가 많아졌기 때문에 이 경우에도 어음·수표권리자에 대한 어음·수표지급을 담보하기 위해 어음·수표금액을 손해담보금으로 예치하도록 하고 있다.

⑧ 가계수표 1매당 최고발행한도 초과

가계수표의 발행금액이 가계당좌거래약관에 따라 지급은행과 발행인이 약정한 1매당 최고발행한도액을 초과한 경우 부도사유가 된다. 수표법상으로는 수표금액 한도를 제한할 수 없으며 이를 기재해도 무익적 기재사항이 될 뿐이다. 그러나 가계수표의 발행인은 공무원이나 봉급생활자 및 영세 자영업자라는 점을 감안해 지급의 확실성을 높이기 위해 그 한도액을 일정하게 제한하고 있는 것이다.

2. 不渡의 處理

(1) 어음·수표법상의 처리

어음·수표법에서는 어음·수표가 不渡가 되었을 경우 처리방법 및 절차와 관련하여, 소구를 제외하고는 특별한 규정을 두고 있지 않다. 이는 어음·수표법이 사적인 권리관계에 주안점을 둔 것으로서 지급거절을 전제로 하여 원인관계상의 대가수수를 고려한 담보책임을 인정할 뿐이기 때문이다. 따라서 부도와 관련해 어음·수표법상 문제되는 것은 소구권의 행사요건과 그 절차이다.

(2) 어음교환소의 처리

어음교환소를 통해 제시은행으로부터 어음·수표를 제시받은 지급은행은 수취한 어음·수표가 위에서 열거한 11가지 부도반환사유에 해당할 경우 이를 반환하고 그 내역을 어음교환소에 신고하여야 한다. 부도어음내역의 신고를 받은 어음교환소는 이를 참가은행에 통지하여야 한다.

부도사유 중 어음·수표의 형식불비라든가 예금부족과 같은 자금관계상의 사유인 경우에는 부도의 책임이 발행인에게 있으므로 그대로 부도처리하고 그에 따른 제재를 가하면 된다. 그러나 분실이라든가 도난, 피사취, 위조·변조 등과 같이 발행인에게 잘못이 없는 부도사유인 경우에는 발행인 또는 어음·수표소지인이 발행인의 협조를 얻어 지급은행에 사고신고를 하고 지급정지를 의뢰함으로써 부도가 된다. 따라서 이러한 경우에는 지급정지의뢰의 신빙성을 높이기 위해 사고신고담보금을 별단예금으로 입금하도록 하고 있으며 따라서 이는 편의상 부도에 불과하고 부도제재의 대상이 아니다.

(3) 사고신고담보금의 예치

분실, 도난, 피사취(사기·강박) 및 계약불이행으로 사고신고서가 제출된 어음·수표와 지급정지가처분명령이 송달된 어음·수표의 경우 사고신고 또는 가처분신청의 진위여부를 불문하고 지급은행에 별단예금으로 사고신고담보금 또는 지급정지가처분담보금을 입금해야 한다. 만일 사고신고서가 제출된 경우에 그 담보금이 교환제시일까지 입금되지 않고 예금부족과 경합되는 경우에는 예금부족으로 처리된다.

어음·수표의 위조·변조를 이유로 지급정지를 의뢰할 경우에는 위조·변조신고예수금을 지급은행에 별단예금으로 입금하거나 부도발생일부터 15일 이내에 일정한 증빙자료를 제출해 예수금의 입금을 면제받을 수 있다. 다만 수표의 경우에는 부정수표단속법에 의한 지급은행의 고발로 이를 갈음하고 있다. 이러한 사고신고

담보금의 반환청구권은 어음소지인이 정당한 어음상의 권리자라는 것이 판명된 후에는 정당한 어음소지인에게 있고, 어음소지인이 정당한 어음상의 권리자가 아님이 판명된 후에는 어음발행인에게 있다(세칙§94②).

(4) 不渡申告

지급은행은 (부도어음 발행여부에 불구하고) 자행 점포로부터 취합된 부도어음내역을 작성하여 부도발생일 영업종료 후 5시간 30분까지 어음교환소에 전송하여야 하고(세칙§87①), 어음교환소는 거래정지처분으로 이어질 수 있는 부도어음의 내용을 참가은행에 통지하여야 한다(세칙§90①).

부도어음이 가계수표일 경우 계좌개설은행(지급은행)은 수표발행인의 성명·부도금액 및 부도사유를 수표발행인 소속 기관장 앞으로 통지하여야 한다(세칙§88③).

3. 不渡에 대한 制裁

(1) 금융제재

어음·수표의 부도는 금융거래질서를 훼손시킬 뿐 아니라 전체적인 신용질서에도 나쁜 영향을 주게 된다. 이에 따라 어음·수표의 부도가 발생한 경우 이를 가려내어 원인제공자를 금융거래에서 배제시키고 신용훼손자로서 구분하여 타인으로 하여금 이러한 자와의 거래를 주의시킬 필요가 있다. 이러한 취지에서 '어음교환업무규약'과 '금융기관의 신용정보교환 및 관리규약'등에서는 일정한 절차를 거쳐 부도자에게 거래정지처분 등의 제재를 가하고 있다. 다만 어음·수표법에는 부도제재에 대해 아무런 규정을 두지 않고 있으므로 민사적인 수단에 의해 책임을 추궁하는 수밖에는 없다.

① 거래정지처분

거래정지처분은 어음·수표가 교환 제시되었을 때 그 어음·수표금을 지급결제하지 못한 경우 금융거래질서를 지키지 못한 것에 대한 제재로서 그 발행인을 금융거래에서 배제하는 것을 말한다. 이는 어음교환소에 참가하고 있는 은행들 간의 합의에 의해 거래정지처분을 받은 자와 일정기간 동안 거래를 하지 않기로 하는 것이므로 담합에 의한 거래제한의 일종이지만, 어음·수표의 신용을 도모하는 공익목적을 위한 것이므로 공정거래법 위반이 아니다.

거래정지처분의 대상자는 부도어음·수표의 지급의무자로서, 약속어음의 발행인, 수표의 발행인, 환어음의 인수인을 말한다. 또 대상이 되는 어음·수표는 당좌수표·가계수표·환어음 및 약속어음에 한정되며 은행이 발행하는 자기앞수표·여행자수표·송금수표·표지어음 등은 대상이 아니다.

예금부족에 의한 부도, 사고신고 후 사고신고담보금이 입금되지 않은 경우, 위조·변조 신고 후 증빙서류를 제출하지 않은 경우, 1차 부도가 1년간 4회 이상인 경우, 무거래로 부도된 경우, 1년 2회 이상 가계수표 장당 발행한도액을 초과하여 발행한 경우의 6가지이다.

거래정지 범위는 당좌예금거래와 가계당좌예금거래에 한정된다. 그러나 다음에 다시 설명하는 바와 같이 거래정지처분을 받게 되면 어음교환소의 제재와는 별도로 '적색거래처'로 구분되어 다른 금융거래도 할 수 없게 된다. 거래정지기간은 거래정지일로부터 만 2년간이다. 이와 같이 거래정지처분으로 신규거래의 개시를 하지 못 할 뿐 아니라 기존거래도 즉시 해지되고 미사용 수표장과 어음장을 회수한다.

어음교환소의 거래정지처분은 원칙적으로 어음교환소를 통해 제시된 어음·수표의 부도를 대상으로 한다. 그러나 어음·수표의 소지인이 어음교환소를 통하지 않고 직접 지급은행에 제시하였으나 부도가 된 경우, 또는 어음·수표의 배서인이 소구의무를 이행하지 않거나 기타 은행거래에 관하여 신용을 훼손한 경우에도 지급은행의 서면신청에 의해 동일한 거래정지처분을 한다.

거래정지처분기간 중에도 처분을 받은 자가 현저히 신용을 회복하였거나 회복한 것으로 볼 상당한 이유가 있다고 인정되는 경우에는 일정한 절차를 거쳐 거래정지처분을 해제할 수 있다. 이러한 사유로는 적색거래처로부터 해제되었거나, 적색거래처에 대한 규제가 배제된 경우, 거래정지처분기간 중 부도어음·수표를 정리한 중소기업이다.

이는 중소기업의 부도방지와 정상화대책의 일환으로 도입된 것이다.

② 적색거래처 지정 및 규제

'신용정보의 이용 및 보호에 관한 법률'에 따라 금융기관 거래처에 대한 금융기관간 신용정보를 상호교환 관리함으로써 건전한 신용질서의 확립을 위해 은행연합회가 내부규약으로 제정한 '금융기관의 신용정보교환 및 관리규약'은 어음·

수표의 부도자를 신용불량정보 대상자로 하여 일정한 규제를 가하고 있다. 즉 부도자를 '적색거래처'로 등록하여 그에 대해서는 3년간 i) 앞에서 본 어음교환소의 거래정지처분으로서의 가계당좌, 당좌개설금지 및 기존거래의 해지 외에도 ii) 모든 신규여신 취급을 중단하고, iii)신용카드발급 및 사용금지, iv) 기존여신에 대한 채권보전 및 회수, v) 연대보증자격불인정의 조치를 취한다.

(2) 형사제재 : 부정수표단속법

'제4편 수표 제14장 벌칙' 참조

제 3 편

어음 各論

제1장 換어음

제1절 換어음의 發行

1. 發行의 意義와 性質

(1) 意 義

환어음의 발행이란 환어음의 법정요건을 기재한 기본어음을 작성하여 수취인에게 교부하는 행위를 말한다. 기본어음을 작성하는 것은 어음요건을 기재하고 발행인이 기명날인 또는 서명을 하는 것이며, 교부행위란 발행인이 그 증권을 수취인에게 도달할 수 있는 상태에 놓는 것이다. 이 점은 약속어음과 같다고 할 수 있으나 환어음의 발행은 그 목적이 지급의 위탁에 있으며 발행인은 부수적으로 담보책임을 진다는 점에서 약속어음과 다르다.

(2) 發行의 法的 性質

환어음은 금전지급위탁증권이며, 발행의 법적성질은 견해가 대립하지만, 대체로 지급지시라고 한다. 지급지시의 본질에 관하여 다음과 같은 견해가 있다.

① 二重授權說

환어음 발행의 법적 성질에 대하여 독일의 통설은 支給指示라고 한다. 즉, 발행인이 지급인에 대하여 지급인 자신의 명의로 발행인의 계산에서 어음금액을 지급할 수 있는 권한을 수여함과 동시에, 수취인에게 수취인 자신의 명의와 발행인의 계산으로 어음금액을 수령할 수 있는 권한을 주는 것으로 二重授權(Doppelermächtigung)이라고 한다(독민§783 참조).[1] 환어음이 유효한 지급을 할 수 있는 것은 환어음에 기

1) 서돈각·정완용, p.180; 이범찬·최준선, p.211; 손주찬, p.221; 최기원, p.252; 정동윤, p.348; 정찬형,

재되어 있는 지급위탁문언에 의한 것이고, 지급위탁의 문언을 발행인과 지급인과의 관계(실질관계)와 발행인과 수취인과의 관계(어음관계)를 잘 조화하고 있으므로 2중수권설이 타당하다.

② 受領權限授與說

발행의 법적 성질은 지급인에 대한 수권과 수취인에 대한 수권을 별개로 고찰하여야 된다고 한다. 즉 지급인이 발행인의 계산에서 지급할 수 있는 권한은 지급인에 대한 수권으로서 소지인에 대한 것이 아니므로 어음상에 기재되어도 어음에 표창될 성질의 것이 아니고 발행인과 지급인간의 인적 관계의 문제에 불과하므로(그러므로 발행인이 「제3자의 계산으로」 지급을 위탁하는 뜻의 기재를 할 수도 있다), 환어음의 발행행위는 수취인에게 지급인으로부터 어음금액을 수령할 권한을 취득케 하는 행위로 보아 對受取人關係에서만 파악하면 된다고 한다.[2)]

(3) 發行에 관한 合意

어음은 일반적으로 당사자간에 존재하는 다른 법률관계의 처리를 위하여 이용된다. 거래관계에서 문제가 되는 것은 금전청구권의 채권자는 채무자에 대하여 어음을 발행할 수 있는가 하는 점이다.

어음을 채무자의 授權 없이 발행한다면 채권자에 대하여 위험한 결과가 초래될 수 있다. 즉 어음의 지급이 거절된 경우에 거절증서를 작성시킴으로써 채무자의 신용이 훼손되었을 때에는 채권자는 그로 인한 손해배상책임을 져야 할 것이기 때문이다. 어음을 발행할 수 있다는 상관습은 그 발행을 한다는 의도, 즉 자기채권 때문에 어음을 발행한다는 의도를 통지하고 이에 대하여 즉시 상대방이 이의를 하지 않은 경우에만 인정된다고 할 것이다.

2. 發行의 效力

(1) 本質的 效力(의사표시상의 효력)

환어음의 발행은 지급지시이므로 지급인은 발행인의 계산에서 어음금액을 지급

---

p.372; 이기수, p.102; 채이식, p.29.

2) 정희철·정찬형, p.183.

할 권한을 취득하게 된다. 그러나 환어음이 발행되었어도 지급인이 인수를 하지 않은 때에는 자금관계가 존재하여도 당연히 지급의무를 부담하지 않는다. 지급인은 인수전에는 지급권한은 있으나 지급의무는 없다. 즉 지급인이 발행인과의 계약에 반하여 지급을 하지 않는 때에는 지급인은 발행인에 대하여 채무불이행의 책임을 질뿐이며 어음소지인은 지급인에 대하여 어음금액의 지급을 청구할 수 없는 것이다. 그러나 지급인이 그 권한에 기하여 어음금을 지급한 때에는 이것을 발행인 계산으로 할 수 있다. 그러므로 인수전의 환어음에는 확정적인 주채무자가 존재하지 않는다. 환어음의 발행에 의하여 수취인은 자기명의로 지급을 받을 수 있는 권한을 취득한다.

(2) 法律上의 效力

① 意義 및 性質

환어음의 발행인은 어음의 인수와 지급에 대하여 담보책임을 지며, 인수 또는 지급이 없는 때에는 발행인은 상환의무를 부담하게 된다. 발행인이 어음을 발행함에 있어서 對價를 수령함을 고려하여 어음의 원활한 유통을 도모하기 위하여 법이 인정한 責任(법적의무)이라고 하는 것이 통설이다.

② 引受擔保責任의 排除

발행인은 환어음의 인수와 지급을 담보하지만(어§9①), 인수에 대하여는 무담보의 문구를 기재하여 담보책임을 면할 수 있으나(어§9② 전문) 지급무담보의 문구는 기재를 하여도 그 기재는 하지 아니한 것으로 본다(어§9② 후문). 그러므로 발행인이 단순히 무담보라고만 기재한 때에는 인수무담보의 효력이 있을 뿐이다. 지급에 대한 담보책임의 면책문구를 인정하게 되면 인수하지 않은 어음에는 어음상의 채무를 부담하는 자가 존재하지 않게 되기 때문이다. 발행인이 인수무담보의 기재를 한 때에는 발행인과 그 보증인(어§32①)은 인수담보책임을 면하지만 배서인은 무담보의 기재를 하지 않는 한 담보책임을 면하지 못한다. 그러나 발행인이 인수제시를 금지한 때에는(어§22②) 그 효력이 배서인의 인수담보책임에도 미치게 된다. 또한 환어음의 발행인은 법의 규정에 의하여 복본교부의무(어§64), 이득상환의무(어§79) 등이 있다.

3. 支給委託의 撤回

환어음의 발행인이 지급인에 대한 지급위탁을 철회할 수 있는지에 대하여는 어음법에는 아무런 규정이 없다. 환어음은 지급위탁증권이므로 지급할 때까지 언제든지 지급위탁을 철회할 수 있다는 것이 통설[3)]이고 인수가 있기 전까지만 철회가 가능하다는 설[4)]도 있다. 그리고 환어음의 경우에는 수표의 경우와 같은 특별규정(수표의 경우에는 지급제시기간 경과 전에는 취소할 수 없음. 수§32①)이 없을 뿐만 아니라 환어음은 단순히 지급수단인 수표와는 달리 신용보증이라는 점에서 볼 때 지급위탁을 철회할 수 없다는 견해도 있다. 그러나 통설과 같이 지급위탁을 철회할 수 있다고 보아야 할 것이다.

제2절 換어음의 記載事項

환어음의 기재사항에는 어음요건으로서 반드시 기재하여야 하는 필요적 기재사항과 이를 기재하지 않아도 어음은 무효가 되지 않으나 기재를 하면 어음상의 효력이 생기는 유익적 기재사항, 그리고 어음에 기재를 하여도 특별한 효력이 생기지 않는 무익적 기재사항과 기재를 하면 어음이 무효가 되는 유해적 기재사항이 있다. 어음은 증권에 어음요건을 기재하고 발행인이 기명날인 또는 서명함으로써 작성된다.

1. 어음要件(必要的 記載事項)

모든 어음관계는 기본적 어음행위인 발행에 의하여 작성된 어음을 기초로 하여 전개되므로, 이 경우에 기초가 되는 어음을 기본어음이라 한다. 기본어음의 내용은 발행행위의 내용이며 동시에 발행 이후에 하는 배서·보증 등 모든 부속적 어음행위의 내용도 된다. 기본어음에 반드시 기재하여야 하는 사항을 어음요건이라

---

3) 서돈각·정완용, p.182; 손주찬, p.223; 정동윤, p.351; 양승규, p.269; 정찬형, p.374; 반대설: 최기원, p.276.

4) Quassowski-Albrecht, Art. 89 Anm. 15.

고 한다. 이 요건은 그 중 하나라도 기재하지 않은 경우에는 어음법에 의하여 구제되는 경우 외에는 환어음으로서의 효력이 생기지 않는다(어§2① 본문). 따라서 어음상의 모든 어음행위는 무효가 되고 그 무효는 누구에게나 대항할 수 있는 증권상의 기재에 의한 절대적 항변(물적 항변)이 된다. 즉 어음상의 의무는 원칙적으로 어음요건이 구비되었을 때에만 성립한다.

어음은 불특정다수인간에 유통되므로 정형적 외관이 필요하고, 또 어음의 추상성에서 볼 때 그 권리관계는 증권 자체에서 완전하게 확정되어야 하기 때문에 요식증권성이 엄격하다.

어음요건에 흠결이 있거나 무효인 경우는 그 구제규정이 있는 경우(어§2②~④)가 아니면 어음은 무효인 것이다(어§2① 본문). 어음요건의 흠결은 어음의 유통성의 조장을 목적으로 하는 형식적인 어음엄격성의 원칙 때문에 어음 외의 사정을 고려한 당사자의 의사의 해석에 의하여 보충될 수 없다. 어음은 그 자체가 누구나 이해할 수 있고 명확하여야 되기 때문이다.

어음요건의 기재에 있어서 용어·문자·체제·재료[5]·기재의 배열 등에 관하여는 특별한 제한이 없고, 오자·탈자·문법상의 오류·정정 등이 있어도 그 의미가 명백하면 된다. 어음요건은 원칙적으로 교부계약의 체결시에 증권상에 구비되어야 하며, 어음 외의 자료나 다른 기재사항의 해석에 의하여 보충될 수는 없다. 그러므로 형식적 요건이 구비되지 않는 어음에 의한 교부계약은 무효라고 할 수 있다.

기본어음에는 인지세법상 수입인지를 첨부하고 발행인이 消印하여야 한다. 그러나 인지를 첨부하지 않아도 인지세법상 일정한 처벌원인은 되지만, 어음의 효력에는 영향이 없다.[6] 제네바印紙稅法條約 제1조도 이를 명백히 규정하고 있다.

2. 어음要件의 內容

어음법 제1조에서는 환어음의 어음요건으로서 다음과 같은 8가지의 필요적 기재사항을 열거하고 있다. 그러나 어음법 제1조 2호에는 어음금액과 무조건의 지급위탁문구도 포함하고 있고, 또 7호에는 발행일과 발행지가 어음요건이므로 어음요건은 모두 10가지라고 할 수 있다.

---

5) 은행이 지급장소로 된 어음의 경우에는 그 은행에서 교부받은 통일어음용지가 아니면 지급되지 않는다.

6) 정동윤, p.294; 정찬형, p.380.

(1) 換어음文句(어§1 1호)

환어음에는 「환어음」을 표시하는 문자 즉 어음문구를 본문중(im Text)에 기재하여야 한다. 그 표시는 「환어음」이라고 하는 것이 보통이지만 「換어음證券」 또는 「換어음證書」라고 하여도 무방하다. 환어음문구는 「증권의 작성에 사용되는 國語」로 기재하여야 한다. 이것은 적어도 환어음문구와 본문 중에 지급위탁문구로 사용된 國語가 일치하여야 됨을 의미한다.

환어음문구는 반드시 본문 중에 있어야 한다(본문설). 따라서 어음의 상부에 환어음이라는 표제만으로는 불충분하다. 이와는 반대로 표제의 기재만으로 충분하다는 입장도 있다(표제설). 이러한 어음문구의 기재는 어음의 취득자로 하여금 어음을 받는다는 것을 인식할 수 있게 함으로써 어음에 의하여 엄격한 책임을 진다는 것을 경고하는 의미가 있는 것이다. 어음문구는 형식성을 강조하는 통일어음법 특색이며 英美에 있어서는 어음문구는 어음요건이 아니다.

(2) 어음金額(어§1 2호)

어음채권의 목적에 한하므로 어음에는 어음금액이 기재되어야 한다. 그러므로 금전 이외의 물건의 급여를 목적으로 하는 어음은 인정되지 않는다.7)

① 一定性

어음금액은 어느 나라의 通貨로도 표시할 수 있으나 一定하여야 한다. 어음금액을 일정한 통화로 기재하지 않고 주가, 환시세 등과 결부시키는 것은 인정되지 않는다. 또한 어음금액의 選擇的 記載(50만원 또는 100만원)나 不確定的 記載(50만원 내지 100만원) 뿐만 아니라, 浮動的 記載(50만원 이상 100만원 이하)도 일정성이 없으므로 어음을 無效로 본다. 따라서 원금과 이자를 합산하지 않고 나누어서 기재하는 것은 허용되지 않고, 기재하지 않은 것으로 본다(어§5①).

② 文字와 數字가 다른 경우

어음금액의 기재는 어떻게 하여야 하는지에 관하여는 어음법에 아무런 규정이 없으나 어음법 제6조에 의하면 文字와 數字에 의한 二重의 기재도 인정된다고 할

---

7) 대법원 1964.8.31. 선고 63다969 판결 : 백미 24 가마니를 지급한다는 내용의 약속어음은 무효이다.

수 있다. 일반적으로 금액은 변조를 예방하기 위하여 문자와 숫자로 기재하는데 이 경우에 그 금액에 차이가 있을 때에는 문자로 기재한 금액을 어음금액으로 한다(어§6①). 그러나 어음금액이 숫자와 문자로 기재되었으나 문자의 기재가 알아볼 수 없을 정도로 삭제되었을 때에는 어음금액은 숫자를 기준으로 하여야 할 것이다.[8)]

③ 文字 또는 數字로 重複記載된 경우

어음금액이 문자와 문자 또는 숫자와 숫자로 중복 기재된 경우에 그 금액에 차이가 있을 때에는 최소금액을 어음금액으로 한다(어§6②). 그러나 어음금액이 異種의 화폐로 기재된 경우에는 일정성이 없는 기재로서 어음을 무효로 한다.[9)]

당좌예금약관 제7조에 의하면 은행과 거래처간에 있어서 어음금액은 부기금액 여하에 불구하고 주금액난에 기재된 금액으로 한다고 규정하고 있다. 이는 어음법에 반한다고 할 수 있으나 당사자간의 합의로서 유효하다고 본다.

④ 記載場所

어음금액은 지급위탁문구와 함께 어음의 본문에 기재하여야 한다.

(3) 無條件의 支給委託(어§1 2호)

환어음은 지급위탁증권이므로 어음의 유통성을 도모하기 위하여 일정한 금액의 지급의 위탁을 무조건으로 하여야 한다. 그러므로 원인관계와 결부시킨 조건부의 지급위탁이나 지급자금이나 지급방법을 한정하는 기재는 유해적 기재사항으로서 어음을 무효로 한다. 그러나 조건으로서가 아니라 단순히 원인관계를 기재하는 것은 무방하다고 본다. 보통 지급위탁문구는 「위의 금액을 이 환어음과 상환하여 ○○○ 또는 그 지시인에게 지급하여 주십시요」라고 기재한다.

(4) 支給人의 名稱(어§1 3호)

① 總 說

환어음은 지급위탁증권이므로 지급인의 기재가 있어야 한다. 그러므로 지급인의 기재가 없는 환어음은 불완전어음이며 이후 인수에 의하여 구제될 수 없다.

---

8) OLG Muncher, ββ 1959, 432.

9) Quassowski-Albrecht, Art.6 Anm. 6.

지급인은 어음금액을 지급할 자로서 자연인은 물론이고 법인도 될 수 있다. 약속어음에는 지급인의 기재가 필요 없다. 회사의 경우에는 商號의 기재로 충분하며 자연인의 경우에는 假設人을 기재하여도 무방하다. 지급인의 통일성을 인식할 수 있는 한 통칭·아호·예명·별명 등을 기재하여도 된다. 만일에 지급인으로서 기재된 자가 전혀 존재하지 않는 경우(虛無어음)라 하더라도 어음의 유효성에서는 영향을 미치지 않는다. 假設人은 引受를 할 수 없지만 어음이 무가치한 것이라고 할 수는 없다. 왜냐하면 이 경우에 어음의 발행인과 배서인 등이 어음에 담보 책임을 지기 때문이다. 지급인으로서 권리능력 없는 사단 또는 조합을 기재한 경우에는 독일의 학설·판례는 어음의 효력을 부인하는 것이 일반적이지만, 어음자체의 효력은 인정하고 위의 사단이나 조합의 구성원들을 지급인으로 표시한 것으로 보아야 할 것이다.

② 支給人이 數人인 경우

지급인이 수인인 때에는 원칙적으로 重疊的 記載(甲과 乙)만이 인정되고 선택적 기재는 인정되지 않는다. 이 경우에 그 중 1인의 지급인에 의한 引受拒絕이 있으면 소구할 수 있으나 지급거절에 의한 소구는 그 全員이 지급을 거절한 때에만 소구할 수 있다. 지급인의 순차적 기재(甲은 제1지급인, 乙은 제2지급인)에 대하여는 어음의 단순성을 害하는 것으로 무효라는 설도 있으나 이 경우에는 제1지급인만을 지급인으로 하고 제2지급인은 예비지급인으로 볼 것이다.

③ 當事者資格의 兼併

환어음의 발행인은 지급인의 자격을 겸할 수 있다(어 §3②). 이러한 어음을 「자기앞환어음」이라 한다. 또한 수취인이 지급인의 자격을 겸하거나, 1인이 발행인·수취인·지급인 등 3자의 자격을 겸하는 것도 가능하다고 본다.[10] 어음관계의 당사자는 협동사무를 분장하는 자이고 형식적·추상적 관념에 불과하기 때문이다. 특히 이러한 어음을 單名어음이라고 한다. 어음의 경우는 배서에 의하여 제3자의 참가가 예상되므로 3당사자의 자격을 모두 겸한 경우에도 제3자에 대한 관계에서는 필요에 따라 다른 자격에 의한 역할이 기대되기 때문에 3당사자의 자격을 겸하는 것도 인정된다.

---

10) 정희철·정찬형, p.225; 정동윤, p.364; 정찬형, p.386; 최기원 p.293; 이범찬·최준선, p.214.

(5) 滿期(어§1 4호)

① 意 義

만기란 어음금액이 지급될 날로서 어음에 기재된 날을 말한다. 만기는 어음법 제70조 1항의 「만기의 날」과 같으나, 만기가 法定休日인 때에는 이에 이은 제1의 거래일이 「지급을 할 날」(어§72①)이 되므로, 만기와 「지급을 할 날」(어§38①, §44③)은 반드시 일치하지는 않는다. 또한 만기는 실제로 지급된 날인 「支給의 날」(어§4①)과도 다르다. 만기는 만기일 또는 거래상 지급기일이라고도 한다. 만기는 확정가능 하여야 하며 어음 자체에 의하여 알 수 있는 날이어야 하고 어음 이외의 사정에 의하여 좌우될 수 있는 불확정한 날을 만기로 정한 어음은 무효이다. 만기는 단일하여야 하며, 어음금액의 일부마다 수개의 만기를 정하는 분할만기는 허용되지 않는다. 또한 어음발행일 이전의 일자를 만기로 하는 어음은 무효이다.

【대법원 1997.5.7. 선고 97다4517 판결】

어음의 만기는 확정가능하여야 하므로 어음 자체에 의하여 알 수 있는 날이어야 하고 어음 이외의 사정에 의하여 좌우될 수 있는 불확정한 날을 만기로 정할 수 없다고 할 것이니 불확정한 날을 만기로 정한 어음은 무효라고 할 것이다.

원심은 소외 우성특수조경 주식회사(이하 소외 회사라 한다)가 원고에게 공사대금조로 발행·교부한 어음이 부도되자 소외 회사의 이사인 피고는 1992. 9. 24. 원고에게 미변제된 부도어음금 35,550,000원을 액면으로 하고, 지급기일 '용마산현장 준공 후'라고 기재한 약속어음을 발행한 사실을 인정한 다음, 약속어음은 유통증권, 문언증권으로서 어음법이 요구하는 만기 등 어음요건의 구비는 원칙적으로 어음문면 그 자체에 의하여 판단할 것이지 원인관계상의 사정을 고려하여서는 아니된다고 할 것이므로 이 사건 어음의 위 지급기일은 부적법하므로 이 사건 어음은 무효이다.

【대법원 2000.4.25. 선고 98다59682 판결】

어음요건의 기재가 그 자체로 불가능한 것이거나 각 어음요건이 서로 명백히 모순되어 함께 존립할 수 없게 되는 경우에는 그와 같은 어음은 무효라고 봄이 상당하고, 한편 약속어음의 발행일은 어음요건의 하나로서 그 기재가 없는 상태에서는 어음상의 권리가 적법하게 성립할 수 없는 것이므로(대법원 1994. 9. 9. 선고 94다12098, 94다12104 판결 참조), 확정된 날을 만기로 하는 확정일출급 약속어음의 경우에 있어서 만기의 일자가 발행일보다 앞선 일자로 기재되어 있다면 그 약속어음은 어음요건의 기재가 서로 모순되는 것으로서 무효라고 해석하여야 할 것이다.

피고가 소외 김창현에게 액면 금 30,000,000원, 발행일 1995. 10. 2., 지급기일 1995. 1. 17., 발행지 및 지급지 완도군, 지급장소 주식회사 국민은행 완도지점으로 된 약속어음 1매를 발행하고, 위 김창현은 원고에게 위 어음을 배서양도한 사실, 원고는 이 사건 약속어음의 최후 소지인으로서 위 은행에 지급제시하였으나 지급이 거절된 사실을 인정한 다음, 위 약속어음은 그 지급기일이 발행일 이전의 날이어서 어음요건을 갖추지 못하여 무효이다.

② 滿期의 種類

만기는 4가지만이 인정되며, 이와 다른 만기의 기재가 있거나 어음금액의 일부마다 다른 만기가 기재된 어음(分割出給어음)은 무효이다(어§33②).

i) 確定日出給

이것은 확정된 날을 만기로 기재한 것이다. 그러므로 만기가 休日이라도 무방하다(어§72). 그러나 만기가 발행일보다 앞서는 것으로 어음요건의 기재가 상호모순되는 때에는 어음을 무효로 한다. 만기는 발행당시 확정할 수 있어야 하므로 「甲의 사망시」와 같은 기재는 무효이다. 다만 만기를 歲曆에 없는 날로 기재한 경우로서 2월 30일이나 4월 31일로 한 때에는 그 달의 末日을 만기로 보아 어음을 유효로 보는 것이 옳다고 본다.[11)]

만기를 月初·月中·月末으로 표시한 때에는 그 달의 1일·15일·末日을 만기로 보며, 발행지와 지급지의 歲曆이 다를 때에는 지급지의 세력에 의한다(어§36③, §37①). 그리고 만기가 月·日만 기재되고 年度의 기재가 없는 것은 發行日로 기재된 연도에 그 월·일이 도래될 수 있으면 그 무효가 구제되어야 할 것이다.

ii) 發行日字後定期出給(어§ 33① 3호)

발행일자로부터 어음에 기재된 일정한 기간이 경과한 날을 만기로 하는 것이다. 이 방법은 실질적으로 確定日出給과 다름이 없다고 할 수 있으며, 다만 기간에 대한 관념을 인지시키는 차이가 있을 뿐이다. 기간의 계산에 관하여는 민법의 규정이 적용되지만 어음법에서는 다음 규정을 두고 있다. 즉, 발행일자 후 1月 또는 數月에 지급할 어음은 지급할 달의 대응일을 만기로 하고, 대응일이 없는 때에는 그 달의 末日을 만기로 한다(어§36①). 期間이 날로써 정해진 때에는 初日은 산입하지 아니하므로(어§73), 發行日의 翌日을 기산일로 한다(예컨대 발행일이 1월1일이고 「발행일자후 10일」이라고 기재한 경우에는 1월11일이 만기가 된다). 그러나 기간

---

11) 대법원 1981.7.28. 선고 80다1295 판결.

중에 휴일은 그 기간에 산입한다(어§72 ②). 또한 만기가 月과 日로 정해진 때에는 먼저 全月을 계산한 후 여기에 날을 가산한 末日이 만기라고 할 수 있다(어§36②). 「半月」이란 15일간을 의미하고(어§36⑤), 「8일」 또는 「15일」이라 함은 1週 또는 2週가 아니라 만8일 또는 만15일을 의미한다(어§36④).

iii) 一覽出給(어§33① 1호)

어음소지인이 지급을 위하여 어음을 제시한 날을 만기로 하는 것이며(어§34① 전단), 지급을 위한 제시기간은 원칙적으로 발행일자로부터 1년간이다(어§34① 후단). 보통 「제시즉시」 또는 「일람즉시」 지급하여 주십시오 등으로 표시된다. 발행인은 이 기간을 단축 또는 연장할 수 있지만 배서인은 단축만을 할 수 있다(어§34①). 발행인이 정한 제시기간은 모든 어음관계자에 대하여 효력이 생기지만, 배서인이 정한 기간은 그 배서인에 한하여 원용할 수 있다(어§53②③). 그러므로 배서인이 단축한 제시기간을 경과한 때에는 어음소지인은 그 배서인에 대한 소구권을 잃는다. 일람출급어음은 발행일자로부터 언제든지 지급을 청구할 수 있는 것이지만, 발행인은 일정한 기한까지 지급을 위한 제시를 규지할 수 있다. 이때에 제시기간은 그 기일로부터 개시한다(어§34②).

iv) 一覽後定期出給

어음소지인이 일람을 위하여 어음을 제시한 날로부터 어음에 기재된 일정한 기간을 경과한 날을 만기로 한 것이다. 환어음의 경우에 일람을 위한 제시란 인수를 위하여 제시가 있었던 날을 의미한다. 그러므로 이 경우에 만기는 어음의 인수제시까지의 기간과 일람후의 일정한 기간에 의하여 결정된다. 그러나 약속어음에는 인수제도가 없으므로 일람의 날은 만기를 정하기 위하여 어음을 제시한 날이다. 일람을 위한 제시기간은 발행일자로부터 1년간이지만 발행인은 이 기간을 단축 또는 연장할 수 있고, 배서인은 단축만을 할 수 있다(어§23).

일람후의 기간의 계산은 i) 지급인이 인수를 하고 일자를 기재한 때에는 그 일자를 기준으로 한다. 수인의 인수인이 서로 다른 인수일자를 기재한 때에는 가장 빨리 도래하는 일자를 기준으로 할 것이다. ii) 일자를 기재하지 않고 인수한 때에는 인수일자거절증서의 일자를 기준으로 하며, iii) 인수거절의 경우에는 인수거절증서의 일자(어§35①), 거절증서의 작성이 면제된 때에는 어음을 현실로 제시한 날을 기준으로 한다. iv) 거절증서의 작성이 면제된 경우에 인수를 하고 일자를 기재하지 아니한 때에는 인수인에 대한 관계에 있어서는 제시기간의 말일을 초일로 하여 일람후의 기간을 계산하여(어§35②) 만기를 정한다.

제시의 장소는 지급인의 주소이며 제시는 어음의 소지인이나 단순한 점유자도 할 수 있다(어§21). 제시는 완전히 금지할 수는 없지만 일정한 기일까지 금지하는 것은 가능하다(어§22②, ③).

③ 滿期의 補充

만기는 4종류만이 인정되므로 만기를 다른 방식으로 기재한 때에는 어음이 무효가 된다(어§33②). 다만 만기의 기재가 없는 때에는 일람출급의 환어음으로 본다(어§2②). 여기서 「기재가 없는 때」란 전혀 만기의 기재가 없거나 이와 동일시되는 경우만을 말하고, 부적법하게 기재한 경우를 포함하지 않는다. 그러므로 불확정한 날을 만기로 기재한 어음은 무효이다.[12)]

만기란이 부동문자로 인쇄되어 있으나 만기가 기재되어 있지 않은 경우에 이것을 만기의 기재가 없는 것으로 보아 일람출급으로 인정할 것인지, 부적법한 기재로서 무효라고 할 것인지, 또는 후일에 취득자로 하여금 보충시킬 의사로 발행한 백지어음이라고 볼 것인지가 문제된다. 이 경우에는 무효라고 하기보다 백지어음으로 보는 것이 타당하다.[13)] 어음에 月·日만이 기재되고 연도의 기재가 없는 것은 그 月·日이 발행된 연도에 도래될 수 있는 경우에 한하여 발행일과 동일한 연도의 월·일을 만기라고 본다.

(6) 支給地(어§1 5호)

① 意 義

지급지는 어음금액이 만기에 지급될 일정한 지역을 말한다. 이것은 지급될 지점을 의미하는 지급장소와는 구별되는 것이다. 지급지를 어음요건으로 한 것은 이행장소의 탐지 및 지급을 위한 제시와 소구권의 보전절차를 밟아야 되는 지역을 표시하기 위한 것이고 소송법상 관할의 결정을 위하여 중요한 의미를 갖기 때문이다.

② 表示方法

지급지의 표시는 최소의 獨立行政區域(시, 군, 구 등)이나 사회통념상 이에 준하

---

12) 대법원 1997.5.7. 선고 97다4517 판결.

13) 대법원 1976.3.9. 선고 75다984 판결.

는 지역을 표시하면 된다. 지급장소의 탐지를 쉽게 한다는 취지를 몰각하게 하는 광범위한 지역의 기재는(영남·호남·중부지방 등) 무효로 보아야 할 것이다. 또한 실재하지 않는 지역을 지급지로 기재하는 것이 유효하다는 소수설도 있으나 어음의 권리행사를 불가능하게 하므로 무효라고 보는 다수설이 타당하다.[14] 그러므로 어음의 취득자는 지급인으로 기재된 자가 실재하는 자인가 하는 것은 알 필요가 없으나, 지급지는 사실상 존재하는 것인가 하는 것을 조사하여야 한다. 판례는 서울특별시의 경우 서울이라고만 기재하면 되고 반드시 구까지 표시할 필요는 없다고 한 것이 있다.[15]

【대법원 1981.12.8. 선고 80다863 판결】

약속어음의 지급지를 기재함에 있어 원칙적으로 독립된 최소 행정구역을 기재하여야 함은 소론과 같으나 서울특별시의 경우는 "서울"이라고만 기재하면 되고 반드시 그 구(區)까지를 표시하여야 하는 것은 아니라고 할 것이므로 이와 다른 견해에서 이 사건 약속어음의 지급지로서 "서울"이라고만 기재한 것은 어음요건을 갖추지 못한 경우에 해당한다는 논지는 받아들일 수 없다.

【대법원 1991.7.23. 선고 91다8975 판결】

약속어음의 발행지 및 지급지란에 "삼진기계"라는 업체의 상호표시만 기재되어 있다면 어음법상 요구되는 발행지와 지급지의 장소적 개념이 표현된 것이라고 할 수 없으므로 어음의 필요적 기재요건을 갖추었다고 보기 어려우나, 위 상호표시에 위 업체가 소재한 지명을 보완기재하여 유효한 어음으로 완성하는 정도의 보충권한은 소지인에게 부여되어 있다고 보는 것이 타당하다.

③ 支給地의 單一性

지급지의 중첩적 기재나 선택적 기재는 어음을 무효로 한다. 왜냐하면 중첩적 기재는 어음소지인의 권리행사를 곤란하게 하고 모든 지급지에서 난기간 내에 보전절차를 밟아야 하므로 어음소지인에게 불리하며[16] 선택적 기재는 어음법적 근거가 없으므로 어음문언으로서의 유효성을 확정하기가 곤란하여 어음소지인을 보호할 수 없게 될 것이기 때문이다.

지급지와 발행지는 동일하더라도 무방한데 이러한 어음을 同地어음이라고 하

---

14) 이범찬·최준선, p.217; 서돈각·정완용, p.158; 정동윤, p.381; 최기원, pp.298-299; 손주찬, p.204.

15) 대법원 1981.12.8. 선고 80다863 판결.

16) BGH, NJW 1969, 2196; OGH9, 1970. 9.

고, 양지가 다른 것을 異地어음이라고 한다. 또한 지급지와 지급인의 주소지가 같은 어음을 同地支給어음, 서로 다른 어음을 他地支給어음이라 한다. 오늘날에는 타지지급어음은 별로 이용되지 않는다. 왜냐하면 어음소지인은 어디에서 지급제시를 할 것인가가 불분명하기 때문이다. 그러므로 이 어음의 발행인은 지급담당자를 기재하게 되고, 발행인이 기재하지 않으면 지급인이 이를 기재할 수 있다.

④ 支給地의 補充

지급지의 기재가 없는 경우에 어음의 무효를 구제하기 위하여 어음법은 구제규정을 두고 있다(어§2③). 지급지의 기재가 없는 때는 지급인의 명칭에 부기한 지를 지급지로 본다(어§2③). 지급지의 기재도 없고 보충가능한 기재마저 없으나 지급장소의 기재가 있는 경우에 그 기재에서 지급지를 알 수 있는 때에는 지급장소의 보충력을 인정하여 어음의 무효가 구제되어야 할 것이다. 약속어음에 있어서는 발행지를 지급지로 보고(어§76③), 발행지 기재도 없으면 발행인의 명칭에 부기한 지를 발행지이며 지급지로 본다(어§76④).

【대법원 2001.11.30. 선고 2000다7387 판결】

어음면상 지급지에 관한 특별한 표시가 없다 할지라도 거기에 지급장소의 기재가 있고 그것이 지(地)의 표시를 포함하고 있어 그로부터 지급지에 해당하는 일정 지역이 추지될 수 있는 경우에는 지급지의 기재가 이에 의하여 보충되는 것으로 볼 수 있다고 할 것이다.

이 사건 약속어음에는 지급장소로서 "중소기업은행 능곡지점"이라고 표시되어 있음을 알 수 있는바, 위 지급장소의 기재 중에는 '능곡'이라는 지역 이름이 포함되어 있고, 위 기재로부터 능곡 혹은 능곡이 소재하고 있는 경기 고양시가 지급지에 해당하는 것을 쉽게 알 수 있다고 할 것이므로, 이러한 경우에 약속어음상의 지급지란 자체는 백지라고 할지라도 위 지급장소의 기재에 의하여 지급지가 보충되었다고 봄이 상당하다.

(7) 發行地(어§1 7호)

① 意 義

어음이 발행된 곳으로서 어음면에 기재된 지역을 발행지라 한다. 실제로 어음이 발행된 곳과 일치하지 않아도 된다. 그러나 실제로 존재하는 지역이어야 한다. 발행지는 어느 나라의 法을 적용할 것인가 하는 準據法의 결정에 있어서 기준이 되지만 실제로 그 기준이 되는 것은 사실상 어음이 발행된 지역이므로 어음상 기재된 발행지는 다만 추정력이 인정될 뿐이다. 따라서 발행지의 기재는 별다른 의미를 갖지 못한다.

② 發行地의 補充

발행지의 기재가 없는 때에는 발행인의 명칭에 부기한 地를 발행지로 본다(어 §2④). 종래에는 발행지와 발행인의 명칭에 부기한 地가 모두 없는 경우에는 요건흠결로서 그 어음은 무효라고[17] 보았다. 이에 대하여 대법원은 종래의 입장을 변경하는 전원합의체판결에 의하여 어음면의 기재 자체로 보아 국내어음으로 인정되는 경우에는 그 어음면상 발행지의 기재가 없는 경우라도 이를 무효의 어음으로 볼 수 없다고 하였다.[18]

③ 記載方法

발행지의 기재는 엄격히 해석할 필요는 없으므로 지급지의 기재가 있는 경우에 발행지는 최소독립행정구역보다 넓은 지역을 표시하여도 준거법의 단일성을 해하지 않는 한 무방하다고 본다(서울 또는 한국). 또한 발행지가 중첩적으로 표시된 경우도 준거법의 단일성을 해하지 않는 한 유효한 것으로 본다(통설). 즉 발행지의 단일성·확정성은 필요하지 않으나 준거법의 단일성을 깨뜨릴 때 어음을 무효로 본다.

【대법원 1976.11.23. 선고 76다214 판결】

약속어음에 반드시 기재하여야 하는 사항이 법정되고 있고 그 사항 중 하나라도 기재되지 않으면 특별한 규정에 의하여 구제되지 아니하는 한 어음으로서의 효력을 발생할 수 없는 것이다. 그러므로 약속어음에 지급지, 지급장소의 기재가 있더라도 발행지의 기재나 발행인의 명칭에 부기한 지(地)의 기재가 없으면 그 약속어음은 적법한 제시기간 내에 발행지란을 보충하여 지급을 위한 제시를 하지 아니하는 한 피소구권자에 대한 소구권은 상실하는 것이라고 보아야 할 것이다.

---

17) 대법원 1994.9.9. 선고 94다12098,12104 판결.

18) 대법원 1998.4.23. 선고 95다36466 판결.

(8) 發行日(어§1 7호)

① 意 義

발행일이란 어음이 발행된 날로서 어음에 기재되어 있는 날(日字)을 말한다. 발행일은 실제로 어음이 발행된 날과 일치하지 않아도 된다. 그러므로 발행일이 실제로 발행된 날이 아닌 先日字어음이나 後日字어음도 유효하다.

발행일은 發行日字後定期出給어음에 있어서는 만기를 정하는 기준이 되고, 一覽出給어음과 一覽後定期出給어음의 경우에는 어음의 지급을 위한 제시기간을 정하는 기준이 된다. 확정일출급어음에 있어서는 발행일의 기재는 특별한 의미가 없다는 견해가 있다. 그러나 발행일은 발행인의 능력 및 대리권의 유무를 판단함에 있어서 기준이 되므로 발행일은 필요불가결한 어음요건이므로 확정일출급어음의 경우에도 발행일의 기재가 없으면 어음은 무효가 된다.

② 記載方法

발행일은 어음발행의 의사표시의 내용이라고 할 수 있으므로 발행인이 數人인 경우에도 단일성이 요구된다. 발행일은 원칙적으로 가능한 날이어야 한다. 예컨대 9월 31일이나 11월 31일은 무효라는 것이 독일의 지배적인 견해이지만 이 경우에는 9월말 또는 11월말로 보아 그 무효가 구제되어야 할 것이다.[19] 발행일이 만기 이후의 날인 어음은 어음요건의 기재가 서로 모순되어 무효이다. 왜냐하면 이러한 어음은 어음법 제38조 1항에 따르면 지급제시가 불가능할 뿐만 아니라 지급거절증서도 작성할 수 없기 때문이다(어§44③).

【대법원 1999.8.14. 선고 79다1189 판결】

약속어음에 반드시 기재하여야 하는 사항이 법정되어 있어 그 사항중 하나라도 기재되지 않으면 특별한 규정에 의하여 구제되지 아니하는 한 어음으로서의 효력을 발생할 수 없으므로 약속어음에 지급지, 지급장소의 기재가 있더라도 발행지의 기재나 발행인의 명칭에 부기한 지의 기재가 없으면 적법한 제시기간 내에 발행지란을 보충하여 지급을 위한 제시를 하지 아니하는 한 피소구권자에 대한 소구권은 상실하는 것으로 보아야 한다 함이 당원의 판례(대법원 1976.11.23. 선고 76다214 판결)인 바 본건과 같이 발행일란의 보충 없이 지급제시 한 경우도 위 취지와 같은

19) 대법원 1981.7.28. 선고 80다1295 판결.

이유로 적법한 지급제시가 되지 못하여 소구권을 상실한다고 보아야 할 것이다.

【대법원 1999.9.9. 선고 94다12098 판결 : 발행일의 기재가 없는 경우 어음상의 권리의 성립여부】

약속어음의 발행일은 어음요건의 하나이므로 그 기재가 없는 상태에서는 어음상의 권리가 적법하게 성립할 수 없고 따라서 이러한 미완성어음으로 지급을 위한 제시를 하였다 하여도 적법한 지급제시가 될 수 없으며 사실심 변론종결일까지도 그 백지부분이 보충되지 아니한 경우에는 그 어음소지인은 발행인에 대하여 이행기에 도달된 약속어음금 채권을 가지고 있다고 볼 수 없다.

(9) 支給을 받거나 또는 받을 者를 指示할 者의 名稱(어§1 6호)

① 意 義

이것은 최초의 어음채권자라고 할 수 있는 수취인의 기재이다. 어음법에는 「지급을 받을 자 또는 지급을 받을 자를 지시할 자의 명칭」이라고 규정하고 있다(어§1 6호). 어음법이 수취인이라고 하지 않고 이와 같이 표현한 것은 수취인이 반드시 스스로 어음금액을 수령한다고 볼 수 없고, 타인을 지시하는 경우를 예상하였기 때문이다. 어음은 지시문구가 없이 수취인만 기재되었더라도 지시금지의 기재가 없는 한 배서로써 양도할 수 있다. 어음은 법률상 당연한 지시증권이기 때문이다.

어음에는 수취인을 반드시 기재하여야 하며 백지어음인 경우 외에는 수취인의 기재가 없는 어음은 무효이다. 따라서 무기명식이나 수취인 이외에 어음소지인도 권리를 행사할 수 있는 선택무기명식은 인정되지 않는다. 그러나 어음에 수취인의 기재가 없으나 발행인에 의한 배서가 최초의 배서로서 명백하게 기재되어 있는 때에는 그것을 자기지시어음으로 해석하여 그 기재의 흠결이 보완된다.

② 記載方法

어음은 환어음뿐만 아니라 약속어음의 경우에도 반드시 지시식으로 발행하여야 하며(어§1 6호, §75 5호), 소지인출급식은 인정되지 않는다.

수취인은 지급인의 경우와 마찬가지로 성명만 표시하면 되며(법인의 경우에는 법인명), 그 동일성만 알 수 있으면 될 것이므로 본명이 아닌 通稱이나 雅號라도 관계없다. 상호만으로 표시하여도 유효하며 복수의 수취인을 기재할 수 있다.

수취인을 중첩적으로 기재한 때에는(甲 및 乙) 전수취인이 공동으로 어음상의 권리를 행사하여야 하며 배서도 공동으로 하여야 한다. 그러나 선택적 기재의 경우에는(甲 또는 乙), 어음을 소지하고 있는 수취인이 단독으로 권리를 행사할 수 있고 단독으로 유효한 배서를 할 수 있다.

③ 當事者資格의 兼併

환어음의 경우에는 추심·신용의 기능이 중요하므로 발행인 자신을 지급인으로 하는 「자기앞어음」(어§3②)과 더불어 또한 발행인 자신이 지급받을 자(수취인)가 되는 「자기지시어음」의 발행도 가능하다(어§3①). 약속어음에도 신용기능이 있고 제3자의 참가가 예상되므로 어음당사자의 자격겸병을 인정하는 일반원칙에 따라 자기지시약속어음도 유효하다고 할 것이다.

(10) 發行人의 記名捺印 또는 署名(어§1 8호)

① 意 義

모든 어음에는 발행인의 기명날인 또는 서명이 있어야 한다. 발행인은 발행이라는 어음행위를 하는 자 즉, 어음증권의 창조자이며 환어음에 있어서는 제1의 담보의무자이고 약속어음에 있어서는 주채무자(1차적 지급의무자)이다. 환어음의 발행인이 어음의 지급을 담보하지 아니한다는 뜻을 부기한 경우에 과거와는 달리 기재하지 아니한 것으로 본다고 규정하여(어§9②) 입법적으로 해결하였다. 발행인의 기명날인 또는 서명은 어음 자체에 하여야 하고 보전이나 등본에 하게 되면 무효이다.

② 共同發行

어음을 數人이 공동으로 발행하는 때에는 전원이 어음자체에 기명날인 또는 서명하거나, 1인의 대리인이 위임을 받아 기명날인 또는 서명하여야 한다. 공동발행에는 수인의 발행인을 중첩적으로 기재하는 것과 선택적 및 순차적으로 기재하는 것이 있다. 이중에서 선택적발행과 순차적 발행의 효력에 관하여는 논의가 있다. 그러나 어음관계의 확정성과 소구조건의 일정성에 비추어 선택적 및 순차적 기재는 허용되지 않는다고 보아야 할 것이다.[20] 공동발행이란 1개의 어음행위가 아니

20) 정동윤, pp.366-368; 강위두, pp.282-283; 정찬형, p.403; 양승규, p.259, 그러나 이를 인정하는 見解로는 최기원, p.313(어음 所持人에게 選擇權이 있는 것으로 보아 유효라고 함).

고 각각 독립한 수개의 어음행위이며 어음행위는 상행위가 아니므로 공동발행인은 어음행위의 독립성에 따라 각자가 어음금액 전액에 대하여 지급의무를 부담하는 합동책임을 진다(어§47①).

공동지배인 또는 공동대표이사(업무집행사원) 등이 어음을 발행하는 경우에는 반드시 공동으로 하여야 하는데, 이때에는 공동지배인 또는 공동대표이사(업무집행사원)임을 표시하고 기명날인 또는 서명하여야 한다.

3. 有益的 記載事項

유익적 기재사항이란 필요적 기재사항은 아니나, 어음에 기재하면 어음상의 효력이 발생하는 사항을 말한다. 어음법에 규정되어 있는 유익적 기재사항은 다음과 같다. 어음법에 규정되어 있지 않은 사항에 대하여도 유익적 기재사항을 인정할 것인가에 대하여는 긍정설과 부정설이 있다. 어음에 있어서 정형성·명확성이 요구되는 것이기는 하나, 어음의 유통과 어음관계자의 이익을 해하지 않는 한 어음행위자의 이익(의사)도 존중되어야 하므로 긍정설이 타당하다고 본다.

(1) 發行人 또는 支給人의 名稱에 附記한 地(어§2③, ④)

발행인 또는 지급인의 명칭에 부기한 地는 발행지 또는 지급지의 기재가 없는 경우에 각각 그 흠결을 보충하는 효력을 갖는다. 또한 지급인의 명칭에 부기한 地는 지급인의 주소지로 본다(어§2③). 어음상의 주소와 사실상의 주소가 다른 경우에는 어음의 제시 등은 어음상의 주소를 기준으로 하면 되나, 사실상의 주소에서 제시하여도 상관없다.

(2) 第3者方 支給文句(어§4, §27)

① 第3者方支給文句의 意義

제3자방지급문구란 제3자의 주소에서(지급장소) 또는 제3자(지급담당자)가 지급한다는 뜻의 기재를 말하며, 제3자방지급문구가 있는 어음을 '타소출급어음' 또는 '제3자방출급어음'(Zahlstellenwechsel, Drittzahlerwechsel)이라고 한다. 어음법에서 '제3자방' 또는 '지급장소'라고 할 때에는 지급담당자와 지급장소의 양자를 함께 의미한다.

지급담당자는 지급인 또는 인수인에 갈음하여 지급사무만을 집행하는 자로서 이는 인적개념이고, 지급장소는 지급인이나 인수인이 지급을 할 장소로서의 개념이다. 실제로는 엄격히 구별되지 않고 사용된다. 지급장소는 지급지내에 있어야 하므로 이를 위반한 기재(예컨대, 지급지: 포항시, 지급장소: 서울특별시)는 무효이고 지급장소의 기재가 없는 것으로 본다. 따라서 어음소지인은 지급지내에 있는 주채무자의 영업소·주소에서 지급제시하여야 하나, 어음에 기재된 지급장소에서 지급제시할 수 있다고 본다.

② 第3者方支給의 必要(效用)

본래 환어음·수표의 지급은 지급인이 그 주소·영업소에서, 약속어음의 지급은 발행인이 그 주소·영업소에서 하는 것이 원칙이고, 어음·수표법도 이러한 가정하에 지급지만을 어음요건으로 하였다. 그러나 환어음의 지급인이나 약속어음의 발행인이 자신의 일반생활과 어음거래를 구분하고자 하거나, 다량의 어음을 거래하는 자가 지급사무를 집중적으로 처리하고자 할 때에는 자신을 위해 어음의 결제를 전담하는 사람 또는 장소를 둘 필요가 있다.

특히 제3자방을 지급인 또는 발행인의 거래은행으로 해 둘 경우 소지인이 추심하기에 편리하고, 지급인과 발행인도 지급사무를 간소화시킬 뿐 아니라, 거래은행에 예탁한 당좌예금 또는 대출금을 어음의 결제자금으로 활용할 수 있는 이점이 있다. 또한 지급장소를 약속어음 발행인이나 환어음 지급인의 거래은행으로 함으로써, 추심채무인 어음채무를 지참채무로 하고, 부도의 경우에 상환을 쉽게 할 수 있으며, 지급인이 벽지에 있는 경우에 추심의 편의를 도모할 수 있다. 제3자방지급문구는 어음요건은 아니나 오늘날 어음은 모두 은행을 지급장소로 하는 제3자방지급어음으로 발행되고 있다.

③ 記載權者

환어음에 있어서는 발행인이 제3자방지급문구를 기재할 수 있고, 발행인이 기재하지 아니한 경우에는 지급인이 인수를 함에 있어 이를 기재할 수 있다(어§27). 그러나 약속어음과 수표에서는 인수제시가 없으므로 발행인만이 기재할 수 있다. 기재권자가 아닌 자가 제3자방 지급문언을 기재한 경우에는 어음의 변조가 된다.

④ 記載의 效力

제3자방지급어음의 인수제시는 반드시 지급인에게 하여야 하나, 그 지급제시 및 지급거절증서의 작성은 반드시 제3자방에서 하여야 한다. 제3자방지급문구는 제3자의 주소에서(지급장소) 또는 제3자(지급담당자)가 지급한다는 뜻의 기재를 한 것이다. 그러므로 i) '제3자방'의 기재가 지급장소인 경우에는 지급을 위한 제시는 그 장소에서 지급인에 대하여 하여야 하며, 거절증서도 지급인을 거절자로 하여 작성하여야 한다. 그리고 ii) '제3자방'의 기재가 지급담당자인 경우에는 지급담당자는 지급인에 갈음하여 어음금액을 지급하고 또 이를 거절할 수 있는 법률상의 지위를 갖기 때문에 담당자의 주소에서 만기에 지급을 위한 제시를 하여야 하며, 거절증서도 지급담당자를 거절자로 하여 작성하여야 한다.

지급담당자는 지급인의 특별한 위탁이 없는 한 어음소지인에 대하여 지급할 의무를 지지 않는다. 따라서 지급인이 인수하기 전에 지급담당자가 지급한 경우에는 지급인의 특별한 위탁이 없는 한 지급담당자는 지급인에 대하여 보상을 청구할 수 없고, 발행인에 대하여 구상할 수 밖에 없다.

어음소지인은 지급제시기간 경과 후에도 지급담당자에게 지급제시를 하여야되는가에 대하여는 견해가 대립하지만, 지급지·지급장소의 기재는 지급제시기간 내에 어음의 제시가 있을 것을 전제로 한 것으로 볼 수 있으므로 지급제시기간 경과 후에는 지급장소와 지급지의 기재는 모두 효력을 잃는다. 따라서 소지인은 주채무자인 지급인(인수인 또는 약속어음의 발행인)의 영업소·주소에서 어음을 제시하고 어음채권을 행사하면 된다고 생각한다.[21]

(3) 利子文句(어§5)

일람출급어음 또는 일람후정기출급어음에만 이자계약의 기재를 할 수 있는데(어§5①), 이때는 어음에 반드시 이율을 기재하여야 한다(어§5②). 이자계산의 기산일에 관하여 기재가 없는 경우에는 발행일로부터 기산하며, 만기의 도래와 더불어 약정이자는 그치고, 법정이자(어§48① 2호)가 이에 갈음하여 진행하게 된다.

(4) 기타 記載事項

위에 설명한 것 이외의 유익적 기재사항을 둘러보면 ① 인수무담보문구(어§9② 본문), ② 배서금지문구(어§11②), ③ 인수제시의 명령문구(어§22①), ④ 인수제시금지문구(어§22②, ③), ⑤ 일람후정기출급어음의 인수를 위한 제시기간의 단축 또는 연

21) 이범찬·최준선, p.225; 정동윤, p.392; 정찬형, pp.412-413; 채이식, p.51.

장의 문구(어§23②), ⑥ 일람출급어음의 지급제시기간의 단축 또는 연장의 문구(어§34①), ⑦ 일정기일 전의 지급제시금지문구(어§34②), ⑧ 준거할 세력지정문구(어§37④), ⑨ 외국통화산율지정문구(어§41②), ⑩ 외국통화현실지급문구(어§41③), ⑪ 거절증서작성면제(무비용상환)문구(어§46), ⑫ 환어음발행금지문구(어§52①), ⑬ 예비지급인의 기재(어§55①), ⑭ 복본의 번호(어§64②), ⑮ 복본불발행문구(어§64③) 등이다.

4. 無益的 記載事項

무익적 기재사항이란 어음에 기재하든 아니하든 어음의 효력에 영향을 미치지 아니하는 사항을 말한다.

어음법상 규정이 있는 사항으로 ① 일람출급 또는 일람후정기출급어음에 있어서 이율의 기재가 없는 이자의 약정(어§5① 2호, ② 2호)과 그 외의 환어음에 있어서의 이자의 약정(어§5① 2호), ② 발행인의 지급 무담보문구(어§9②), ③ 지시문구(어§11①), ④ 破毁문구(어§65①), ⑤ 위탁어음문구(어§3③)가 있으며, 어음법상 규정이 없는 사항으로는 ① 대가문구(예컨대 '대가현금수령'이란 기재), ② 자금문구(예컨대 본인의 '계산으로 지급하여 주시압'이라는 기재), ③ 통지문구(예컨대 '본인의 통지에 따라' 또는 '본인의 통지가 없더라도' 지급한다는 뜻의 기재), ④ 제시문구(예컨대 '제시가 있을 때' 지급하라는 뜻의 기재), ⑤ 상환문구(예컨대 '어음과 상환으로 지급하시압'이라는 기재), ⑥ 번호, ⑦ 위약금문구 등을 들 수 있다.

5. 有害的 記載事項

유해적 기재사항은 어음에 기재하면 어음 자체가 무효가 되는 사항을 말한다. 어음법상 규정이 있는 사항으로는 ① 법정만기(어§33①)와 다른 만기의 기재(어 §33②), ② 분할출급문구(어§33②)가 있으며, 어음법상 규정이 없는 사항으로는 ① 어음상의 효력을 원인관계와 관련시키는 문구(예컨대 '매매대금으로 지급하시압'), ② 조건부지급위탁의 문구(예컨대 '화물이 도착한 때에 지급하시압'), ③ 반대급여문구(예컨대 '백미 100가마와 교환하여 지급하시압'), ④ 지급방법한정문구(예컨대 '甲銀行의 자기앞수표로 지급하시압') 등이 있다.

제 3 절 白地어음

1. 白地어음의 意義

백지어음(Blankowechsel; inchoate instrument)이란 후일 그 소지인으로 하여금 어음요건의 전부 또는 일부를 보충시킬 의사로써, 이를 기재하지 않고 어음이 될 서면에 백지 그대로 기명날인 또는 서명을 하여 교부한 '미완성어음'을 말한다. 의식적으로 어음요건을 갖추지 않은 '미완성어음'(unfertiger Wechsel)이란 점에서 무의식적으로 어음요건을 기재하지 않아 무효인 '불완전어음'(unvollständiger Wechsel)과 구별된다. 백지어음은 어음행위의 종류에 따라 어음행위자의 기명날인 또는 서명만 있는 백지발행, 백지인수, 백지배서, 백지보증 등으로 나눌 수 있고, 또 백지로 되어 있는 어음요건을 기준으로 하여 어음요건 전부가 백지로 되어 있는 것, 그 일부가 백지로 되어 있는 것, 요건 중 하나만이 백지로 되어 있는 것 등 그 태양이 다양하다.

어음요건 중의 만기·지급지·발행지 등의 기재가 없으면 어음법 제2조 제2항~제4항에 의하여 어음의 무효가 구제될 수 있으나 이와 같은 요건도 기재가 없는 경우에는 그 보충에 의하여 어음을 완성시킬 수 있기 때문에 백지어음이 될 수 있다.[22] 백지어음을 보충하여 어음으로서 완성시키는 권리를 補充權이라고 하는데, 어음요건이 불비된 경우에 불완전어음인가 백지어음인가의 구별은 보충권의 유·무에 의하여 좌우된다.

어음요건(필요적 기재사항)은 발행인이 전부 기재하였으나 유익적 기재사항(예컨대 이지문구·제3자방지급문구)의 기재만을 장래의 소지인으로 하여금 보충시킬 의사로써 완성어음을 발행할 수도 있다. 이러한 어음은 백지어음은 아니다. 그러나 기재사항의 보충권을 인정한다는 점에서 백지어음과 공통된 성질을 가지고 있으므로 이러한 어음을 준백지어음이라 하여 어음법 제10조를 유추적용 하여야 한다.

【대법원 1978.3.14. 선고 77다2020 판결】

금액란이 부당보충된 본건의 경우에는 어음법상 보충권의 남용에 해당되고 어음

---

22) 최기원, p.299.

법상의 어음의 위조에 해당되는 것이 아니라고 판단한 원심의 조처도 정당하다.
왜냐하면 어음의 위조라고 하는 것은 어음행위자의 명의를 조작하는 것을 말하는데 백지어음의 부당보충의 경우에는 그 보충으로 인하여 완성된 어음행위의 주체는 의연히 당초의 어음행위자 그대로이고 다만 합의된 내용과 상이한 기재가 이루어진 것에 불과한 것이어서 어음의 위조와 보충권의 남용은 그 개념이 서로 다르기 때문이다.

2. 白地어음의 經濟的 機能과 法的性質

백지어음은 어음의 원인관계상 어음의 금액·만기 또는 수취인 등을 어음교부시에 확정할 수 없는 경우에 잘 이용된다. 따라서 어음법은 일부 또는 전부를 백지로 한 서면에 기명날인 또는 서명하여 완성한 어음처럼 백지어음의 유효성을 전제로 하고 백지어음의 보충권남용에 관한 규정(어§10)을 두고 있다.

백지어음은 이것을 보충하면 완전한 어음상의 권리자가 된다는 법률상의 지위와 백지보충권을 표창하는 것으로서, 상관습법에 의하여 완성어음과 동일한 유통방법으로 그 유통이 가능한 어음이 아닌 특수한 유가증권이라는 것이 통설이다. 백지어음은 미완성 어음에 불과하다.[23] 따라서 보충되기 전의 백지어음은 엄격한 의미에서는 어음이라고 할 수 없고 어음으로서의 효력도 없다. 그러므로 백지어음을 보충하지 않고는 인수 또는 지급을 청구할 수 없다.

3. 白地어음의 要件

(1) 行爲者의 記名捺印 또는 署名

누구이든 한 개 이상의 백지어음행위자의 기명날인 또는 서명이 있어야 한다. 왜냐하면 백지어음은 후에 요건이 보충되면 기명날인 또는 서명한 자가 어음상의 책임을 지기 때문이다. 어음법 제10조에는 「발행한」이라고 되어 있으므로 미완성어음의 발행이 보통이겠으나 반드시 발행인의 기명날인 또는 서명이 있어야 하거나 선행되어야 하는 것이 아니고 이는 「교부한」이라는 뜻으로 해석하여야 할 것이다(백지배서·백지보증·백지인수의 경우에도 백지어음이 성립할 수 있다). 즉 부수적 어음행위는 원칙적으로 기본적 어음행위를 전제로 하는 것이지만 이것은 논리적

23) 이범찬·최준선, p.232; 정동윤, p.396; 최기원, p.327.

으로 전제가 되는 것을 의미하는 것이고, 시간적으로는 부수적 어음행위가 기본적 어음행위에 선행할 수 있는 것이다. 그러나 실제로는 발행인의 기명날인 또는 서명이 없는 백지어음은 드물다. 누구이든 어음행위자의 기명날인 또는 서명이 있어야 하지만 이는 엄격하게 해석할 필요는 없고, 어음행위자의 날인만이 있고 기명이 없는 경우라도 기명과 기타 백지부분을 수취인에게 보충시키려는 의사가 있는 때에는 백지어음이 성립된다고 본다.[24)]

(2) 어음要件의 全部 또는 一部의 欠缺

어음요건의 전부 또는 일부를 구비하지 않은 경우이어야 한다. 흠결된 어음요건의 종류 및 정도에 관하여는 아무런 제한이 없다. 그러므로 어음문구의 기재나 수취인·발행지·확정일출급어음의 발행일 등과 같이 어음의 권리내용의 확정과 관계없는 어음요건이 백지인 경우에도 백지어음은 성립한다. 흠결된 어음요건이 어음법 제2조 제2항에 의하여 구제될 수 있는 것이라도 백지어음이 될 수 있다.

만기의 기재가 없는 경우에 관하여 어음법은 이를 일람출급어음으로(어§2②) 본다고 규정하고 있으나, 이것은 만기백지의 백지어음을 인정하지 않는다는 뜻이 아니다. 만기가 기재되지 않은 어음을 일람출급어음 또는 만기백지어음으로 볼 수 있다. 이것을 일람출급어음으로 보면 발행일로부터 1년 이내에 지급제시를 하지 않으면 배서인에 대한 권리를 상실하고 1년 경과 후 3년이 경과하면 어음상의 주채무자인 인수인에 대한 권리도 시효에 의하여 소멸한다. 그러나 만기백지어음이라고 하면 보충권은 보충권의 시효에 의하여 소멸한다. 권리행사에 있어서도 일람출급어음으로 보면 만기가 기재되지 않은 채로 어음을 제시하여 유효하게 권리행사를 할 수 있지만, 만기백지어음이라고 하면 만기를 보충하지 않고는 유효한 권리행사를 할 수 없게 된다.[25)]

인쇄된 어음용지의 만기란을 말소하지 않고 백지로 한 경우에는 당사자가 그것을 보충시킬 의사가 있는 백지어음으로 추정된다 할 것이다.[26)] 만기의 기재가 없는 어음을 일람출급어음이라는 주장을 하려면 발행인이 보충권을 수여하려는 의사가 없었다거나 어음소지인이 일람출급으로 하려는 어음발행인의 의사를 알았다는 사실을 어음발행인이 입증하여야 한다.

---

24) 대법원 1997.12.12. 선고 95다49646 판결.

25) 대법원 1992.10.27. 선고 91다24724 판결: 백지미보충어음에 의한 지급제시는 적법한 지급제시로서의 효력이 없다.

26) 대법원 1967.2.28. 선고 66다2351 판결.

(3) 白地補充權의 存在

흠결된 어음요건을 보충할 권리(白地補充權)를 타인에게 수여하여야 한다. 이 보충권의 수여 여부에 따라서 백지어음과 불완전 어음으로 구별된다. 백지어음은 보충권이 수여되고 그 보충권의 행사에 의하여 완성이 예정된 미완성 어음이라는 점에서 흠결된 부분에 보충권 수여가 없는 불완전 어음과 다른 것이다. 그러나 이 백지보충권은 어음관계 외의 당사자간의 계약에 의해서 수여되는 것이므로 실제로는 보충권이 수여된 백지어음이냐 아니냐를 구별하는 것은 매우 어려운 일이다. 따라서 보충권의 존재가 명백한 경우는 문제가 없으나 그것이 명확하지 않은 경우는 어떠한 경우에 보충권이 존재하는가에 대하여 주관설·객관설·절충설 등이 대립한다.

① 주관설

白地어음·수표 발행인 등 기명날인 또는 서명한 자의 의사가 현실적으로 존재하여야 한다. 즉 발행인 등 기명날인 또는 서명한 자와 수취인간의 보충권 수여의 합의가 존재하는가에 의해 보충권 유무가 결정된다고 한다. 어음이론중의 계약설에 근거를 두고 있는 견해이다. 이 견해는 補充權수여 사실이 존재해야만 白地補充權이 생기는 것으로 보기 때문에 입증책임의 분배에 따라 발행인 또는 소지인이 이를 입증해야 한다고 본다. 그러나 백지어음의 유효성이 오로지 기명날인 또는 서명을 한 자의 주관적 의사에 따라서 결정될 때에는 어음취득자는 어음외에서 나타난 사실, 즉 보충권을 수여하는 의사를 입증하여야 하므로 어음거래의 안전을 크게 해치게 된다.

【대법원 2001.4.24. 선고 2001다6718 판결】

백지약속어음의 경우 발행인이 수취인 또는 그 소지인으로 하여금 백지부분을 보충케 하려는 보충권을 줄 의사로서 발행하였는지의 여부에 관하여는 발행인에게 보충권을 줄 의사로 발행한 것이 아니라는 점, 즉 백지어음이 아니고 불완전어음으로서 무효라는 점에 관한 입증책임이 있다.

【대법원 1984.5.22. 선고 83다카1585 판결】

백지약속어음인 경우에 발행자가 수취인 또는 그 소지인으로 하여금 백지부분을 보충케 하려는 보충권을 줄 의사로서 발행하였는가의 여부의 점에 대하여는 발행인에게 보충권을 줄 의사로 발행한 것이 아니라는 점 즉 백지어음이 아니고 불완전어음으로서 무효라는 점에 관한 입증책임이 있다고 해석함이 상당하다

② 객관설

객관설은 기명날인 또는 서명을 한 자의 의사와 관계없이 어음의 외관만을 기준으로 하여 외관상 보충을 예정하고 기명날인 또는 서명한 것이 인정되면 백지어음이라고 하는 견해이다. 그러나 객관설에 의하면 어음거래의 안전은 확보되지만, 기명날인 또는 서명을 한 자의 의사를 전혀 무시하게 되어 부당하다. 왜냐하면, 이 학설에 의하면 인쇄된 어음용지에 일부요건을 기재하지 않은 것은 모두 백지어음으로 간주될 것이고, 발행인이 어음용지가 아닌 백지에 기명날인 또는 서명만 하고 다른 모든 어음요건을 보충시킬 의사로써 교부한 경우에는 백지어음으로 인정되지 않게 되어 부당하다.

객관설은 어음이론 중 창조설에 근거를 두는 입장으로서 거래의 안전을 도모할 수 있겠지만 기명날인 또는 서명자가 보충 후의 문언에 따르는 책임을 져야 함에도 불구하고 외관에 따라 그 의사를 도외시하는 것은 타당하지 못하다고 할 수 있다.

③ 절충설

원칙적으로는 발행인의 의사에 따르지만 補充權의 수여가 없다고 하더라도 白地어음·수표의 외형상 백지부분의 보충이 예정되어 있다고 볼 외관이 존재하는 경우에는 이를 신뢰한 白地어음·수표 취득자에 대해서는 보충권 수여의 구체적 의사가 없더라도 당연히 수여한 것으로 보아 발행인은 補充權이 없다는 항변을 제출할 수 없다고 한다.

국내의 학설은 순수한 주관설이나 객관설을 취하는 견해는 없고 대부분 넓은 의미에서 절충설을 취하고 있다. 다만, 그 구체적인 내용은 서로 다른데, 통설은 백지보충권유무는 기명날인자의 의사에 의하지만 예외적으로 기명날인자의 보충권수여의 의사가 없는 경우에도 객관적으로 백지어음·수표로 인정될 수 있는 경우에는 선의취득자와의 관계에서 무효의 어음이라는 항변을 제출할 수 없다고 한다.[27] 이에 대해 소수설[28] 및 판례[29]는 상대방의 선의·악의를 불문하고 요건흠결

27) 정희철, p.154; 손주찬, p.226; 양승규, p.276; 정동윤, p.400; 정무동, p.401; 서정갑, p.153.

28) 강위두, p.592.

29) 대법원 1966.10.11. 선고 66다1646 판결; 동 1965.5.25. 선고 65다1647 판결; 강위두, pp.330-331; 정찬형, pp.207-208.

의 어음은 일단 백지어음으로 추정된다고 한다. 따라서 기명날인자가 보충권수여 사실이 없음을 입증하면 상대방이 선의인 경우에도 면책되고 이를 입증하지 못하면 어음·수표상의 책임을 부담해야 한다.

백지에 어음문구와 지급문구 등을 기재하지 않고 단순히 기명날인 또는 서명한 자가 있는 경우에는 일반적으로 위의 문구를 장래에 보충시킬 의사가 있는 것과 같은 외관이 있다고 볼 수 없을 것이므로 백지어음이라고 주장하는 측에서 보충을 예정한 의사가 있었다는 것을 구체적으로 입증하여야 한다.

(4) 未完成어음의 流通

백지어음도 완성어음과 마찬가지로 미완성인 채로 교부계약에 의하여 유통된 것이어야 한다. 그러므로 백지어음 발행인이 교부하기 전에 이것을 상실한 때에는 보충을 하여도 어음상의 청구권은 성립되지 않는다. 그러나 완성어음의 경우와 같이 교부계약이 흠결된 경우에도 백지어음행위자는 어음거래의 안전을 위하여 그의 기명날인 또는 서명을 신뢰한 선의취득자에 대하여 권리외관설에 따라 책임을 진다고 할 것이다.

4. 白地어음의 完成과 補充權

(1) 補充權의 意義와 性質

미완성어음인 백지어음은 흠결된 요건을 보충함으로써 완성된다. 백지어음의 흠결된 요건을 보충하여 완전한 어음으로 할 수 있는 권리를 보충권이라 한다. 보충권의 내용은 당사자간에 약정이 있는 때에는 그에 의하지만 약정이 없거나 그 내용이 명확하지 않은 때에는 원인관계나 어음거래의 관습 등을 참작하여 신의성실의 원칙에 따라 당사자의 의사의 합리적 해석에 의하여 결정하여야 할 것이다.

보충권의 법적성질은 백지어음행위자가 어음관계 이외의 일반사법상의 계약에 의하여 이를 상대방에게 수여하고 상대방이 보충권을 행사하여 기명날인 또는 서명의 책임을 발생시키는 권리로서 일종의 형성권이라고 보아야 한다.[30] 이에 대하여 형성권은 보통 그 권리자와 상대방 사이에서 법률효과를 발생시키는 권리인데, 백지보충권은 보충자와 보충권을 부여한 자(백지어음행위자) 사이에서는 흔히

30) 최기원, p.310; 손주찬, p.211; 서돈각·정완용, p.174. 우리나라와 일본의 통설이며, 독일의 소수설임.

아무런 법률효과를 발생시키지 아니하고 오히려 보충권을 수여한 자와 제3자(최후의 소지인) 사이에서 법률효과를 발생시킨 점을 설명해 주지 못하여 타당하지 못하다는 것을 이유로 보충권은 대리권(代理權說) 또는 수권(法的 地位說)이라고 보는 견해도 있다.

또한 보충권은 특정인의 일방적 의사표시에 의하여 권리의 발생·변경·소멸이라는 법률효과를 발생시키는 형성권은 아니라고 하며 보충권행사로 미완성어음을 완성어음으로 할 수 있는 법률상의 지위라고 한다.[31] 그러나 대리권설은 실제문제의 해결에는 편리하지만 보충권 행사를 어음행위대리의 원칙인 顯名主義에 의하지 아니하는 이유를 설명하지 못한다. 수권설도 일반적으로 수권이라는 개념에는 의무를 지운다는 요소가 없는데, 보충권의 경우에는 보충권자는 오직 보충권수여계약에서 정한 범위 내에서만 보충할 의무까지도 부담하므로 타당하지 않다고 한다. 그러므로 백지보충권을 하나의 특수한 권한(eine Befugnis sui generis)이라고 보는 견해도 있다.[32]

보충권은 일신상(höchstpersönlich)의 권리가 아니라 재산권적 성격의 권리이므로 양도가 가능할 뿐만 아니라 상속인이 인정되므로 백지어음의 취득지가 사망한 경우에도 상속인이 보충권을 행사할 수 있고, 백지어음의 취득자가 파산한 때에는 破産管財人이 보충권을 행사할 수 있다.

(2) 補充權의 成立 및 行使時期

보충권은 백지어음에 기명날인 또는 서명하여 어음을 상대방에게 교부한 때 성립하며, 기명날인 또는 서명한 자가 일방적으로 철회할 수 없으나 취득자와 합의하여 철회할 수 있다. 철회의 합의는 인적항변 사유이다.

보충권의 행사시기에 관하여 당사자간의 합의가 있는 경우에는 그에 따라야 하고 이 기간이 경과된 후에 한 보충은 보충권의 부당행사가 된다. 당사자간에 이에 관한 합의가 없는 경우에는 만기의 유·무에 따라 행사시기가 달라진다.

① 滿期 以外의 要件이 白地인 경우(만기의 기재가 있는 경우)

만기의 기재는 있으나 그 외의 요건이 백지인 어음은 환어음의 인수인·약속어음의 발행인과 같은 주채무자에 대한 관계에 있어서 어음채권은 만기로부터 3년

31) 納富義光, 手形法·小切手法論, 278-279面.

32) 정동윤, p.408; 최기원, p.311; Hueck/Canaris, S.120.

의 시효에 의하여 소멸하므로(어§70①, §77① 8호), 이 기간 내에 보충하여야 한다. 즉 確定日出給과 發行日字後定期出給어음의 경우에는 만기로부터 3년 내에 보충하여야 하며, 一覽出給어음의 경우에는 1년의 제시기간 경과 후 3년 내에 보충하면 되고, 一覽後定期出給어음은 어음법 제35조(약속어음의 경우에는 제78조 2항)에 의하여 정해진 만기로부터 3년 내에 보충하여야 한다. 그리고 상환의무자에 대하여는 지급거절증서의 작성기간 내에 또는 거절증서의 작성이 면제된 경우에는 만기 후 1년 내에 보충을 하여야 한다(어§70②, §44). 다만 어음금청구의 소가 제기된 경우에는 변론종결 전까지 보충하여야 한다.

【대법원 1995.6.9. 선고 94다41812 판결】

백지어음의 보충은 보충권이 시효로 소멸하기까지는 지급기일 후에도 이를 행사할 수 있고, 주된 채무자인 발행인에 대하여 어음금청구소송을 제기한 경우에는 변론종결시까지만 보충권을 행사하면 되는 것이다.

② 滿期白地의 경우

만기가 백지인 경우에는 보충권 자체의 소멸시효를 인정하여 그 기간 내에 보충권을 행사하여야 한다. 그 시효기간에 대하여 백지보충권을 형성권으로 보아 20년이라는 학설(민§162②), 이를 채권과 같은 것으로 보아 10년이라는 학설(민§162①), 보충권의 행사를 어음에 관한 행위로서 상행위로 보아 5년이라는 학설(제64조), 만기백지어음의 소지인은 발행일로부터 1년 이내에 만기를 보충할 수 있고, 보충하지 않은 경우에는 일람출급의 경우에 준하여 발행일로부터 1년후를 만기로 간주하여 이때부터 3년 내에 보충하여야 된다고 하는 4년설[33]), 백지어음의 소지인은 언제든지 백지를 보충하여 지급을 청구할 수 있으므로 만기가 도래한 어음과 같이 주된 채무자에 대하여는 3년의 시효에 걸린다는 학설(어§70①) 등이 있다.

그 가운데 3년설에 대하여는 어음의 지급제시가 없는 이상 만기가 도래하지 않은 것을 도래한 어음과 같게 취급하는 것은 무리라는 비판도 있으나, 보충권은 백지어음에 잠재하는 권리와 불가분의 관계에 있으므로 그 시효기간은 어음채권과 마찬가지로 3년으로 보는 것이 발행된 지 오래된 어음의 남용을 방지하기 위하여도 타당하다고 본다.[34])

---

33) 이범찬·최준선, p.237; 정찬형, pp.219-220.

34) 최기원, p.316; 손주찬, p.215; 정동윤, p.413.

만기와 발행일 모두 백지인 경우에는 당사자간의 특약이 없는 한 발행일 대신에 어음을 교부한 날을 기준으로 하여야 할 것이다.

【대법원 2003.5.30. 선고 2003다16214 판결】

만기를 백지로 한 약속어음을 발행한 경우, 그 보충권의 소멸시효는 다른 특별한 사정이 없는 한 그 어음발행의 원인관계에 비추어 어음상의 권리를 행사하는 것이 법률적으로 가능하게 된 때부터 진행하고(대법원 1997.5.28. 선고 96다25050 판결, 동 2001.10.23. 선고 99다64018 판결 등 참조), 백지약속어음의 보충권 행사에 의하여 생기는 채권은 어음금 채권이며 어음법 제77조 제1항 제8호, 제70조 제1항, 제78조 제1항에 의하면 약속어음의 발행인에 대한 어음금 채권은 만기의 날로부터 3년간 행사하지 아니하면 소멸시효가 완성되는 점 등을 고려하면, 만기를 백지로 하여 발행된 약속어음의 백지보충권의 소멸시효기간은 백지보충권을 행사할 수 있는 때로부터 3년으로 봄이 상당하고(다만, 만기 이외의 어음요건이 백지인 경우 그 백지보충권을 행사할 수 있는 시기는 다른 특별한 사정이 없는 한 만기를 기준으로 할 것이다).

당사자 사이에 백지를 보충할 수 있는 시기에 관하여 명시적 또는 묵시적 합의가 있는 경우에는 그 합의된 시기부터 백지보충권의 소멸시효가 진행된다고 볼 것이다.

【대법원 2001.10.23. 선고 99다64018 판결】

백지수표의 보충권 행사에 의하여 생기는 채권은 수표금 채권이고, 수표법 제51조에 의하면 수표의 발행인에 대한 소구권은 제시기간 경과 후 6개월간 행사하지 아니하면 소멸시효가 완성되는 점 등을 고려하면 발행일을 백지로 하여 발행된 수표의 백지보충권의 소멸시효기간은 백지보충권을 행사할 수 있는 때로부터 6개월로 봄이 상당하다 할 것이다.

한편, 발행일 백지인 수표의 취득자가 백지보충권의 소멸시효기간 경과 후에 백지를 보충한 경우에 있어서도 수표법 제13조가 유추적용 되어 악의 또는 중대한 과실이 없는 한 백지보충권의 소멸시효 경과 후의 백지보충의 항변으로써 대항 받지 아니한다고 해석함이 상당하다고 할 것이나, 이 경우에도 그 수표취득자가 스스로 수표상의 권리를 행사하는 것이 법률적으로 가능하게 된 때로부터 새로이 6개월이 경과할 때까지 발행일을 보충하지 않았다면 그 보충권의 소멸시효는 완성되었다고 보아야 할 것이다.

(3) 補充權行使의 效果

① 어음行爲의 成立時期(백지어음 행위시)

백지어음이 보충시부터 완전한 어음으로서의 효력이 발생한다고 하더라도, 백지어음상에 한 어음행위의 성립시기는 어음행위를 한 때이지 보충한 때가 아니다. 따라서 기명날인 또는 서명한 자의 사망이나 능력의 유무, 대리권의 존부 등은 당해 백지어음행위시 즉, 백지어음에 기명날인 또는 서명하여 교부한 때를 기준으로 결정되고, 어음의 발행일자·배서일자·만기 등도 그 때를 기준으로 하여 그 법률효과를 결정하여야 한다.

② 補充의 效力發生時期

백지어음은 흠결된 어음요건이 적법하게 보충됨으로써 완전어음이 되는데 그 효력발생시기에 대하여는 소급설과 불소급설이 있다. 소급설은 백지어음은 보충을 하여 완성어음이 되면 백지어음에 행하여진 모든 어음행위는 처음 교부할 때에 이미 완성어음이었던 것과 같은 효력이 생긴다고 한다. 즉 소급하여 효력이 생긴다는 것이다.[35]

이에 대하여 우리나라의 통설인 불소급설[36]은 백지어음행위의 효력은 어음행위가 보충을 법정정지조건으로 한 행위인 만큼, 민법 제147조의 준용을 받아 조건성취전, 즉 보충 이전에 소급하지 않는다고 한다. 이에 의하면 보충의 효력발생시기와 어음행위의 성립시기는 구별되어야 한다고 하면서, 그러나 보충 전에 어음에 한 행위는 보충전 그 기재를 한 때를 기준으로 효력이 생긴다고 한다.

판례는 이에 대하여 백지어음의 어음행위는 백지의 요건이 후일 보충될 것을 정지조건으로 성립하고 요건의 보충에 의하여 조건이 성취되었을 때에 비로소 어음행위로서 완전한 효력이 발생하는 것이고 백지보충의 효과가 조건성취 전에 소급한다고는 볼 수 없다며 불소급설을 취하였다.[37] 그 이후 전원합의체판결[38]에서는 백지어음에 있어서 백지의 보충시와 어음행위 자체의 성립시기와는 엄격히 구별하여야 할 문제로서, 백지의 보충없이는 어음상의 권리를 행사할 수 없으나 어음행위의 성립시기를 곧 백지의 보충시로 의제할 수는 없는 것이고 그 성립시기는 그 어음행위 자체의 성립시기로 결정하여야 할 것이라 하였다.

이상의 판례에 대하여 학자들은 소급설의 입장이라고 보는 견해와 불소급설[39]의 입장이라고 보는 견해가 있으며, 불소급설의 결과에 있어서 소급설과 다르지

---

35) 최기원, p.332; Baumbach/Hefermehl, WG Art.10 Rdn. 5; Zöllner, S. 76; RGZ 99.7.

36) 이범찬·최준선, p.238.

37) 대법원 1965.8.31. 선고 65다1217 판결.

38) 대법원 1971.8.31. 선고 68다1176 판결.

39) 정동윤, p.418.

않다는 것을 자인한 것이라고 보는 견해도 있다.[40)]

【대법원 1971.8.31. 선고 68다1176 전원합의체판결】

백지어음에 있어서 백지의 보충시와 어음행위 자체의 성립시기와는 엄격히 구별하여야 할 문제로서 백지의 보충없이는 어음상의 권리를 행사할 수 없으나 어음행위의 성립시기를 곧 백지의 보충시기로 의제할 수는 없는 것이며 그 성립시기는 그 어음행위 자체의 성립시기로 결정하여야 할 것이므로 백지어음에 만기 전에 한 배서는 만기 후에 백지가 보충된 때에도 기한후 배서로 볼 것이 아니다.

(4) 補充權의 濫用

① 善意取得者의 保護

백지어음에 기명날인 또는 서명한 자가 보충권을 수여할 때에는 일반적으로 그 내용과 행사시기를 정하는 것이 보통이고 명시적인 합의가 없는 경우라도 실질관계를 고려하여 기명날인 또는 서명한 자의 일반의사에 따라 보충하여야 할 것이다. 그러므로 어음소지인이 이에 위반하여 보충권을 남용한 때에는 기명날인 또는 서명한 자는 미리 합의한 내용에 따라 책임을 지면 될 것이다. 보충권을 남용한 자를 보호할 필요가 없고, 행위자의 의사에도 맞기 때문이다. 그러나 이러한 원칙을 관철하게 되면 부당하게 보충된 어음이 제3자에게 양도되면 이것을 신뢰하고 어음을 취득한 자를 보호할 수 없게 되어 거래의 안전을 해할 우려가 있다.

그리하여 어음법(어§10)은 미완성으로 발행한 환어음에 미리 한 합의와 다른 보충을 한 경우에는 그 위반으로써 소지인에게 대항하지 못하지만, 어음을 취득함에 있어서 백지어음의 부당보충에 관하여 악의 또는 중대한 과실이 있는 때에는 합의위반으로 대항할 수 있다고 규정하고 있다. 부당보충된 어음에 기명날인 또는 서명한 자는 그 취득자가 선의이고 중대한 과실이 없으면, 합의의 위반을 이유로 대항할 수 없다고 규정함으로써 부당하게 보충된 기재에 의한 책임을 인정하고 있다.

이 경우에 악의란 백지보충권을 남용한 것을 안 것이며, 어음법 제17조 단서와 달리 어음채무자를 해하게 된다는 인식은 필요 없다. 그리고 중대한 과실이란 어음취득에 있어 가장 기본적으로 필요한 주의를 해태하여 부당보충을 알지 못한 경우라고 할 것이다. 악의 또는 중대한 과실은 백지어음의 취득시에 없으면 될

---

40) 최기원, p.353.

것이라고 보는 것이 통설이다.[41)]

부당보충에 관하여 어음취득자에게 악의 또는 중과실이 있었다는 것을 백지어음행위자가 입증한 경우에는 백지어음행위자는 문언대로 책임을 지지 않는다. 그러나 부당보충의 항변에 의하여 완성어음이 백지어음으로 다시 환원하는 것은 아니고, 일단 수여한 보충권의 범위 내에서는 부당보충자나 선의의 취득자에 대해서 정당하게 보충되었더라면 생겼을 어음상의 책임을 진다.

【대법원 1978.3.14. 선고 77나2020 판결 : 중대한 과실을 인정한 판례】

어음금액이 백지인 백지어음을 원고가 취득하면서 그 어음금액란을 원고가 보충한 경우에는 보충권의 내용에 관하여 어음의 기명날인자인 피고에게 직접 조회하지 않았다면 취득자인 원고에게 중대한 과실이 있다고 보아야 한다.

【대법원 1995.8.22. 선고 95다10945 : 수표금액이 백지인 경우 발행인에게 보충권의 내용에 관하여 직접 조회하지 않은 경우 취득자에게 중대한 과실이 있는지 여부】

어음법 소정의 '중대한 과실'에 관하여 당원은, "어음금액이 백지로 된 백지어음을 취득한 자가 그 어음의 발행인에게 보충권의 내용에 관하여 직접 조회하지 않았다면 특별한 사정이 없는 한 취득자에게 중대한 과실이 있는 것이라고 보아야 한다."고 판시한 바 있다. 이 판결은 비록 백지약속어음에 관한 것이기는 하지만, 백지수표에 관한 수표법 제13조의 규정과 백지어음에 관한 어음법 제10조의 규정은 백지수표와 백지어음의 보충권의 남용 내지 부당보충에 관하여 동일한 법리를 규정하고 있으므로, 백지어음의 부당보충에 관한 위 판결이 취하고 있는 견해는 백지수표에 관하여도 그대로 적용되어야 할 것이다.

【대법원 1999.2.9. 선고 98다37736 판결】

어음법 제10조가 규정하는 '악의로 어음을 취득한 때'라 함은 소지인이 백지어음이 부당 보충되었다는 사실과 이를 취득할 경우 어음채무자를 해하게 된다는 것을 알면서도 어음을 양수한 때를 말하고, '중대한 과실로 인하여 어음을 취득한 때'라 함은 소지인이 조금만 주의를 기울였더라면 백지어음이 부당 보충되었다는 사실을 알 수 있었음에도 불구하고 그와 같은 주의도 기울이지 아니하고 부당 보충된 어음을 양수한 때를 말한다.

피고 회사의 자금사정이 어렵게 되자 피고 회사의 당시 대표이사이던 소외 홍건천이 1995. 8.경 소외 현정환에게 금 10,000,000원 내지 금 20,000,000원 정도의

41) 정동윤, p.416; 양승규, p.278; 이기수, p.122.

> 어음할인을 의뢰하면서 어음금액과 발행일, 지급기일, 수취인을 각 백지로 한 이 사건 약속어음 3장을 발행하고, 현정환으로 하여금 제3자로부터 할인할 돈을 받으면서 그 금액에 맞추어 이 사건 각 약속어음의 어음금액란을 보충하도록 한 사실, 현정환은 그 약속어음 중 한 장에는 발행일 1995. 9. 12., 액면 금 105,000,000원, 지급기일 1995. 12. 18.로 기재하였다가 그 후 위 지급기일을 1996. 12. 18.로 고쳤고(이하 제1어음이라 한다), 다른 약속어음 한 장에는 발행일 1995. 10. 5., 액면 금 100,000,000원, 지급기일 1996. 12. 19.로 기재하고(이하 제2어음이라 한다), 나머지 약속어음 한 장에는 발행일 1995. 10. 5., 액면 금 100,000,000원, 지급기일 1995. 12. 26.로 기재하였다가 그 후 위 지급기일을 1996. 12. 26.로 고쳤는데(이하 제3어음이라 한다), 제1, 제3어음의 지급기일란의 연도가 고쳐졌음은 육안으로도 어느 정도 알아 볼 수 있는 사실, 현정환은 피고를 위하여 이 사건 약속어음들을 할인하지 아니하고, 1995. 말 일자불상경 현정환의 원고에 대한 기존 차용금채무의 변제를 위하여 이 사건 약속어음들을 배서 양도하여 원고가 이를 소지하게 되었는데, …
>
> 원고는 이 사건 약속어음들을 취득할 당시에 이 사건 약속어음이 어음금액란을 백지로 발행되어 현정환이 이를 보충하였음을 알고 있음을 자인하였고(항소장의 항소이유 기재 참조), 거기에 원심이 인정한 사실관계 특히 종전에 현정환이 피고 회사 발행의 액면 금 10,000,000원 내지 20,000,000원 정도의 어음에 대하여 원고에게 할인을 의뢰한 일이 있었을 뿐 피고 회사로부터 이 사건 각 약속어음과 같은 거액의 약속어음을 취득한 일이 없었음에도 이 사건에서는 현정환이 이 사건 각 약속어음을 취득하여 원고에 대한 자신의 채무 변제를 위하여 원고에게 양도하였다는 사실 및 원고가 현정환의 자금사정 등을 잘 알고 있었음에도 불구하고 피고 회사에 대하여 현정환에게 어느 금액 범위 안에서 이 사건 각 약속어음의 어음금액란을 보충할 권한을 부여하였는지 전혀 확인하지 아니하였던 사실 등을 종합하여 보면 이 사건에서 원고가 조금만 주의를 기울였더라면 이 사건 약속어음들이 부당 보충되었다는 사실(원심이 '현정환의 실질적인 무권리성을 의심하게 할 만한 사정'이라고 표현한 것은 적절하지 아니하다.)을 알 수 있었음에도 불구하고 그와 같은 주의도 기울이지 아니하고 부당 보충된 이 사건 약속어음들을 양수하였다고 할 수 있으므로 결국 원심이 피고의 항변이 이유 있다고 판단한 것은 정당하다.

② 어음法 第10條의 適用範圍

어음법 제10조는 일단 부당하게 보충된 어음을 선의취득한 제3자에 대한 항변을 제한하는 규정이다. 따라서 보충되지 않은 백지어음을 선의·무중과실로 취득한 자에게도 어음법 제10조가 적용되느냐에 관해서는 조문상으로는 분명하지 않다. 즉, 중대한 과실 없이 일정범위의 보충권이 있는 줄로 믿고 미보충의 백지어음을 취득한 자가 스스로 그 범위 내에서 보충을 하였으나 사실은 객관적으로는 보충권의 범위를 벗어난 경우에 백지어음행위자가 부당보충의 항변을 할 수 있는가 하는 점은 의문이다.

이 점에 관하여는 어음의 유통성 확보는 형식상 완전한 어음을 전제로 한다고 하면서, 아직 보충되지 않아 외관상 백지의 존재가 명백한 경우에는 어음법 제10조는 적용될 여지가 없는 것이고, 따라서 그 취득자는 스스로 부당보충항변의 위험을 부담하여야 한다는 소수설이 있다.[42] 그러나 보충권의 범위에 관한 선의의 취득자에게 위험을 부담시키는 것은 백지어음의 유통성을 크게 해치는 결과가 되므로 선의의 취득자에 대해서 백지어음행위자가 책임을 진다고 보는 것이 타당하다. 왜냐하면 제3자가 이미 합의한 것과는 달리 부당하게 보충된 어음을 취득한 때보다 보충권이 있는 것으로 믿고 취득한 자가 불리한 지위에 있어야 할 이유가 없기 때문이다.[43]

또한 당사자간에 보충권수여계약을 합의해제 하였으나 어음을 회수하지 않고 있는 사이에 그것이 보충되어 유통된 때에도 어음법 제10조는 적용되며, 당사자간의 합의는 인적항변사유가 될 뿐이다. 백지어음의 보충권을 합의에 의하여 철회한 경우도 같다. 보충권을 남용한 자와 악의 또는 중대한 과실이 있는 취득자에 대하여는 백지어음에 기명날인 또는 서명한 자는 그가 수여한 보충권의 범위 내에서만 책임을 진다.

【대법원 1960.12.25. 선고 4293민상176 판결】

배서금지의 문구를 기재한 수취인백지의 어음을 소지인이 취득할 당시 악의 또는 중대한 과실이 있었다는 입증이 없는 이상 소지인의 백지보충권이 소멸되는 것이 아니며 어음의 단체법적 성격에 비추어 볼 때 백지어음이 일단 선의의 제3자에게 양도된 이후에는 발행인은 백지보충권수여에 관한 계약을 해제하지 못한다.

③ 補充權 濫用者의 責任

백지어음 취득자가 합의와 달리 보충권을 남용하여 백지어음의 행위자가 선의 취득자에 대하여 책임을 짐으로써 입게 된 손해에 대하여는 백지어음을 취득하여 부당하게 보충한 자가 손해배상책임을 지게 될 것이다.

---

42) 鈴木竹雄, 「手形法 · 小切手法」, 213面; 정찬형, p.215.

43) 최기원, p.349; 이범찬 · 최준선, p.240.

5. 白地어음의 讓渡

백지어음은 조건부의 어음채권과 보충권을 표창하는 유가증권이므로 당연히 양도가 가능하다. 양도의 대상이 되는 것은 백지어음과 보충권이다. 백지어음의 양도는 상속·합병·채권양도 등 일반사법상의 양도방법에 의할 뿐만 아니라 보통의 어음과 같은 방법인 배서에 의하여 양도할 수 있고 수취인이 백지인 경우나 최후의 배서가 백지식인 때에는 교부로써도 양도할 수 있다.

이와 같이 백지어음도 완성된 어음과 마찬가지로 그 유통이 인정되므로 유통에 관한 규정인 배서·인적항변의 절단·선의취득·제권판결 등은 백지어음에도 그대로 적용된다.

【대법원 1985.5.28. 선고 85다카192 판결 : 백지어음의 선의취득을 인정한 판례】

최후의 배서가 백지식으로 된 어음은 단순한 교부만으로 양도가 가능한 것이므로 원고가 어음할인의 방법으로 이를 취득함에 있어서 양도인의 실질적인 무권리성을 의심하게 할 만한 특별한 사정이 없는 이상 어음문면상의 최후배서인에게 연락을 취하여 누구에게 양도하였는지를 알아보는 등 그 유통과정을 조사확인하지 아니하였다 하여 이를 가지고 어음취득에 있어서 중대한 과실이 있다고 할 수 없고, 이는 원고가 사채업자라 하여도 또한 달라질 바 없다.

【대법원 1994.11.18. 선고 94다23098 판결 : 백지어음의 양도에 인적항변이 절단된다고 본 판례】

수취인이 백지인 채로 발행된 어음은 인도에 의하여 어음법적으로 유효하게 양도될 수 있고 동 어음이 인도에 의하여 양도된 경우 어음법 제17조가 적용되는 것이므로, 어음이 전전양도된 후 그 어음을 인도받은 최종소지인이 수취인으로서 자기를 보충하였다고 하더라도 그 소지인이 발행인을 해할 것을 알고 취득한 경우가 아니면, 어음문면상의 기재와는 관계없이 발행인으로부터 원인관계상의 항변 등 인적 항변의 대항을 받지 아니한다.

6. 白地어음에 의한 權利行使

(1) 白地의 補充과 權利保全

백지어음은 어음법적 양도방법에 의하여 양도되지만 어음은 아니므로 어음과 같이 취급될 수 없다. 따라서 백지를 보충하기 전에는 권리의 행사 및 보전이 인정되지 않는다. 즉 백지어음에 의한 지급 제시는 무효이므로 어음채무자는 이행지체가 되지 않는다. 백지가 보충되지 아니한 상태에서 어음이 교환 제시된 경우에는 어음요건을 구비하지 못한 제시로서 형식 불비를 이유로 부도반환 하여야 한다(어규§66① 3호). 또 백지어음인 채로 지급제시 하였다고 하더라도 어음채무자의 이행지체가 되지 않으며, 상환의무자에 대한 상환청구권을 보전할 수도 없다. 그러나 판례에 의하여 발행지가 흠결된 국내어음의 경우는 백지를 보충하지 않고 지급제시를 하였더라도 적법한 지급제시가 된다.

백지어음은 만기에 보충을 하지 않고 지급을 위한 제시를 한 후 어음요건을 보충하더라도 백지어음의 제시는 소급하여 유효가 되지 않는다. 그리고 백지어음에 의하여 訴를 제기하더라도 백지를 보충하지 않으면 승소할 수 없으나, 소송중이라고 하더라도 구두변론 종결시까지 유효하게 보충할 수 있고, 이를 보충하면 그 때부터 이행지체에 빠지고 지연이자가 발생한다.

【대법원 1998.4.23. 선고 95다36466 판결】

국내어음이란 국내에서 발행되고 지급되는 어음을 말하는 것이므로 국내어음인지 여부는 어음면상의 발행지와 지급지가 국내인지 여부에 따라 결정될 것이지만, 어음면상에 발행지의 기재가 없다고 하더라도 그 어음면에 기재된 지급지와 지급장소, 발행인과 수취인, 지급할 어음금액을 표시하는 화폐, 어음문구를 표기한 문자, 어음교환소의 명칭 등에 의하여 그 어음이 국내에서 어음상의 효과를 발생시키기 위하여 발행된 것으로 여겨지는 경우에는 발행지를 백지로 발행한 것인지 여부에 불구하고 국내어음으로 추단할 수 있다.

(2) 訴의 提起와 時效中斷

백지를 보충하지 아니한 상태, 즉 지급제시할 수 없는 상태에서 소를 제기한 경우 시효중단의 효력이 있는가에 대하여 학설이 대립한다.

긍정설의 입장은 시효제도라는 것은 권리위에 잠자고 있는 자를 보호하지 않는다는 데 취지가 있으나 백지어음을 가지고 소를 제기하였다는 것은 권리를 적극적으로 행사한 것이며, 백지어음에 관해서는 보충권을 행사하지 않은 상태에서 소멸시효가 진행하므로 미보충상태에서 소지인이 시효를 중단시킬 수 있다고 보는 것이 타당하다(다수설).[44)]

일부긍정설은 백지어음을 보충하지 않고 소를 제기한 경우에는 원칙적으로 시효중단의 효력이 생기지 않는다. 그러나 백지인 어음요건이 수취인 또는 확정일출급어음의 발행일과 같이 어음상의 권리의무의 내용과 관계없는 사항인 경우에는 엄격성을 완화하여 시효중단의 효력을 인정하여도 무리가 없다고 본다.[45)]

이에 대하여 부정설은 백지어음에 의한 소의 제기에는 시효중단의 효력이 없다고 한다. 백지어음은 미완성어음이므로 백지어음 상태로 어음금청구소송을 제기하더라도 청구로 인정되지 않으므로 시효도 중단되지 않는다고 한다.[46)] 즉 백지를 보충하여야 시효가 중단된다고 본다.

한편 대법원은 재판상의 청구에는 시효중단의 효력을 인정하지만,[47)] 백지를 보충하지 아니한 상태에서의 재판 외의 청구나 어음채무자의 채무승인에 대하여 시효중단의 효력을 인정하지 아니한다.[48)]

【대법원 1995.6.9. 선고 94다41812 판결】

백지어음의 보충은 보충권이 시효로 소멸하기까지는 지급기일 후에도 이를 행사할 수 있고, 주된 채무자인 발행인에 대하여 어음금청구소송을 제기한 경우에는 변론종결시까지만 보충권을 행사하면 된다.

【대법원 1993.11.23. 선고 93다27765 판결】

어음법 제75조 소정의 법정기재사항인 약속어음발행일란의 보충 없이 지급제시한 경우는 적법한 지급제시가 되지 못하여 소구권을 상실한다.

---

44) 정동윤, p.403; 정찬형, pp.232-233; 강위두, p.336.

45) 최기원, p.359.

46) 이범찬·최준선, p.234.

47) 대법원 1962.1.31. 선고 4294민상110·111 판결: 재판상의 청구에 있어서는 어음을 제시하지 아니하더라도 재판상의 청구로서 시효가 중단된다.

48) 대법원 1962.12.20. 선고 62다680: 백지어음인 상태의 청구는 시효중단의 효력이 없다.

(3) 白地어음의 除權判決

① 除權判決의 必要性

백지어음을 상실한 경우에는 완전어음과 마찬가지로 공시최고의 신청이 가능하고 제권판결이 인정된다고 본다. 왜냐하면 백지어음도 완전어음과 같이 유통되고 선의취득이 인정되므로 이를 상실한 경우에 선의취득을 방지하여야 할 필요가 있기 때문이다.

② 除權判決의 效力

i) 消極的 效力

제권판결에 의하여 백지어음은 무효가 되어 증권으로서의 효력을 상실하고, 그 이후에는 백지어음의 선의취득은 인정되지 않는다. 즉 백지어음을 가지고 권리행사를 하거나 양도할 수 없게 한다.

ii) 積極的 效力

백지어음에 대하여 제권판결이 있는 경우에도 완전어음의 경우와 같이 적극적 효력이 있는지에 대하여 부정설과 긍정설이 있다.

부정설[49]의 입장에서는 백지어음은 어음상의 권리가 성립되기 전에 상실한 것이기 때문에 제권판결에 의하여 백지어음의 소지인인 지위를 회복할 뿐이며 백지어음 자체는 무효가 되고 부활하는 것은 아니기 때문에 백지를 보충하여 어음상의 권리를 행사할 수 없고, 주권의 경우(상§360②)와 같은 재발행의 청구를 인정하는 명문의 규정이 없기 때문에 재발행을 받아 보충하여 권리를 행사할 수도 없으므로 제권판결의 적극적 효력은 인정되지 않는다고 한다. 다만 상실된 어음을 취득한 자의 권리행사를 방지할 수 있을 뿐이다.

긍정설의 입장은 백지어음에 대한 제권판결이 있어도 적극적 효력이 인정되지 않으면 제권판결이 무의미하게 된다는 이유로 제권판결을 받으면 백지어음의 재발행을 청구하여 보충을 한 다음에 어음상의 권리를 행사할 수 있다고 하는 재발행청구설[50]이 있다. 타당한 견해라고 본다.

---

49) 손주찬, p.152; 최기원, pp.360-361.

50) 정동윤, p.290; 정찬형, p.226.

이에 대하여 긍정설의 입장에서도 백지어음에 대한 제권판결이 있으면 원고의 백지보충의 의사를 기재한 서면을 첨부하여 지급제시를 할 수 있다는 설도 있고 (어음외 보충설[51]), 판례도 백지어음의 제권판결을 받은 자는 발행인에 대하여 백지부분에 대하여 어음외의 의사표시에 의하여 보충권을 행사하고 어음금의 지급을 청구할 수 있다고 한다.

【대법원 1998.9.4. 선고 97다57573 판결】

어음에 대한 제권판결이 선고되면 그 어음은 어음으로서의 효력을 상실하고, 제권판결을 얻은 자는 어음소지인으로서의 지위를 회복하여 어음상의 권리를 행사할 수 있는 것이지만(민사소송법 제467조, 제468조), 어음요건의 일부가 백지로 된 백지어음은 미완성의 어음이므로 백지의 보충이 없이는 어음상의 권리를 행사할 수 없고, 또한 백지어음에 대한 제권판결이 있다고 하더라도 그 제권판결에 의하여 백지어음 자체가 부활하는 것은 아니므로 그 어음면에 백지를 보충할 방법은 없다 할 것이다.

그런데 민사소송법 제468조는 "제권판결이 있는 때에는 신청인은 증권 또는 증서에 의하여 의무를 부담한 지에 대하여 증서에 의한 권리를 주장할 수 있다."고 규정하고 있는바, 제권판결제도는 증권 또는 증서를 상실한 자에게 이를 소지하고 있는 것과 같은 형식적 자격을 부여하여 그 권리를 실현할 수 있도록 하려는 것인 점과, 백지어음의 발행인은 백지보충을 조건으로 하는 어음금지급채무를 부담하게 되고, 백지에 대한 보충권과 백지보충을 조건으로 한 어음상의 권리는 백지어음의 양도와 더불어 양수인에게 이전되어 그 소지인은 언제라도 백지를 보충하여 어음상의 권리를 행사할 수 있으므로, 백지어음은 어음거래상 완성어음과 같은 경제적 가치를 가지면서 유통되고 있는 점을 함께 고려하여 보면, 백지어음에 대한 제권판결을 받은 자는 발행인에 대하여 백시보충권과 백지보충을 조건으로 한 어음상의 권리까지를 모두 위 민사소송법 제468조에 규정된 '증서에 의한 권리'로서 주장할 수 있다고 봄이 상당하다 할 것이다.

따라서 발행일 · 발행지 · 지급지 · 수취인의 각 난을 백지로 하여 발행된 이 사건 약속어음에 대한 제권판결을 받은 원고로서는 발행인인 피고에 대하여 위 백지 부분에 대하여 어음 외의 의사표시에 의하여 보충권을 행사하고 그 어음금의 지급을 구할 수 있다고 본 원심의 판단은 정당하고, 거기에 상고이유의 주장과 같은 법리오해의 위법이 있다고 할 수 없다.

---

51) 강위두, p.336

제4절 換어음의 讓渡(背書)

1. 總 說

(1) 讓渡의 方法

어음의 수취인은 만기에 직접 어음금액을 지급받을 수도 있지만 만기까지 기다리지 아니하고 이 어음을 가지고 자기의 채권자에게 채무를 변제하거나 할인을 받아 현금화 할 수도 있다. 이와 같은 목적달성을 위하여 어음 및 어음상의 권리를 다른 사람에게 양도하게 된다. 어음을 양도하는 방법에는 민법상의 지명채권양도방법과 어음법상의 배서와 교부(최후배서가 백지식인 경우)가 있다. 이러한 방법으로 어음을 취득한 자는 다시 위의 두 가지 방법으로 어음을 다른 사람에게 양도할 수 있다.

어음에 표창된 권리는 채권의 일종으로서 법률상의 원인에 따라 그 이전이 인정된다. 즉 상속·합병과 같은 包括承繼의 경우는 물론이고 轉付命令·競賣와 같은 특정승계에 의해서도 이전한다. 포괄승계의 경우에는 어음상의 모든 권리가 이전하지만 전부명령의 경우에는 전부명령에 표시된 것만이 이전한다.

(2) 指名債權讓渡의 方法

① 背書할 수 있는 어음의 讓渡

배서를 금지하지 않은 어음(배서 또는 교부에 의하여 양도할 수 있는 어음)을 배서 이외의 지명채권양도의 방법(민§450)에 의하여 양도할 수 있는가 하는 문제에 대하여는 소수설인 부정설[52)]도 있으나 실제로 이러한 방법을 택하는 경우는 적지만 이를 부정할 특별한 이유가 없으므로 통설인 긍정설이 타당하다.

긍정설에 의하면 i) 민법의 채권양도의 대항요건에 관한 규정은 절대적인 강행법규가 아니고, ii) 어음의 양수인이 불이익을 감수하는 이상 법의 취지에 반하지 않으며, iii) 어음법 제11조의 문언(당연한 지시증권성)에서 볼 때나 어음상의

52) 정찬형, pp.449-450.

배서금지배서를 인정하고 있는 점에서 볼 때 배서방식의 정형화도 절대적인 것은 아니고, ⅳ) 지명채권양도의 경우에도 증권의 교부가 필요하므로 증권과 권리가 분리되지 않는다는 점, ⅴ) 지명채권양도의 방법에 의하면 어음상의 권리뿐만 아니라 어음채권에 부수된 어음외의 從되는 채권도 이전되므로 유리하다는 점 등으로 볼 때 어음양도의 지명채권양도의 방법에 의한 양도를 부정할 이유가 없다고 한다. 판례도 긍정설의 입장이다.[53)]

② 讓渡의 要件

ⅰ) 어음의 交付問題

어음을 지명채권양도의 방법으로 양도하는 경우에 특히 문제가 되는 것은 당사자간의 의사표시 이외에 어음의 교부가 필요한가 하는 점이다. 이에 관하여 통설은 어음은 유가증권이므로 지명채권양도의 방법으로 양도되는 경우에도 어음의 교부가 필요하다고 본다. 이에 반하여 지명채권양도의 합의만으로 충분하며 어음의 교부를 필요로 하지 않고 양수인은 다만 어음교부청구권이 있을 뿐이라는 소수설도 있다. 그러나 어음은 유가증권이므로 권리자가 증권을 소지하고 있지 않으면 그 권리를 행사할 수 없으므로 어음의 교부를 양도의 효력발생요건으로 보아야 하기 때문에 어음의 교부가 필요하다는 통설이 타당하다.

ⅱ) 對抗要件問題

지명채권양도의 방법으로 어음을 양도할 경우에는 대항요건을 갖추어야 하지만 통지는 모든 어음채무자에게 할 필요는 없고 청구하고자 하는 상대방에 대하여만 하면 된다. 그리고 주 채무자에 대하여 대항요건을 갖추었으면 보증인에 대하여 별도의 대항요건을 갖추지 않아도 보증인에게 채권양도의 효력을 주장할 수 있다.[54)]

③ 讓渡의 效力

어음상의 권리를 지명채권 양도방법에 의하여 이전한 경우에도 그 양도의 효력은 일반채권양도에 관한 법칙에 따른다. 그러므로 양수인은 양도인의 모든 어음상의 권리(어음금지급청구권 및 상환청구권)를 취득하며 또 양수인은 그 취득방법과 관계없이 어음법적인 방법으로 다시 배서도 할 수 있다. 그러나 지명채권양도의 방

53) 대법원 1998.8.21. 선고 98다19448 판결.

54) 대법원 1989.10.24. 선고 88다카20774 판결.

법에 의하여 어음을 양도하는 경우에는 어음법적 유통방법이 아니므로 배서의 경우와 달리 인적항변의 절단(어§17) 및 선의취득(어§16②)·담보적 효력(어§15)이 없다.

(3) 背書禁止어음(指示禁止 어음)

① 意 義

어음은 법률상 당연한 지시증권이므로(어§11①) 지시문구가 없더라도 배서에 의하여 양도할 수 있지만 어음의 발행인은 어음에 「指示禁止」 또는 「배서금지」등 이와 동일한 뜻의 문자를 기재하여 예외적으로 그 배서성을 박탈할 수 있다(어§11②) 이러한 어음을 배서금지어음 또는 지시금지어음이라 한다. 이는 배서인이 한 배서금지배서(어§15②)와 다르다. 배서금지배서는 배서인이 하는 것으로서 어음의 배서성을 박탈하는 것이 아니라 어음은 여전히 배서에 의하여 양도할 수 있으나 직접의 피배서인의 후자에 대하여 담보책임을 지지 아니할 뿐이다.

② 效 用

배서금지어음은 주로 상대방에 대한 항변권을 유보하기 위한 때와 상환금액의 증대를 막기 위한 때 및 금액백지의 어음을 발행한 경우에 보충권의 남용을 방지하기 위하여 이용된다. 그리하여 담보어음, 근담보어음 등에 많이 사용된다. 배서금지어음도 어음이지만 그 기능면에서는 유통성이 거의 없으므로 사실상 지명채권과 다름없다.

③ 背書禁止의 記載方法

「指示禁止」나 「背書禁止」, 또는 「讓渡禁止」등의 지시를 금지하는 뜻의 문자를 어음의 표면에 기재하여야 한다. 그러나 어음의 裏面에 하였더라도 발행인에 의한 지시금지가 분명한 때에는 유효하다고 본다.

어음의 표면에 단순히 '보관용'이라고 기재한 경우는 지시금지어음으로 볼 수 없으며,[55] 지시금지의 문언은 통상인이 알 수 있을 정도로 명료하게 기재되어야 하므로 어음 이면의 배서란 맨 끝부분에 '견질용'이라고 기재된 것만으로는 지시금지어음이라고 볼 수 없다.[56]

---

55) 대법원 1993.11.12. 선고 93다39102 판결.

56) 대법원 1994.10.21. 선고 94다9948 판결.

그리고 어음문구에 기재된 지시문구를 삭제한 것만으로는 지시금지어음으로 볼 수 없다.[57] 왜냐하면 어음은 지시문구가 없어도 법률상 당연히 지시증권이기 때문이다(어§11①).

인쇄된 지시문구를 말소하지 않고 지시금지문구를 기재한 때에는 양자의 기재는 병존하게 되지만 이러한 경우는 지시금지문구의 효력이 우선한다고 보는 것이 다수설이고 판례의 입장이다.[58] 어음용지에 인쇄되었거나 어음에 기재한 지시문구는 무익적 기재사항인 데 비하여 지시금지문구는 유익적 기재사항이기 때문이다.

어음이 배서금지의 특약이 있더라도 어음에 그 기재를 하지 아니한 때에는 어음의 지시증권성에는 변함이 없고 피배서인이 특약이 있음을 안 경우라도 배서양도의 효력에는 영향이 없다.[59]

【대법원 1990.5.22. 선고 88다카27676 판결】

어음의 발행인이 어음용지에 부동문자로 인쇄된 지시문구를 말소하지 아니한 채 지시금지문구를 기재하였다면 특별한 사정이 없는 한 지시금지문구의 효력이 우선한다고 할 것이지만 이러한 효력이 발생하기 위하여서는 통상인이 어음거래를 함에 있어서 어음면상으로 보아 발행인이 배서를 금지하여 발행한 것임을 알 수 있을 정도로 명료하게 기재되어야 한다고 할 것인바, 약속어음의 발행인이 어음용지 중앙에 부동문자로 인쇄된 지시문구를 삭제함이 없이 약속어음 오른쪽 상단의 아라비아 숫자로 기재된 액면금액의 표시와 지시문구 사이에 그보다 작은 크기의 지시금지라고 새겨진 고무인을 숫자 및 지시문구의 문자와 중복되게 희미하게 압날함으로써 통상인이 어음거래를 함에 있어 보통 기울이는 정도의 주의로는 쉽게 알아보기 어려운 상태로 지시금지문구를 표시하여 어음을 발행한 경우에 있어서 원심이 발행인의 지시금지어음이라는 항변을 배척한 조치에는 지시금지 문언의 기재방법에 관한 법리오해의 위법이 없다.

④ 效 力

i) 背書의 禁止

배서금지어음은 배서로 어음상의 권리를 양도하지 못한다. 그 결과 배서양도를 하더라도 지명채권의 양도계약으로서의 효력만이 인정된다고 할 수 있다. 그러므로 배서금지어음의 성질은 기명증권이고 그것이 표창하는 권리는 지명채권이다.

---

57) 대법원 1962.12.20. 선고 62다668 판결.

58) 정동윤, p.466; 최기원, p.386.

59) 대법원 1965.5.18. 선고 65다478 판결.

따라서 어음항변의 절단(어§17)이나 선의취득(어§16②)은 인정되지 않으며, 양도인은 담보책임을 지지 않는다.

ii) 指名債權讓渡方法의 認定

배서금지어음이라도 양도성까지 없는 것은 아니므로 기명증권과 같이 지명채권양도의 방식과 그 효력으로만 양도할 수 있다(어§11②). 따라서 당사자간의 채권양도의 합의 외에, 민법 제450조에 의한 대항요건의 구비 및 어음증권의 교부라는 요건을 갖추어야 한다. 그러므로 배서금지어음을 양수한 자는 발행인이 양도인에 대하여 갖는 모든 항변의 대항을 받는다. 그러나 양수인이 어음을 교부받아 소지하고 있는 한 대항요건을 갖추지 않더라도 양도인은 어음을 소지하고 있지 못하므로 양도인이 권리를 행사할 수 없으므로 그 권리를 상실할 염려는 없다.

iii) 推尋委任背書·期限後背書의 認定

배서금지어음이라도 발행인의 수취인에 대한 항변이 절단되지 않는 추심위임배서(어§18)나 지명채권양도의 효력만이 있는 기한후배서(어§20)는 가능하다고 본다.

그러나 입질배서에는 항변의 절단이 인정되므로(어§19②) 배서금지어음은 입질배서를 할 수 없다고 본다.[60)]

iv) 除權判決의 可能性

배서금지어음이 제권판결의 대상이 되는가 하는 문제에 대하여는 현행법에서 기명증권에 대하여 제권판결을 인정하는 규정이 없을 뿐만 아니라(민§521 참조), 배서금지어음은 지명채권양도의 방법으로만 양도할 수 있으므로 선의취득이 인정되지 않으므로 어음을 무효화시켜야할 실익도 없기 때문에 배서금지어음은 제권판결의 대상이 되지 않는다고 본다.[61)]

2. 背 書

(1) 어음背書의 意義 및 性質

背書(Indossament, indorsement)란 어음상의 권리의 양도를 목적으로 하는 어음행위

60) 최기원, p.388; 이철송, pp.305-306. 반대로 입질배서를 인정하는 견해: 서돈각·정완용, p.185; 정동윤, p.467; 정찬형, p.456.

61) 정희철·정찬형, p.286; 정동윤, p.467; 최기원, p.389. 이와 반대로 긍정하는 견해: 서돈각·정완용, p.185; 손주찬, pp.242-243; 이철송, p.306.

이다. 이것은 어음의 유통성을 조장하기 위하여 법이 특별히 인정한 양도방법이다. 즉 배서인이 어음금액을 피배서인에 대하여 지급할 것을 의뢰하는 뜻의 기재를 하여 어음을 피배서인에게 교부함으로써 어음상의 권리를 이전하는 것이다. 어음상의 권리는 배서 이외의 방법, 즉 지명채권의 양도방법·상속·회사의 합병·경매 또는 전부명령에 의하여서도 이전할 수 있다. 그리고 배서 이외의 방법에 의하여 취득한 어음상의 권리를 다시 배서에 의하여 양도할 수도 있다.

배서의 본래의 목적은 어음상의 권리를 이전하는 것이지만 그 밖에 보증, 담보의 목적, 자금융통의 목적, 추심위임의 목적으로도 배서를 한다. 배서의 성질에 관하여는 채권양도설과 소유권취득설로 나뉘고 있다. 그런데 배서는 어음상의 권리를 피배서인에게 양도하는 행위로서 채권양도라고 하는 것이 통설이다. 이 입장에 의하면 정당한 어음소지인(수취인 또는 피배서인)은 배서와 교부에 의하여 어음상의 권리를 후자에게 양도하게 된다. 이것은 한편으로 지시에 의한 二重授權과 또 한편으로 어음상의 인수인에 대한 청구권과 전자인 배서인과 발행인에 대한 소구권을 양도하는 것이 된다. 어음이 아직 인수되지 않은 때에는 소구권만이 양도의 대상이 된다. 그리고 어음의 선의취득, 항변의 절단, 배서인의 담보책임 등은 어음의 유통을 조장하기 위하여 법률정책상 인정된 것이라고 볼 수도 있다.

(2) 背書의 方式

① 總 說

배서는 다른 어음행위와 같이 서면행위와 어음의 교부에 의하여 성립한다. 서면행위는 어음의 본지나 이에 결합된 보전(부전, 보충지) 또는 등본에 피배서인의 명칭을 기재하고 배서인이 기명날인 또는 서명하는 기명식배서와 피배서인을 기재하지 않고 배서인이 기명날인 또는 서명하는 백지식배서의 2가지 방법이 있다. 보전이란 배서가 여러 번 거듭되어 더 이상의 여백이 없는 때에 어음면을 연장시킨 紙片을 말하며, 등본이란 어음의 謄寫物로서 위 원본이 수중에 없는 동안에도 어음을 유통시킬 수 있도록 하기 위하여 인정된 것을 말한다.

배서의 기재장소는 보통 어음의 裏面이나 補箋에 하지만 약식배서가 아니면 어음의 표면에 하여도 유효하다. 왜냐하면 약식배서를 표면에 할 수 있도록 하면 공동발행·보증·인수 등과 혼동될 우려가 있기 때문이다. 따라서 배서인의 기명날인 또는 서명만을 하는 약식배서는 이면 또는 보전에만 한정시키고 있다(어§13②).

그러나 어음배서란에 있는 단순한 기명날인 또는 서명은 백지식 배서로 본다.

배서의 연속, 배서의 일자 등은 배서요건은 아니지만 어음은 형식적으로 유효하여야 그 위에 배서할 수 있다.

수인의 수취인이 중첩적으로 기재된 때에는 모든 수취인이 배서인으로서 기명날인 또는 서명을 하여야 하나, 그 중 1인 또는 제3자가 대리관계를 표시하고 대리인으로서 배서할 수 있다. 수인의 수취인이 선택적인 때에는 그 중 1인이 기명날인 또는 서명을 하면 된다.

② 記名式背書

記名式背書(Namensindossament)는 배서문구와 피배서인을 기재하고 배서인이 기명날인 또는 서명을 하는 배서이며, 정식배서 또는 완전배서라고도 한다. 실제에 있어서는 부동문자로 인쇄된 어음용지를 사용하는 것이 보통이므로 그 이면에 있는 배서란의 "앞면에 적은 금액을 ○○○ 또는 그 지시인에게 지급하여 주십시오"하는 배서문구 중의 공백부분에 피배서인의 이름을 기입한다. 배서문구는 배서의사의 표시로서 지급인에 대한 지급위탁의 문구로 기재한다. 피배서인의 표시는 권리자의 지정에 관한 문제로서 통칭, 아호만 표시하여도 되며, 회사의 상호만을 기재하여도 되고, 어음요건 중 수취인의 기재에 관하여 설명한 것이 대체로 그대로 적용된다.

배서일자는 배서요건이 아니므로 일자의 기재가 없는 배서라도 무효가 아니고 기한 전의 배서로 추정된다(어§20②).

능력, 대리권의 유무, 기한후배서의 여부 등에 관한 판단은 어음이 실제로 배서된 날을 기준으로 하며 배서인이 기재한 일자에 의하지 않는다. 다만 일자의 기재가 있으면 그 일자에 배서한 것으로 추정할 수 있을 뿐이다.

【대법원 1973.7.10. 선고 72다2551 판결】

약속어음에 있어 피배서인의 표시는 거래회사에서 그 본인이 누구인가를 식별할 수 있는 정도이면 족하다 할 것이므로 주식회사 경남은행이라는 정식명칭 중 주시회사를 생략하여 단지 경남은행이라고 썼다 하여 미비점은 없다.

③ 白地式背書

배서를 함에 있어서 피배서인을 기재하지 않은 배서를 白地式背書라 한다. 더욱이 피배서인 뿐만 아니라 배서문구마저도 기재하지 않고, 배서인의 기명날인 또는 서명만이 있는 배서를 簡略白地式背書 또는 略式背書라 한다. 이러한 배서는 표면의 보증인, 인수인의 기명날인과 비교하기 위하여 어음의 裏面 또는 補箋에만 할 수 있다(어§13②).

백지식배서의 양수인은 이후 어음을 단순한 교부로 양도할 수 있기 때문에 의심을 받지 않고 자연스럽게 어음법 제15조의 담보책임을 면할 수 있고 백지식배서의 경우 어음이 할인을 위하여 제시되었다가 거절이 된 경우에도 그것이 어음상에 나타나지 않으며, 백지식배서를 한 어음은 이후 단순한 양도의 합의와 교부에 의하여 양도할 수 있는 장점이 있다. 그러나 어음을 상실한 경우에 선의취득이 용이하기 때문에 어음의 상실로부터 권리자를 보호할 수 없게 되는 단점도 있다.

백지식배서의 효력은 원천적으로 배서일반의 효력과 같으나 백지식배서가 된 어음의 소지인은 정당한 소지인으로 추정되기 때문에(어§16① 2호), 백지를 보충하지 않아도 당연히 그 권리행사가 가능하다는 것이다. 이 점이 수취인백지어음의 경우에 백지를 보충하지 않고는 권리를 행사할 수 없는 것과 다르다.

백지식배서에도 담보적 효력이 있으므로 배서인은 담보책임을 지지만 백지를 보충하지 않고 그대로 교부만 한 자는 담보책임을 지지 않는다. 기명식배서의 경우와 마찬가지로 인적항변의 절단과 선의취득은 인정된다.

백지식 배서에 의하여 어음을 취득한 소지인은 다음과 같은 방법으로 어음을 제3자에게 양도할 수 있다. i) 자기 또는 타인의 명칭으로 백지를 보충할 수도 있고(어§14② 1호), ii) 백지의 보충 없이 다시 배서할 수도 있으며(어§14② 2호), iii) 백지의 보충이나 배서도 하지 않고 단순히 제3자에게 교부하여 어음을 양도할 수도 있다(어§14② 3호).

④ 所持人出給式背書

소지인출급식배서란 어음의 소지인에게 어음상의 권리를 양도한다는 뜻의 기재가 있는 배서를 말한다. 이 배서는 효용성에 있어서 백지식배서와 같고, 피배서인의 기재가 없는 점에서도 같으므로 어음법은 이에 백지식배서와 동일한 효력을 인정하였다(어§12③).

⑤ 指名所持人出給式背書

이것은 특정한 피배서인뿐만 아니라 그 소지인도 지급을 받을 수 있다는 뜻을 기재한 배서이다(예:「甲 또는 어음의 소지인에게 지급하여 주십시오」). 이에 관하여는 어음법에 아무런 규정이 없으나 수표법 제5조 2항의 취지에 따라 所持人出給式背書와 같다고 보아야 할 것이다.

(3) 어음背書의 記載事項

① 有益的 記載事項

배서는 무조건이어야 하고, 배서에 붙인 조건은 기재하지 아니한 것으로 보나(어§12①) 다음 사항의 기재는 유익적 기재사항으로서 그 효력이 인정된다. 즉 i) 소지인출급식배서문구(어§12③), ii) 무담보문구(어§15①), iii) 배서금지문구(어§15②), iv) 추심위임문구(어§18①), v) 입질문구(어§19), vi) 배서일자(어§20②), vii) 인수제시명령문구(어§22④), viii) 인수제시기간단축문구(어§23③, §53③), ix) 지급제시기간단축문구(어§34①), x) 배서인의 처소(어§45③), xi) 거절증서작성면제문구(어§46①), xii) 예비지급인(어§55①), xiii) 謄本에만 배서하라는 문구(어§68③)를 들 수 있다.

② 無益的 記載事項

무익적 기재사항으로는 i) 배서에 붙인 조건(어§12① 2호), ii) 對價文句, iii) 指示文句 등을 들 수 있으며 이를 기재하여도 어음법상의 효력이 생기지 않는다. 조건부배서를 인정하면 어음거래의 안전을 해치게 될 것이기 때문에 배서에 붙인 조건을 기재하지 아니한 것으로 보아(어§12①), 무조건 배서가 된다.

③ 有害的 記載事項

어음금액의 일부에 대한 배서문구(어§12②)는 어음의 단일성을 해치고 권리와 증권의 분리, 어음상의 권리의 분할양도 등의 결과를 초래할 수 있기 때문에 배서 자체를 무효로 만든다. 다만 일부지급이 있은 후(어§39②) 그 잔액에 대한 배서는 상관없다. 그러나 배서이외의 방법에 의한 어음채권의 일부양도도 인정되지 않는다.

3. 背書의 效力

어음상 형식적 자격이 있는 자가 한 배서에는 다음과 같은 3가지의 효력이 생긴다. ① 權利移轉的 效力으로서 배서에 의하여 어음상의 모든 권리가 被背書人에게 이전하게 되며(어§11①, §14①), ② 담보적 효력에 의하여 배서인은 피배서인과 이후 피배서인으로부터 권리를 양수한 후자 전원에 대하여 어음의 인수 및 지급을 담보하는 의무를 진다(어§15①). ③ 자격수여적 효력에 의하여 배서가 연속된 어음의 소지인은 적법한 소지인인 어음상의 권리자로 추정되어(어§16①) 특별히 권리자임을 증명하지 않고도 권리를 행사할 수 있게 된다.

권리이전적 효력은 의사표시상의 효력이고 담보적 효력과 자격수여적 효력은 당사자의 의사와는 관계없이 법에 의하여 인정되는 효력이다. 또 권리이전적 효력과 자격수여적 효력은 배서의 본질을 구성하는 것이므로 어음을 포함한 모든 지시증권에 관하여 인정되지만 담보적 효력은 어음·수표에만 특유한 효력이 있고 다른 지시증권(화물상환증, 창고증권, 선하증권 등)에는 인정되지 않는다. 즉 통상의 양도배서에는 권리이전적 효력, 담보적 효력, 자격수여적 효력 세 가지 모두 인정되지만, 다음에 설명하는 기한후배서, 배서금지배서, 추심위임배서 등의 특수한 배서에는 일부의 효력이 배제될 수 있다.

(1) 權利移轉的 效力

① 意 義

권리이전적 효력이란 배서에 의하여 어음상의 모든 권리를 피배서인에게 이전시키는 것이며(어§11①, §14①), 의사표시로 인하여 생기는 배서의 본질적 효력이기도 하다. 어음상의 모든 권리란 지급인으로부터 지급을 받을 권리, 어음보증인에 대한 모든 권리이며, 환어음의 발행인이나 배서인에 대한 소구권은 권리이전적 효력에 의하여 이전되는 것이 아니고 담보책임의 반사적 효과이다.

그러나 어음은 추상증권이므로 배서에 의하여 어음발행의 원인관계는 이전하지 않는다. 이러한 효력이 생기기 위하여는 단순한 서면행위인 배서만으로는 불충분하고 교부계약이 있어야 한다. 그리고 배서가 그 형식에 있어서 유효하여야 하고, 또 배서인이 어음상의 권리자이어야 한다. 피배서인은 어음상의 권리를 행사할 수 있음은 물론 타인에게 양도할 수 있다.

어음법은 배서의 권리이전적 효력에 관하여 명문의 규정을 두고 있으나, 민법상의 지시채권의 배서에 있어서는 자격수여적 효력 효력에 대해서만 규정하고 있을 뿐(민§513) 권리이전적 효력에 대하여는 명문의 규정이 없다. 그러나 권리이전적 효력을 당사자간의 의사표시상의 효력으로 보는 한 명문의 규정이 없어도 당연히 인정된다고 본다.[62)]

62) 서돈각·정완용, p.191; 정동윤, pp.370-371; 성찬형, p.469.

② 善意取得

배서의 권리이전적 효력은 어음법 제16조 2항에 의하여 無權利者 등으로부터의 선의취득을 가능하게 한다. 즉 형식적인 배서의 연속에 의하여 그의 권리를 증명한 자는 어음을 악의 또는 중대한 과실로 취득한 경우가 아니면 그 어음을 분실한 前의 어음소지인에 대하여 어음의 반환의무를 지지 않는다.[63]

본래 배서의 권리이전적 효력은 배서인의 권리가 유효함을 전제로 하여 이 권리가 배서에 의하여 피배서인에게 이전되는 것임에 비하여, 선의취득의 효과로서 피배서인이 취득하는 어음상의 권리는 배서인이 무권리자이므로 原始取得인 것이다. 그러므로 양자는 논리적 전제가 다르다고 본다. 따라서 선의취득은 배서의 자격수여적 효력에 속하는 것이며, 권리이전적 효력과는 무관하다고 본다.[64]

③ 人的抗辯의 切斷

배서에 의하여 피배서인은 어음 외의 사유로부터 절단된 어음상의 권리 그 자체를 취득한다. 즉, 피배서인은 전자에 대한 인적 관계에 기인한 항변으로써 대항받지 아니하며(항변의 절단, 배서의 권리강화적 또는 권리정화적 효력), 배서인의 지위보다 더 완전하게 되고 다만 피배서인이 채무자를 해칠 것을 알고 취득하였을 때만 악의의 항변으로써 대항받게 될 뿐이다(어§17). 그러므로 어음취득의 실효성은 인적항변의 절단제도에 의하여 뒷받침 되어 진다.

④ 어음에 부수된 權利에 移轉

배서에 의하여 이전하는 것은 어음상의 권리이지만 이와 더불어 어음채권에 부수된 従되는 권리(질권·저당권·보증채권·위약금에 대한 권리 등)도 피배서인에게 이전하는가에 대하여는 학설이 대립한다.

부정설에 의하면 배서에 의하여 피배서인은 어음상의 권리를 취득하게 되는데 어음상의 권리에는 그 성질상 어음 외의 담보의 존재를 인정할 수 없고, 부수된 권리는 어음상의 권리라고 할 수 없기 때문에(어§14① 참조) 그 이전을 부정하는 것이 다수설로서 타당하다고 본다.[65] 또한 어음법이 보호하고자 하는 것은 어음

---

63) 최기원, p.401; 정동윤, p.477; 이기수, p.197.

64) 이범찬·최준선, p.253.

65) 최기원, pp.402-403; 정희철·정찬형, p.297; 손주찬, p.248; 이범찬·최준선, p.251; 이철송, pp.317-318; 정찬형, pp.470-471; 서돈각·정완용, p.191.

의 문언성에 기초해서 어음상에 나타난 권리에 한한다고 보아야 하기 때문이다. 이러한 점에서 보면 배서에 의한 어음상의 권리의 양도가 지명채권양도방법에 의한 양도보다 불리한 점도 있으나, 앞에서 본 바와 같이 배서에 의한 양도에는 인적 항변의 절단의 효력이 있으므로 이것에 의하여 종된 권리가 이전되지 않는 불리는 보충된다.[66]

이에 대하여 긍정설에 의하면 從된 권리의 이전을 금지하는 어음법상의 규정이 없는 점, 배서에 의한 권리의 양수인이 지명채권양도방법에 의한 양수인보다 더 약한 지위를 가질 수 없다는 점, 從되는 권리는 主되는 권리의 처분에 따른다는 원칙, 담보권의 付隨性이라는 민법의 원칙에 의하면 당연히 배서에 의하여 부수된 권리도 이전되어야 한다고 한다.[67]

(2) 擔保的 效力

① 意 義

배서인은 배서에 의하여 피배서인과 그 후자 전원에 대하여 어음의 인수와 지급을 담보하는 의무를 지는데(어§15①), 이것을 배서의 담보적 효력이라고 한다. 그러므로 배서인의 수가 많을수록 연대보증인의 수가 많은 것과 같은 결과가 되어 어음의 신용을 높이게 된다. 이 효력은 배서인의 의사에 근거를 둔 것으로서 이를 의사표시상의 효력이라고 보는 학설도 있으나[68] 배서당사자 간에 보통 수수되는 대가관계를 고려하고 어음의 유통성을 촉진시키기 위하여 법이 정책적으로 인정한 특별한 효력이라는 견해가 통설이다.[69] 따라서 어음법과 같은 명문의 규정이 없는 민법의 지시채권의 배서나 상법상의 지시채권인 화물상환증, 창고증권, 선하증권 등의 배서에는 이를 인정할 수 없다.

그러나 어음의 유통성을 고려할 필요가 없는 기한후배서나 어음상의 권리를 이전하는 것이 아닌 추심위임배서의 경우에는 담보적 효력이 인정되지 않는다.

② 內 容

담보책임의 구체적 내용은 어음의 종류에 따라 다르다. 배서인은 만기에 지급

---

66) 정찬형, p.471.

67) 강위두, p.367; 정동윤, p.478; 채이식, p.90; 양승규, p.295.

68) 정희철·정찬형, p.298.

69) 정동윤, p.486; 최기원, p.403; 손주찬, p.249.

이 거절된 때, 또는 만기 전이라도 인수의 거절이 있는 때나 지급이 불확실하다고 인정되는 일정한 법정사유(어§43)가 있는 때에는 소지인의 소구권행사에 대하여 어음금액을 지급하지 않으면 안 된다. 이러한 상환의무가 배서인의 담보책임이다. 배서의 담보적 효력이 발생하기 위하여는 배서가 그 형식에 있어서 유효하여야 하고, 또 원칙적으로 배서의 권리이전적 효력이 발생하여야 한다.[70)]

배서인이 수인인 경우 즉, 공동배서의 경우에는 각자가 배서인으로서 인수와 지급을 담보하며, 어음금액 전부에 대한 책임을 진다. 그리고 이들의 책임은 연대책임이 아니라 합동책임이다(어§47①, §77①).[71)] 어음의 인수 및 지급거절에 의하여 소구의무를 이행하고 어음을 환수한 배서인은 어음상의 권리를 취득하게 된다(어§47③). 배서인은 어음법상의 담보책임만을 지는가 어음발행의 원인채무에 대한 보증책임도 지는가에 대하여는 특별한 사정이 존재하지 않는 한 어음법상의 책임만 진다는 것이 학설과 판례의 입장이다.

③ 擔保責任의 排除(無擔保背書)와 制限(背書禁止背書)

담보적 효력은 배서의 본질적 효력이 아니라 법이 정책적으로 인정한 것이기 때문에 배서인이 담보책임을 지지 않는다는 특별한 의사표시 문언을 어음에 기재함으로써 담보적 효력의 일부 또는 전부를 배제할 수 있는데 이러한 배서를 무담보배서라고 한다(어§15①).

환어음의 발행인은 인수무담보의 기재만 할 수 있지만 배서인은 지급무담보의 기재도 할 수 있다. 이러한 기재의 효력은 그것을 기재한 배서인에게만 생기며 다른 배서인이나 발행인의 책임에도 그 영향을 미치지 않는다. 어음을 배서 이외의 방법으로 양도하였을 때에는 담보적 효력이 생기지 않는다. 배서인이 단순히 「무담보」라고 기재한 경우에는 인수와 지급의 모두에 대하여 무담보의 문언을 기재한 것으로 해석한다.

배서인이 배서금지배서(어§15②)를 한 경우에는 자기의 직접의 피배서인에 대하여만 담보책임을 지고 그 이후의 취득자들에게는 책임을 지지 않기 때문에 담보책임을 지는 상대방을 제한하는 목적이 있다.

④ 擔保背書를 한 자의 責任

담보배서(Garantientindossament)라는 것은 배서의 담보적 효력과 관련하여 발전된

---

70) 정희철, p.188.

71) 이에 대하여 연대책임이라고 보는 견해: 이철송, p.320.

제도로서 어음을 양도한다는 목적은 없이 오직 배서인으로서의 담보책임(어§15)만을 부담할 목적으로 어음에 배서의 기명날인 또는 서명을 하는 것을 말한다.

이러한 목적은 어음보증에 의하여서도 달성될 수 있으나, 어음보증은 어음채무자의 지급능력이 불완전하다는 것을 나타내기 때문에 담보배서제도가 많이 이용된다. 어음보증과 다른 점은, 담보배서의 배서인은 자기의 후자에 대하여서만 담보책임을 부담하는 데 반하여, 어음보증에 있어서는 원칙적으로 전자를 위하여도 효력을 미칠 수 있다는 점(어§32①, §31④ 2문)이다.

담보배서의 담보적 효력은 양도배서의 경우와는 달리 법정의 효력이 아니라 당사자의 의사표시에 따른 효력이다. 따라서 담보배서에는 그 의도한 바에 따라 담보적 효력은 있으나, 권리이전적 효력은 없다고 본다.[72] 또 담보배서의 배서인에게는 그 전자에 대하여 어음법에 의한 소구권도 인정된다고 본다(어§47③, §49).

(3) 資格授與的 效力

① 資格授與的 效力의 意義

배서가 연속된 어음의 소지인은 어음상의 권리자라고 추정되므로(어§16①), 소지인은 형식적 자격만 증명하면 자기가 진정한 권리자임을 증명하지 않고도 어음상 권리를 행사할 수 있는데, 이것을 배서의 자격수여적 효력(Legitimationswirkung)이라고 한다. 이것은 어음의 법률관계를 외관(형식적인 기재사항)에 의해 결정함으로써 어음유통의 원활화와 권리행사의 간편화를 기하기 위하여 법이 인정한 특별한 효과이고 의사표시에 의한 효과가 이니다.

배서의 자격수여적 효력이 발생하기 위하여는 배서가 그 형식에 있어서 유효하여야 하고, 또 배서의 연속이 있을 것을 전제로 한다.

② 資格授與的 效力의 內容

배서가 연속되면 어음소지인은 적법한 소지인, 정당한 권리자로 추정을 받는다(어§16①). 따라서 어음의 소지인은 자기가 유효하게 권리를 취득한 사실을 입증할 필요 없이 당연히 권리를 행사할 수 있다. 그러나 소지인이 무권리자임을 채무자가 입증할 수 있으면 그 권리행사를 거부할 수 있다. 따라서 지명채권이라면 원래 권리자가 부담할 입증책임을 의무자에게 전가하는 제도라고 할 수 있다.[73]

---

72) 정동윤, p.488.

73) 이철송, p.321.

연속된 배서의 효과로서 소지의 적법성이 추정되는 결과, 지급인도 詐欺 또는 중대한 과실 없이 만기에 어음소지인에게 지급을 하면 소지인이 진정한 권리자가 아니었다 하더라도 책임을 면하는 면책력이 인정된다(어§40③). 그리고 배서가 연속된 어음소지인으로부터 배서에 의하여 어음을 취득한 피배서인은 그 배서인이 무권리자였다 하더라도 악의 또는 중대한 과실이 없는 한 어음상의 권리를 취득하는 선의취득이 인정된다(어§16②).

③ 背書의 連續

i) 意 義

자격수여적 효력은 배서의 연속을 전제로 한다. 배서의 연속이란 어음의 기재에 있어서 수취인이 제1배서인이 되고, 제1배서의 피배서인이 제2배서의 배서인이 되는 것과 같이 어음의 수취인으로부터 최후의 피배서인인 현재의 소지인에 이르기까지 차례로 배서가 중단 없이 연속되고 있는 것을 말한다. 환어음의 발행인의 수취인에 대한 제2차배서는 무의미한 것으로서 배서의 연속을 판단함에 있어서는 그 기재가 없는 것으로 본다.

ii) 形式的 連續

배서의 연속은 어음의 기재상 형식적으로 연속되어 있어야 하고 또 이것으로 충분하고 실질상 유효한 것임을 요하지 않는다.[74] 따라서 수취인과 제1배서인이 실질적으로 동일인이라고 하더라도, 예컨대 성명으로 어음을 교부받는 자가 상호로써 배서한 때에는 어음소지인이 실질관계를 증명하고 권리를 행사할 수 있는 것은 별문제로 하고 배서의 연속이 인정되지 않는다. 배서 중에 가설인의 배서, 위조의 배서, 무권대리인의 배서, 무능력자의 배서, 하자있는 의사표시에 의한 배서, 취소에 의하여 무효가 된 배서가 있거나 수취인과 제1배서인이 다르더라도 기재에서 볼 때 연속에 흠결이 없다면 배서의 연속은 인정된다.

배서의 연속이 인정되기 위해서는 각 배서가 형식적으로 유효하여야 한다. 따라서 배서가 형식상 흠으로 인하여 무효인 경우에는 그 배서를 제외하고 배서의 연속여부를 조사하여야 한다.

記名捺印背書는 배서의 연속에 관하여 무효로 본다. 말소한 배서는 배서의 연속에 관하여는 배서의 기재가 없는 것으로 본다(어§16① 3문). 수취인 또는 전의

74) 대법원 1974.9.24. 선고 74다902 판결: 배서의 연속은 어음의 기재상 형식적으로 연속되면 충분하다.

배서의 피배서인과 후의 배서의 배서인의 명칭의 동일성여부는 각각의 표시가 주요한 점에서 일치하고 사회통념상 동일인의 명칭이라고 판단될 정도이면 충분하고 반드시 완전히 일치하여야 하는 것은 아니라고 본다.

【대법원 1999.3.9. 선고 97다7745 판결】

어음의 배서 연속은 형식상 존재함으로써 족하고 또 형식상 존재함을 요한다 할 것이므로, 그 배서가 배서의 요건을 모두 갖춘 유효한 배서이어야만 그 어음상의 권리는 적법하게 이전되는 것이며, 그 배서가 배서의 요건을 갖추지 못한 경우에는 그 어음상의 권리는 적법하게 이전될 수 없는 것이고, 법인의 어음행위는 어음행위의 서면성·문언성에 비추어 법인의 대표자 또는 대리인이 그 법인의 대표자 또는 대리권자임을 어음면상에 표시하고 기명날인하는 대리방식에 의하던가, 법인의 대표자로부터 대리권을 수여받고 직접 법인의 대표자 명의로 서명할 수 있는 권한이 주어져 있는 자의 대행방식에 의하여 이루어져야 할 것이다

【대법원 1995.9.15. 선고 95다70241 판결】

어음에 있어서의 배서의 연속은 형식상 존재함으로써 족하고 또 형식상 존재함을 요한다 할 것이나, 형식상 배서의 연속이 끊어진 경우에 딴 방법으로 그 중단된 부분에 관하여 실질적 관계가 있음을 증명한 소지인이 한 어음상의 권리행사는 적법하다.

【대법원 1987.7.7. 선고 86다카2154 판결】

약속어음의 배서가 형식적으로 연속되어 있으면 그 소지인은 정당한 권리자로 추정되므로 배서가 위조된 경우에노 이를 주장하는 사람이 그 위조사실 및 소지인이 선의취득을 하지 아니한 사실을 입증하여야 한다.

iii) 白地式背書의 경우

백지식배서 이후에 다른 배서가 있는 경우에는 그 배서의 배서인은 백지식배서에 의하여 어음을 취득한 것으로 볼 수 있고(어§16① 4문), 최후의 배서가 백지식인 때에는 어음소지인이 권리자로 추정된다(어§16① 2문). 그 결과 백지식배서를 한 배서인 자신도 소지인으로서 권리를 행사할 수 있다.

【대법원 1993.12.10. 선고 93다35261 판결】

수취인란이 백지식인 어음을 정당하게 교부받은 어음소지인이 백지를 보충하여 타에 양도함에 있어 수취인란을 임의로 기재한 다음, 그 수취인을 제1배서의 배서

인으로, 자신을 그 피배서인으로 하는 제1배서를 임의로 기재하고 이어 자신을 제2배서의 배서인으로, 임의의 사람을 그 피배서인으로 하는 제2배서를 한 다음, 그 제2피배서인을 제3배서의 배서인으로, 어음의 양수인을 그 피배서인으로 하는 제3배서를 임의로 기재하는 방법으로 양도하였다고 하더라도, 어음의 양도인이 양도 당시 정당한 소지인인 이상 그 양수인은 적법하게 어음상의 권리를 이전받는다.

iv) 背書連續의 判定時點

배서가 연속되어 있는가의 판단시점은 어떠한 효력이 문제되어 있는가에 따라 다르게 된다. 어음의 주채무자에 대한 권리행사의 경우에는 口頭辯論終結時에 배서의 연속이 있으면 된다. 그러므로 訴提起時에는 배서의 연속이 없더라도 이후에 배서의 말소 등에 의하여 배서의 연속이 이루어지면 어음소지인은 권리행사를 위한 형식적 자격이 인정된다. 그러나 어음상의 권리행사에 있어서도 일정한 시점이 배서연속의 유무를 판정하는 기준이 되는 때가 있다. 예컨대 소구의 실질적 요건으로서 만기에 적법한 지급제시를 하였으나 지급을 받을 수 없었다는 사실은 그 지급제시의 시점에 배서가 연속되었음을 전제로 하므로 사후에 이루어진 배서의 연속으로는 소구권이 발생하지 않는다. 선의취득을 위하여는 어음의 취득시에, 그리고 지급인의 면책력이 인정되려면 만기에 지급을 하는 때에 배서의 연속이 있으면 된다(어§16②, §77①, §40③, §77① 3호).

v) 背書連續의 效果

배서가 연속된 어음의 소지인은 적법한 권리자로 추정된다(어§16②). 따라서 소지인은 자기가 진정한 권리자임을 증명할 필요 없이 어음상의 권리의 행사를 할 수 있다. 채무자는 사기 또는 중대한 과실 없이 배서가 연속된 어음의 소지인에게 지급을 한 때에는 그 자가 진정한 권리자가 아닌 경우에도 면책된다(어§40③). 일반원칙에 의하면 배서가 실질적으로 유효인 때에만 피배서인이 권리를 취득하는 것이지만, 배서가 연속된 어음의 소지인으로부터 배서에 의하여 어음을 취득한 때에는 배서가 실질적으로 무효인 경우에도 악의 또는 중대한 과실이 없는 한 피배서인은 권리를 선의취득 한다(어§16②).

④ 背書의 不連續

배서의 연속이 흠결된 경우에는 어음의 정당한 소지인이라고 하더라도 권리자로 추정받지 못한다. 따라서 배서의 연속이 단절된 부분에 관하여 자격수여적 효력은 소멸된다. 다만 그 흠결된 부분에 관하여 실질적 권리를 증명하여 架橋하면 예컨대 상속·합병 기타 배서인과 피배서인이 동일인이라는 것을 증명하면 어음소지인이 어음상의 권리를 행사할 수 있다고 보는 것이 통설이다. 또 배서의 연속이 흠결된 부분에 대하여 실질적 권리를 증명한 때에는 권리이전적 효력도 생기고 선의취득이나 인적 항변의 절단도 인정된다.

배서가 연속된 어음소지인에 비하여 배서불연속의 어음소지인은 자기의 권리를 증명하여야 된다는 불리한 점이 있을 뿐이다.

배서의 불연속이 실질적 권리에 의하여 架橋된 경우 資格授與的 效力과 權利移轉的 效力이 인정되는 이상 擔保的 效力도 긍정하여야 할 것이다. 다만 배서의 연속이 단절되어 형식적 자격도 없을 뿐만 아니라 실질적 권리도 증명할 수 없는 자의 배서에 대하여서도 담보적 효력을 인정할 것이냐는 의문이 있다. 이때에 배서의 담보적 효력이 발생하지 않는다고 보는 견해[75]와 발생한다고 보는 견해[76]로 나뉘어 있는데, 어음행위독립의 원칙과 관련하여 볼 때 무권리자가 형식상 완전한 어음에 배서한 경우에도 그 배서에는 담보적 효력이 있다고 본다.

순수한 담보배서의 경우에는 배서인의 담보책임은 반드시 배서의 권리 이전적 효력을 전제로 하지 않으므로 위의 경우에도 담보책임은 성립하지만, 양도배서의 경우에는 양도의 효과로서 법정의 담보책임을 지는 것이므로 배서의 불연속이 실질적 권리에 의해서도 가교되지 않는 때에는 담보책임을 지지 않는다.

⑤ 背書의 抹消

i) 意 義

배서의 말소란 어음의 기재 중에서 배서를 제거하는 것을 말한다. 말소방법에는 제한이 없고, 塗抹·削除등 어느 것이라도 무방하며, 전부말소이든 일부말소이든 불문하고, 고의·과실로 인한 것을 불문한다.

ii) 抹消의 態樣

배서를 말소하는 경우로는 i) 일단 유효한 배서를 한 자가 상환의무를 이행하고 어음을 환수하여 자기가 하였던 배서 이후의 배서를 말소하는 때(어§50②), ii)

75) 최기원, p.413; 정희철, pp.191-192; 정동윤, p.385(어음소지인이 어음을 선의취득 하는 등 어음상의 권리를 취득한 경우에만 그 전자에 대하여 청구할 수 있는 것이므로, 그러한 경우에 한하여 형식적 자격이 없는 무권리자의 배서에 대하여 담보적 효력을 인정한 것이라고 한다).

76) Baumbach/Hefermehl, WG Art. 15 Rdn. 5 : BGHZ 13, 86 f.

어음을 배서할 생각으로 일단 피배서인의 성명을 기재하였다가 그 의사를 변경하여 말소하는 때, iii) 도난 또는 분실하였던 어음을 환수한 자가 위조의 배서를 말소하는 때, iv) 전의 어음의 소지인이었던 자가 자기가 한배서 이후의 배서를 말소한 어음의 반환을 받는 때, 이 경우는 추심을 위하여 배서양도(숨은 추심위임배서)한 어음을 반환하는 때에 생기며, v) 과오로 인하여 말소되거나 무권한자가 배서의 연속을 위하여 말소하는 때 등이 있다.

iii) 效 力

배서가 말소된 사실이 있으면 말소권의 유무나 그 방법·시기와 관계없이 배서의 연속에 있어서는 그 배서는 존재하지 않는 것으로 본다(어§16① 3문). 말소권자가 아닌 자에 의한 말소는 어음의 변조가 될 것이지만, 이것은 거래의 안전과 원활을 위하여 배서의 연속에 관하여는 모두 권한이 있는 자에 의한 적법한 말소가 있는 것으로 擬制하는 것이다. 그 결과 배서가 말소됨으로써 경우에 따라서는 배서의 연속이 절단되기도 하고 또는 배서의 연속이 회복되기도 하며 또는 배서의 연속이 持續되기도 한다. 배서의 말소는 형식적 자격에 관하여 배서의 기재가 없는 것으로 볼 뿐이고(어§16① 3문), 실질적 권리에는 영향을 미치지 않는다. 그러므로 어음소지인은 실질적 권리를 증명하여 배서의 중단을 가교시킴으로써 권리의 행사가 가능한 것이다.

【대법원 1995.2.24. 선고 94다41973 판결】

말소된 배서는, 그 말소가 권한 있는 자에 의하여 행하여진 것인지 여부나 그 방법 시기에 관계없이, 배서의 연속에 관하여는 존재하지 아니하는 것으로 보는 것이다.

iv) 一部抹消

배서가 말소되면 배서의 연속에 관하여 배서를 기재하지 않은 것으로 보므로(어§16① 3문), 배서의 기재 중에 일부가 말소된 경우에도 적용될 수 있는가하는 문제가 있다. 특히 배서인의 기명날인 또는 서명이 말소된 경우에는 배서의 말소가 되겠지만 기명식 배서의 피배서인의 성명이나 상호만이 말소된 경우에는 의견이 대립한다. 이에 대하여 말소의 권한이 있는 자가 말소한 때에는 백지식배서로 보고 말소의 권한이 없는 자가 말소한 경우에는 말소의 효력이 없고 원래 기재된 대로 피배서인에 대한 기명식배서로 보는 권한고려설과 배서전부를 말소한 것으로 보는 전부말소설이 있다.[77] 그리고 피배서인이 말소된 경우에는 배서의 연속에 관하여 말소권의 유무와 관계없이 말소된 부분만 기재가 없는 것으로 보아 백지식배서로 인정한다는 것이다.[78]

배서인의 기명날인 또는 서명을 말소하지 않고 있는 것은 배서의 효력을 존속시키려는 의사가 있다고 보여지며, 배서전체를 무효로 인정할만한 법률상 근거가 없으므로 백지식배서설이 타당하다고 본다. 한편 추심위임문구만이 말소된 경우에는 단순한 배서로 인정된다. 즉 기명식배서로 본다. 그리고 추심위임문구와 피배서인을 말소한 때에는 백지식배서로 본다.

4. 特殊背書

특수배서란 고유한 양도배서와는 달리 특별한 효력이 있는 배서를 말한다. 즉, 무담보배서, 배서금지배서, 기한후배서, 환배서, 추심위임배서, 입질배서 6가지를 특수배서로 규정하고 있다. 앞의 넷은 권리이전을 목적으로 하는 양도배서이지만 그 효력이 보통의 배서와 다른 것들이고, 뒤의 둘은 어음상의 권리의 이전을 목적으로 하는 것들이 아니다.

(1) 無擔保背書

① 無擔保背書의 意義

無擔保背書(qualified indorsement, Indossament ohne Oblige)란 배서인이 어음상의 담보책임을 지지 않는다는 뜻을 기재한 배서이다. 배서인은 피배서인 및 그 후자 전원에 대하여 인수담보책임과 지급담보책임을 지는데, 발행인의 경우(어§9②)와 달리 終局的 義務者가 아니므로 인수무담보뿐만 아니라 지급무담보의 뜻을 기재할 수도 있다(어§15①). 그리고 그 책임을 어음금액의 일부로 세한하는 기재 또는 지급담보만을 제한하는 기재도 할 수 있음은 물론이다. 이와 같이 무담보 문구를 기재한 배서를 무담보배서라고 한다. 따라서 통상의 배서는 권리이전과 채무부담의 효과를 가져오지만 무담보배서는 권리이전의 효과만을 갖는다.[79]

---

77) 정동윤, p.484; 양승규, p.301; 이철송, p.330.

78) 최기원, p.416; 손주찬, p.235; 강위두, pp.359-360; 정찬형, p.480; 이범찬·최준선, pp.257-258.

79) 이철송, p.357.

② 無擔保背書의 效力

무담보배서를 한 배서인은 인수 또는 지급이 없는 경우에도 무담보문구에 따라서 상환의무를 지지 않는다. 배서인이 무담보배서를 한 때 직접의 피배서인에게 뿐만 아니라 그 후자 전원에 대하여 담보책임을 지지 않는다. 담보책임배제의 효력은 무담보문구를 기재한 배서인에 대해서만 생긴다. 무담보배서도 담보적 효력 외의 권리이전적 효력과 자격수여적 효력은 보통의 배서에 있어서와 같으므로 피배서인은 선의취득, 인적항변의 절단에 의하여 보호받게 된다. 그러나 무담보배서는 어음의 지급이 불확실하다는 것을 공표하는 결과가 되기 때문에 종합금융회사가 기업으로부터 위탁받아 보급하는 기업어음(CP)과 같은 경우를 제외하고는 실제로 잘 쓰이지 않고, 먼저 백지식배서를 받아 어음을 취득한 후 아무런 기재 없이 이를 다시 양도함으로써 무담보배서와 같은 효과를 얻고 있다.

【대법원 1994.11.15. 선고 84다카1227 판결】

배서란에 "지급을 책임지지 않음"이라는 문언을 기재한 경우에는 배서인으로서의 담보책임뿐만 아니라 매매계약상의 채무불이행책임이나 하자담보책임까지 지지 않는다고 보아야 한다.

(2) 背書禁止背書(禁轉背書)

① 背書禁止背書의 意義

背書禁止背書(restrictive indorsement, Rektaindossament)란 새로운 배서를 금지하는 뜻을 기재한 배서이다(어§15②), 백지식배서를 할 때에도 禁轉文句를 기재할 수 있으며, 보통「지시금지」「배서금지」또는 이와 유사한 뜻이 있는 문언을 이용한다.

배서금지배서의 경우에는, 배서인이 자기의 피배서인에 대해서만 담보책임을 지고 그 후의 피배서인에 대하여는 담보책임을 지지 않는 점이 자기의 피배서인을 포함한 모든 후자에게 책임을 지지 않는 무담보배서와 다르다. 배서인이 배서금지배서를 한다고 해서 다시 배서할 수 없는 것은 아니지만 배서인의 담보책임의 범위를 자신의 직접의 상대방으로 제한하는 효과가 있다.

배서금지배서는 배서인의 피배서인에 대한 인적항변을 유지할 수 있게 하고 배서인이 이후 바람직하지 않은 채권자와의 관계가 생기는 것을 막기 위하여 이용한다.

② 背書禁止背書의 效力

배서금지배서를 하여도 지시증권성이 유지되므로 피배서인이 다시 배서양도를 할 수 있다. 다만 배서인은 자기의 직접적인 피배서인을 제외한 그 후의 피배서인에 대하여 담보책임을 지지 않을 뿐이다(어§15②). 배서인의 배서금지문언에 담보책임을 제한하는 효과만을 주는 것은 이미 지시증권으로 유통된 어음을 배서인이 記名證券化시킬 수 있다면 어음의 유통에 혼란을 주기 때문이다. 배서인(A)의 배서금지배서에도 불구하고 피배서인(B)이 다시 배서양도한 경우에는 그 후의 피배서인(C)은 배서인(A)에 대하여 소구할 수 있는가에 대하여 다수설과 소수설의 대립이 있다. 다수설은 어음법 제15조 제2항의 "배서인은 다시 하는 배서를 금지할 수 있다. 이 경우에 그 배서인은 어음의 그 후의 배서인에 대하여 담보의 책임을 지지 아니한다."는 문언에 따라 A는 B를 제외한 후자 전원에 대하여 소구의무를 부담하지 않는다고 한다.[80] 이에 대하여 소수설은 피배서인(B)이 다시 배서양도한 경우에는 그 피배서인(B)이 갖는 소구권이 다음에 화체되어 그 후의 피배서인(C)에게 이전하였다고 볼 수 있으므로 그 후의 피배서인(C)도 배서금지배서인(A)에 대하여 직접 상환청구를 할 수 있다고 본다. 다만 배서금지배서인이 그 직접적인 피배서인에 대하여 가지고 있었던 인적 항변사유에 대항받게 된다고 본다.[81]

생각건대 배서금지배서의 목적은 피배서인(B)의 후자(C)에 대한 담보책임을 면하는 것으로 어음법이 정하고 있고(어§15②), 피배서인(B)의 후자(C)가 배서인(A)에게 어음금지급을 청구할 수 있다고 하더라도 그 후자(C)가 배서인(A)에 대한 소구권이 있는 것으로 보아야 하는 것은 아니다. 배서금지배서의 피배서인(B)이 그 배서인(A)에 대하여 가지는 소구권을 양수받은 것을 전제로 하여 양수금으로서 청구한다고 보아야 할 것이다. 따라서 다수설의 입장이 타당하다.

배서금지배서의 피배서인이 자기의 후자로부터 어음을 환수하여 재소구를 하는 경우에는 그 피배서인이 배서를 한 결과 생긴 소구권행사와 관련된 비용 즉, 통지비 및 기타의 비용(어§48, §49)은 당연히 소구금액으로부터 공제하여야 한다. 배서금지배서도 배서이므로 담보적 효력에 제한이 있을 뿐이고, 권리이전적 효력과 자격수여적 효력은 보통의 배서에 있어서와 같다. 담보책임이 제한되는 효과는

80) 최기원, p.422; 이범찬·최준선, p.260; 정동윤, p.500; 손주찬, p.257; 정찬형, pp.487-488; 이철송, p.359; 이기수, pp.247-248.

81) 강위두, p.384; 양승규, pp.304-305; 정희철·정찬형, p.312.

배서금지배서의 배서인만이 누릴 뿐이고 발행인을 포함한 그의 前者 및 後者의 책임에는 영향이 없다.

(3) 還背書(逆背書)

① 還背書의 意義

還背書(Rückindossament, reindorsement)란 어음상의 채무자인 인수인·발행인·배서인·보증인·참가인수인을 피배서인으로 하는 배서이다. 즉 어음을 종래의 어음채무자에게 다시 이전시키는 것으로서 逆背書라고도 한다.

어음법에 의하면 인수하지 않은 지급인에 대한 배서도 환배서에 포함시키고 있으나(어§11③), 인수하지 않은 지급인은 어음채무자가 아니기 때문에 고유한 의미의 환배서는 아니다. 환배서를 받은 어음소지인은 다시 그 어음을 타인에게 양도배서함으로써 종래 어음행위자의 신용을 이용하여 어음의 신용을 높일 수 있고, 한편 자기가 새로 어음을 발행하여야 할 수고를 덜 수 있는 편의를 얻게 된다.

② 還背書와 民法上의 混同(민§507)

환배서를 하면 어음채무자가 소구권자로 되므로 마치 민법의 혼동이론에 의하여 어음채권이 소멸할 것 같이 생각되나, 어음법은 환배서를 인정하고 환배서의 피배서인은 다시 어음을 배서하게 함으로써(어§11③), 混同의 법리가 적용되지 않는다.

그 법적 이론구성에 있어서는 어음채권에도 혼동이론의 적용은 있으나 어음의 유통성을 보호하고자 하는 정책적 이유에서 어음이 유통성을 상실하기 전(즉, 지급거절증서작성일 또는 그 작성기간경과일내)에 한하여 그 적용을 배제한 특별규정이라고 하는 학설도 있으나, 어음의 특수한 성질상 당사자자격의 겸임이 인정되고, 유가증권은 자기에 대한 채권을 표창하는 것이라도 한 개의 객관적 재산권으로서 유효하게 취득할 수 있다는 점에서, 민법의 혼동이론은 적용되지 아니한다는 학설이 타당하다. 환배서의 규정(어§11③)은 어음의 경우에는 혼동의 원칙이 적용되지 않는다는 것을 명백하게 한 주의적 규정이라고 본다.

③ 어음의 返還에 의한 讓渡

어음을 어음상의 채무자에게 다시 이전하는 방법에는 환배서 외에도 어음소지인이 종래의 어음상의 채무자에게 어음을 반환하는 방법이 있다. 이에 관하여는 아무런 규정이 없으나 이 경우에는 다시 배서를 말소한 어음을 반환받는 경우와 반환받은 후에 말소하는 경우가 있다. 권리를 이전할 의사가 있는 자로부터 어음을 반환받은 종래의 어음채무자는 어음의 실질적 권리자로서 자기 이후의 배서를 말소하지 않고도 실질적 권리를 증명하여 권리를 행사할 수 있고, 그것을 말소하여 형식적 자격을 회복시켜서 실질적 권리를 증명함이 없이 어음상의 권리를 행사할 수 있는 것이다.

④ 還背書의 效力

환배서의 피배서인은 다시 배서할 수 있다(어§11③). 그러나 환배서의 경우에 피배서인이 어음상의 권리자이면서 동시에 의무자이므로 어음상의 권리를 행사할 수 있는가 하는 문제는 피배서인이 누구인가에 따라 다르다.

i) 引受人에 대한 還背書

인수인은 환배서에 의하여 어음을 취득하였더라도 자기에 대하여 지급을 청구한다는 것은 무의미하고 또 배서인들에 대하여 상환을 청구하더라도 결국 그 배서인은 최종적으로 인수인에게 청구하게 될 것이므로 그 청구를 거절하게 될 것이다. 환배서에 의하여 어음을 교부받은 인수인이 그 어음을 다시 제3자에게 양도한 때에는 피배서인은 인수인에 대하여 뿐만 아니라 모든 중간배서인에 대하여 아무런 대항을 받지 않는 완전한 권리를 취득하게 된다.

그러나 환배서의 피배서인인 인수인이 만기 전에 어음을 취득하여 지급거절증서 작성기간이 경과할 때까지 어음을 소지하고 있건, 지급거절증서의 작성 후 또는 지급거절증서작성기간의 경과 후에 인수인이 어음을 환배서로 교부받은 때에는 예외적으로 혼동에 의하여 어음채권은 소멸하는 것으로 본다.[82)]

ii) 換어음의 發行人에 대한 還背書

환어음의 발행인이 환배서에 의하여 어음을 취득하였을 때에는(약속어음의 발행인은 주채무자이므로 인수인의 경우와 같음) 인수인에 대하여서만 권리를 행사할 수 있다. 그러나 발행인이 다시 배서를 한 때에는 그 피배서인은 아무런 제한 없이 인수인에 대한 권리를 비롯하여 기타의 어음상의 권리를 행사할 수 있게 된다.

---

82) 최기원, p.434.

iii) 背書人에 대한 還背書

배서인은 환배서에 의하여 어음을 취득하였을 때에는 인수인·발행인 및 전자(자기의 배서를 표준으로 하여)인 배서인에 대하여는 반대채권의 대항을 받지 않고 어음상의 권리를 행사할 수 있다.

iv) 參加人·保證人에 대한 還背書

참가인수인 또는 보증인이 환배서에 의하여 어음을 취득하였을 때에는 각각 피참가인 또는 주채무자에 대한 환배서와 같이 피참가인 또는 주채무자의 후자에 대하여는 어음상의 권리를 행사할 수 없다.

v) 支給人·支給擔當者·無擔保背書人에 대한 還背書

인수를 하지 아니한 지급인에 대하여 배서를 하였다면 그것은 환배서가 아니므로 어음법 제11조 3항은 당연한 사유를 규정한 것이다.

수표의 경우에는 지급인에 대한 배서는 영수증의 효력만 인정하며, 지급인이 한 배서는 무효가 된다(수§15③,⑤)는 것과는 다르다.

(4) 期限後背書

① 期限後背書의 意義

期限後背書(Nachindossament)란 지급거절증서작성 후의 배서 또는 지급거절증서작성기간경과 후의 배서이며, 단순한 만기 후의 배서를 말하는 것이 아니다(어§20①). 즉, 만기 후의 배서가 이루어지더라도 지급거절증서 작성전 또는 지급거절증서 작성기간 경과전에 행하여진 배서는 만기전의 배서와 동일한 효력을 가진다. 어음은 지급할 날 또는 그에 이은 2거래일 내에 지급을 위해 제시되어야 하며(어§38①), 지급이 거절될 경우에는 지급할 날에 이은 2거래일 내에 거절증서를 작성하여야 한다(어§44③). 이 거절증서작성기간이 경과하도록 거절증서를 작성하지 아니하면 소구권을 상실한다(어§53① 2호). 기한후배서는 이미 유통성을 상실하고 소구단계에 들어간 어음에 한 배서이므로 그 어음을 취득하는 자는 지급수단으로서의 장애를 알고 취득하는 자이고, 소구가능성에 대한 기대를 포기하고 취득하는 자이기 때문에 보통의 배서와 같이 어음·수표의 유통성의 확보를 위한 강력한 효력을 인정할 필요가 없다. 따라서 어음법은 이에 관한 특별규정을 두어, 기한후배서에는 지명채권양도의 효력만을 인정한다(어§20①).

기한후배서에 대한 입증책임은 기한후배서의 효과를 주장하는 채무자측에 있다고 할 것이다.

② 期限後背書의 判斷

i) 背書의 日字와 期限後背書

기한후배서인가의 여부는 어음에 기재된 일자가 아니라 실제로 배서하여 교부한 날을 기준으로 하여 결정한다. 배서에 일자가 기재되어 있으면 그 날에 배서한 것으로 추정되지만, 일자의 기재가 없으면 기한 전의 배서로 추정된다(어§20②). 최후의 배서가 백지식배서인 어음의 경우는 기한 전 배서인지 아니면 기한후배서인지 의문이다. 종래의 판례에 의하면 "실지 배서는 기한 전에 이루어진 경우라도 백지보충이 기한 후에 이루어진 때에는 배서의 효력도 백지보충시에 발생하게 되어 이른바 기한후배서가 된다"고 하여[83] 기한후배서인지의 판단기준을 백지보충시로 하였다. 그러나 그 후 판례를 변경하여 "백지어음에 있어서 백지의 보충시와 어음행위자체의 성립시기와는 엄격히 구별하여야 할 문제로서, … 어음행위의 성립시기는 그 어음행위 자체의 성립시기로 결정하여야 할 것이므로 배서가 기한 전에 이루어진 경우(백지보충이 기한 후에 이루어졌다 하더라도) 기한후배서로 볼 수 없다"고 판결하였다.[84] 즉 어음행위 성립시를 기한후배서 판단의 기준으로 삼고 있다.

【대법원 1994.2.8. 선고 93다54927 판결】

백지식으로 배서가 된 약속어음의 소지인이 지급거절증서작성기간이 경과되기 전에 배서일이 백지로 된 채 배서에 의하여 그 약속어음을 양도받은 것이라면, 지급거절증서작성기간이 경과된 후에 배서일을 지급거절증서작성기간 경과 전으로, 피배서인을 자신으로 각 보충을 하였다고 하더라도, 기한후배서로 볼 수는 없다.

ii) 支給拒絕證書가 作成되지 않은 경우

지급이 거절되더라도 지급거절증서를 작성하지 아니하면 동증서 작성기간 내의 배서는 기한후배서가 아니다. 이러한 경우에는 어음취득자가 지급거절의 사실을 알 수 없으므로 기한후배서제도의 취지상 그 적용대상으로 볼 수 없기 때문이다.

---

83) 대법원 1965.8.31. 선고 65다1217 판결; 동 1968.7.23. 선고 68다911 판결.

84) 대법원 1971.8.31. 선고 68다1217 판결; 동 1980.3.11. 선고 79다1999; 동 1994.2.8. 선고 93다54927 판결.

【대법원 1987.8.25. 선고 87다카152 판결】

어음법 제20조에 의하면 만기후에 배서가 이루어졌더라도 그것이 지급거절증서 작성전 또는 지급거절증서작성기간 경과전에 이루어진 것이면 만기전의 배서와 동일한 효력을 가진다 할 것이고 한편 거절증서는 위탁자의 위탁에 의하여 공증인, 집달관(거절증서령 제2조), 합동법률사무소(간이절차에 의한 민사분쟁사건처리특별법 제11조) 또는 법무법인(변호사법 제39조)이 작성하게 되어 있어 비록 만기시에 지급제시된 어음에 교환필이라는 "스탬프"가 압날되고 피사취 또는 예금부족등의 사유로 지급거절한다는 취지의 지급은행의 부전이 첨부되어 있는 등 지급거절사실이 어음면에 명백하게 되어 있다 하더라도 이를 가지고 적법한 지급거절증서가 작성되었다고는 할 수 없다 하겠으므로 그러한 어음에 대한 배서도 그것이 지급거절증서작성기간내의 것이기만 하면 이는 기한후의 배서가 아닌 만기후의 배서로서 만기전의 배서와 동일한 효력이 있다.

iii) 支給拒絕의 事實이 어음면상 明白한 경우

지급거절의 사실이 어음면상 명백하게 된 후의 배서(예컨대 어음의 표면에 어음교환소에 돌린 스탬프인이 찍히고, 예금부족 등의 이유로 지급거절되었다는 취지의 지급은행의 부전이 첨부되어 있는 경우)는 어떻게 취급할 것인가에 관하여 다툼이 있다. 이 경우에는 비록 지급거절증서 작성 기간내 일지라도 기한후배서로 취급하여야 한다는 적극설이 있다.[85] 이에 대하여 어음법 제20조가 지급거절후라는 이유만으로 기한후배서라고 하지 않고, 지급거절증서 작성후 또는 그 작성기간 경과후의 배서라고 규정하고 있는 취지는 형식적으로 명확한 기준이 될 시점을 정한 것이므로 지급거절후의 배서는 기한후배서라고 할 수 없다는 소극설이 있다.[86]

기한후배서란 사실상 부도가 된 어음에 한 배서이며, 이 사실이 어음면상으로 명백한 어음을 취득한 자에 대하여 선의취득이나 인적항변의 절단과 같은 고도의 어음법상의 보호를 인정할 필요가 없다는 점에서 볼 때 어음법 제20조의 형식적 기준에 구애되지 않고 기한후배서로 보는 것이 타당할 것이다.

iv) 支給拒絕證書 作成이 免除된 경우

거절증서의 작성이 면제된 어음의 경우에는 거절증서작성기간경과 후의 배서만이 기한후배서가 된다고 하는 다수설과[87] 거절증서의 작성이 면제되어 있는 어음

85) 최기원, pp.425-426; 손주찬, p.263; 이철송, p.363; 정찬형, p.495; 이범찬·최준선, p.265.

86) 정동윤, p.506; 정희철·정찬형, p.319.

87) 이범찬·최준선, p.264; 정동윤, p.506; 채이식, p.113.

의 경우에는 지급거절만 있으면 바로 소구권행사가 가능하므로 거절증서작성기간이 경과하기 전이라도 지급거절 후에 배서한 경우에는 기한후배서로 보아야 한다는 소수설이 있다.[88)]

생각건대 거절증서작성이 면제된 어음을 지급제시하고 지급이 거절되더라도 거절증서작성기간이 경과하기 전에 배서한다면 취득자의 입장에서는 지급이 거절된 어음인지 아직 지급제시가 안된 어음인지 알 수 없다. 그러므로 거절증서의 작성이 면제된 경우에는 지급거절 되었다는 사실만으로 부족하고 거절증서작성기간까지도 경과후의 배서인 경우에만 기한후배서가 된다.

v) 引受拒絕과 期限後背書

인수거절증서(어§44) 작성 후의 배서에 관하여도 명문의 규정은 없으나, 이러한 어음도 어음면상 소구권을 행사할 수 있는 어음이 명백하고 또 그 신용의 정도도 지급거절증서작성 후의 어음과 다를 바 없으므로 역시 기한후배서로 보아야 한다는 것이 통설이다.

③ 期限後背書의 方式

기한후배서도 배서의 일종이므로 기한후배서의 방식은 보통의 배서의 경우와 같다. 즉, 일자의 기재는 요건이 아니고, 기명식 또는 백지식의 어느 방법으로도 가능하다.

기한후배서는 배서의 기재를 하여 어음을 교부함으로써 성립하는 것으로서 지명채권양도의 경우에 필요한 채무자에 대한 대항요건 즉 채권양도의 통지 또는 채무자의 승낙을 구비할 필요가 없다. 그리고 지급거절증서작성 후 또는 지급거절증서작성기간경과 후의 어음의 양도는 배서에 의해서만 할 수 있는 것은 아니고 지명채권양도의 방법으로도 가능하며, 최후의 배서가 백지식인 어음은 단순한 교부로써 양도할 수 있다.

④ 期限後背書의 效力

기한후배서는 지명채권양도의 효력만 있으므로(어§20① 단서), 유통성을 강화하기 위하여 인정되는 특별한 효력인 권리이전적 효력·자격수여적 효력은 있어도 담보적 효력은 없고, 또 선의취득·인적항변제한 등 선의자의 보호제도가 인정되

88) 정찬형, p.495; 최기원, p.427.

지 않는다. 따라서 기한후배서의 피배서인은 배서인이 가졌던 권리만을 취득한다.

i) **權利移轉的 效力**

기한후배서를 한 경우에는 배서인이 가지고 있던 모든 어음상의 권리가 피배서인에게 이전된다. 피배서인에게 이전되는 권리는 배서인이 가지고 있던 어음상의 권리이므로, 어음이 인수되어 있는 때에는 인수인에 대한 권리를 취득하고, 거절증서가 작성되어 있는 때에는 전자에 대한 상환청구권을 취득한다.

기한후배서의 경우에 어음채무자는 피배서인의 선의·악의를 불문하고 배서인에게 대항할 수 있는 모든 항변으로써 피배서인에게 대항할 수 있다.

그러나 어음채무자는 기한후배서를 한 다음에 발생한 배서인에 대한 항변이나 기한후배서의 배서인의 전자(보통배서를 한 배서인)에 대한 인적항변으로는 피배서인에게 대항할 수 없다.

ii) **資格授與的 效力**

기한후배서는 권리이전적 효력이 있으므로 당연히 자격수여적 효력도 인정된다. 따라서 배서가 연속된 경우에는 어음소지인은 적법한 소지인으로 추정되어(추정력: 어§16①, §77① 1호) 자기가 진실한 권리자라는 것을 증명하지 않고도 어음상의 권리를 행사할 수 있고, 또 어음채무자가 이러한 형식적 자격을 확인하고 사기 또는 중대한 과실 없이 소지인에게 어음금을 지급한 때에는 그 소지인이 권리자가 아니더라도 책임을 면한다(선의지급의 면책).

어음법상의 선의취득과 항변절단제도(어§16②, §17)는 별개의 문제라고 할 수 있으나, 양자는 모두 어음의 유통보호를 목적으로 하는 제도이고 어음은 어음법 제20조 1항 단서에 의하여 기한후에는 기명증권화 하여 이후의 배서에는 지명채권양도의 효력밖에 없으므로(어§20②) 인정되지 않는다.

자격수여적 효력은 권리증명의 문제이고 선의취득은 권리의 유통과 취득의 문제이므로 자격수여적 효력이 인정된다고 하여 당연히 선의취득이 가능한 것은 아니다.

【대법원 2001.4.24. 선고 2001다5272 판결】

백지식 배서에 의하여 어음을 양수한 사람은 백지를 보충하지 아니하고 인도에 의하여 어음을 양도하면 배서인으로서의 소구의무를 부담하지 아니하지만 현재의 어음소지인의 앞사람으로서 권리를 양도한 어음상의 권리자였다는 지위에는 변함이 없으므로, 어음상 배서인으로 나타나 있지는 않지만 현재의 어음소지인에게 어음을 양도한 사람이 어음취득 당시 선의였기 때문에 그에게 대항할 수 없었던 사유에 대하여는 현재의 어음소지인이 비록 어음취득 당시 그 사유를 알고 있었다고 하여 그것으로써 현재의 어음소지인에게 대항할 수 없고, 현재의 어음소지인이 지급거절증서 작성 후 또는 지급거절증서작성기간 경과 후에 어음을 양도받았다고 하더라도 마찬가지이다.

iii) 擔保的 效力

기한후배서에는 지명채권양도의 효력밖에 없으므로 배서인은 그 피배서인에 대해 담보책임을 지지 않는다.

(5) 推尋委任背書

① 推尋委任背書의 意義

推尋委任背書란 배서인이 피배서인에게 어음상의 권리를 행사하는 대리권을 부여할 목적으로 하는 배서를 말하고, 대리배서, 추심배서, 권한배서 또는 위임배서라고도 한다. 어음에 추심위임문구를 기재하여 배서하는 것은 「公然한 推尋委任背書」(어§18①)라고 하고, 추심위임의 목적으로 보통의 양도배서의 형식을 취한 배서를 「숨은 推尋委任背書」라고 한다. 어음법은 전자에 관해서만 규정하고 있으며, 보통 추심위임배서라고 하면 공연한 추심위임배서를 말한다. 추심위임배서는 피배서인의 성명을 기재하지 않고 할 수도 있으나 추심위임문구는 반드시 기재하여야 하므로 이른바 簡略白地背書는 하지 못한다. 추심위임배서에는 권리이전적 효력이 없으므로 지시금지어음(어§11②)에 대하여도 이를 할 수 있다.

【대법원 2005.9.28. 선고 2003다61931 판결】

어음의 추심위임에서 배서인과 피배서인의 관계는 위임계약관계의 성질을 갖고 있고, 그 위임사무의 처리로 인하여 취득한 금전은 수임인이 부담하는 선량한 관리자로서의 주의의무의 일환으로서 이를 위임인에게 인도할 의무가 있는 것인바(민법 제684조), 수임인이 이러한 취득물 인도·이전채무를 수동채권으로 하여 자신의 위임자에 대한 채권과 상계하는 상황은 예외적인 것으로 보아야 할 것이고, 추심위임을 받은 자가 위임의 본지에 따라 어음의 지급제시나 서류의 송부 등 위임사무를 처리하였다거나, 그 결과 추심위임계약을 해지하더라도 어음을 반환받기가 사실상 곤란하게 되었다는 사정이 있다 하여 달리 볼 것은 아니라 할 것이므로, 처음부터 추심위임에 의한 채권회수를 전제로 금원을 대여하였다거나, 채무를 변제하기 위한 수단으로 추심위임이 이용된 경우에 채무자가 추심위임을 철회하거나 직접 추심하거나 혹은 제3자에게 중복하여 추심위임을 하지 아니한다는 특약을 하였다는 등의 특별한 사정이 없는 한, 구체적인 어음의 추심위임행위 자체나 위임 사무의 처리 경과만으로는, 수임인에게 구체적인 상계기대를 발생시킬 정도의 직접적인 원인에 해당한다고 볼 수 없다.

② 公然한 推尋委任背書

i) 意 義

어음에 대리권을 수여하기 위하여 한다는 추심위임문언을 기재하고 배서하는 것을(어§18) 공연한 추심위임배서라고 한다.

배서 중에 「회수를 위하여」, 「추심을 위하여」, 「대리를 위하여」 등 단순한 위임의 표시를 하여야 한다. 배서금지어음의 경우에도 추심위임배서는 할 수 있다. 왜냐하면 추심위임배서에는 권리이전적 효력과 담보적 효력이 없고 발행인이 배서금지를 하는 것은 배서에 의한 항변의 절단과 상환금액의 증대를 방지하기 위한 것인데 추심위임배서를 하더라도 동일한 효과가 유지되기 때문이다. 추심위임배서는 보통 기명식으로 한다. 추심위임배서를 백지식으로 하더라도 추심위임문언을 반드시 기재해야 되므로 간략백지식배서는 하지 못한다.

ii) 效 力

추심위임배서는 권리이전적 효력이나 담보적 효력은 없고 피배서인이 배서인을 대리하여 어음상의 모든 권리를 행사할 수 있는 자격수여적 효력만이 있을 뿐이다. 그러므로 어음채무자가 배서의 연속을 조사하여 추심위임배서의 피배서인에게 지급한 때에는 사기 또는 중대한 과실이 없는 한 면책된다(어§40 ③).

추심위임배서에서 담보적 효력은 없으나 자격수여적 효력은 있으므로 당연히 추심대리권의 범위 내에서 권리를 행사할 수 있다. 추심위임배서의 피배서인의 대리권은 어음상의 권리 등을 행사하는 데 필요한 일체의 포괄적 대리권이므로 재판상·재판외의 모든 행위를 할 수 있고, 어음상의 권리뿐만 아니라 이득상환청구권 등 어음법상의 권리도 포함한다. 그러나 피배서인은 어음상의 권리자가 아니므로 면책·화해 등 권리의 처분을 하지 못한다. 그리고 피배서인은 배서인의 권리를 행사하는 것이므로 어음채무자는 배서인에 대한 항변으로 피배서인에게 대항할 수 있고, 이와 반대로 피배서인에 대한 인적 항변사유로써 대항할 수 없다(어§18②). 즉, 추심위임배서에는 인적항변의 절단과 선의취득은 인정되지 않는다.

추심위임배서의 배서인은 배서를 하였어도 어음상의 실질적·형식적 권리자임은 변함이 없다. 따라서 배서인은 그 배서를 말소하거나 환배서를 받지 않더라도 그 어음을 회수하여 소지함으로써 실질관계를 증명하지 않고도 권리를 행사할 수 있고, 양도배서를 하면 배서가 연속된다. 추심위임배서의 피배서인이 어음을 다시 배서양도한 경우에는 이를 재추심위임배서로 본다. 재추심위임배서의 법적성질에 대해서는 대리권이전이라는 견해도 있으나 복대리인의 선임이라고 본다. 재추심위임배서를 한 경우에도 재추심위임 배서인과 피배서인간에는 최초의 추심위임배서의 배서인과 피배서인 간에서와 같은 기본관계가 생긴다.

피배서인은 소송대리인으로서 배서인의 명의로 소를 제기할 수 있다. 그 결과 배서인은 증인이 될 수 없고 소송의 당사자이며, 소송비용을 부담한다. 배서인과 피배서인간의 내부관계는 대리권수여의 기초가 되는 법률관계로서 일반사법의 정함에 의할 것이고(위임 등) 배서인에 대한 피배서인의 의무는 당사자간의 합의에 따라 정해질 것이며 합의가 없는 경우에는 추심위임에 관한 일반적인 관행에 따라 해석될 것이다. 추심위임배서의 배서인은 언제든지 피배서인의 대리권을 철회할 수 있다. 그러나 피배서인의 대리권은 배서인의 사망이나 능력의 상실에 의하여 소멸하지 않는다(어§18③). 이는 어음채무자 등을 보호하기 위한 특례라고 할 수 있다. 추심위임배서의 배서인과 피배서인 간에 피배서인이 어음상의 권리를 양수하기로 합의하고 추심위임문언을 말소한 때에는, 이때로부터 양도배서의 효력이 생긴다고 본다. 그러므로 당사자간의 합의가 있었더라도 그 말소를 기한 후에 한 때에는 기한후배서의 효력이 생기므로, 어음채무자는 어음소지인의 전자에 대한 항변의 주장이 가능하게 된다.

③ 숨은 推尋委任背書

i) 意 義

숨은 추심위임배서란 형시은 보통의 양도배서와 같으나 배서당사자 간에 그 목적은 추심위임을 위한 배서를 말한다. 실제에 있어서 숨은 추심위임배서는 여러 가지로 편리한 점이 있기 때문에 공연한 추심위임배서보다 이용되는 경우가 많다. 즉 어음소지인이 추심위임배서의 방법을 모르는 경우나 지급인의 자기에 대한 항변의 절단이 가능하며, 외국인이나 그 대리인이 내국인에게 양도배서의 방법으로 추심위임을 함으로써 타국에서 받을 소송상의 불이익이나 제한을 회피할 수 있고, 공연한 추심위임배서를 하는 경우에 피배서인이 대리인에 불과하다는 것을 표명함으로써 불신임을 피할 수 있다는 이점 등이 있다.

【대법원 1988.1.19. 선고 86다카1954】

일반적으로 은행의 예금주가 제3자 발행의 어음을 예금으로서 자신의 구좌에 입금시키는 것은 추심의 위임이라고 보아야 하겠지만 은행에 대한 채무자가 그 채무의 변제를 위하여 제3자 발행의 어음을 교부하는 것은 특별한 사정이 없는 한 어음상의 권리의 양도로 보는 것이 합리적이고 이를 단순한 추심권한만의 위임이라고 할 수는 없다 할 것이다.

ii) 性 質

숨은 추심위임배서가 적법유효한 것인가에 관하여는 사실상 통정허위표시로서 무효라고 보았던 종래의 입장도 있었으나 현재는 이를 유효한 것으로 보는 데에 이론이 없다. 다만 이와 같이 형식과 실질이 다른 숨은 추심위임배서의 법적성질을 어떻게 파악할 것인가에 대하여 학설·판례가 일치되지 못한다.

첫째, 자격수여설은 숨은 추심위임배서의 실질관계를 중요시하여 어음상의 권리는 배서인에게 남아 있고, 피배서인은 다만 자기의 명의로 배서인의 계산으로 어음상의 권리를 행사할 자격·권한을 취득하는 데 불과하다고 하는 학설이다. 피배서인이 권리자라는 것을 신뢰한 제3자의 보호는 보통의 양도배서에 관한 규정에 의한다. 권한수여설, 자격배서설이라고도 부른다.[89)]

둘째, 신탁적 양도설은 숨은 추심위임배서의 형식을 중요시하여 어음상의 권리는 피배서인에게 신탁적으로 이전하고 추심위임목적은 당사자간의 인적항변사유가 될뿐이며, 피배서인은 배서인에 대하여 추심의 목적을 위하여만 권리를 행사할 대리적 채무를 부담하는 데 불과하다는 학설로서 우리나라의 다수설이다.[90)]

형식이 양도배서이므로 양도의 의사가 어음상에 표시되고 있는 한 어음 외의 당사자간의 숨은 의사에 의하여 어음상의 표시에 의한 효력이 달라져서는 안 된다는 것이다.

셋째, 절충설은 숨은 추심위임배서는 신탁적 양도인 경우도 있고 자격수여인 경우도 있으므로 이 중 어느 것인가는 당사자의 의사에 따르되 당사자의 의사가 불분명할 때에는 자격수여로 추정할 것이라는 학설이다.[91)]

생각건대 어음관계에서는 형식과 표시를 우선해야 할 것이므로 신탁적양도설이 타당하다. 자격수여설은 당사자간의 실질관계를 어음관계에 끌어들이고 있기 때

89) Hueck-Canaris. S.99; Zöllner, S.104; 대법원 1994.11.22. 선고 94다30201 판결.

90) 정동윤, p.516; 손주찬, p.269; 서돈각·정완용, p.205; 정찬형, p.506.

91) 최기원, p.444.

문에 문제점이 있다.

iii) 效 力

숨은 추심위임배서의 효력은 이 배서의 성질을 어떻게 보느냐에 따라 다르게 된다. 숨은 추심위임배서의 성질을 신탁적 양도설에 따라 고찰하면 피배서인은 어음의 소유자이며 채권자가 되지만 배서인에 대하여는 추심위임계약에서 합의된 바에 따라 추심의 목적을 위하여만 권리를 행사할 의무를 부담한다. 그러므로 피배서인은 배서인에 대하여 소구권을 행사하지는 못한다. 숨은 추심위임배서에 자격수여적 효력은 인정되나 배서인의 담보책임은 인정되지 않는다. 그리고 배서인이 피배서인으로부터 어음을 회수한 경우에는 다시 어음상의 권리를 취득하지만, 공연한 추심위임배서의 경우와는 달리, 피배서인으로부터 다시 배서를 받거나 그 배서를 말소하지 않는 이상 배서는 연속하지 않는 것으로 된다. 또 피배서인에게 독자적인 경제적 이익이 인정되지 않으므로 어느설에 의하든 선의취득의 문제는 생길 여지가 없게 된다.

신탁적 양도설의 입장과 자격수여설의 입장은 다음과 같은 차이가 있다. 첫째, 어음채무자가 배서인에게 대항할 수 있는 항변으로 피배서인에게 대항할 수 있는지에 대하여 자격수여설의 입장은 이를 긍정하지만 신탁적 양도설의 입장에서는 이를 부정하는 견해가 많다. 이에 대하여 신탁적 양도설 중에서도 실질적 이익을 가지는 것은 여전히 배서인이고 피배서인이 아니므로 어음채무자는 추심위임임을 증명하여 피배서인에게 배서인에 대한 항변으로 대항할 수 있다는 견해[92]가 있다. 대법원도 숨은 추심위임배서의 경우에는 인적항변이 절단되지 않는다고 하였다.[93] 그리고 어음채무자가 피배서인에 대한 항변으로써 피배서인에게 대항할 수 있는가에 대하여 자격수여설의 입장은 이를 부정하지만 신탁적 양도설의 입장은 이를 긍정한다.

둘째, 피배서인이 파산한 경우에 배서인이 그 어음을 환취할 수 있는가에 대하여 자격수여설에 의하면 어음상의 권리는 배서인에게 있으므로, 배서인은 당연히 還取權(파§79)을 가진다. 이에 반하여 신탁양도설의 입장에서는 이를 부정하는 견해가 많으나, 이 입장을 취하면서도 실질적 이익의 歸屬에 따라 환취권을 인정하는 견해도 있다. 반대로 배서인이 파산한 경우에는 자격수여설에 의하여 어음은 파산재단에 들어가나, 신탁양도설에 의하면 그렇지 않다.

---

92) 정동윤, p.517.

93) 대법원 1990.4.13. 선고 89다카1084 판결; 동 1970.7.28. 선고 70다1295 판결.

셋째, 피배서인이 추심위임의 취지에 반하여 어음을 배서양도한 경우에 양도인의 위치는 어떠한가에 대하여 자격수여설에 의하면 피배서인은 어음상의 권리자가 아니므로 이것은 무권리자에 의한 배서로 되고, 따라서 양수인에게 악의 또는 중대한 과실이 없는 한 선의취득이 성립한다. 이에 대하여 신탁양도설에 의하면 피배서인은 어음상의 권리자이므로, 양수인은 선의·악의에 불구하고 어음상의 권리를 당연히 취득한다. 다만 악의의 양수인에 대하여는 악의의 항변을 가지고 대항할 수 있다(어§17).

넷째, 추심위임의 해제에 관하여도 자격수여설에 의하면 배서인이 추심위임을 해제하면 피배서인은 실질적으로 추심권한을 상실하므로, 어음채무자는 피배서인의 무권한을 이유로 그 청구를 거절할 수 있다. 이에 대하여 신탁양도설에 의하면 추심위임의 해제에 의하여 피배서인은 배서인에게 어음의 반환의무를 지지만 어음을 반환하기까지에는 어음상의 권리자이므로, 어음채무자는 피배서인으로부터의 청구에 응할 수밖에 없게 된다. 그러나 이 결론은 타당하지 아니하므로, 신탁양도설에 서면서도 피배서인의 권리행사는 권리남용으로 된다든가 신의칙에 위반된다든가 하는 따위의 이유로 자격수여설과 같은 결론에 이르는 설이 많다.[94]

그리고 담보적효력은 추심위임배서의 성질을 어떻게 풀이하든 배서인과 피배서인 사이에서는 배서인의 담보책임은 발생하지 않는다. 당사자 간에 내부관계에 있어서는 추심위임의 목적밖에 없으므로 피배서인에게 선의취득의 문제가 생길 수 없다. 그러나 숨은 추심위임배서에는 자격수여적 효력이 인정된다.

【대법원 1994.11.22. 선고 94다30201 판결】

채무자가 어음할인의뢰시 행한 양도배서는 추심위임을 위한 배서로 유용되어 은행은 숨은 추심위임배서의 피배서인의 지위에 서게 되므로, 어음채무자는 배서인(즉 채무자)에 대한 인적 항변사유로서 은행에 대항할 수 있다고 보아야 한다.

(6) 入質背書

① 入質背書의 意義와 方式

入質背書(Pfandindossament)란 어음소지인이 자기 또는 타인의 기존채무를 담보할 목적으로 어음상의 권리에 질권을 설정한다는 취지를 기재하는 배서이다(어 §19).

94) 정동윤, pp.517-518.

어음법은 공연한 입질배서에 관하여서만 규정을 두었으나(어§19), 숨은 입질배서가 있을 수 있다. 입질배서는 담보책임만을 부담하기 위하여 하는 담보배서와는 다르다.

입질배서는 배서 중에 '담보하기 위하여', '입질하기 위하여' 등의 문언이나 기타질권설정을 표시하는 문언을 부기함으로써 한다(어§19①).

지시금지어음은 처음부터 지명채권양도의 방법과 효력에 의해서만 이전이 가능하기 때문에 지명채권의 입질방법에 의하여 질권의 설정이 가능하고 어음법에서 규정하는 공연한 입질배서의 방법(어§19)으로는 질권설정의 효력이 생기지 않는다.[95] 이에 대하여 입질배서로써 어음채권의 이전이 생기지 않으므로 입질배서를 할 수 있다는 다수설이 있다.[96]

② 公然한 入質背書

i) 意 義

공연한 입질배서란 어음상의 권리에 질권을 설정할 목적으로 어음에 「담보하기 위하여」, 「입질하기 위하여」 등 질권설정의 문언을 기재한 배서이다(어§19). 입질배서는 기명식으로 하는 것이 일반적이겠지만 피배서인을 기재하지 않고 하는 백지식의 방법에 의하여도 상관없다.[97] 그러나 입질의 문언을 생략하면 양도배서가 되기 때문에 이를 생략할 수 없다.

ii) 效 力

입질배서에는 권리이전적 효력은 없고 자격수여적 효력과 담보적 효력이 있으며, 권리이전적 효력 대신에 입질배서의 본질적 효력(질권설정의 효력)이 있다.

ⓐ 質權의 取得

입질배서의 피배서인은 어음상의 권리에 질권을 취득한다. 따라서 피배서인은 이에 따라 피담보채권에 관하여 다른 채권자에 대하여 우선변제를 받을 권리를 취득한다. 피배서인은 질권취득의 결과로 어음상의 채무자에 대한 일체의 어음상의 권리를 자기의 명의로 행사 할 수 있다. 그러나 교부계약이 흠결된 경우에는 질권은 성립되지 않는다. 입질배서의 배서인이 어음의 처분권이 없는 경우에는

95) 최기원, p.449; 이철송, p.383.

96) 손주찬, pp.272-273; 서돈각·정완용, p.185; 이범찬·최준선, p.271.

97) 정동윤, p.520; 정찬형, p.511.

권리이전적 효력은 없으나, 자격수여적 효력과 담보적 효력은 있다(통설). 권리이전적 효력이 없으므로 입질배서의 피배서인은 추심위임배서는 할 수 있어도 양도배서나 입질배서는 할 수 없다. 따라서 어음상의 권리는 배서인에게 유보되지만 배서인이 어음의 반환을 청구하려면 피담보채권이 소멸하였음을 입증하여야 한다. 그리고 배서인이 배서말소 또는 환배서에 의하여 어음의 소지를 회복한 때에는 질권은 소멸한다.

ⓑ 어음抗辯의 切斷과 善意取得

입질배서의 피배서인은 독립된 경제적 이익을 가지고 있어서 자기 고유의 권리를 근거로 하여 어음상의 권리를 행사하는 것이므로 어음채무자는 피배서인에게 악의가 없는 한 배서인에 대한 항변으로써 이에 대항하지 못하는 동시에, 피배서인에 대한 인적 항변은 모두 이에 대항할 수 있다(어§19②). 그러나 어음금액이 피담보채권의 금액을 초과하는 경우에 그 초과액에 대하여는 배서인에 대한 항변으로 대항할 수 있다고 본다.

마찬가지로 배서인이 무권리자, 무권대리인 등의 경우에도 악의 또는 중대한 과실 없이 입질배서를 받은 피배서인은 어음상의 권리 위에 질권을 선의취득한다.

ⓒ 어음상의 債權과 被擔保債權(민§353 적용문제)

입질배서의 피배서인이 질권을 행사함에 있어서 입질채권의 청구제한에 관한 민법 제353조가 적용되는가의 문제가 있다. 민법 제353조 2항에 의하면 채권의 목적물이 금전인 때에는 질권자는 자기채권의 한도에서 직접청구할 수 있다고 규정하고, 동조 3항에서는 전항의 채권의 변제기가 질권자의 채권의 변제기보다 먼저 도래한 때에는 질권자는 제2채무자에 대하여 그 변제금액의 공탁을 청구할 수 있도록 하고, 이 경우에 질권은 그 공탁금에 존재한다고 규정하고 있다.

그러나 어음상의 권리는 일반채권과는 달리 어음법에 규정된 바에 따라 간이하고 신속하게 결제되어야 하므로 질권의 목적인 일반채권의 실행방법에 관한 민법 제353조는 질권의 목적인 어음상의 권리에는 적용되지 않는다고 본다(통설).

그러므로 어음금액이 피담보채권의 금액을 초과하는 경우에도 그 전액을 추심할 수 있다. 이 경우 피담보채권의 금액을 초과하는 잔액에 대하여는 피배서인이 숨은 추심위임배서의 피배서인과 같은 역할을 한 것이 되므로 배서인에게 반환하여야 한다. 그리고 피담보채권의 변제기가 도래하기 전이라도 어음의 만기가 도래하면 추심할 수 있다. 이 경우에는 어음금액을 공탁하여야 한다.

③ 숨은 入質背書

i) 意 義

숨은 입질배서란 형식에 있어서는 보통의 양도배서와 같지만 그 실질은 어음상의 권리에 질권을 설정할 목적으로 하는 배서로서 숨은 추심위임배서와 마찬가지로 어음상의 표시와 배서의 목적이 다른 것이다. 이 배서의 법적성질은 어음채권의 신탁적 양도라고 본다.

ii) 效 力

숨은 입질배서는 질권설정의 합의와 어음을 배서하여 교부함으로써 그 효력이 생긴다. 어음법상으로는 권리이전적 효력이 생기고, 입질관계는 인적항변사유가 될 뿐이다. 그리고 숨은 입질배서의 피배서인은 어음의 소유권자이며, 어음채권자인 자격이 인정된다. 그리하여 피배서인으로부터 어음의 선의취득이 가능하다. 이 경우에는 숨은 입질피배서인이 실질관계상 독자적·경제적 이익을 가지고 있으므로 실질과 형식의 相違로 인한 법률상의 곤란한 분제는 생기지 않는다. 즉, 피배서인은 배서인에 대한 항변사유로 대항받지 않으며, 또 배서인 파산의 경우에도 당연히 別除權을 가지나(파§84), 피배서인이 파산한 경우에는 배서인은 還取權을 갖지 못한다(파§79).

제 5 절 換어음의 引受

1. 引受의 意義 및 性質

引受(Annahme, Akzept, acceptance)라 함은 환어음의 지급인이 어음금액의 지급채무를 부담할 것을 목적으로 하는 환어음특유의 어음행위를 말한다. 환어음은 지급위탁증권으로서 그 지급은 제3자인 지급인이 하게 된다. 그러나 환어음의 발행인이 지급인을 지정하여 지급을 위탁한 것만으로는 지급인은 발행인에 대하여 내부관계에 의한 자금관계상의 의무를 질뿐이고 당연히 어음금액을 지급하여야 할 의무를 부담하는 것은 아니다. 따라서 지급인이 어음금액에 대한 지급의무를 부담하도록 하기 위하여는 지급인에 의하여 별도의 어음행위인 인수가 있어야 한다.

지급인은 인수에 의하여 어음채무자인 인수인이 되며, 환어음은 인수에 의하여 비로서 주채무자가 확정되어 인수인에 대한 어음금청구권을 표창하게 된다. 즉 지급인은 인수에 의하여 약속어음의 발행인과 같은 지위에 있게 된다. 인수는 어음요건은 아니지만 인수에 의하여 어음의 신용이 높아진다. 인수가 있기 전의 환어음은 단지 금전지급수령권한 혹은 지급거절·인수거절이 있음을 조건으로 하는 금전채권이 표창되어 있을 뿐이고, 인수가 있음으로서 비로소 확정적인 어음금지급청구권이 표창되게 된다.

인수는 어음채권부담을 목적으로 하는 단독행위라는 학설이 있으나,[98] 인수에 의하여 발생하는 채무부담의 효력은 인수인의 의사표시상의 효력이므로 인수도 계약이라고 본다.[99] 다시 말하면 인수인의 의무는 인수의 서면행위와 지급인과 어음소지인(발행인·수취인 이후의 모든 어음취득자) 사이의 교부계약에 의하여 성립한다. 그러므로 인수의 성질은 서면행위와 교부계약이라고 할 수 있다. 인수인의 채무부담의 효력은 의사표시에 의한 것이란 점에서 환어음의 발행인이나 배서인의 채무가 법률의 규정에 따라 발생하는 소구의무라는 것과 다르다.

어음의 지급인은 인수의 기재와 기명날인 또는 서명을 하였더라도 어음을 반환하기 전에는 자유로이 말소할 수 있으며, 이 경우에는 인수를 거절한 것으로 본다(어§29① 1문). 그러나 인수의 말소에도 불구하고 지급인이 소지인 또는 어음에 기명날인 또는 서명을 한 자에게 서면으로 인수의 통지를 한 때에는 그 통지한 상대방에 대하여 인수의 문언에 따라 책임을 진다(어§29②). 인수의 말소는 인수의 성질을 계약으로 파악할 때 무리 없이 설명될 수 있다.

2. 引受提示

(1) 引受提示의 意義

인수제시(presentment for acceptance)란 어음의 점유자나 소지인이 어음을 지급인에게 제시하여 인수를 청구하는 행위를 말한다.[100] 제시는 지급인이 어음의 기재내용을 파악할 수 있도록 하는 방법에 의한 것이다. 인수제시에 의하여 인수가 되

98) 이철송, p.289; 서돈각·정완용, p.209; 손주찬, p.278; 일본의 통설.

99) 정동윤, p.421; 정희철·정찬형, p.258; 정찬형, p.423; 이범찬·최준선, p.274; 최기원, pp.334-335.

100) 지급인은 인수할 의무를 부담하는 것이 아니므로 인수를 청구한다는 것은 있을 수 없고, 단지 인수 여부를 최고할 수 있을 뿐이다(이철송, p.290).

면 소지인은 지급을 청구할 수 있게 되어 어음의 신용이 높아지고 인수가 거절되면 만기전이라도 소구권을 행사할 수 있고, 지급인은 지급을 위한 준비를 할 수 있으며 특히 일람후정기출급어음에 있어서는 인수제시로 만기가 확정된다.

인수제시는 어음이 유통된 후에 어음소지인이 지급인에게 제시를 하여 인수를 구하는 것을 원칙으로 하지만, 처음부터 발행인이 동시에 지급인인 「자기앞환어음」에 인수를 하여 수취인에게 교부하는 경우나 발행인이 먼저 지급인에게 인수케 한 다음 수취인에게 교부하는 경우도 있다.

(2) 引受提示의 當事者

① 提示者

인수의 제시는 어음소지인뿐만 아니라 어음의 단순한 점유자(어음소지인의 사용인 또는 使者)도 할 수 있다(어§21). 어음의 소지인이란 적법하게 어음상의 권리를 갖는 자(어§16①)를 말하고, 단순한 점유자란 어음상의 권리의 유무에 불구하고 현재 어음을 점유하고 있는 자를 말한다. 단순한 점유자노 인수의 제시를 할 수 있게 한 것은 인수의 제시는 권리의 행사가 아니고 인수에 의한 권리는 제시자가 아닌 어음소지인에게 속하게 되므로, 인수제시의 권한과 관련하여 불필요한 분쟁을 피하기 위한 것이다. 즉 인수제시자가 누구인가가 중요하지 않고 지급인이 인수를 하느냐 않느냐가 중요하기 때문이다. 그러나 다음의 단순한 점유자는 인수제시는 할 수 있으나 지급제시의 권한은 없기 때문에 이 자에게 지급한 때에는 어음상의 채무를 면하지 못한다.

② 被提示者

제시의 상대방은 지급인, 지급인의 법정대리인이나 기타 인수를 위한 대리권이 있는 자에게 제시할 수 있다. 지급지나 지급장소, 지급담당자의 기재가 있더라도 인수제시는 지급인의 주소에서 지급인에게 하여야 한다. 인수제시는 지급담당자가 있는 경우에도 지급인에게 하여야 그 효력이 발생하는 것이고 지급담당자에게 한 것은 그 효력이 발생하지 않으나, 지급제시는 지급담당자가 있는 경우에는 지급담당자에게 하여야 그 효력이 발생하는 것이고 지급인에게 한 것은 그 효력이 발생하지 않는다.

지급인이 數人인 경우에는 그 전원에 대하여 제시하여야 한다. 이 경우에 만기

전의 소구는 전원이 인수를 거절한 경우에만 할 수 있다는 설도 있으나[101] 지급의 경우와 달리 인수에 있어서는 數人의 지급인 중에 1인이라도 인수를 거절하면 소구할 수 있다고 본다.[102] 지급인이 허무인인 경우에는 제시가 불가능하기 때문에 인수제시를 요하지 않고 소구권을 행사할 수 있으며, 지급인이 사망하면 인수제시 없이 소구할 수 있다고 해야 한다.[103]

(3) 引受提示의 時期·場所

인수의 제시는 원칙적으로 어음의 발행시로부터 만기의 전일까지 할 수 있다(어§21). 만기의 날에는 지급제시를 하여야 한다. 그러나 제시기간이 법정되거나 발행인이나 배서인에 의하여 지정되어 있는 때에는 그 기간 내에 하여야 한다(어§22, §23). 이러한 기간이 경과한 다음에 제시를 하여 인수가 거절된 때에는 전자에 대하여 소구권을 행사할 수 없다(어§53①, §21).

그러나 만기당일 또는 만기 이후, 제시기간을 정한 경우에는 그 기간이 경과한 후에 한 제시에 대하여도 지급인이 인수를 하면 인수의 효력이 생긴다.[104] 왜냐하면 지급기간이 경과한 후라도 어음소지인과 기타 소구의무자에게 유리한 주채무자의 확정을 부정할 필요는 없기 때문이다. 또한 인수제시는 거래일의 합리적인 시간 내에 하여야 하며, 불합리한 시간에 한 제시는 피제시자의 승낙이 없는 한 무효이다.

인수제시의 장소는 어음법 제21조에 의하여 지급인의 주소지를 말한다고 본다. 그러므로 他地支給어음·第3者方支給어음인 경우에도 지급인의 주소지에서 제시하여야 한다. 지급지나 지급장소의 기재는 지급제시를 위한 것이며 인수제시를 위한 것이 아니기 때문이다. 그러나 이러한 제시장소의 기재가 없는 때에는 지급인의 영업소·주소 또는 거소를 찾아서 제시하여야 하며, 만일 지급인의 영업소나 주소를 찾을 수 없는 때에는 인수거절이 된다.

(4) 猶豫期間(熟慮期間·考慮期間)

인수제시를 받은 지급인은 인수를 할 것인가를 결정하기 위하여 제1제시의 익

---

101) 서돈각·정완용, p.211; 서헌제, p.532; 이철송, p.293.
102) UCC 제3장 504 Ⅲ(a); 정동윤, p.425; 최기원, p.366; 정희철, p.261; 정찬형, p.428; 손주찬, p.279.
103) 정동윤, p.328; 서헌제, p.532.
104) 이철송, p.293; 최기원, p.366; 정동윤, p.426; 손주찬, p.280; 양승규, p.334.

일에 제2제시를 할 것을 청구할 수 있는데(어§24① 1문), 이 1일의 기간을 猶豫期間이라고 한다. 익일이란 거래일을 의미하며, 익일이 법정휴일인 때는 이에 이은 제1거래일을 말한다. 이것은 지급인으로 하여금 장부조사·발행인에 대한 조회 등을 할 수 있는 시간적 여유를 줌으로써 즉시 引受主義에서 오는 무모한 인수거절을 피하기 위한 것이다. 지급인이 제2인수제시를 청구하는 경우에 소지인은 이 유예기간동안 어음을 교부할 필요가 없다(어§24②). 왜냐하면 그 기간 중에 지급인이 이를 훼손·변조 또는 반환을 거부할 염려가 있기 때문이다.

지급인이 제2인수제시를 청구하는 경우에, 제시인은 제1인수의 거절증서를 작성하고, 익일에 제2인수제시를 하여도 거절하면 다시 제2인수의 거절증서를 작성해야 한다. 그렇지 않으면 전자에 대한 소구권을 행사하지 못한다(어§24 ① 2문). 지급인이 제2인수제시를 청구하는 때에는 그 뜻을 인수거절증서에 기재하여야 한다(어§24① 본문). 만약 이러한 기재가 없으면 제1의 제시에 대한 거절증서에 의하여 소구할 수 있으며, 그러한 뜻의 기재가 있는 때에만 利害關係人은 그 청구에 응한 제2의 제시가 없었다는 것을 주장할 수 있다(어§24① 2문). 제1제시에서의 거절증서작성비용은 지급인이 부담한다.

(5) 引受提示의 自由와 制限

① 引受提示의 自由의 原則

인수의 제시는 어음소지인 또는 점유자의 자유에 속하므로 만기까지는 언제라도 몇 번이라도 제시할 수 있으며 인수제시를 하지 않고 만기에 직접 지급을 청구할 수도 있다(어§21, §43). 즉 어음소지인은 제시를 하여 인수를 청구할 수 있는 권리가 있을 뿐이며 제시의무는 없다. 이것을 「引受提示自由의 原則」이라 한다. 이 원칙에 대하여 인수제시의 명령과 금지라는 두 가지의 예외가 있다.

② 引受提示自由原則에 대한 例外

i) 引受提示의 命令

발행인 또는 배서인은 기간을 정하거나 정하지 아니하고 인수를 제시하여야 할 뜻을 환어음에 기재할 수 있다(어§22①). 기간을 정하지 아니한 때에는 만기의 전일까지 제시하여야 한다(어§21). 인수제시명령문구는 발행인이 인수제시를 금지하지 아니한 한 배서인도 기재할 수 있다(어§22④). 이것은 지급인에게 자기를 지급인으로 하는 어음이 발행되었다는 것을 알게 하여 지급의 준비를 하게 하고, 아울러 어음소지인으로 하여금 지급인의 지급의사의 유무를 미리 알 수 있도록 하기 위한 것이다.

어음소지인이 인수제시기간 내에 인수제시를 하지 아니하면 소지인은 발행인이 인수제시명령을 기재한 경우에는 모든 소구의무자에 대하여, 배서인이 이를 기재한 경우에는 그 배서인에 대하여 인수거절로 인한 소구권뿐만 아니라 지급거절로 인한 소구권을 행사하지 못한다(어§53①②). 따라서 인수제시를 명령한다는 것은 강제력을 가지고 반드시 인수제시를 요구한다는 의미가 아니고 제시하지 않을 경우 소구권을 상실하게 하는 불이익을 준다는 뜻이다.

다만 발행인이 기재한 문언에 의하여 인수담보의무만을 면하고자 하는 의사가 있었음을 알 수 있는 때에는 인수거절로 인한 소구권을 상실할 뿐이고 지급거절로 인한 소구권은 상실하지 아니한다(어§53②).

일람후정기출급어음에 있어서는 발행일자로부터 1년 내에 인수제시를 하여야 하므로(어§22①) 소지인이 이 기간 내에 제시를 하지 아니하면 인수인 이외의 전자에 대한 소구권을 상실한다(어§53①). 이것은 만기의 산정을 위하여 필요하기 때문이다(어§23①). 그리고 발행인은 이 1년의 기간을 단축 또는 연장할 수 있고(어§23②), 배서인은 그 법정제시기간 또는 발행인이 정한 제시기간을 단축할 수도 있다(어§23③).

발기인 또는 배서인에게 이 기간을 단축할 수 있도록 한 것은 그들이 소구의무를 빨리 면할 수 있도록 하기 위한 것이고, 발기인이 이 기간을 연장할 수 있도록 한 것은 발행인의 자금관계상 형편에서 그 연장이 필요한 경우가 있기 때문이며, 배서인에게 이 기간의 연장을 허용하지 않은 것은 이를 허용한다면 발행인의 의사에 반하기 때문이다.[105)]

이 경우에도 인수제시를 하지 아니할 때는 모든 소구의무자에 대하여 인수거절 및 지급거절로 인한 소구권을 상실한다(어§53①,②).

ii) 引受提示의 禁止

환어음의 발행인은 일정한 기일 전 또는 기간을 정하지 아니하고 인수제시를 금지하는 뜻을 기재할 수 있다(어§22②). 어음법은 「인수제시자유의 원칙」에 대한 예외로서 무모한 인수거절의 예방을 위하여 발행인에 의한 인수제시의 금지를 인

---

105) 정찬형, p.432.

정하고 있다.

인수제시의 금지는, 발행인이 지급인에게 만기전에 자금을 제공할 수 없을 때, 매매대금의 추심을 위하여 어음을 발행한 경우에 물건이 매수인에게 도착할 때까지, 지급인이 부재인 경우 등에 필요하게 된다. 인수제시의 금지는 발행인만이 할 수 있고 배서인은 할 수 없다. 발행인은 인수제시를 절대적으로 금지하거나 일정한 기일 전의 제시를 금지할 수 있다(어§22③). 전자의 경우에 어음은 발행인의 신용으로 취득하게 될 것이고, 그 이후에는 소구의무자들의 신용만으로써 어음이 유통된다.

제시금지된 어음은 인수제시를 하여 인수가 거절되어도 만기 전에는 소구를 하지 못한다. 그러나 인수제시의 금지가 있는 경우라도 인수를 청구할 수 있고 그에 대하여 지급인이 인수한 경우에는 유효한 인수로서의 효력이 발행한다. 또한 절대적 인수제시금지를 인정할 수 없는 경우도 있다. 즉 제3자방출급어음에 있어서는 지급인에게 지급의 준비를 시키고 제3자의 신용의 남용을 막을 필요가 있으며, 타지출급어음의 경우에는 지급인에게 지급담당자를 기재할 기회를 줄 필요가 있는 점(어§27①), 그리고 일람후정기출급어음에 있어서는 만기를 정할 필요가 있는 점에서 이들 어음에서는 인수제시를 절대적으로 금지할 수는 없도록 하였다.

그러나 일정한 기간 동안만 인수제시를 금지할 수는 있다(상대적 인수제시금지는 허용됨).

3. 引受의 方式

(1) 引受의 要件

① 正式引受·略式引受

正式引受는 지급인이 어음에 「인수」 기타 이와 동일한 의의가 있는 문자를 표시하고 거기에 지급인이 기명날인 또는 서명하는 것이며(어§25① 3문). 略式引受는 지급인이 어음의 표면에 단순히 기명날인 또는 서명하는 것을 말한다(어§25① 3문). 정식인수는 어음의 표면과 이면에만 할 수 있고 등본이나 보전에 한 인수는 무효이다. 보전지에 못하게 하는 것은 악용될 소지가 있기 때문이므로, 지급인이 진실로 한 것이라면 보전지에 기재되었더라도 인수를 무효라 할 것은 아니라는 견해가 있다.[106] 약식인수는 어음의 표면에만 할 수 있으며, 백지식 배서와 구별하기 위하여 어음의 이면에 한 약식인수는 인정되지 않는다.

② 支給人과 引受人의 同一性

인수는 지급인만이 할 수 있으므로 지급인과 인수인은 동일성이 있어야 한다. 그러나 그 표시의 형식에 있어서도 동일하여야 된다는 형식적 동일설[107]도 있으나 양자의 표시가 형식적으로는 다르더라도 실질적으로 동일인으로 인정할 수 있으면 된다고 본다(실질적 동일설).[108] 예컨대 지급인은 성명으로 표시하고 인수는 자기의 상호를 기재하여 한 때나 지급인이 성명 중 이름을 잘못 기재하였으나 바른 이름으로 인수한 때 등 人的인 同一性(Personenidentität)이 인정되는 한 인수로서의 효력이 있다고 할 것이다. 그리고 지급인과 인수인이 형식적으로 다른 경우에는 인수의 거절로 보아 소구권은 인정되고, 실질적으로 동일한 때에는 어음소지인이 이를 입증하여 인수으로서의 책임을 물을 수 있다는 折衷說도 있다.[109]

③ 引受의 通知

지급인은 어음소지인 또는 어음에 기명날인 또는 서명한 자에 대하여 서면으로 인수의 통지를 할 수 있으며 이 경우에 지급인은 통지한 상대방에 대하여 인수의 문언에 따라 책임을 진다(어§29②).

(2) 要件 이외의 記載事項(任意的 記載事項)

① 引受日字

인수일자의 기재는 인수의 요건은 아니다. 그러나 일람후정기출급의 어음(어§23) 또는 일람제시명령에 의하여 일정한 기간 내에 인수를 위한 제시를 하여야 할 어음(어§22①)은 인수한 일자를 기재시켜야 한다. 그러므로 지급인이 인수를 하였으나 일자를 기재하지 않았을 때에는 어음소지인은 일자거절증서를 작성하여 기간준수여부 및 인수일자를 증명하지 않으면 소구권을 상실하게 된다(어§25②). 그러나 일자거절증서의 작성이 면제된 경우에는(어§46) 인수인에 관한 한 제시기간의 말일에 제시한 것으로 본다(어§35②).

---

106) 이철송, p.296.

107) 이철송, p.295; 정동윤, pp.428-429; 정찬형, p.436; 정희철·정찬형, p.270.

108) 이범찬·최준선, p.278; 최기원, pp.372-373; 서돈각·정완용, p.215; 손주찬, p.285.

109) 이철송, pp.295-296; 채이식, pp.69-70.

② 第3者方支給의 記載

발행인이 타지지급어음(지급지와 지급인의 주소가 다른 어음)의 경우에 제3자방지급의 기재를 하지 아니한 때에는 지급인은 인수를 하면서 제3자방을 정할 수 있고(어§27①), 동지지급어음의 경우에도 지급장소가 기재되지 않은 때에는 지급장소를 기재할 수 있다. 이를 정하지 않은 때에는 인수인의 주소에서 인수인이 직접 지급하는 것으로 본다.

③ 不單純引受

환어음의 인수는 無條件이어야 한다(어§26①). 이 어음의 기재사항에 변경을 가하거나 조건을 붙여서 하는 인수를 부단순인수라 한다.

i) 一部引受·超過引受

어음법은 어음금액의 일부에 대한 인수를 인정한다(어§26① 단서). 왜냐하면 일부인수도 부단순인수이지만 어음소지인에게 일부나마 이익이 되며 소구의무자의 의무도 그만큼 경감될 수 있기 때문이다. 그러므로 일부인수가 있는 때에는 그 인수되지 않은 부분에 대하여만 인수거절이 되어 어음소지인은 소구권을 행사할 수 있다. 어음금액을 초과하여 인수한 때(초과인수)에는 어음금액의 한도 내에서 인수가 있는 것으로 보고 유효하게 취급하여야 할 것이다.

ii) 變更引受

지급인이 인수시에 어음금액 이외의 기재사항(만기·지급지 등)을 변경한 부단순인수의 경우에는 원문언에 관해서는 인수거절의 효력이 생긴다(어§26②). 그러므로 어음소지인은 인수거절증서를 작성하여 전자에 대하여 소구권을 행사할 수 있다. 그러나 이 경우에 인수인 자신은 변경된 문언에 따라 책임을 진다(어§26② 단서).

iii) 條件附引受

인수인이 인수에 조건을 붙여서 하는 인수를 조건부인수라고 하는데, 인수는 무조건이어야 하므로(어§26① 본문), 조건부인수가 있으면 어음소지인은 인수거절이 있는 것으로 보아 소구권을 행사할 수 있다. 이 때 인수인은 어음법 제26조 제2항 단서가 유추적용되어 인수의 문언에 따라 책임을 지느냐가 문제이다. 어음의 유통보호와 거래상의 실익을 고려하여 변경인수의 경우와 같이 인수인이 그 조건에 따라 책임을 져야 한다는 학설[110]도 있고 판례도 있으나[111] 이 학설의 주장은 어음법 제26조의 구성과 체계적인 순서로 보아 무리이고 어음면에 나타나지 않은 조건을 인정하는 것이 되어 어음의 문언증권성에도 반하므로 이를 부정하여야 할 것이다.[112]

4. 引受의 抹消

(1) 意 義

인수인은 인수한 어음(인수의 기재와 기명날인 또는 서명한 어음)을 어음의 소지인 또는 인수를 위하여 제시한 자에게 반환하기 전까지는 그 기재를 자유롭게 말소할 수 있다. 인수의 기재를 경솔하게 또는 착오에 의하여 한 경우에 어음이 자기 수중에 있는 동안 취소할 수 있도록 한 것이다. 반환전의 말소는 인수를 거절한 것으로 본다(어§29①). 인수된 어음이 제시자에게 반환된 이후에는 말소뿐만 아니라 철회도 있을 수 없다. 인수인이 인수의 말소를 어음의 반환 이후에 한 때에는 인수에 의한 책임을 면하지 못하지만 이 경우에 말소는 일단 어음의 반환 전에 한 것으로 추정된다(어§29① 후단). 어음면에 인수문언의 흔적이 있기 때문에 그에 관한 법률적 평가를 명문화 한 것이다.

그러므로 지급인은 인수인으로서 책임을 지지 않으며, 어음 소지인은 바로 소구권보전절차를 밟을 수 있다.

인수의 말소에도 불구하고 지급인이 소지인 또는 어음에 기명날인 또는 서명한 자에게 서면으로 인수의 통지를 한 때에는 통지의 상대방에 대하여는 말소전의 문언에 따라 책임을 진다(어§29②). 인수의 통지를 받은 자는 인수가 될 것으로 신뢰하고 인수가 거절될 경우 취할 수 있는 자기방어책을 강구할 기회를 놓치게 되므로 이를 구제하기 위한 것이다. 따라서 인수인은 통지의 상대방에 대하여 책임을 지지만 상대방은 인수의 거절을 이유로 전자에 대하여 소구권을 행사할 수 있다.

---

110) 서돈각·정완용, p.217; 손주찬 p.288; 정찬형, p.438; 이철송, p.298.

111) 대법원 1986.3.11. 선고 85다카1600 판결.

112) 정동윤, p.432; 최기원, pp.375-377.

5. 引受의 效力

(1) 引受人의 支給義務

지급인이 인수를 하면 인수인(주채무자)이 되어, 만기에 어음금액을 지급할 의무를 부담한다(어§28①). 인수인의 지급의무는 제1차적·무조건적·절대적·최종적인 지급의무이므로 인수인은 최후의 소지인에 대하여서 뿐만 아니라 상환의무를 이행하고 어음을 환수한 소지인과 발행인 등에 대하여도 위의 의무를 부담한다(어§28②). 즉 인수인의 의무는 어음소지인이 다른 어음행위자에게 청구하여 지급하지 않는 경우에 지는 의무가 아니라 만기가 도래하면 어음소지인이 직접 청구할 수 있는 제1차적 의무이며, 어음소지인이 지급의 제시 기타 어음상의 권리의 보전절차의 흠결이 있는 경우에도 3년의 시효기간 내에는 어음채무를 부담하는(어§53① 단서) 절대적 의무이다. 또한 최종적인 의무이므로 인수인은 어음의 최후의 소지인에 대해서뿐만 아니라 상환의무를 이행하고 어음을 환수한 모든 소지인에 대하여도 지급의무를 부담하며 소지인이 된 발행인도 인수인에 대하여 어음상의 권리를 행사할 수 있다. 이 의무는 발행행위가 실질적으로 무효인 경우에도 인수인은 어음상 의무를 면하지 못한다.

인수인이 數人일 때에도 각자는 전부의 지급의무를 부담하며, 이때의 인수인들의 책임은 합동책임이다.

(2) 支給額

인수인이 지급할 금액은 만기에는 어음금액과 이자액이지만, 만기에 지급하지 않아 상환청구권이 생기면 상환금액(어§48, §49)과 같은 금액이 된다. 그 외에도 인수인은 제2제시청구거절증서 및 인수일자거절증서의 작성비용도 부담해야 한다.

(3) 引受拒絶의 效力

지급인이 인수를 하면 전술한 바와 같이 제1차적·무조건적·절대적·최종적인 지급의무를 지게 되지만 인수를 거절하면 어음소지인은 지급인에 대하여 청구권을 갖지 못한다. 그리고 지급인이 인수를 거절하면 만기에도 지급되지 않을 염려가 있기 때문에 할인 받기도 곤란하다.

그리하여 어음법은 인수거절이 있는 때는 인수거절증서를 작성하여 소지인이 전자에 대하여 소구권을 행사하도록 하고 있다(어§43①). 그러나 인수무담보의 기재를 한 발행인이나 배서인에 대하여는 인수거절의 경우에도 소구권을 행사할 수 없다(어§9①, §15①). 또한 인수제시가 금지된 어음은 인수제시를 하여 거절되어도 만기 전에는 소구권을 행사할 수 없다.

제 6 절 換어음의 支給

1. 어음支給의 意義

어음의 지급(Zahlung, payment)이란 어음관계를 전부 소멸시키는 효과를 가지는 변제를 말한다. 어음은 지급수단으로 발행되어 유통되기 때문에 지급됨으로써 그 사명을 다하는 것이고, 어음거래의 경제적 동기인 원인관계도 지급에 의하여 종결된다. 따라서 지급이란 인수인·지급인 또는 지급담당자가 하는 지급을 말하며, 발행인·배서인·보증인·참가인수인 등이 하는 넓은 의미의 지급은 구상관계가 존속하고 부분적으로만 소멸하므로 여기서 제외한다. 어음의 지급이 거절된 때에는 소구권·이득상환청구권 등에 의하여 어음소지인의 이익이 보호된다.

어음의 지급은 변제의 일종이지만 어음의 특수성 때문에 민법의 변제에 관한 일반원칙은 여러 가지로 변용된다. 따라서 어음법 제38조 내지 제42조는 여러 가지 특수성을 반영하고 있으며, 특히 어음의 소지인이 그 청구권을 행사하여 어음금의 지급을 받기 위해서는 발행인 또는 인수인에게 어음을 제시하여야 하고 지급의 시기·방법·효과 등에 관하여 제한을 받는다.

2. 어음의 支給提示(支給請求)

(1) 支給提示의 意義

어음의 支給提示(Vorlegung zur Zahlung)란 어음의 소지인(또는 그 대리인)이 약속어음의 발행인, 환어음의 지급인·인수인 또는 지급담당자에게 지급을 청구하기 위하여 어음을 제시하는 것을 말한다. 지급제시는 어음법이 정형화시켜놓은 이행청구의 방법이다. 어음소지인은 지급제시기간 내에 제시를 하여야만 전자에 대한 소구권을 보전할 수 있으며(어§53), 인수인은 지급제시가 있는 때로부터 이행지체의 책임을 진다(어§65, 민§517). 따라서 지급제시는 소지인의 권리행사에 있어서 생략할 수 없는 절차이며, 제시 없이 단순히 어음금 지급을 청구하는 것은 지급제시가 아니며 이행청구로서의 효력이 없으므로 시효중단의 효력도 없다.

어음은 유통증권이므로 채무자는 채권자를 알 수 없기 때문에 채권자인 어음소지인이 어음을 제시하여 지급을 청구하는 추심채무로 하고 있다. 지급제시는 인수제시와는 달리 어음의 단순한 점유자에 의하여는 할 수 없다. 약속어음의 발행인 또는 환어음의 인수인이 수인이 있는 때에는 그 전원에 대하여 제시하여야 소구할 수 있다. 백지어음의 경우에는 백지를 보충한 후에 제시하여야 지급제시로서 효력이 인정된다.

그러나 어음이 이미 채무자의 점유에 귀속하는 경우에는 어음소지인은 어음을 제시하지 않고도 어음상의 권리를 행사할 수 있다.

【대법원 1971.7.20. 선고 71다1070 판결】

약속어음의 발행인은 환어음의 인수인과 같이 어음금액을 절대적으로 지급할 채무를 부담하는 자이고 상환의무자가 아니므로 소지인이 발행인에 대하여 지급을 위한 어음제시를 하지 아니하였다 하여도 어음금액을 청구할 수 있는 것이고 어음법 제77조 제1항 제3호에 의한 지급을 위한 제시의 규정은 약속어음 발행인에게는 적용될 수 없다 할 것인바, 원판결이 위와 같은 취지에서 어음법 제77조 제1항 제3호에 의하여 준용되는 같은 법 제38조의 규정은 약속어음 발행인에 대한 어음금 청구의 경우에는 적용되는 것이 아니다.

【대법원 2001.6.1. 선고 99다60948 판결】

어음은 제시증권, 상환증권이므로(어음법 제38조, 제39조) 어음을 소지하지 않으면 어음상의 권리를 행사할 수 없는 것이 원칙이지만, 이와 같이 어음상의 권리행사에 어음의 소지가 요구되는 것은 어음채무자에게 채권자를 확지시키고 또 채무자로 하여금 이중지급의 위험을 회피·저지할 수 있게 하는 데 그 취지가 있는 것이므로, 어음이 어떤 이유로 이미 채무자의 점유에 귀속하는 경우에는 위와 같은 점을 고려할 필요가 없어 어음의 소지는 채무자에 대한 권리행사의 요건이 되지 아니하고, 채무자는 상환이행의 항변을 하지 못한다.

(2) 支給提示의 當事者

지급을 위한 제시자는 배서의 연속 등에 의하여 형식적 자격을 가지는 어음의 소지인, 그로부터 추심위임배서를 받은 자, 그 대리인과 영수문구의 기재가 있는 어음을 점유하는 소지인의 使者이다. 형식적 자격을 갖지 않더라도 실질적 권리자이거나 그 대리인인 때에는 그 사실을 입증하여 적법하게 제시할 수 있다. 그러나 인수제시와는 달리 어음의 단순한 점유자는 지급제시를 할 수 없다.

지급제시는 환어음의 지급인(인수인), 약속어음의 발행인 또는 그 대리인에게 한다. 그러나 제3자가 지급담당자로 기재되어 있는 경우에는 그 지급담당자에게 제시하여야 한다. 그리고 환어음의 지급인 또는 약속어음의 발행인이 사망한 때에는 그 상속인이나 재산관리인에게 제시하여야 한다. 약속어음의 발행인이 수인이거나 환어음의 인수인이 수인인 경우에 그들은 합동책임을 지기 때문에 전원에 대하여 지급제시 하여야 한다. 이에 대하여 연대책임설을 취하는 견해에 의하면 1인에 대한 지급제시로 족하다고 본다.[113] 피제시자에 대하여 제시하여야 하며, 어음교환소를 통하여 제시하는 경우에는 수입은행의 담당자에게 제시한다.

지급담당자의 기재가 있음에도 불구하고 지급인(또는 인수인)이나 약속어음의 발행인에게 지급제시 한 경우에는 적법한 지급제시로서의 효력이 없다고 해야 한다. 지급담당자를 정한 경우에는 지급인·발행인 등은 지급을 위한 준비를 갖추고 있지 않음이 보통이고, 그 까닭에 지급이 불가능할 것인데, 그에 대한 지급제시를 유효하다고 본다면 지급불능으로 인해 이행지체, 소구권의 발생 등 부당한 후속적 효과가 생겨날 것이기 때문이다.[114]

(3) 支給提示의 期間

지급제시가 유효하기 위하여 어음소지인이 지급제시를 하여야 할 시기를 지급제시기간이라 한다. 주채무자인 약속어음의 발행인이나 환어음의 인수인에 대하여는 지급되어야 할 날(만기)이후 3년의 소멸시효기간 내에 지급제시를 하면 된다.

그러나 소구권 보전을 위한 지급제시기간은 어음의 종류에 따라 다르다. 즉 ① 확정일출급어음·발행일자후정기출급어음 및 일람후정기출급어음에 있어서는 원

113) 이철송, p.413.

114) 이철송, p.413.

칙으로 '지급을 할 날 또는 이에 이은 2거래일내'에 지급제시를 하여야 한다(어§38①). 소구의무자와의 관계에서 요구되는 제시기간을 3일이라는 초단기로 정한 까닭은 어음의 유통에 관여한 모든 사람이 담보책임을 지므로 이들의 책임관계를 신속히 종결짓기 위함이다. '지급을 할 날'은 보통의 만기의 날이나, 만기의 날이 법정휴일(어§81)에 해당하는 때에는 이에 이은 제1의 거래일에 지급을 청구할 수 있으므로(어§72①), 이 제1의 거래일이 지급을 할 날이 된다.

② 일람출급어음에 있어서는 발행일자로부터 1년 내에(어§34① 2문) 지급제시를 하여야 한다. 발행인은 일람출급어음의 지급제시기간을 단축 또는 연장할 수 있고, 배서인은 그 기간을 단축할 수 있다(어§34①). 발행인이 일정한 기일까지 지급제시를 금하였을 때에는 그 기일로부터 1년 내에 지급제시를 하여야 한다(어§34②).

지급제시기간의 계산에 있어서는 초일을 산입하지 아니하며, 그 기간의 말일이 법정휴일인 때에는 이에 이은 제1의 거래일까지 기간을 연장한다. 그러나 기간 중의 휴일은 그 기간에 산입한다(어§72①, ②).

(4) 支給提示의 場所

어음채무는 추심채무이므로 지급제시는 지급인의 영업소 또는 주소에서 하는 것을 원칙이지만(민§516 참조), 지급장소의 기재가 있는 경우에는 그 장소에서 하여야 한다(어§4, §27). 그러나 어음교환소에서 하는 제시는 지급제시의 효력을 가진다(어§38②, §83). 지급지 내에 지급인의 영업소·주소 또는 거소도 없는 타지지급어음의 지급제시는 현실의 지급인의 영업소·주소 또는 거소에서 지급제시를 할 필요는 없고, 지급지 내에서 지급인을 찾을 수 없는 때에는 지급지 내에서 거절증서를 작성하여야 한다.

① 어음에 支給場所(또는 支給擔當者)의 記載가 있는 경우

i) 지급장소가 지급지 내의 장소로서 적법하게 기재된 경우에는 그 지급장소에서 지급제시하여야 하고, 그 지급장소 이외에서 지급제시하여도 지급제시는 무효이다. 지급장소로서 제3자방지급문언이 기재된 경우에는 언제나 제3자방에서 지급제시하여야 하고, 지급담당자의 기재가 있는 때에는 지급지 내에 있는 지급담당자의 영업소 또는 주소에서 지급제시를 하여야 한다.[115)]

---

115) 대법원 1988.8.9. 선고 86다카1858 판결.

그런데 판례에는 「지급장소란에 지점표시 없이 단순히 은행명만 기재되어 있다면, 이는 지급장소가 아닌 지급담당자를 표시하는 기재라고 봄이 상당하고 그 지급제시는 지급지에 있는 지급담당자의 영업소에서 하여야 한다」고 한 바 있다.[116)]

지급지 외의 장소가 지급장소로 지정되어 있는 경우에는 그 지급장소의 지정은 무효이므로 소지인은 지급지 내에 있는 주채무자(약속어음의 발행인이나 환어음의 인수인)의 영업소, 주소 또는 거소에서 지급제시를 하여야 한다.

어음에 지급장소의 기재가 있더라도 어음소지인과 지급인과의 합의에 의하여 지급지 내의 다른 장소를 지급장소로 정할 수 있고, 변경된 장소에서 한 지급제시는 모든 어음관계자에 대하여 유효하다고 본다. 그리고 어음에 지급장소가 기재되었더라도 그 기재는 지급제시기간 내에만 효력이 있으므로 만기 전에 소구하는 경우에 소구요건을 충족시키기 위하여 하여야 할 지급제시의 장소는 주된 채무자의 영업소 또는 주소라고 할 것이다.[117)]

ii) 지급제시기간 경과 후에도 지급제시는 지급장소에서 하여야 하는가에 대하여 지급장소유효설, 지급장소실효설, 지급장소·지급지 실효설, 지급지효력 제한설이 있다. 지급장소 유효설의 입장은 지급장소의 기재는 제시기간의 경과 후에도 유효하므로 지급제시는 언제나 어음에 기재된 지급장소에서 하여야 한다고 한다. 이에 비하여 지급장소 실효설의 입장에서는, 지급제시시간 경과 후에는 지급장소의 기재가 효력을 상실하지만 지급지의 기재는 유효하므로 지급제시기간의 경과 후에는 지급지 내에 있는 주된 채무자의 영업소 또는 주소에서 어음의 지급제시를 하여야 한다는 것으로,[118)] 일본판례의 입장이기도 하다.

우리나라의 다수설은 지급장소·지급지실효설[119)]로서 지급제시기간 경과 후에는 지급장소뿐만 아니라 지급지의 기재도 실효되므로 어음은 채무자의 영업소 또는 주소에서 제시하여야 한다고 한다. 지급지는 지급장소의 탐지를 위하여 기재하는 것이므로 후자가 실효한다면 전자도 동일하게 보아야 하며, 지급제시기간 내에 지급지의 기재가 그 효력이 있는 것은 소구권의 보전을 위하여 신속하고 확실한 권리행사를 용이하게 하기 위한 것이지만 지급제시기간 경과 후에는 그 필요성이 없기 때문이라고 한다. 이 견해가 타당하다고 본다. 그리고 지급지 효력제

116) 서울지법 1995.10.25. 선고 94가단93408 판결.

117) 대구지법 1986.3.19. 선고 85나72 판결.

118) 채이식, p.139.

119) 정동윤, p.531; 정찬형, pp.543-544; 강위두, pp.451-452; 손주찬, p.313; 이범찬·최준선, p.293.

한설은[120] 장소적 구속력 실효성이라 하며, 지급장소는 실효되지만 지급지의 기재는 裁判籍決定의 기준도 되기 때문에 지급제시기간경과 후에는 제시장소를 구속하는 효력만이 실효한다고 본다. 그러므로 지급제시기간의 경과 후에는 위의 지급장소·지급지 실효설의 입장과 같이 지급제시는 채무자의 영업소 또는 주소에서 하여야 한다는 것이다.

② 어음에 支給場所(또는 支給擔當者)의 記載가 없는 경우

어음에 지급장소의 기재가 없는 경우에는 지급지 내에서의 환어음의 지급인·인수인, 약속어음의 발행인 등의 영업소 또는 주소·거소에서 지급제시를 하여야 한다(민§516, §524). 그러나 지급지 내에 지급인의 영업소 또는 주소·거소가 없는 경우에는 지급지 내에서 지급인을 발견할 수 없고, 지급지 외에서 지급인의 영업소 또는 주소·거소를 발견한 때에는 지급지 외의 지급인의 영업소 또는 주소·거소에서 지급제시할 것이 아니라, 지급지 내에서 지급거절증서를 작성하여야 한다.

③ 어음交換所에서의 提示

어음교환소는 지급제시장소로서 법정된 곳(어§38②)이므로 어음에 지급장소나 지급담당자의 기재가 있든 없든 지급지 내에 어음교환소가 없는 경우에도 어음교환소에 한 지급제시는 그 효력이 있다. 실제로도 금융기관이 지급인 또는 지급담당자인 어음은 직접 지급장소에 지급하는 경우는 드물고 자기의 거래은행에 대한 추심위임을 통하여 어음교환소에 제시하여 결제하는 것이 보통이다. 추심을 위임받은 은행은 이 어음을 지참하고 어음교환소에 나가서 지급은행에 제시하고 지급을 요구한다.

그러나 지급제시기간 경과 후에 지급장소의 기재는 그 효력을 상실하므로 은행이 지급장소인 어음이더라도 교환이 불가능할 뿐만 아니라 어음교환소에 한 어음의 제시는 그 효력이 생기지 않는다.

어음소지인이 교환제시를 하는 경우 자기의 거래은행(추심을 위임받은 금융기관, 제시금융기관)에 어음을 입금하면 제시금융기관이 어음의 기재사항을 정보처리시스템에 의하여 전자적 정보의 형태로 작성한 후 그 정보를 어음교환소에 송신하는데, 이 경우 이러한 정보가 그 어음교환소의 정보처리시스템에 입력된 때에 어음교환소에서의 지급제시가 이루어진 것으로 본다(어§38③, §77① 3호, 수§31②). 이

---

120) 최기원, p.474.

는 어음(수표)정보의 전자적 송·수신에 대하여 어음(수표)법상 지급제시의 효력을 부여한 것인데, 이를 위하여 2007.5.17.에 어음법(법 제8441호), 수표법(법 제8440)이 개정되었다(2007.11.18. 시행).

(5) 支給提示의 方法

제시자는 완전한 어음을 현실로 피제시자에게 제시하여야 한다. 그러므로 등본이나 보충 전의 백지어음을 제시하여도 지급제시의 효력이 없다. 그리고 어음을 상실한 경우에는 제권판결을 받지 않는 한 이행지체의 효력이 생기는 적법한 제시를 할 수 없다.

판례는 발행지 및 발행인이 명칭에 부기한 지의 기재마저 없는 어음은 어음요건의 흠결로서 무효이고 따라서 동어음으로써 한 지급제시는 그 효력이 없다고 하였다.[121)]

지급인이 지급거절을 할 것이 명백한 경우에도 적법한 지급제시를 하여야 하지만, 어음의 제시가 사실상 불가능한 경우나 제시가 무의미한 때에는 현실의 제시가 없더라도 제시한 경우와 같은 효과가 인정되어야 할 것이다.

① 被提示者의 不在, 支給場所의 不明

적법한 시기에 지급장소나 지급인의 영업소 또는 주소에 피제시자가 없는 경우나 지급장소가 불분명한 때에는 필요한 절차의 이행을 전제로 제시가 있는 것으로 본다.

② 支給場所인 銀行이 어음을 所持하는 경우

이 경우는 제시자와 피제시자가 동일인이므로 은행이 만기에 어음을 소지하는 사실로써 제시가 있는 것이 된다.

③ 相對方을 所持人으로 認定한 支給拒絶

적법한 시기와 장소에서 채무자가 상대방을 소지인으로 인정하여 현실로 제시를 요구하지 않고 그에 대하여 지급을 거절한 때에는, 현실의 제시가 없었다는 것을 문제삼을 수 없다.

---

121) 대법원 1967.9.5. 선고 67다1471 판결.

④ 一部支給의 경우

지급인이 일부지급을 하고 어음을 교부한 때에는 유효한 제시가 있었던 것이 된다.

피제시자의 부재 등에 의하여 제시를 할 수 없었던 경우에는 공증인 또는 집행관으로 하여금 제시토록 의뢰한 후 거절증서에 의하여 제시불능의 사실을 공증하여야 한다. 이러한 공증은 거절증서의 작성이 면제된 경우도 같다. 또한 재판상의 청구에 있어서는 訴狀의 제출만으로는 불충분하고 소장이 송달된 때나 지급명령의 송달이 있는 때에 비로소 어음의 제시와 동일한 효과가 생긴다.

【대법원 1958.12.26. 선고 4291민상38 판결】

어음금을 재판상으로 청구할 때에는 어음의 제시가 필요 없고 소장 또는 지급명령의 송달로 갈음한다.

(6) 支給提示의 免除

지급제시의 면제특약에 관하여 어음상의 효력은 발생하지 않으나 어음 외의 당사자간의 특약은 유효하다. 구두로 한 특약도 유효하며, 특약은 당사자간에만 유효하기 때문에 다른 소구의무자에게 소구권을 행사하려면 만기에 지급제시를 하여야 한다.

지급제시면제의 특약은 제시 자체를 면제하는 것으로 특약의 상대방에 대하여 배서인은 만기의 도래에 의하여 당연히 소구의무를 진다고 할 것이다.

그리고 불가항력이 30일을 넘어 계속되는 때에는 어음의 제시 없이 소구권을 행사할 수 있다(어§54④, §77①). 인수거절증서를 작성한 경우에도 같다.

재판상 어음금을 청구하는 경우에는 소장 또는 지급명령의 송달을 지급제시와 동일한 효력이 있는 것으로 본다. 지급지 내에 지급인의 영업소·주소 또는 거소를 발견할 수 없거나 지급인을 발견할 수 없을 때에는 지급제시를 요하지 않고 (그러나 지급거절증서는 작성하여) 소구권을 행사할 수 있다.

(7) 支給提示의 效果

지급제시를 함으로써 어음의 소지인은 ① 어음금지급을 적법하게 수령할 수 있고, 지급이 없는 경우에는 주채무자를 이행지체에 빠뜨린다. 지급제시기간내에 지급이 거절된 경우에도 주채무자는 소구의무자와 동일한 책임을 지고(어§28②, §78①), 지급제시기간경과 후에 지급제시한 경우라도 그 때부터 연 6분의 지연이자를 지급하여야 한다. 인수인은 어음금액과 제시 이후의 지연이자를 지급해야 하고 만기부터 제시시까지의 이자는 지급할 필요가 없다. ② 지급제시기간내에 지급제시를 한 소지인은 지급거절증서를 작성하여 그 전자에 대한 상환청구권(소구권)을 보전할 수 있게 되지만(어§43, §77① 4호), 지급제시기간내에 지급제시를 하지 아니하면 모든 소구의무자에 대한 소구권을 상실한다(어§53①, §77① 4호).

어음의 지급제시가 없으면 인수인은 만기가 도래하였더라도 지급의무가 없으며 이행지체의 책임을 지지 않는다. 그러나 어음채무자는 어음금액을 공탁하여 채무를 면할 수 있다.

3. 어음의 支給時期

(1) 滿期의 支給

어음은 본래 滿期(또는 支給을 할 날)에 지급될 것이 예정되어 있는 증권이므로 만기가 되어야 지급인이 지급을 할 수 있고 소지인이 지급을 청구할 수 있다. 만기지급의 '만기'는 만기일만을 의미하는 것이 아니라 지급제시기간을 의미한다. 즉, 지급을 할 날(만기) 이후에도 지급제시기간경과 전(지급거절증서작성기간경과전)에는 어음소지인은 인수인 또는 지급인에 대하여 지급청구를 할 수 있고, 인수인 또는 지급인도 유효한 지급을 할 수 있으며(선의지급), 그 지급의 결과를 자금의무자에게 귀속시킬 수 있다.

만기가 법정휴일인 때는 이에 이은 제1거래일에 지급을 청구할 수 있고, 이 경우에는 만기와 지급을 할 날이 다르게 된다. 어음의 지급을 할 날 또는 이에 이은 2거래일 내 이거나 또는 어음법 제34조의 법정 또는 지정된 기간 내(일람출급어음의 경우)에 어음소지인이 지급제시를 하였을 때에 지급하는 것이 만기에 있어서의 지급이 된다(어§38①).

따라서 제시기간은 3일간이지만, 이 기간 중 어느 때이든 제시가 있으면 즉시 지급하여야 하며, 제시기간동안 지급인이 기한의 이익을 갖는 것은 아니다. 예컨대, 지급할 날에 제시받으면 그 즉시 지급하여야 하며, 이는 2거래일 내에 지급하면 되는 것이 아니다. 어음금의 지급에 있어서는 恩惠日, 즉 지급인을 위한 지급유예기간은 법률상 또는 재판에 의해서도 인정되지 않는다(어§74).

(2) 滿期前의 支給

어음소지인은 만기까지는 어음을 유통시키는 데 대하여 이익을 가지고 있기 때문에 만기 전에는 어음금의 지급을 청구할 수도 없고, 또 어음채무자는 채권자에게 만기전에 지급을 받으라고 강요할 경우 채권자가 그 지급을 받아야 할 의무도 없다(어§40①, §77① 3호). 만기 전에는 어음금을 공탁하더라도 어음채무는 소멸하지 않는다.

그러나 소지인과 채무자와의 합의에 의한 만기 전의 지급까지 제한할 필요가 없으므로 어음법은 소지인의 동의가 있으면 지급인은 자기의 위험부담 하에 만기 전에도 유효하게 지급할 수 있는 것으로 하고 있다(어§40②, §77① 3호). 즉 만기에 지급하는 경우와 같이 인수인이 시간적으로 지급을 강제받지 않으므로 조사의무의 경감이 인정되지 않는다.

자기의 위험부담이란 지급인이 형식적 자격을 가진 어음소지인에게 지급하였으나 그가 무권리자였다면 사기 또는 중과실의 유무와 관계없이 그 지급은 무효가 되어 진정한 권리자에 대한 책임을 면하지 못하는 것이다. 즉 만기전의 지급은 실질적인 권리자에게 지급한 경우에만 면책된다. 또 지급위탁이 취소된 경우에는 발행인에 대하여 자금관계상의 상환을 청구하지 못한다. 다만 만기 전의 지급이라도 만기선소구요건이 구비된 때에는 만기에 지급하는 경우와 같다.

인수인이 만기 전에 지급을 하고 어음을 환배서에 의하여 취득하면 배서인이 무권리자라도 선의취득을 하게 되어 2중지급의 위험을 피할 수 있다는 견해가 있다. 그러나 이 견해는 만기전에 지급하는 인수인은 실질적 권리자에게 어음의 반환과 함께 지급의무를 지도록 하는 어음법 제40조 2항의 취지와 다르다. 어음법 제40조 2항은 제16조 2항에 우선하는 것이고, 어음채무자의 면책은 만기에만 생기는 것이기 때문에 만기 전의 환배서에 의한 선의취득을 보호할 가치가 없다.

(3) 滿期後의 支給

만기후라는 것은 지급제시기간 경과후를 말하며, 지급제시기간내의 지급은 만기의 지급과 같다. 지급제시기간경과 후(지급거절증서 작성기간 경과후)에도 소지인은 시효기간 내에는 어음의 주채무자(약속어음의 발행인, 환어음의 인수인 등)에 대하여 어음금의 지급을 청구할 수 있다. 따라서 어음채무자는 만기 후의 지급의 경우에도 만기에 지급하는 경우와 같이 선의지급에 따른 보호를 받으므로 유효한 지급을 할 수 있다(어§40③). 다만 인수를 하지 않은 지급인은 특약이 없는 한 지급을 하여도 그 지급의 결과를 자금의무자에게 귀속시킬 수 없고(수표의 경우와 다름), 선의지급에 따른 면책의 보호도 받을 수 없다.

어음의 제시장소는 지급장소 또는 지급담당자의 기재가 있더라도 그 기재는 이미 실효하였으므로 소지인이 제시해야 할 곳은 인수인의 영업소 또는 주소이다. 그리고 인수인의 면책을 위한 조사의무는 만기에 지급하는 경우와 같다. 지급제시기간내에 지급을 위한 제시가 없어서 지급의 기회를 갖지 못한 인수인은 어음소지인의 비용과 부담으로 어음금액을 공탁하고 책임을 면할 수 있다.

(4) 支給의 猶豫(延期)

어음을 만기에 지급할 수 없는 경우에는 당사자의 의사에 의하여 지급을 연기할 수 있으며, 법정사유가 발생한 때에는 법률의 규정에 의하여 연기될 수 있다.

① 當事者의 意思에 의하는 경우

어음의 지급을 연기시키는 방법에는 기존의 어음을 신어음으로 교체시키는 어음개서의 방법과 당사자간에 지급유예의 특약을 하는 방법, 만기의 기재자체를 변경하는 방법이 있다. 소지인은 지급유예의 합의를 하더라도 지급이 이루어지지 아니할 가능성을 감안한다면 소구권 보전절차(지급제시와 거절증서 작성)를 밟아 두어야 할 것이다.

i) 어음의 改書

어음의 개서란 광의로는 기존의 어음을 다양한 목적을 위하여 신어음으로 교체시키는 것이고, 협의로는 만기가 도래한 어음의 지급유예를 위하여 만기를 변경한 신어음을 발행하여 구어음의 채권자에게 교부하는 것을 말한다. 후자의 경우에 신어음을 연기어음 또는 개서어음이라고도 한다.

어음의 개서는 보통 어음의 주채무자(환어음의 인수인 또는 약속어음의 발행인)와 채권자인 어음소지인(수취인 또는 최후의 피배서인)간의 합의에 의하여 이루어진다.

그러나 어음상에 배서가 있는 때에는 배서인들의 동의로써 다시 구어음의 순서에 따라 배서를 하여야 하며 배서의 순서를 특정한 배서인의 동의 없이 불리하게 변경한 때에는 그 자와 그 후자 사이의 交付契約은 흠결된 것으로 본다.

신어음은 인수인이 일부지급을 한 때나 어음금액에 이자를 가산하는 때, 변경된 만기의 기재 등에 의하여 구어음과 내용이 다른 어음이 될 수 있다. 구어음이 회수되는 경우에 있어서 개서어음의 법적성질에 관하여 만기의 변경은 채무의 요소를 변경하는 것이므로 개정이며, 이에 의하여 구어음상의 채무는 소멸하고 신어음상의 채무가 발생한다는 更改說과 신어음은 구어음을 원인관계로 하여 지급을 갈음하여 발행된 것이므로 그 성질은 대물변제이며 이 경우에 구어음은 소멸하고 신어음이 성립한다는 代物辨濟說이 있다. 代物辨濟說이 통설이며 독일의 판례와 학설의 입장이다.

그러나 구어음이 회수되지 않은 경우에는 구어음상의 채무를 신어음으로 이전시키거나 소멸시키는 것이 아니기 때문에 경개 또는 대물변제라고 볼 수 없고 신·구어음상의 채권이 병존한다고 보아야 할 것이다.

ii) 支給猶豫의 特約

어음소시인과 채무자 사이의 지급유예의 특약을 체결하는 방법이다. 이러한 특약은 만기 등 어음상의 기재를 변경하는 것이 아니므로 어음관계에는 아무런 영향을 미치지 않고, 당사자간에서만 어음 외에서 그 효력이 발생하여 인적 항변사유가 될 뿐이다(통설).

지급의 유예특약을 할 경우에 당사자간에 있어서는 유예기간 중에는 이행지체의 문제가 생기지 않으나 유예기간만료 후에는 지급제시에 의하여 채무자는 이행지체의 책임을 지게 된다. 시효도 유예기간 내에는 진행되지 않고 유예기간 만료시에 기산한다. 그러나 소구권보전절차를 밟는 것은 어음에 기재된 만기를 중심으로 해야 하며, 어음소지인과 주채무자 사이에 지급유예특약이 있더라도 배서인은 이를 원용할 수 없다고 본다.

iii) 滿期의 變更

어음관계자 전원의 동의를 얻어서 어음의 동일성을 유지하면서 어음의 만기를 변경하여 그 지급을 연기할 수 있다. 어음관계자의 동의 없이 만기를 변경하면 어음의 변조가 되므로, 만기의 변경에 동의하지 아니한 어음채무자에 대하여는 그 효력이 없다. 따라서 동의하지 않은 자에 대해서는 변경전의 만기를 기준으로 하여 어음을 제시하여야 한다. 만기의 변경방법은 간단하지만 기재내용을 직접 변경함으로써 불신을 야기하게 되고 이로 인하여 어음의 할인을 곤란하게 할 뿐만 아니라 인수인에 대한 소송의 경우에 입증의 어려움을 겪게 될 우려가 있다.

② 法律의 規定에 의한 延期

전쟁·지진·경제공황 기타 전국 또는 일부지방에서 긴급한 사태가 발생한 때에는 법률에 의하여 어음채무(또는 금전채무)의 지급은 유예된다. 이 경우에 만기 자체가 연기되는 때와 만기 자체는 변경됨이 없이 단순히 제시기간 및 거절증서작성기간이 연장되는 경우가 있다(어§54①, §77①).

【대법원 2003.10.24. 선고 2001다61456 판결】

신종기업어음(일명 CP어음)을 발행회사로부터 매입한 종합금융회사가 이를 일반투자자들에게 매도한 후 일반투자자로부터 그 어음의 보관 및 만기의 추심을 위탁받아 종합금융회사의 어음관리계좌(CMA)에 그 어음을 보관관리하다가 추심하였다면 그 어음상의 채무는 소멸하고, 그 어음상의 채무에 대한 민사상 보증채무도 함께 소멸한다고 할 것이고, 일반투자자가 그 추심금으로 다른 신종기업어음을 매입하여 어음관리계좌로 현금이 입금되지 않았거나 어음관리계좌로부터 실제로 현금이 인출되지 아니하였다고 하여 달리 볼 것은 아니라고 할 것이다.

그러나 단순히 어음상 채무의 만기를 연기하기 위한 당사자 사이의 어음개서계약에 따라 구어음을 회수하고 신어음을 발행하여 교부하는 경우 구어음상의 채무는 소멸한다고 할 것이지만 구어음상의 채무와 신어음상의 채무가 실질적으로 동일한 때에는, 특별한 사정이 없는 한, 구어음상의 채무에 대한 담보나 민사상 보증은 신어음상의 채무에 대하여도 그대로 존속한다고 할 것이다.

… 원고는 … 공영토건이 발행한 이 사건 제1 어음을 파산회사를 통하여 매입한 사실, 이 사건 제1 어음의 만기가 도래하자 원고는 파산회사 및 공영토건과 협의하여 만기를 연장하기로 하고, 원고로부터 추심을 위임받은 파산회사는 공영토건으로부터 할인료만 현금으로 지급받고, 나머지 어음원금은 서류상으로만 결제가 된 것으로 정리한 후 공영토건으로부터 다시 어음을 매입하여 원고에게 매출하는 형식을 취하여 원고의 어음관리계좌에 입고처리한 것으로 정리하였고, 그 후 … 매번 같은 방법으로 어음의 만기를 연장하여 오다가 이 사건 제2 어음이 발행된 사실을 알 수 있다.

… 위와 같은 단순한 만기 연장을 위한 어음개서의 경우 구 어음상 채무는 신어음상의 채무와 실질적으로 동일한 것으로 볼 수 있고, 달리 위와 같은 어음개서 과정에서 반대의 명백한 특약이 있는 등 특별한 사정이 없는 이상 이 사건 제1 어음상 채무에 대한 민사상 보증의 효력 역시 새로이 개서된 어음의 어음금채무에 대하여 존속하는 것으로 봄이 상당하다고 할 것이다.

4. 어음支給人의 調査義務

(1) 調査義務의 輕減

본래 채무는 진정한 권리자 또는 그 자로부터 권리행사의 권한을 부여받은 수령권자에게 변제하지 않으면 그 효과를 얻을 수 없다(민§472). 따라서 채무자는 변제를 함에 있어서 일일이 청구자가 진정한 권리자인가의 여부를 조사하여야만 한다. 그러나 불특정 다수인사이에 신용으로써 거래되는 유통증권에 대하여도 이 원칙을 적용한다고 하면 채무자는 채권자의 진위를 조사하기 위하여 많은 시간과 노력을 들여야 할 것이므로 거래의 신속과 원활을 기할 수 없다. 그리고 어음의 점유자는 배서의 연속에 의해 정당한 어음소지인으로 추정되는 까닭에 제시자의 권리유무에 대해 의심이 가더라도 지급을 거절하기 위해서는 지급인이 입증의 부담을 안아야 한다. 이 같은 어음거래의 특성에서 볼 때, 어음의 지급인에게 일반채무자와 같은 주의의무를 과하는 것은 불공평하다.

그리하여 어음법은 어음지급의 신속과 유통성의 확보를 도모하고, 지급인의 위험부담을 덜어주기 위하여 지급인의 조사의무를 경감하고 있다. 즉, 어음법은 일반원칙을 수정하여 어음의 형식상 알 수 있는 사항에 한정하여 인수인이 조사의무를 이행한 때에는 무권리자에게 지급한 경우에도 사기 또는 중대한 과실이 없는 한 면책되도록 하였다(어§40③). 이러한 효과는 지급담당자가 지급한 경우에도 같다. 그러나 이와 같은 지급인의 보호는 시간적으로 지급이 강제되는 만기지급 또는 만기 후의 지급의 경우에만 인정되고, 만기 전에는 지급인의 위험부담으로 지급할 수 있다(어§40②).

(2) 調査義務의 內容

① 形式的 資格의 調査義務

어음법 제40조 제3항은 「滿期에 지급하는 支給人은 詐欺 또는 중대한 過失이 없으면 그 책임을 면한다. 이 경우에 支給人은 背書의 連續의 整否를 調査할 義務가 있으나 背書人의 기명날인 또는 서명을 조사할 의무는 없다」고 규정하고 있다. 이 규정은 지급인이 조사해야 할 사항을 배서의 연속과 같은 형식적 요소에 국한하고 실질적인 무권리에 관해서는 지급인에게 사기 또는 중대한 과실이 없는 한 면책된다는 뜻을 규정한 것이다. 「지급인」이란 환어음의 인수인 또는 인수하지 아니한 지급인, 약속어음의 발행인 및 이들의 지급담당자, 그리고 소구의무자를 포함한다. 지급인이 면책된다 함은 지급으로 인해 지급인 등의 어음채무가 소멸한다는 뜻이므로 이로 인해 실제 어음상의 권리를 가진 자가 어음상의 권리를 상실하는 손실을 입게 되나, 이에 대해 어음법상의 구제방법은 없다. 다만 실제의 권리자가 어음금을 지급받은 자를 상대로 부당이득반환 또는 손해배상을 청구하는 등 어음 외적인 구제수단을 취할 수 있다.[122)]

제38조 제3항에 따른 지급제시의 경우에는 지급인 또는 지급인으로부터 지급을 위임받은 금융기관은 제3항 후단에 따른 배서의 연속이 제대로 되어 있는지에 대한 조사를 제시금융기관에 위임할 수 있다.

i) **背書의 連續의 與否** : 배서의 연속이란 제1배서는 수취인이 하고, 제2배서는 제1배서의 피배서인이 하고, 이와 같이 하여 차례로 최후의 피배서인이며 현재의 소지인에 이르기까지 중단 없이 배서가 계속되는 것을 말한다.

배서의 불연속으로 형식적 자격이 인정되지 않더라도 그 부분에 관하여 실질적 권리이전(상환·회사합병·경매 등 민사적 승계)이 있었음을 소지인이 입증하는 경우에 배서의 단절이 架橋된다고 볼 것이다. 이 경우 지급인은 자기의 위험부담 하에 지급하여야 한다.

ii) **어음要件의 具備與否** : 어음이 그 법정형식(어§1)을 갖추지 않은 경우에는 불완전어음으로서 그 어음에 대한 지급도 당연무효이기 때문이다. 그러나 백지어음으로 발행된 경우에는 백지가 보충되지 않는 한 지급제시가 불가능하므로 지급인이 백지어음임을 알면서 지급해서는 안 될 것이다.

iii) **自己의 記名捺印 또는 署名의 眞否** : 기명날인 또는 서명의 조사는 실질적 조사이지만 자기의 기명날인 또는 서명의 진부를 가리어 낸다는 것은 어려운 일이 아니며, 또 당연히 자기 자신이 하여야 할 것이기 때문에 지급하는 자의 조사사항이 되고 있다.

상술한 조사사항 이외의 것, 즉 ① 소지인의 실질적 자격(배서인의 기명날인 또는 서명의 진위), ② 소지인의 지급수령능력(무능력자 혹은 파산자여부), ③ 대리수령의 경우라면 그 대리권, ④ 소지인의 동일성(어음상 권리자로 기재된 자와 실질적으로 동일인인가 여부)에 대해서는 어음지급결제의 신속과 안전을 기하기 위하여 지급인

122) 이철송, p.427.

은 조사의무가 없다고 본다. 私人간의 거래에서 상대방의 신분을 완벽하게 조사한다는 것은 불가능한데다 어음거래의 신속성의 요청에서 볼 때 이를 지급인의 의무로 보기는 어렵다. 그러나 지급인은 소지인의 人的 同一性을 사회통념상 가능한 방법으로 조사할 條理상의 의무가 있다고 보아야 한다는 견해가 있다.[123)]

지급인이 형식적 자격이 있는 어음소지인에게 지급한 때에는 소지인이 무권리자인 경우에도 사기 또는 중대한 과실이 없는 한 면책된다. '책임을 면한다'는 의미는 지급의무를 부담하는 자가 채무를 면하여 이중지급의 위험을 부담하지 않을 뿐만 아니라, 지급의무를 부담하지 아니하는 자(인수하지 않은 환어음의 지급인, 지급담당자)가 지급의 결과를 자금관계상 유효하게 자금의무자에게 귀속시킬 수 있는 것을 의미한다. 그러나 형식적 자격을 갖추지 않은 자에게 지급을 하였을 때에는 지급인은 영수자가 실질상의 권리자임을 입증하지 못하는 한 면책될 수 없으므로 또다시 정당한 권리자에게 지급하여야 할 것이다.

② 注意의 程度(詐欺 또는 重過失의 不存在)

지급인이 소지인의 형식적 자격을 조사하는 경우에 다하여야 할 '주의의 정도'는 사기 또는 중과실이 없는 주의이다. 이와 같이 지급인의 주의의무를 경감하는 것은 증권의 외관에 대한 선의의 신뢰를 보호하려는 것이므로 소지인의 실질적 자격이나 동일성의 흠결에 관해서 사기 또는 중대한 과실이 있는 지급인은 보호할 필요가 없다(어§40③ 1문). 지급인의 책임추궁 사유로서의 사기 또는 중대한 과실이란 일반적인 악의 또는 중대한 과실보다 책임을 크게 경감해 주기 위한 것이다.[124)]

i) **詐欺** : 사기란 어음법 제16조 제2항의 선의취득에 있어서 악의와는 달리, 지급제시자가 무권리자라는 것을 알고 있을 뿐만 아니라 소송상 이러한 사실을 입증할 확실한 증거방법을 가지고 있는데도 불구하고 지급한 경우를 말한다. 왜냐하면 지급인은 제시자가 무권리라는 것을 알았다 하더라도 확실한 증거방법이 없는 한 어음금청구소송에서 패소하여 막대한 신용상의 손실을 입을 우려가 있기

---

123) 이철송, p.429.

124) 이철송, p.430; 지급인의 조사의무를 선의취득의 소극적 요건으로서의 악의 또는 중과실보다 크게 완화한 것은 지급인의 소극적 입장을 고려한 것이다. 선의취득자는 어음을 임의로 취득하는 자이므로 취득 여부에 대한 선택을 할 수 있는 능동적 입장에 있다. 따라서 상대방이 무권리자인 줄 알았으나 입증방법이 없어 취득하였다는 변명이 허용되지 아니한다. 그러나 지급인은 채무자로서 지급이 강제되는 수동적 지위(Zwangslage des Schuldners)에 있으므로 자신의 선택이 불가능하다는 본질적 차이가 있다는 점이 이와 같은 책임완화의 근거이다.

때문이다. 제시자가 무권리자라는 것을 알았더라도 그것을 용이하게 입증할 수 없는 때에는 지급에 의하여 면책이 되기 때문에 결과적으로 지급의 경우 조사의무가 완화된 것이라고 할 수 있다.

ii) **重過失** : 보통의 주의로써 조사를 하였더라면 제시자가 무권리자임을 알았을 것이고, 또 무권리자임을 입증할 자료도 확실히 얻었을 것인데, 그 주의도 하지 않았기 때문에 무권리자임을 알지 못하고 지급한 경우이다. 과실의 정도가 전체적인 사정으로 보아 어음거래에 있어서 중대한 주의의무의 위반으로 보이는 때라고 할 수 있다.

iii) **詐欺·重過失의 抗辯과 立證責任** : 어음채무자가 무권리자에게 지급함에 있어서 사기나 중대한 과실이 있었다는 항변은 실질적인 권리자만이 주장할 수 있고, 사기 또는 중대한 과실에 대한 입증책임을 진다.

③ 實質的 資格의 調査

어음법 제40조 제3항은 민법 제518조와는 달리 어음소지인의 실질적 자격에 대한 지급인의 조사권에 대하여 규정하고 있지 않고, 이에 대하여 학설은 긍정성(다수설)과 부정설(소수설)로 나뉘어 있다.

긍정설은 어음법상의 명문규정은 없으나 지급인이 자기의 위험 하에 이를 조사할 수 있는 권리가 있음은 이론상 의문의 여지가 없을 뿐만 아니라, 일반유가증권에 관하여 상법은 이미 이에 관한 민법규정이 적용됨을 명언하고 있으므로(상§65, 민§518, §524) 어음과 같은 유가증권에는 당연히 같은 취지로 해석하여야 한다고 한다.[125] 우리 대법원판례도 긍정설에 따른다.[126]

부정설은 지급인에게 실질적 자격의 조사권을 인정하면 지급인이 조사권을 남용하여 부당하게 지급이 지체될 우려가 있으며, 민법 제518조의 규정은 어음 이외의 일반지시증권에 있어서도 그 적용여부가 의문시되는 규정이므로 동규정을 어음에 적용 내지 준용하는 것은 부당하다고하여, 어음소지인의 실질적 자격에 대한 조사권을 부정한다.[127]

지급인이 이러한 「사기 또는 중과실」이 되지 않기 위하여는 필요한 경우에(예

---

125) 손주찬, p.318.

126) 대법원 2002.2.26. 선고 2000다71494·71500 판결.

127) 서정갑, "지급에 있어서의 조사와 면책", 「월간고시」(1979.3), p.44.

컨대, 어음소지인에게 무권리자라고 의심할 만한 사유가 있는 경우) 어음소지인의 실질적 자격에 관하여는 필요한 사항을 조사하여야 할 것이다.

(3) 支給擔當者의 調査義務

일반원칙에 의하면 지급담당자는 지급인과 같은 조사의무가 있기 때문에 어음소지인의 실질적 권리에 대하여 사기 또는 중대한 과실 없이 지급한 때에는 면책된다. 그러나 지급담당자가 사기 또는 중대한 과실에 의하여 지급한 때에는 인수인이 책임을 면할 수 없고 지급담당자는 인수인에 대하여 채무불이행의 책임을 지게 된다.

그러나 어음법 제40조 제3항이 위조어음의 경우에도 적용되는가에 대하여 특별한 규정이 없으므로 복잡한 문제가 발생한다. 실제에 있어서는 지급담당자인 은행은 당좌거래약관 중의 면책조항에서 보통의 주의를 한 후에 위조된 어음에 대하여 지급한 때에는 은행이 책임을 지지 않는다고 규정하고 있다. 이러한 면책약관은 일반적으로 그 유효성이 인정되고 있다.[128)]

특약이 없는 경우에 지급담당자가 상당한 주의를 하였어도 그 위조를 식별할 수 없어서 지급하였을 때에 이로 인한 손실은 은행이 부담하여야 될 것인가, 아니면 피위조자가 부담하여야 될 것인가 하는 문제가 있다. 그러나 은행과 피위조자 모두에게 귀책사유가 존재하지 않는 경우에는 지급담당자가 그 책임을 져야 할 것이다.[129)]

피위조자에게 귀책사유가 없는 한 위조의 사실을 전혀 알지 못하는 자가 책임을 진다는 섯은 무리라고 본다. 변조어음에 대하여 지급담당자가 지급한 때에는 인수인은 변조 전의 문언에 따른 책임을 지고, 원문언의 어음금액을 초과하여 지급된 부분에 대한 문제는 위조어음의 경우에 준하여 해결하여야 할 것이다.

【대법원 1975.3.11. 선고 74다53 판결】

당좌계정약정서의 면책약관에 표시된 보통의 주의의무란 수표 등을 취급하는 은행으로서 지녀야 할 통상적 주의를 뜻하는 것으로서 그 내용은 다만 육안으로 식별하는 데 그칠 것이 아니고 은행이 보편적으로 간편하게 사용할 수 있는 기기 등을 이용하는 등 성실한 업무처리로 그 진위의 식별에 임하여야 할 주의의무를 뜻

128) 대법원 1975.3.11. 선고 74다53 판결; 동 1969.10.14. 선고 69다1237 판결.

129) 최기원, pp.482-485; 손주찬, p.317; 이범찬·최준선, p.301; 양승규, p.360

하는 것이므로 이를 중과실이 있을 경우에만 은행측이 책임을 진다는 취지로 해석할 수 없다.

(4) 滿期前 支給人의 調査義務

만기전에는 소지인은 지급청구권이 없음은 물론 지급수령의무도 없다(어§40①, ②). 따라서 소지인의 동의하에 지급인의 위험부담으로 지급하게 된다(주의지급). 지급에는 어음법 제40조 제3항이 적용될 여지가 없기 때문에 지급인은 실질적 자격의 조사의무도 부담한다. 그러므로 가령 형식적 자격자에게 지급하였으나 실질적 자격자가 아닌 경우에는 지급인이 선의·무과실이라도 지급의 면책력(선의지급의 효과)은 없기 때문에 이중지급을 하게 된다. 다만 일반민사법적 구제규정에 의한 보호를 받을 수 있을 뿐이다. 그러나 만기전의 소구가 허용되는 경우는 예외이다.

5. 어음支給의 目的物

(1) 韓國通貨로 記載된 경우

어음금액이 한국통화로 표시된 경우에 지급인은 지급할 통화의 종류가 지정된 경우가 아닌 한 선택에 따라 각종의 내국통화로 변제할 수 있다(민§377①). 어음금액이 일정한 종류의 통화로 지급할 것인 경우에 그 통화가 변제기에 강제통용력을 잃은 때에는 다른 통화로 지급하여야 한다(민§376).

(2) 外國通貨로 記載된 경우

지급지의 통화가 아닌 외국통화로 어음금액을 어음에 기재한 경우에는 지급인의 선택에 따라 지급지의 통화로 지급할 수도 있다(어§41① 1문). 그러나 발행인이 특정 외국통화로 지급할 뜻(외국통화 현실지급문구)을 기재한 경우에는 그 외국화폐로 지급하여야 한다(어§41③). 지급위탁의 단순성에 어긋나는 유일한 예외이다. 이 때 외국통화의 가격은 만기의 날의 지급지의 관습(보통의 환시세)에 의하여 정하되(어§41②), 발행인이 그 환산율을 어음에 기재한 경우에는 그에 따른다. 어음채무자가 지급을 지체한 때에는 소지인은 그 선택에 따라 만기의 날 또는 지급의 날의 환시세에 의하여 지급지의 통화로 어음금액을 지급할 것을 청구할 수 있다(어§41①).

(3) 同名異價의 通貨로 表示된 경우

발행국의 통화와 지급국의 통화가 同名異價(예: 스위스와 프랑스의 프랑貨)인 때에 어음금액은 지급지의 통화에 의하여 정한 것으로 추정된다(어§41④).

6. 어음支給의 方法

(1) 어음의 還受

지급인이 지급을 할 때에는 어음과 상환하고(상환증권성), 어음에 영수를 증명하는 기재를 할 것을 청구할 수 있다(어§39①). 이것은 지급필의 증명을 확실하게 하고 이중지급의 위험을 피하기 위한 것이다. 즉, 어음을 還受하지 아니하고 어음금을 지급할 경우에는 소지인이 어음을 제차 유통시키고, 어음금이 지급된 사실을 모르는 자가 취득하여 어음금을 청구해올 수가 있다.

어음을 환수하지 않고 한 지급의 효력에 대하여 다만 인적항변이 존재할 뿐이고 어음상의 의무는 소멸하지 않는다는 설도 있으나 이 경우에도 어음채무는 소멸하지만 어음이 유통되어 어음상의 권리가 존재하는 것으로 신뢰한 제3자에 대하여는 권리외관설에 의하여 그 책임을 면하지 못한다고 할 것이다. 그러므로 채권자가 어음을 교부할 수 없는 때에는 소에 의하여도 지급을 청구하지 못한다. 점유를 상실한 어음은 공시최고의 신청으로 제권판결을 얻은 경우에만(민소§§446-468) 어음의 교부를 제권판결로써 갈음할 수 있게 된다.

그러나 지급자가 이미 어음을 점유하고 있는 때에는 어음의 교부를 청구할 수 없고, 지급자가 어음을 파기하여 멸실시킨 경우에는 소지인은 제권판결 없이도 어음상의 권리를 행사할 수 있다.

(2) 一部支給

지급인은 어음금액의 일부지급을 할 수 있으며, 소지인은 이를 거절하지 못한다(어§39②). 일부지급은 어음소지인이 일부라도 지급을 받게 되어 불리하지 않고 소구의무자도 그만큼 부담을 덜게 되어 유리하기 때문이다. 만일 소지인이 이를 거절하면 그 부분에 대한 소구권을 상실한다. 다만 제시기간경과 후에는 이미 소구권을 상실하였으므로 이 경우에는 소지인은 일부지급을 거절할 수 있다. 일부지급의 경우에는 지급인은 소지인에 대하여 어음에 일부지급의 뜻을 기재하고 영수증을 교부할 것을 청구할 수 있다. 어음금의 일부만이 지급될 경우에는 소지인이 다른 채무자들에게 소구해야 하므로, 어음을 환수할 수 없다. 지급인이 일부지급을 하는 때에는 그 부분에 대하여 소구권이 성립하지 않고, 잔액에 대하여만 지급거절증서를 작성하여 소구할 수 있을 뿐이다. 그리고 지급인은 일부지급의 금액에 대하여는 이행지체의 책임을 지지 않는다.

(3) 其他 어음債權의 消滅

어음채권은 지급이 아닌 相計·免除·代物辨濟·更改 등에 의하여도 소멸한다. 지급이란 어음상에 기재된 어음금액의 전부 또는 일부를 현실로 급부하는 것이다. 상계는 지급인이 어음소지인에 대해 반대채권을 가지고 있고 法所定의 相計適狀(민§492①)에 있을 때 지급인이나 어음소지인이 일방적인 의사표시로 할 수 있다. 更改·代物辨濟는 당사자간의 새로운 합의를 요한다. 지급인의 어음채무를 면제할 수 있는데(민§506), 면제로 인해 주채무자의 채무가 소멸하므로 소지인은 다른 어음채무자에 대하 遡求할 수 없다. 이 경우에도 어음채권소멸의 뜻을 기재하거나 어음을 환수하지 않으면 선의의 제3자에 대하여 어음채권의 소멸로 대항하지 못한다.

(4) 어음金額의 供託

소지인이 지급제시기간 내에 지급제시를 하지 아니한 때라도 지급인은 시효기간내에는 어음채무를 지므로 어음채무자는 소지인의 비용과 위험부담으로 어음금액을 관할관서에 공탁하고 그 채무를 면할 수 있다(어§42). 인수를 하지 아니한 환어음의 지급인도 채무자는 아니지만 공탁을 할 수 있다고 본다. 공탁은 「소지인의 위험부담」으로 한다 함은 혹 무권리자가 공탁소에 어음을 제시하여 어음금을 수령하더라도 이로 인하여 지급인의 책임을 물을 수 없음을 뜻한다. 어음채무자는 어음의 만기 전에는 공탁에 의하여 면책되지 않으며, 어음금액의 일부에 대한 공탁이 있더라도 일부지급의 경우와는 달리 면책되지 않는다. 그러나 환어음의 경우 일부인수가 있는 때는 예외이다.

제 7 절 어음의 保證

1. 總 說

(1) 어음保證의 意義

어음보증(Wechselbürgschaft, Aval)이란 주된 어음행위에 의하여 발생한 채무를 담보하기 위하여 하는 부속적 어음행위이다. 즉, 발행인이나 인수인, 배서인의 신용만으로는 어음의 지급이 불확실한 경우에 다른 사람이 어음의 지급을 담보하기 위하여 채무자와 동일한 내용의 어음채무를 부담하는 것(어§32①)을 목적으로 하는 종된 어음행위이다.

어음보증은 주채무자가 유효하게 존재하는 것을 전제로 하는 점에서 민법상의 보증과 같지만 어음보증은 어음행위로서 반드시 어음상에 방식을 갖추어 기재하여야 하는 점에서 민법상의 보증과 다르다. 따라서 어음채무의 보증만 약정하고 어음상에 기재하지 아니하면 이는 어음보증이 아니고 민법상의 보증일 뿐이다. 그리고 어음보증은 주채무의 존재를 전제로 하므로 주채무에 부종하지만 그 부종성은 민법상의 보증에 비하여 희박하고 오히려 어음행위의 일종으로서 어음행위독립의 원칙에 의하여 주채무가 실질적으로 무효이거나 취소되어도 어음상의 기재의 형식에 있어서 유효하면 그 보증은 유효하다. 어음발행이 방식을 결하여 무효인 경우에는 그 어음상의 보증은 당연히 무효이다.

어음보증은 피보증채무와 독립하여 존재하기 때문에 지급을 확실하게 하는 효과가 있으나 실제 거래계에서는 주채무자의 신용이 없음을 공표하는 것이 되므로 잘 이용되지 않는다. 오히려 배서의 담보적 효력을 이용하는 이른바 숨은 어음보증이 어음보증과 동일한 효과를 거두고 있다.

【대법원 1992.12.22. 선고 92다17457 판결】

다른 사람이 발행한 약속어음에 보증의 취지로 배서를 한 경우에 배서인은 배서행위로 인한 어음상의 채무만을 부담하는 것이 원칙이고, 다만 어음이 차용증서에 갈음하여 발행된 것으로서 배서인이 그러한 사정을 알고 민사상의 원인채무를 보증하는 의미로 배서한 경우에 한하여 원인채무에 대한 보증책임을 부담한다. 사채

시장에서 쉽게 할인될 수 있도록 하기 위하여 약속어음에 배서한 것은 배서인으로서의 어음상 채무를 부담함에 의하여 신용을 부여하려는 것에 불과하고, 피고가 민사상의 원인채무를 보증하는 의미로 배서하였다고 인정할만한 자료를 찾아볼 수 없어서, 위 약속어음이 차용증서에 갈음하여 발행된 것으로 알고 민사상의 원인채무를 보증하는 의미로 배서한 것이라고 볼 수 없다.

(2) 어음保證의 法的性質

어음보증에 관한 법적성질은 채무부담의 단독행위라는 설과 교부계약이라는 설이 있다. 즉 어음보증인이 되고자 하는 자가 어음에 보증의 기명날인 또는 서명을 하는 등 서면행위를 통해 하는 일방적인 의사표시이므로 단독행위라고 보는 소수설이 있다.[130] 단독행위설은 어음이론 중 발행설과 창조설의 입장의 결과이다. 이에 대하여 어음보증도 상대방에게 교부하고 상대방이 승낙함으로써 성립한다고 보는 교부계약설이 다수설이다.[131]

어음보증도 어음행위로서 무인행위이므로 어음보증의 효력은 보증을 하게 된 실질관계의 영향을 받지 아니한다.

(3) 어음保證의 民法上 保證과의 差異

어음보증과 민법상 보증과의 차이점은 다음과 같다.

① 민법상의 보증은 채권자와 보증인간의 계약이지만 어음보증은 소수설에 의하면 단독행위이다. ② 전자는 대인적이어서 특정된 채무자를 위하여 보증책임을 지고 주채무자가 불명확한 경우에는 보증이 성립되지 않지만, 후자는 어음관계적이어서 주채무자가 분명하지 않아도 어음보증이 유효하며, 이때는 발행인을 위하여 보증한 것으로 본다(어§31④). 또 전자는 채권자가 특정되어 있으나, 후자의 경우는 장차의 모든 어음취득자를 위한 것이므로 불특정 어음소지인에 대하여도 책임을 진다. ③ 전자는 주채무의 성립이 보증채무의 성립요건으로서 부종성이 강하지만, 후자는 담보된 채무가 방식의 하자 이외의 사유로 실질상 무효인 경우에도 유효하게 성립한다(어§32②). ④ 전자는 보증인이 최고·검색의 항변을 할 수 있으나(민§437: 보증성), 후자의 경우에는 그것이 인정되지 않고, 보증인은 피보증인과 동일한 책임을 지므로 최고·검색의 항변권이 없다(어§32①). ⑤ 전자는 방식의 제

130) 이철송, p.391.

131) 정동윤, p.435; 이범찬·최준선, p.283.

한이 없으나(불요식 행위), 후자는 어음행위로서 요식행위이다(어§31). ⑥ 민법상의 공동보증인은 분별의 이익이 있으나, 공동어음보증에는 그것이 없다. ⑦ 민법상의 보증인은 주채무자의 모든 항변사유로써 채권자에 대하여 대항할 수 있으나, 어음보증인은 주채무자의 모든 항변사유로 대항할 수 있는 것이 아니다. ⑧ 또 소멸시효기간에도 장단의 차이가 있다. 민법상의 보증채무는 소멸시효기간이 10년이지만, 어음의 경우는 주채무인지 소구의무인지에 따라 3년, 1년, 6월이다.

(4) 어음 保證의 形式

어음보증에는 공연한 어음보증과 숨은 어음보증이 있다. 공연한 어음보증이란 보증인이 어음에 보증의 뜻을 기재하고 기명날인 또는 서명하는 것을 말한다. 이 경우에는 어음행위의 문언적 성질과 어음행위독립의 원칙의 당연한 귀결로서 주된 어음채무가 형식상으로 존재하면 실질적으로 무효인 경우에도 보증의 효력이 있다.

이에 대하여 숨은 어음보증이란 형식적으로는 발행·배서·인수이지만 실제로는 보증의 목적으로 하는 경우이다. 특히 담보배서의 방식이 많이 이용된다. 공연한 어음보증은 어음의 신용이 없다는 것을 공표하는 결과가 되므로 숨은 어음보증 형식이 이용된다.

숨은 어음보증의 효력은 형식적인 표시에 따라 어음행위자는 발행인이나 배서인 또는 인수인으로서 책임을 지고 숨은 어음보증은 당사자간에 있어서 인적항변의 사유가 될 뿐이다.

어음채무에 대하여 민법상의 보증도 가능하다. 그러나 당사자의 의사가 명백하지 않는 한 어음보증인이 원인관계에 의한 채무를 민사보증으로 한 것으로 추정할 수 없다.

【대법원 1986.9.9. 선고 86다카1088 판결】

을이 타인으로부터 돈을 차용하면서 그 차용증서에 갈음하여 약속어음과 수표를 교부하는 것이고 그 채권자가 차용금채무에 대한 담보의 의미로 갑의 배서를 요구하는 것이라는 사정을 갑이 충분히 알고 을의 요구에 따라 그 약속어음과 수표에 배서행위를 하였다면 갑이 비록 배서행위 당시 을에게 금전을 대여하는 채권자가 누구인가를 구체적으로 몰랐더라도 그 배서행위는 배서된 어음, 수표를 을로부터 교부받고 금전을 대여하는 채권자에게 을의 차용금채무를 연대보증하겠다는 의사를 표시하는 뜻에서 한 것이었다고 봄이 상당하다.

2. 어음保證의 成立要件

(1) 當事者

보증인의 자격에는 제한이 없으므로 피보증인 이외의 자는 누구라도 될 수 있다. 그러므로 이미 어음에 기명날인 또는 서명하여 어음채무자가 된 자도 보증인이 될 수 있다(어§30②, §77③). 즉 배서인이 환어음의 인수인(약속어음의 발행인)을 위하여 보증을 할 수도 있다. 그러나 인수인이나 약속어음의 발행인은 어음상의 주채무자이기 때문에 자신이 어음보증을 할 수 없으므로 보증이란 기재를 하고 기명날인 또는 서명을 하였더라도 이는 무의미한 것이다. 또한 일정한 채무자나 다수의 채무자를 위하여 수인의 보증인이 존재할 수 있고, 이미 보증을 한자를 위한 보증도 가능하다.

피보증인은 어음채무자인 발행인·인수인·참가인수인 및 배서인이다(약속어음의 경우에는 발행인과 배서인이다). 보증인도 피보증인이 될 수 있으나 어음채무자가 아닌 자(예컨대 환어음의 지급인, 지급담당자, 무담보배서의 배서인 등)를 위한 보증은 무효이다.

(2) 어음保證의 方式

① 記載場所

보증은 어음 자체(표면이나 이면) 또는 보전에 하여야 하며(어§31①, §77③), 배서인을 위한 보증은 어음의 謄本이나 복본에도 할 수 있다(어§64, §67③). 그러나 별도의 서면에 한 보증은 어음보증으로 볼 수 없고 당사자간에 민법상의 보증으로서 효력이 있을 뿐이다. 백지어음도 어음보증을 할 수 있다.

② 記載事項

어음보증은 그 기재사항에 따라 정식보증과 약식보증의 두 가지가 있다.

i) 正式保證

보증은 어음에 「보증」 또는 이와 동일한 의의가 있는 文字(연대보증 또는 보통보증)를 표시하고 보증인이 기명날인 또는 서명하는 방식으로 한다. 日字의 기재는 필요하지 않다. 어음의 표면, 이면에는 물론 보전이나 등본에도 할 수 있다.

ii) **略式保證**

약식보증은 피보증인의 지정 없이 보증문구만을 기재하고 기명날인 또는 서명하거나, 보증문구마저도 기재하지 아니하고 기명날인 또는 서명만 하는 것이다. 이 약식보증은 발행인을 위한 것으로 보며(어§31④), 어음의 표면에만 할 수 있다(어§31③). 그러나 어음표면에 있는 지급인의 단순한 기명날인 또는 서명은 인수로 보며(어§25①), 발행인의 단순한 기명날인 또는 서명은 발행의 의사표시로 본다. 발행인 또는 지급인이 자기를 위하여 보증한다는 것은 무의미하므로 지급인이나 발행인은 약식보증을 할 수 없다. 어음 이면의 단순한 기명날인 또는 서명은 간략 백지식배서로 인정된다. 보전에 한 보증인의 단순한 기명날인 또는 서명도 발행인을 위한 어음보증으로 보는 것이 타당하다.

(3) 어음 保證의 時期

어음보증을 할 수 있는 시기에 관하여는 아무런 규정이 없으므로, 만기후 또는 거절증서 작성 후나 시효완성 후에도 이를 할 수 있다고 본다.

이에 대하여 어음채무가 보전절차의 흠결 또는 소멸시효에 의하여 소멸된 후에는 보증의 대상이 없어 보증이 성립할 여지가 없으므로 무의미한 것이라는 학설[132]이 있으나 시효의 완성은 항변의 사유가 될 뿐인 점에서 소멸시효의 완성 후에도 보증은 가능하다고 본다.[133]

(4) 어음 保證의 單純性

① 條件附어음保證

어음보증도 어음의 발행이나 인수, 배서의 경우와 같이 단순하여야 하는가, 조건부도 가능한가에 대하여 학설과 판례에는 다음과 같은 입장이 있다.

i) 어음보증은 어음법상 무조건이어야 한다는 명문의 규정이 없고, 조건을 붙여도 어음소지인에게 불리할 것이 없으며, 지급을 확실히 하는 행위에 지나지 않으므로 조건을 허용하여도 불합리한 점이 없으므로 조건부어음보증도 유효하다는 유효설,[134] ii) 배서의 조건이 무익적 기재사항으로 되어 있는 것(어§12① 단서, §77

132) 강위두, p.427; 손주찬, p.296; 정동윤, p.442.

133) 최기원, p.594; 이범찬 · 최준선, pp.286-287; 정희철 · 정찬형, p.473.

① 1호)과 같이 조건부어음보증은 보증으로서는 유효하나 그 조건은 무효로 된다는 무조건보증설(또는 조건무효설), iii) 조건의 기재를 유해적 기재사항으로 보아 어음보증 자체를 무효로 한다는 무효설 등이 있다. 생각건대, 어음보증도 어음행위로서 어음외의 사정인 조건과 친할 수 없을 것이므로 ii)의 무조건 보증설(조건무효설)이 타당하다.[135)]

【대법원 1986.3.11. 선고 85다카1600 판결 : 유효설에 입각하여 조건부보증도 유효하다는 판례】

원심은 피고은행 중앙지점 예금 및 대부계 담당대리인 소외1과 같은 대부계 주임인 소외 2가 상업어음보증, 지급보증, 할인어음 등 대출업무와 국고수납업무 등을 관장하면서 지점장을 대행하여 소외3 주식회사가 발행한 약속어음에 대한 지급보증업무를 담당하고 있음을 기화로 소외 3 주식회사의 회장인 소외 4 및 대표이사인 소외 5의 부탁을 받고 그들과 공모하여 1983.7.19경 위중앙지점 사무실에서 금고안에 있던 어음지급보증용 고무명판과 직인 등을 임의로 꺼내어 소외 3 주식회사직원인 소외 6, 7과 함께 소외 3 주식회사 발행 명의의 액면 30,000,000원, 발행일자 1983.8.19, 지급일자 1983.10.15로 된 약속어음에 "우기금액의 지급을 지급기일까지 보증함"이라는 각인과 위 중앙지점장 이택구의 서명명판 및 직인 등을 압날하여 위 어음의 지급보증부분을 위조한 사실과 원고는 위 약속어음의 지급보증부분이 피고은행의 권한 있는 자에 의하여 정당하게 이루어진 것으로 믿고 소외 권태영의 소개로 위 어음을 할인교부받아 소지하고 있다가 지급 제시기간 경과후인 1983.10.19 지급 제시한 사실 … 그러나 어음법상 보증의 경우에는 발행 및 배서의 경우와 같이 단순성을 요구하는 명문의 규정이 없을 뿐 아니라, 주된 채무를 전제로 하는 부수적 채무부담행위인 점에서 보증과 유사한 환어음의 인수에 조건을 붙인 경우에는 일단 인수거절로 보되 인수인으로 하여금 인수의 문언에 따라 책임을 지도록 함으로써 불단순 인수를 인정하고 있음에 비추어 볼 때 어음보증에 대하여 환어음 인수의 경우보다 더 엄격하게 단순성을 요구함은 균형을 잃은 해석이라고 하겠고 또 조건부 보증을 유효로 본다고 하여 어음거래의 안전성이 저해되는 것도 아니므로, 조건을 붙인 불단순보증은 그 조건부 보증문언대로 보증인의 책임이 발생한다고 보는 것이 타당하다.

---

134) 이철송, pp.394-395; 정동윤, p.441; 강위두, p.426; 서헌재, p.513; 정찬형, p.704; 채이식, p.219.

135) 최기원, p.593; 이범찬·최준선, p.286; 손주찬, p.296.

이와 달리 구태여 어음보증의 단순성을 강조한 나머지 조건을 무효로 하여 조건이 없는 단순보증이라고 보는 견해는 보증인의 명시적 의사에 반하는 해석이어서 채용할 수 없다.

원심 인정사실에 의하면, 이 사건 어음보증의 문언은 어음금의 지급을 지급기일까지 보증한다는 내용으로 되어 있는바, 이는 지급제시기간 내에 지급제시가 있는 경우에 그 지급을 보증한다는 취지의 조건부 보증이라고 해석되므로 가사 위 어음보증이 진정하게 성립된 경우라고 할지라도 보증인인 피고는 보증문언에 따른 조건부의 보증책임을 지는 데에 그치고 지급제시기간을 도과하여 조건이 성취되지 아니한 경우에까지 그 보증책임을 지지는 않는다.

② 一部保證의 認定

어음보증은 피보증인의 어음채무를 전부 보증하는 것이 원칙이지만 어음채무의 일부만을 보증할 수도 있다(어§30①, §77③). 이것은 인수와 같지만 배서의 경우와 다르다. 어음보증인이 일부보증을 하는 경우에는 어음에 그 일부금액을 기재하여야 하고, 이를 기재하지 않은 경우에는 어음채무의 전부를 보증한 것으로 보아야 할 것이다.

(5) 拒絶證書의 作成免除

어음보증인은 거절증서의 작성을 면제할 수 있다(어§46①). 어음보증인이 한 면제의 기재는 그 어음보증인에 대하여서만 효력이 생기므로(어§46③ 2문), 피청구인과 기타의 소구의무자에 대하여는 거절증서를 작성하여야 한다. 반대로 배서인이 거절증서의 작성을 면제할 때에는 그 배서인을 위한 어음보증인에게도 당연히 효력이 있다.

3. 어음保證의 效果

(1) 어음保證人의 責任

① 責任의 從屬性

어음보증인은 피보증인과 동일한 책임을 진다(어§32①). 따라서 피보증채무가 지급·상계·면제·시효 등으로 인하여 소멸하면 보증채무도 소멸하고, 소구의무가 권리보전절차의 흠결로 인하여 소멸하면 그 보증채무도 소멸하는 종속성을 갖는다. 피보증인이 거절증서작성의무를 면제했거나, 또는 일부인수 등 피보증채무에 제한을 가한 경우에는, 각각 보증채무에 그 효과가 미친다.

보증인에 대한 시효중단은 주채무에 대한 시효에는 영향을 미치지 않고, 주채무자에 대한 시효중단도 보증인에 대하여 효력이 없다(어§71). 또한 어음소지인이 피보증인인 배서인에 대하여 소구권을 상실한 때에는 그 배서인의 어음보증인도 책임을 면하게 된다. 그러나 주채무자에 대한 소구권보전의 효력은 어음보증인에게도 미친다.

② 責任의 合同性

보증인은 피보증인 기타 어음채무자와 '합동하여 책임을 진다'(어§47①). 따라서 어음소지인은 양자에 대하여 (보증인이 수인인 때에도 전원에 대하여) 따로따로 또는 동시에 어음상의 권리를 행사할 수 있으며(어§47②), 보증인도 최고·검색의 항변권을 행사할 수 없다.

③ 責任의 獨立性

어음보증은 독립된 어음행위이고, 채무부담을 내용으로 하는 행위이므로 어음행위독립의 원칙이 적용되어, 피보증인의 채무가 실질적 사유로 무효가 되는 경우라도 형식상 하자가 없는 경우에는 보증채무는 무효가 되지 않고 보증인은 문언대로의 책임을 진다(어§32②). 예컨대 어음발행인란에 허무인 명의로 기재되어 있는 어음에 보증한 자는 보증인으로 유효한 책임을 면하지 못한다. 그리고 피보증인의 배서가 무능력 또는 대리권의 흠결 등으로 무효·취소되어 피보증인의 채무가 성립하지 않더라도 보증인의 채무는 보증행위 자체에 무효·취소원인이 없는 한 유효하게 성립하는 것이다. 이 점에서 민법의 보증에 있어서 피보증채무가 무효이든가 취소된 때에는 보증채무의 부종성에 의해 무효라고 해석되는 것과는 다르다.

본래 어음보증은 어음행위독립의 원칙에 따라 원인관계로부터 분리되는 것이 원칙이다. 따라서 보증인은 어음상의 액면금액에 대하여서만 책임을 진다. 예컨대 어음상의 채무가 시효로 소멸하면 보증인의 채무도 소멸한다.

④ 被保證人이 가지는 人的 抗辯의 援用의 可否

피보증인이 어음소지인에 대하여 가지고 있는 인적 항변을 원용하여 보증인도 대항할 수 있느냐 하는 문제에 관하여 부정설과 긍정설이 대립한다. 종래의 통설은 어음보증의 독립성을 근거로 이를 부정하였다.[136] 그러나 근래에는 원인관계의 부존재·무효·취소의 항변은 어음보증인도 어음소지인에게 대항할 수 있다는 일본의 판례가 있고, 이에 동조하는 우리의 학자도 있다.[137] 생각건대 어음보증인은 피보증인이 어음소지인에 대하여 갖는 인적 항변으로써 어음채무의 이행을 거절할 수 있다는 긍정설이 타당하다. 어음법 제32조 제2항에 의해서도 알 수 있는 바와 같이 보증의 효력은 다만 주채무자의 형식적인 유효성만을 전제로 하는 것이기 때문에 기타의 실질적인 사정은 고려될 수 없다는 것이다. 우리 대법원도 어음소지자의 보증인에 대한 청구가 권리남용인 경우에 한하여 보증인도 피보증인이 소지인에 대하여 가지는 인적 항변을 원용할 수 있다고 한다.[138]

⑤ 原因關係에 대한 責任

어음보증인은 어음보증으로 인한 어음상의 채무만을 부담하고, 특별한 사정이 없는 한 어음행위의 원인상의 채무까지 보증하는 것은 아니다.

⑥ 保證責任의 範圍

어음상의 권리가 소멸한 후 어음소지인이 피보증인에게 利得償還請求를 해 올 경우 보증인은 피보증인의 이득상환의무에 대해서는 책임지지 아니한다. 보증된 어음과 실질적으로 동일성이 있는 어음이라 하더라도 별개인 어음에 대해서는 책임지지 아니한다. 어음개서가 이루어진 경우 즉, 어음의 만기에 어음개서가 이루어진 경우 민법상의 보증인은 개서된 어음에 관해 책임을 져야 하나, 어음보증을 한 자는 개서된 어음에 관해 책임지지 아니한다.

(2) 어음保證債務履行의 效果

① 主債務의 消滅

보증인이 어음 소지인에게 채무를 이행하면 보증채무는 물론 피보증인과 그 후자의 채무도 소멸한다. 그러나 어음보증인이 일부를 이행하면 그 범위 내에서 소

136) 서돈각·정완용, p.222; 강위두, p.430.

137) 정동윤, p.447; 이철송, pp.400-401; 정찬형, pp.708-709; 최기원, p.598.

138) 대법원 1988.8.9. 선고 86다카1858 판결.

멸한다. 그리고 어음보증인이 무권리자 또는 수령권한이 없는 자에게 지급을 한 경우에는 지급인의 면책에 관하여는 설명한 바와 같다.

② 어음保證人의 求償權

i) 全部保證의 경우

어음보증인이 보증채무를 이행한 때에는 피보증인과 피보증인의 채무자인 전자에 대한 어음상의 권리를 취득한다(어§32③). 이것을 보증인의 구상권이라고 한다. 피보증인의 권리가 아니라 법률의 규정에 의하여 보증인은 마치 주채무자와 그의 전자에 대하여 채권자인 지위를 취득하는 것이다. 그리하여 환어음의 발행인의 보증인은 발행인 및 인수인에 대하여, 또 인수인의 보증은 인수인에 대하여만 구상권을 취득한다. 약속어음의 발행인의 보증인은 발행인에 대하여만, 그리고 환어음이나 약속어음의 배서인의 보증인은 그 배서인과 모든 전자에 대하여 구상권을 취득한다. 그러나 어음보증인은 피보증인의 후자에 대하여 구상권을 취득하지 못한다.

어음보증인의 구상권취득의 법적성질에 관하여 어음법상의 권리의 승계취득이라고 보는 승계취득설이 있으나, 통설은 어음보증인이 보증채무를 이행하면 법률규정에 의하여 독립적·원시적으로 구상권을 취득한다는 원시취득설이 타당하다.[139] 따라서 어음보증인은 채무자가 어음소지인에 대하여 가지는 인적 항변으로써 대항을 받지 않으며, 이 경우의 권리취득은 법정이전이므로 보증인은 어음의 교부를 받지 않고도 지급만 하면 어음상의 권리를 취득할 수 있다. 따라서 어음소지인은 그 취득한 권리에 기하여 어음증권의 교부를 청구할 수 있고 어음을 교부받아 채무자에게 구상할 수 있게 된다.

또한 당사자간에 어음채권이 병존하는 경우에 보증채무를 이행한 어음보증인은 어음상의 구상권외에 실질관계상의 보증(민§441~§446 : 민법상의 보증)을 한 때에 그 구상권도 갖는데 이 경우에는 양자를 선택하여 행사할 수 있다.

ii) 一部保證의 경우

일부보증인은 보증채무를 이행하여도 남은 부분에 대한 소지인의 권리행사를 위하여 어음을 환수할 수 없으므로 어음상의 권리를 행사하지 못하게 된다. 그리하여 어음보증인은 어음상의 채무자가 잔액을 지급하고 어음을 환수하는 것을 기다려 어음상의 권리를 행사하든가, 아니면 어음금액의 전액을 어음소지인에게 지

---

139) 정동윤, pp.448-449; 이범찬·최준선, p.290.

급하고 어음을 환수한 다음에 자기의 의무자에게 청구할 수밖에 없을 것이라는 설이 있다.[140] 그러나 이러한 경우에는 일부지급에 관한 규정을 유추하여 일부보증이 있다는 뜻을 어음에 기재시킨 다음 영수증의 교부를 받고 어음법 제50조 1항과 제51조를 유추하여 일부보증인은 어음의 증명등본과 거절증서를 교부받아 영수증과 함께 이를 근거로 소구할 수 있다고 본다.[141]

iii) 保證人 相互間의 求償權

동일인을 위하여 여러 사람의 보증인이 있는 경우에, 보증채무를 이행한 보증인과 다른 보증인간의 구상관계는 민법의 일반원칙에 따른다(민§448②, §425).

제 8 절 어음의 遡求(償還請求)

1. 遡求의 意義

(1) 어음의 遡求(Rückgriff, Regreß, recourse) 또는 償還請求란 만기에 지급이 거절되었을 때와 만기 전이라도 지급의 가능성이 현저하게 불확실하게 되었을 때, 어음의 소지인이 전자인 배서인과 발행인에 대하여 본래의 지급에 갈음하여 어음금과 기타 비용의 지급을 청구하는 것이다. 이러한 소구에 응하여 상환한 소구의무자가 다시 자기의 전자에 대하여 소구할 수 있는데 이것을 재소구라 한다.

이러한 소구제도는 어음이 부도가 된 경우에 지급의 확실성을 신뢰한 어음소지인에게 만기에 어음이 지급된 것과 동일한 경제적 효과가 있도록 하기 위하여 정책적 배려에서 법정된 것이다. 소구제도는 어음의 유통성을 확보하고, 대가관계를 고려하기 위하여 매도인의 하자담보책임과 같은 정신을 어음법적으로 일반화하고 엄격화한 제도이다.

(2) 소구제도에 관한 입법주의는 이권주의·일권주의·선택주의가 있다. 이권주의는 인수거절시나 기타 지급불확실시에는 담보청구권, 지급거절시에는 상환청구권을 인정하는 입법주의이다. 이에 비하여 우리 어음법과 통일어음법, 그리고 영·미에서는 지급거절의 경우뿐만 아니라 만기 전의 인수거절의 경우에도 소구권을

140) 이범찬·최준선, p.290; 정희철·정찬형, p.483.

141) 최기원, p.601; 정동윤, p.450; Baumbach-Hefermehl, WG Art. 32 Rdn. 3.

인정하는 일권주의의 입장이다.

그리고 선택주의는 지급거절시에는 상환청구권을 인정하지만 인수거절시에는 상환청구권과 담보청구권 중에서 소구의무자 또는 소구권자에게 선택권을 인정하는 제도이다.

(3) 소구권자는 그 권리를 행사함에 있어서 인수의 거절 또는 지급의 거절을 공정증서에 의하여 증명하여야 한다(어§44①). 소구권자는 자기의 직접 전자뿐만 아니라 그 이전의 모든 전자에 대하여 채무부담 순서에 구애됨이 없이 그 1인, 수인 또는 전원에 대하여 소구권을 행사할 수 있다(어§47②). 또 채무자 중의 1인에 대하여 이미 소구를 하였더라도 다른 소구의무자에게 변경하여 소구할 수 있다(어§47④).

2. 遡求當事者

(1) 遡求權者

최초의 소구를 할 수 있는 자는 배서의 연속에 의하여 어음상의 권리자로 형식적 자격이 있는 적법한 어음의 소지인이다(어§43, §77① 4호). 어음의 보관자와 같이 어음의 단순한 점유자는 제외된다. 그러나 어음소지인이 배서의 중단으로 형식적 자격은 없더라도 실질적 권리를 증명할 수 있으면 소구권을 행사할 수 있다. 그 외의 청구권자로는 소구의무를 이행하고 어음을 환수한 배서인(어§49), 의무를 이행한 보증인(어§32③), 참가 지급인(어§63①), 어음채무를 변제한 무권대리인(어§8) 등이 있다. 소구권자의 상속인이나 채권양수인 및 대위변제에 의한 채권자의 대위자(민§480, §481)도 소구권자가 된다.

어음을 환수한 자가 소구의무자가 아닌 경우 즉 무담보배서인, 추심위임배서인, 기한후배서의 배서인은 소구의무자가 아니므로 어음을 환수하여도 전자에 대하여 소구권을 행사하지 못한다. 그리고 백지식배서에 의해 어음을 취득한 다음에 이를 단순한 교부로써 양도한 자가 이후 어음을 환수하여도 소구권을 행사할 수 없다.

(2) 遡求義務者

① 範 圍

소구의무를 지는 자는 배서인(어§15①) 및 환어음의 발행인(어§9①) 등 주채무자

이외의 어음행위자이다(어§32①). 그러나 피배서인이 백지의 어음을 교부로써 양도한 자는 소구의무자가 아니다. 또한 무담보배서인(어§15①), 배서금지후 배서인(어§15②), 추심위임배서인(어§18), 기한후배서인(어§20①) 등은 담보책임을 지지 않으므로 소구의무자가 아니고, 환배서를 한 배서인은 그 피배서인의 상환청구권을 거절할 수 있다는 점에서 소구의무자라고 할 수 없다. 환어음의 인수인·약속어음의 발행인과 그 보증인은 주채무자이고 그 보증인이므로 소구의무자가 아니다. 다만 이들은 소구의무자와 같은 내용의 책임을 질 뿐이다(어§28②, §47①).

수표의 경우는 환어음의 경우와 같이 발행인·배서인 및 이들을 위한 보증인이다. 수표의 지급인이 지급보증을 한 경우에는 환어음의 인수인과는 달리 주채무자가 되는 것이 아니라 최종의 소구의무자와 같은 지위에 있다(수§55① 참조). 수표의 경우에도 소구의무자의 무권대리인은 소구의무를 부담한다(수§11 1문).

【대법원 1991.4.23. 선고 90다7958 판결】

소구의무를 부담하지 아니하는데도 어음소지인의 상환요구에 응하여 어음을 취득하고 약속어음을 지급한 때에는 어음소지인으로서 권리를 행사할 수 없다.

② 合同責任

어음소지인에 대해서는 주채무자 뿐만 아니라 소구의무자도 책임을 지게 되는데, 어음채무사의 책임관계를 어음법에 특유한 합동책임이라고 한다.[142] 모든 소구의무자(배서인과 그 보증인, 환어음의 발행인과 그 보증인, 참가인수인)는 인수인(약속어음의 발행인)과 더불어 소구권사에 내하어 합동으로 이음금지급에 대한 책임을 진다(어§47①). 그 외에도 무권대리인·어음의 위조자·어음채무자의 포괄승계인도 어음법 제47조에 의한 합동책임을 지고, 어음의 공동발행인이나 공동배서인은 어음소지인에 대하여 뿐만 아니라 공동발행인 또는 공동배서인 상호간에도 합동책임을 진다.

합동책임과 연대책임을 비교하면 다음과 같다.

i) 責任의 發生原因 및 範圍

연대책임의 경우에는 각자의 책임발생원인이 동일하고 책임범위도 채무전액에

---

142) 이철송, pp.433-434; 우리법과 일본법에서는 합동책임이라고 표현하고 있으나(일 어§47), 독일 어음법에서는 어음채무자들이 '연대채무자로서 책임을 진다'고 표현하고 있다(독 어§47①). 물론 독일에서도 일반 연대채무에 대한 특수성은 우리와 같이 설명하고 있다(Bülow, §47 Anm. 18-24).

대하여 동일한 책임을 지지만 합동책임의 경우에는 주채무자와 소구의무자의 책임발생원인이 다르고 각자(일부인수인, 일부보증인 등)의 책임범위가 다르다.

ii) **債務의 消滅**

연대책임의 경우에는 채무자 중 1인이 변제하거나 1인에 대한 경개·상계·혼동·대물변제·공탁이 있는 때에는 채무는 모든 채무자를 위하여 소멸된다. 그러나 합동책임의 경우에는 인수인이 지급하거나 인수인에 대한 경개·상계·혼동 등이 있는 경우에만 모든 어음채무자가 면책이 되고, 소구의무자 중 1인이 지급하거나 소구의무자에 대한 경개·상계 등이 있는 때에는 그 후자인 배서인과 그 보증인의 채무는 소멸하지만 그 전자와 인수인의 채무는 소멸하지 않는다.[143)]

iii) **履行請求의 效力**

연대책임의 경우에는 채무자 중 1인에 대한 청구는 그 전원에 대하여 동일한 효력이 있지만, 합동책임의 경우는 어음채무자 중 1인에 대한 청구는 다른 채무자에 대한 시효중단의 효력이 생기지 않는다(어§71).

iv) **債務者 1人의 辨濟提供의 效果**

연대책임의 경우에는 채무자 1인에 의한 변제의 제공을 채권자가 수령한 때에는 그 효과가 모든 채무자에 대하여 생기지만, 합동책임의 경우에는 당해 채무자만이 변제의 제공을 한 때로부터 법정이자의 지급의무를 면한다.

v) **負擔部分**

연대책임의 경우에는 채무자간에 부담부분이 존재하지만(민§424 이하), 합동책임의 경우에는 각 어음채무자는 독립된 자기의 채무를 가지므로 부담부분이 존재하지 않는다. 그러므로 1인에 대한 채무의 면제 또는 시효완성이 있더라도 그 채무자의 부담만큼 다른 채무자의 부담부분이 줄어들지 않는다.

3. 遡求의 要件

어음법은 환어음에 관하여 「만기전의 소구」(어§43단서, §44)와 「만기후의 소구」(어§43본문, §44)를 규정하고 있고, 약속어음에 관하여는 「만기후의 소구」(지급거절

---

143) 대법원 1989.2.28. 선고 87다카1356·1357 판결.

로 인한 소구)(어§77① 4호)에 대하여만 규정하고 있다. 따라서 약속어음에 대하여는 「만기전의 소구」가 인정되는지 여부가 문제된다. 수표에는 「만기전의 소구」와 「만기후의 소구」의 구별은 있을 수 없으므로 「지급거절로 인한 소구」(어음의 만기후에 소구에 해당)에 대하여만 규정하고 있다.

(1) 滿期前의 遡求

소구는 만기에 지급이 거절되었을 때 하는 것이 원칙이지만, 만기의 전이라도 지급의 가능성이 희박해지면 소구가 허용된다. 만기전의 소구는 인수거절과 지급불확실의 두 경우에 인정된다. 즉 환어음의 소지인은 만기 전이라도 인수의 거절이 있거나 어음채무자가 사실상 지급능력을 상실한 때에는 소구를 할 수 있으며, 만기에 가서 지급제시를 하고 거절된 경우에 소구할 수도 있다.

약속어음의 경우는 인수제도가 존재하지 않기 때문에 지급거절에 의한 소구만을 인정하고 있지만, 만기 전에 발행인의 파산이나 지급정지 또는 강제집행이 주효하지 않음으로써 발행인이 지급능력을 상실하여 만기에 지급될 가능성이 전혀 없는 때에는 만기전의 소구가 인정 될 수 있다.

① 實質的 要件

i) 引受의 全部 또는 一部의 拒絶(어§43 1호)

어음소지인이 적법한 기간 내에(어§21~§23) 인수제시를 하였으나 지급인이 인수를 거절하면 소구할 수 있다. 왜냐하면 인수가 거절된 어음은 더 이상 지급수단이 될 수 없고 따라서 유통성을 상실하기 때문이다. 그럼에도 불구하고 소지인으로 하여금 만기까지 기다리도록 강요한다면 적기에 권리를 회복할 기회를 놓칠 수도 있으므로 어음법은 인수거절도 소구의 사유로 인정하고 있다.[144) 지급인이 인수를 적극적으로 거절한 경우뿐만 아니라, 부단순인수(어§26②) 지급인의 소재불명·지급인의 사망과 상속인의 불명·교부전 인수의 말소도 거절의 경우로 본다. 일부인수의 경우는 인수하지 않은 부분에 관하여 소구할 수 있다. 지급지에 주소가 있는 예비지급인(어§56②) 또는 수인의 지급인이 기재된 경우에는 기재된 모든 사람이 참가인수 또는 인수를 거절하여야 한다.

인수제시금지어음은 인수제시를 하여 거절되더라도 소구할 수 없다. 또한 일정

144) 이철송, p.436.

한 기간 내에 인수제시할 것을 명령하는 기재에도 불구하고 그 기간 내에 인수제시를 하지 않았다면 그 기간 경과후의 인수거절에 대하여 소구할 수 없다.

ii) **資力不確實**

환어음의 만기 전이라도 지급인 또는 인수인 그리고 인수제시를 금지한 발행인의 자력이 불확실하게 된 때에는 역시 만기에 지급될 가능성이 없다는 것을 뜻하기 때문에 인수거절의 경우와 마찬가지로 어음소지인은 만기 전이라도 소구를 할 수 있다(어§43 2호, 3호).

자력이 불확실하게 된 경우로는 인수인 또는 지급인의 파산, 지급정지, 또는 그 재산에 대한 강제집행의 부주효(어§43②) 및 인수제시금지어음의 발행인의 파산(어§43) 등이다.

인수인뿐만 아니라 인수를 하지 않은 지급인의 파산은 어음발행 전후를 불문하며, 파산선고의 결정이 있으면 충분하고, 그 확정을 요하지 않는다. 그 외에도 인수제시금지어음은 발행인의 신용만으로 유통되는 것이므로 그 발행인의 파산도 지급인의 경우처럼 소구원인이 된다. 채무자회생절차가 개시된 때는(회파§34) 파산에 갈음하는 절차이므로 이들 절차가 개시된 때에도 파산의 선고가 있는 것과 같이 보아야 할 것이다.[145]

인수거절은 적극적인 거절의 경우뿐만 아니라, 부단순인수(어§26②)·지급인의 소재불명 또는 부재의 경우·지급인이 사망하고 그 상속인이 불명한 경우·어음의 반환 전의 인수말소(어§29①) 등을 포함한다. 지급정지란 채무자가 적극적으로 지급불능을 표명한 경우뿐만 아니라 이를 추측케 하는 행위를 포함하고, 인수인이 어음의 부도에 의하여 거래정지처분을 받은 경우에도 같다. 또 강제집행의 부주효는 누구에 의한 것이든 상관없고, 어음소지인이 직접한 경우가 아니라도 관계가 없다. 이 경우에는 만기 전이지만 어음소지인은 일단 지급인에 대하여 지급제시를 하여 지급거절증서를 작성하여야만 소구할 수 있다.

자력불확실의 사실은 수인의 지급인이 있는 경우에는 인수거절의 경우와 마찬가지로 그 중 1인에 대하여 생기면 소구할 수 있다. 자력의 불확실로 인하여 소구권이 발생한 경우에는 행사 전에 소구원인이 소멸하더라도 일단 성립한 소구권은 소멸되지 않는다고 본다.[146]

---

145) 정동윤, p.553; 이범찬·최준선, p.306; 최기원, p.507; 이철송, p.437.

146) 최기원, p.508; 정희철·정찬형, pp.386-387; 서돈각·정완용, p.240.

iii) 約束어음의 發行人의 破産 등

한편 약속어음의 경우에는 인수제도가 없으므로 인수거절로 인한 만기 전의 소구란 있을 수 없다. 따라서 어음법은 약속어음에 대하여는 지급거절에 의한 소구권만을 인정하고(어§77① 4호), 만기 전의 소구를 고려하고 있지 않다.

그러나 만기 전에 약속어음의 발행인이 파산하거나 지급정지 또는 발행인의 재산에 대한 강제집행이 주효하지 아니하는 등 그 자력이 불확실해지는 사유가 발생하여도 만기 전의 소구를 인정하지 않으면 환어음의 경우와 균형이 맞지 않고 어음법 제77조 1항 4호의 지급거절로 인한 소구가 반드시 만기후의 지급거절로 인한 소구만을 의미하는 것으로 보아야 할 이유는 없으므로 약속어음에 있어서도 만기 전의 소구를 인정하여야 할 것이다.[147)]

【대법원 1984.7.10. 선고 84다카424·425 판결】

어음법은 약속어음의 경우에 환어음의 경우와 같은 만기전 소구에 관한 규정을 두고 있지 않으나 약속어음에 있어서도 발행인의 파산이나 지급정지 기타 그 자력을 불확실케 하는 사유로 말미암아 만기에 지급거절이 될 것이 예상되는 경우에는 만기 전의 소구가 가능하다고 보아야 할 것인 바, 발행인 명의의 다른 약속어음이 모두 부도가 될 상황이라면 특별한 사정이 없는 한 이 사건 약속어음도 만기 전에 지급거절이 될 것이 예상된다고 하겠으므로 그 소지인은 만기 전이라고 할지라도 일단 지급제시를 한 후 배서인에게 소구권을 행사할 수 있다.

【대법원 1992.5.24. 선고 92다6471 판결】

어음법은 약속어음에 관하여는 지급거절로 인한 소구만을 인정하고 만기 전의 소구에 관하여는 규정하고 있지 아니하나, 약속어음에 있어서도 만기 전에 발행인의 파산이나 지급정지 기타 자력을 불확실하게 하는 사유로 말미암아 만기에 지급거절될 것이 예상되는 경우에는 만기 전에도 소구할 수 있다고 보아야 한다.

② 形式的 要件

i) 引受拒絕의 경우

지급인이 인수를 거절한 때에는 인수제시기간 내에 인수거절증서를 작성하여 인수제시 및 인수거절의 사실을 입증하여야 소구권을 행사할 수 있다(어§44①, ②).

---

147) 이범찬·최준선, p.307; 강위두, p.479; 이철송, p.437; 양승규, p.371; 정동윤, p.554.

인수제시금지의 기재가 없는 한 어음소지인이나 점유자는 만기의 전일까지 언제라도 인수제시를 하여 인수가 거절된 경우에는 인수거절증서를 작성하여 소구할 수 있다. 어음소지인 등은 만기까지 인수제시를 하지 않았거나 인수제시를 하였으나 인수가 거절된 경우에 인수거절증서를 작성하지 않았더라도, 만기에 지급제시를 하여 지급거절증서를 작성한 때에는 소구를 할 수 있다. 그러나 인수거절증서를 작성한 경우에는 만기에 지급제시와 지급거절증서를 작성할 필요가 없이 인수거절증서만으로 소구할 수 있다(어§44④).

일부인수의 경우에는 인수된 금액에 대하여는 만기에 지급을 청구하겠지만 인수되지 않은 잔액에 대해서는 인수의 거절이 있으므로 만기전에 소구할 수 있다. 소지인이 만기에 지급제시를 하기 위하여 어음이 필요하므로, 만기 전에 소구권을 행사할 때는 어음을 반환할 수 없다. 따라서 소구의무자는 소지인에게 어음에 영수의 뜻을 기재할 것과 영수증의 교부를 청구할 수 있다. 또한 소구의무를 이행한 자는 자기의 전자에 대하여 재소구하기 위하여 증명등본과 거절증서의 교부를 청구할 수 있다(어§51 2문).

인수제시명령문구를 기재한 어음(어§22①, ④)이나 일람후정기출급어음(어§33① 2호)의 경우에는 반드시 인수제시기간 내에 인수제시를 하여 인수거절증서를 작성하지 않으면 만기 전의 소구뿐만 아니라 지급거절에 의한 소구권도 상실한다. 그러나 인수거절증서의 작성이 면제된 경우에는 거절증서의 작성이 없이도 소구할 수 있다.

ii) 破産 등의 경우

지급인·인수인·약속어음 또는 인수제시금지어음의 발행인이 파산한 경우에는 지급제시나 거절증서를 작성하지 않고도 파산결정서의 제출만으로 소구할 수 있다(어§44⑤). 인수인 또는 지급인에 대한 회생절차가 개시된 경우에는 파산의 경우와 마찬가지로 지급제시나 거절증서의 작성을 요하지 않고 회생절차개시결정서(회파§49②)만을 제출하면 된다는 것이 다수의 견해이다.[148)]

iii) 支給停止·强制執行 不奏效의 경우

환어음의 인수인, 지급인, 약속어음의 발행인의 지급정지 또는 강제집행이 주효하지 않는 경우에는 만기 전이라도 지급인에 대하여 지급을 위한 제시를 하고 지급거절증서를 작성하여야 한다. 지급장소의 기재가 있는 경우에도 지급인에게 제

148) 강위두, p.481; 정찬형, pp.575-576; 손주찬, p.333; 정동윤, p.433; 최기원, p.511.

시하여 거절증서를 작성해야 하며, 인수제시금지어음의 발행인에 대하여는 지급제시나 거절증서 작성이 불가능하므로 파산만을 소구의 원인으로 한다(어§43③). 파산 등의 경우와 같은 공적문서에 의한 증명방법이 없으므로 지급거절증서를 작성하게 하지만, 지급거절증서는 자력의 불확실을 공증하는 것이 아니고 미지급사실에 대한 공증이므로 소지인이 소구권을 행사하기 위해서는 자력의 불확실을 별도로 입증해야 한다.

(2) 滿期 後의 遡求

① 實質的 要件

적법한 지급제시기간(지급을 할 날과 이에 이은 제2거래일) 내에 소지인이 완전한 어음을 지급제시 하였음에도 불구하고 지급인이 어음금액의 전부 또는 일부의 지급을 거절하여야 한다(어§43). 요건이 흠결된 어음은 지급제시 하였더라도 지급제시로서의 효력이 없고, 소구권도 행사할 수 없다. 어음금액의 일부에 대한 지급거절이 있는 때는 거절된 부분에 대해서만 소구할 수 있다. 지급인이 수인인 경우에는 인수의 경우와 달리 그 전원이 지급을 거절한 때에만 소구할 수 있으며, 지급지에 주소가 있는 예비지급인·참가인수인 등의 기재가 있는 때에는 소지인은 늦어도 지급거절증서를 작성시킬 수 있는 최종일의 익일까지 그 전원에게 어음을 제시하고 거절증서를 작성시켜야 한다(어§60①).

만기의 소구원인에도 적극적인 지급거절뿐만 아니라 지급인의 부재 또는 소재의 불명, 상속인의 불명도 포함된다. 지급거절증서작성이 면제된 경우 또는 지급인이 미리 지급거절의 의사표시를 한 경우에도 지급제시는 하여야 하나(어§46② 1문), 지급거절증서작성을 면제한 경우에는 그 어음소지인은 적법한 지급제시를 한 것으로 추정된다 그리고 불가항력이 30일을 넘어서 계속되는 경우에는 지급제시가 면제된다.

수인의 지급인 등이 있는 경우에는 그 전원이 지급거절을 하여야 어음소지인은 소구권을 행사할 수 있다(통설).[149] 왜냐하면 소구의무자는 그 지급인 중의 어느 한 사람이 지급할 것을 담보한 것이라고 볼 수 있기 때문이다. 또한 예비지급인·참가인수인 등이 존재하는 경우에는 이들의 지급거절까지 있어야 어음소지인은 소구권을 행사할 수 있다(어§60①, §77① 5호).

---

149) 정희철, p.232; 정동윤, p.432; 서돈각·정완용, p.242.

【대법원 1984.4.10. 선고 83다카1411 판결】

약속어음의 소지인은 특단의 사정이 없는 한 법정기간 내에 발행인에게 지급제시를 하는 등 적법한 지급제시를 한 경우에만 그 배서인에 대한 소구권을 행사할 수 있으되 그 어음배서인이 지급거절증서작성을 면제한 경우에는 그 어음소지인은 적법한 지급제시를 한 것으로 추정되고 그러한 적법한 지급제시가 없었다는 사실은 이를 원용하는 자에게 그 주장 및 입증책임이 있다 할 것이고 어음배서인에 대한 지급제시는 적법한 지급제시의 요건이 아니므로 어음소지인이 그 배서인에게 지급제시를 하지 아니하였다고 자인하더라도 이로써 적법한 지급제시가 없었던 것으로 판단되어 소구권이 상실된 것이라고는 할 수 없다.

② 形式的 要件

어음소지인이 지급제시기간 내에 지급의무가 있는 모든 사람에게 지급제시를 하여 지급거절증서를 작성하여야 한다(어§44①). 지급거절의 사실은 최초의 소구의무자뿐만 아니라 재소구의 당사자들에게 이해관계가 있으므로 어음소지인과 소구의무자의 편의를 위하여 간이·신속한 지급거절의 증명방법이 요구되는데 지급거절증서는 지급거절의 사실을 증명하는 유일한 방법이다.

그리고 인수인이나 지급인 또는 인수제시를 금지한 환어음의 발행인이 파산선고를 받은 경우에는 파산결정서의 제시로써 소구권을 행사할 수 있다(어§44④). 그리고 지급거절증서작성면제의 경우(어§46), 인수거절증서를 이미 작성한 경우(어§44④), 불가항력으로 인하여 30일 이상 거절증서를 작성할 수 없는 경우에는 거절증서를 작성할 필요가 없다.

거절증서작성기간은 확정일출급·발행일자정기출급 또는 일람후정기출급의 어음에 있어서는 '지급할 날에 이은 2거래일 내'이며(어§44③ 1문), 일람출급어음에 있어서는 어음법 제34조에 정하는 제시기간 내이다.

수표의 경우에도 어음과 마찬가지로 수표소지인이 지급제시를 하고 지급인이 지급거절 하여야 소구권이 발생한다. 다만 수표의 경우에는 지급거절의 증명방법이 지급거절증서 외에 지급인의 선언 및 어음교환소의 선언이 추가된다(수 §39②, ③).

③ 不可抗力과 滿期의 延長

불가항력으로 인하여 어음소지인이 법정기간 내에 제시할 수 없거나 또는 거절증서를 작성할 수 없게 된 때에는 그 기간은 연장된다(어§54①). 불가항력이라 함은 어음상의 권리보전절차를 방해하는 사건으로서, 일반적으로 기대되는 최선의

주의를 다하였더라도 피할 수 없는 것을 말한다. 지진·홍수·전쟁·폭동·지역봉쇄 등은 물론, 내외국의 법령에 의한 금지도 불가항력에 속한다. 반드시 다수인에게 영향이 있는 일반적 재해에 한하지 않지만, 단순한 인적 사유(예컨대 여행·질병 등)는 포함되지 않는다(어§54⑥). 그리고 불가항력은 보전절차를 취할 법정기간의 종기에 존재하여야 한다.

불가항력이 발생한 때에는 소지인은 자기의 배서인에 대하여 지체 없이 이를 통지하고, 또 어음 또는 보전에 그 통지한 뜻을 기재하고 일자를 부기하여 기명날인 또는 서명하여야 한다(어§54②). 또 불가항력이 종지된 때에는 소지인은 지체 없이 인수 또는 지급을 위하여 어음을 제시하여야 하고, 필요한 경우에는 거절증서를 작성시켜야 한다(동조③). 그러나 불가항력이 만기로부터 30일을 넘어 계속하는 때에는 어음의 제시 또는 거절증서의 작성이 면제되므로 소지인은 그러한 절차를 밟을 필요 없이 소구권을 행사할 수 있다(동조④). 이 30일의 기간은 확정일출급어음과 발행일자후정기출급어음에 있어서는 만기의 날을 초일로 하여 계산하지만, 일람출급어음과 일람후정기출급어음에 있어서는 제시가 있음으로써 만기가 정하여지므로 불가항력의 통지를 한 날을 초일로 하여 계산한다(동조⑤, §77① 4호).

4. 遡求의 通知

(1) 通知의 意義

소구권의 행사에 앞서 소구권자(소지인과 배서인들)가 각각의 전자인 소구의무자에게 인수거절 또는 지급거절 등 소구원인의 발생 사실을 알리는 것이다. 이러한 통지를 함으로써 소구의무자는 소구원인의 발생을 알게 되어 지급자금을 준비할 수 있고, 소구금액의 증대를 방지하며 자신의 권리를 확보할 기회를 부여하기 위한 것이다. 소구의 통지를 거절의 통지라고도 한다.

소구의 통지를 요하는 경우에는 인수 또는 지급의 거절이 있었던 경우이다. 지급인의 지급정지 또는 지급인에 대한 강제집행부주효의 경우에도 지급거절증서를 작성시켜(어§44⑤) 통지를 하여야 한다. 그러나 주된 어음채무자의 회생절차가 개시된 경우에는 개시결정의 공고가 되므로 특별히 소구의 통지를 할 필요가 없다.[150] 이에 대하여 통지는 소구를 예고하는 것이므로 이 경우에도 통지하여야

150) 강위두, p.489; 정동윤, p.437; 정찬형, p.588; 최기원, p.534.

한다는 소수설도 있다.[151] 반면에 지급거절증서의 작성면제가 있더라도 통지면제의 특약이 없는 한 통지의무를 면하는 것은 아니다(어§46②).

(2) 通知의 當事者

소구통지의 의무를 부담하는 자는 소구개시시의 어음의 적법한 소지인 및 통지를 받은 배서인이다. 입질배서의 피배서인은 통지의무가 있지만 추심위임배서의 피배서인은 본인을 위하여 통지할 권한은 있으나 고유의 통지의무는 없다고 본다. 통지를 받을 권리가 있는 자는 소구의무자인 배서인, 환어음의 발행인 및 그 보증인이다. 소구통지의 면제특약은 당사자간에만 유효하지만, 통지면제문구를 어음에 기재한 경우에는 모든 후자는 그 기재자에 대하여 통지의무를 지지 않는다.

소지인은 발행인과 자기의 직접의 배서인 및 이들의 보증인에 대하여 통지를 하여야 하고, 후자로부터 통지를 받은 배서인은 그 전자에 통지를 하여야 하며, 이것이 순차 발행인에게 미치게 하여야 한다(順次通知義務). 또한 환어음과 수표의 소지인은 직접의 전자 외에 발행인에 대하여도 따로 통지하여야 한다(어§45①, 수§41①). 왜냐하면 순차로 통지하면 발행인에게 이르기까지 장기간을 요하여 발행인이 적당한 조치를 취할 기회를 상실할 염려가 있는 까닭이다.

그러나 보증인은 다시 통지할 의무가 없다. 다만 배서인이 그 처소를 기재하지 아니하거나 그 기재한 처소가 분명하지 아니한 경우에는 그 배서인의 직접의 전자에게 통지하면 된다(어§45③). 무담보배서를 한 자에게도 통지해야 한다는 견해가 있으나 통지의 취지가 소구의무의 이행에 관련된 것이니만큼 무담보배서인에 대한 통지는 무의미하다. 그러나 무담보배서인이 통지를 받은 때에는 다시 자기의 前者에게 통지할 의무를 부담한다고 보아야 한다.[152]

【대법원 1991.4.23. 선고 90다7958 판결】

소외 신백규가 발행지가 보충되지 아니한 백지약속어음을 지급제시한 이상 이는 적법한 지급제시라고 할 수 없으므로 원고는 위 신백규에 대하여 소구의무를 부담하지 아니하며, 따라서 위 신백규에게 어음금을 지급하고 위 약속어음을 취득하여도 그 어음상의 소구권을 행사할 수 없는 것이다. 그러나 약속어음의 발행인은 어음금의 주채무자로서 그 어음상의 권리자 에 대하여 절대적·최종적인 지급책임을 진다고 할 것이고 또 위와 같이 어음소지인이 어음상의 소구권을 행사할 수 없는

---

151) 이철송, p.439.

152) 정동윤, p.437; 정찬형, p.589; 이철송, p.440.

경우에도 그 어음상의 권리자임이 증명된 때에는 약속어음의 발행인에 대하여 어음금의 지급을 청구할 수 있는 것이다.

(3) 通知期間

인수 또는 지급이 거절된 경우에 소지인은 거절증서작성일 또는 이에 이은 4거래일 내에, 거절증서작성이 면제된 경우에는 어음제시일 또는 이에 이은 4거래일 내에, 인수거절 또는 지급거절의 사실과 자기의 명칭, 처소를 통지하여야 한다. 또 배서인은 통지를 받은 날 또는 이에 이은 2거래일 내에 통지를 하여야 한다(어§45①). 통지를 받은 배서인은 통지가 지연되었거나 자기의 직접후자가 통지한 경우가 아니라도 자기의 전자에게 통지하여야 한다(동조③).

어음법이 이 통지에 관하여 발신주의를 취하는지 또는 도달주의에 의하는지 분명하지 않아서 도달주의로 보는 견해도 있으나, 실제에 있어서 통지를 받은 날에 이은 2거래일 내에 통지가 도달하지 못하는 경우가 많을 것이므로 발신주의로 보는 것이 타당하다.

통지의 유무에 관하여 분쟁이 있는 경우에는 통지의무자에게 입증책임이 있다. 그러나 통지받을 권리자가 거절증서작성을 면제한 경우에는 적법한 기간 내에 통지한 것으로 추정되므로 이 기간의 불준수는 이를 원용하는 자(소구의무자)가 입증하여야 한다. 또 통지기간 내에 통지의 서신을 우편으로 부친 때에는 그 기간을 준수한 것으로 간주한다(어§45⑤ 2문, §77① 4호, 수§41⑤ 2문).

(4) 通知의 內容과 方法

통지의 내용은 인수 또는 지급의 거절이 있은 사실을 통지하면 된다. 다만 통지를 받은 배서인은 前通知者 全員의 명칭과 처소를 표시하고 자기가 받은 통지를 자기의 배서인에게 통지하여야 한다(어§45① 제2문).

통지의 방법에는 제한이 없으므로 구두나 서면으로도 가능하며, 거절증서와 함께 하는 어음의 반환도 통지로 본다(어§45④). 통지는 적법한 기간 내에 발신되어야 하며(發信主義), 적법한 통지의 존재는 통지의무자가 증명하여야 되지만, 통지의무자의 이익을 보호하기 위하여 통지의무자가 적법한 기간 내에 통지의 서면을 우편으로 발송한 때에는 그 기간을 준수한 것으로 본다(어§45⑤).

(5) 通知義務의 違反

어음소지인이 법정기간 내에 통지를 하지 않았거나 부적법한 통지를 한 경우 또는 통지의무를 해태하여도 소구권을 상실하지는 않는다(어§45⑥ 본문). 왜냐하면 어음소지인 등에게 통지의무를 지우는 것은 소구의무자가 소구에 응할 준비 등을 할 수 있도록 하는 데에 그 목적이 있으므로, 통지를 하지 않았다고 하여 소구권을 상실시키는 것은 가혹하기 때문이다. 통지는 소구의 요건이 아니다.

그러나 통지의 해태로 인하여 손해가 생긴 때에는 어음금액의 한도 내에서 손해배상책임을 부담한다(어§45⑥ 단서). 이때 손해배상액을 어음금액의 범위 내로 한정하는 이유는 통지해태로 인하여 어음금액 이상의 손해를 배상할 위험이 있는 때에는 어음의 이용을 회피할 것이기 때문이다.

손해배상의 청구는 통지의무자의 직접 배서인뿐만 아니라 그 이전의 배서인도 할 수 있다. 통지가 지연된 때에는 전혀 통지를 아니한 경우보다는 손해가 적겠으나, 이때에도 배상책임을 면하지는 못한다. 통지를 잘못한 경우에는 이후 통지기간이 경과하였어도 수정통지를 함으로써 더 이상의 손해를 방지할 수 있다.

5. 遡求金額

소구를 함에 있어서 소구권자가 소구의무자에 대하여 청구할 수 있는 금액을 遡求金額(또는 償還金額)이라 한다.

(1) 滿期後 遡求의 경우

만기 후에 소구하는 경우에 어음법이 정하는 소구금액은 다음의 합계액이다(어§48①). ① 지급되지 아니한 어음금액과 이자의 기재가 있는 때에는 그 이자(동조 1호), ② 연 6분의 이율에 의한 만기 이후의 이자(동조 2호). 이자의 계산에는 만기일도 포함하는 것으로 본다. ③ 거절증서의 작성비용, 통지비용, 기타의 비용 등 소구권의 행사·보전을 위한 비용 등이다(동조 3호). 이러한 비용에 대하여는 법정이자를 청구하지 못한다.

소지인이 일부지급이나 일부인수를 거절한 경우에는 그 잔액만을 소구금액으로 한다(어§39②, §26①). 거절증서작성비용도 소구금액에 포함되지만 환어음의 경우 발행인이 거절증서작성을 면제한 경우에는 어느 소구의무자에게 소구하든 거절증서작성이 불필요하므로 그 비용은 소구할 수 없다(어§46③).

(2) 滿期前 遡求의 경우

만기 전에 소구하는 경우에 소구금액은 어음금액으로부터 만기까지의 이자를 공제한 금액을 청구할 수 있다. 공제할 금액은 어음소지인의 주소지에서 소구하는 날의 공정할인율에 의하여 계산한 금액을 감한 것을 어음금액으로 한다(어§48②).

만기 후의 소구의 경우와 같이 거절증서작성비용, 통지비용과 기타의 비용을 가산한다.

6. 遡求의 方法

(1) 어음 등의 交付

소구에 있어서도 지급제시를 할 때와 마찬가지로 소지인은 소구의무자에게 어음을 제시하며 청구해야 하고, 소구의무를 이행 받을 경우 소구의무자에게 어음을 반환하여야 한다. 소구의무자는 지급을 함에 있어서 어음과 지급증서 및 영수를 증명하는 계산서의 교부를 청구할 수 있다(어§50①). 소구의무자가 어음상의 권리자였던 종래의 지위를 회복하여 재소구할 수 있는 권리 및 인수인에 대한 권리의 재취득을 위하여 필요한 것이다. 그러므로 어음을 상실한 경우에는 제권판결을 얻어 소구권을 행사할 수 있고(민소§468), 거절증서만을 상실한 때에는 그 등본으로 대신할 수 있다(거증§9②). 계산서는 소구의무자가 소구금액을 지급하였다는 것을 증명함으로써 이중으로 소구되는 위험을 피하기 위하여 필요하다.

소구의무자는 소구금액을 지급하는 것이 보통이겠지만, 대물변제, 상계 등도 가능하며 역어음을 발행할 수도 있다. 어음채권자는 소구금액의 일부지급을 거절할 수 있다.

(2) 遡求의 順序

모든 소구의무자는 어음소지인에 대하여 합동하여 책임을 지므로(어§47①) 어음상의 최종권리자인 어음소지인과 소구의무를 이행하고 어음을 환수한 자는 채무부담의 순서에 불구하고 그 중 1인, 수인 또는 전원에 대하여 청구할 수 있다(어§47①, ②).

소구의무를 이행한 배서인은 자기의 전자에 대하여만 소구를 할 수 있고 후자에 대하여는 소구할 수 없다. 소구는 순차적 소구뿐만 아니라 도약적 소구(또는 비약적 소구)도 가능하며, 소구의무자 중의 1인에게 청구하였더라도 그 목적을 달성할 수 없었을 때에는 다른 소구의무자에 대하여 청구할 수 있다(변경권 또는 선택권).

(3) 逆어음의 發行

① 逆어음의 意義

역어음(Rückwechsel)은 소구권자가 본래의 어음으로 직접 소구하는 대신에 자기의 전자인 소구의무자를 지급인으로 하고 자기를 수취인으로 하여 새로 발행한 일람출급의 환어음을 말한다. 소구권자는 할인에 의하여 소구금액을 받을 수 있다(어§52①, §77① 4호).

② 逆어음의 要件

逆어음도 법률적으로는 보통의 어음과 다를 바 없지만 그 성질상 다음과 같은 요건이 구비된 경우에 발행할 수 있다.

i) 發行禁止文句의 不存在

本어음에 역어음의 발행을 금지하는 기재가 없어야 한다(어§52①). 역어음의 발행금지의 기재는 발행인뿐만 아니라 배서인이나 보증인도 할 수 있다고 본다. 발행인이 기재한 때에는 모든 어음채무자에 대하여 그 효력이 있고 배서인이나 어음보증인이 기재한 때에는 이를 기재한 자에 대하여만 그 효력이 있다.

ii) 發行人

발행인은 어음의 최종소지인인 소구권자뿐만 아니라 소구의무를 이행하고 어음을 환수한 자이다.

iii) 支給人

지급인은 소구의무자이어야 한다. 자기의 전자인 소구의무자가 수인인 때에는 그 중 1인을 임의로 선택하여 역어음을 발행할 수 있다.

iv) 支給地

소구의무자의 주소이어야 하며, 제3자방지급의 기재는 인정되지 않는다.

v) **滿期·發行地**

만기는 일람출급식이어야 하며, 발행지는 본어음의 지급지이어야 하고 재소구의 경우에는 소구권자의 주소지이어야 한다(어§52①, ③).

vi) **어음金額**

어음금액은 소구금액(어§48, §49) 이외에 역어음의 중개료(할인수수료) 및 인지세를 포함시킨 금액으로 한다(어§52②). 어음금액은 본어음의 지급지 또는 소구권자의 주소지로부터 소구의무자의 주소지로 발행하는 일람출급환어음의 환시세에 의하여 정한다.

7. 再遡求

(1) 再遡求의 意義

재소구란 어음소지인 또는 자기의 후자에게 상환을 한 소구의무자가 다시 자기의 전자에 대하여 하는 소구를 말한다. 소구의무자가 소구의무를 이행하면 그와 후자의 소구의무는 소멸되나 그 전자의 소구의무는 여전히 존속하므로, 소구의무를 이행하고 어음을 환수한 자는 어음소지인으로서 그 전자에 대하여 소구권을 행사할 수 있다(어§47③, §77① 4호).

따라서 재소구권자는 상환의무를 이행한 배서인, 담보의무를 이행한 보증인이며 재소구의무자는 환어음의 발행인, 배서인 및 이들의 보증인이다. 그리므로 소구의무를 부담하지 않는 무담보배서인이 어음을 환수한 때나 소구권의 보전절차의 해태 또는 시효의 소멸로 소구권을 상실한 어음소지인이나 어음요건이 흠결된 어음의 제시자에게 지급을 하고 어음을 환수한 경우에는 재소구를 할 수 없다.

(2) 再遡求權의 法的 性質

소구의무를 이행한 자는 증권의 교부와 관계없이 소구금액 전액을 지급함으로써 인수인에 대한 지급청구권과 전자에 대한 소구권 그리고 어음에 대한 소유권을 취득한다. 그런데 소구의무를 이행하고 어음을 환수한 자가 취득하는 재소구권의 법적 성질에 대하여는 학설이 대립하고 있다. 즉 재소구권의 법적성질을 어떻게 보느냐에 따라 당사지들간의 항변승계에 대한 설명방법에 차이가 난다.

① 權利回復說

권리회복설에 의하면 재소구권자는 소구의무의 이행을 계기로, 어음을 양도하기 전에 가지고 있던 소지인으로서의 권리를 회복하는 것으로 본다.[153] 재소구권자는 어음을 양도할 때 권리를 절대적으로 이전하는 것이 아니고 어음의 환수를 해제조건으로 하여 소지인으로서의 권리를 이전하는 것이므로 소구의무를 이행함으로써 조건이 성취되어 권리를 회복한다고 한다. 따라서 이 학설에 의하면 재소구권자는 자기의 전자로부터 원래의 인적 항변사유로써 당연히 대항을 받게 되나, 前者가 後者에 대하여 가지고 있던 인적 항변사유는 이전되지 않으므로 그의 선의·악의를 불문하고 이로써는 대항받지 아니한다. 즉 A→B→C→D로 연결되는 어음관계에서 C는 소구의무이행을 계기로 하여 B는 종래 C에 대하여 가지고 있던 항변사유를 원용할 수 있지만, B가 종래 D에게 가지고 있던 항변권은 원용할 수 없다고 본다.

② 法定移轉說(gesetzlicher Übergang der Forderung)

소구의무이행자의 권리취득은 법률의 규정에 의하여 어음상의 권리가 이행을 받은 소구권자로부터 소구의무이행자에게 이전하기 때문이라고 하며, 권리재취득설이라고도 한다.[154] 이 설에 따라야 환어음의 발행인이 지급인의 인수가 있기 전에 어음을 배서양도 하였더라도 소구의무를 이행한 때에는 인수인에 대한 지급청구권을 취득하는 것을 무리 없이 설명할 수 있다. 이는 발행인뿐만 아니라 어음보증인(어§32③)이나 참가인수인(어§63①), 그리고 무권대리인(어§8)의 경우도 같다. 또한 소구의무이행자는 그가 지급한 금액뿐만 아니라 추가로 어음법 제49조 2호와 3호의 이자와 비용의 청구권도 원시적으로 취득하게 되는데 이는 어음법의 특수성에 기인하는 것으로서 이의 근거도 舊權利復活說로는 설명이 되지 않는다. 즉 A→B→C→D로 연결되는 어음관계에서 B가 C에게 갖는 항변권은 당연히 원용할 수 있으나, B가 D에 대하여 가지고 있던 항변은 C가 악의인 경우에만 원용할 수 있다는 견해와[155] C의 선의·악의를 불문하고 원용할 수 없다는 견해가 있다.[156] 그러므로 채권의 법정이전설이 타당하다.

---

153) 서돈각·정완용, p.244; 대법원 1990.10.26. 선고 90다카9435 판결.

154) 최기원, p.528; 정동윤, p.567; 손주찬, p.337.

155) 정찬형, p.599.

156) 정동윤, p.445; 이철송, pp.448-449.

③ 學說의 比較

i) 어음抗辯의 問題

어음채무자는 소구의무이행자에 대하여 그가 어음을 교부하기 전에 갖고 있었던 모든 항변으로 대항할 수 있고 소구의무이행자는 그 항변이 자기의 후자에 의하여 절단되었다는 주장을 할 수 없다는 점에 대하여는 이론이 없다. 또한 소구의무이행자 자신이 어음의 교부 전에 적법한 소지인이 아니었을 때에는 후자의 선의취득으로 대항할 수 없는 것이다. 이는 권리회복설에 의하여 그 설명이 가능하고 법정이전설로는 설명이 되지 않는다고 할 수도 있다. 그러나 소구의무이행자에 대한 항변의 문제는 인적항변의 개별성에 근거한 것으로 보아야 할 것이다.157)

ii) 遡求義務 없는 者의 支給의 效果

배서인이 무담보배서를 하였거나, 어음소지인이 보전절차의 해태로 소구권을 상실하여 소구의무가 없음에도 불구하고 지급을 한 때에도 재소구권을 취득하는가에 대하여는 다툼이 있다. 권리회복설에서는 이러한 배서인노 새소구권이 있다고 한다. 그러나 법정이전설에 의하면 의무 없이 지급한 자는 어음법 제47조 3항과 제50조의 「어음채무자」라고 할 수 없고, 또한 이러한 자에게 어음법 제49조에 의한 재소구금액을 청구할 수 있게 하는 것은 어음법의 취지에도 어긋난다고 할 것이다.158)

iii) 순수한 擔保背書人의 再遡求權

순수한 담보배서를 한 배서인이 소구의무를 이행한 경우에 전자에 대한 재소구권을 취득하는가 하는 문제도 구권리부활설에 의하면 전자에 대한 재소구권을 취득하지 못하지만, 법정이전설에 의하면 후자의 권리가 소구의무이행자에게 이전하므로 재소구권을 취득하게 된다.

(3) 再遡求의 要件

① 實質的 要件

소구의무자가 재소구를 하기 위하여는 소구권자에게 소구의무를 유효하게 이행

---

157) 최기원, p.529.

158) 정동윤, p.570.

하고 어음을 환수하여야 한다. 소구의무가 없는 자, 즉 소구의무가 시효의 완성 또는 절차의 흠결로 소멸된 자나 무담보배서를 한 자는 소구에 응하여도 재소구권이 생기지 않는다. 또 소구의무자의 소구의무의 이행은 유효하여야 하고, 그 환수한 어음은 건전한 어음이어야 한다.

② 形式的 要件

재소구를 하려면 소구의무자는 유효한 어음, 거절증서 및 영수를 증명하는 기재를 한 계산서를 소구권자로부터 교부받아 소지하고 있어야 한다(어§50①, §77① 4호). 왜냐하면 이러한 서류들은 자기의 전자에게 교부하여야 재소구권을 행사할 수 있기 때문이다. 그러나 발행인이 거절증서의 작성을 면제한 경우에는 재소구를 함에 있어 거절증서를 소지할 필요가 없다. 특정 배서인이 그 작성을 면제한 경우에는 그 특정 배서인에 대한 재소구에만 거절증서를 소지할 필요가 없다.

【대법원 1998.8.21. 선고 98다19448 판결】

백지식 배서에 의하여 어음을 양수한 다음 단순히 교부에 의하여 이를 타인에게 양도한 자가 소지인의 소구에 응하여 상환을 하고 어음을 환수한 경우, 그 전의 배서인에 대하여 당연히 재소구권을 취득하는 것은 아니라고 하더라도, 그 상환을 받은 소지인이 그 전의 배서인에 대하여 가지는 소구권을 민법상의 지명채권 양도의 방법에 따라 취득하여 행사할 수 있는 것으로 보아야 하고, 다만 그 소구의무자는 이에 대하여 양도인에 대한 모든 인적 항변으로 대항할 수 있을 뿐이다.

【대법원 1990.10.26. 선고 90다카9435 판결】

소구의무를 부담하지 않는 자가 어음소지인의 상환요구에 응하여 어음금을 지급하고 어음을 취득한 경우에는 전배서인에 대하여 재소구할 수 없다. … 그러나 지급거절증서작성의무를 면제하고 약속어음을 배서양도한 배서인 방동근으로서는 어음소지인의 소구에 대하여 거절증서 작성이 없다는 이유로 청구를 거절할 수 없으므로, 방동근으로부터 어음을 취득한 삼원화성이 지급거절증서작성을 면제하지 아니하고 최후소지인인 삼성물산에게 위어음을 배서양도하였음에도 삼성물산에 대하여 거절증서작성 유무를 확인하지 아니하고 그 소구청구에 응하였다고 하더라도 그 점을 탓할 수 없을 것이므로 삼원화성의 소구를 거절할 수 없고, 어음의 배서인은 어음소지인의 소구에 응하였거나 기타의 사유로 어음을 회수한 경우에는 자기의 배서를 말소할 수 있고 그렇게 되면 그 배서는 배서의 연속에 관한 한 없는 것으로 보게 되어 있으므로 삼성물산이 적기에 거절증서를 작성하지 아니하였다하여 방동근의 삼원화성에 대한 소구의부에 어떠한 영향을 미친다고 할 수 없다.

(4) 再遡求金額

어음을 환수한 자의 소구금액은 자기가 상환한 총금액(어§48)과, 그 금액에 대하여 년 6분의 이율로 계산한 지급일 이후의 이자와 자기가 지출한 비용(통지비용·최고비용. 그러나 소송비용은 제외)의 합계금액이다(어§49, §77① 제4호, 수 §45).

제 9 절 參 加

1. 序 說

(1) 參加의 意義

參加(Ehreneintritt, intervention for honour)란 제3자가 소구를 저지하기 위하여 어음채무를 인수하거나 지급함으로써 어음관계에 개입하는 것을 말한다. 제3자가 인수를 하는 경우를 참가인수, 제3자가 지급을 하는 경우를 참가지급이라고 한다. 參加는 遡求義務者의 償還金額의 증대를 방지하고, 그 신용을 유지하기 위한 제도이다. 참가인은 실질적으로는 특정 소구의무자의 보증인의 역할을 해주는 것이나, 보증은 어음의 유통과정에서부터 어음채무를 부담하므로 사전적인 보장이라 할 수 있음에 대해 참가는 소구단계에서 의무 없이 어음채무를 代位負擔 또는 辨濟하는 것이므로 사후적인 구제라 할 수 있다.

參加制度는 어음에 특유한 제도로서 手票에는 參加制度가 없다. 약속어음에는 참가인수가 없고 참가지급에 관한 규정만 준용한다(어§77① 5호). 그러나 참가인수는 인수거절의 경우뿐만 아니라 소지인이 만기 전에 소구할 수 있는 모든 경우에 그것을 저지하기 위하여 할 수 있는 것이므로 약속어음에도 참가인수제도를 긍정하는 긍정설(통설)[159]이 타당하다고 본다.

인수거절 이외의 만기 전의 소구를 인정하는 한, 약속어음에 대하여도 참가인수제도를 긍정하여야 할 것이다. 실제로는 어음거래애서 참가제도가 활용되는 경우가 거의 없다.

---

159) 서돈각·정완용, p.283; 정희철, p.303; 정동윤, p.450 등 다수.

(2) 參加의 當事者

① 參加人

참가를 하는 자를 參加人이라고 하고, 그 자격에 제한이 없다. 따라서 第三者·支給人 또는 이미 어음채무를 부담하고 있는 換어음의 發行人·背書人·保證人도 參加人이 될 수 있으나(어§55 3호) 약속어음의 發行人, 換어음의 引受人과 이들의 보증인은 參加人이 될 수 없다. 主債務者가 參加人이 된다는 것은 무의미하기 때문이다. 참가인에는 被參加人인 發行人·背書人 또는 保證人이 사전에 어음에 지정하는(어§55①) 指定參加人(豫備支給人)과 사전에 지정되지 않은 임의참가인이 있다. 支給人 또는 引受人은 遡求義務者가 아니므로 예비지급인을 지정할 수 없다. 豫備支給人으로 될 수 있는 者는 參加人이 될 수 있는 者이다. 따라서 支給人, 換어음의 發行人, 背書人 등도 豫備支給人이 될 수 있다.

支給人을 豫備支給人으로 지정할 경우에 그 支給人이 參加支給을 한 때에는 支給人으로서 지급할 경우와는 달리 被參加人과 그 前者에 대한 어음상의 權利를 취득하게 되는 利點이 있다.

② 被參加人

被參加人이란 參加에 의하여 직접 이익을 받을 특정 遡求義務者를 말하며, 被參加人이 될 수 있는 者는 모든 遡求義務者와 그 보증인이다. 引受人·支給人·無擔保背書人은 遡求義務者가 아니므로 被參加人이 될 수 없다. 따라서 이들을 위한 參加引受는 효력이 없으며 이들을 위한 參加支給은 어음의 主債務의 변제가 된다.

(3) 參加의 通知

참가를 한 경우에는 參加人은 被參加人에 대하여 2去來日 내에 그 참가의 통지를 하여야 한다(어§55④). 이 通知期間을 준수하지 아니한 경우에 過失로 인하여 손해가 생긴 때에는 參加人은 어음금액의 한도 내에서 그 賠償責任을 진다(어§55④). 이것은 被參加人으로 하여금 參加人의 求償(어§63①)을 피하기 위하여 신속히 償還權(어§58②)을 행사하고, 參加人에 대한 償還의 준비를 하게 하기 위한 것이다.

2. 參加引受

(1) 參加引受의 意義와 性質

參加引受(Ehrenannahme, acceptation par intervention)란 滿期 전의 遡求를 저지하기 위하여 어음의 지급을 약속하는 어음행위를 말한다. 參加引受를 할 수 있는 者는 第三者·支給人·換어음의 發行人·背書人·保證人 등이다(어§55③). 支給人이 引受가 아닌 參加引受를 하면 發行人에 대하여는 책임을 지지 않고, 被參加人의 後者에 대하여만 의무를 부담하는 實益이 있다.

參加引受의 法的 性質은 遡求義務의 引受라고 해석하는 것이 타당하다(통설). 왜냐하면 參加引受人은 被參加人과 동일한 의무를 부담하며(어§58①), 被參加人은 遡求義務者에 한정되어 있으므로(어§55②) 결국 참가인수인은 遡求義務를 引受하는 것이 되기 때문이다. 그 결과 參加引受人의 채무의 소멸시효기간은 引受人과 같은 3年이 아니라 被參加人의 그것과 같고, 參加引受人은 利得償還義務者도 아니며(어§79), 參加引受人의 破産은 滿期前遡求의 원인으로 되지도 않는다(어§43 참조).

(2) 引受와 參加引受의 差異

引受와 參加引受는 다음과 같은 차이가 있다.

① 參加引受人은 被參加人과 동일한 의무를 부담하고(어§58①), 被參加人은 遡求義務者에 한정되므로(어§55②) 參加引受人의 義務는 償還義務인 데 대하여, 인수인은 어음상의 主債務者이다. ② 參加引受人의 支給義務는 支給人이 지급하지 않는 경우에만 부담하는 조건적인 것이지만 引受人의 支給義務는 無條件·最終的이다. ③ 參加引受人은 被參加人의 後者에 대하여만 支給義務를 지지만, 引受人은 모든 어음상의 權利者에게 支給義務를 진다. ④ 參加引受人은 소구권보전절차의 欠缺로 인하여 면책되지만, 引受人은 이에 불구하고 支給義務를 진다. ⑤ 參加引受가 있어도 어음所持人은 被參加人의 前者에 대하여 여전히 滿期前의 遡求를 할 수 있지만(어§56③, §58②), 引受가 있는 경우에는 원칙적으로 滿期前遡求를 할 수 없다(어§43 참조). ⑥ 參加引受人이 지급을 한 때에는 被參加人과 그 債務者에 대하여 어음상의 權利를 취득하지만, 引受人이 지급을 한 경우에는 實質關係上의 請求權은 별문제로 하고, 아무런 어음상의 權利를 취득하지 못한다.

(3) 參加引受의 要件

參加引受는 만기 전에 소구권을 행사할 수 있는 모든 경우에 할 수 있다(어§56①). 參加引受를 하기 위해서는 滿期 전에 遡求原因이 발생하고, 拒絕證書의 작성이 면제된 경우를 제외하고 그 사실이 引受拒絕證書에 의하여 확정되어 있어야 한다(어§56①). 그러나 引受提示禁止어음(어§22②)에 대하여는 參加引受를 하지 못한다(어§56①). 參加引受는 滿期前의 遡求要件이 구비된 때로부터 滿期까지의 사이에 할 수 있다.

(4) 參加引受의 方法

參加引受는 어음 자체에 參加引受文言을 기재하고 參加引受人이 記名捺印 또는 署名을 함으로써 이를 한다(어§57 1문). 背書人 또는 保證人을 위하여서도 할 수 있으므로 謄本 또는 補箋에 하여도 무방하다. 그러나 參加引受人은 被參加人이 누구인지를 표시하여야 하나, 그 표시가 없으면 發行人을 위하여 한 것으로 본다(어§57 2문, 3문). 豫備支給人의 參加引受는 그 指定者를 위하여 한 것으로 보아야 할 것이다.[160] 參加引受는 단순하여야 하지만 一部引受가 있었던 경우에는 그 잔액에 대한 參加引受가 허용된다.[161] 그러나 그 밖의 경우에 一部參加引受는 허용되지 않는다고 본다(어 §59② 참조).

(5) 參加引受人의 選擇

어음所持人은 원칙적으로 參加引受를 거절할 수 있는데(어§56③), 그 이유는 자기가 신용할 수 없는 제3자의 參加로 인하여 遡求權을 상실할 우려가 있기 때문이다. 그러나 지급지에 주소를 가지는 豫備支給人의 기재가 있는 경우에는 그 참가를 거절할 수 없으며, 所持人은 우선 그에게 제시하여 그 사실을 증명하지 않으면 그 기재를 한 者 및 그 후자에 대하여 滿期 전의 遡求權을 상실한다(어§56②). 豫備支給人이 數人인 때에는 그 전원에 대하여 제시하여야 하고 提示期間은 滿期까지이다.

參加引受를 할 者가 수인이 있는 경우에는 지급지에 있는 豫備支給人이 우선하

---

160) 서돈각·정완용, p.259; 정동윤, p.579; 정희철·정찬형, p.488.

161) 서돈각·정완용, p.259; 정동윤, p.579.

고, 이러한 豫備支給人이 수인이 있는 경우에는 가장 많은 의무자를 면책시키는 者가 우선한다(어§56②, §63③ 참조). 만약 이러한 사정을 알면서도 이 규정에 위반하여 參加引受를 한 경우에는 어음所持人은 前順位 參加引受에 의하여 의무를 면할 수 있었던 者에 대하여 滿期前의 遡求權을 상실한다. 그러나 지급지 외에 있는 數人의 豫備支給人과 제3자와의 사이에서는 所持人은 그 중의 어느 者에게 參加引受를 시키든 자유이다. 또 이들 전원의 參加引受를 거절할 수도 있으나, 이를 受諾한 때에는 被參加人과 그 後者에 대하여 滿期前에 행사할 수 있는 遡求權을 잃는다(어§56③).

(6) 參加引受의 效力

① 參加引受人의 義務

參加引受人은 어음所持人과 被參加人의 後者에 대하여 被參加人과 동일한 의무를 부담한다(어§58①). 즉 이 의무는 支給人이 지급하지 않는 경우의 제2차적 의무이며, 지급할 금액도 被參加人의 償還金額과 같다. 그러므로 所持人은 參加引受人에게 청구하기 전에 먼저 지급인에게 支給請求를 하고, 그 지급을 받지 못한 때에는 支給拒絶證書作成 등의 遡求權保全節次(어§38, §43, §44①, ③)를 밟아야 한다. 이미 引受拒絶證書를 작성하였더라도 이는 參加引受에 의하여 失效되므로 어음法 제44조 제4항은 적용되지 않는다.

또 지급지에 주소가 있는 參加引受人에 대한 권리를 보전하기 위하여는 다시 어음法 제60조 제1 항에 의한 소정의 절차를 밟아야 한다. 그렇지 않으면 被參加人과 그 後者에 대한 權利를 상실하고(어§60②), 아울러 이와 동일한 의무를 부담하는 參加引受人에 대한 權利도 상실한다. 그러나 被參加人의 의무가 실질적 이유로 인하여 무효인 때에도 어음行爲獨立의 原則에 의하여 參加引受人의 어음채무에는 아무런 영향을 미치지 아니한다.[162)]

② 被參加人과 그 後者의 免責

參加引受가 있는 때에는, 소지인은 被參加人과 그 後者에 대하여 滿期 전의 遡求權을 잃는다(어§56③ 2문). 그러나 被參加人의 전자에 대하여는 滿期 전이라도 遡求權을 행사할 수 있다.

---

162) 서돈각·정완용, p.260; 정동윤 p.581; 정희철·성찬형 p.490.

③ 被參加人과 그 前者의 償還權

參加引受에 있어서도 被參加人의 전자는 遡求義務를 면할 수 없고, 또 被參加人도 滿期 전의 遡求義務는 면하지만 參加引受人이 參加支給을 한 때에는 이에 대하여 償還을 하여야 한다. 그러므로 被參加人이나 그 전자는 參加引受에도 불구하고 자진하여 所持人에 대하여 遡求金額(어§48)의 지급과 상환으로 어음을 환수할 수 있으며 이 때 拒絕證書와 受領을 증명하는 계산서가 있으면 그 교부도 청구할 수 있다(어§58②).

3. 參加支給

(1) 參加支給의 意義

參加支給(Ehrenzahlung, paiement par intervention)이란 滿期前 또는 滿期後의 소구를 저지하기 위해서 환어음의 지급인이나 인수인 또는 약속어음의 발행인 이외의 자가 하는 지급을 말한다. 參加支給은 지급인이 지급을 하지 않는 경우에 하는 第二次的 支給이며 被參加人의 後者의 義務를 소멸시키는 데 그치므로 본래의 지급과 다르고 遡求義務者가 한 償還과 비슷한 관계가 생기는 데 지나지 않는다. 또 參加支給은 어음상의 記名捺印 또는 署名을 요하지 아니하므로 參加引受와는 달리 어음행위가 아니다.

(2) 參加支給의 要件

參加支給은 所持人이 滿期前 또는 滿期後에 遡求權을 행사할 수 있는 모든 경우에 할 수 있다(어§59①). 그리고 參加支給을 하기 위하여는 遡求의 실질적 요건(滿期前 또는 滿期後의 遡求原因 발생)과 形式的 要件(拒絕證書作成)을 갖추어야 한다.

(3) 參加支給人

參加支給人이 될 수 있는 者는 參加引受人·豫備支給人 기타의 第三者(俠義의 參加支給人)이며, 引受人은 參加支給人이 되지 못한다(어§55③). 支給地에 주소를 가진 參加引受(同地參加支給人) 또는 豫備支給人(同地豫備支給人)의 기재가 있는 경우에는 所持人은 그 전원에 대하여 어음을 제시하여야 한다(어§60). 소지인은 參加

引受(어§56③ 1문)의 경우와 달라서 第三者(俠義의 參加支給人)의 參加支給을 거절하지 못한다. 만약 거절할 때에는 그 지급으로 인하여 의무를 면할 수 있었던 자, 즉 被參加人과 그 後者에 대한 遡求權을 잃는다(어§61).

相異한 被參加人을 위하여 數人의 參加支給 희망자가 있는 경우에는 그 參加支給 희망자가 누구이든 상관없이 항상 가장 많은 수의 어음債務者로 하여금 의무를 면하게 하는 者가 우선하며(어§63③ 1문) 이러한 사정을 알면서 이에 위반하여 參加支給을 한 者는 의무를 면할 수 있었던 者에 대한 遡求權을 잃게 된다(어§63③ 2문). 그러나 어음소지인으로서는 이를 걱정할 필요가 없이 누구의 참가지급을 수령하여도 상관없다.

(4) 參加支給의 時期, 金額 및 方法

① 時 期

參加引受人은 원칙적으로 支給拒絕證書作成期間의 익일까지 참가지급을 하여야 하지만(어§60①) 參加引受人은 그에 대한 보선설차가 밟아진 때에는(適法期間內에 參加引受人에게 어음을 제시하였으나, 參加支給을 하지 않는 경우) 拒絕證書作成 期間의 익일이 경과했다고 하여 支給義務를 면하는 것이 아니므로(어§60②), 被參加人이 지급을 할 때까지는 參加支給을 할 수 있는 것으로 본다.[163] 豫備支給人 기타 第三者의 參加支給은 滿期의 전후를 불문하고 할 수 있으나, 支給拒絕證書作成期間의 最終日의 익일까지는 하여야 한다(어§59③, §60①).

② 金 額

參加支給의 금액은 被參加人이 지급할 金額이며(어§59②), 所持人은 일부지급의 경우(어§39②)와는 달리 一部參加支給을 거부할 수 있다(어§59② 참조). 一部參加支給은 遡求權의 행사를 저지할 수 없기 때문이다. 所持人이 一部參加支給을 수령하더라도 參加支給人은 어음法 제53조에 의한 어음상의 權利를 취득하지 못한다.

③ 方 式

參加支給을 하려면 다음에 被參加人을 표시하고 그 領受를 증명하는 문언을 기재시켜야 한다(어§62① 1문). 被參加人의 표시가 없는 경우에는 發行人을 위하여

163) 손주찬, p.368; 정동윤, p.584; 최기원, p.609.

參加支給을 한 것으로 본다(어§62① 2문). 또 所持人은 어음을 參加支給人에게 교부하여야 하고, 拒絕證書를 작성시킨 때에는 이것도 교부하여야 한다(어§62②).

(5) 參加支給의 效力

① 所持人의 權利의 消滅

參加支給으로 인하여 所持人의 어음상의 권리는 모든 어음債務者에 대한 관계에서 소멸한다(本質的 效力).

② 被參加人의 後者의 免責

參加支給으로 인하여 被參加人의 後者(被參加人은 제외)는 遡求義務를 면한다(어§63②)(免責的 效力). 그러나 被參加人은 의무를 면하지 못하며, 參加支給人에 대하여 義務를 진다(어§63①).

③ 參加支給人의 權利取得

參加支給人은 被參加人과 그 전자 및 인수인 그리고 이들을 위한 保證人에 대하여 어음상의 권리를 취득한다(어§63① 본문). 이 權利取得은 所持人의 權利를 승계 또는 대위하는 것이 아니라 所持人 또는 被參加人에 대한 항변이 부착되지 아니한 독립된 權利를 法定의 효력으로서 어음의 교부 없이 原始取得하는 것이다. 그러나 參加支給人은 다시 그 어음에 背書를 하지는 못한다(어§63① 단서).

④ 一般私法上의 報償請求權

參加支給人은 이 외에도 一般私法上의 關係(예컨대 委任 또는 事務管理)에 의하여 補償請求權을 가질 수 있고, 參加支給人은 이 두 가지 權利를 선택적으로 행사할 수 있다.

제10절 어음의 複本과 謄本

1. 어음의 複本

(1) 複本의 意義

複本(Wechselduplikate, Ausfertigungen)이란 동일한 어음상의 權利를 表彰하기 위하여 발행된 수통의 어음證券을 말한다. 이는 환어음과 수표에만 인정되고 約束어음에는 없다. 복본의 각 통은 평등한 지위를 가지는 완전한 증권이고, 그 사이에 正副·主從의 관계는 없고 복본 중 어느 한통만으로도 어음상의 권리를 행사할 수 있다. 그러나 각 복본은 동일한 어음관계를 표창하는 것이므로, 어느 한 통으로 권리를 행사(배서에 의한 권리의 양도, 지급에 의한 권리의 소멸 등)하면 다른 복본도 그 효력을 상실한다.

複本을 발행하는 목적에는 두 가지가 있다. 첫째, 複本은 도난·분실 등의 어음證券의 상실에 대비하기 위하여(安全複本) 발행된다. 둘째, 引受를 위하여 환어음을 遠隔地에 송부한 경우에도 배서양도를 함으로써 조속히 환가를 할 수 있도록(便利複本) 하기 위해 발행된다.

(2) 複本의 發行

① 複本의 發行方式

어음의 複本은 각통의 내용이 거래의 통념상 동일하여야 하고(어§64①), 證券의 本文중에 번호를 붙여야 한다(어§64② 1문). 번호가 없으면 수통의 複本은 각각 별개의 換어음으로 본다(어§64② 2문).

② 複本의 發行節次

發行人만이 發行時에 數通의 複本을 발행할 수 있다(어§64①). 그리고 發行人이 어음에 1通만을 발행한다는 뜻을 기재한 경우를 제외하고는, 어음所持人은 자기의 비용으로 複本의 교부를 청구할 수 있다(어§64③ 1문). 複本 交付를 청구하는 所持人이 受取人이 아닌 경우에는 背書의 차례에 따라 發行人에게까지 이른다(동항 2문). 이리하여 原어음을 첨부하여 複本請求를 받은 發行人이 複本을 작성하여 受取人에게 교부하면 受取人은 새로운 複本에 다시 背書를 再記하여 교부함으로써(동항 3문) 차례로 所持人에게 이르게 된다.

複本交付請求權은 어음法上의 權利이나 어음상의 權利는 아니므로 所持人이 이 權利를 행사함에는 반드시 原어음을 제시할 필요는 없다. 그러나 1通이 먼저 발행된 후에는 먼저 발행된 어음에 複本番號를 붙여야 하므로 먼저 발행된 어음의 제시가 필요하고, 만약 原어음을 상실하였으면 複本請求는 할 수 없다.

(3) 複本의 效力

① 複本一體의 原則

複本은 各通마다 어음의 효력을 가지나, 동일한 어음債權을 表彰하므로 所持人이 數通의 複本을 所持하더라도 취득하는 權利는 하나이다. 따라서 어음의 제시나 償還請求도 1통으로써 하면 되고 또 1통에 대하여 지급 또는 상환을 하면 그 효력은 다른 수통에도 미친다(어§65① 본문). 이것은 複本 위에 특히 1통에 대한 지급이 있으면 다른 複本은 무효로 한다는 취지의 기재(破毁文句)가 없는 때에도 같다.

② 例 外

i) 引受責任의 獨立性

수통의 複本에 인수를 한 引受人이 지급시에 그 수통을 還受하여 두지 아니하면 환수하지 아니한 複本에 대한 支給責任을 면하지 못한다(어§65① 단서). 그러나 1통의 複本에만 인수를 한 경우에도 引受 없는 複本에 대하여 지급을 하고 引受한 複本을 환수하여 두지 아니하면 그 還受하지 아니한 引受畢複本의 소지인에 대하여 책임을 져야 한다. 이 규정은 善意의 所持人을 보호하기 위한 것이므로 위 두 경우에 引受人은 善意의 所持人에 한하여 책임을 진다.

ii) 背書責任의 獨立性

所持人이 수통의 複本을 수인에게 따로따로 背書讓渡한 때에는 그 背書人과 그 後의 背書人은 반환받지 아니한 각자의 記名捺印 또는 署名이 있는 複本에 대하여 책임을 진다(어§65②). 여기서 '반환받지 아니한 複本'이란 支給人이 반환받지 않은 것을 뜻한다. 즉 이 경우에는 각 背書人은 그 背書한 1통에 대하여 償還義

務를 부담하여야 하고 다른 1통에 대한 引受 또는 支給이 있었다고 하여 책임을 면할 수는 없다. 그러나 각별로 背書한 者의 前者는 複本所持人 중의 任意의 1人에 대하여 償還하면 그 책임을 면한다.

(4) 引受를 위한 複本의 送付

複本所持人이 引受를 위하여 그 1통(送付複本)을 송부한 경우에는 다른 各通(流通複本)에 그 送付한 複本의 保有者의 명칭을 기재하여야 한다(어§66① 1문). 따라서 流通複本의 所持人은 送付複本의 保有者에 대하여 그 반환을 청구할 수 있다(어§66① 2문).

送付複本의 保有者가 그 複本의 반환을 거절하면, 다른 複本, 즉 流通複本의 所持人은 拒絕證書에 의하여 送付複本의 交付請求가 거절되었다는 사실과 자기가 所持하는 流通複本으로써 인수 또는 지급을 받을 수 없었다는 사실을 증명하지 아니하면, 前者에 대한 遡求權을 행사하지 못한다(어§66②).

그런데 流通複本에 送付複本의 保有者의 기재가 없는 경우에는 流通複本을 所持하는 者는 그 송부를 무시하고 流通複本에 의하여 引受 또는 支給의 請求를 하고, 그것이 거절된 때에는 複本返還拒絕證書의 작성 없이 遡求權保全節次(支給拒絕證書作成)를 취하여 즉시 遡求할 수 있다.

送付複本을 송부하는 경우 어음의 背書爛에 斜線을 그어두면 背書讓渡할 수 없게 된다.

2. 어음의 謄本

(1) 謄本의 意義

어음의 謄本(Wechselabschrift)이란 어음의 原本(Urschrift)을 謄寫한 것을 밀한다. 謄本은 複本과 함께 어음복제에 속하나, ① 複本制度는 換어음에만 있으나 謄本制度는 約束어음에도 인정되고(어§77① 제6호), ② 複本은 發行人만이 작성할 수 있으나 謄本은 모든 어음所持人이 작성할 수 있으며, ③ 複本에는 引受도 할 수 있으나 謄本에는 背書·保證만 할 수 있고, ④ 謄本에는 遮斷文言制度(어§68③)가 있으나 複本에는 이것이 없다.

謄本은 어음의 유통성을 조장하기 위하여 작성된다. 예컨대 換어음의 所持人이

引受를 위하여 어음을 遠隔地에 송부하는 경우에 複本發行의 번잡을 피하여 謄本에 의하여 背書讓渡하거나 또는 어음의 원본은 보관하여 두고 謄本에 保證을 받는 경우 등이다.

(2) 謄本의 發行

어음의 謄本은 어음所持人이 임의로 작성할 수 있다(어§67①). 謄本에는 背書 기타 原本에 기재한 모든 사항을 정확히 再記하고, 그 末尾에 표시하는 文句(예컨대 '以下 謄寫'(境界文句))를 기재하여야 한다(동조②). 謄本에는 原本의 保持者(Verwahrer)를 표시하여야 한다(어§68①). 그리고 그 원본의 保持者는 謄本의 정당한 所持者에 대하여 그 원본을 교부하여야 한다(동항 2문). 그러나 謄本에 원본의 保持者를 기재하지 아니한 경우에도 謄本이 그 효력을 잃는 것은 아니다.

(3) 謄本의 效力

① 謄本에 의한 背書 또는 保證

謄本에는 原本과 동일한 방법에 의하여 동일한 효력으로 背書 또는 保證을 할 수 있다(어§67③). 따라서 謄本에 背書를 한 경우 原本이 부당하게 유통되는 것을 방지하기 위하여, 어음所持人은 謄本作成 전에 한 最後의 背書의 뒤에 '이후의 背書는 謄本에 한 것만이 효력이 있다'는 문언 또는 이와 동일한 意義가 있는 문언(遮斷文言 : Sperrvermerk)을 原本에 기재할 수 있는데 이 경우에는 原本에 기재한 그 후의 背書는 효력이 없다(어§68③).

그러나 謄本은 그 자체가 어음이 아니므로 謄本으로 인수 또는 지급을 청구할 수 없으며, 어음상의 권리를 행사함에는 항상 원본이 있어야 한다.

② 謄本所持人의 原本返還請求權과 遡求權

謄本의 所持人이 인수를 받기 위하여 原本을 송부한 경우에는 謄本에 그 原本의 保持者(送付處)를 기재하여야 하며(어§68① 1문), 謄本의 所持人은 原本의 保持者에 대하여 그 반환을 청구할 수 있다(동항 2문). 만약 原本의 保持者가 그 반환을 거절할 때에는 謄本의 所持人은 原本返還拒絶證書에 의하여 原本의 반환을 거절당한 사실을 증명하여 謄本에 背書 또는 保證을 한 者에 대하여 遡求權을 행사할 수 있다(어§68②).

原本保持者의 기재가 없는 경우에 謄本에 背書 또는 보증을 한 者에 대하여 遡求權을 행사할 수 있는가에 관하여는 학설이 나뉘고 있다. 原本을 가진 者를 탐지하여 原本返還拒絕證書를 작성시킬 수 있는 경우에는 이를 작성케 하여 遡求權을 행사할 수 있다는 점에는 異論이 없으나, 그것이 불가능한 경우에 있어서는 拒絕證書를 작성할 수 없으므로 遡求權의 행사를 하지 못한다고 하는 학설[164)]과 原本返還拒絕證書의 작성 없이 遡求權의 행사를 할 수 있다고 하는 학설이 있다.[165)] 생각건대 이러한 謄本의 所持人도 遡求權은 가지지만, 遡求權行使의 形式的 要件인 拒絕證書라는 證明方法이 없으므로 결국 遡求權을 행사할 수 없다고 본다.[166)]

제 11 절 拒絕證書

1. 拒絕證書의 意義

拒絕證書(Protest)란 어음상의 권리의 행사 또는 보전에 필요한 행위를 적법하게 하였다는 것과 그 결과를 증명하는 유일한 公正證書이다. 거절증서가 인정되는 이유는 다음과 같다. 어음의 주채무자인 환어음의 인수인과 그 보증인 및 약속어음의 발행인과 그 보증인 이외의 자에 대한 어음상의 권리를 행사하기 위해서는 지급인(환어음)에 대하여 인수 또는 지급의 제시를 하고 또 발행인(약속어음)에 대하여 지급인이 제시를 하여도 그 목적을 달성하지 못하였다는 사실의 존재를 전제로 한다.

이 사실의 입증은 어음소지인이 하여야 하나, 법은 어음소지인이 신속하게 그 권리를 행사할 수 있고, 어음채무자도 그 입증을 믿고 안심하고 어음채무를 이행할 수 있으며, 또한 어음거래의 안전을 확보할 수 있도록 하기 위해 위 사실의 입증방법을 엄격하게 정하고 있다. 거절증서제도는 위와 같은 목적을 달성하기 위하여 인정된 매우 중요한 제도이다. 이것은 다른 증서로 갈음할 수 없다. 다만 手票에 관하여는 拒絕者(支給人 : 銀行) 자신의 증명 또는 어음交換所의 증명도 拒絕證書와 동일한 효력이 인정된다(수§39 2호, 3호).

---

164) Baumbach/Hefermehl, Wechselgesetz und Scheckgesetz, 13. Aufl., 1981, Art. 68, Rdn. 1.

165) 김용태, p.374.

166) 동지 : 손주찬, p.377; 정동윤, p.596; 정희철 · 정찬형, p.502.

거절증서는 소구의 실질적 요건이 존재한다는 점에 대한 증거방법이 되고, 또한 그 자체가 소구에 필요한 형식적 요건이 된다. 그러나 여기에는 몇 가지 예외가 있다. 즉 ① 拒絕證書의 작성이 면제된 경우(어§46), ② 引受拒絕證書의 作成 후에 지급을 거절하는 경우(어§44④), ③ 破産決定書가 있는 경우(어§44⑥), ④ 불가항력으로 인한 면제의 경우(어§54④) 등이 그것이다.

우리 어음法에서는 거절증서에 관한 약간의 규정을 두고 있고, 그 작성에 관한 사항은 따로 拒絕證書令(1970.4.15, 大統領令 제4919호)에 규정되어 있다.

2. 拒絕證書의 性質

拒絕證書는 證據方法으로서 證明證書이고, 어음으로부터 獨立한 證書이며, 要式證書이다.

(1) 證明證書

拒絕證書는 어음상의 權利의 行使 또는 保全에 필요한 행위를 하였으나, 그 결과를 얻지 못하였다는 사실을 증명하는 證明證書이다. 拒絕證書는 證明證書에 불과하기 때문에 그 기재가 사실과 다른 때에는 反證을 들어 다툴 수 있다. 그러나 拒絕證書는 公的인 機關인 公證人 또는 執行官이 작성하는 公正證書이므로 公文書로 추정된다(민소§327). 따라서 단순한 否認만으로 證據力을 잃지는 않는다.

(2) 獨立證書

拒絕證書는 어음과 다른 독립한 證書로서 어음의 補充的 證券이 아니다. 따라서 어음의 내용과 거절증서의 내용과는 통일적으로 생각할 수 없고, 전자를 가지고 후자를 보충할 수는 없다.

(3) 要式證書

拒絕證書는 要式證書로서 法이 요구하는 일정한 사항을 기재하여야 한다. 그러나 拒絕證書의 要式性은 어음의 경우와 같이 엄격하지는 아니하므로 본질적인 사항이 아닌 사항은 그 기재가 없더라도 무방하다. 일정한 사항에 대하여 직접 명시적인 기재가 없더라도 다른 기재사항에 의하여 알 수 있으면 유효하고, 또 어음상의 기재에 의하여도 보충할 수 있다고 본다.

3. 拒絕證書의 作成

(1) 拒絕證書의 種類

拒絕證書를 작성하여야 할 경우는 어음법상 명시되어 있다. 거절증서는 거절된 사실을 증명하기 위하여 작성되므로 그 증명하려는 사실의 내용에 따라 여러 가지로 구별할 수 있다.

① 引受拒絕(어§44①, ②, §26②, §51), ② 提示日字 또는 引受日字의 記載拒絕(어§25②, §78②), ③ 第二提示의 請求(어§24①), ④ 支給拒絕(어§44①, ③, §54③, §77① 4호), ⑤ 支給人의 資力不確實(어§44⑤), ⑥ 參加引受拒絕(어§56②), ⑦ 參加支給拒絕(어§60①, ②, §77① 5호), ⑧ 複本返還拒絕(어§66②), ⑨ 原本返還拒絕(어§68②, §77① 6호)의 경우 등이 그것이다.

(2) 拒絕證書의 作成

① 作成機關

拒絕證書는 어음所持人 또는 그 代理人의 위탁에 의하여 公證人, 執行官, 法務法人, 公證認可合同法律事務所가 작성한다(거령§2, 집행관§5 3호, 변 §39, §48의2). 作成機關은 拒絕證書의 작성위임을 정당한 이유 없이 거절하지 못한다(공증§4, 집행관§14). 또한 拒絕證書는 거절사실을 증명하기 위한 것이므로 작성기관은 위임인(작성권자)의 진술에만 의존할 것이 아니라 자신이 작성권자의 대리인으로서 어음을 제시해 보는 등 자기의 직접 체험확인에 의해 작성하여야 한다.

拒絕證書는 어음 또는 附箋에 作成者가 자신의 경험에 의하여 확인한 일정한 사항을 기재하고 作成者가 記名捺印 또는 署名을 함으로써 작성한다(거령§3④).

② 作成場所

拒絕證書는 청구를 한 장소에서 작성하는 것이 원칙이다(거령§8① 본문). 支給 또는 引受를 위한 提示場所가 작성장소이며, 일반적으로는 拒絕者의 營業所, 住所 또는 居所가 이에 해당한다. 다만 拒絕者의 승낙이 있는 때에는 다른 장소에서도 작성할 수 있다(거령§8① 단서). 청구를 한 장소를 알 수 없을 때에는 作成機關은 그 場所를 관공서에 조회하여야 하고 그래도 알 수 없을 때에는 그 관공서나 자가의 사무소에서 拒絕證書를 작성할 수 있다(거령§8②).

③ 作成期間

拒絕證書의 作成期間은 각 拒絕證書에 관하여 어음法에 규정되어 있다. 예컨대, 確定日出給,發行日字後定期出給 또는 一覽後定期出給어음의 支給拒絕證書는 지급을 할 날에 이은 2去來日內이다(어§44③ 1문).

④ 作成方法

i) 記載用紙

拒絕證書는 원칙적으로 어음 또는 이에 결합한 附箋에 의하여 이를 작성한다(거령§4①). 그러나 原本保有者가 原本의 반환을 거절하여 어음법 제68조 제2항에 의하여 拒絕證書를 작성하는 경우에는 어음의 謄本 또는 그 附箋에 하여야 하고, 引受의 一部拒絕로 인한 拒絕證書의 작성은 作成機關이 어음의 謄本을 작성하고 그 謄本 또는 그 附箋에 拒絕證書를 작성하여야 한다(거령§6②).

ii) 記載方法

拒絕證書의 기재사항은 어음의 複本·原本 또는 謄本의 裏面에 기재한 사항에 계속하여 기재하여야 하고, 또 부전에 할 경우에는 작성자가 그 접목에 間印을 하여야 한다(거령§4②). 이는 중간의 여백을 이용하여 후일 부정한 기입을 하게 됨을 방지하는 동시에 拒絕證書作成 당시의 어음의 상태를 명백히 하기 위함이다.

iii) 記載事項

拒絕證書에는 다음의 사항을 기재하고 作成者가 記名捺印 또는 署名하여야 한다.

ⓐ 拒絕者 및 被拒絕者의 姓名이나 名稱

ⓑ 拒絕者에 대하여 청구를 한 뜻 및 거절자가 그 청구에 응하지 아니하였거나, 拒絕者를 면회할 수 없었던 것, 또는 청구를 할 장소를 모른다는 것. 여기서 청구라 함은 거절된 행위, 즉 引受請求(引受提示), 支給請求(支給提示), 參加引受請求, 參加支給請求 등을 말한다.

ⓒ 청구를 하였거나 이를 할 수 없었던 장소 및 年·月·日

ⓓ 拒絕證書作成의 장소 및 年·月·日

ⓔ 法定場所 이외의 곳에서 拒絕證書를 작성하는 경우에는 拒絕者가 이를 승낙

하였다는 사실

ⓕ 支給人이 제2의 제시를 청구한 때에는 그 뜻

iv) 拒絕證書의 數

拒絕證書는 數人에게 제시하여야 할 경우(예컨대 支給人·豫備支給人 및 參加引受人에게 청구하는 경우 등)나 同一人에게 數回의 제시를 하여야 할 경우(예컨대 支給人이 熟慮期間을 요구하는 경우)에도 1통만 작성하면 된다.

v) 拒絕證書의 謄本

公證人 등 拒絕證書 作成機關이 拒絕證書를 작성한 때에는 그 謄本에 일정한 사항을 기재하여 이를 그 사무소에 비치하여야 한다(거령§9①). 이것은 拒絕證書의 原本이 멸실한 경우에 대비하기 위한 것이다. 따라서 拒絕證書가 멸실·분실된 경우에 이해관계인의 청구가 있는 때에는 위 謄本에 의하여 새로운 謄本을 작성하여 이해관계인에게 교부하여야 하며, 이 謄本은 原本과 동일한 효력이 있다(거령§9②).

⑤ 拒絕證書의 瑕疵의 補正

拒絕證書는 어음처럼 엄격하지는 않아서 그 본질적인 부분에 瑕疵가 없는 한 그 효력에 영향을 미치지 않는다. 따라서 그 내용에 誤謬 또는 逸脫이 있어도 그것이 곧 拒絕證書의 無效를 초래하는 것은 아니고, 그 오류 또는 일탈의 중요성에 따라서 이를 결정하여야 한다. 그리고 중요한 부분에 관한 하자는 拒絕證書를 無效로 하지만, 이것을 補正하여 적법한 拒絕證書로 만들 수 있다. 補正한 부분에 관하여는 작성자가 記名捺印 또는 署名을 하여야 한다.

(3) 拒絕證書作成의 免除

① 意　義

拒絕證書의 작성은 遡求權行使를 위하여 필요성이 인정되는 法定要件이지만, 어음소지인에게는 매우 번거로운 절차이다. 즉 집달관이나 공증인의 수수료와 같은 비용과 상당한 시간을 들여야 하는 것이며, 어음의 이용도를 저하시킬 수도 있는 제도이다. 이러한 拒絕證書는 遡求事由의 발생을 증명하기 위한 것이고 주로 遡求義務者들의 이익을 위한 것이다.

그러므로 어음법은 遡求義務者가 그 이익을 포기하는 경우 所持人으로 하여금

拒絶證書의 작성 없이 遡求할 수 있도록 허용하고 있다(어§46). 拒絶證書의 작성을 면제하면 어음의 提示만으로 遡求權을 행사할 수 있으므로 어음상의 권리행사가 용이하고, 모든 어음채무자가 그 작성 비용을 면할 수 있으며 지급거절의 사실이 공표되는 것을 피할 수 있는 이익이 있다. 오늘날 실제의 어음거래에서는 拒絶證書作成의 면제가 보편화되어 있으며, 인쇄된 어음용지에는 처음부터 거절증서작성 면제문구가 있어서 이를 삭제하지 않으면 당연히 거절증서 작성이 면제된다.

拒絶證書의 작성을 면제할 수 있는 者는 遡求義務者이다(어§46①, §77①). 따라서 어음의 背書人은 물론 換어음의 發行人과 이들의 保證人, 參加引受人, 參加支給人도 拒絶證書의 작성을 면제할 수 있다. 환어음의 인수인과 약속어음의 발행인은 소구의무자가 아니고 주채무자이므로 거절증서 작성을 면제시킬 수 없다.[167] 이에 대해 약속어음의 발행인은 기본어음의 작성자라는 점에서 환어음의 발행인과 공통되고, 환어음의 발행인이 면제했을 때 소구의무자 전원에게 효력이 미치듯이 약속어음에도 전원에게 효력이 미치는 면제를 인정할 실익이 있다는 이유에서 약속어음의 발행인에게도 면제권을 인정하는 설이 있다.[168]

拒絶證書의 作成免除는 免除權者가 '拒絶證書不要', '無費用償還'의 文字 또는 이와 동일한 意義가 있는 문언을 기재하고 記名捺印 또는 署名하면 된다(어§46①, §77① 4호). 작성면제의 記名捺印 또는 署名은 發行人 또는 背書人의 記名捺印 또는 署名을 겸용할 수 있다.[169]

② 免除의 效力

拒絶證書의 작성을 면제한 경우에는 소지인은 拒絶證書를 작성하지 않아도 遡求權을 상실하지 않고, 또 소지인이 法定期間을 준수한 것으로, 즉 法定期間 내에 제시한 것으로 추정된다(어§46②, §77① 4호). 그러나 拒絶證書의 작성면제는 拒絶證書의 작성의무만 면제하는 것이므로 그 외에 提示와 遡求通知義務까지 면제하는 것은 아니다.

발행인이 拒絶證書作成免除文句를 기재한 경우에는 어음자체가 拒絶證書作成免除의 어음으로 되어 拒絶證書免除의 효력은 모든 遡求義務者에게 미친다. 이 때 所持人은 자기의 비용으로 拒絶證書를 작성시킬 수 있다. 그러나 背書人이나 保

167) 이철송, p.441; 정동윤, p.434; 정찬형, p.585.
168) 손주찬, p.343; 양승규, p.383; 채이식, 282.
169) 최기원, p.521; 서정갑, p.219; 강위두, p.488.

證人이 면제의 문언을 기재한 경우에는 그 기재를 한 背書人에 대해서만 면제의 효력이 있고(어§46③), 다른 遡求義務者에 대한 遡求를 위하여는 拒絕證書를 작성하여야 한다. 이 때 어음소지인이 拒絕證書를 작성시킨 때에는 그 면제의 기재를 한 背書人을 포함한 모든 어음채무자가 그 비용의 償還義務를 진다(어§46③).

제2장 約束어음

제1절 序 說

우리나라의 어음法은 유럽의 관행을 토대로 한 統一어음法의 체제에 따라 우선 換어음에 관하여 상세한 규정을 두고 있으며(어§1-74), 約束어음에 대하여는 換어음과의 차이점에 관한 불과 4개 규정의 특칙을 두고 있을 뿐이고(어§75, §76, §78), 기타의 모든 문제에 대하여는 그 성질이 허용하는 범위 내에서 換어음에 관한 규정을 준용하고 있다(어§77). 왜냐면 약속어음이나 환어음은 어음이라는 점에서 같고 그 성질에 있어서도 설권증권성·무인증권성·문언증권성 그리고 요식증권성을 띠고 있다는 점에서 같기 때문이다. 그러나 우리나라에서는 국내거래에 있어서는 약속어음만이 이용되고 있는 실정이며 환어음은 국제거래의 결제수단으로 이용되므로 외환업무에서나 볼 수 있을 뿐이다.

어음법을 설명하는 방법에는 여러 가지가 있는데 본서에서는 우리나라의 많은 학자들이 취하고 있는 방식대로 어음법의 규정에 따라 우선 환어음에 관하여 상세하게 설명하고 다음에 약속어음에 관해 환어음과의 차이점을 설명하였다.

제2절 約束어음에 관한 特則

1. 約束어음의 記載事項

(1) 約束어음文句(어§75 제4호)

어음증권상에 '約束어음임을 표시하는 文字'를 기재하여야 한다. 이는 다른 증권과의 구별을 위하여 필요하다. 그 표시는 '約束어음'이라고 하는 것이 보통이지만 '약속어음증권' 또는 '약속어음증서'라고 하여도 무방하다. 이러한 약속어음문구가 없는 어음은 어음요건을 흠결한 어음에 해당되므로 무효이다. 그러나 어음上部에 약속어음이란 제목을 적는 것만으로는 부족하고, 어음本文 중의 지급약속문구 중에 약속어음 또는 어음이라는 표시가 있어야 한다.

어음은 어음작성지의 국어로 하여야 하는 바, 만약 약속어음을 한글로 작성한 경우에는 약속어음문구도 한글로 기재하여야 하고, 어음을 외국어로 작성한 경우에는 약속어음문구도 그 외국어로 기재하여야 한다. 예를 들어, 영어로 증권을 작성한 때에는, 'Promissory note'라고 기재하여야 된다.

(2) 어음金額(어§75 제2호)

換어음의 경우와 같다.

(3) 支給約束文句(어§75 제2호)

약속어음에서는 그 본문에 '위 금액을 귀하 또는 귀하의 지시인에게 이 약속어음과 상환하여 지급하겠습니다.'라고 하여 어음금액을 무조건 지급할 것을 약속하고 있다(어§75 2호).

지급약속문구는 意思表示의 내용으로서 어음의 本文이라고 할 수 있다. 이는 單純하여야 한다. 그러므로 어떠한 條件이 있거나 지급방법을 制限하는 경우는 어음금지급의 확보와 어음의 원활한 유통을 기대할 수 없게 되므로 어음이 無效로 된다. 예를 들어 '구입상품에 하자가 없는 경우에 지급함'과 같이 지급에 조건을 붙이거나 또는 '만원권으로 지급함'과 같이 지급방법을 한정하는 경우에는 어음이 무효로 되는 것이다.

判例에는 '약속어음은 발행인이 수취인에 대하여 어음금을 지급할 것을 약속하는 유가증권이므로 그 지급약속어음은 단순하여야 하며, 지급에 관한 어떠한 조건을 붙이거나 그로써 지급방법을 제한하였을 때에는 그 어음자체를 무효한 것이라 할 것이고, 약속어음에 결합된 부전은 법률상 그 어음면의 연장으로서의 취급을 받는 紙片인 만큼 이에 기재된 지급의 조건에 관한 문언도 그 어음의 발행을 무효로 하는 것'이라고 판시하였고,[170] 또 '어음의 이면에 A 발행의 어음금이 지급되었을 때 즉시 지급키로 한다는 기재를 원심이 단순한 원인관계나 지급의 우

170) 대법원 1971.4.20. 선고 71다418 판결.

선적 약속의 기재에 불과하고 지급을 제한하는 조건으로 볼 수 없다'고 하여 무효어음항변을 배척한 것은 심리미진이라고 하여 파기환송하기도 하였다.[171]

(4) 滿 期(어§75 제3호)

만기의 종류는 換어음의 경우와 같다(어§77① 2호). 다만 다른 점은 一覽後定期出給約束어음에 있어서 滿期의 기산점이다. 즉 약속어음의 경우에는 引受를 위한 제시가 있을 수 없으므로 引受日字에 의한 기산이 불가능하다. 그리하여 引受提示의 대신으로 일정한 기간 내에 一覽을 위한 제시를 하도록 하였다(어§78② 1문). 즉 一覽後의 기간은 發行人이 어음에 一覽의 뜻을 기재하고 기명날인 또는 서명한 날로부터 진행한다(어§78② 2문). 그러나 발행인이 일람의 뜻과 日字의 기재를 거절한 때에는 거절증서에 의하여 이를 증명하여야 한다. 이 경우에 그 日字는 일람 후의 기간의 初日로 한다(어§78② 3문). 거절증서의 작성이 면제된 경우에 일람 후의 기간은 제시기간의 末日로부터 기산한다(어§77① 2호, §35②).

(5) 支 給 地(어§75 제4호)

換어음의 경우와 같다.

(6) 受取人의 表示(어§75 제5호)

換어음의 경우와 같지만, 約束어음의 경우에도 當事者資格을 겸할 수 있는가 하는 문제가 있다. 換어음의 경우에는 추심·신용의 기능이 중요하므로, 발행인 자신을 지급인으로 하는 '自己앞어음'과 더불어 또한 발행인 자신이 지급받을 자(수취인)가 되는 '자기지시어음'이 인정되고 있다(어§3①, ②). 약속어음에는 이에 관한 準用規定이 없고 자기가 자기에 대하여 지급을 약속하는 것은 법률적으로 무의미하며 引受制度가 없으므로 그 실익이 없다는 점을 들어 무효라는 설[172]과, 약속어음에도 신용기능이 있고, 제3자의 참가가 예상되므로 어음당사자의 자격겸병을 인정하는 일반원칙에 따라 자기지시약속어음도 유효하다는 설로 나뉘어 있다.[173]

---

171) 대법원 1994.6.14. 선고 94다6598 판결.

172) 박원선, p.594.

173) 동지: 서정갑, p.140; 서돈각·정완용, pp.277-278; 손주찬, p.382.

(7) 發行日·發行地(어§75 제6호)

換어음의 경우와 같다.

(8) 發行人의 記名捺印 또는 署名(어§75 제7호)

換어음의 경우와 같다.

(9) 어음要件의 欠缺

어음要件은 그 중 하나라도 기재를 하지 않으면 어음이 無效가 된다(어§76① 본문). 그러나 만기의 기재가 없는 때에는 一覽出給의 약속 어음으로 보고(어§76②), 支給地의 기재가 없는 때에는 발행지를 지급지로 보며(어§76③), 發行地의 기재도 없는 경우에는 발행인의 명칭에 부기한 地를 발행지로 보아(어§76④) 지급지를 보충한다.

2. 有益的 記載事項

(1) 發行人의 名稱에 附記한 地(어§76④)

換어음의 경우와 같다.

(2) 發行人의 住所地(어§76③)

一覽後定期出給어음의 경우에 만기는 어음소지인이 발행인에게 제시한 때로부터 일정한 기간이 경과한 다음에 도래되므로 우선 一覽을 위한 제시를 하여야 되는데 그 제시는 발행인의 주소에서 하여야 될 것이다(어§21 유추). 그러므로 發行人의 주소지가 기재되어 있으면 그 지역 내에서 발행인의 주소를 찾을 수 있을 것이기 때문에 발행인의 주소지의 기재가 필요하다. 이 기재가 없으면 발행지를 발행인의 주소지로 보며 발행지의 기재도 없으면 발행인의 명칭에 부기한 地에서 발행한 것으로 본다(어§76④).

(3) 第3者方支給文句(어§77②, §4, §27)

약속어음의 지급은 支給地에 있는 發行人의 住所 또는 營業所에서 하는 것이 원칙이지만 발행인은 주소 또는 영업소 이외의 장소에서 지급한다는 기재를 할 수 있고, 또 제3자가 발행인을 위하여 그 주소 또는 영업소에서 지급한다는 기재를 할 수도 있는데 '第3者方'이라고 할 때에는 이 두 가지 경우를 모두 포함하는 것이다.

(4) 기 타

① 利子文句(어§77②, §5), ② 指示禁止文句(어§77① 1호, §11②), ③ 一覽出給어음의 지급제시기간의 변경(어§77② 2호, §34①), ④ 一覽出給어음의 지급제시의 일시금지(어§77① 2호, §34②), ⑤ 준거할 曆의 지정(어§77② 2호, §37④), ⑥ 외국통화환산율(어§77① 3호, §41②), ⑦ 외국통화현실지급문구(어§71① 3호, §41③), ⑧ 거절증서의 작성면제문구(어§77① 4호, §46), ⑨ 逆어음의 발행금지(어§77① 4호, §52①) 등이 있다.

3. 無益的 記載事項

換어음의 경우와 같다.

4. 有害的 記載事項

지급약속문구는 무조건이어야 하므로(어§75 2호) 條件附支給의 기재는 어음을 무효로 한다. 기타의 유해적 기재사항은 換어음의 경우와 같다.

제 3 절 約束어음의 發行

1. 意 義

어음의 발행이란 '어음이라는 유가증권을 작성하여 이를 수취인에게 교부하는 것'을 말하며, 어음발행인에 증권에 어음법에서 정한 필요적 기재사항을 기재하고 이에 서명 또는 기명날인하여 어음을 창조하는 기본적 어음행위이다. 즉 어음의 발행인은 일정한 금전의 채무를 부담할 意思로서 법정요건(어§75)을 구비한 基本어음을 작성하여 수취인에게 교부하는 행위이다. 發行行爲는 이후 다른 어음행위의 발전을 위한 기초가 된다는 점에서 基本的 어음행위라 한다.

2. 效 力

약속어음의 발행인은 자신이 어음에 어음금액의 지급을 약속하는 문구를 기재하고 기명날인 또는 서명하므로 발행인은 수취인 또는 어음의 정당한 소지인에 대하여 만기에 어음금액을 지급할 의무를 진다. 즉 환어음의 인수인과 동일하게 어음의 주채무를 부담하게 된다(어§78①). 이 주채무는 배서인, 보증인, 換어음·수표의 발행인이 지는 소구의무와 달리 제1차적 무조건·절대적·최종적 의무라고 할 수 있다.

즉, 背書人의 소구의무가 어음의 소지인이 발행인에 대하여 제시기간 내에 지급을 위한 제시를 하여 발행인이 지급을 거절한 때에 비로소 지는 제2차적이며 條件附의 義務(어§77① 4호, §43)인데 비하여, 약속어음의 발행인이 지는 의무는 他者에 대한 청구와 타자의 지급거절과 관계없이 부담해야 하는 제1차적이며 無條件의 義務이다. 약속어음을 제시기간(어§77① 2호, 3호, §34, §38) 내에 발행인에게 지급제시를 했음에도 지급이 거절된 경우에는 발행인은 상환금액과 동액의 지급을 하여야 할 의무를 진다(어§78①, §48, §49, §28②).

그리고 背書人의 소구의무는 어음소지인이 제시기간 내에 발행인에게 지급의 제시를 하지 않으면 소멸하는 데 비하여, 발행인의 의무는 제시기간 내에 지급제시를 하지 않은 경우에도 時效에 걸리기 전에는 책임을 지는 절대적인 것이다(어§78① 8호, §78①, §70① 참조).[174]

또 발행인이 어음금액을 지급하고 어음을 환수한 때와 소구의무를 이행한 배서인의 청구에 응하여 지급한 발행인이 어음을 환수한 때에는 어음상의 권리·의무는 소멸하게 되므로 발행인의 의무는 최종적 의무인 것이다. 그리하여 약속어음은 그 전자에 대하여 소구권을 행사할 필요 없이 직접 발행인에게 청구할 수 있는 것이다.[175]

한편, 약속어음의 발행인이 지는 의무는 발행의 본질적 효과이므로 발행인이 책임을 지지 않는다는 免責文句를 기재한 때에는 어음의 발행을 무의미하게 하므로 면책문구뿐만 아니라 어음 자체를 무효로 한다. 즉 換어음의 발행인이 할 수 있는 引受無擔保의 기재(성)와 달리 면책문구는 有害的 記載事項이다.

---

174) 대법원 1956.5.10. 선고 4289민상149 판결.

175) 대법원 1967.3.21. 선고 66다2345 판결.

판례도 '약속어음의 발행인은 어음금의 주채무자로서 그 어음상의 권리자에 대하여 절대적 최종적으로 지급책임을 진다고 할 것이고, 어음의 소지인이 어음상의 소구권을 행사할 수 없는 경우에도 그 어음상의 권리자임이 증명된 때에는 어음의 발행인에 대하여 어음금을 청구할 수 있다'[176]고 하고, 또한 '약속어음의 발행인은 약속어음금의 종국적 지급책임자이므로 약속어음은 그 전자에 대하여 소구권을 행사할 필요 없이 직접 약속어음발행인에게 대하여 약속어음금의 청구를 할 수 있으며',[177] '약속어음의 발행인은 환어음의 인수인과 같이 어음금액을 절대적으로 지급할 채무를 부담하는 자이고 소구의무자가 아니므로 소지인이 발행인에 대하여 지급을 위한 어음제시를 하지 아니하였다하더라도 어음금액을 청구할 수 있음은 물론 지급을 위한 어음제시의 사실을 증명함에 있어서도 지급거절증서를 작성할 필요는 없다고 하고 있다.'[178]

3. 共同發行의 경우

(1) 共同發行人의 責任

발행인이 수인인 경우를 공동발행이라고 하는데, 공동발행인은 각자가 어음금액의 금액을 지급할 의무를 부담한다. 왜냐하면 각 발행인은 각자 독립하여 基本어음을 내용으로 하는 문언적 행위를 한 것이기 때문에 공동발행인의 책임은 민법상의 연대책임이 아니라 合同責任으로 보는 것이 통설이다. 판례도 '어음을 여러 사람이 공동으로 발행하였을 경우에 공동발행인 전원을 상대로 하여서만 어음상의 채무이행을 청구할 수 있는 것이 아니고 그 한 사람에게 그 전부의 지급을 청구할 수 있는 것이다.'[179] 라고 판시한 바 있다.

어음법 제47조 제1항은 종류 및 단계를 달리하는 수인의 어음행위자간의 책임에 관한 규정에 그치지 않고 동종 동단계의 共同어음행위자에 대하여도 적용되는 것으로 본다.

합동책임이란 어음소지인은 발행·배서·보증의 순서에 불구하고, 어음채무자들의 1인, 수인, 또는 전원에게 동시에 또는 순차로 혹은 이를 변경하여 전액 또는

176) 대법원 1991.4.23. 선고 90다카7958 판결.
177) 대법원 1967.3.21. 선고 66다2348 판결.
178) 대법원 1956.5.10. 선고 4289민상149 판결.
179) 대법원 1970.8.31. 선고 70다1360 판결.

일부를 변경할 수 있으며, 그 중 1인으로부터 지급을 받으면 그 어음채무자와 그 후자의 의무가 소멸한다는 것이다(어§47②~④, §77①).

합동책임은 민법상의 연대책임과 매우 비슷하나 다음과 같은 차이가 있다.

첫째, 채무자 중 1인에 대한 청구는 다른 채무자에게 효력을 미치지 아니한다.[180] 둘째, 채무자 중 1인이 변제하면 그와 그 후자의 의무만 소멸하고 전자의 의무는 남는다.[181] 셋째, 채무자 중 1인에게 채무면제가 있거나 소멸시효완성이 있어도 다른 채무자에게 영향을 미치지 않는다.[182]

(2) 重疊的 記載와 選擇的 記載

어음상에 約束어음의 발행인이 중첩적으로 기재되거나 선택적으로 기재될 수 있다. 그런데 단순히 수인의 발행인이 기재된 경우에는 그것을 어떠한 기재로 보느냐에 따라 소구의 요건이 다르게 된다. 즉 重疊的 記載로 보면 어음소지인은 그 전원에 대하여 지급을 위한 제시를 하여 全員이 지급을 거절할 때에 비로소 소구의무자에게 상환청구를 할 수 있는 데 비하여, 選擇的 記載라고 하면 선택권이 소지인 측에 있는 경우에는 소지인은 그 중 1인을 선택하여 지급을 위한 제시를 하여 지급이 거절되면 소구의무자에게 상환청구를 할 수 있는 것이다.

발행인이 數人인 경우에는 중첩적 기재만이 인정되고 選擇的 記載는 어음관계의 단순성과 상환조건의 일정성을 害할 염려가 있으므로 인정되지 않는다는 설[183]이 있고, 중첩적 기재뿐만 아니라 선택적 기재도 그 선택권이 소지인에게 있는 것으로 보아 그 효력을 인정하여야 하며 더욱이 명백한 표시가 없이 다만 발행인의 기명날인 또는 서명이 列記되고 있는 때에는 소지인에게 유리한 선택적 기재로 보아야 한다는 설이 있다.[184]

(3) 共同發行과 어음保證

발행인이 기명날인란에 수인이 모두 발행인임을 명시하고 기명날인한 때에는 공동발행이 되고, 수인 가운데 일부는 발행인, 나머지 일부는 어음보증인임을 명

---

180) 연대책임에서는 미친다(민§416).

181) 연대책임에서는 모든 채무자의 의무가 소멸한다.

182) 연대책임에서는 그 채무자의 부담부분에 관하여 다른 채무자도 의무를 면한다(민§419, §421).

183) 정동윤, p.367; 정찬형, p.403

184) 동지 : 서정갑, p.139; 최기원, p.674.

시한 때에는 각각 발행인과 어음보증인으로서 책임을 지는 것에 관하여는 아무런 문제가 없다. 그러나 어음의 발행인란에 수개의 기명날인 또는 서명이 있는 경우에 그것을 共同發行人의 기명날인 또는 서명으로 볼 것인가 아니면 그 중 일부는 保證人의 기명날인 또는 서명으로 볼 것인가 하는 문제가 있다. 보증의 방식에 관하여 어음법(어§77③, ④, §32①)에서는 지급인 또는 발행인의 기명날인 또는 서명이 아닌 한 어음의 표면에 한 단순한 기명날인 또는 서명은 보증으로 본다고 규정하고 있을 뿐이고, 발행인·보증인 중에 누구의 기명날인 또는 서명인지 구별할 수 없는 경우에 대하여는 아무런 규정이 있다.

어음保證人도 피보증인인 發行人과 동일한 책임을 지고(어§77③, §32①) 催告 및 檢索의 抗辯權도 인정되지 않기 때문에 단순한 기명날인 또는 서명한 자가 발행인이거나 보증인이거나 어음상의 책임 자체에 대하여는 특별한 차이가 없다고 할 수 있지만, 다음과 같은 점에서 구별의 필요성이 있다. 즉, 初頭의 기명날인 또는 서명한 자만이 발행인이고 다른 기명날인 또는 서명한 자는 보증인이라면, 첫머리의 기명날인 또는 서명에 형식적 하자가 있는 때에는 어음은 무효가 되는 데 비하여, 共同發行으로 보는 경우에는 다른 기명날인 또는 서명한 자의 책임은 의연히 존재하게 된다. 또 共同發行人인가 보증인인가에 따라서 지급을 한 기명날인, 서명한 자가 다른 기명날인 또는 서명한 자에 대하여 원인관계에 의한 청구권이 있는 데 불과한가, 아니면 어음상의 권리를 취득(어§77③, §32③)하느냐의 차이가 생긴다. 그리고 어음이 부도인 경우에 공동발행인은 은행거래정지처분을 받는 데 비하여 보증인에 대하여는 명확하지 않다.

제4절 換어음에 관한 규정의 準用

기타 約束어음에 관한 사항에 대하여는 約束어음의 성질에 상반하지 않는 한도에서 換어음에 관한 규정을 준용한다(어§77).

제 5 절 전자어음

1. 전자어음법의 制定經過

정보통신기술의 발달로 인터넷이 보편화됨에 따라 국제거래에서는 전자선하증권이 활용되고 있으며, 주권이나 사채권과 같은 투자증권의 경우에도 전자화되었거나 전자화가 진행되고 있다. 최근에는 전자상거래가 크게 증가하면서 이들 거래에 수반하는 자금결제를 쉽고 안전하게 처리해주는 전자적 결제수단으로서 어음을 전자화할 필요성이 증대되었다. 이에 지난 2001년 11월 29일 민주당 조재환 의원의 발의로 이른바 "전자어음의 발행 및 유통에 관한 법률안"이 제출되어 국회의원의 145인의 찬성으로 통과되었다. 이후 몇 번의 공청회 및 정부 각 기관, 학계의 의견수렴을 거쳐 "전자어음의 발행 및 유통에 관한 법률"이 2004년 3월 22일에 법률 제7197호로 제정되기에 이르렀다.[185] 전자어음법은 5개장 24개 조문으로 구성되어 있다.

현재 2005년 1월 1일부터 형식적인 시행은 되고 있으나 실질적인 시행은 일종의 준비기간으로 인해 다소 지체되고 있는 상황이다. 이러한 전자어음법으로 전자상거래가 더욱 활성화될 뿐만 아니라 거래비용의 절감과 거래의 투명성 제고로 경제의 효율성을 높일 수 있지만, 세계적으로 유래가 없는 입법이므로 그 해석과 적용에 신중한 접근이 요구된다.[186]

---

185) 전자어음법 안에 대해 찬성하는 입장인 금융결제원은 (i) 전자어음의 위조와 성명 및 배서인 확인 문제를 현재 국내에서 시행중인 전자서명기술로 해결할 수 있으므로 서명 및 인증기술과 관련하여 전자어음을 구현하는 기술적인 어려움이 없고 (ii) 전자어음을 관리하는 전자어음관리기관의 정보시스템에 대한 보안체계는 국가 정보보안시스템을 이용해서 안정성과 신뢰성을 확보할 수 있고 (iii) 또한 전자어음과 기능 및 구현이 유사한 전자외상매출채권을 국가정보화사업으로 이미 구현한 바 있음을 근거로 어음의 전자적 발행 및 유통에 따른 기술적 어려움은 없으며 다만 제도 도입을 위한 관계기관의 구체적인 협의가 필요하다고 제언한 바 있다(손기선, "전자어음의 발행 및 유통에 관한 법률제정에 관한 공청회", 국회법제사법위원회 2003.5.23, pp.112-114). 이에 반해 법무부는 (i) 보안시스템 및 해킹으로 인한 위·변조의 문제 (ii) 분쟁의 발생시 위험부담 및 입증책임의 문제에 관한 새로운 규정이 필요하다는 문제 (iii) 정보집중으로 인한 기업의 정보공개 등의 문제 등을 근거로 반대의 견해를 제시했었다. 또한 재정경제부에서도 (i) 기존의 정부의 어음정책에 반하고 (ii) 전자어음은 기존의 어음의 문제점을 그대로 보유하고 있고 (iii) 컴퓨터상으로 전자문서 복사 등이 용이하므로 동일한 전자어음이 수 개가 창출되어 혼란을 야기할 수 있다는 이유로 전자어음법 안에 대하여 반내의 입장을 분명히 하고 있다(조정환, "전자어음의 발행 및 유통에 관한 법률제정에 관한 공청회", 국회법제사법위원회, 2003.5.23, pp.55-57).

2. 전자어음의 意義

"전자어음"이라 함은 전자문서로 작성되고 전자어음을 발행하고자 하는 자가 당해 전자어음을 전자어음관리기관에 등록한 약속어음을 말한다(전자어음§2 2호). 기존의 종이어음의 번거로움을 줄이기 위하여 어음에도 전자적인 시스템을 도입한 것이라고 할 수 있다. 즉 현행의 종이어음을 전자문서(전자적 정보)화 하여 발행·행사·이전의 방식으로 전전 유통되는 어음이다.

전자어음에서 환어음을 배제한 것은 국내거래에서는 환어음이 거의 이용되지 않고 있다는 현실을 반영한 것이다. 이는 기업 간의 지급거래에서 약속어음이 일반적으로 이용되고 있어 약속어음에 대해서만 전자화가 필요했기 때문이다. 따라서 전자어음의 대상은 환어음은 제외하고 약속어음만을 전자적인 방식으로 발행·유통하고 어음상의 권리를 행사할 수 있도록 하고 있으며(전자어음§1). 전자어음에 관하여 이 법에 규정이 있는 경우를 제외하고는 어음법이 정하는 바에 의하고 있다(전자어음§4).

3. 전자어음의 法的 性質

(1) 유가증권설

전자어음의 법적 성질에 대해서는 전자어음의 유가증권성을 인정하는 견해가 있다.[187] 이 견해에 따르면 유가증권을 전자화한 것으로, 재산적 가치가 있는 私權을 전자문서화 하여 그 이전이 전자문서에 의해 전자적 방법으로 이루어지는 증권으로 전의하고 있다. 전자어음은 가장 완벽한 의미의 유가증권인 어음을 전자화한 것으로서 전자유가증권의 일종이라는 것이다.[188]

(2) 가치권설

전자어음은 私權은 금전채권을 포함하고 있으나 증권을 작성하지 않고 전자어음관리기관에 등록되어 관리되기 때문에, 전자어음은 유가증권이 아니라 등록증

186) 최준선, p.475.

187) 정경영, "전자어음제도의 법률적 문제점", 「인터넷법률」 제24호(2004.7), p.58.

188) 이철송, p.512.

권 내지 전자증권 또는 가치권에 속한다는 견해이다. 전자등록방식에서는 전자등록부의 기재가 권리의 근원이 되고 별도의 증권에 의해 표창되는 것이 아니므로 유가증권의 성격을 가질 수 없다. 즉 어음요건을 갖추었다 하더라도 등록이 되지 않으면 전자어음이 아니라는 것이다.[189]

4. 전자어음의 發行

(1) 전자어음의 요건

① 전자어음의 지급을 청구할 금융기관(전자어음§6① 2호)

어음법상 지급담당자는 유익적 기재사항이나 전자어음법에서 지급금융기관은 필요적 기재사항으로서 이를 기재하지 않으면 전자어음의 효력이 없다.[190] 여기에서의 금융기관은 은행법에 의한 금융기관 및 이에 준하는 업무를 수행하는 금융기관으로 대통령령이 정하는 기관(동§2 7호)을 말한다.

전자어음은 어음금을 지급할 금융기관에 지급제시하므로(동§9④) 지급제시기관과 지급금융기관은 항상 일치하게 되어 어음교환과 같은 절차를 요하지 않는다.[191]

② 전자어음의 동일성을 표시하는 정보(동§6① 3호)

전자어음은 전자문서이므로 복사에 의해 다수의 사본이 존재할 수 있으므로, 어음의 일련번호 등을 기재하여 이용자가 전자어음을 다른 전자어음과 구별하여 특정할 수 있도록 한 것이다.

③ 사업자고유정보(동§6① 4호)

사업자고유번호로 인하여 어음행위자 신원이 드러나게 되는데, 이는 어음행위자의 상호나 성명, 그리고 유사한 경우 혼동을 줄이고, 융통어음의 발행을 막고 조세의 투명성과 공정성을 높이려는 의도이다.

---

189) 최준선, p.477.

190) 정경영, p.61.

191) 전자어음법 제9조 제1항 단서는 지급제시기관과 지급담당기관이 일치하지 않는 경우라고 볼 수 있으나, 이를 지급제시의 대행으로 해석하면 이때에도 여전히 일치한다.

(2) 전자어음의 등록

전자어음을 발행하고자 하는 자는 당해 전자어음을 전자어음관리기관에 등록하여야 한다(동§5①). 관리기관에 전자어음을 등록하여 발행하고자 하는 자는 동법 제6조 제1항 제2호의 규정에 의한 금융기관과 당해 지급금융기관을 어음법 제4조의 규정에 의한 제3자방(第三者方)으로 하기로 하는 계약을 체결하여야 한다(동 시행령§5①).

발행인이 전자어음을 발행할 때에는 전자어음을 수령할 자로 하여금 관리기관에 등록하도록 하여야 한다. 다만, 전자어음을 수령할 자가 동법 제5조의 규정에 의한 등록(이하 "발행인등록"이라 한다)을 한 경우에는 그러하지 아니하다(동령§6①).

전자어음관리기관은 당해 전자어음의 지급을 청구할 금융기관이나 신용조사기관 등의 의견을 참고하여 전자어음의 등록을 거부하거나 전자어음의 연간 총 발행금액 등을 제한할 수 있다(동§5②). 관리기관은 신용평가기관 또는 당좌예금계약을 체결한 금융기관의 전자어음발행한도에 관한 의견 및 발행인의 연간 매출액·자본금·신용도·당좌거래실적 등을 종합하여 전자어음발행한도를 제한할 수 있다(동령§5②). 관리기관은 다음의 어느 하나에 해당되는 자에 대하여는 전자어음의 발행을 위한 등록을 거부할 수 있다(동령§5③).

1. 관리기관 또는 어음교환소로부터 거래정지처분(관리기관이 새로이 전자어음을 발행하고자 하는 자의 전자어음등록을 거부하거나 이미 등록된 발행인의 전자어음발행을 금지하는 처분을 말한다. 이하 같다)을 받고 거래정지 중에 있는 자.
2. 법 또는 이 영과 어음법에 위반되는 행위를 한 자
3. 그 밖에 금융기관과의 거래에 관하여 신용을 훼손하는 행위를 한 자로서 법무부령이 정하는 자

(3) 발행의 효력발생

전자어음은 발행인이 타인에게 전자어음을 송신하고, 그 타인[192]이 이를 수신한 때에 발행하는 것으로 본다. 송신과 수신의 시기는 전자거래기본법 제6조 제1항 및 제2항의 규정에 따른다(동§6④).

---

192) 발행의 효력발생시기와 관련하여 어음법과는 달리 '타인'이라는 용어에 주목하여 발행설을 취하는 견해도 있다(정경영, p.60).

(4) 백지어음

어음법 제10조의 규정에 의하여 백지어음은 전자어음으로 발행할 수 없다(동§6⑥). 따라서 어음요건의 일부를 기재하지 않은 불완전어음은 무효이다.

5. 전자어음의 背書

(1) 배서의 방식

전자어음에 배서를 하는 경우에는 전자어음에 배서의 뜻을 기재한 전자문서를 첨부하여야 한다(동§7①). 배서전자문서에는 전자어음의 동일성을 표시하는 정보를 기재하고 배서인이 공인전자서명을 하여야 한다(동조②, ⑥).

피배서인이 다시 배서를 하는 경우에는 전자어음에 이전에 작성된 배서전자문서를 전부 첨부하고, 동법 제7조 제1항에 의한 배서를 하여야 한다(동령§7④).

(2) 배서된 전자어음의 교부

배서인이 타인에게 전자거래기본법 제6조 제1항의 규정에 따라 전자어음과 배서전자문서를 송신하고, 그 타인이 동법 제6조 제2항의 규정에 따라 수신한 때에는 어음법 제13조 제1항 규정에 의한 배서 및 교부가 있는 것으로 본다(동§7③). 이 점은 발행의 경우와 동일하다.

(3) 배서의 횟수에 관한 특칙

전자어음의 총 배서 횟수는 20회를 초과할 수 없다(동§7⑤). 이는 전자어음의 특성상 단시간 내에 수많은 배서가 이루어실 수 있다는 점을 고려하여 다단계 유통에 따른 문제점이 있을 것으로 예상하여 둔 것으로 평가할 수 있다.

(4) 특수배서

전자어음에 한 특수배서의 효력은 전자어음법에 특별규정이 없다.

6. 전자어음의 保證

전자어음의 보증을 하는 자는 전자어음에 보증의 뜻을 기재한 전자문서를 첨부하여야 한다(동§8①). 이러한 전자어음 보증에 관해서는 전자어음의 동일성을 표시하는 정보를 기재하고, 보증인이 공인전자서명을 하여야 한다(동§8②, §6③, §7②). 이 경우에는 보증의 기명날인 또는 서명이 있는 것으로 본다. 보증의 효력은 보증인이 타인에게 보증전자문서가 첨부된 전자어음을 송신하고 타인이 이를 수신한 때에 발생하며, 이 때 보증전자문서의 송신과 수신의 시기는 전자거래기본법 제6조 제1항 및 제2항의 규정에 따른다. 관리기관은 전자어음에 첨부할 이러한 보증전자문서를 전자어음과 일체가 된 문서로 하고, 전자어음과 분리할 수 없도록 하여야 한다(동령§8④). 보증된 전자어음의 교부는 전자어음의 발행의 경우와 동일하다(동§8②, §6④).

7. 전자어음의 支給

(1) 지급제시

전자어음의 소지인이 전자어음 및 전자어음의 배서에 관한 전자문서를 첨부하여 지급청구의 뜻이 기재된 전자문서를 법 제6조 제1항 제2호의 금융기관에 송신하고, 당해 금융기관이 이를 수신한 때에는 어음법 제38조 제1항에서 규정한 지급제시가 있는 것으로 본다(동§9① 본문). 지급제시를 위한 송신과 수신의 시기는 전자거래기본법 제6조 제1항 및 제2항에 따른다(동§9②). 지급제시를 하는 소지인은 지급청구의 뜻이 기재된 전자문서에 어음금을 수령할 금융기관의 계좌를 기재하여야 한다(동§9③).

전자어음의 소지인이 제급제시를 위하여 전자어음을 지급금융기관에 송신하는 경우에는 전자어음의 소지인의 정보처리조직에서는 전자어음이 소멸하지 아니하고, 지급금융기관에 송부된 전자어음에는 지급제시를 위한 것임을 표시하는 문언이 기재되도록 하여야 한다(동령§8③).

(2) 지　급

지급제시를 받은 금융기관의 어음금을 지급할 때에는 전자어음관리기관에 지급

사실을 통지하여야 한다. 다만, 전자어음관리기관에서 운영하는 정보처리조직에 의하여 지급이 완료된 경우에는 이를 통지할 필요가 없다(동§9④). 법 제9조 제4항의 규정에 의한 통지가 있거나 전자어음관리기관의 정보처리조직에 의하여 지급이 완료된 경우, 어음채무자가 당해 어음을 환수한 것으로 보며(동§10), 이로써 어음관계가 소멸한다.

관리기관은 법 제9조 제3항의 규정에 의하여 어음금을 수령하는 금융기관이 어음금을 수령하는 동시에 소지인이 보관하는 전자어음에 지급이 이루어졌음을 표시하는 문언이 기재되도록 장치하여야 한다(동령§9①). 관리기관은 법시행령 제9조 제1항의 규정에 의한 문언이 기재된 전자어음을 발행인에게 송신하여야 한다(동령§9②). 어음법 제39조 제1항 내지 제3항의 규정은 전자어음에 적용하지 아니한다(동§11).

(3) 지급거절과 소구

① 지급거절

지급제시를 받은 금융기관이 지급을 거절할 때에는 전자문서로 하여야 한다(동§12①). 어음법상 지급거절증서는 지급한 날에 이은 2거래일 내에 작성되어야 하므로(동§44③) 지급금융기관은 이 기간 내에 지급거절전자문서를 소지인에게 송신하여야 한다. 지급거절전자문서를 전자어음관리기관에 통보하고 동 기관이 이를 확인한 경우, 동 전자문서를 어음법 제44조 제1항의 규정에 의한 공정증서로 본다(동§12②). 그리고 전자어음의 소지인이 전자문서를 수신한 날을 공정증서의 작성일로 본다(동§12③).

② 소 구

전자어음의 소지인이 소구할 때에는 전자어음과 동법 제7조 제1항의 규정에 의한 배서전자문서, 법 제12조의 규정에 의한 지급거절전자문서를 첨부하여 소구의 뜻을 기재한 전자문서를 소구의무자에게 송신하여야 한다(동§13①).

소구의무자가 소구금액을 지급한 때에는 전자어음관리기관에 지급사실을 통지하여야 한다(동§13②). 동법 제13조 제2항의 통지가 있으면 소구의무자가 전자어음을 회수한 것으로 본다(동령§8④).

8. 전자어음의 返還과 受領拒絕

전자어음을 발행 또는 배서한 자가 착오 등을 이유로 전자어음을 반환받고자 하는 때에는 그 소지인으로 하여금 전자어음관리기관에 반환의 뜻을 통지하게 하여야 한다(동§14①).

전자어음의 소지인으로부터 반환의사의 통지가 있으면 전자어음은 발행 또는 배서되지 않는 것으로 보며, 전자어음관리기관은 당해 전자어음의 발행 또는 배서에 관한 기록을 말소하여야 한다(동§14②). 그리고 전자어음의 소지인이 법무부령이 정하는 전자어음의 반환양식을 기입하고 공인전자서명을 하여 관리기관에 통지한 경우, 관리기관은 당해 전자어음의 발행 또는 배서에 관한 기록을 말소하여야 한다(동령§11①).

전자어음의 수신자가 전자어음의 수령을 거부하고자 하는 경우에는 그 수신자는 전자어음관리기관에 그 뜻을 통지하여야 한다. 이 통지가 있으면 수신자가 전자어음을 수령하지 않은 것으로 보며, 전자어음관리기관은 수신자의 청구가 있을 경우 그 수신자가 전자어음의 수령을 거부한 사실을 증명하는 문서를 발급하여야 한다(동§14③). 또한 전자어음의 수신자가 법무부령이 정하는 전자어음의 수령거부양식을 기입하고 공인전자서명을 하여 관리기관에 통지한 경우, 수신자가 전자어음을 수령하지 아니한 것으로 본다. 이 경우 관리기관은 수신자의 신청이 있는 경우, 그 수신자가 전자어음수령을 거부한 사실을 법무부령이 정한 양식에 따라 발급한다(동령§11②).

9. 罰則 및 過怠料

동법 제3조의 규정에 의한 지정을 받지 아니하고 전자어음관리업무를 한 자는 5년 이하의 징역 또는 1억 원 이하의 벌금에 처한다(동§22①). 그리고 다음에는 5년 이하의 징역 또는 1억 원 이하의 벌금에 처한다(동§22①). 그리고 다음에 해당하는 자는 3년 이하의 징역 또는 5천만 원 이하의 벌금에 처한다(동§22②).

1. 동법 제5조 제1항의 규정을 위반하여 전자어음관리기관에 등록하지 아니하고 전자어음을 발행한 자
2. 동법 제17조 제2항의 규정을 위반하여 전자어음거래정보를 제공한 자, 동법

제20조 제2항의 규정에 의한 검사를 기피하거나 방해한 자는 1년 이하의 징역 또는 3천만원 이하의 벌금에 처한다(동§22③). 전자어음은 형법 제214조 내지 제217조에 정한 죄의 유가증권으로 보아 각 그 죄에 정한 형으로 처벌한다(동§22④).

다음에 해당하는 자는 1천만원 이하의 과태료에 처한다(동§23①).

1. 동법 제15조의 규정에 의한 안전성기준을 위반한 자
2. 동법 제20조 제3항의 규정에 의한 자료제출명령에 대하여 정당한 사유 없이 자료를 제출하지 아니하거나 허위의 자료를 제출한 자

다음에 해당하는 자는 500만원 이하의 과태료에 처한다(동§23②).

1. 동법 제16조 제1항의 규정에 의한 보존의무를 위반한 자
2. 동법 제17조 제1항의 규정에 의한 신청에 대하여 정당한 사유 없이 결제정보를 제공하지 아니한 자
3. 동법 제18조의 규정에 의한 약관의 설명의무 또는 보고의무를 위반한 자
4. 동법 제19조 제1항의 규정에 의한 분쟁처리절차를 설치하지 아니한 자

10. 管理機關의 金融機關看做

동법 제3조의 규정에 의한 지정을 받은 전자어음관리기관은 특정경제범죄 가중처벌 등에 관한 법률 제2조의 규정에 의한 금융기관으로 본다(동§24).

제 4 편

手 票

제1장 序 說

제1절 意 義

1. 沿革과 經濟的 機能

수표는 어음에 앞서 이미 古代에 이용되기 시작하여 그리스·로마·페르시아를 거쳐 중세에 이탈리아·폴란드·독일·네덜란드 등으로 널리 보급되었으며, 특히 18세기 말경에 영국의 clearing house에서 수표의 교환이 이루어짐을 계기로 새로운 발전을 보게 되었다. 手票의 명칭노 check로부터 모방하어 독일에서는 Scheck, 프랑스에서는 chèque라고 하기에 이른 것이다.[1] 手票는 支給의 안전과 신속을 도모하고 現金의 보관으로부터 생기는 도난·화재·횡령 등의 위험을 피하기 위하여 발달한 기술적인 제도이다.

수표는 경제적으로는 오직 지급의 용구로서 현금대용물의 성질을 가지고 있다. 이것은 오늘날 어음이 주로 신용거래의 수단으로서 이용되는 것과는 크게 달라 어음을 신용증권(Kreditpapier)이라고 힘에 대하어 수표는 지급증권(Zahlungspapier)이라고도 부른다. 수표는 발행인이 스스로 현금을 지급하는 번잡과 위험을 피할 목적으로 은행으로 하여금 금전의 수수를 하도록 하기 위하여 사용하는 것이다. 따라서 어음을 교부하는 사람은 금전을 필요로 하여 신용을 이용하려는 사람이고, 수표를 교부하는 사람은 금전을 가지고 있는 사람이라고 힐 수 있다. 手票에 있어서는 법률상으로는 제3자(은행)가 발행인을 위하여 金錢을 지급하지만 제3자는 발행인을 대신하여 지급하는 것이며 실질적으로는 발행인 자신이 지급하는 것과 다름이 없다. 또 수표의 경우에는 換어음과는 달리 引受制度가 없으므로 換어음과 같이 지급인의 인수를 조건으로 하는 지급인에 대한 어음금액지급청구권이라고 하는 期待權은 존재하지 않는다. 따라서 수표소지인은 지급인인 은행에 대하

1) 최기원, p.759.

여 직접 지급을 청구할 권리가 없다.2)3)

한편 換어음이나 약속어음은 권리를 표창하고 있는 데 비하여, 수표는 利益을 받을 資格 또는 地位를 표창할 뿐이라는 점에서 수표는 換어음 또는 약속어음과 커다란 차이가 있다. 그러나 수표도 지급거절의 경우 發行人이나 背書人에 대한 상환청구권을 표창하는 점은 어음과 같다. 한편 수표는 주로 지급증권의 기능을 하는 것이지만 수표에 支給保證이 있는 경우에는 신용증권인 성질을 가지며, 또 송금수표의 경우에는 송금의 수단으로 이용되기도 한다. 그러나 수표법은 手票의 信用證券化를 방지하기 위한 규정을 두고 있다. 즉 引受의 禁止(수§4), 手票의 一覽出給性(수§28①), 短期의 지급제시기간(수§29), 支給人의 背書 및 保證의 금지(수§15③, §25②), 短期의 시효기간(수§51) 등이다.

그런데 최근에는 수표의 지급기능을 대신하는 새로운 지급수단이 등장하여 많이 이용되고 있는데, 신용카드(credit card; Kreditkarte)와 은행지로(bank giro) 등 전자적자금이체(Electronic Funds Transfer)의 제도가 그것이다.

2. 概 念

수표(Scheck, cheque or check)는 발행인이 支給人(은행)에 대하여 受取人 기타 정당한 소지인에게 일정한 금액을 支給할 것을 委託하는 형식의 有價證券이다. 금전지급의 위탁증권이라는 점에 있어서 수표는 발행인 자신이 일정한 금액의 지급을 약속하는 約束어음과는 근본적으로 다르고 인수전의 환어음과 동일하며 그 법률적 성질과 형식도 이와 흡사하다.

그러므로 입법례에 따라서는 수표를 어음 의 일종으로 규정하거나(日舊商§434), 英美法에서는 수표를 은행 앞으로 발행한 一覽出給의 換어음이라고 하기도 한다(英어§73; UCC 제3장 §104Ⅱ(b)).

수표도 어음과 같이 증권의 발행에 의하여 비로소 수표상의 권리가 발생하고(설권증권성), 수표상의 권리의 이전에는 반드시 증권의 교부를 필요로 하며, 수표상의 권리의 행사에는 증권상의 채무자에게 그 증권의 제시가 필요하다(제시증권성). 그러나 수표의 채무자는 증권과 상환하지 않으면 채무를 지급할 필요가 없다(상환증권성). 또한 수표는 어음과 같이 엄격한 요식증권이고(요식증권성), 강력한

---

2) 대법원 1970.11.24. 선고 70다2046 판결.

3) 이와는 달리 프랑스에서는 지급자금이 있는 수표의 소지인은 지급은행에 대하여 지급청구권을 갖는다(최기원, p.759).

유통성을 보장받고 있으므로(유통증권성), 수표상의 권리의 내용은 증권의 문언만에 의하여 정하여지고 당사자는 증권 이외의 입증방법으로 그 문언의 의의를 변경하거나 보충할 수 없다(문언증권성). 게다가 수표상의 권리는 원인이 법률관계의 존부·무효·취소에 의하여 영향을 받지 않고, 따라서 수표상의 권리의 행사에 있어서는 원인에 관한 증명을 필요로 하지 아니한다(무인증권성).

위와 같이 수표는 환어음과 유사한 점이 많으므로 수표에 관한 규정 중에는 환어음에 관한 규정과 공통된 점이 많다. 手票·어음행위獨立의 原則(수§10, 어§7), 手票·어음의 선의취득(수§21, 어§16②), 要式證券性(수§1, §2, 어§1, §2), 背書性(수§14 이하, 어§11 이하), 手票·어음행위의 대리(수§11, 어§8), 수표·어음의 위조와 변조(수§10, §50, 어§7, §9), 白地手票·어음(수§13, 어§10), 수표·어음의 항변(수§22, 어§17), 이득상환청구권(수§63, 어§79), 수표·어음의 발행인·배서인·보증인에 대한 소구(수§12, §18, §27, 어§9, §15, §32) 등이 그것이다.

제 2 절 手票와 어음과의 差異

1. 手票와 換어음의 差異

양자 모두 지급위탁증권인 점에서 같지만, 환어음은 신용기능·송금기능·추심기능 및 지급기능이 있으나 주로 신용수단으로 이용되는 데 비하여 수표는 송금기능도 있지만 주로 지급수단인 점에서 추심기능·신용기능이 없나는 근본적인 차이가 있다. 구체적으로 그 차이점을 살펴보면 다음과 같다.

① 수표의 경우는 그 지급의 확실성을 위하여 지급인이 은행으로 한정되어 있고, 그 발행을 위하여 수표자금과 수표계약이 존재하여야 한다(수§3). 수표의 발행인이 이에 위반하여 수표를 발행한 경우에는 수표법 및 부정수표단속법 적용대상이 된다. 그러나 환어음의 경우에는 이러한 제한이 없다. 환어음의 경우는 수취인으로서 특정인을 기재하여야 되지만(어§1 6호), 수표는 소지인출급식 또는 지명소지인출급식의 발행이 인정되기 때문에(수§5① 2호, 3호), 수취인의 지정 없이 발행할 수 있다.

② 환어음의 경우는 만기를 기재하여야 하며(어§1 4호), 만기의 종류로는 일람출급·일람후정기출급·발행일자후정기출급·확정일출급 등 4가지가 인정된다

(어§33①). 그러나 수표는 일람출급으로만 발행할 수 있고 이에 위반하는 기재는 기재하지 않은 것으로 본다(수§28①).

③ 수표에는 인수제도가 인정되지 않으므로 인수의 기재를 하더라도 그 효력이 없다(수 §4). 즉 수표의 효력에는 영향을 미치지 않으나 인수는 기재하지 않은 것으로 본다. 수표의 경우에도 인수를 인정하게 되면 수표의 현금과 같은 기능이 상실되고 지급인이 절대적 의무를 지게 됨으로써 수표가 신용증권화 될 가능성이 있기 때문이다. 물론 수표에도 지급보증제도가 있지만 이 경우에 지급보증을 한 지급인인은 제시기간 내에 수표의 제시가 있는 경우에만 지급의무를 지게 되므로(수§55①) 환어음의 인수인과 같은 절대적 의무를 부담하지는 않는다.

④ 환어음의 경우에 인수인에 대한 채권의 소멸시효기간은 3년이며 어음소지인으로부터의 소구권은 1년, 배서인으로부터의 재소구권에 대하여는 6월인데(어§70) 비하여, 수표상의 채권의 소멸시효기간은 6월로서 단기이다(수§51). 그러나 지급보증을 한 지급인에 대한 청구권의 경우는 제시기간경과 후 1년간이다(수§58).

⑤ 환어음의 경우에 지급거절의 증명은 거절증서로만 할 수 있지만(어§44), 수표에 있어서는 이 밖에도 지급인의 지급거절선언 및 어음교환소의 부도선언증명 등의 간단한 방법이 인정된다(수§39 2호, 3호).

⑥ 수표는 환어음과 달리 소지인출급식으로도 발행할 수 있기 때문에 지급의 안전을 위하여 횡선제도가 인정된다(수§37, §38). 그러나 환어음의 경우에는 횡선제도가 없고, 환어음에 존재하는 참가·등본 등의 제도는 수표에는 없다.

⑦ 환어음과 수표의 당사자는 발행인, 수취인, 지급인으로 양자는 같고, 환어음의 발행인은 자금을 필요로 하는 자이지만 수표의 발행인은 은행에 처분할 수 있는 자금을 가지고 있는 자이다. 그리고 환어음의 지급인이 인수한 경우에는 주채무자가 되지만 수표의 경우에는 인수가 금지되므로 주채무자가 없다.

2. 手票와 約束어음의 差異

수표는 제3자(지급인)에게 지급을 위탁하는 내용을 기재한 증권이며, 약속어음은 發行人이 일정한 금액을 직접 지급할 것을 약속하는 증권인 점에서 근본적인 차이가 있다. 구체적으로 그 차이점을 살펴보면 다음과 같다.

첫째, 약속어음은 발행인이 지급약속을 하는 증권이므로 發行人과 受取人의 2인 관계인 데 비하여, 수표는 지급위탁증권이므로 발행인과 受取人, 그리고 지급인이 있어야 하지만 어음과는 달리 수취인의 표시는 수표 요건이 아니다.

둘째, 수표의 경우에는 發行人과 受取人과의 법률관계 외에 發行人과 支給人과의 법률관계인 資金關係가 필요하다.

셋째, 약속어음의 발행인은 主債務者이지만 수표의 지급인은 지급보증을 한 경우에도 제시기간 내의 제시를 停止條件으로 하는 條件附義務를 지는 데 불과하다(수§53).[4] 즉 수표에 있어서는 絕對的 義務를 부담하는 자가 존재하지 않는다. 그러므로 수표의 경우에는 공탁제도가 인정되지 않는다.

4) 동지: 손주찬, p.394; 정동윤, p.633; 최기원, p.760.

제2장 手票의 種類

手票는 여러 가지의 기준에 따라서 구분할 수 있다. 수표법상 인정된 특수한 수표로는 자기앞수표(수§6③), 횡선수표(수§37, §38) 및 선일자수표(수§28②) 등이 있고, 특별법에 의하여 발행되는 것으로서 국고수표와 우편수표가 있다. 수취인의 지정방식에 따라 記名式手票, 指示式手票, 指示禁止 있는 記名式手票, 所持人出給式手票, 指名所持人出給式手票, 無記名式手票(수§5) 등으로 분류하기도 하고, 발행형식에 따라 자기지시수표, 위탁수표, 자기앞手票(수§6), 他所出給(제3자방출급)手票(수§8), 백지수표(수§13), 선일자수표(수§28②), 후일자수표, 횡선수표(수§37), 계산수표(수§65) 등으로 분류하기도 한다. 경제상의 수표의 분류에는 당좌수표, 가계수표, 보증수표, 송금수표, 우편수표, 여행자수표 등이 있다.

1. 當座手票

당좌수표란 개인이나 법인이 은행과 當座去來契約을 체결하고 은행에 있는 手票資金의 범위 내에서 발행하는 수표로서 기본 당사자인 발행인, 수취인, 지급인이 모두 존재하므로 수표법에서 말하는 전형적인 형태의 수표이다.

2. 家計手票

가계수표란 은행과 家計綜合預金契約을 체결한 자가 이를 기본거래로 하여 가계당좌예금계약을 하고 이에 기하여 그 거래은행을 지급인으로 하여 발행하는 수표이다. 일반당좌계약은 사업자인 상인 중에서 일정한 요건을 갖춘 자를 대상으로 하나 가계당좌예금은 봉급생활자, 연금수급권자 또는 자영업자들 중 일정한 자격이 있는 개인을 그 대상으로 한다. 가계수표는 사업자가 아닌 개인이 발행하고 수표의 금액에 일정한 제한이 있으나, 법률적 성질은 보통의 당좌수표와 동일하다.

3. 委託手票

제3자의 계산으로 발행한 수표가 委託手票이다(수§6②). 이는 어음법 제3조 3항에서 규정한 委託어음과 동일한 것으로 발행인에게 제3자가 支給資金을 제공한 경우에만 그 지급이 가능한 수표이다. 그러므로 發行人이 제3자에 대하여 채권이 있는 것만으로는 발행할 수 없는 것이다. 위탁수표는 위탁자가 발행인이 되기를 원하지 않거나 신용이 없는 경우에 발행된다.

4. 자기앞手票(保證手票)

자기앞수표란 발행인(은행)이 자기 자신을 지급인으로 하여 발행한 수표로서(수§6③), 은행이 제3자의 의뢰에 의하여 동일한 금액을 받고 자기앞수표를 발행하는 것이므로 그 법적 성격은 매매의 일종인 유상계약이라고 할 수 있다. 자기앞手票는 發行人과 支給人이 동일은행인 수표로서, 점포가 다른 경우와, 점포까지 동일한 경우가 있는데, 보통 자기앞수표라고 할 때에는 점포까지 동일한 경우를 가리킨다.

자기앞수표는 현금의 代用役割을 한다. 자기앞수표는 보관·휴대·계산에 있어서 매우 편리하고 안전하므로 근래에는 현금의 대용으로 크게 이용되고 있다. 그리하여 자기앞수표를 원하는 사람은 은행에 현금을 지급하거나 또는 은행에 예금이 있는 경우에는 그 예금고에서 수표금액상당을 인출하게 하여 일정금액의 자기앞수표의 발행을 의뢰하여 이를 발행받아 현금의 지급에 갈음하여 자기앞수표를 교부하는 것이다. 그렇다고 자기앞手표의 경우는 一般手票의 경우와 달리 제시기간이 연장된다는 관습이 존재하거나 자기앞수표의 소지인은 溯求權의 保全節次를 밟지 않은 경우에도 은행은 소구의무를 이행한다는 관행이 존재하는 것도 아니다. 수표법에서는 수표의 인수를 금지하고 있으나 자기앞수표의 경우에는 支給人인 은행이 발행인으로서 소구의무를 지므로 인수한 換어음보다도 더 안전한 지급수단이 되고 있다.

5. 橫線手票

수표의 분실·도난 등에 대비하여 수표의 不正所持人이 그 수표에 의하여 지급을 받지 못하도록 하기 위하여 수표상의 표면에 두 줄의 평행선을 그은 수표를 말하며 이에는 一般橫線手票와 특정횡선수표의 두 가지가 있다(수§37, §38). 횡선수표에 대하여는 상세히 후술한다.

6. 計算手票

발행인이나 소지인이 수표의 표면에 '계산을 위하여'의 문자 또는 이와 동일한 의의의 문언을 기재하여 현금의 지급을 금지하고 기장의 방법에 의하여서만 결제할 수 있게 한 수표를 계산수표라 하며(수§65), 이것도 횡선수표와 같이 위험방지를 위한 것이다. 우리나라에서는 이것을 인정하지 않고, 다만 외국에서 발행하여 대한민국에서 지급할 계산수표에 대하여 일반횡선수표와 동일한 효력을 인정하고 있을 뿐이다(수§65, 섭사§42).

7. 旅行者手票(T/C)

여행자수표는 해외여행자가 현금을 휴대하는 경우에 분실·도난 등의 위험을 피하기 위하여 고안된 수표로서, 일반적으로 은행이 발행인이 되고 여행자를 수취인으로 하여 발행인인 은행이 그의 해외지점 또는 거래은행에 대하여 지급인 또는 상대방의 면전에서 서명하는 것을 조건으로 증권에 기재된 금액의 지급을 지시하는 내용의 수표이다. 즉 여행자로 하여금 여행지에서 여행지의 화폐로 현금화 할 수 있게 하는 자기앞수표와 유사한 유가증권이다. 그러나 지급수단은 아니므로 일반수표와 구별된다.

여행자가 여행자수표를 발행받으면 즉시 각 장의 수표에 서명을 하고 여행자가 동 수표를 현금화 할 때에는 매수인의 면전에서 다시 한번 副署(counter sign)를 하여야 하는데, 이러한 서명을 어떻게 볼 것인가가 문제된다. 여행자가 여행자수표를 발행받을 당시에 하는 서명은 자기를 「수취인」으로 지정하기 위하여 하는 서명이며, 그 후에 여행자가 동 수표를 현금화하기 위한 副署는 「수표금의 수령을 증명하는 서명」으로 볼 수 있고 또는 여행자가 동 수표를 양도하기 위한 副署는

「배서인으로서의 서명」이라고 볼 수 있다.[5)]

8. 國庫手票

정부의 중앙부처 공무원이 그 소관에 속하는 예산에 의하여 지출을 하고자 할 때에는 한국은행을 지급인으로 하는 수표를 발행할 수 있는데(예산회계§63) 이와 같이 발행한 수표를 국고수표라 한다. 일반수표의 경우와 달리 국고수표는 지출관이 지출원인행위에 의해서만 발행할 수 있기 때문에 지출원인 없이 발행한 수표는 無效가 된다.[6)] 지출관은 출납공무원, 한국은행 또는 체신관서에 대하여 자금을 교부할 경우 이외에는 채권자를 受取人으로 하는 경우에만 수표를 발행할 수 있다(동§64).

9. 郵便手票

우편수표는 우체국에 계좌를 갖고 있는 자가 정보통신부령에 의하여 우체국을 지급인으로 발행한 수표라고 할 수 있다. 이 우편수표에 대하여는 郵便對替法이 적용되지만 특별한 규정이 없는 때에는 수표법의 규정을 적용한다(동§14④).

10. 送金手票(D/D)

은행이 그 본·지점 또는 그 거래은행을 지급인으로 하여 송금의 목적으로 발행하는 수표가 송금수표이다. 자기앞수표와 송금수표는 모두 은행이 발행한 수표이나 자기앞수표는 발행인과 지급인이 동일하나 송금수표는 발행인과 지급인이 다른 점에 차이가 있다. 그러나 최근 온라인제도 등 전자자금이체에 의한 새로운 지급제도의 출현으로 국내에서 송금수표는 전혀 이용되고 있지 않다.

11. 第3者方出給手票

支給人의 營業所 이외의 제3자의 住所에서 지급하라는 문구를 발행인이 기재하여 발행한 수표를 제3자방출급수표라 한다(수§8). 이는 지급은행이 지급지 내에

---

5) 정찬형, p.76.

6) 대법원 1971.5.24. 선고 70다2786 판결.

영업소를 가지고 있지 아니한 경우라든지 지급은행을 지급인으로 아니하는 경우에 이용된다.

12. 白地手票

수표요건을 백지로 하여 기명날인 또는 서명한 미완성의 수표를 백지수표라 한다. 이것은 후일에 소지인으로 하여금 그 요건의 기재를 보충시킬 의사로 발행된다(수§13).

13. 先日字手票

선일자수표란 발행일자를 현실의 발행일보다 후일의 일자로 기재한 수표를 말한다. 이는 형식상으로 요건의 불비는 아니므로 무효수표가 아니다. 先日字手票에 대하여는 상세하게 후술한다.

14. 後日字手票

선일자수표와 반대로 발행일자가 발행된 날 이전으로 기재된 수표이다.

제 3 장　手票의 記載事項

제 1 절　序　說

수표는 어음과 마찬가지로 엄격한 요식증권으로서 그 기재사항이 법정되어 있고(수§1), 그 요건 가운데 하나라도 흠결하면 원칙적으로 증권자체가 무효로 된다(수§2).

수표요건은 환어음의 그것과 거의 같다. 다른 점은 만기 및 受取人의 표시는 必要的 記載事項이 아닌 점이다. 즉 수취인의 기재는 임의적 기재사항이며(수§5①), 또한 만기의 기재는 無益的 記載事項이다(수§28①).

제 2 절　必要的 記載事項

1. 手票文句(수§1 제1호)

手票 역시 환어음과 마찬가지로 본문 중에는 수표의 작성에 사용하는 國語로 수표임을 나타내는 문자를 기재하여야 한다.

2. 手票金額(수§1 제2호)

환어음의 경우와 같다.

3. 支給委託文句(수§1 제2호)

환어음의 경우와 같다.

4. 支給人의 名稱(수§1 제3호)

수표요건으로서 '지급인의 명칭'을 기재하여야 하는 것은(수§1 3호) 환어음의 경우와 같으나(어§1 3호), 지급인의 자격이 '銀行'으로 한정된다(수§3)는 것이 환어음과 다르다. 여기에서 은행이란 법령에 의하여 은행과 同視되는 사람 또는 시설을 포함한다(수§59).[7] 다만 이 규정에 위반하여 수표를 발행한 자는 일정한 과태료의 제재를 받지만(수§67), 무효인 수표는 아니므로, 발행인 기타의 기명날인 또는 서명한 자는 수표상의 책임을 면하지 못한다. 수표는 발행인이 지급인에 대하여 하는 단순한 지급위탁이므로 지급인은 수표소지인에 대하여 반드시 액면금을 지급하여야 할 법률상 의무가 있는 것은 아니며 이 법리는 자기앞수표의 경우에도 동일하다.[8]

5. 支給地(수§1 제4호), 發行日과 發行地(수§1 제5호)

수표상에 지급지의 기재가 없어도 무효로 되지 않고, 지급인의 명칭에 부기한 지를 지급지로 보는 것은(수§2② 전단) 환어음의 경우와 같다(어§2③). 그러나 지급인의 명칭에 부기한 지가 數個 있을 때에는 첫머리에 기재한 지를 지급지로 보고(수§2②), 이와 같은 기재도 없는 때에는 제2차로 발행지를 지급지로 보는 점(수§2③)에 있어서는 환어음의 경우와 구별된다.[9]

발행일과 발행지의 기재는 어음의 경우와 같고, 반드시 현실의 발행일이나 발행지일 필요는 없고 선일자수표도 유효하다(수§28②). 발행일은 지급제시기간과 시효기간의 기산점이 되고(수§29④), 발행지는 제시기간(수§29), 歲曆(수§31), 複本(수§48) 등 이외에 국제수표법과도 관계가 있다. 발행지의 기재가 없는 수표는 발행인의 명칭에 부기한 지에서 발행한 것으로 본다(수§2④).

---

7) 우체국, 단위농업협동조합, 농업협동조합중앙회, 지구별수산업협동조합 및 업종별 수산업협동조합, 수산물제조 수산업협동조합, 수산업협동조합 중앙회, 축산업협동조합 중앙회, 지역별 축산업협동조합, 업종별 축산업협동조합 등이 이에 해당된다(수표법의 적용에 있어서 은행과 동시되는 사람 또는 시설의 지정에 관한 규정, 1970.4.15 제정 대통령령 4920호 참조).

8) 대법원 1970.11.24. 선고 70다2046 판결; 동 1959.11.26. 선고 4292민상359 판결.

9) 수표의 지급인은 은행이므로 지급인의 명칭에 부기한 지가 실제로 거의 없으므로, 지급지의 기재가 없는 때에는 발행지가 지급지를 보충하는 경우가 많다.

6. 發行人의 記名捺印 또는 署名(수§1 제6호)

기명이라 함은 '서명'과는 달라서 반드시 발행인이 자필로 써야 되는 것이 아니므로, 고무인 등으로 名板을 만들어 두고 찍어도 무방하다. 또 捺印에는 拇印은 포함되지 않는다.[10]

判例는 수표가 국내수표로 인정되는 경우에는 발행지의 기재가 없더라도 무효로 볼 수 없다는 입장이다.[11]

제 3 절 有益的 記載事項

1. 受取人의 記載

수표에서는 수취인의 기재가 수표요건은 아니지만 이것을 기재하면 그 효력이 생긴다는 점에서 어음과 구별된다. 수표의 경우에 所持人出給式과 指名所持人出給式 및 無記名式의 수표의 발행을 인정하는 것은 어음과 다른 점이며, 이것은 수표가 단기간 내에 결제될 지급증권인 성질상 요구되는 것이다.[12] 자기제시수표도 인정되는데(수§6①), 이것은 발행인 자신이 당좌예금을 환급하는 경우에 이용된다.

2. 第3者方支給의 記載(수§8)

수표에서는 지급인의 주소지 내외를 불문하고 제3자방에서 지급할 것으로 기재

---

10) 대법원 1956.4.26. 선고 4288민상424 판결.

11) 즉 판례는 이 경우에 '국내수표란 국내에서 발행되고 지급되는 수표를 말하는 것이므로 국내수표인지 여부는 수표면상의 발행지와 지급지가 국내인지 여부에 따라 결정될 것이지만, 수표면상에 발행지의 기재가 없다고 하더라도 그 수표면에 기재된 지급지와 지급장소, 발행인, 지급할 수표금액을 표시하는 화폐, 수표문구를 표기한 문자, 어음교환소의 명칭 등에 의하여 그 수표가 국내에서 수표상의 효과를 발생시키기 위하여 발행된 것으로 여겨지는 경우에는 발행지를 백지로 발행한 것인지 여부에 불구하고 국내수표로 추단할 수 있다'고 하면서, '수표면의 기재 자체로 보아 국내수표로 인정되는 경우에 있어서는 발행지의 기재는 별다른 의미가 없는 것이고, 발행지의 기재가 없는 수표도 완전한 수표와 마찬가지로 유통·결제되고 있는 去來의 實情 등에 비추어, 그 수표면상 발행지의 기재가 없는 경우라고 할지라도 이를 무효의 수표로 볼 수는 없다'고 한다(대법원 1999.8.19. 선고 99다23383 판결).

12) 최기원, p.755; 손주찬, p.401.

할 수 있다. 이 경우의 제3자는 은행이어야 한다. 그 이유는 지급인을 은행에 한정하는 것과 동일한 취지이다. 또 第3者方支給의 記載를 할 수 있는 자는 발행인이며, 배서인은 물론 지급인도 이를 기재하지 못한다. 제3자는 지급지 내에 영업소나 주소를 가지는 자임을 요한다. 第3者方支給의 記載는 지급은행이 지급지 내에 영업소가 없는 경우, 또는 은행을 지급인으로 하지 않는 수표를 발행하는 경우에 실용성이 있다. 은행 이외의 자를 제3자로 기재한 경우에는 그 기재만이 무효이고 수표 그 자체의 효력에는 영향이 없다.

3. 橫 線(수§37)

수표의 도난 등에 대비하기 위하여 수표의 발행인(또는 소지인)은 수표상에 두 줄의 횡선을 그을 수가 있는데 이는 수표에만 특유의 제도이다.

4. 기 타

① 支給人의 명칭에 부기한 地(수§2②), ② 발행인의 명칭에 부기한 地(수§2④), ③ 위탁수표문언(수§6②), ④ 배서금지문언(수§5① 2호, §14②), ⑤ 換算率의 기재(수§36②), ⑥ 외국통화현실지급문언(수§36③), ⑦ 支給拒絶證書作成免除文言(수§42), ⑧ 複本의 번호(수§48) 등이 있다.

제 4 절 無益的 記載事項

1. 利子約定의 記載事項(수§7)

환어음은 신용증권인 데 비하여 수표는 지급증권이기 때문에, 일람출급의 換어음에는 이자약정의 기재가 인정되지만(어§5①), 일람출급인 수표의 경우에는 이자약정의 기재를 하여도 이는 기재하지 않은 것으로 본다(수§7).

2. 發行人의 支給無擔保文言(수§12)

수표의 발행인은 지급을 담보하기 때문에 발행인이 담보하지 아니한다는 뜻의 모든 문언은 기재하지 아니한 것으로 본다. 이것은 환어음의 경우와 같고 약속어음의 경우와는 구별된다.

3. 一覽出給 이외의 滿期의 表示(수§28)

어음의 경우는 일람출급 이외의 방법에 의한 만기의 기재도 인정된다(어§33①). 그러나 수표는 지급증권인 성질상 만기를 기재하여도 언제나 일람출급식으로 본다.

4. 手票法에 規定이 없는 事項

이 밖에 수표법상으로는 규정이 없지만, 예비지급인의 기재, 위약금 문언, 원인문언, 통지후출급문언, 손해배상액의 예정, 관할의 합의, 담보부문언 등 다수가 있다.

제 5 절 有害的 記載事項

수표법에 유해적 기재사항은 규정되어 있지 않으나, 수표의 본질에 반하는 기재를 한 때에는 수표 전체가 무효화되는데, 이 점은 어음의 경우와 같다.

제4장 手票의 發行

제1절 發行의 意義

수표의 발행은 어음과 마찬가지로, 수표요건을 기재하여 작성한 수표를 최초의 권리자(수취인)에게 교부하는 것을 말한다. 발행행위는 기본수표를 작성하여 이를 수취인에게 교부함으로써 성립한다. 기본수표란 필요적 기재사항을 기재하고 발행인이 기명날인하여 작성한 수표를 말한다.

수표발행의 법률적 성질은 換어음의 경우와 같이 支給指示(Anweisung)로서, 지급인에 대하여 발행인의 계산으로 지급할 수 있는 권한을 수여함과 동시에, 수취인에 대하여 수표금액의 지급을 받을 수 있는 권한을 수여하는 이중수권행위이다.

수표발행의 효과는 수표의 소지인에게 지급인으로부터 수표금액을 지급받을 기대이익을 취득시키는 것이며, 이것은 발행인과 지급인과의 수표계약에 의하여 발생한다(수§3).

手票發行人은 수표의 지급을 담보한다(수§12). 따라서 수표가 부도되는 경우에는 償還義務를 부담하며 支給無擔保文言은 이를 기재하여도 기재하지 아니한 것으로 본다(수§12).

그리고 수표의 지급인은 지급인으로 지정된 것만으로는 수표금을 지급할 의무가 없다. 따라서 수표의 소지인은 그 지급인이 수표금을 지급하면 이를 받을 수 있는 기능은 있으나, 지급인에 대하여 지급을 청구할 수 있는 수표상의 권리가 있는 것은 아니다.[13] 이처럼 수표에는 주된 채무자가 없고 그 지급이 불확실하므로 이를 보충하는 제도로서 지급보증이 있다. 지급인이 지급보증을 하게 되면 제시기간 경과전에 수표를 제시한 수표소지인에게 수표금을 지급할 의무를 부담한다(수§55①). 이 경우에도 발행인은 이 지급보증으로 인하여 그 지급담보책임을 면하지 못한다(수§56). 또 수표의 발행 후에 발행인이 사망하거나 무능력자가 된 경

13) 대법원 1964.4.28. 선고 63다914 판결.

우에도 거래의 안전을 위하여 수표의 효력에는 영향이 없다(수§33).

한편 발행인과 수취인간의 원인관계는 채무자가 기존채무에 관하여 수표를 발행·교부한 경우, 당사자의 의사가 명백하지 않은 경우에는 既存債務의 支給을 위하여 한 것으로 推定한다. 또한 判例는 이 때 수표발행인은 당해 수표가 不渡로 된 경우에 소지인으로부터의 상환청구에 응할 수표법상의 채무를 부담할 뿐이고 특별한 사유가 없는 한 수표거래에 관한 원인채무를 보증한 것으로는 볼 수 없다고 한다.[14] 그러나 他人간의 金錢消費貸借의 편의를 도모하기 위하여 수표를 발행하여 채권자에게 교부한 경우에는 특별한 사정이 없으면 수표상의 책임은 물론 소비대차에 있어서도 채무자를 위하여 보증채무를 부담할 의사표시를 한 것으로 본다고 한다.[15] 그러나 아무런 원인관계 없이 단기자금의 융통을 위하여 서로 수표를 발행하여 교환하기로 하는 합의는 반사회질서의 법률행위(민§103)로서 無效라고 본다.

【대법원 1990.12.21. 선고 90다마28023 판결】

수표상 발행일의 기재는 수표의 요건이므로 그 발행일의 기재가 없으면 요긴 흠결의 수표이거나 백지식 수표로 볼 수밖에 없지만, 수표의 표면의 '자기앞수표'라는 표기 바로 옆에 고딕체로 '1989. 4. 15.'라고 선명하게 기재되어 있는 경우에는 어음과는 달리 수표상에는 발행일 이외에 다른 날짜가 기재될 수 없는 점에 비추어 위 일자의 기재를 수표의 발행일의 기재로 보아야 할 것이다.

제 2 절 資金關係

1. 手票資金

수표를 발행하려면 발행인이 처분할 수 있는 자금이 은행에 있어야 하는데, 이 자금을 수표자금(Guthaben ; provision; balance)이라고 한다. 수표자금은 발행인이 자기의 계산에서 지급인으로 하여금 지급할 수 있게 하는 금액을 말하며, 이 자금은 보통 當座預金 및 當座貸越 등의 형식으로 존재한다.

資金은 수표의 지급제시를 하는 때에 존재하면 족하다(수§3). 즉 발행시에는 자

14) 대법원 1957.10.28. 선고 4290민상294 판결.

15) 대법원 1974.5.14. 선고 74다278 판결; 동 1965.9.28. 선고 65다1268 판결.

금이 없어도 제시시에 자금이 있으면 상관이 없다.

제3자의 계산으로 발행되는 委託手票의 경우는(수§6②), 수표자금은 지급인과 제3자간에 존재하고 발행인은 제3자의 자금을 처분할 수 있는 권한이 부여되어 있으면 된다.

2. 手票契約

발행인이 수표자금을 지급하게 하기 위하여는 발행인과 지급인인 은행 사이에는 수표발행에 관한 명시 또는 묵시의 계약이 존재하여야 한다. 이를 수표계약(Scheckvertrag)이라고 한다. 이것은 은행예금자와 은행간에 當座預金契約·當座貸越契約 또는 家計綜合預金契約과 같은 지급계약의 일부로서, 또는 이에 수반하여 체결되는 것이 보통이다.[16)]

수표계약의 법적 성질에 관하여는 수표의 지급사무를 위탁하는 委任契約으로 보는 것이 通說이다.[17)]

수표계약을 체결할 때에는 發行人과 支給人간에 단순히 수표지급에 관한 약정뿐만 아니라, 은행소정의 수표용지에 의해서만 수표를 발행한다든가, 僞造·變造手票를 지급한 경우의 책임귀속문제 등 여러 가지 사항에 관하여 약정하는 것이 보통이다. 이에 관해 判例는 '통상적인 判別로서 僞造 또는 變造된 手票임을 알 수 있음에도 불구하고 은행의 過失로 이를 알지 못하고 그 수표의 위조·변조된 액면금을 지급한 때에는 예금주의 예금을 지급하였다는 효력은 발생하지 않고 예금주는 은행에 대하여 예금주로서의 예금채권을 주장할 수 있다'고 한 바 있다.[18)]

한편 수표계약 없이 발행한 수표도 무효는 아니다(수§3 단서). 다만 이러한 계약이 없으면 은행은 지급에 응하지 아니할 것이고, 발행인이 과태료에 의한 制裁를 받게 된다(수§67). 지급인은 수표계약 없이 발행된 수표일지라도 발행인의 부담으로 지급할 수 있다. 또 제3자의 계산으로 발행되는 委託手票의 경우에는(수§67②), 수표계약도 지급인과 위탁자인 제3자 간에 존재하고 발행인은 제3자의 자금을 처분할 수 있는 권한이 부여되어 있으면 된다.

---

16) 당좌예금계약은 거래처가 수표자금을 공급하기 위하여 미리 예금을 하는 계약이고, 당좌대월계약은 당좌예금계약의 상대방인 거래처에 대하여 일정한 한도까지 당좌예금의 잔고를 초과하더라도 거래처가 발행한 수표의 지급을 하기로 하고 위 잔고초과금액은 貸付金으로 처리할 것을 약정하는 계약이다.

17) 대법원 1970.11.24. 선고 70다2046 판결.

18) 대법원 1969.1.21. 선고 68다1708 판결.

제5장 手票保證

手票의 경우에도 수표법에 따라 他地支給手票의 割引을 용이하게 하기 위하여 어음과 마찬가지의 보증이 인정되고 있다. 예컨대, 甲地에 거래은행을 둔 사람이 乙地에서 甲地의 은행을 지급인으로 하는 수표를 발행하고, 이것을 乙地의 은행에서 할인하고자 할 때에는 乙地 은행의 거래자의 보증을 받는다면 할인을 보다 용이하게 할 수 있을 것이다.

수표보증도 대체로 換어음의 保證(어§30~§32)과 같다(수§25~§27). 그러나 수표보증이 換어음의 보증과 다른 점은 支給人은 保證人이 될 수 없다는 점이다(수§25②). 이것은 手票의 信用證券化를 방시하기 위하여 인수를 금지하고 있으며(수§4) 支給人에 대한 배서는 영수증의 효력밖에 인정하지 않는 취지(수§15⑤)와 같은 것이다. 즉 支給人의 보증을 인정하면 결과적으로 인수를 인정하는 것과 동일한 결과가 되기 때문이다. 따라서 지급인이 소구의무를 부담하는 것과 같은 지급인의 보증은 인정하지 않고 있다. 그 결과 어음과의 차이는 지급인 또는 발행인이 어음의 표면에 한 단순한 기명날인 또는 서명은 보증으로 보지 않는 데 비하여(어§31②), 수표의 경우에는 지급인을 제외하고 발행인의 단순한 기명날인 또는 서명에 대해서만 규정하고 있다는 점이다(수§26③).

판례는 수표를 담보로 하여 타인으로부터 돈을 빌린다는 사실을 알면서 수표에 대하여 보증을 하는 경우에는 돈을 대여하고 그 수표를 교부받아 소지하는 사람에 대하여 그 수표의 액면액 범위 내에서 민법상의 연대보증을 한 것으로 보고 있다.[19)]

수표의 경우에는 제시기간이 짧고 또한 유통성도 어음과는 비교가 되지 않으므로 실제에 있어서 手票保證을 하는 경우는 극히 드물다.

---

19) 대법원 1980.3.11. 선고 80다15 판결.

제6장 手票의 支給保證

제1절 意 義

지급보증이란 제시기간 내에 수표의 제시가 있는 때에는 지급인이 수표금액을 지급할 것을 약속하는 수표행위이다.

수표에는 인수제도가 인정되지 않으므로 수표에 引受의 기재를 하더라도 기재하지 아니한 것으로 보고(수§4), 이에 대한 탈법수단이 될 수 있는 支給人의 배서(수§15③), 보증(수§25②)도 인정하지 아니한다. 이는 수표가 신용증권화 되는 것을 방지하기 위함이다. 수표에 인수제도를 인정하지 아니한 결과 지급인이 지급제시 시 이를 꼭 지급한다는 보장이 없어 지급의 확실성이 결여되는 측면이 있다. 그리하여 각국마다 수표의 지급을 확실하게 하기 위한 제도들이 다양하게 발전되어 왔다.[20] 수표법통일회의에서는 위와 같이 각국의 제도가 상이하여 통일수표법 중에 넣지 않고 각 체약국의 유보사항으로 하였다.[21] 우리나라와 일본은 이 수표법 통일조약의 유보조항에 따라 지급보증제도를 입법화하였다.

지급보증은 지급의무를 부담한다는 점에서 환어음의 인수와 유사하고, 수표의 보증과도 혼동되기 쉽다. 그러나 지급보증은 다음과 같은 점에 있어서 인수나 보증과는 다르다.

우선 지급보증과 인수와의 차이를 살펴보면[22] ① 지급보증인의 의무는 인수인의 의무와 같이 절대적이 아니고, 지급기간경과 전에 수표의 제시가 있었던 경우에만 지급의무를 부담한다. ② 환어음의 소지인은 지급인에게 인수제시의 권한이 있으므로 인수거절시에는 전자에 대하여 소구권을 취득하나, 수표의 소지인은 지급인에게 지급보증을 요구할 권한이 없으므로, 지급인이 지급보증을 거절하여도 소구권을 취득하지 못한다. ③ 환어음에 있어서는 일부인수가 인정되나(어§26①),

---

20) 미국의 Certification, 영국의 Marking, 독일의 Bestätigung, 프랑스의 Visa 등이 그것이다.

21) 수표법통일조약 제2부속서 제6조 참조.

22) 정동윤, p.631.

수표금액의 일부에 대한 지급보증은 인정되지 아니한다. ④ 환어음의 인수인의 어음채무의 소멸시효기간은 만기후 3년임에 반하여, 지급보증인의 그것은 제시기간 경과후 1년이다(어§70①, 수§58). ⑤ 환어음의 인수에는 유예기간이 인정되어 있으나(어§24① 후단), 수표의 지급보증에는 그것이 없다.

다음으로 지급보증과 수표의 보증과의 차이를 살펴보면 ① 지급보증은 지급인만이 할 수 있음에 반하여 수표의 보증은 지급인을 제외한 타인만이 할 수 있다(수§25①). ② 지급보증은 지급인이 스스로 의무를 부담하는 행위로서 종속성이 없으나, 수표의 보증은 발행인 또는 배서인이 가지는 소구의무의 존재를 전제로 하여 이를 보증하는 것으로서 일정한 범위내에서 종속성을 가진다. ③ 지급보증인은 수표의 최종의무자인 지위에 있으므로 수표금을 지급하여도 수표상 아무런 권리를 취득하지 못함에 비하여, 수표의 보증인은 피보증인의 상환책임을 보증하는데 불과하므로 보증인이 수표의 지급을 한 때에는 피보증인과 그 자의 수표상의 채무자에 대하여 수표에서 생기는 모든 권리를 취득한다(수§27③).

실제에 있어서는 支給保證은 이용되는 일이 거의 없다. 왜냐하면 고객이 수표의 지급 이전에 파산한 경우에 고객의 자금이 파산재단에 속하게 되는 등 위험부담이 따르기 때문에 은행은 지급보증의 청구가 있으면 당좌예금약관 제10조에 의하여 '자기앞수표'를 발행한다.

지급보증의 성질은 手票上의 지급의무를 부담하는 것을 목적으로 하는 附屬的 手票行爲의 일종에 속한다.[23)]

제 2 절 支給保證의 方式

지급보증은 手票의 表面에 '支給保證' 기타 지급을 할 뜻을 기재하고 日字를 부기하여 支給人이 기명날인 또는 서명하여야 한다(수§53②). 지급보증은 위 요건 가운데 하나라도 흠결하면 무효이다. 따라서 手票의 表面에 지급보증이라고만 되어 있는 경우는 무효이며,[24)] 手票의 보전에 지급보증의 문언을 기재하고 지급인이 기명날인 또는 서명하여도 지급보증의 효력은 없고(수§26②), 별개의 紙片에 한 지급보증도 인정되지 않는다.[25)] 引受와 달리 지급인이 수표의 표면에 단지 기명

23) 대법원 1970.11.24. 선고 70다2046 판결; 동 1964.4.28. 선고 63다914 판결.

24) 대법원 1972.10.25. 선고 72도1976 판결.

날인 또는 서명만 한 것은 지급보증으로 되지 않고, 또 '保證'이라고 기재한 것만으로는 지급보증으로 볼 수 없다.

日字를 부기하는 것은 지급보증이 제시기간 내에 된 것을 증명하기 위한 것이지만, 지급보증은 引受와 달리 제시기간 내에 거절증서를 작성하지 않으면 그 효력이 없으므로(수§55), 日字의 부기는 별로 의미가 없다. 그러나 현행 수표법의 해석으로서는 日字의 기재가 없거나 제시기간 경과 후의 日字의 기재는 무효이다.[26] 그러나 이 日字는 현실로 지급보증을 한 日字와 일치할 필요는 없다. 수표보증이 수표 또는 補箋에 이를 하고 일자의 기재를 요하지 않는 것과는 다르다(수§26①).

그리고 지급보증은 無條件이어야 한다(수§54①). 따라서 지급보증에 의하여 手票의 기재사항에 가한 변경은 이를 기재하지 않은 것으로 본다(수§54②). 또 換어음의 一部引受(어§26①)와 달리, 手票金額의 일부에 대하여 지급보증을 하여도 전액에 대하여 지급보증을 한 것으로 된다.[27]

지급보증의 청구자에는 제한이 없다. 그러나 실제에 있어서는 발행인이 청구하는 것이 보통이라고 한다.[28]

제 3 절 支給保證의 效力

1. 支給保證人의 義務

(1) 支給義務

지급보증을 한 지급인은 제시기간 경과 전에 수표를 제시한 경우에 한하여 지급의무를 부담한다(수§55①). 이와 같이 지급보증인의 지급의무는 제시기간내의 지급제시를 전제로 하므로, 수표소지인이 제시기간 경과후에 지급보증인에게 지급책임의 이행을 청구하려면, 제시기간 내에 적법한 제시를 하였음을 거절증서 또는 이와 동일한 효력이 있는 선언에 의하여 증명하여야 한다(수§55②). 이 점에서 換어음의 引受人이 지급제시나 거절증서의 작성의 유무를 묻지 않고 시효 기간

---

25) 朝高 1938.5.31. 선고 민집25, 275 판결.

26) 대법원 1975.4.8. 선고 74다2085 판결.

27) 동지 : 정희철·정찬형, p.278; 손주찬, p.418; 최기원, p.789; 정동윤, p.632.

28) 서돈각·정완용, p.304; 손주찬, p.418.

내에는 절대적인 지급의무를 부담하는 것과 다르다.

지급보증인의 지급의무의 성질에 관하여는 견해가 대립되고 있는데, 10일의 제시기간 내의 제시를 정지조건으로 하는 의무라고 보는 견해가 있고,[29] 10일의 제시기간 내의 不提示를 해제조건으로 하는 의무라고 보는 견해[30]가 그것이다.

대법원은 지급보증인의 지급의무에 관하여, 수표의 발행인이 수표를 담보로 하여 돈을 차용하는 사실을 알고 채권자의 요구에 의하여 은행이 수표에 지급보증을 한 경우에는 은행은 수표상의 채무 외에 민법상의 차용금채무의 이행을 보증한 것으로 풀이하고 있다.[31]

(2) 支給할 金額

지급보증을 한 支給人은 그 償還金額과 동액의 책임을 부담한다(수§55③).

(3) 支給義務의 時效

지급보증인에 대한 청구권은 다른 수표상의 의무자에 대한 청구권이 6월로 시효소멸하는 것과는 달리 제시기간 경과 후 1년간 행사하지 않으면 소멸시효가 완성된다(수§58). 이는 지급보증인이 수표상의 의무자 가운데에서는 가장 엄격한 책임을 지기 때문이다.

2. 다른 手票債務者의 義務

지급인이 지급보증을 하여도 소지인으로서는 手票의 지급과 동일한 효과를 얻는 것은 아니므로, 발행인, 배서인 기타 수표상의 채무자는 지급보증으로 인하여 그 책임을 면하지 못한다(수§56). 따라서 지급인이 지급을 하지 않는 경우에는 지급보증을 한 지급인을 포함하여 全債務者가 合同責任을 부담한다(수§43). 그러나 지급인 이외의 자가 소구의무를 부담한 때에는 최종적으로 지급보증을 한 지급인에게 상환청구를 할 수 있다.

미국에서는 지급인인 은행이 지급보증을 하면, 발행인 등 수표상의 다른 채무자는 수표상의 책임을 면해 주고 있다.

---

29) 손주찬, p.419; 강위두, p.540; 정무동, p.532; 정동윤, p.633; 최기원, p.789.

30) 정희철·정찬형, p.279; 서정갑, p.298.

31) 대법원 1967.3.28. 선고 67다108 판결; 동 1957.10.21. 선고 4290민상318 판결.

제7장 手票의 讓渡

수표상의 권리자가 어떻게 지정되어 있는가에 따라 수표의 양도방법은 달라지게 되는데, 手票도 어음과 마찬가지로 記名式, 指示式, 背書禁止式이 인정되고, 그 밖에 수표에 특유한 所持人出給式, 名所持人出給式 및 無記名式으로 발행할 수 있다. 수표도 자유롭게 양도할 수 있는 것이 원칙이기 때문에 記名式手票도 '指示禁止'의 文言의 기재가 없는 한 법률상 당연히 背書에 의하여 양도할 수 있으므로 指示式과 다름이 없다. 또한 無記名式(수§5③), 指名所特人出給式(수§5②)도 소지인출급식으로 보고 있다.

제1절 記名式手票의 讓渡

어음과 같이 수표도 法律上 당연한 指示證券이므로 지시식인 경우는 물론이고, 기명식인 경우라도 지시금지를 하지 않는 한 배서에 의하여 양도할 수 있다(수§14①).

제2절 所持人出給式手票의 讓渡

소지인출급식수표는 증권의 단순한 교부에 의하여 양도되는데(민§523), 이때의 교부는 權利移轉의 성립요건이지 단순한 대항요건이 아니다.[32)]

所持人出給式手票의 양도의 경우에는 양도인이 수표상에 기명날인 또는 서명한 바 없으므로 擔保的 效力은 없으나, 善意取得(수§21)이나 抗辯의 制限(수§22)은 인정된다. 그러나 期限後讓渡의 경우에는 期限後背書와 같이 선의취득이나 항변의 제한은 인정되지 않는다.

---

32) 대법원 1965.11.30. 선고 65다1996 판결; 동 1966.2.22. 선고 65다2505 판결; 동 1987.5.26. 선고 86다카 1559 판결.

所持人出給式手票는 양도의 합의와 단순한 교부에 의하여 양도되는 것이므로 所持人出給式手票상의 배서는 手票上의 권리를 양도하기 위하여 필요한 행위가 아니다. 따라서 소지인출급식수표에 배서를 한 때에는 이를 무효로 볼 것인지[33] 아니면 이러한 배서인의 기명날인을 신뢰한 제3자를 보호할 것인지가 문제였다.[34] 이에 우리 수표법은 후자의 견해를 받아들여 배서인도 소구의무를 부담하게 하여 배서의 담보적 효력을 인정하고 있다(수§20 본문). 그러나 이로 말미암아 수표가 지시식으로 바뀌는 것은 아니기 때문에(수§20 단서), 所持人出給式手票도 단순한 교부에 의하여 양도되고, 증권의 점유자는 배서의 연속을 요하지 않고 증권의 소지만으로 정당한 권리자로서의 추정을 받게 된다. 그리고 推尋委任背書(수§23)는 할 수 없다.

背書禁止文句가 있는 수표에 한 배서에 대해서는 수표법 제20조가 적용되지 않는다. 왜냐하면 이러한 수표는 일반 지명채권양도의 방식과 그 효력으로써만 양도될 수 있기 때문이다(수§14②).

제 3 절 手票의 背書

수표의 배서는 요건, 방식과 효력 등에 있어서는 어음의 배서와 기본적으로는 동일하다. 즉, 배서의 방식(수§16), 배서의 權利移轉的 效力(수§17), 배서의 資格授與的 效力(수§19), 배서의 擔保的 效力(수§18), 善意取得(수§21), 抗辯의 제한(수§22), 白地式背書(수§17②), 不單純背書(수§15①), 一部背書(수§15②), 所持人出給式背書(수§15④), 無擔保背書(수§18①), 推尋委任背書(수§23)에 대하여는 어음법과 같은 규정이 있다. 그러나 다음과 같은 점에 있어서는 어음의 배서와 차이가 있다.

1. 支給人의 背書

지급인이 한 배서는 無效이다(수§15②). 어음의 경우(어§11① 후단)와 달리 무효로

33) 소지인출급식수표상의 배서를 무효로 본 이유는 背書의 주된 목적은 양도이고, 공동책임자의 창조에 있는 것은 아니기 때문이라고 하였다.

34) 독일 舊수표법(1908) 제15조 2항에서는 자신의 성명이나 상호를 手票의 이면에 기재한 자에게 지급책인을 부담시키고 있었는데, 수표법 제20조는 이와 같은 취지에서 소지인출급수표상에 배서를 한 배서인에 대해 遡求에 관한 규정에 따라 책임을 지도록 한 것이다.

하는 이유는 수표의 신용증권화를 방지하기 위한 것이다. 수표는 지급용구이므로 지급인의 수중에 들어간 수표를 또 다시 유통시킬 경제적 이유가 없다. 그리고 支給人의 引受를 인정하지 않고 있고(수§4), 지급인이 배서인으로서 담보책임을 지는 것도 금지하고 있다(수§15③). 그 이유는 이를 인정하면 마치 지급인의 인수를 인정한 것과 같이 되어 수표가 본래의 기능을 상실할 우려가 있기 때문이다.

지급인이 배서를 한 경우, 그 배서의 피배서인은 무권리자이고 이러한 無權利者로부터 수표를 배서에 의하여 취득한 자는 선의취득이 인정되지 않는다. 물론 무권리자로부터의 선의취득은 인정되지만 이러한 수표의 취득에 있어서는 지급인이 배서하였다는 것이 분명할 것이므로 그럼에도 불구하고 수표를 취득하였을 때에는 취득자에게 중대한 過失이 있다고 할 수 있기 때문이다. 그리고 지급인이 배서를 한 후 遡求義務를 이행하여 수표를 회수하였더라도 지급인은 전자인 배서인 또는 발행인에 대하여 소구권을 행사할 수 없다.

2. 支給人에 대한 背書

지급인에 대한 배서는 원칙적으로 領收證의 效力만이 있는데(수§15⑤ 본문), 이는 영수의 기재에 갈음하여 지급인에게 배서의 기명날인을 하는 독일의 상관습을 채택한 것이다. 지급인에 대하여 배서를 하면 수표는 지급이 된 것과 같은 효과가 생겨 手票上의 권리가 소멸하여 權利移轉的 效力이 없으므로 기명날인 또는 서명한 者는 담보책임을 지지 않는다. 그러나 지급인에 대하여 白地式背書를 한 경우에 배서인은 지급인에 대하여는 배서로서의 효력을 부인할 수 있으나 선의의 手票取得者에 대하여는 背書의 무효를 주장할 수 없다고 본다. 그러나 지급인인 은행이 수개의 영업소를 가진 경우에는 예외가 인정되어, 수표발행의 상대방이 된 영업소 이외의 영업소에 대하여 한 배서는 보통의 배서로서의 효력을 가진다(수§15⑤ 단서).

이러한 예외를 인정하는 이유는 수표의 할인을 용이하게 하려는 데 있다.

3. 期限後背書

수표의 期限後背書란 수표의 指示期間이 경과된 다음에 한 배서를 말한다(수§24①). 이 경우를 기한후배서로 법정한 것은 수표의 제시기간이 단기인 것은 수표가 어음과 같이 信用證券으로 유통되는 것을 방지하기 위한 목적이 있으므로 제시기간 경과 후의 배서에 대하여는 수표법상의 효력을 제한할 필요가 있기 때문이다.[35] 그리하여 수표의 제시기간 경과 후에 배서를 하였으나 아직 支給拒絶證書나 支給拒絶宣言의 작성기간이 경과되지 않은 경우, 예컨대 수표를 제시기간의 末日에 제시하여 거절증서의 작성기간이 이에 이은 제1의 거래일로 연장된 경우라도(수§40②) 제시기간 경과 후에 한 배서는 기한후배서인 것이다. 왜냐하면 이 경우에 기간의 연장은 제시기간의 말일에 수표를 제시한 자에게 거절증서의 작성을 가능하게 하기 위한 것이고 이 날에도 수표를 유통시킬 수 있게 하려는 것은 아니기 때문이다.

拒絶證書의 작성 후의 배서를 期限後背書로 법정한 것은 어음의 경우와 같으나 수표에 있어서는 引受制度가 존재하지 않으므로, 지급거절증서의 작성 후의 배서만이 기한후배서가 된다.

수표의 경우는 支給拒絶證書 이외에 지급거절이 되었다는 支給人이나 어음교환소의 宣言(수§39 2호, 3호)이 있은 후의 배서도 기한후배서라고 법정하고 있는 것이 어음과 다른 점이다. 지급거절증서의 작성후나 지급거절선언이 있은 후의 배서는 제시기간이 경과하기 전에 한 것이라도 기한후배서인 것이다. 그러나 한번 제시하여 지급이 거절된 다음에 제시기간 내에 한 배서는 期限後背書가 아니다. 이는 一覽出給어음의 경우에 한번 제시하여 지급이 거절된 다음에 한 배서라도 제시기간이 경과되기 전에 한 배서에는 一般背書의 效力이 인정되는 것과 같다.

수표의 기한후배서에도 어음과 마찬가시로(이§20① 단서) 指名債權讓渡의 효력만이 인정되고 있어(수§24①) 양수인은 양도인이 갖는 권리만을 취득한다. 따라서 擔保的 效力이 없고 선의취득도 인정되지 않는다.

4. 入質背書

수표의 경우는 금전지급수단으로서 어음의 경우(어§19)와 달리 즉시 지급할 성질의 것이므로 入質背書는 인정되지 않는다. 그러나 당사자간의 합의나 수표의 교부에 의한 質權의 설정은 가능하지만 제시기간이 단기이기 때문에 그 실익이 별로 없다.

---

35) 제시기간 경과 후의 배서 또는 소지인출급식수표의 단순한 인도는 제시기간 내에 수표의 지급을 위하여 제시하였는가 하는 것과 관계없이 기한후배서로 본다(대법원 1965.11.30. 선고 65다1926 판결).

5. 謄本에 의한 背書

수표에는 인수제도가 없다. 따라서 謄本이 없으므로(어§67, §68) 등본에 의한 배서는 있을 수 없다(어§67③).

6. 參 加

수표에는 참가제도가 없다. 따라서 豫備支給人의 기재는 인정되지 아니한다.

7. 擔保責任의 制限

수표에는 인수제도가 없어 배서인은 支給擔保責任만을 지고 인수담보책임은 지지 않는다(수§18①). 이는 약속어음과 같고 換어음과 다른 점이다.

8. 實務上의 問題

수표의 배서와 관련하여 실무상 다음과 같은 것들이 문제된다.[36]

(1) 은행이 거래처로부터 지시식수표나 기명식수표를 예금으로 수령한 경우, 은행에 대한 배서가 없거나 미비하더라도 은행이 수표의 이면에 입금증명을 하여 교환해 돌리는 경우가 많다. 이 때 지급은행은 배서가 미비함에도 불구하고 그 수표를 부도로 하지 않고 지급을 하는 것이 관행으로 되어있다. 그런데 입금증명이 배서의 단절을 架橋하는 효력을 가진다고 볼 수는 없다. 따라서 이 입금증명의 효력이 문제된다. 여기에는 여러 가지 견해가 있으나 이는 만일 사고가 발생할 시 제시은행이 책임을 진다는 의미를 포함하는 제시은행과 지급은행과의 사이에 일종의 손해담보계약으로 보는 것이 합리적이라고 여겨진다. 따라서 지급된 뒤에 다른 진정한 권리자가 나타난 경우에는 이중지급의 위험은 입금증명을 한 제시은행이 부담한다고 볼 것이다. 또 제시은행이 잘못 입금증명을 하여 지급은행이 이를 믿고 지급을 함으로써 손해를 입은 경우에도 제시은행은 지급은행에 대하여 손해배상책임을 지는 것이 일반적으로 인정되고 있다.

36) 정동윤, pp.640-642.

(2) 거래은행의 수표의 추심을 위하여 이를 預入하는 경우에는 수표의 이면에 기명날인을 요구하는 수가 있다. 이 경우에 그 형식에 따라 판단하면 백지식 배서를 한 것이 된다(수§16①). 그런데 이때의 배서는 지급인에 대하여 하는 것이 아니므로 영수증의 기재로서의 효력은 없고, 보통의 배서로서의 효력이 있다(수§20). 따라서 이 수표가 잘못하여 유통되게 되면 피배서인이 나타나 있지 아니하므로 영수의 의미로 기명날인을 한 자가 수표상의 책임을 질 염려가 있다. 물론 추심을 의뢰받은 은행이 수표의 지급인인 은행과 같은 은행의 지점일 경우에는 위 기명날인을 영수증의 기재로 볼 수 있을 것이다.

(3) 수표의 배서가 원인채권에 대한 보증책임을 지는 것으로 풀이되는 수가 있다. 즉, 대법원은 회사가 돈을 차용할 때 회사상무로 근무하던 자가 회사의 차용증서에 갈음하여 회사명의로 수표를 발행교부하면서 그 채무를 담보하는 의미로 그 수표의 이면에 배서를 한 경우에는 그 회사상무는 그 차용금채무에 대하여 연대보증의 책임을 진다고 한다.[37]

37) 대법원 1975.3.11. 선고 75다123 판결.

제8장 手票의 提示와 支給

제1절 支給提示

手票도 어음과 마찬가지로 제시증권으로서 수표금의 지급을 청구하기 위해서는 소지인이 지급인에게 제시를 하여야 한다. 여기서는 수표의 경우에 특유한 제도에 대하여만 설명한다. 수표법에서는 수표가 지급증권으로서의 기능을 다하고 신용증권화 하는 것을 방지하기 위해서 수표를 일람출급으로 하고 또 지급제시기간을 단기로 하고 있다.

1. 一覽出給性

만기가 있는 어음과는 달리(어§33①) 수표는 지급수단으로 現金支給에 대신하는 기능을 갖는 것이므로 항상 一覽出給이어야 하고 이에 위반되는 모든 기재는 기재하지 아니한 것으로 본다(수§28①). 즉 수표의 소지인은 언제든지 수표의 제시로 지급을 청구할 수 있다. 수표에는 만기의 개념이 없어 수표의 경우에 만기는 無益的 記載事項이다. 따라서 수표에 기재한 제시기간이나 만기는 그 효력이 없으며 다만 당사자간에서만 유효하다.

2. 支給提示期間

발행인에게는 수표가 가능한 한 빨리 제시되는 것이 유리하기 때문에 지급증권인 수표의 제시기간은 一覽出給어음의 提示期間(어§34①)보다 현저히 짧게 규정되어 있다. 이 기간은 당사자가 임의로 신축할 수 없다.

(1) 提示期間의 計算

제시기간의 기산점은 수표에 기재된 發行日字이며 실제로 발행된 날이 아니다(수§29④). 기재된 날(初日)은 산입하지 않는다(수§61). 즉 發行日字의 翌日로부터 10일간이다.

제시기간 중의 휴일은 제시기간에 산입되는데, 제시기간의 末日이 休日인 때에는 이에 이은 제1의 去來日까지 연장되고(수§60), 또 수표의 제시가 불가항력에 의하여 방해된 때에는 기간의 연장이 인정된다(수§47). 一覽出給어음의 경우에는 발행인이 지급을 위한 제시기간을 단축하거나 연장할 수 있으나(어§34①), 수표법에는 이러한 규정이 없으므로 발행인이 제시기간을 단축 또는 연장하려면 수표의 발행일자를 실제로 발행한 날보다 後日字로 하거나 先日字로 하는 방법이 가능할 뿐이다.

(2) 國內手票와 外國手票의 提示期間

國內에서 발행하고 지급할 수표는 10日내에 지급제시를 하여야 한다(수§29①). 자기앞수표의 경우도 같다.[38] 또 지급지의 國과 다른 國에서 발행한 수표는 발행지와 지급지가 同一洲에 있는 경우에는 20일 내에, 다른 洲에 있는 경우에는 70일 내에 이를 제시하여야 하고(수§29②), 이 때 유럽洲의 一國에서 발행하여 지중해연안의 一國에서 지급할 수표 또는 그 반대의 경우에는 同一洲內에서 발행하고 지급할 것으로 본다(수§29③).

歲曆을 달리하는 兩地간에서 발행한 수표는 발행일자를 지급지의 歲曆의 대응일로 환산하여 계산한다.

(3) 提示期間의 意味

수표는 지급제시기간 내에 지급을 위한 제시를 하여야 한다. 그렇다고 지급제시는 제시기간 내에만 할 수 있다는 의미는 아니다. 즉 제시기간이 경과한 후에 한 제시로도 지급을 받을 수 있다(수§32②). 이것은 지급인의 임의의 권한에 속하는 것이고, 소지인의 권리로서 지급을 구할 수 있는 것은 아니다.

그런데, 수표의 지급제기간은 다음과 같은 경우를 위하여 중요한 의미를 갖는

---

38) 대법원 1950.10.29. 선고 4292민상440 판결.

다. 첫째, 소지인은 제시기간 내에 지급을 위한 제시를 하였음에도 지급받지 못한 경우에 한하여 발행인·배서인 기타의 채무자에 대하여 소구권을 행사할 수 있고(수§39), 또 지급보증을 한 지급인이 있으면 그에 대하여 청구할 수 있다(수§55①). 둘째, 수표의 제시기간 내에는 지급위탁을 취소하여도 그 효력이 생기지 않는다(수§32①).

3. 支給提示의 方法과 場所

(1) 支給提示의 方法

記名式·指示式手票는 배서가 연속된 수표의 소지인이 제시하여야 하며 背書가 연속되지 않은 때에는 소지인이 배서의 연속이 欠缺된 부분에 대하여 권리승계의 실질관계를 증명하면 제시할 수 있고, 배서가 금지된 記名式手票의 소지인은 자기가 실질적인 권리자라는 것을 증명하면 제시할 수 있다. 그러나 수표에 있어서는 無記名式·指名所持人出給式·所持人出給式도 인정되므로 이 경우에는 배서의 유무를 불문하고 단순한 수표소지인이 정당한 권리자로 인정되어 당연히 지급제시를 할 수 있다.

(2) 支給提示의 場所

支給提示는 원칙적으로 지급지 내에 있는 지급인의 영업소에서 하여야 하지만, 제3자방지급의 기재가 있는 때에는 그것이 지급장소만을 의미하는 때에는 그 장소에서 支給人에 대하여, 지급담당자를 의미하는 때에는 그 지급담당자의 영업소에 지급담당자에 대하여(수§8) 제시하여야 한다. 그런데 소지인은 보통 수표를 자기의 거래은행에 예금을 하고 지급은행에 지급을 청구케 하며 은행 상호간은 어음교환소를 통하여 수표를 교환함으로써 채권·채무를 결제하는 것이므로 어음교환소에서의 수표의 제시는 지급을 위한 제시의 효력이 인정된다(수§31).

4. 先日字手票

(1) 意 義

先日字手票(postdated check; vordatierter Scheck)란 발행일자를 실제의 發行日보다

장래의 日字로 기재한 수표를 말한다. 이것을 延手票라고도 한다.

실제의 發行日에 발행인이 은행에 자금이 없고 수표에 기재한 후일의 발행일에 가서 비로소 지급인인 은행에 자금이 생길 것이 예상되는 경우에 발행되거나 또는 자금은 있으나 지급은행에 지급할 이자를 경감하기 위한 때(당좌대월의 경우) 발행된다. 즉 先日字手票를 발행함으로써 제시기간을 연장할 수 있게 된다.

수표법에서는 간접적으로 선일자수표의 유효성을 인정하고 있다(수§28②). 이를 무효로 한다면 발행일자가 도래한 뒤에 이 수표를 선의로 취득한 사람이 불측의 손해를 입게 되어 수표의 유통성을 크게 해하기 때문이다. 선일자수표를 유효로 취급하는 것은 수표의 문언성과 추상성에 비추어 보아도 당연한 결과이다. 手票行爲의 문언성에서 볼 때 수표에 기재된 발행일자는 手票上의 意思表示의 내용으로서 단순한 사실의 기재가 아니라 발행인이 수표에 기재한 날을 발행일로 하는 수표를 작성하는 것이므로 사실상의 발행일과 달라도 발행의 효력에는 영향이 없으며, 발행일자 이후의 선의취득자를 보호하기 위하여도 先日字手票는 당연히 그 유효성이 인정되어야 할 것이다. 또한 수표의 추상성과 手票外觀解釋의 原則에 의하더라도 그 유효성을 부정할 이유는 없다.

先日字手票의 경우에 提示期間은 실제로 수표가 발행된 날이 아니라 수표에 기재된 발행일부터 기산한다. 또한 支給委託의 取消도 수표에 기재된 발행일을 기준으로 한 제시기간이 경과된 후에 비로소 그 효력이 생긴다(수§32). 또한 時效期間도 수표에 기재한 발행일자를 기준으로 한 제시기간이 경과한 후부터 기산한다(수§51).

선일자수표발행의 능력이나 권한은 수표에 기재된 발행일자가 아니라 실제로 발행한 날에 있으면 된다.[39]

(2) 法律關係

① 手票所持人과 支給人과의 關係

만일 선일자수표의 경우에 발행일자 전에 지급제시를 금지한다면 이는 수표의 일람출급성에 반하고 수표를 신용증권화하는 결과가 되어 수표제도와 모순되게 된다(수§28①). 그리하여 수표법은 手票의 一覽出給性을 철저히 하기 위하여 先日字手票의 경우에 기재된 發行日字가 到來하기 前에 지급을 위하여 提示한 때에도

39) 손주찬, p.421; 최기원, p.802.

그 제시한 날에 이를 지급하여야 한다(수§28②)고 규정하고 있다. 그러므로 發行日字의 도래 전이라도 지급이 거절되면 소지인은 바로 발행인에 대하여 소구할 수 있다(수§39). 또 발행인은 과태료의 처분을 받을 뿐만 아니라(수§3, §67), 부정수표단속법에 의하여 처벌을 받는다(부수§2②). 또 이 규정(수§28②)은 강행규정이므로 발행일 이전에 先日字手票의 제시가 있는 경우는 지급하지 않는다는 발행인과 지급인의 특약은 무효이다.

② 發行人과 受取人과의 關係

선일자수표를 발행한 경우에 발행인과 수취인 사이에서 수표에 기재된 발행일자 이전에는 지급을 위한 제시를 하지 않기로 특약을 하는 경우가 많다. 이 특약의 효력에 관해 유효설과 무효설이 대립하고 있다. 유효설의 주된 이유는 이러한 특약은 강행규정인 수표법 제28조 2항의 변경을 직접 규정하는 것은 아니고 발행인이 자금의 편의상 발행일자까지 지급제시를 하지 말아달라는 것뿐이므로 선량한 풍속 기타 사회질서에 반하지 않는다는 것이다.[40]

이와는 달리 무효설의 입장은 수표법 제28조 2항의 취지로 보아 발행일자 전에는 지급제시하지 않는다는 특약을 하여도 그것에 기하여 原因債權의 기한미도래의 경우와 같이 원인관계상의 항변을 제출할 수 있는 것은 별도로 하고 그와 같은 制約은 수표의 강행적인 一覽出給性을 排除하는 것이므로 無效라는 것이다.[41] 대법원은 선일자수표의 추심위임을 하면서 발행일자 이전의 지급제시를 금하는 것은 상관없다고 판시하여 특약의 효력을 간접적으로 시인하고 있다.[42]

5. 後日字手票

선일자수표와는 반대로 발행일자가 실제로 발행한 날 이전으로 기재된 수표를 後日字手票라고 한다. 이 경우는 그만큼 제시기간이 단축된다. 이러한 수표도 수표의 본질에 반한다고 할 수 없으나 별로 이용되지 않는다.

---

40) 동지; 정희철·정찬형, p.508; 손주찬, p.421; 정동윤, p.655; 정무동, p.534; 양승규, p.431; 최기원, pp.801-803.

41) 최기원, pp.801-803.

42) 대법원 1982.4.13. 선고 81다1000 판결; 동 1982.4.13. 선고 82다카552 판결.

제 2 절 支 給

수표의 지급에 관한 내용 가운데 지급절차(수§34), 지급화폐(수§36) 등은 어음의 경우(어§39, §41)와 마찬가지이다. 그러나 수표에는 어음의 경우(어§42)와는 달리 一覽出給으로 발행되므로 만기 전의 지급이란 있을 수 없다(어§43). 또 供託에 관한 규정은 없다. 왜냐하면 지급인은 채무자가 아니기 때문이다. 수표의 지급에 있어서 중요한 문제는 支給人의 調査義務(수§35), 僞造·變造手票의 지급에 따른 손해의 부담관계, 지급위탁취소의 제한(수§32①), 지급제시기간경과 후의 지급(수§32②) 등이다.

1. 支給人의 調査義務

指示式手票나 배서가 금지되지 않은 수표의 지급인은 背書의 연속과 手票要件의 완비 등에 대한 形式的 要件을 조사할 의무는 있으나, 배서인의 기명날인 또는 서명을 조사할 의무는 없다(수§35). 즉 소지인의 형식적 자격에 대하여만 적극적인 조사의무가 있을 뿐이고, 실질적 권리에 관해서는 조사할 의무가 없다.

한편 어음법 제40조 3항은 만기에 지급하는 지급자는 형식적 자격자에게 지급을 하면 면책되지만, 그러기 위해서는 지급자에게 사기 또는 중대한 과실이 없어야 한다고 규정하고 있다. 그러나 수표법에는 지급인의 면책에 관한 위와 같은 규정이 없다. 그러나 이러한 경우에 수표와 어음을 특별히 구별할 실익이 없으므로 수표에도 어음법 제40조 3항을 類推適用하는 것이 타당하다고 본다.[43)]

所持人出給式手票 또는 무기명식수표 및 지명소지인출급식수표는 수표의 소지만으로 형식적 자격이 인정된다. 따라서 특히 형식적 자격에 관하여 조사할 필요는 없다.

2. 僞造·變造手票의 支給

수표의 위조 및 변조의 효과는 어음의 경우와 동일하다. 다만 지급인이 위조·변조수표에 대하여 지급한 경우 지급인과 발행인 가운데 누가 그 손실을 부담할

---

43) 동지 ; 정희철·정찬형, p.375; 서정갑, p.301; 손주찬, p.426; 정동윤, p.651; 최기원, p.808.

것인가가 문제된다. 支給人이 위조·변조수표에 대하여 지급을 한 때에는 발행인인 고객의 지급위탁이 존재하지 않으므로 이를 手票契約에 의한 지급사무의 수행으로 볼 수 없어 지급을 하여도 지급의 결과를 발행인의 계산으로 돌릴 수 없다. 그 때문에 민법 제688조 제1항에 의한 지급인의 비용상환청구권이 인정되지 않는다. 즉 지급인은 수표계약에 따라 진짜 수표에 대해서만 지급을 하여야 한다. 그러므로 수표위조의 위험은 지급인이 부담하여야 할 것이다. 따라서 지급인은 고객에 대하여 免責을 이유로 不當利得의 청구도 할 수 없다고 본다.

그러나 거래의 실제에 있어서는 지급인인 은행과 발행인인 고객간의 수표계약에서 이 경우의 위험부담에 관하여 특약을 하고 있어 발행인인 고객이 僞造의 위험을 부담하는 경우가 많다. 즉 고객이 수표계약에 의한 의무를 위반했거나 수표의 지급에 대하여 책임이 인정되는 때에는 지급인인 은행에 대하여 손해배상책임을 지게 된다. 또한 고객과 은행간의 별도약정에 의하여 지급인인 은행은 그 책임을 免하고 있다. 변조의 경우에도 발행인에게 변조에 대한 귀책사유가 없고 특약이 없는 한 발행인은 변조 전의 文言에 따르는 책임을 질 뿐이다.[44] 免責約款이 있더라도 지급인이 주의의무의 해태로 지급한 때에는 지급에 대하여 책임을 면하지 못한다.[45]

3. 支給委託의 取消

(1) 意 義

手票의 발행인과 지급인 사이에는 手票契約의 체결로 인해 지급위탁관계가 설정되는데, 발행인은 수표를 발행한 후에도 지급인에 대하여 지급위탁을 취소할 수 있다. 어음과 달리 지급위탁취소는 제시기간 경과 후에 효력을 발생한다고 규정하고 있다(수§32①). 제시기간 경과 후에 支給委託의 취소에도 불구하고 지급인이 지급한 때에는 발행인의 계산에 의한 지급이 되지 않는다. 반면에 제시기간의 경과 전에는 發行人의 지급위탁 취소에 불구하고 지급을 하여도 손해배상 책임을 지지 않는다. 자기앞 手票는 발행인과 지급인이 동일인이고 양자 사이에 지급위탁의 관계가 존재할 수 없으므로 지급위탁의 취소란 있을 수 없다.[46]

44) 대법원 1964.6.9. 선고 63다1113 판결.
45) 대법원 1976.10.29. 선고 76다252 판결.
46) 대법원 1960.6.9. 선고 4292민상287 판결.

支給委託의 취소에 관한 입법례에는 ① 취소자유주의(英어§75①), ② 취소불허주의, ③ 제시기간경과 후 취소주의 등이 있는데, 현행법은 ③의 입장이다.

지급위탁취소의 法的 性質에 관해서는 견해가 나뉘는데, 支給事務委託撤回說과 支給指示撤回說이 그것이다. 支給事務委託撤回說의 입장은 手票契約에 의한 지급사무위탁을 개개의 수표에 관하여 철회하는 것이라고 한다. 독일수표법 제32조에서는 '手票의 撤回'라고 하므로 발행의 철회로 이해할 수 있으나, 우리의 경우에는 '지급위탁의 취소'라고 표현하고 있으므로 이는 수표계약에 의한 支給事務委託의 撤回라고 함이 타당하고 이에 의할 때 기타 이해관계인의 이익을 보호할 수 있게 될 것이다.

支給指示撤回說의 입장은, 지급위탁의 취소는 수표발행 자체의 철회라는 것이다. 이에 관하여는 다시 철회의 효과는 지급인에 대하여만 있으며 소지인에게는 미치지 않는다는 相對的 撤回說과 소지인에 대하여도 효과가 있는 絕對的 撤回說이 있다.

(2) 方 法

支給委託의 취소는 지급인에 대한 發行人의 意思表示에 의하며, 그 방식에는 제한이 없다. 서면이나 구두 어느 것이나 상관없다. 은행실무상에 있어서는 취소될 수표를 명확하게 하기 위하여 수표발행인으로 하여금 支給銀行에 대한 사고계의 제출을 요구하고 있는데, 수표발행인에 의한 서면 또는 구두에 의한 事故屆는 당연히 지급위탁취소의 의사표시가 포함된 것으로 본다. 그러나 수표소지인에 의한 사고계는 그와 같은 효력이 없다. 은행이 지급을 함에 있어서 지급위탁의 취소를 알지 못한 경우에는 銀行은 이에 대한 立證責任이 있다고 본다.[47] 그러나 자기앞수표의 경우에는 발행인이 은행이므로, 자기앞수표의 발행의뢰인이 수표를 분실하고 지급은행에 지급의 중지를 요구하여도, 그것은 지급위탁의 취소로서의 의미는 없다. 사고신고로서의 의미밖에 없는 것이다.[48]

(3) 取消의 效果

지급위탁의 취소는 특정한 수표에 대하여 하는 것이므로 手票契約은 그대로 존속하게 된다. 지급인이 지급위탁의 취소에 따라 자금의 유무에 불구하고 지급을

47) 최기원, p.814.

48) 손주찬, p.428; 정동윤, p.648; 이기수, p.506.

거절하여도 手票에 대하여 손해배상책임을 지지 않는다. 다만 발행인의 수표소지인에 대한 손해배상책임은 당사자간의 法律關係에 따른다. 지급위탁의 취소가 있더라도 발행인에 대한 遡求權을 행사할 수 있음은 물론이다. 지급인이 발행인의 지급위탁 취소에도 불구하고 지급을 한 경우라도 그 취소를 모르는 수표소지인에 대하여는 직접 不當利得의 반환을 청구할 수 없다고 본다.

지급위탁의 취소가 있는 때에는 지급인은 수표소지인에게 지체 없이 통지할 의무가 있다 할 것이다.

(4) 取消時期의 制限

지급위탁의 취소는 발행인이 언제든지 자유롭게 할 수 있는 것이 원칙이다(민§689①). 그러나 支給委託의 取消를 제한 없이 인정하게 되면 수표소지인의 이익과 수표거래의 안전을 害하게 될 우려가 있기 때문에 독일법을 따라서 提示期間經過 후에만 가능하도록 하였다(수§32①). 따라서 기간경과 전에 지급위탁의 취소를 하여도 제시기간 내에는 효력이 없고, 지급인은 제시기간내에 취소가 있어도 발행인의 자금에 의하여 지급할 수 있다. 이 규정은 강행법규이므로 이에 반하는 특약은 효력이 없다고 볼 수 있다.

그런데 실제에 있어서는 지급인은 거래처의 확보와 보호를 목적으로 제시기간 내의 支給委託의 取消도 사실상 그 취소통지를 존중하여 지급을 거절하는 것이 통례이므로 수표법 제32조 제1항은 실제에 있어서 제한적인 효력밖에 없다고 할 수 있다.

(5) 支給指示期間經過後의 支給

제시기간 경과 후에는 언제든지 지급위탁의 취소가 가능하기 때문에(수§32①) 수표를 상실한 때에는 公示催告節次 대신에 지급위탁을 취소하는 것이 편리하다.

한편 手票의 지급위탁은 제시기간 내의 지급의 위탁이므로 제시기간의 경과로 당연히 소멸해야 하지만 발행인은 원인관계에 의한 채무는 결제하여야 될 것이므로 제시기간 경과 후에 지급하여도 발행인에게는 손실이나 불리한 점이 없으므로 발행인의 의사에도 반하지 않는다. 그리하여 수표법은 지급위탁의 취소가 없는 때에는 지급인은 指示期間경과 후에도 支給할 수 있다(수§32②)고 하였다. 그러나 제시기간 경과 후에 支給人이 발행인에 대하여 지급의무를 부담하고 있는 것은 아니므로 지급을 거절하여도 手票契約에 反하지 않는다.

제9장 橫線手票

제1절 總 說

橫線手票(Gekreuzter Scheck; Crossed Check)란 수표의 표면에 두 줄의 평행선을 그은 수표로서, 은행 또는 지급인의 거래처를 통해서만 지급 할 수 있는 수표를 말한다(수§37, §38). 따라서 횡선수표의 法的性質은 發行人 또는 소지인의 지급인에 대한 支給受領資格을 制限하는 것이라 할 수 있다.

手票는 一覽出給證券이고 대개의 경우 소지인출급식으로 발행되기 때문에 수표의 도난 또는 분실의 경우에 부정한 취득자가 지급을 받을 위험성이 많다. 수표가 無權利者에게 지급되면 그 손실은 발행인에게 돌아가고 또 발행인과 수표를 상실한 소지인과의 관계에서는 결국 소지인이 손실을 부담하게 된다.

위와 같은 수표의 발행인 및 소지인의 손해를 방지하기 위하여 영국에서는 횡선수표라는 제도가 이용되어 왔고, 독일에서는 계산수표의 제도를 이용하여 왔다. 전자는 수표면상에 두 개의 평행선을 긋는 것이므로 횡선수표라는 명칭이 나오게 되었는데, 이에 의하면 수표의 제시인을 은행이나 지급인의 거래처에 한정하여 절취자나 습득자가 수표의 지급을 받는 것을 방지하고자 하였다. 후자는 수표면에 '계산을 위하여' 또는 이와 동일한 의의가 있는 문언을 기재하는 것이므로 계산수표라는 명칭이 생겨났는데, 이에 의하면 수표의 지급은 현금으로는 할 수 없고, 이체·상계·어음교환 등의 기장계산방법에 의해서만 결제할 수 있게 함으로써 같은 목적을 달성할 수 있도록 하였다. 統一法은 橫線手票와 計算手票의 두 가지 제도를 유보규정[49]으로 인정하였지만 대부분의 국가는 그 중 한 가지만을 채택하고 있는데 우리 수표법은 橫線手票制度만을 채택하고 있다. 이러한 제도에 의하여 수표의 부정취득자가 지급받는 것을 최소한도로 방지할 수 있고 만일 부정취득자에게 지급된 경우라도 그 수취인을 쉽게 알 수 있기 때문에 求償權의 행사가

49) 제2부속서 제18조 제1항.

용이하게 된다. 또 수표에 횡선을 하여도 그 유통에는 영향이 없지만 취득자가 지급인인 은행과 거래관계가 없는 때에는 은행에 추심을 위임하든가 할인하지 않으면 그 수표를 현금화할 수 없게 된다. 횡선을 그을 수 있는 자는 수표의 발행인과 소지인이며 발행인은 은행이 교부한 수표용지에 미리 横線을 그어 수표용지의 분실에 의한 수표의 위조로 인한 손해를 예방할 수 있게 된다.

제 2 절 横線手票의 種類

1. 一般横線手票

일반횡선수표란 발행인 또는 소지인이 수표표면의 모퉁이에 2줄의 평행선을 긋고 그 횡선 내에 아무런 기재도 하지 아니하거나, '은행' 또는 이와 동일한 의의가 있는 문자를 기재한 것을 말한다(수§37②, ③). 一般横線手票는 特定横線手票로 변경할 수 있으나, 특정횡선수표는 일반횡선수표로 변경하지 못한다(수§37④).

2. 特定横線手票

특정횡선수표란 2줄의 횡선 내에 特定銀行의 名稱을 기재한 것을 말한다. 특정횡선수표의 支給人은 지정된 은행에 대해서만 또는 지정된 은행이 지급인인 때에는 자기의 거래처에 대하여서만 지급할 수 있다(수§38②). 그러나 지정된 은행은 다른 은행으로 하여금 추심시킬 수 있다(수§38② 단서). 특정횡선은 하나만 기재할 수 있지만 예외적으로 어음교환소에서의 추심을 위한 때에는 2개의 특정횡선을 기재할 수 있다(수§38④).

제 3 절 效 力

1. 支給의 制限

첫째, 일반횡선수표의 지급인은 銀行 또는 支給人의 거래처에 대해서만 지급할 수 있다(수§38①). '去來處'란 지급인인 은행과 계속적인 거래관계가 과거에 존재하였고 수표를 제시할 때에도 계속되고 있는 자를 말한다는 설도 있으나 은행이 提示者와 거래관계를 개설함과 동시에 그 동일성과 그의 주소를 확인한 때에는 거래처로 보아도 된다고 할 것이다. 그러므로 거래처에는 지급인인 동일은행의 他支店의 거래처도 포함된다고 본다. 이와 같이 橫線手票는 支給人과 전혀 거래가 없는 자는 지급을 받을 수 없으므로 자기가 거래하고 있는 은행에 추심을 위임하지 않으면 안 된다.

둘째, 특정횡선수표의 支給人은 指定된 銀行 또는 지정된 은행이 지급인인 때에는 자기의 去來處에 대하여서만 지급할 수 있다(수§38② 본문). 또한 수표법은 지정된 은행이 지급인이 가입하고 있는 어음교환소에 가입하고 있지 않은 경우를 위하여 지정된 은행은 다른 은행으로 하여금 推尋시킬 수 있도록 하였다(수§38② 단서). 特定橫線이 數個가 기재된 수표는 지급인이 지급하지 못한다(수§38④ 본문). 그러나 2개의 특정횡선이 있는 경우에 그 중 하나가 어음교환소에 제시하여 추심하기 위한 것인 때에는 추심위임을 받은 은행에 지급할 수 있다(수§38④ 단서). 2개의 特定橫線은 지정된 은행이 어음교환소에 가입하고 있는 은행을 지정하여 수표를 추심하고자 할 때에 하게 되며, 이 경우에는 어음교환소에서의 추심을 위하여 한다는 뜻의 기재가 있어야 한다.

2. 取得의 制限

첫째, 一般橫線手票의 경우, 은행은 자기의 거래처 또는 다른 은행에서만 橫線手票를 취득할 수 있고 이들 이외의 자를 위하여 횡선수표의 추심을 하지 못한다(수§38③). 그 이유는 이를 제한하지 않으면 횡선수표의 부정소지인은 그 수표를 은행에 양도하거나 또는 은행에 그 추심을 위임하여 용이하게 수표의 지급을 받거나 또는 지급을 받는 것과 동일한 목적을 달성할 수 있기 때문이다. 그러나 은행이 거래처의 배서에 의하여 횡선수표를 양수하였다면 그 추심전에 자기의 위험부담으로 수표금을 지급하더라도 상관이 없다.[50]

둘째, 特定橫線手票의 경우에도 은행은 알지 못하는 자로부터 수표를 취득하지 못하고, 알지 못하는 자를 위하여 횡선수표를 추심하지 못한다(수§38③).

---

50) 대법원 1967.10.12. 선고 67다1955 판결.

3. 制限違反의 效果

위에서 언급한 횡선수표의 각종 제한에 위반하여 횡선수표를 취득하거나, 거래처 이외의 자에게 지급한 은행이나 지급인은 이로 한하여 생긴 손해에 대하여 手票金額의 限度내에서 賠償責任을 진다(수§38④). 이 배상책임은 횡선수표제도의 안전성을 위하여 수표법상 특별히 인정된 無過失責任이며, 민법상의 배상책임을 배제하는 것도 아니다. 따라서 손해금액이 수표금액을 초과할 때에는 민법의 규정에 따라 초과액의 배상을 청구할 수 있다.

4. 一般橫線의 效力排除特約

수표의 발행인은 手票帳의 도난·분실 등에 의한 손해발생의 예방을 위하여 미리 모든 수표용지에 횡선을 그어 놓는 경우가 있다. 이후 수표소지인이 즉시 手票金의 지급을 받도록 할 필요가 생긴 때에는 미리 한 횡선으로 인하여 지급을 받을 수 없게 된다. 횡선을 말소하여도 그 말소는 하지 아니한 것으로 보기 때문에(수§37⑤) 문제가 생긴다. 이러한 경우에 횡선의 효력을 排除하는 特約이 가능한지가 문제이다. 수표법에서는 횡선의 변경과 말소를 금지하고 있어서(수§37④, ⑤) 일반적으로 횡선의 효력을 배제하는 특약은 무효이다. 그러나 이는 수표발행인이 수표법 제38조 제5항에 의한 손해배상청구권을 포기한 것으로 인정하여 당사자인 지급인과 발행인간에 있어서는 有效하다고 보는 것이 타당하다.[51] 현재 當座預金約款에서는 미리 한 횡선으로 인한 불편을 면할 수 있도록 하기 위하여 동 약관의 제12조 1항에서 '橫線手票가 제시되는 경우 그 뒷면에 申告印鑑이 찍혀 있는 때에는 그 소지인에게 지급할 수 있다'고 규정하고 있으며, 제2항에서는 '전항의 처리로 말미암아 수표법 제38조 제5항의 규정에 의한 손해가 발생하여도 銀行은 책임을 지지 아니한다'고 규정하고 있는데, 이는 신고인감의 날인을 발행인의 損害賠償請求權의 抛棄를 의미하는 표시로 보고자 하는 것이다.

5. 橫線의 變更과 抹消

횡선의 변경이란 一般橫線手票를 特定橫線手票로 변경하는 것을 말한다. 즉 一

---

51) 정동윤, p.669; 최기원, pp.821-822; 日崔高 1954.10.29 判決, 時報 171, 169.

般橫線手票는 지급수령자격을 보다 엄격하게 제한하는 특정횡선수표로 변경할 수 있으나 특정횡선수표는 일반횡선수표로 변경하지 못한다(수§37④). 수표에 표시된 횡선 또는 지정된 은행의 명칭의 抹消는 이를 하지 아니한 것으로 본다(수§37⑤). 정당한 말소권자에 의한 말소도 인정되지 않는다. 그 이유는 말소권자 여부에 대한 판단이 수표상으로는 불가능하여 지급에 대한 분쟁이 생길 우려가 있기 때문이다.

제10장 遡 求

수표소지인이 적법한 기간 내에 수표를 지급제시하였으나 지급이 거절된 경우에 手票所持人은 배서인, 발행인, 기타의 채무자에 대하여 遡求權을 행사할 수 있다(수§39). 수표는 보통 배서가 행해지지 않기 때문에 실제로 소지인은 수표의 발행인에게 소구하는 경우가 많다.

1. 換어음과의 差異點

먼저 수표는 引受制度가 없으므로 인수거절로 인한 만기전 소구는 없고, 그 밖의 만기전 소구도 없다. 그리하여 수표에는 지급거절, 즉 부도로 인한 소구밖에 인정되지 않는다. 다음으로 수표는 一覽出給으로서 생존기간이 짧아 利子의 가산은 인정되지 않는다(수§7, §44 1호). 다만 제시기일 이후의 법정이자는 가산된다(수§44 2호). 그리고 상환방법으로서 逆어음의 제도는(어§52) 인정되지 않는다. 수표는 단기간 내에 결제되는 것으로서 역어음과 같은 제도를 인정할 필요가 없기 때문이다. 또한 불가항력이 그 통지를 한 날로부터 15日을 넘어 계속되는 때에는 遡求의 형식적 요건이 구비되지 않아도 소구할 수 있다(수§47④, 어§54④ 참조)는 점 등이다.

2. 支給拒絕의 證明方法

수표에 관해 소구를 하려면 실질적 요건으로서 수표소지인이 적법한 기간 내에 지급을 위한 제시를 한데 대하여 手票金額의 전부 또는 일부의 지급이 거절되었어야 한다. 이는 어음의 경우와 같다.

그러나 형식적 요건으로서는 어음의 경우에 인정되는 지급거절증서의 방법 외에 다음 두 가지의 방법이 인정되고 있어서 수표소지인이 이를 선택할 수 있도록 하고 있다. 즉 拒絕證書나 支給人 또는 어음交換所의 支給拒絕宣言 중 한 가지

방법으로 지급거절의 사실을 증명하여야 한다(수§39).

(1) 支給人의 支給拒絶宣言

수표에 제시의 날을 기재하고 日字를 부기한 支給人의 선언을 말한다(수§39 2호). 수표의 裏面에 한 지급거절선언은 有效하지만, 手票 자체가 아닌 補箋에 한 것은 無效라고 본다. 紙片에 支給拒絶宣言의 취지를 기재하고 이를 수표에 부착시키고 間印을 하였더라도 이는 수표 자체에 한 것이 아니므로 遡求의 요건을 갖춘 것이라고 할 수 없다.52)

【대법원 1982.6.8. 선고 81다107 판결】

수표의 소구권을 행사하기 위한 요건으로서 지급거절선언은 수표자체에 기재하여야 하고 지편에 지급거절 선언의 취지를 기재하고 이를 수표에 부착시키고 간인을 하였다고 할지라도 이는 수표자체에 한 것이 아니므로 소구의 요건을 갖춘 것이라고 할 수 없다.

지급인의 拒絶宣言은 법률행위가 아니고 제시와 지급이 되지 않았다는 것을 확인하는 것에 불과하다. 거절선언에는 手票提示의 날과 拒絶宣言을 한 날을 기재하여야 한다(수§39 2호). 兩日字의 기재는 없더라도 작성일자만 제시기간의 末日 이전에 기재되었으면 支給拒絶宣言은 유효하다. 지급거절선언은 支給人이 수표소지인의 요구에 의하여 작성하는 것이며 지급인이 법률상의 의무로서 기재하는 것은 아니다. 그러므로 수표소지인에 대하여 누구도 거절선언을 하여야 할 의무가 있는 것은 아니다. 이는 私文書라고 할 수 있기 때문이다. 그 결과 그 진실성에 대한 입증책임은 소구권자에게 있고 그 진실성이 추정되지 않는다.

(2) 어음交換所의 支給拒絶宣言

적법한 시기에 수표를 제시하였으나 지급이 없었던 뜻을 증명하고 日字를 부기한 선언을 말한다(수§39 3호). 어음교환소에서의 수표의 제시가 지급을 위한 제시의 효력이 있는 것은(수§31) 어음의 경우(어§38②)와 같으나, 어음의 경우에는 단순히 지급을 위한 제시의 효력이 있을 뿐이지만 手票의 경우에는 거절증서에 갈음하는 선언이 가능하다는 점(수§39 3호)이 다르다. 이러한 어음교환소의 선언은 반

---

52) 대법원 1982.6.8. 선고 81다107 판결.

드시 수표 자체에 할 필요는 없고 別途의 紙片에 하여도 무방하다. 어음교환소의 지급거절선언도 私文書에 속하며 진실성이 추정되지 않는 것은 지급이의 거절선언의 경우와 같다.

제 11 장 手票의 複本

1. 意 義

어음의 경우에 인정되는 謄本制度는 수표에는 인정되지 아니한다. 수표에는 引受制度가 없어 오직 인수시의 증권유통에 대비하기 위한 등본제도는 필요하지 않기 때문이다. 그러나 수표법은 수표의 국제적 성질을 고려하여 手票를 他地에 송부할 때에 분실의 위험에 대비할 필요가 있으므로 複本制度를 인정하고 있다.

2. 複本의 發行

複本은 발행인이 발행하며, 다음과 같은 두 가지 조건하에서 복본의 발행을 허용하고 있다(수§48). 첫째, 수표의 발행지와 지급지가 멀리 떨어져 있어야 한다. 즉 ① 一國에서 발행하여 他國이나 發行國의 해외영토에서 지급할 수표, ② 一國의 해외영토에서 발행하여 그 本國에서 지급할 수표, ③ 一國의 동일 해외영토에서 발행하고 지급할 수표, ④ 一國의 해외영토에서 발행하여 그 國의 다른 해외영토에서 지급할 수표 등 4종에 한한다(수§48). 따라서 내국수표의 경우에는 복본을 작성할 수 없다. 둘째, 소지인출급식수표가 아니어야 한다(수§48). 따라서 복본은 기명식 또는 지시식 수표에만 허용된다. 그 이유는 소지인출급식수표의 복본 각 통이 따로 따로 양도된 경우에는 그 양도인의 성명이 수표에 표시되지 않기 때문에 결국 발행인이 각 통에 대하여 책임을 져야 하기 때문이다.

3. 複本의 效力

복본은 각 통이 각각 하나의 수표이기 때문에 1통으로 지급을 청구할 수 있고, 複本의 1통에 대한 지급은 다른 복본을 無效로 하는 효력이 있으므로 지급인은 의무를 면하게 된다. 그러나 수인에게 각각 따로 따로 복본을 양도한 배서인과 그 후의 배서인은 기명날인 또는 서명한 각 통으로서 반환을 받지 아니한 것에 대하여 책임을 진다(수§49).

제 12 장　手票의 時效

手票는 지급증권이므로 시효기간이 어음에 비하면 短期로 되어 있다. 즉 소지인의 배서인, 발행인 기타의 채무자에 대한 遡求權은 제시기간 경과후 6월이고(수§51①), 支給保證을 한 지급인에 대한 수표상의 청구권은 제시기간 경과 후 1년이며(수§58), 상환을 한 자의 再遡求權의 시효기간은 6월이다(수§51②). 再遡求權의 시효기간의 기산점은 그 자가 수표를 환수한 날 또는 訴狀의 送達日이다(수§51②). 時效는 어음의 경우와는 달리 거절증서 또는 이와 동일한 효력이 있는 지급거절선언의 일자로부터가 아니라 提示期間 經過 후부터 진행한다. 또 시효의 중단은 그 중단사유가 생긴 자에 대해서만 효력이 생긴다(수§52).

제 13 장 利得償還請求權

수표의 이득상환청구권도 어음의 경우(어§79)와 대체로 마찬가지이지만 의무자의 범위가 발행인, 배서인 및 지급보증인의 3자로서, 환어음과 비교하여 보면 인수인 대신에 지급보증인이 포함되어 있는 점이 다르다.

이득상환청구권의 권리자는 手票上의 권리가 소멸할 당시의 정당한 수표소지인이다.[53] 특히 수표에 관하여 문제가 되는 점은 지급제시기간의 경과 후에 수표를 취득한 자도 이득상환청구권을 취득하는가 하는 점이다. 이에 관한 판례의 입장은 자주 변경된 바 있으나,[54] 이후 判例는 '手票法上으로 이득상환청구를 할 수 있는 수표소지인은 그 수표상의 권리가 소멸될 당시의 소지인으로서 그 수표상의 권리를 행사할 수 있는 자를 말하는 것인데 제시기간의 경과로 수표상의 권리가 소멸된 이후 이를 지명채권양도의 방법에 의하지 않고 단순히 양도받은 때는 이득상환청구권을 취득하였다고 볼 수 없다'고 하였다.[55] 또 1981.6.23의 판결[56]에서는 '1976년의 전원합의체판결은 수표상의 權利가 소멸한 당시에 정당한 수표소지인으로부터 수표를 양수한 경우에만 적용된다'고 하였고, 1983.3.8 판결[57]에서는 '수표상의 권리가 소멸할 당시의 정당한 소지인이 누구였는지 불명한 경우에 제시기간 경과 후에 자기앞 手票를 취득한 자는 지명채권양도의 방법에 따른 절차를 밟지 않는 한 이득상환청구권을 행사할 수 없다'고 하였다. 결국 대법원의 判例에 의하면 제시기간 경과 후에 취득하였더라도 수표상의 권리가 소멸할 당시의 정당한 소지인으로부터 수표를 취득한 자는 이득상환청구권을 취득하지만 이

53) 대법원 1959.10.29. 선고 4292민상440 판결; 동 1983.9.27. 선고 83다429 판결.

54) 判例는 '자기앞 手票를 제시기간 경과 후에 취득하였다 하더라도 그 소지인은 언제나 정당하게 그 수표를 취득한 것으로 推定받는다'고 하여 이득상환청구를 인정한 바 있으나(대법원 1962.9.20. 선고 62다408 판결), 이후 判例는 '수표의 제시기간을 경과하여 취득한 수표소지인은 이미 그 수표상의 권리소멸 후의 수취로서 이득상환청구권이 없다'고 하였다가(동 1970.1.27. 선고 69다1390 판결), 또 인정한 바 있다(동 1976.1.13. 선고 70다2462 판결).

55) 대법원 1978.3.28. 선고 77다2497 판결.

56) 대법원 1981.6.23. 선고 81다167 판결.

57) 대법원 1983.3.8. 선고 83다40 판결.

를 위하여는 단순한 양도가 아닌 지명채권양도의 절차가 필요하다는 것으로 볼 수 있다. 다만 자기앞手票의 경우에는 이득상환청구권의 양도와 더불어 이득을 한 발행인인 은행에 대하여 소지인을 대신하여 양도에 관한 통지를 할 수 있는 권능까지 부여한 것으로 보아 이득상환청구권의 양수인은 자기앞手票를 은행에 제시하면 양도의 대항요건을 구비한 것으로 본다는 입장이라고 할 수 있다.

한편 이에 관한 이론적 설명과 관련하여 手票의 이득상환청구권의 발생 시기를 언제로 볼 것인가에 대하여는 다음과 같은 양설이 있다. 첫째, 停止條件說로서, 이득상환청구권은 제시기간의 경과에 의하여 바로 발생하는 것이 아니라 지급위탁의 취소 또는 지급거절에 의하여 支給의 가능성이 消滅하는 것을 停止條件으로 하여 발생한다고 한다.[58] 그 이유는 수표법 제32조 제2항에 의하여 支給委託의 取消가 없는 때에는 지급인은 제시기간 경과 후에도 유효하게 지급할 수 있으므로, 일단 지급제시를 하여 지급거절을 당하지 아니한 수표에 대하여 그 제시기간이 경과하였다고 하여 手票上의 권리가 당연히 소멸되었다고 단정하는 것은 무리이기 때문이라고 한다.

둘째, 解除條件說로서, 수표에 있어서는 지급제시기간 경과 후에도 지급위탁의 취소가 없는 한 지급인은 유효한 지급을 하고 그 결과를 발행인의 계산으로 돌릴 수 있으므로(수§32②), 소지인은 제시기간 경과 후에도 支給委託의 取消 또는 支給拒絕이 있기까지는 지급인으로부터 지급을 받을 수 있기 때문에 수표의 경우에는 제시기간 경과 후 바로 이득상환청구권이 발생하지 않는 것과 같이 생각할 수도 있으나 提示期間의 經過에 의하여 수표상의 권리는 확정적으로 소멸하므로 이득상환청구권의 요건을 충족하는 한 이득상환청구권은 이 시점에서 發生하지만 다만 支給委託의 取消가 없어서 그 후 유효한 支給이 있는 때에는 그 때에 발행인의 이득은 소멸하고 따라서 일단 발생한 이득상환청구권도 이때에 消滅한다고 보는데 이 說이 通說이고 타당하다. 왜냐하면 수표법 제63조에서 말하는「節次의 欠缺」이란 독일수표법 제57조에서 규정하고 있는 바와 같이 「適時의 제시해태」(Unterlassung Rechtzeitiger Vorlegung)를 말하는 것이므로 제시기간이 경과함으로써 이득상환청구권이 발생할 뿐만 아니라 제시기간의 경과 후에도 지급인이 지급위탁을 취소하지 않고 유효한 지급을 할 수 있는 것은 지급인의 의무에 의한 것이 아니므로 소지인은 지급을 권리로서 주장할 수는 없기 때문이다. 判例의 입장도 解除條件說이다.[59]

---

58) 양승규, p.210.

제 14 장 罰 則

1. 手票法上의 罰則

수표의 발행인이 수표자금 및 수표계약 없이 수표를 발행한 때에는 50만 원 이하의 과태료에 처한다(수§67).

2. 不正手票團束法상의 處罰

(1) 制定目的

수표는 현금의 대용물로서 경제사회의 유통질서에 미치는 영향은 어음 보다 훨씬 크므로, 不正手票가 남발되면 거래의 유통과 신용질서를 크게 교란시키게 된다. 따라서 부정수표 등의 발행을 강력히 단속처벌함으로써 국민의 경제생활의 안전과 유통증권인 수표의 기능을 보장함을 목적으로 不正手票團束法을 제정하고 있다.[60] 물론 手票法 자체에서도 手票 契約과 手票資金의 존재를 요구하고 있으며(수§3), 이에 위반하여 발행된 수표는 무효는 아니지만(수§3 단서) 그 발행인은 일정한 과태료의 처벌을 받으며(수§67), 刑法에서도 수표의 위조·변조, 허위작성·기재 및 그 행사와 미수·예비·음모행위를 처벌하고 있고(형§241 이하), 또 그 자가 은행과의 당좌거래처이면서 자금부족 등으로 부도를 낸 경우에는 거래정지처분을 받고 당좌거래는 해지된다(어음규약§78, §80). 또 不正手票의 소지인은 手票法에 의하여 遡求權 내지 이득상환청구권을 행사할 수 있다. 그러나 이와 같은 미온적이고 간접적인 규정만으로는 不正手票의 발행을 규제한다는 것이 어렵기 때문에 보다 강력한 실효성 있는 특별형법인 부정수표단속법을 제정하여 사법상의 채무이행의 강제를 형사적인 수단으로 보장함으로써 수표의 지급수단으로서의 공

59) 대법원 1960.6.9. 선고 4292민상758; 동 1983.9.27. 선고 83다429 판결.

60) 1961.7.3, 법645호, 1966.2.26, 법1747호, 1993.12.10, 법4587호 개정.

신력과 거래의 안전을 도모하고 있다.

일반적으로 不正手票團束法은 유래를 찾아볼 수 없는 것으로 이해하고 있다. 물론 부정수표의 단속만을 위하여 특별법을 제정한 나라는 없다. 그러나 수표의 支給不能의 경우에 형벌에 처하는 수표법은 존재한다. 종래에 프랑스수표법 제66조에 의하면 자금 없이 수표를 발행한 것만으로 犯罪의 構成要件이 되었다. 그러나 1992년의 수표법 개정에 의하여 단순히 자금 없이 발행하였다는 사실은 범죄의 구성요건에서 제외시켰다. 그러나 현재에도 자금이 있어서 수표를 발행하였으나 이후 제3자의 이익을 해할 의도로 지급을 불가능하게 한 때에는 형사처벌을 면하지 못한다. 그 형벌의 내용은 5년 이하의 징역 또는 3천 6백 프랑 이상 2백 50만 프랑 이하의 벌금에 처하는 것으로 되어 있다.

(2) 不正手票의 意義

부정수표란 용어는 수표법에는 존재하지 않고 부정수표단속법상의 개념에 속한다. 동법에 의하면 부정수표란 ① 發行 당초부터 부정한 수표로서 지급제시를 하면 지급이 거절된다는 것이 확실한 것으로서 수표 자체가 위법으로 발행된 것(부정§2①)과, ② 일단 정당하게 발행된 수표가 그 후에 생긴 일정한 사유로 인하여 지급제시된 때에 지급이 거절된 것(부도수표)(부정 §2②)을 말한다.

①에 해당하는 부정수표는 다음과 같다. 첫째, 假設人의 명의로 발행한 수표(동조① 1호)이다. 여기서 「가설인의 명의」라는 것은 수표발행인의 명의가 개인인 경우에는 주민등록표상의 명의와 일치하지 아니하는 것을, 法人인 경우에는 법인등기부상의 명의와 일치하지 아니하는 것을 말한다(부정§②). 둘째, 금융기관과의 手票契約 없이 발행하거나 금융기관으로부터 거래정지처분을 받은 후에 발행한 수표(동조② 2호)이다. 이것은 手票法 제3조의 조문과 같은 내용이며, 금융기관이라 함은 수표법(수§59)과 기타의 법령에 의하여 수표의 지급사무를 영위 하는 은행 및 은행과 동시되는 사람 또는 시설을 말한다(부정§①). 셋째, 금융기관에 등록된 것과 상위한 서명 또는 기명날인으로 발행한 수표(동조① 3호)이다.

②에 해당하는 수표는 수표가 발행된 후에 예금부족, 거래정지처분이나 수표계약의 해제 또는 해지로 인하여 제시기일에 지급되지 아니한 때이다. 「提示期日」은 手票法 제28조 2항의 규정에 의하여 수표를 제시한 날 및 동법 제29조의 규정에 의한 지급제시기간 내에 금융기관에 지급을 받기 위하여 수표를 제시한 날을 말하며(부정§2③), 「支給되지 아니하게 한 때」라 함은 수표법 제39조의 지급거절의

증명이 있은 때를 말한다. 따라서 先日字手票에서 발행인과 수취인 사이에 그 수표에 기재된 發行日字 이전에는 지급은행에 지급제시를 하지 않는다는 明示 또는 黙示의 특약이 있는 경우에도 수취인이 이 약정에 위반하여 발행일자 이전에 지급제시를 하고 이에 대하여 예금부족으로 수표지급이 되지 않은 때에는 역시 그 수표는 부정수표가 되며 同手票發行人은 동법에 의하여 처벌을 받게 된다.

(3) 發行者 등에 대한 處罰

不正手票를 발행하거나(부정§2①), 또는 발행한 수표를 부도가 되게 한 때(부정§2②)에는 5년 이하의 징역 또는 수표금액의 10배 이하의 벌금의 처벌을 받는다. 또 過失로 인하여 이와 같은 罪를 범한 자도 3년 이하의 금고 또는 수표금액의 5배 이하의 벌금의 처벌을 받는다(부정§2③). 그런데 1993년 12월 10일의 개정不正手票團束法에 의하여 신설된 제2조 4항에 의하면 同조 2항 및 3항의 罪는 수표를 발행하거나 작성한 자가 그 수표를 회수하거나 회수하지 못하였을 경우라도 手票所持人의 명시한 의사에 반하여는 公訴를 제기할 수 없다. 不正手票發行人이 法人 기타 團體일 때에는 그 수표에 기재된 대표자 또는 작성자를 처벌하며 그 법인 또는 단체는 고의인 경우 수표금액의 10배 이하의 벌금, 過失인 경우 수표금액의 5배 이하의 벌금의 처벌을 받는다(부정§2①). 또한 대리인이 이러한 수표를 발행한 경우에는 本人이 처벌받는 외에 그 대리인도 처벌된다(부정§3②). 수표를 위조·변조한 자는 1년 이상의 유기징역과 수표금액의 10배 이하의 벌금의 처벌을 받는다(부정§5). 또 手票金의 지급을 면하기 위하여, 또는 刑事責任을 피하기 위하여 일부러 분실·도난·사기 등의 구실로 이른바 「事故申告」를 허위로 제시하는 것을 예방하기 위하여 수표금액의 지급 또는 거래정지처분을 면할 목적으로 금융기관에 허위신고를 한 자도 10년 이하의 징역 또는 80만 원 이하의 벌금의 처벌을 받는다(부정§4, 벌금 등 임시조치§4④).

(4) 虛僞申告罪

자금도 없이 수표를 발행한 자가 부정수표발행자로서의 형사책임을 잠탈하기 위하여 사취, 분실 또는 도난당하였다고 허위로 금융기관에 신고를 하는 경우 예금부족으로 제시기일에 지급되지 아니한 것이라 할 수 있어 부정수표단속법위반으로 처벌하기 어려운 점에 대비하기 위하여 규정한 것이 허위신고죄이다. 즉 수표금액의 지급 또는 거래정지처분을 면할 목적으로 금융기관에 허위신고를 한 자는 10년 이하의 징역 또는 80만 원 이하의 벌금에 처한다(부정§4, 벌금 등 임시조치 §4④). 동죄가 성립하기 위하여는 手票金額의 支給 또는 去來停止處分을 면할 목적이 있어야 한다. 지급을 면한다고 함은 수표가 제시됨으로써 발행인의 당좌예금구좌나 가계예금구좌에서 수표금액이 지출되지 않게 한다는 것을 말하고, 거래정치처분을 면한다고 함은 그 수표가 제시되었으나 예금부족으로 부도되어 해당 은행에서 거래정치처분을 받을 것을 면한다는 의미이다. 본죄는 고의범으로 신고가 허위라는 점을 인식하고 있어야 한다.

(5) 金融機關의 告發義務

不正手票團束을 효과 있게 하기 위하여 금융기관에 종사하는 자는 직무상 동법 제2조 제1항 또는 제5조에 해당하는 부정수표를 발견한 때에는 부정수표 단속법에 의하여 48시간 이내에, 동법 제2조 제2항에 해당하는 不正手票를 발견한 때에는 30일 이내에 수사기관에 이를 고발하여야 하며(부정§7①), 이 고발을 하지 아니한 때에는 100만 원 이하의 벌금에 처한다(부정§7②). 여기서 시간의 기산점은 영업시간이나 公休日의 여부에도 불구하고 즉시로 시간이 진행한다. 이와 같은 告發義務는 금융기관에 종사하는 자에게 부정수표 및 위조·변조수표를 발견한 경우 이를 수사기관에 일정한 기간 내에 신고하게 하여, 부정수표를 신속히 발견하여 처벌함으로써 선의의 수표소지인을 보호하고 수표의 공신력을 보호하기 위한 제도이다. 개정법에서는 법 제2소 제2항의 부정수표(부도수표)를 법 제2조 1항의 부정수표 및 제5조의 위조·변조수표와 구별하여 그 신고기간을 달리하고 있다. 이는 부도수표의 경우에는 30일의 고발유예기간을 두어, 금융기관이 부도가 나게 된 원인, 부도자의 자산상태, 자구노력의 정도를 감안하여 고발시기를 결정할 수 있도록 한 것이다.

부 록

어 음 법
수 표 법
부 정 수 표 단 속 법
국제환어음·약속어음에 관한 UN협약원문
당 좌 계 정 거 래 약 관

부 록

어 음 법

제　　정 : 1962. 1. 20. 법률 제 1001호
일부개정 : 2010. 3. 31. 법률 제10198호

제 1 편 환어음<개정 2010. 3. 31.>

제1장 환어음의 발행과 방식<개정 2010. 3. 31.>

제1조(어음의 요건) 환어음에는 다음 각 호의 사항을 적어야 한다.

1. 증권의 본문 중에 그 증권을 작성할 때 사용하는 국어로 환어음임을 표시하는 글자
2. 조건 없이 일정한 금액을 지급할 것을 위탁하는 뜻
3. 지급인의 명칭
4. 만기
5. 지급지
6. 지급받을 자 또는 지급받을 자를 지시할 자의 명칭
7. 발행일과 발행지
8. 발행인의 기명날인 또는 서명

제2조(어음 요건의 흠) 제1조 각 호의 사항을 적지 아니한 증권은 환어음의 효력이 없다. 그러나 다음 각 호의 경우에는 그러하지 아니하다.

1. 만기가 적혀 있지 아니한 경우: 일람출급의 환어음으로 본다.
2. 지급지가 적혀 있지 아니한 경우: 지급인의 명칭에 부기한 지를 지급지 및 지급인의 주소지로 본다.
3. 발행지가 적혀 있지 아니한 경우: 발행인의 명칭에 부기한 지를 발행지로 본다.

제3조(자기지시어음, 자기앞어음, 위탁어음) ① 환어음은 발행인 자신을 지급받을 자로 하여 발행할 수 있다.

② 환어음은 발행인 자신을 지급인으로 하여 발행할 수 있다.

③ 환어음은 제3자의 계산으로 발행할 수 있다.

제4조(제3자방 지급의 기재) 환어음은 지급인의 주소지에 있든 다른 지에 있든 관계없이 제3자방에서 지급하는 것으로 할 수 있다.

제5조(이자의 약정) ① 일람출급 또는 일람 후 정기출급의 환어음에는 발행인이 어음금액

에 이자가 붙는다는 약정 내용을 적을 수 있다. 그 밖의 환어음에는 이자의 약정을 적어도 이를 적지 아니한 것으로 본다.

② 이율은 어음에 적어야 한다. 이율이 적혀 있지 아니하면 이자를 약정한다는 내용이 적혀 있더라도 이자를 약정하지 아니한 것으로 본다.

③ 특정한 날짜가 적혀 있지 아니한 경우에는 어음을 발행한 날부터 이자를 계산한다.

제6조(어음금액의 기재에 차이가 있는 경우) ① 환어음의 금액을 글자와 숫자로 적은 경우에 그 금액에 차이가 있으면 글자로 적은 금액을 어음금액으로 한다.

② 환어음의 금액을 글자 또는 숫자로 중복하여 적은 경우에 그 금액에 차이가 있으면 최소금액을 어음금액으로 한다.

제7조(어음채무의 독립성) 환어음에 다음 각 호의 어느 하나에 해당하는 기명날인 또는 서명이 있는 경우에도 다른 기명날인 또는 서명을 한 자의 채무는 그 효력에 영향을 받지 아니한다.

1. 어음채무를 부담할 능력이 없는 자의 기명날인 또는 서명
2. 위조된 기명날인 또는 서명
3. 가공인물의 기명날인 또는 서명
4. 그 밖의 사유로 환어음에 기명날인 또는 서명을 한 자나 그 본인에게 의무를 부담하게 할 수 없는 기명날인 또는 서명

제8조(어음행위의 무권대리) 대리권 없이 타인의 대리인으로 환어음에 기명날인하거나 서명한 자는 그 어음에 의하여 의무를 부담한다. 그 자가 어음금액을 지급한 경우에는 본인과 같은 권리를 가진다. 권한을 초과한 대리인의 경우도 같다.

제9조(발행인의 책임) ① 발행인은 어음의 인수와 지급을 담보한다.

② 발행인은 인수를 담보하지 아니한다는 내용을 어음에 적을 수 있다. 발행인이 지급을 담보하지 아니한다는 뜻의 모든 문구는 적지 아니한 것으로 본다.

제10조(백지어음) 미완성으로 발행한 환어음에 미리 합의한 사항과 다른 내용을 보충한 경우에는 그 합의의 위반을 이유로 소지인에게 대항하지 못한다. 그러나 소지인이 악의 또는 중대한 과실로 인하여 환어음을 취득한 경우에는 그러하지 아니하다.

제2장 배 서<개정 2010. 3. 31.>

제11조(당연한 지시증권성) ① 환어음은 지시식으로 발행하지 아니한 경우에도 배서에 의하여 양도할 수 있다.

② 발행인이 환어음에 "지시 금지"라는 글자 또는 이와 같은 뜻이 있는 문구를 적은 경우에는 그 어음은 지명채권의 양도 방식으로만, 그리고 그 효력으로써만 양도할 수 있다.

③ 배서는 다음 각 호의 자에 대하여 할 수 있으며, 다음 각 호의 자는 다시 어음에 배서할 수 있다.

1. 어음을 인수한 지급인
2. 어음을 인수하지 아니한 지급인

3. 어음의 발행인
4. 그 밖의 어음채무자

제12조(배서의 요건) ① 배서에는 조건을 붙여서는 아니 된다. 배서에 붙인 조건은 적지 아니한 것으로 본다.

② 일부의 배서는 무효로 한다.

③ 소지인에게 지급하라는 소지인출급의 배서는 백지식 배서와 같은 효력이 있다.

제13조(배서의 방식) ① 배서는 환어음이나 이에 결합한 보충지[보전]에 적고 배서인이 기명날인하거나 서명하여야 한다.

② 배서는 피배서인을 지명하지 아니하고 할 수 있으며 배서인의 기명날인 또는 서명만으로도 할 수 있다(백지식 배서). 배서인의 기명날인 또는 서명만으로 하는 백지식 배서는 환어음의 뒷면이나 보충지에 하지 아니하면 효력이 없다.

제14조(배서의 권리 이전적 효력) ① 배서는 환어음으로부터 생기는 모든 권리를 이전한다.

② 배서가 백지식인 경우에 소지인은 다음 각 호의 행위를 할 수 있다.

1. 자기의 명칭 또는 타인의 명칭으로 백지를 보충하는 행위
2. 백지식으로 또는 타인을 표시하여 다시 어음에 배서하는 행위
3. 백지를 보충하지 아니하고 또 배서도 하지 아니하고 어음을 교부만으로 제3자에게 양도하는 행위

제15조(배서의 담보적 효력) ① 배서인은 반대의 문구가 없으면 인수와 지급을 담보한다.

② 배서인은 자기의 배서 이후에 새로 하는 배서를 금지할 수 있다. 이 경우 그 배서인은 어음의 그 후의 피배서인에 대하여 담보의 책임을 지지 아니한다.

제16조(배서의 자격 수여적 효력 및 어음의 선의취득) ① 환어음의 점유자가 배서의 연속에 의하여 그 권리를 증명할 때에는 그를 적법한 소지인으로 추정한다. 최후의 배서가 백지식인 경우에도 같다. 말소한 배서는 배서의 연속에 관하여는 배서를 하지 아니한 것으로 본다. 백지식 배서의 다음에 다른 배서가 있는 경우에는 그 배서를 한 자는 백지식 배서에 의하여 어음을 취득한 것으로 본다.

② 어떤 사유로든 환어음의 점유를 잃은 자가 있는 경우에 그 어음의 소지인이 제1항에 따라 그 권리를 증명할 때에는 그 어음을 반환할 의무가 없다. 그러나 소지인이 악의 또는 중대한 과실로 인하여 어음을 취득한 경우에는 그러하지 아니하다.

제17조(인적 항변의 절단) 환어음에 의하여 청구를 받은 자는 발행인 또는 종전의 소지인에 대한 인적 관계로 인한 항변으로써 소지인에게 대항하지 못한다. 그러나 소지인이 그 채무자를 해할 것을 알고 어음을 취득한 경우에는 그러하지 아니하다.

제18조(추심위임배서) ① 배서한 내용 중 다음 각 호의 어느 하나에 해당하는 문구가 있으면 소지인은 환어음으로부터 생기는 모든 권리를 행사할 수 있다. 그러나 소지인은 대리를 위한 배서만을 할 수 있다.

1. 회수하기 위하여
2. 추심하기 위하여
3. 대리를 위하여
4. 그 밖에 단순히 대리권을 준다는 내용의 문구

② 제1항의 경우에는 어음의 채무자는 배서인에게 대항할 수 있는 항변으로써만 소지인에게 대항할 수 있다.

③ 대리를 위한 배서에 의하여 주어진 대리권은 그 대리권을 준 자가 사망하거나 무능력자가 되더라도 소멸하지 아니한다.

제19조(입질배서) ① 배서한 내용 중 다음 각 호의 어느 하나에 해당하는 문구가 있으면 소지인은 환어음으로부터 생기는 모든 권리를 행사할 수 있다. 그러나 소지인이 한 배서는 대리를 위한 배서의 효력만 있다.

1. 담보하기 위하여
2. 입질하기 위하여
3. 그 밖에 질권 설정을 표시하는 문구

② 제1항의 경우 어음채무자는 배서인에 대한 인적 관계로 인한 항변으로써 소지인에게 대항하지 못한다. 그러나 소지인이 그 채무자를 해할 것을 알고 어음을 취득한 경우에는 그러하지 아니하다.

제20조(기한 후 배서) ① 만기 후의 배서는 만기 전의 배서와 같은 효력이 있다. 그러나 지급거절증서가 작성된 후에 한 배서 또는 지급거절증서 작성기간이 지난 후에 한 배서는 지명채권 양도의 효력만 있다.

② 날짜를 적지 아니한 배서는 지급거절증서 작성기간이 지나기 전에 한 것으로 추정한다.

제3장 인 수<개정 2010. 3. 31.>

제21조(인수 제시의 자유) 환어음의 소지인 또는 단순한 점유자는 만기에 이르기까지 인수를 위하여 지급인에게 그 주소에서 어음을 제시할 수 있다.

제22조(인수 제시의 명령 및 금지) ① 발행인은 환어음에 기간을 정하거나 정하지 아니하고, 인수를 위하여 어음을 제시하여야 한다는 내용을 적을 수 있다.

② 발행인은 인수를 위한 어음의 제시를 금지한다는 내용을 어음에 적을 수 있다. 그러나 어음이 제3자방에서 또는 지급인의 주소지가 아닌 지에서 지급하여야 하는 것이거나 일람 후 정기출급 어음인 경우에는 그러하지 아니하다.

③ 발행인은 일정한 기일 전에는 인수를 위한 어음의 제시를 금지한다는 내용을 적을 수 있다.

④ 각 배서인은 기간을 정하거나 정하지 아니하고, 인수를 위하여 어음을 제시하여야 한다는 내용을 적을 수 있다. 그러나 발행인이 인수를 위한 어음의 제시를 금지한 경우에는 그러하지 아니하다.

제23조(일람 후 정기출급 어음의 제시기간) ① 일람 후 정기출급의 환어음은 그 발행한 날부터 1년 내에 인수를 위한 제시를 하여야 한다.

② 발행인은 제1항의 기간을 단축하거나 연장할 수 있다.

③ 배서인은 제1항 및 제2항의 기간을 단축할 수 있다.

제24조(유예기간) ① 지급인은 첫 번째 제시일의 다음 날에 두 번째 제시를 할 것을 청구할 수 있다. 이해관계인은 이 청구가 거절증서에 적혀 있는 경우에만 그 청구에 응한 두 번째 제시가 없었음을 주장할 수 있다.

② 소지인은 인수를 위하여 제시한 어음을 지급인에게 교부할 필요가 없다.

제25조(인수의 방식) ① 인수는 환어음에 적어야 하며, "인수" 또는 그 밖에 이와 같은 뜻이 있는 글자로 표시하고 지급인이 기명날인하거나 서명하여야 한다. 어음의 앞면에 지급인의 단순한 기명날인 또는 서명이 있으면 인수로 본다.

② 일람 후 정기출급의 어음 또는 특별한 기재에 의하여 일정한 기간 내에 인수를 위한 제시를 하여야 하는 어음의 경우에는 소지인이 제시한 날짜를 기재할 것을 청구한 경우가 아니면 인수에는 인수한 날짜를 적어야 한다. 날짜가 적혀 있지 아니한 경우 소지인은 배서인과 발행인에 대한 상환청구권을 보전하기 위하여는 적법한 시기에 작성시킨 거절증서로써 그 기재가 없었음을 증명하여야 한다.

제26조(부단순인수) ① 인수는 조건 없이 하여야 한다. 그러나 지급인은 어음금액의 일부만을 인수할 수 있다.

② 환어음의 다른 기재사항을 변경하여 인수하였을 때에는 인수를 거절한 것으로 본다. 그러나 인수인은 그 인수 문구에 따라 책임을 진다.

제27조(제3자방 지급의 기재) ① 발행인이 지급인의 주소지와 다른 지급지를 환어음에 적은 경우에 제3자방에서 지급한다는 내용을 적지 아니하였으면 지급인은 인수를 함에 있어 그 제3자를 정할 수 있다. 그에 관하여 적은 내용이 없으면 인수인은 지급지에서 직접 지급할 의무를 부담한 것으로 본다.

② 지급인의 주소에서 지급될 어음의 경우 지급인은 인수를 함에 있어 지급지 내에 위치한 지급장소를 정할 수 있다.

제28조(인수의 효력) ① 지급인은 인수를 함으로써 만기에 환어음을 지급할 의무를 부담한다.

② 지급을 받지 못한 경우에 소지인은 제48조와 제49조에 따라 청구할 수 있는 모든 금액에 관하여 인수인에 대하여 환어음으로부터 생기는 직접청구권을 가진다. 소지인이 발행인인 경우에도 같다.

제29조(인수의 말소) ① 환어음에 인수를 기재한 지급인이 그 어음을 반환하기 전에 인수의 기재를 말소한 경우에는 인수를 거절한 것으로 본다. 말소는 어음의 반환 전에 한 것으로 추정한다.

② 제1항에도 불구하고 지급인이 소지인이나 어음에 기명날인 또는 서명을 한 자에게 서면으로 인수를 통지한 경우에는 그 상대방에 대하여 인수의 문구에 따라 책임을 진다.

제 4 장 보 증<개성 2010. 3. 31.>

제30조(보증의 가능) ① 환어음은 보증에 의하여 그 금액의 전부 또는 일부의 지급을 담보할 수 있다.

② 제3자는 제1항의 보증을 할 수 있다. 어음에 기명날인하거나 서명한 자도 같다.

제31조(보증의 방식) ① 보증의 표시는 환어음 또는 보충지에 하여야 한다.

② 보증을 할 때에는 "보증" 또는 이와 같은 뜻이 있는 문구를 표시하고 보증인이 기명날인하거나 서명하여야 한다.

③ 환어음의 앞면에 단순한 기명날인 또는 서명이 있는 경우에는 보증을 한 것으로 본다. 그러나 지급인 또는 발행인의 기명날인 또는 서명의 경우에는 그러하지 아니하다.

④ 보증에는 누구를 위하여 한 것임을 표시하여야 한다. 그 표시가 없는 경우에는 발행인을 위하여 보증한 것으로 본다.

제32조(보증의 효력) ① 보증인은 보증된 자와 같은 책임을 진다.

② 보증은 담보된 채무가 그 방식에 흠이 있는 경우 외에는 어떠한 사유로 무효가 되더라도 그 효력을 가진다.

③ 보증인이 환어음의 지급을 하면 보증된 자와 그 자의 어음상의 채무자에 대하여 어음으로부터 생기는 권리를 취득한다.

제 5 장 만 기<개정 2010. 3. 31.>

제33조(만기의 종류) ① 환어음은 다음 각 호의 어느 하나로 발행할 수 있다.

1. 일람출급
2. 일람 후 정기출급
3. 발행일자 후 정기출급
4. 확정일출급

② 제1항 외의 만기 또는 분할 출급의 환어음은 무효로 한다.

제34조(일람출급 어음의 만기) ① 일람출급의 환어음은 제시된 때를 만기로 한다. 이 어음은 발행일부터 1년 내에 지급을 받기 위한 제시를 하여야 한다. 발행인은 이 기간을 단축하거나 연장할 수 있고 배서인은 그 기간을 단축할 수 있다.

② 발행인은 일정한 기일 전에는 일람출급의 환어음의 지급을 받기 위한 제시를 금지한다는 내용을 적을 수 있다. 이 경우 제시기간은 그 기일부터 시작한다.

제35조(일람 후 정기출급 어음의 만기) ① 일람 후 정기출급의 환어음 만기는 인수한 날짜 또는 거절증서의 날짜에 따라 정한다.

② 인수일이 적혀 있지 아니하고 거절증서도 작성되지 아니한 경우에 인수인에 대한 관계에서는 인수제시기간의 말일에 인수한 것으로 본다.

제36조(만기일의 결정 및 기간의 계산) ① 발행일자 후 또는 일람 후 1개월 또는 수개월이 될 때 지급할 환어음은 지급할 달의 대응일을 만기로 한다. 대응일이 없는 경우에는 그 달의 말일을 만기로 한다.

② 발행일자 후 또는 일람 후 1개월 반 또는 수개월 반이 될 때 지급할 환어음은 먼저 전월을 계산한다.

③ 월초, 월중 또는 월말로 만기를 표시한 경우에는 그 달의 1일, 15일 또는 말일을 말한다.

④ "8일" 또는 "15일"이란 1주 또는 2주가 아닌 만 8일 또는 만 15일을 말한다.

⑤ "반월"이란 만 15일을 말한다.

제37조(만기 결정의 표준이 되는 세력) ① 발행지와 세력을 달리하는 지에서 확정일에 지급할 환어음의 만기일은 지급지의 세력에 따라 정한 것으로 본다.

② 세력을 달리하는 두 지 간에 발행한 발행일자 후 정기출급 환어음은 발행일을 지급지 세력의 대응일로 환산하고 이에 따라 만기를 정한다.

③ 환어음의 제시기간은 제2항에 따라 계산한다.

④ 제1항부터 제3항까지의 규정은 환어음의 문구나 그 밖의 기재사항에 의하여 다른 의사를 알 수 있는 경우에는 적용하지 아니한다.

제6장 지 급<개정 2010. 3. 31.>

제38조(지급 제시의 필요) ① 확정일출급, 발행일자 후 정기출급 또는 일람 후 정기출급의 환어음 소지인은 지급을 할 날 또는 그날 이후의 2거래일 내에 지급을 받기 위한 제시를 하여야 한다.

② 어음교환소에서 한 환어음의 제시는 지급을 받기 위한 제시로서의 효력이 있다.

③ 소지인으로부터 환어음의 추심을 위임받은 금융기관(이하 이 장에서 "제시금융기관"이라 한다)이 그 환어음의 기재사항을 정보처리시스템에 의하여 전자적 정보의 형태로 작성한 후 그 정보를 어음교환소에 송신하여 그 어음교환소의 정보처리시스템에 입력되었을 때에는 제2항에 따른 지급을 받기 위한 제시가 이루어진 것으로 본다.

제39조(상환증권성 및 일부지급) ① 환어음의 지급인은 지급을 할 때에 소지인에게 그 어음에 영수(영수)를 증명하는 뜻을 적어서 교부할 것을 청구할 수 있다.

② 소지인은 일부지급을 거절하지 못한다.

③ 일부지급의 경우 지급인은 소지인에게 그 지급 사실을 어음에 적고 영수증을 교부할 것을 청구할 수 있다.

제40조(지급의 시기 및 지급인의 조사의무) ① 환어음의 소지인은 만기 전에는 지급을 받을 의무가 없다.

② 만기 전에 지급을 하는 지급인은 자기의 위험부담으로 하는 것으로 한다.

③ 만기에 지급하는 지급인은 사기 또는 중대한 과실이 없으면 그 책임을 면한다. 이 경우 지급인은 배서의 연속이 제대로 되어 있는지를 조사할 의무가 있으나 배서인의 기명날인 또는 서명을 조사할 의무는 없다.

④ 제38조제3항에 따른 지급 제시의 경우 지급인 또는 지급인으로부터 지급을 위임받은 금융기관은 제3항 후단에 따른 배서의 연속이 제대로 되어 있는지에 대한 조사를 제시금융기관에 위임할 수 있다.

제41조(지급할 화폐) ① 지급지의 통화가 아닌 통화로 지급한다는 내용이 기재된 환어음은 만기일의 가격에 따라 지급지의 통화로 지급할 수 있다. 어음채무자가 지급을 지체한 경우 소지인은 그 선택에 따라 만기일 또는 지급하는 날의 환시세에 따라 지급지의 통화로 어음금액을 지급할 것을 청구할 수 있다.

② 외국통화의 가격은 지급지의 관습에 따라 정한다. 그러나 발행인은 어음에서 정한 환산율에 따라 지급금액을 계산한다는 뜻을 어음에 적을 수 있다.

③ 제1항 및 제2항은 발행인이 특정한 종류의 통화로 지급한다는 뜻(외국통화 현실지급 문구)을 적은 경우에는 적용하지 아니한다.

④ 발행국과 지급국에서 명칭은 같으나 가치가 다른 통화로써 환어음의 금액을 정한 경우에는 지급지의 통화로 정한 것으로 추정한다.

제42조(어음금액의 공탁) 제38조에 따른 기간 내에 환어음의 지급을 받기 위한 제시가 없으면 각 어음채무자는 소지인의 비용과 위험부담으로 어음금액을 관할 관서에 공탁할 수 있다.

제7장 인수거절 또는 지급거절로 인한 상환청구<개정 2010. 3. 31.>

제43조(상환청구의 실질적 요건) 만기에 지급이 되지 아니한 경우 소지인은 배서인, 발행인, 그 밖의 어음채무자에 대하여 상환청구권을 행사할 수 있다. 다음 각 호의 어느 하나에 해당하는 경우에는 만기 전에도 상환청구권을 행사할 수 있다.

1. 인수의 전부 또는 일부의 거절이 있는 경우
2. 지급인의 인수 여부와 관계없이 지급인이 파산한 경우, 그 지급이 정지된 경우 또는 그 재산에 대한 강제집행이 주효하지 아니한 경우
3. 인수를 위한 어음의 제시를 금지한 어음의 발행인이 파산한 경우

제44조(상환청구의 형식적 요건) ① 인수 또는 지급의 거절은 공정증서(인수거절증서 또는 지급거절증서)로 증명하여야 한다.

② 인수거절증서는 인수를 위한 제시기간 내에 작성시켜야 한다. 다만, 기간의 말일에 제24조제1항에 따른 제시가 있으면 그 다음 날에도 거절증서를 작성시킬 수 있다.

③ 확정일출급, 발행일자 후 정기출급 또는 일람 후 정기출급 환어음의 지급거절증서는 지급을 할 날 이후의 2거래일 내에 작성시켜야 한다. 일람출급 어음의 지급거절증서는 인수거절증서 작성에 관한 제2항에 따라 작성시켜야 한다.

④ 인수거절증서가 작성되었을 때에는 지급을 받기 위한 제시와 지급거절증서의 작성이 필요하지 아니하다.

⑤ 지급인의 인수 여부와 관계없이 지급인이 지급을 정지한 경우 또는 그 재산에 대한 강제집행이 주효하지 아니한 경우 소지인은 지급인에 대하여 지급을 받기 위한 제시를 하고 거절증서를 작성시킨 후가 아니면 상환청구권을 행사하지 못한다.

⑥ 지급인의 인수 여부와 관계없이 지급인이 파산선고를 받은 경우 또는 인수를 위한 제시를 금지한 어음의 발행인이 파산선고를 받은 경우에 소지인이 상환청구권을 행사할 때에는 파산결정서를 제시하면 된다.

제45조(인수거절 및 지급거절의 통지) ① 소지인은 다음 각 호의 어느 하나에 해당하는 날 이후의 4거래일 내에 자기의 배서인과 발행인에게 인수거절 또는 지급거절이 있었음을 통지하여야 하고, 각 배서인은 그 통지를 받은 날 이후 2거래일 내에 전통지자 전원의 명칭과 처소를 표시하고 자기가 받은 통지를 자기의 배서인에게 통지하여 차례로 발행인에게 미치게 하여야 한다. 이 기간은 각 통지를 받은 때부터 진행한다.

1. 거절증서 작성일
2. 무비용상환의 문구가 적혀 있는 경우에는 어음 제시일

② 제1항에 따라 환어음에 기명날인하거나 서명한 자에게 통지할 때에는 같은 기간 내

에 그 보증인에게도 같은 통지를 하여야 한다.

③ 배서인이 그 처소를 적지 아니하거나 그 기재가 분명하지 아니한 경우에는 그 배서인의 직전의 자에게 통지하면 된다.

④ 통지를 하여야 하는 자는 어떠한 방법으로도 할 수 있다. 단순히 어음을 반환하는 것으로도 통지할 수 있다.

⑤ 통지를 하여야 하는 자는 적법한 기간 내에 통지를 하였음을 증명하여야 한다. 이 기간 내에 통지서를 우편으로 부친 경우에는 그 기간을 준수한 것으로 본다.

⑥ 제5항의 기간 내에 통지를 하지 아니한 자도 상환청구권을 잃지 아니한다. 그러나 과실로 인하여 손해가 생긴 경우에는 환어음금액의 한도 내에서 배상할 책임을 진다.

제46조(거절증서 작성 면제) ① 발행인, 배서인 또는 보증인은 다음 각 호의 어느 하나에 해당하는 문구를 환어음에 적고 기명날인하거나 서명함으로써 소지인의 상환청구권 행사를 위한 인수거절증서 또는 지급거절증서의 작성을 면제할 수 있다.

1. 무비용상환
2. 거절증서 불필요
3. 제1호 및 제2호와 같은 뜻을 가진 문구

② 제1항 각 호의 문구가 있더라도 소지인의 법정기간 내 어음의 제시 및 통지 의무가 면제되는 것은 아니다. 법정기간을 준수하지 아니하였음은 소지인에 대하여 이를 원용하는 자가 증명하여야 한다.

③ 발행인이 제1항 각 호의 문구를 적은 경우에는 모든 어음채무자에 대하여 효력이 있고, 배서인 또는 보증인이 이 문구를 적은 경우에는 그 배서인 또는 보증인에 대하여만 효력이 있다. 발행인이 이 문구를 적었음에도 불구하고 소지인이 거절증서를 작성시켰으면 그 비용은 소지인이 부담하고, 배서인 또는 보증인이 이 문구를 적은 경우에 거절증서를 작성시켰으면 모든 어음채무자에게 그 비용을 상환하게 할 수 있다.

제47조(어음채무자의 합동책임) ① 환어음의 발행, 인수, 배서 또는 보증을 한 자는 소지인에 대하여 합동으로 책임을 진다.

② 소지인은 제1항의 어음채무자에 대하여 그 채무부담의 순서에도 불구하고 그중 1명, 여러 명 또는 전원에 대하여 청구할 수 있다.

③ 어음채무자가 그 어음을 환수한 경우에도 제2항의 소지인과 같은 권리가 있다.

④ 어음채무자 중 1명에 대한 청구는 다른 채무자에 대한 청구에 영향을 미치지 아니한다. 이미 청구를 받은 자의 후자에 대하여도 같다.

제48조(상환청구금액) ① 소지인은 상환청구권에 의하여 다음 각 호의 금액의 지급을 청구할 수 있다.

1. 인수 또는 지급되지 아니한 어음금액과 이자가 적혀 있는 경우 그 이자
2. 연 6퍼센트의 이율로 계산한 만기 이후의 이자
3. 거절증서의 작성비용, 통지비용 및 그 밖의 비용

② 만기 전에 상환청구권을 행사하는 경우에는 할인에 의하여 어음금액을 줄인다. 그 할인은 소지인의 주소지에서 상환청구하는 날의 공정할인율(은행률)에 의하여 계산한다.

제49조(재상환청구금액) 환어음을 환수한 자는 그 전자에 대하여 다음 각 호의 금액의 지급을 청구할 수 있다.

1. 지급한 총금액
2. 제1호의 금액에 대하여 연 6퍼센트의 이율로 계산한 지급한 날 이후의 이자
3. 지출한 비용

제50조(상환의무자의 권리) ① 상환청구를 받은 어음채무자나 받을 어음채무자는 지급과 상환으로 거절증서, 영수를 증명하는 계산서와 그 어음의 교부를 청구할 수 있다.

② 환어음을 환수한 배서인은 자기의 배서와 후자의 배서를 말소할 수 있다.

제51조(일부인수의 경우의 상환청구) 일부인수 후에 상환청구권을 행사하는 경우에 인수되지 아니한 어음금액을 지급하는 자는 이를 지급한 사실을 어음에 적을 것과 영수증을 교부할 것을 청구할 수 있다. 소지인은 그 후의 상환청구를 할 수 있게 하기 위하여 어음의 증명등본과 거절증서를 교부하여야 한다.

제52조(역어음에 의한 상환청구) ① 상환청구권이 있는 자는 어음에 반대문구가 적혀 있지 아니하면 그 전자 중 1명을 지급인으로 하여 그 자의 주소에서 지급할 일람출급의 새 어음(이하 "역어음"이라 한다)을 발행함으로써 상환청구권을 행사할 수 있다.

② 역어음의 어음금액에는 제48조와 제49조에 따른 금액 외에 그 어음의 중개료와 인지세가 포함된다.

③ 소지인이 역어음을 발행하는 경우에 그 금액은 본어음의 지급지에서 그 전자의 주소지에 대하여 발행하는 일람출급 어음의 환시세에 따라 정한다. 배서인이 역어음을 발행하는 경우에 그 금액은 역어음의 발행인이 그 주소지에서 전자의 주소지에 대하여 발행하는 일람출급 어음의 환시세에 따라 정한다.

제53조(상환청구권의 상실) ① 다음 각 호의 기간이 지나면 소지인은 배서인, 발행인, 그 밖의 어음채무자에 대하여 그 권리를 잃는다. 그러나 인수인에 대하여는 그러하지 아니하다.

1. 일람출급 또는 일람 후 정기출급의 환어음의 제시기간
2. 인수거절증서 또는 지급거절증서의 작성기간
3. 무비용상환의 문구가 적혀 있는 경우에 지급을 받기 위한 제시기간

② 발행인이 기재한 기간 내에 인수를 위한 제시를 하지 아니한 소지인은 지급거절과 인수거절로 인한 상환청구권을 잃는다. 그러나 그 기재한 문구에 의하여 발행인에게 인수에 대한 담보의무만을 면할 의사(의사)가 있었음을 알 수 있는 경우에는 그러하지 아니하다.

③ 배서에 제시기간이 적혀 있는 경우에는 그 배서인만이 이를 원용할 수 있다.

제54조(불가항력과 기간의 연장) ① 피할 수 없는 장애[국가법령에 따른 금제나 그 밖의 불가항력을 말한다. 이하 "불가항력"이라 한다]로 인하여 법정기간 내에 환어음을 제시하거나 거절증서를 작성하기 어려운 경우에는 그 기간을 연장한다.

② 소지인은 불가항력이 발생하면 자기의 배서인에게 지체 없이 그 사실을 통지하고 어음 또는 보충지에 통지를 하였다는 내용을 적고 날짜를 부기한 후 기명날인하거나 서명하여야 한다. 그 밖의 사항에 관하여는 제45조를 준용한다.

③ 불가항력이 사라지면 소지인은 지체 없이 인수 또는 지급을 위하여 어음을 제시하고 필요한 경우에는 거절증서를 작성시켜야 한다.

④ 불가항력이 만기부터 30일이 지나도 계속되는 경우에는 어음의 제시 또는 거절증서의 작성 없이 상환청구권을 행사할 수 있다.

⑤ 일람출급 또는 일람 후 정기출급의 환어음의 경우 제4항에 따른 30일의 기간은 제시기간이 지나기 전이라도 소지인이 배서인에게 불가항력이 발생하였다고 통지한 날부터 진행한다. 일람 후 정기출급의 환어음의 경우 제4항에 따른 30일의 기간에는 어음에 적은 일람 후의 기간을 가산한다.

⑥ 소지인이나 소지인으로부터 어음의 제시 또는 거절증서 작성을 위임받은 자의 단순한 인적 사유는 불가항력으로 보지 아니한다.

제8장 참 가<개정 2010. 3. 31.>

제1절 통 칙<개정 2010. 3. 31.>

제55조(참가의 당사자 및 통지) ① 발행인, 배서인 또는 보증인은 어음에 예비지급인을 적을 수 있다.

② 상환청구를 받을 어느 채무자를 위하여 참가하는 자도 이 장의 규정에 따라 환어음을 인수하거나 지급할 수 있다.

③ 제3자, 지급인 또는 이미 어음채무를 부담한 자도 참가인이 될 수 있다. 다만, 인수인은 참가인이 될 수 없다.

④ 참가인은 피참가인에 대하여 2거래일 내에 참가하였음을 통지하여야 한다. 참가인이 이 기간을 지키지 아니한 경우에 과실로 인하여 손해가 생기면 그 참가인은 어음금액의 한도에서 배상할 책임을 진다.

제2절 참가인수<개정 2010. 3. 31.>

제56조(참가인수의 요건) ① 참가인수는 인수를 위한 제시를 금지하지 아니한 환어음의 소지인이 만기 전에 상환청구권을 행사할 수 있는 모든 경우에 할 수 있다.

② 환어음에 지급지에 있는 예비지급인을 기재한 경우 어음의 소지인은 예비지급인에게 어음을 제시하였으나 그 자가 참가인수를 거절하였음을 거절증서로 증명하지 아니하면 예비지급인을 기재한 자와 그 후자에 대하여 만기 전에 상환청구권을 행사하지 못한다.

③ 제2항의 경우 외에는 소지인은 참가인수를 거절할 수 있다. 소지인이 참가인수를 승낙한 때에는 피참가인과 그 후자에 대하여 만기 전에 행사할 수 있는 상환청구권을 잃는다.

제57조(참가인수의 방식) 참가인수를 할 때에는 환어음에 그 내용을 적고 참가인이 기명날인하거나 서명하여야 한다. 이 경우 피참가인을 표시하여야 하며, 그 표시가 없을 때에는 발행인을 위하여 참가인수를 한 것으로 본다.

제58조(참가인수의 효력) ① 참가인수인은 소지인과 피참가인의 후자에 대하여 피참가인

과 같은 의무를 부담한다.

② 피참가인과 그 전자는 참가인수에도 불구하고 소지인에 대하여 제48조에 따른 금액의 지급과 상환으로 어음의 교부를 청구할 수 있다. 거절증서와 영수를 증명하는 계산서가 있는 경우에는 그것을 교부할 것도 청구할 수 있다.

제 3 절 참가지급<개정 2010. 3. 31.>

第59조(참가지급의 요건) ① 참가지급은 소지인이 만기나 만기 전에 상환청구권을 행사할 수 있는 모든 경우에 할 수 있다.

② 지급은 피참가인이 지급할 전액을 지급하여야 한다.

③ 지급은 지급거절증서를 작성시킬 수 있는 최종일의 다음 날까지 하여야 한다.

第60조(참가지급 제시의 필요) ① 지급지에 주소가 있는 자가 참가인수를 한 경우 또는 지급지에 주소가 있는 자가 예비지급인으로 기재된 경우에는 소지인은 늦어도 지급거절증서를 작성시킬 수 있는 마지막 날의 다음 날까지 그들 모두에게 어음을 제시하고 필요할 때에는 참가지급거절증서를 작성시켜야 한다.

② 제1항의 기간 내에 거절증서가 작성되지 아니하면 예비지급인을 기재한 자 또는 피참가인과 그 후의 배서인은 의무를 면한다.

第61조(참가지급거절의 효과) 참가지급을 거절한 소지인은 그 지급으로 인하여 의무를 면할 수 있었던 자에 대한 상환청구권을 잃는다.

第62조(참가지급의 방법) ① 참가지급이 있었으면 어음에 피참가인을 표시하고 그 영수를 증명하는 문구를 적어야 하며, 그 표시가 없을 때에는 발행인을 위하여 지급한 것으로 본다.

② 환어음은 참가지급인에게 교부하여야 하며, 거절증서를 작성시킨 경우에는 그 거절증서도 교부하여야 한다.

第63조(참가지급의 효력) ① 참가지급인은 피참가인과 그의 어음상의 채무자에 대하여 어음으로부터 생기는 권리를 취득한다. 그러나 다시 어음에 배서하지 못한다.

② 피참가인보다 후의 배서인은 의무를 면한다.

③ 참가지급이 경합하는 경우에는 가장 많은 수의 어음채무자의 의무를 면하게 하는 자가 우선한다. 이러한 사정을 알고도 이 규정을 위반하여 참가지급을 한 자는 의무를 면할 수 있었던 자에 대한 상환청구권을 잃는다.

제 9 장 복본과 등본<개정 2010. 3. 31.>

제 1 절 복 본<개정 2010. 3. 31.>

第64조(복본 발행의 방식) ① 환어음은 같은 내용으로 여러 통을 복본으로 발행할 수 있다.

② 제1항의 복본을 발행할 때에는 그 증권의 본문 중에 번호를 붙여야 하며, 번호를 붙이지 아니한 경우에는 그 여러 통의 복본은 별개의 환어음으로 본다.

③ 어음에 한 통만을 발행한다는 내용을 적지 아니한 경우에는 소지인은 자기의 비용으로 복본의 교부를 청구할 수 있다. 이 경우 소지인은 자기에게 직접 배서한 배서인

에게 그 교부를 청구하고 그 배서인은 다시 자기의 배서인에게 청구를 함으로써 이에 협력하여 차례로 발행인에게 그 청구가 미치게 한다. 각 배서인은 새 복본에 배서를 다시 하여야 한다.

第65條(복본의 효력) ① 복본의 한 통에 대하여 지급한 경우 그 지급이 다른 복본을 무효로 한다는 뜻이 복본에 적혀 있지 아니하여도 의무를 면하게 한다. 그러나 지급인은 인수한 각 통의 복본으로서 반환을 받지 아니한 복본에 대하여 책임을 진다.

② 여럿에게 각각 복본을 양도한 배서인과 그 후의 배서인은 그가 기명날인하거나 서명한 각 통의 복본으로서 반환을 받지 아니한 것에 대하여 책임을 진다.

第66條(인수를 위하여 하는 송부) ① 인수를 위하여 복본 한 통을 송부한 자는 다른 각 통의 복본에 이 한 통의 복본을 보유하는 자의 명칭을 적어야 한다. 송부된 복본을 보유하는 자는 다른 복본의 정당한 소지인에게 그 복본을 교부할 의무가 있다.

② 복본 교부를 거절당한 소지인은 거절증서로 다음 각 호의 사실을 증명하지 아니하면 상환청구권을 행사하지 못한다.

1. 인수를 위하여 송부한 한 통의 복본이 소지인의 청구에도 불구하고 교부되지 아니하였다는 것
2. 다른 한 통의 복본으로는 인수 또는 지급을 받을 수 없었다는 것

제 2 절 등 본<개정 2010. 3. 31.>

第67條(등본의 작성, 작성방식 및 효력) ① 환어음의 소지인은 그 등본을 작성할 권리가 있다.

② 등본에는 배서된 사항이나 그 밖에 원본에 적힌 모든 사항을 정확히 다시 적고 끝부분임을 표시하는 기재를 하여야 한다.

③ 등본에 대하여는 원본과 같은 방법에 의하여 같은 효력으로 배서 또는 보증을 할 수 있다.

第68條(등본 보유자의 권리) ① 등본에는 원본 보유자를 표시하여야 한다. 그 보유자는 등본의 정당한 소지인에 대하여 그 원본을 교부할 의무가 있다.

② 원본 교부를 거절당한 소지인은 원본의 교부를 청구하였음에도 불구하고 받지 못하였음을 거절증서로 증명하지 아니하면 등본에 배서하거나 보증한 자에 대하여 상환청구권을 행사하지 못한다.

③ 등본 작성 전에 원본에 한 최후의 배서의 뒤에 다음 각 호의 어느 하나에 해당하는 문구를 적은 경우에는 원본에 한 그 후의 배서는 무효로 한다.

1. 이 후의 배서는 등본에 한 것만이 효력이 있다
2. 제1호와 같은 뜻을 가진 문구

제10장 변 조<개정 2010. 3. 31.>

第69條(변조와 어음행위자의 책임) 어음의 문구가 변조된 경우에는 그 변조 후에 기명날인하거나 서명한 자는 변조된 문구에 따라 책임을 지고 변조 전에 기명날인하거나 서명

한 자는 원래 문구에 따라 책임을 진다.

제11장 시 효<개정 2010. 3. 31.>

제70조(시효기간) ① 인수인에 대한 환어음상의 청구권은 만기일부터 3년간 행사하지 아니하면 소멸시효가 완성된다.

② 소지인의 배서인과 발행인에 대한 청구권은 다음 각 호의 날부터 1년간 행사하지 아니하면 소멸시효가 완성된다.

1. 적법한 기간 내에 작성시킨 거절증서의 날짜
2. 무비용상환의 문구가 적혀 있는 경우에는 만기일

③ 배서인의 다른 배서인과 발행인에 대한 청구권은 그 배서인이 어음을 환수한 날 또는 그 자가 제소된 날부터 6개월간 행사하지 아니하면 소멸시효가 완성된다.

제71조(시효의 중단) 시효의 중단은 그 중단사유가 생긴 자에 대하여만 효력이 생긴다.

제12장 통 칙<개정 2010. 3. 31.>

제72조(휴일과 기일 및 기간) ① 환어음의 만기가 법정휴일인 경우에는 만기 이후의 제1거래일에 지급을 청구할 수 있다. 환어음에 관한 다른 행위, 특히 인수를 위한 제시 및 거절증서 작성 행위는 거래일에만 할 수 있다.

② 제1항의 어느 행위를 일정 기간 내에 하여야 할 경우 그 기간의 말일이 법정휴일이면 말일 이후의 제1거래일까지 기간을 연장하고, 기간 중의 휴일은 그 기간에 산입한다.

제73조(기간의 초일 불산입) 법정기간 또는 약정기간에는 그 첫날을 산입하지 아니한다.

제74조(은혜일의 불허) 은혜일은 법률상으로든 재판상으로든 인정하지 아니한다.

제 2 편 약속어음〈개정 2010. 3. 31.〉

제75조(어음의 요건) 약속어음에는 다음 각 호의 사항을 적어야 한다.

1. 증권의 본문 중에 그 증권을 작성할 때 사용하는 국어로 약속어음임을 표시하는 글자
2. 조건 없이 일정한 금액을 지급할 것을 약속하는 뜻
3. 만기
4. 지급지
5. 지급받을 자 또는 지급받을 자를 지시할 자의 명칭
6. 발행일과 발행지
7. 발행인의 기명날인 또는 서명

제76조(어음 요건의 흠) 제75조 각 호의 사항을 적지 아니한 증권은 약속어음의 효력이 없다. 그러나 다음 각 호의 경우에는 그러하지 아니하다.

1. 만기가 적혀 있지 아니한 경우: 일람출급의 약속어음으로 본다.
2. 지급지가 적혀 있지 아니한 경우: 발행지를 지급지 및 발행인의 주소지로 본다.
3. 발행지가 적혀 있지 아니한 경우: 발행인의 명칭에 부기한 지를 발행지로 본다.

제77조(환어음에 관한 규정의 준용) ① 약속어음에 대하여는 약속어음의 성질에 상반되지 아니하는 한도에서 다음 각 호의 사항에 관한 환어음에 대한 규정을 준용한다.

1. 배서(제11조부터 제20조까지)
2. 만기(제33조부터 제37조까지)
3. 지급(제38조부터 제42조까지)
4. 지급거절로 인한 상환청구(제43조부터 제50조까지, 제52조부터 제54조까지)
5. 참가지급(제55조, 제59조부터 제63조까지)
6. 등본(제67조와 제68조)
7. 변조(제69조)
8. 시효(제70조와 제71조)
9. 휴일, 기간의 계산과 은혜일의 인정 금지(제72조부터 제74조까지)

② 약속어음에 관하여는 제3자방에서 또는 지급인의 주소지가 아닌 지에서 지급할 환어음에 관한 제4조 및 제27조, 이자의 약정에 관한 제5조, 어음금액의 기재의 차이에 관한 제6조, 어음채무를 부담하게 할 수 없는 기명날인 또는 서명의 효과에 관한 제7조, 대리권한 없는 자 또는 대리권한을 초과한 자의 기명날인 또는 서명의 효과에 관한 제8조, 백지환어음에 관한 제10조를 준용한다.

③ 약속어음에 관하여는 보증에 관한 제30조부터 제32조까지의 규정을 준용한다. 제31조 제4항의 경우에 누구를 위하여 보증한 것임을 표시하지 아니하였으면 약속어음의 발행인을 위하여 보증한 것으로 본다.

제78조(발행인의 책임 및 일람 후 정기출급 어음의 특칙) ① 약속어음의 발행인은 환어음의 인수인과 같은 의무를 부담한다.

② 일람 후 정기출급의 약속어음은 제23조에 따른 기간 내에 발행인이 일람할 수 있도록 제시하여야 한다. 일람 후의 기간은 발행인이 어음에 일람하였다는 내용을 적고 날짜를 부기하여 기명날인하거나 서명한 날부터 진행한다. 발행인이 일람 사실과 날짜의 기재를 거절한 경우에는 제25조에 따라 거절증서로써 이를 증명하여야 한다. 그 날짜는 일람 후의 기간의 첫날로 한다.

[부 칙] <제1001호, 1962. 1. 20.>

제79조(이득상환청구권) 환어음 또는 약속어음에서 생긴 권리가 절차의 흠결로 인하여 소멸한 때나 그 소멸시효가 완성한 때라도 소지인은 발행인, 인수인 또는 배서인에 대하여 그가 받은 이익의 한도 내에서 상환을 청구할 수 있다.

제80조(소송고지로 인한 시효중단) ① 배서인의 다른 배서인과 발행인에 대한 환어음상과 약속어음상의 청구권의 소멸시효는 그 자가 제소된 경우에는 전자에 대한 소송고지를 함으로 인하여 중단한다.

② 전항의 규정에 의하여 중단된 시효는 재판이 확정된 때로부터 다시 진행을 개시한다.

제81조(휴일의 의의) 본법에서 휴일이라 함은 국경일, 공휴일, 일요일 기타의 일반휴일을 이른다.

제82조(본법 시행전에 발행한 수형) 본법 시행전에 발행한 위체수형과 약속수형에 관하여는 종전의 규정에 의한다.

제83조(어음교환소의 지정) 제38조 제2항(제77조 제1항에서 준용하는 경우를 포함한다)의 어음교환소는 법무부장관이 지정한다.

제84조(거절증서에 관한 사항) 거절증서의 작성에 관한 사항은 대통령령으로 정한다.<개정 1995. 12. 6.>

제85조(시행기일, 구법의 폐지) ① 본법은 1963년 1월 1일부터 시행한다.

② 조선민사령 제1조에 의하여 의용된 수형법은 본법시행시까지 효력이 있다.

[부 칙] <제5009호, 1995. 12. 6.>

이 법은 공포한 날부터 시행한다.

[부 칙] <제8441호, 2007. 5. 17.>

이 법은 공포 후 6개월이 경과한 날부터 시행한다.

[부 칙] <제10198호, 2010. 3. 31.>

이 법은 공포한 날부터 시행한다.

手 票 法

제 정 : 1962. 1. 20. 법률 제 1002호
일 부 개 정 : 2010. 3. 31. 법률 제10197호

제1장 수표의 발행과 방식<개정 2010. 3. 31.>

제1조(수표의 요건) 수표에는 다음 각 호의 사항을 적어야 한다.

1. 증권의 본문 중에 그 증권을 작성할 때 사용하는 국어로 수표임을 표시하는 글자
2. 조건 없이 일정한 금액을 지급할 것을 위탁하는 뜻
3. 지급인의 명칭
4. 지급지
5. 발행일과 발행지
6. 발행인의 기명날인 또는 서명

제2조(수표 요건의 흠) 제1조 각 호의 사항을 적지 아니한 증권은 수표의 효력이 없다. 그러나 다음 각 호의 경우에는 그러하지 아니하다.

1. 지급지가 적혀 있지 아니한 경우: 지급인의 명칭에 부기한 지를 지급지로 본다. 지급인의 명칭에 여러 개의 지를 부기한 경우에는 수표의 맨 앞에 적은 지에서 지급할 것으로 한다.
2. 제1호의 기재나 그 밖의 다른 표시가 없는 경우: 발행지에서 지급할 것으로 한다.
3. 발행지가 적혀 있지 아니한 경우: 발행인의 명칭에 부기한 지를 발행지로 본다.

제3조(수표자금, 수표계약의 필요) 수표는 제시한 때에 발행인이 처분할 수 있는 자금이 있는 은행을 지급인으로 하고, 발행인이 그 자금을 수표에 의하여 처분할 수 있는 명시적 또는 묵시적 계약에 따라서만 발행할 수 있다. 그러나 이 규정을 위반하는 경우에도 수표로서의 효력에 영향을 미치지 아니한다.

제4조(인수의 금지) 수표는 인수하지 못한다. 수표에 적은 인수의 문구는 적지 아니한 것으로 본다.

제5조(수취인의 지정) ① 수표는 다음 각 호의 어느 하나의 방식으로 발행할 수 있다.

1. 기명식 또는 지시식
2. 기명식으로 "지시금지"라는 글자 또는 이와 같은 뜻이 있는 문구를 적은 것
3. 소지인출급식

② 기명식 수표에 "또는 소지인에게"라는 글자 또는 이와 같은 뜻이 있는 문구를 적었을 때에는 소지인출급식 수표로 본다.

③ 수취인이 적혀 있지 아니한 수표는 소지인출급식 수표로 본다.

제6조(자기지시수표, 위탁수표, 자기앞수표) ① 수표는 발행인 자신을 지급받을 자로 하여 발행할 수 있다.

② 수표는 제3자의 계산으로 발행할 수 있다.

③ 수표는 발행인 자신을 지급인으로 하여 발행할 수 있다.

제7조(이자의 약정) 수표에 적은 이자의 약정은 적지 아니한 것으로 본다.

제8조(제3자방 지급 기재) 수표는 지급인의 주소지에 있든 다른 지에 있든 관계없이 제3자방에서 지급하는 것으로 할 수 있다. 그러나 그 제3자는 은행이어야 한다.

제9조(수표금액의 기재에 차이가 있는 경우) ① 수표의 금액을 글자와 숫자로 적은 경우에 그 금액에 차이가 있으면 글자로 적은 금액을 수표금액으로 한다.

② 수표의 금액을 글자 또는 숫자로 중복하여 적은 경우에 그 금액에 차이가 있으면 최소금액을 수표금액으로 한다.

제10조(수표채무의 독립성) 수표에 다음 각 호의 어느 하나에 해당하는 기명날인 또는 서명이 있는 경우에도 다른 기명날인 또는 서명을 한 자의 채무는 그 효력에 영향을 받지 아니한다.

1. 수표채무를 부담할 능력이 없는 자의 기명날인 또는 서명
2. 위조된 기명날인 또는 서명
3. 가공인물의 기명날인 또는 서명
4. 그 밖의 사유로 수표에 기명날인 또는 서명을 한 자나 그 본인에게 의무를 부담하게 할 수 없는 기명날인 또는 서명

제11조(수표행위의 무권대리) 대리권 없이 타인의 대리인으로 수표에 기명날인하거나 서명한 자는 그 수표에 의하여 의무를 부담한다. 그 자가 수표금액을 지급한 경우에는 본인과 같은 권리를 가진다. 권한을 초과한 대리인의 경우도 같다.

제12조(발행인의 책임) 발행인은 지급을 담보한다. 발행인이 지급을 담보하지 아니한다는 뜻의 모든 문구는 적지 아니한 것으로 본다.

제13조(백지수표) 미완성으로 발행한 수표에 미리 합의한 사항과 다른 내용을 보충한 경우에는 그 합의의 위반을 이유로 소지인에게 대항하지 못한다. 그러나 소지인이 악의 또는 중대한 과실로 인하여 수표를 취득한 경우에는 그러하지 아니하다.

제2장 양 도<개정 2010. 3. 31.>

제14조(당연한 지시증권성) ① 기명식 또는 지시식의 수표는 배서(배서)에 의하여 양도할 수 있다.

② 기명식 수표에 "지시금지"라는 글자 또는 이와 같은 뜻이 있는 문구를 적은 경우에는 그 수표는 지명채권의 양도 방식으로만, 그리고 그 효력으로써만 양도할 수 있다.

③ 배서는 발행인이나 그 밖의 채무자에 대하여도 할 수 있다. 이러한 자는 다시 수표

에 배서할 수 있다.

제15조(배서의 요건) ① 배서에는 조건을 붙여서는 아니 된다. 배서에 붙인 조건은 적지 아니한 것으로 본다.

② 일부의 배서는 무효로 한다.

③ 지급인의 배서도 무효로 한다.

④ 소지인에게 지급하라는 소지인출급의 배서는 백지식 배서와 같은 효력이 있다.

⑤ 지급인에 대한 배서는 영수증의 효력만 있다. 그러나 지급인의 영업소가 여러 개인 경우에 그 수표가 지급될 곳으로 된 영업소 외의 영업소에 대한 배서는 그러하지 아니하다.

제16조(배서의 방식) ① 배서는 수표 또는 이에 결합한 보충지[보전]에 적고 배서인이 기명날인하거나 서명하여야 한다.

② 배서는 피배서인을 지명하지 아니하고 할 수 있으며 배서인의 기명날인 또는 서명만으로도 할 수 있다(백지식 배서). 배서인의 기명날인 또는 서명만으로 하는 백지식 배서는 수표의 뒷면이나 보충지에 하지 아니하면 효력이 없다.

제17조(배서의 권리 이전적 효력) ① 배서는 수표로부터 생기는 모든 권리를 이전한다.

② 배서가 백지식인 경우에 소지인은 다음 각 호의 행위를 할 수 있다.

1. 자기의 명칭 또는 타인의 명칭으로 백지(백지)를 보충하는 행위
2. 백지식으로 또는 타인을 표시하여 다시 수표에 배서하는 행위
3. 백지를 보충하지 아니하고 또 배서도 하지 아니하고 수표를 교부만으로 제3자에게 양도하는 행위

제18조(배서의 담보적 효력) ① 배서인은 반대의 문구가 없으면 지급을 담보한다.

② 배서인은 자기의 배서 이후에 새로 하는 배서를 금지할 수 있다. 이 경우 그 배서인은 수표의 그 후의 피배서인에 대하여 담보의 책임을 지지 아니한다.

제19조(배서의 자격 수여적 효력) 배서로 양도할 수 있는 수표의 점유자가 배서의 연속에 의하여 그 권리를 증명할 때에는 그를 적법한 소지인으로 추정한다. 최후의 배서가 백지식인 경우에도 같다. 말소한 배서는 배서의 연속에 관하여는 배서를 하지 아니한 것으로 본다. 백지식 배서의 다음에 다른 배서가 있는 경우에는 그 배서를 한 자는 백지식 배서에 의하여 수표를 취득한 것으로 본다.

제20조(무기명식 수표의 배서) 소지인출급의 수표에 배서한 자는 상환청구에 관한 규정에 따라 책임을 진다. 그러나 이로 인하여 그 수표가 지시식 수표로 변하지 아니한다.

제21조(수표의 선의취득) 어떤 사유로든 수표의 점유를 잃은 자가 있는 경우에 그 수표의 소지인은 그 수표가 소지인출급식일 때 또는 배서로 양도할 수 있는 수표의 소지인이 제19조에 따라 그 권리를 증명할 때에는 그 수표를 반환할 의무가 없다. 그러나 소지인이 악의 또는 중대한 과실로 인하여 수표를 취득한 경우에는 그러하지 아니하다.

제22조(인적 항변의 절단) 수표에 의하여 청구를 받은 자는 발행인 또는 종전의 소지인에 대한 인적 관계로 인한 항변(항변)으로써 소지인에게 대항하지 못한다. 그러나 소지인이 그 채무자를 해할 것을 알고 수표를 취득한 경우에는 그러하지 아니하다.

제23조(추심위임배서) ① 배서한 내용 중 다음 각 호의 어느 하나에 해당하는 문구가 있

으면 소지인은 수표로부터 생기는 모든 권리를 행사할 수 있다. 그러나 소지인은 대리(대리)를 위한 배서만을 할 수 있다.

1. 회수하기 위하여
2. 추심(추심)하기 위하여
3. 대리를 위하여
4. 그 밖에 단순히 대리권을 준다는 내용의 문구

② 제1항의 경우에는 채무자는 배서인에게 대항할 수 있는 항변으로써만 소지인에게 대항할 수 있다.

③ 대리를 위한 배서에 의하여 주어진 대리권은 그 대리권을 준 자가 사망하거나 무능력자가 되더라도 소멸하지 아니한다.

제24조(기한 후 배서) ① 거절증서나 이와 같은 효력이 있는 선언이 작성된 후에 한 배서 또는 제시기간이 지난 후에 한 배서는 지명채권 양도의 효력만 있다.

② 날짜를 적지 아니한 배서는 거절증서나 이와 같은 효력이 있는 선언이 작성되기 전 또는 제시기간이 지나기 전에 한 것으로 추정한다.

제 3 장 보 증<개정 2010. 3. 31.>

제25조(보증의 가능) ① 수표는 보증에 의하여 그 금액의 전부 또는 일부의 지급을 담보할 수 있다.

② 지급인을 제외한 제3자는 제1항의 보증을 할 수 있다. 수표에 기명날인하거나 서명한 자도 같다.

제26조(보증의 방식) ① 보증의 표시는 수표 또는 보충지에 하여야 한다.

② 보증을 할 때에는 "보증" 또는 이와 같은 뜻이 있는 문구를 표시하고 보증인이 기명날인하거나 서명하여야 한다.

③ 수표의 앞면에 단순한 기명날인 또는 서명이 있는 경우에는 보증을 한 것으로 본다. 그러나 발행인의 기명날인 또는 서명의 경우에는 그러하지 아니하다.

④ 보증에는 누구를 위하여 한 것임을 표시하여야 한다. 그 표시가 없는 경우에는 발행인을 위하여 보증한 것으로 본다.

제27조(보증의 효력) ① 보증인은 보증된 자와 같은 책임을 진다.

② 보증은 담보된 채무가 그 방식에 흠이 있는 경우 외에는 어떠한 사유로 무효가 되더라도 그 효력을 가진다.

③ 보증인이 수표의 지급을 하면 보증된 자와 그 자의 수표상의 채무자에 대하여 수표로부터 생기는 권리를 취득한다.

제 4 장 제시와 지급<개정 2010. 3. 31.>

제28조(수표의 일람출급성) ① 수표는 일람출급(일람출급)으로 한다. 이에 위반되는 모든 문구는 적지 아니한 것으로 본다.

② 기재된 발행일이 도래하기 전에 지급을 받기 위하여 제시된 수표는 그 제시된 날에 이를 지급하여야 한다.

第29條(지급제시기간) ① 국내에서 발행하고 지급할 수표는 10일 내에 지급을 받기 위한 제시를 하여야 한다.

② 지급지의 국가와 다른 국가에서 발행된 수표는 발행지와 지급지가 동일한 주에 있는 경우에는 20일 내에, 다른 주에 있는 경우에는 70일 내에 이를 제시하여야 한다.

③ 제2항에 관하여는 유럽주의 한 국가에서 발행하여 지중해 연안의 한 국가에서 지급할 수표 또는 지중해 연안의 한 국가에서 발행하여 유럽주의 한 국가에서 지급할 수표는 동일한 주에서 발행하고 지급할 수표로 본다.

④ 제1항부터 제3항까지의 기간은 수표에 적힌 발행일부터 기산한다.

第30條(표준이 되는 세력) 세력을 달리하는 두 지 간에 발행한 수표는 발행일을 지급지의 세력의 대응일로 환산한다.

第31條(어음교환소에서의 제시) ① 어음교환소에서 한 수표의 제시는 지급을 받기 위한 제시로서의 효력이 있다.

② 소지인으로부터 수표의 추심을 위임받은 은행(이하 제35조 제2항 및 제39조 제2호에서 "제시은행"이라 한다)이 그 수표의 기재사항을 정보처리시스템에 의하여 전자적 정보의 형태로 작성한 후 그 정보를 어음교환소에 송신하여 그 어음교환소의 정보처리시스템에 입력되었을 때에는 제1항에 따른 지급을 받기 위한 제시가 이루어진 것으로 본다.

第32條(지급위탁의 취소) ① 수표의 지급위탁의 취소는 제시기간이 지난 후에만 그 효력이 생긴다.

② 지급위탁의 취소가 없으면 지급인은 제시기간이 지난 후에도 지급을 할 수 있다.

第33條(발행인의 사망 또는 능력 상실) 수표를 발행한 후 발행인이 사망하거나 무능력자가 된 경우에도 그 수표의 효력에 영향을 미치지 아니한다.

第34條(상환증권성 및 일부지급) ① 수표의 지급인은 지급을 할 때에 소지인에게 그 수표에 영수(領收)를 증명하는 뜻을 적어서 교부할 것을 청구할 수 있다.

② 소지인은 일부지급을 거절하지 못한다.

③ 일부지급의 경우 지급인은 소지인에게 그 지급 사실을 수표에 적고 영수증을 교부할 것을 청구할 수 있다.

第35條(지급인의 조사의무) ① 배서로 양도할 수 있는 수표의 지급인은 배서의 연속이 제대로 되어 있는지를 조사할 의무가 있으나 배서인의 기명날인 또는 서명을 조사할 의무는 없다.

② 제31조제2항에 따른 지급제시의 경우 지급인은 제1항에 따른 배서의 연속이 제대로 되어 있는지에 대한 조사를 제시은행에 위임할 수 있다.

第36條(지급할 화폐) ① 지급지의 통화(通貨)가 아닌 통화로 지급한다는 내용이 기재된 수표는 그 제시기간 내에는 지급하는 날의 가격에 따라 지급지의 통화로 지급할 수 있다. 제시를 하여도 지급을 하지 아니하는 경우에는 소지인은 그 선택에 따라 제시한 날이나 지급하는 날의 환시세(換時勢)에 따라 지급지의 통화로 수표금액을 지급할 것을 청구할 수 있다.

② 외국통화의 가격은 지급지의 관습에 따라 정한다. 그러나 발행인은 수표에서 정한 환산율에 따라 지급금액을 계산한다는 뜻을 수표에 적을 수 있다.

③ 제1항 및 제2항은 발행인이 특정한 종류의 통화로 지급한다는 뜻(외국통화 현실지급 문구)을 적은 경우에는 적용하지 아니한다.

④ 발행국과 지급국에서 명칭은 같으나 가치가 다른 통화로써 수표의 금액을 정한 경우에는 지급지의 통화로 정한 것으로 추정한다.

제 5 장 횡선수표<개정 2010. 3. 31.>

제37조(횡선의 종류 및 방식) ① 수표의 발행인이나 소지인은 그 수표에 횡선(횡선)을 그을 수 있다. 이 횡선은 제38조에서 규정한 효력이 있다.

② 횡선은 수표의 앞면에 두 줄의 평행선으로 그어야 한다. 횡선은 일반횡선 또는 특정횡선으로 할 수 있다.

③ 두 줄의 횡선 내에 아무런 지정을 하지 아니하거나 "은행" 또는 이와 같은 뜻이 있는 문구를 적었을 때에는 일반횡선으로 하고, 두 줄의 횡선 내에 은행의 명칭을 적었을 때에는 특정횡선으로 한다.

④ 일반횡선은 특정횡선으로 변경할 수 있으나, 특정횡선은 일반횡선으로 변경하지 못한다.

⑤ 횡선 또는 지정된 은행의 명칭의 말소는 하지 아니한 것으로 본다.

제38조(횡선의 효력) ① 일반횡선수표의 지급인은 은행 또는 지급인의 거래처에만 지급할 수 있다.

② 특정횡선수표의 지급인은 지정된 은행에만 또는 지정된 은행이 지급인인 경우에는 자기의 거래처에만 지급할 수 있다. 그러나 지정된 은행은 다른 은행으로 하여금 추심하게 할 수 있다.

③ 은행은 자기의 거래처 또는 다른 은행에서만 횡선수표를 취득할 수 있다. 은행은 이 외의 자를 위하여 횡선수표의 추심을 하지 못한다.

④ 여러 개의 특정횡선이 있는 수표의 지급인은 이를 지급하지 못한다. 그러나 2개의 횡선이 있는 경우에 그 하나가 어음교환소에 제시하여 추심하게 하기 위한 것일 때에는 그러하지 아니하다.

⑤ 제1항부터 제4항까지의 규정을 준수하지 아니한 지급인이나 은행은 이로 인하여 생긴 손해에 대하여 수표금액의 한도 내에서 배상할 책임을 진다.

제 6 장 지급거절로 인한 상환청구<개정 2010. 3. 31.>

제39조(상환청구의 요건) 적법한 기간 내에 수표를 제시하였으나 지급받지 못한 경우에 소지인이 다음 각 호의 어느 하나의 방법으로 지급거절을 증명하였을 때에는 소지인은 배서인, 발행인, 그 밖의 채무자에 대하여 상환청구권(상환청구권)을 행사할 수 있다.

1. 공정증서(거절증서)

2. 수표에 제시된 날을 적고 날짜를 부기한 지급인(제31조 제2항의 경우에는 지급인의 위임을 받은 제시은행)의 선언

3. 적법한 시기에 수표를 제시하였으나 지급받지 못하였음을 증명하고 날짜를 부기한 어음교환소의 선언

제40조(거절증서 등의 작성기간) ① 거절증서 또는 이와 같은 효력이 있는 선언은 제시기간이 지나기 전에 작성시켜야 한다.

② 제시기간 말일에 제시한 경우에는 거절증서 또는 이와 같은 효력이 있는 선언은 그 날 이후의 제1거래일에 작성시킬 수 있다.

제41조(지급거절의 통지) ① 소지인은 다음 각 호의 어느 하나에 해당하는 날 이후의 4거래일 내에 자기의 배서인과 발행인에게 지급거절이 있었음을 통지하여야 하고, 각 배서인은 그 통지를 받은 날 이후의 2거래일 내에 전 통지자 전원의 명칭과 처소를 표시하고 자기가 받은 통지를 자기의 배서인에게 통지하여 차례로 발행인에게 미치게 하여야 한다. 이 기간은 각 통지를 받은 때부터 진행한다.

1. 거절증서 작성일
2. 거절증서와 같은 효력이 있는 선언의 작성일
3. 무비용상환의 문구가 적혀 있는 경우에는 수표 제시일

② 제1항에 따라 수표에 기명날인하거나 서명한 자에게 통지할 때에는 같은 기간 내에 그 보증인에 대하여도 같은 통지를 하여야 한다.

③ 배서인이 그 처소를 적지 아니하거나 그 기재가 분명하지 아니한 경우에는 그 배서인의 직전의 자에게 통지하면 된다.

④ 통지를 하여야 하는 자는 어떠한 방법으로도 할 수 있다. 단순히 수표를 반환하는 것으로도 통지할 수 있다.

⑤ 통지를 하여야 하는 자는 적법한 기간 내에 통지를 하였음을 증명하여야 한다. 이 기간 내에 통지서를 우편으로 부친 경우에는 그 기간을 준수한 것으로 본다.

⑥ 제5항의 기간 내에 통지를 하지 아니한 자도 상환청구권을 잃지 아니한다. 그러나 과실로 인하여 손해가 생긴 경우에는 수표금액의 한도 내에서 배상할 책임을 진다.

제42조(거절증서 등의 작성 면제) ① 발행인, 배서인 또는 보증인은 다음 각 호의 어느 하나에 해당하는 문구를 수표에 적고 기명날인하거나 서명함으로써 소지인의 상환청구권 행사를 위한 거절증서 또는 이와 같은 효력이 있는 선언의 작성을 면제할 수 있다.

1. 무비용상환
2. 거절증서 불필요
3. 제1호 및 제2호와 같은 뜻을 가진 문구

② 제1항 각 호의 문구가 있더라도 소지인의 법정기간 내 수표의 제시 및 통지 의무가 면제되는 것은 아니다. 법정기간을 준수하지 아니하였음은 소지인에 대하여 이를 원용 하는 자가 증명하여야 한다.

③ 발행인이 제1항 각 호의 문구를 적은 경우에는 모든 채무자에 대하여 효력이 생기고, 배서인 또는 보증인이 이 문구를 적은 경우에는 그 배서인 또는 보증인에 대하여만 효력이 생긴다. 발행인이 이 문구를 적었음에도 불구하고 소지인이 거절증서

또는 이와 같은 효력이 있는 선언을 작성시켰으면 그 비용은 소지인이 부담하고, 배서인 또는 보증인이 이 문구를 적은 경우에 거절증서 또는 이와 같은 효력이 있는 선언을 작성시켰으면 모든 채무자에게 그 비용을 상환하게 할 수 있다.

제43조(수표상의 채무자의 합동책임) ① 수표상의 각 채무자는 소지인에 대하여 합동으로 책임을 진다.

② 소지인은 제1항의 채무자에 대하여 그 채무부담의 순서에도 불구하고 그중 1명, 여러 명 또는 전원에 대하여 청구할 수 있다.

③ 수표의 채무자가 수표를 환수한 경우에도 제2항의 소지인과 같은 권리가 있다.

④ 수표의 채무자 중 1명에 대한 청구는 다른 채무자에 대한 청구에 영향을 미치지 아니한다. 이미 청구를 받은 자의 후자에 대하여도 같다.

제44조(상환청구금액) 소지인은 상환청구권에 의하여 다음 각 호의 금액의 지급을 청구할 수 있다.

1. 지급되지 아니한 수표의 금액
2. 연 6퍼센트의 이율로 계산한 제시일 이후의 이자
3. 거절증서 또는 이와 같은 효력이 있는 선언의 작성비용, 통지비용 및 그 밖의 비용

제45조(재상환청구금액) 수표를 환수한 자는 그 전자에 대하여 다음 각 호의 금액의 지급을 청구할 수 있다.

1. 지급한 총금액
2. 제1호의 금액에 대하여 연 6퍼센트의 이율로 계산한 지급한 날 이후의 이자
3. 지출한 비용

제46조(상환의무자의 권리) ① 상환청구를 받은 채무자나 받을 채무자는 지급과 상환으로 거절증서 또는 이와 같은 효력이 있는 선언, 영수를 증명하는 계산서와 그 수표의 교부를 청구할 수 있다.

② 수표를 환수한 배서인은 자기의 배서와 후자의 배서를 말소할 수 있다.

제47조(불가항력과 기간의 연장) ① 피할 수 없는 장애[국가법령에 따른 금제나 그 밖의 불가항력을 말한다. 이하 "불가항력"이라 한다]로 인하여 법정기간 내에 수표를 제시하거나 거절증서 또는 이와 같은 효력이 있는 선언을 작성하기 어려운 경우에는 그 기간을 연장한다.

② 소지인은 불가항력이 발생하면 자기의 배서인에게 지체 없이 그 사실을 통지하고 수표 또는 보충지에 통지를 하였다는 내용을 적고 날짜를 부기한 후 기명날인하거나 서명하여야 한다. 그 밖의 사항에 관하여는 제41조를 준용한다.

③ 불가항력이 사라지면 소지인은 지체 없이 지급을 받기 위하여 수표를 제시하고 필요한 경우에는 거절증서 또는 이와 같은 효력이 있는 선언을 작성시켜야 한다.

④ 불가항력이 제2항의 통지를 한 날부터 15일이 지나도 계속되는 경우에는 제시기간이 지나기 전에 그 통지를 한 경우에도 수표의 제시 또는 거절증서나 이와 같은 효력이 있는 선언을 작성하지 아니하고 상환청구권을 행사할 수 있다.

⑤ 소지인이나 소지인으로부터 수표의 제시 또는 거절증서나 이와 같은 효력이 있는 선언의 작성을 위임받은 자의 단순한 인적 사유는 불가항력으로 보지 아니한다.

제7장 복 본<개정 2010. 3. 31.>

제48조(복본 발행의 조건 및 방식) 다음 각 호의 수표는 소지인출급수표 외에는 같은 내용으로 여러 통을 복본으로 발행할 수 있다. 수표를 복본으로 발행할 때에는 그 증권의 본문 중에 번호를 붙여야 하며, 번호를 붙이지 아니한 경우에는 그 여러 통의 복본은 별개의 수표로 본다.

1. 한 국가에서 발행하고 다른 국가나 발행국의 해외영토에서 지급할 수표
2. 한 국가의 해외영토에서 발행하고 그 본국에서 지급할 수표
3. 한 국가의 해외영토에서 발행하고 같은 해외영토에서 지급할 수표
4. 한 국가의 해외영토에서 발행하고 그 국가의 다른 해외영토에서 지급할 수표

제49조(복본의 효력) ① 복본의 한 통에 대하여 지급한 경우 그 지급이 다른 복본을 무효로 한다는 뜻이 복본에 적혀 있지 아니하여도 의무를 면하게 한다.

② 여럿에게 각각 복본을 양도한 배서인과 그 후의 배서인은 그가 기명날인하거나 서명한 각 통의 복본으로서 반환을 받지 아니한 것에 대하여 책임을 진다.

제8장 변 조<개정 2010. 3. 31.>

제50조(변조와 수표행위자의 책임) 수표의 문구가 변조된 경우에는 그 변조 후에 기명날인하거나 서명한 자는 변조된 문구에 따라 책임을 지고, 변조 전에 기명날인하거나 서명한 자는 원래 문구에 따라 책임을 진다.

제9장 시 효<개정 2010. 3. 31.>

제51조(시효기간) ① 소지인의 배서인, 발행인, 그 밖의 채무자에 대한 상환청구권은 제시기간이 지난 후 6개월간 행사하지 아니하면 소멸시효가 완성된다.

② 수표의 채무자의 다른 채무자에 대한 상환청구권은 그 채무자가 수표를 환수한 날 또는 그 자가 제소된 날부터 6개월간 행사하지 아니하면 소멸시효가 완성된다.

제52조(시효의 중단) 시효의 중단은 그 중단사유가 생긴 자에 대하여만 효력이 생긴다.

제10장 지급보증<개정 2010. 3. 31.>

제53조(지급보증의 가능방식) ① 지급인은 수표에 지급보증을 할 수 있다.

② 지급보증은 수표의 앞면에 "지급보증" 또는 그 밖에 지급을 하겠다는 뜻을 적고 날짜를 부기하여 지급인이 기명날인하거나 서명하여야 한다.

제54조(지급보증의 요건) ① 지급보증은 조건 없이 하여야 한다.

② 지급보증에 의하여 수표의 기재사항을 변경한 부분은 이를 변경하지 아니한 것으로 본다.

제55조(지급보증의 효력) ① 지급보증을 한 지급인은 제시기간이 지나기 전에 수표가 제시된 경우에만 지급할 의무를 부담한다.

② 제1항의 경우에 지급거절이 있을 때에는 수표의 소지인은 제39조에 따라 수표를 제시하였음을 증명하여야 한다.

③ 제2항의 경우에는 제44조와 제45조를 준용한다.

제56조(지급보증과 수표상의 채무자의 책임) 발행인이나 그 밖의 수표상의 채무자는 지급보증으로 인하여 그 책임을 면하지 못한다.

제57조(불가항력과 기간의 연장) 지급보증을 한 지급인에 대한 권리의 행사에 관하여는 제47조를 준용한다.

제58조(지급보증인의 의무의 시효) 지급보증을 한 지급인에 대한 수표상의 청구권은 제시기간이 지난 후 1년간 행사하지 아니하면 소멸시효가 완성된다.

제11장 통 칙<개정 2010. 3. 31.>

제59조(은행의 의의) 이 법에서 "은행"이라는 글자는 법령에 따라 은행과 같은 것으로 보는 사람 또는 시설을 포함한다.

제60조(수표에 관한 행위와 휴일) ① 수표의 제시와 거절증서의 작성은 거래일에만 할 수 있다.

② 수표에 관한 행위를 하기 위하여 특히 수표의 제시 또는 거절증서나 이와 같은 효력이 있는 선언의 작성을 위하여 법령에 규정된 기간의 말일이 법정휴일일 때에는 그 말일 이후의 제1거래일까지 기간을 연장한다. 기간 중의 휴일은 그 기간에 산입한다.

제61조(기간과 초일 불산입) 이 법에서 규정하는 기간에는 그 첫날을 산입하지 아니한다.

제62조(은혜일의 불허) 은혜일은 법률상으로든 재판상으로든 인정하지 아니한다.

[부 칙] <제1002호, 1962. 1. 20.>

제63조(이득상환청구권) 수표에서 생긴 권리가 절차의 흠결로 인하여 소멸한 때나 그 소멸시효가 완성한 때라도 소지인은 발행인, 배서인 또는 지급보증을 한 지급인에 대하여 그가 받은 이익의 한도내에서 상환을 청구할 수 있다.

제64조(소송고지로 인한 시효중단) ① 배서인의 다른 배서인과 발행인에 대한 수표상의 청구권의 소멸시효는 그 자가 제소된 경우에는 전자에 대한 소송고지를 함으로 인하여 중단한다.

② 전항의 규정에 의하여 중단된 시효는 재판이 확정된 때로부터 다시 진행을 개시한다.

제65조(계산수표) 발행인 또는 소지인이 증권의 표면에 "계산을 위한"의 문자 또는 이와 동일한 의의가 있는 문언을 기재하고 현금의 지급을 금지한 수표로서 외국에서 발행하여 대한민국에서 지급할 것은 일반횡선수표의 효력이 있다.

제66조(휴일의 의의) 본법에서 휴일이라 함은 국경일, 공휴일, 일요일 기타의 일반휴일을 이른다.

제67조(위법한 발행에 대한 벌칙) 수표의 발행인이 제3조의 규정에 위반한 때에는 50만환 이하의 과태료에 처한다.

第68조(본법 시행전에 발행한 수표) 본법 시행전에 발행한 소절수에 관하여는 종전의 규정에 의한다.

第69조(어음교환소의 지정) 第31조의 어음교환소는 법무부장관이 지정한다.

第70조(거절증서에 관한 사항) 거절증서의 작성에 관한 사항은 대통령령으로 정한다.<개정 1995. 12. 6.>

第71조(시행기일, 구법의 폐지) ① 본법은 1963년 1월 1일부터 시행한다.

② 조선민사령 제1조에 의하여 의용된 소절수법은 본법시행시까지 효력이 있다.

[부 칙] <제5010호, 1995. 12. 6.>

이 법은 공포한 날부터 시행한다.

[부 칙] <제8440호, 2007. 5. 17.>

이 법은 공포 후 6개월이 경과한 날부터 시행한다.

[부 칙] <제10197호, 2010. 3. 31.>

이 법은 공포한 날부터 시행한다.

부정수표단속법

제 정 : 1961. 7. 3. 법률 제 645호
일 부 개 정 : 2010. 3. 24. 법률 제10185호

제1조(목적) 이 법은 부정수표(부정수표) 등의 발행을 단속·처벌함으로써 국민의 경제생활의 안전과 유통증권인 수표의 기능을 보장함을 목적으로 한다.

제2조(부정수표 발행인의 형사책임) ① 다음 각 호의 어느 하나에 해당하는 부정수표를 발행하거나 작성한 자는 5년 이하의 징역 또는 수표금액의 10배 이하의 벌금에 처한다.

1. 가공인물의 명의로 발행한 수표
2. 금융기관(우체국을 포함한다. 이하 같다)과의 수표계약 없이 발행하거나 금융기관으로부터 거래정지처분을 받은 후에 발행한 수표
3. 금융기관에 등록된 것과 다른 서명 또는 기명날인으로 발행한 수표

② 수표를 발행하거나 작성한 자가 수표를 발행한 후에 예금부족, 거래정지처분이나 수표계약의 해제 또는 해지로 인하여 제시기일에 지급되지 아니하게 한 경우에도 제1항과 같다.

③ 과실로 제1항과 제2항의 죄를 범한 자는 3년 이하의 금고 또는 수표금액의 5배 이하의 벌금에 처한다.

④ 제2항과 제3항의 죄는 수표를 발행하거나 작성한 자가 그 수표를 회수한 경우 또는 회수하지 못하였더라도 수표 소지인의 명시적 의사에 반하는 경우 공소를 제기할 수 없다.

제3조(법인·단체 등의 형사책임) ① 제2조의 경우에 발행인이 법인이나 그 밖의 단체일 때에는 그 수표에 적혀 있는 대표자 또는 작성자를 처벌하며, 그 법인 또는 그 밖의 단체에도 해당 조문의 벌금형을 과한다. 다만, 법인 또는 그 밖의 단체가 그 위반행위를 방지하기 위하여 해당 업무에 관하여 상당한 주의와 감독을 게을리 하지 아니한 경우에는 그러하지 아니하다.

② 대리인이 수표를 발행한 경우에는 본인을 처벌하는 외에 그 대리인도 처벌한다.

제4조(거짓 신고자의 형사책임) 수표금액의 지급 또는 거래정지처분을 면할 목적으로 금융기관에 거짓 신고를 한 자는 10년 이하의 징역 또는 20만 원 이하의 벌금에 처한다.

제5조(위조·변조자의 형사책임) 수표를 위조하거나 변조한 자는 1년 이상의 유기징역과 수표금액의 10배 이하의 벌금에 처한다.

제6조(「형사소송법」의 특례) 이 법에 따라 벌금을 선고하는 경우 「형사소송법」 제334조 제1항에 따른 가납판결을 하여야 하며, 구속된 피고인에 대하여는 같은 법 제331조에도 불구하고 벌금을 가납할 때까지 계속 구속한다.

제7조(금융기관의 고발의무) ① 금융기관에 종사하는 사람이 직무상 제2조 제1항(발행인이 법인이나 그 밖의 단체인 경우를 포함한다) 또는 제5조에 규정된 수표를 발견한 때에는 48시간 이내에 수사기관에 고발하여야 하며, 제2조 제2항(발행인이 법인이나 그 밖의 단체인 경우를 포함한다)에 규정된 수표를 발견한 때에는 30일 이내에 수사기관에 고발하여야 한다.

② 제1항의 고발을 하지 아니하면 100만 원 이하의 벌금에 처한다.

[부 칙] <제645호, 1961. 7. 3.>

본법은 단기 4294년 9월 1일부터 시행한다.

[부 칙] <제1747호, 1966. 2. 26.>

이 법은 공포후 30일이 경과한 날로부터 시행한다.

[부 칙] <제4587호, 1993. 12. 10.>

이 법은 공포한 날부터 시행한다.

[부 칙] <제10185호, 2010. 3. 24.>

이 법은 공포한 날부터 시행한다.

부정수표단속법시행령

제　　　정 : 1970. 2. 16. 대통령령 제4627호
최종개정일 : 1970. 2. 16. 대통령령 제4627호

제1조(목적) 이 영은 부정수표단속법(이하 "법"이라 한다)을 시행함에 필요한 사항을 규정함을 목적으로 한다.

제2조(정의) ① 법에서 "금융기관"이라 함은 수표법과 기타의 법령에 의하여 수표의 지급사무를 영위하는 은행 및 은행과 같이 취급되는 사람 또는 시설을 말한다.

② 법 제2조 제1항 제1호에서 "가설인의 명의"라 함은 수표발행인의 명의가 개인인 경우에는 주민등록표상의 명의와 일치하지 아니하는 것을, 법인인 경우에는 법인등기부상의 명의와 일치하지 아니하는 것을 말한다.

③ 법 제2조 제2항에서 "제시기일"이라 함은 수표법 제28조 제2항의 규정에 의하여 수표를 제시한 날 및 동법 제29조의 규정에 의한 지급제시기간 내에 금융기관에 지급을 받기 위하여 수표를 제시한 날을 말한다.

④ 법 제2조 제2항에서 "지급되지 아니하게 한 때"라 함은 수표법 제39조의 지급거절의 증명이 있을 때를 말한다.

[부　칙]

이 영은 공포한 날로부터 시행한다.

UNITED NATIONS CONVENTION ON INTERNATIONAL BILLS OF EXCHANGE AND INTERNATIONAL PROMISSORY NOTES

國制換어음·約束어음에 관한 UN協約

CHAPTER I.
SPHERE OF APPLICATION AND FORM OF THE INSTRUMENT

Article 1

1. This Convention applies to an international bill of exchange when it contains the heading "International bill of exchange (UNCITRAL Convention)" and also contains in its text the words "International bill of exchange(UNCITRAL Convention)".
2. This Convention applies to an international promissory note when it contains the heading "International promissory note (UNCITRAL Convention)" and also contains in its text the words "International promissory note (UNCITRAL Convention)".
3. This Convention does not apply to cheques.

Article 2

1. An international bill of exchange is a bill of exchange which specifies at least two of the following places and indicates that any two so specified are situated in different States:
   (a) The place where the bill is drawn;
   (b) The place indicated next to the signature of the drawer;
   (c) The place indicated next to the name of the drawee;
   (d) The place indicated next to the name of the payee;
   (e) The place of payment,
   provided that either the place where the bill is drawn or the place of payment is specified on the bill and that such place is situated in a Contracting State.
2. An international promissory note is a promissory note which specifies at least two of the following places and indicates that any two so specified are situated in different States:

(a) The place where the note is made;

(b) The place indicated next to the signature of the maker;

(c) The place indicated next to the name of the payee;

(d) The place of payment,

provided that the place of payment is specified on the note and that such place is situated in a Contracting State.

3. This Convention does not deal with the question of sanctions that may be imposed under national law in cases where an incorrect or false statement has been made on an instrument in respect of a place referred to in paragraph 1 or 2 of this article. However, any such sanctions shall not affect the validity of the instrument or the application of this Convention.

Article 3

1. A bill of exchange is a written instrument which:
   (a) Contains an unconditional order whereby the drawer directs the drawee to pay a definite sum of money to the payee or to his order;
   (b) Is payable on demand or at a definite time;
   (c) Is dated;
   (d) Is signed by the drawer.
2. A promissory note is a written instrument which:
   (a) Contains an unconditional promise whereby the maker undertakes to pay a definite sum of money to the payee or to his order;
   (b) Is payable on demand or at a definite time;
   (c) Is dated;
   (d) Is signed by the maker.

CHAPTER II. INTERPRETATION

Section 1. General provisions

Article 4

In the interpretation of this Convention, regard is to be had to its international character and to the need to promote uniformity in its application and the observance of good faith in international transactions.

Article 5

In this Convention:

(a) "Bill" means an international bill of exchange governed by this Convention;

(b) "Note" means an international promissory note governed by this Convention;

(c) "Instrument" means a bill or a note;

(d) "Drawee" means a person on whom a bill is drawn and who has not accepted it;
(e) "Payee" means a person in whose favour the drawer directs payment to be made or to whom the maker promises to pay;
(f) "Holder" means a person in possession of an instrument in accordance with article 15;
(g) "Protected holder" means a holder who meets the requirements of article 29;
(h) "Guarantor" means any person who undertakes an obligation of guarantee under article 46, whether governed by paragraph 4 (b) ("guaranteed") or paragraph 4 (c) ("aval") of article 47;
(i) "Party" means a person who has signed an instrument as drawer, maker, acceptor, endorser or guarantor;
(j) "Maturity" means the time of payment referred to in paragraphs 4, 5, 6 and 7 of article 9;
(k) "Signature" means a handwritten signature, its facsimile or an equivalent authentication effected by any other means; "forged signature" includes a signature by the wrongful use of such means;
(l) "Money" or "currency" includes a monetary unit of account which is established by an intergovernmental institution or by agreement between two or more States, provided that this Convention shall apply without prejudice to the rules of the intergovernmental institution or to the stipulations of the agreement.

Article 6

For the purposes of this Convention, a person is considered to have knowledge of a fact if he has actual knowledge of that fact or could not have been unaware of its existence.

Section 2. Interpretation of formal requirements

Article 7

The sum payable by an instrument is deemed to be a definite sum although the instrument states that it is to be paid:
(a) With interest;
(b) By instalments at successive dates;
(c) By instalments at successive dates with a stipulation in the instrument that upon default in payment of any instalment the unpaid balance becomes due;
(d) According to a rate of exchange indicated in the instrument or to be determined as directed by the instrument; or
(e) In a currency other than the currency in which the sum is expressed in the instrument.

Article 8

1. If there is a discrepancy between the sum expressed in words and the sum expressed in figures, the sum payable by the instrument is the sum expressed in words.
2. If the sum is expressed more than once in words, and there is a discrepancy, the sum

payable is the smaller sum. The same rule applies if the sum is expressed more than once in figures only, and there is a discrepancy.

3. If the sum is expressed in a currency having the same description as that of at least one other State than the State where payment is to be made, as indicated in the instrument, and the specified currency is not identified as the currency of any particular State, the currency is to be considered as the currency of the State where payment is to be made.
4. If an instrument states that the sum is to be paid with interest, without specifying the date from which interest is to run, interest runs from the date of the instrument.
5. A stipulation stating that the sum is to be paid with interest is deemed not to have been written on the instrument unless it indicates the rate at which interest is to be paid.
6. A rate at which interest is to be paid may be expressed either as a definite rate or as a variable rate. For a variable rate to qualify for this purpose, it must vary in relation to one or more reference rates of interest in accordance with provisions stipulated in the instrument and each such reference rate must be published or otherwise available to the public and not be subject, directly or indirectly, to unilateral determination by a person who is named in the instrument at the time the bill is drawn or the note is made, unless the person is named only in the reference rate provisions.
7. If the rate at which interest is to be paid is expressed as a variable rate, it may be stipulated expressly in the instrument that such rate shall not be less than or exceed a specified rate of interest, or that the variations are otherwise limited.
8. If a variable rate does not qualify under paragraph 6 of this article or for any reason it is not possible to determine the numerical value of the variable rate for any period, interest shall be payable for the relevant period at the rate calculated in accordance with paragraph 2 of article 70.

Article 9

1. An instrument is deemed to be payable on demand:
   (a) If it states that it is payable at sight or on demand or on presentment or if it contains words of similar import; or
   (b) If no time of payment is expressed.
2. An instrument payable at a definite time which is accepted or endorsed or guaranteed after maturity is an instrument payable on demand as regards the acceptor, the endorser or the guarantor.
3. An instrument is deemed to be payable at a definite time if it states that it is payable:
   (a) On a stated date or at a fixed period after a stated date or at a fixed period after the date of the instrument;
   (b) At a fixed period after sight;
   (c) By instalments at successive dates; or

(d) By instalments at successive dates with the stipulation in the instrument that upon default in payment of any instalment the unpaid balance becomes due.

4. The time of payment of an instrument payable at a fixed period after date is determined by reference to the date of the instrument.
5. The time of payment of a bill payable at a fixed period after sight is determined by the date of acceptance or, if the bill is dishonoured by non-acceptance, by the date of protest or, if protest is dispensed with, by the date of dishonour.
6. The time of payment of an instrument payable on demand is the date on which the instrument is presented for payment.
7. The time of payment of a note payable at a fixed period after sight is determined by the date of the visa signed by the maker on the note or, if his visa is refused, by the date of presentment.
8. If an instrument is drawn, or made, payable one or more months after a stated date or after the date of the instrument or after sight, the instrument is payable on the corresponding date of the month when payment must be made. If there is no corresponding date, the instrument is payable on the last day of that month.

Article 10

1. A bill may be drawn:
   (a) By two or more drawers;
   (b) Payable to two or more payees.
2. A note may be made:
   (a) By two or more makers;
   (b) Payable to two or more payees.
3. If an instrument is payable to two or more payees in the alternative, it is payable to any one of them and any one of them in possession of the instrument may exercise the rights of a holder. In any other case the instrument is payable to all of them and the rights of a holder may be exercised only by all of them.

Article 11

A bill may be drawn by the drawer;

(a) On himself;

(b) Payable to his order.

Section 3. Completion of an incomplete instrument

Article 12

1. An incomplete instrument which satisfies the requirements set out in paragraph 1 of article 1 and bears the signature of the drawer or the acceptance of the drawee, or which satisfies the requirements set out in paragraph 2 of article 1 and paragraph 2 (d) of article 3, but which

lacks other elements pertaining to one or more of the requirements set out in articles 2 and 3, may be completed, and the instrument so completed is effective as a bill or a note.

2. If such an instrument is completed without authority or otherwise than in accordance with the authority given:
   (a) A party who signed the instrument before the completion may invoke such lack of authority as a defence against a holder who had knowledge of such lack of authority when he became a holder;
   (b) A party who signed the instrument after the completion is liable according to the terms of the instrument so completed.

CHAPTER Ⅲ. TRANSFER

Article 13

An instrument is transferred:

(a) By endorsement and delivery of the instrument by the endorser to the endorsee; or

(b) By mere delivery of the instrument if the last endorsement is in blank.

Article 14

1. An endorsement must be written on the instrument or on a slip affixed thereto ("allonge"). It must be signed.
2. An endorsement may be:
   (a) In blank, that is, by a signature alone or by a signature accompanied by a statement to the effect that the instrument is payable to a person in possession of it;
   (b) Special, that is, by a signature accompanied by an indication of the person to whom the instrument is payable.
3. A signature alone, other than that of the drawee, is an endorsement only if placed on the back of the instrument.

Article 15

1. A person is a holder if he is:
   (a) The payee in possession of the instrument; or
   (b) In possession of an instrument which has been endorsed to him, or on which the last endorsement is in blank, and on which there appears an uninterrupted series of endorsements, even if any endorsement was forged or was signed by an agent without authority.
2. If an endorsement in blank is followed by another endorsement, the person who signed this last endorsement is deemed to be an endorsee by the endorsement in blank.
3. A person is not prevented from being a holder by the fact that the instrument was obtained by him or any previous holder under circumstances, including incapacity or fraud, duress or

mistake of any kind, that would give rise to a claim to, or a defence against liability on, the instrument.

Article 16

The holder of an instrument on which the last endorsement is in blank may:

(a) Further endorse it either by an endorsement in blank or by a special endorsement;

(b) Convert the blank endorsement into a special endorsement by indicating in the endorsement that the instrument is payable to himself or to some other specified person; or

(c) Transfer the instrument in accordance with subparagraph (b) of article 13.

Article 17

1. If the drawer or the maker has inserted in the instrument such words as "not negotiable", "not transferable", "not to order", "pay (X) only", or words of similar import, the instrument may not be transferred except for purposes of collection, and any endorsement, even if it does not contain words authorizing the endorsee to collect the instrument, is deemed to be an endorsement for collection.
2. If an endorsement contains the words "not negotiable", "not transferable", "not to order", "pay (X) only", or words of similar import, the instrument may not be transferred further except for purposes of collection, and any subsequent endorsement, even if it does not contain words authorizing the endorsee to collect the instrument, is deemed to be an endorsement for collection.

Article 18

1. An endorsement must be unconditional.
2. A conditional endorsement transfers the instrument whether or not the condition is fulfilled. The condition is ineffective as to those parties and transferees who are subsequent to the endorsee.

Article 19

An endorsement in respect of a part of the sum due under the instrument is ineffective as an endorsement.

Article 20

If there are two or more endorsements, it is presumed, unless the contrary is proved, that each endorsement was made in the order in which it appears on the instrument.

Article 21

1. If an endorsement contains the words "for collection", "for deposit", "value in collection", "by procuration", "pay any bank", or words of similar import authorizing the endorsee to collect the instrument, the endorsee is a holder who:

(a) May exercise all rights arising out of the instrument;

(b) May endorse the instrument only for purposes of collection;

(c) Is subject only to the claims and defences which may be set up against the endorser.

2. The endorser for collection is not liable on the instrument to any subsequent holder.

Article 22

1. If an endorsement contains the words "value in security", "value in pledge", or any other words indicating a pledge, the endorsee is a holder who:

(a) May exercise all rights arising out of the instrument;

(b) May endorse the instrument only for purposes of collection;

(c) Is subject only to the claims and defences specified in article 28 or article 30.

2. If such an endorsee endorses for collection, he is not liable on the instrument to any subsequent holder.

Article 23

The holder of an instrument may transfer it to a prior party or to the drawee in accordance with article 13; however, if the transferee has previously been a holder of the instrument, no endorsement is required, and any endorsement which would prevent him from qualifying as a holder may be struck out.

Article 24

An instrument may be transferred in accordance with article 13 after maturity, except by the drawee, the acceptor or the maker.

Article 25

1. If an endorsement is forged, the person whose endorsement is forged, or a party who signed the instrument before the forgery, has the right to recover compensation for any damage that he may have suffered because of the forgery against:

(a) The forger;

(b) The person to whom the instrument was directly transferred by the forger;

(c) A party or the drawee who paid the instrument to the forger directly or through one or more endorsees for collection.

2. However, an endorsee for collection is not liable under paragraph 1 of this article if he is without knowledge of the forgery:

(a) At the time he pays the principal or advises him of the receipt of payment; or

(b) At the time he receives payment, if this is later, unless his lack of knowledge is due to his failure to act in good faith or to exercise reasonable care.

3. Furthermore, a party or the drawee who pays an instrument is not liable under paragraph 1 of this article if, at the time he pays the instrument, he is without knowledge of the

forgery, unless his lack of knowledge is due to his failure to act in good faith or to exercise reasonable care.

4. Except as against the forger, the damages recoverable under paragraph 1 of this article may not exceed the amount referred to in article 70 or article 71.

Article 26

1. If an endorsement is made by an agent without authority or power to bind his principal in the matter, the principal, or a party who signed the instrument before such endorsement, has the right to recover compensation for any damage that he may have suffered because of such endorsement against:
   (a) The agent;
   (b) The person to whom the instrument was directly transferred by the agent;
   (c) A party or the drawee who paid the instrument to the agent directly or through one or more endorsees for collection.
2. However, an endorsee for collection is not liable under paragraph 1 of this article if he is without knowledge that the endorsement does not bind the principal:
   (a) At the time he pays the principal or advises him of the receipt of payment; or
   (b) At the time he receives payment, if this is later, unless his lack of knowledge is due to his failure to act in good faith or to exercise reasonable care.
3. Furthermore, a party or the drawee who pays an instrument is not liable under paragraph 1 of this article if, at the time he pays the instrument, he is without knowledge that the endorsement does not bind the principal, unless his lack of knowledge is due to his failure to act in good faith or to exercise reasonable care.
4. Except as against the agent, the damages recoverable under paragraph 1 of this article may not exceed the amount referred to in article 70 or article 71.

CHAPTER Ⅳ. RIGHTS AND LIABILITIES

Section 1. The rights of a holder and of a protected holder

Article 27

1. The holder of an instrument has all the rights conferred on him by this Convention against the parties to the instrument.
2. The holder may transfer the instrument in accordance with article 13.

Article 28

1. A party may set up against a holder who is not a protected holder:
   (a) Any defence that may be set up against a protected holder in accordance with paragraph 1 of article 30;

(b) Any defence based on the underlying transaction between himself and the drawer or between himself and his transferee, but only if the holder took the instrument with knowledge of such defence or if he obtained the instrument by fraud or theft or participated at any time in a fraud or theft concerning it;
(c) Any defence arising from the circumstances as a result of which he became a party, but only if the holder took the instrument with knowledge of such defence or if he obtained the instrument by fraud or theft or participated at any time in a fraud or theft concerning it;
(d) Any defence which may be raised against an action in contract between himself and the holder;
(e) Any other defence available under this Convention.

2. The rights to an instrument of a holder who is not a protected holder are subject to any valid claim to the instrument on the part of any person, but only if he took the instrument with knowledge of such claim or if he obtained the instrument by fraud or theft or participated at any time in a fraud or theft concerning it.
3. A holder who takes an instrument after the expiration of the time-limit for presentment for payment is subject to any claim to, or defence against liability on, the instrument to which his transferor is subject.
4. A party may not raise as a defence against a holder who is not a protected holder the fact that a third person has a claim to the instrument unless:
(a) The third person asserted a valid claim to the instrument; or
(b) The holder acquired the instrument by theft or forged the signature of the payee or an endorsee, or participated in the theft or the forgery.

Article 29

"Protected holder" means the holder of an instrument which was complete when he took it or which was incomplete within the meaning of paragraph 1 of article 12 and was completed in accordance with authority given, provided that when he became a holder:
(a) He was without knowledge of a defence against liability on the instrument referred to in paragraphs 1 (a), (b), (c) and (e) of article 28;
(b) He was without knowledge of a valid claim to the instrument of any person;
(c) He was without knowledge of the fact that it had been dishonoured by non-acceptance or by non-payment;
(d) The time-limit provided by article 55 for presentment of that instrument for payment had not expired;
(e) He did not obtain the instrument by fraud or theft or participate in a fraud or theft concerning it.

Article 30

1. A party may not set up against a protected holder any defence except:
   (a) Defences under paragraph 1 of article 33, article 34, paragraph 1 of article 35, paragraph 3 of article 36, paragraph 1 of article 53, paragraph 1 of article 57, paragraph 1 of article 63 and article 84 of this Convention;
   (b) Defences based on the underlying transaction between himself and such holder or arising from any fraudulent act on the part of such holder in obtaining the signature on the instrument of that party;
   (c) Defences based on his incapacity to incur liability on the instrument or on the fact that he signed without knowledge that his signature made him a party to the instrument, provided that his lack of knowledge was not due to his negligence and provided that he was fraudulently induced so to sign.
2. The rights to an instrument of a protected holder are not subject to any claim to the instrument on the part of any person, except a valid claim arising from the underlying transaction between himself and the person by whom the claim is raised.

Article 31

1. The transfer of an instrument by a protected holder vests in any subsequent holder the rights to and on the instrument which the protected holder had.
2. Those rights are not vested in a subsequent holder if:

(a) He participated in a transaction which gives rise to a claim to, or a defence against liability on, the instrument;

(b) He has previously been a holder, but not a protected holder.

Article 32

Every holder is presumed to be a protected holder unless the contrary is proved.

Section 2. Liabilities of the parties

A. General provisions

Article 33

1. Subject to the provisions of articles 34 and 36, a person is not liable on an instrument unless he signs it.
2. A person who signs an instrument in a name which is not his own is liable as if he had signed it in his own name.

Article 34

A forged signature on an instrument does not impose any liability on the person whose signature was forged. However, if he consents to be bound by the forged signature or represents that it is his own, he is liable as if he had signed the instrument himself.

Article 35

1. If an instrument is materially altered:
   (a) A party who signs it after the material alteration is liable according to the terms of the altered text;
   (b) A party who signs it before the material alteration is liable according to the terms of the original text. However, if a party makes, authorizes or assents to a material alteration, he is liable according to the terms of the altered text.
2. A signature is presumed to have been placed on the instrument after the material alteration unless the contrary is proved.
3. Any alteration is material which modifies the written undertaking on the instrument of any party in any respect.

Article 36

1. An instrument may be signed by an agent.
2. The signature of an agent placed by him on an instrument with the authority of his principal and showing on the instrument that he is signing in a representative capacity for that named principal, or the signature of a principal placed on the instrument by an agent with his authority, imposes liability on the principal and not on the agent.
3. A signature placed on an instrument by a person as agent but who lacks authority to sign or exceeds his authority, or by an agent who has authority to sign but who does not show on the instrument that he is signing in a representative capacity for a named person, or who shows on the instrument that he is signing in a representative capacity but does not name the person whom he represents, imposes liability on the person signing and not on the person whom he purports to represent.
4. The question whether a signature was placed on the instrument in a representative capacity may be determined only by reference to what appears on the instrument.
5. A person who is liable pursuant to paragraph 3 of this article and who pays the instrument has the same rights as the person for whom he purported to act would have had if that person had paid the instrument.

Article 37

The order to pay contained in a bill does not of itself operate as an assignment to the payee of funds made available for payment by the drawer with the drawee.

B. The drawer

Article 38

1. The drawer engages that upon dishonour of the bill by non-acceptance or by non-payment, and upon any necessary protest, he will pay the bill to the holder, or to any endorser or any endorser's guarantor who takes up and pays the bill.

2. The drawer may exclude or limit his own liability for acceptance or for payment by an express stipulation in the bill. Such a stipulation is effective only with respect to the drawer. A stipulation excluding or limiting liability for payment is effective only if another party is or becomes liable on the bill.

C. The maker

Article 39

1. The maker engages that he will pay the note in accordance with its terms to the holder, or to any party who takes up and pays the note.
2. The maker may not exclude or limit his own liability by a stipulation in the note. Any such stipulation is ineffective.

D. The drawee and the acceptor

Article 40

1. The drawee is not liable on a bill until he accepts it.
2. The acceptor engages that he will pay the bill in accordance with the terms of his acceptance to the holder, or to any party who takes up and pays the bill.

Article 41

1. An acceptance must be written on the bill and may be effected:
   (a) By the signature of the drawee accompanied by the word "accepted" or by words of similar import; or
   (b) By the signature alone of the drawee.
2. An acceptance may be written on the front or on the back of the bill.

Article 42

1. An incomplete bill which satisfies the requirements set out in paragraph 1 of article 1 may be accepted by the drawee before it has been signed by the drawer, or while otherwise incomplete.
2. A bill may be accepted before, at or after maturity, or after it has been dishonoured by non-acceptance or by non-payment.
3. If a bill drawn payable at a fixed period after sight, or a bill which must be presented for acceptance before a specified date, is accepted, the acceptor must indicate the date of his acceptance; failing such indication by the acceptor, the drawer or the holder may insert the date of acceptance.
4. If a bill drawn payable at a fixed period after sight is dishonoured by non-acceptance and the drawee subsequently accepts it, the holder is entitled to have the acceptance dated as of the date on which the bill was dishonoured.

Article 43

1. An acceptance must be unqualified. An acceptance is qualified if it is conditional or varies the terms of the bill.
2. If the drawee stipulates in the bill that his acceptance is subject to qualification:
   (a) He is nevertheless bound according to the terms of his qualified acceptance;
   (b) The bill is dishonoured by non-acceptance.
3. An acceptance relating to only a part of the sum payable is a qualified acceptance. If the holder takes such an acceptance, the bill is dishonoured by non-acceptance only as to the remaining part.
4. An acceptance indicating that payment will be made at a particular address or by a particular agent is not a qualified acceptance, provided that:
   (a) The place in which payment is to be made is not changed;
   (b) The bill is not drawn payable by another agent.

E. The endorser

Article 44

1. The endorser engages that upon dishonour of the instrument by non-acceptance or by non-payment, and upon any necessary protest, he will pay the instrument to the holder, or to any subsequent endorser or any endorser's guarantor who takes up and pays the instrument.
2. An endorser may exclude or limit his own liability by an express stipulation in the instrument. Such a stipulation is effective only with respect to that endorser.

F. The transferor by endorsement or by mere delivery

Article 45

1. Unless otherwise agreed, a person who transfers an instrument, by endorsement and delivery or by mere delivery, represents to the holder to whom he transfers the instrument that:
   (a) The instrument does not bear any forged or unauthorized signature;
   (b) The instrument has not been materially altered;
   (c) At the time of transfer, he has no knowledge of any fact which would impair the right of the transferee to payment of the instrument against the acceptor of a bill or, in the case of an unaccepted bill, the drawer, or against the maker of a note.
2. Liability of the transferor under paragraph 1 of this article is incurred only if the transferee took the instrument without knowledge of the matter giving rise to such liability.
3. If the transferor is liable under paragraph 1 of this article, the transferee may recover, even before maturity, the amount paid by him to the transferor, with interest calculated in accordance with article 70, against return of the instrument.

G. The guarantor

Article 46

1. Payment of an instrument, whether or not it has been accepted, may be guaranteed, as to the whole or part of its amount, for the account of a party or the drawee. A guarantee may be given by any person, who may or may not already be a party.
2. A guarantee must be written on the instrument or on a slip affixed thereto ("allonge").
3. A guarantee is expressed by the words "guaranteed", "aval", "good as aval" or words of similar import, accompanied by the signature of the guarantor.
   For the purposes of this Convention, the words "prior endorsements guaranteed" or words of similar import do not constitute a guarantee.
4. A guarantee may be effected by a signature alone on the front of the instrument. A signature alone on the front of the instrument, other than that of the maker, the drawer or the drawee, is a guarantee.
5. A guarantor may specify the person for whom he has become guarantor. In the absence of such specification, the person for whom he has become guarantor is the acceptor or the drawee in the case of a bill, and the maker in the case of a note.
6. A guarantor may not raise as a defence to his liability the fact that he signed the instrument before it was signed by the person for whom he is a guarantor, or while the instrument was incomplete.

Article 47

1. The liability of a guarantor on the instrument is of the same nature as that of the party for whom he has become guarantor.
2. If the person for whom he has become guarantor is the drawee, the guarantor engages:
   (a) To pay the bill at maturity to the holder, or to any party who takes up and pays the bill;
   (b) If the bill is payable at a definite time, upon dishonour by non-acceptance and upon any necessary protest, to pay it to the holder, or to any party who takes up and pays the bill.
3. In respect of defences that are personal to himself, a guarantor may set up:
   (a) Against a holder who is not a protected holder only those defences which he may set up under paragraphs 1, 3 and 4 of article 28;
   (b) Against a protected holder only those defences which he may set up under paragraph 1 of article 30.
4. In respect of defences that may be raised by the person for whom he has become a guarantor:
   (a) A guarantor may set up against a holder who is not a protected holder only those

defences which the person for whom he has become a guarantor may set up against such holder under paragraphs 1, 3 and 4 of article 28;

(b) A guarantor who expresses his guarantee by the words "guaranteed", "payment guaranteed" or "collection guaranteed", or words of similar import, may set up against a protected holder only those defences which the person for whom he has become a guarantor may set up against a protected holder under paragraph 1 of article 30;

(c) A guarantor who expresses his guarantee by the words "aval" or "good as aval" may set up against a protected holder only:

(i) The defence, under paragraph 1 (b) of article 30, that the protected holder obtained the signature on the instrument of the person for whom he has become a guarantor by a fraudulent act;

(ii) The defence, under article 53 or article 57, that the instrument was not presented for acceptance or for payment;

(iii) The defence, under article 63, that the instrument was not duly protested for non-acceptance or for non-payment;

(iv) The defence, under article 84, that a right of action may no longer be exercised against the person for whom he has become guarantor;

(d) A guarantor who is not a bank or other financial institution and who expresses his guarantee by a signature alone may set up against a protected holder only the defences referred to in subparagraph (b) of this paragraph;

(e) A guarantor which is a bank or other financial institution and which expresses its guarantee by a signature alone may set up against a protected holder only the defences referred to in subparagraph (c) of this paragraph.

Article 48

1. Payment of an instrument by the guarantor in accordance with article 72 discharges the party for whom he became guarantor of his liability on the instrument to the extent of the amount paid.
2. The guarantor who pays the instrument may recover from the party for whom he has become guarantor and from the parties who are liable on it to that party the amount paid and any interest.

CHAPTER V.

PRESENTMENT, DISHONOUR BY NON-ACCEPTANCE OR NON-PAYMENT, AND RECOURSE

Section 1. Presentment for acceptance and dishonour by non-acceptance

Article 49

1. A bill may be presented for acceptance.
2. A bill must be presented for acceptance:
   (a) If the drawer has stipulated in the bill that it must be presented for acceptance;
   (b) If the bill is payable at a fixed period after sight; or
   (c) If the bill is payable elsewhere than at the residence or place of business of the drawee, unless it is payable on demand.

Article 50

1. The drawer may stipulate in the bill that it must not be presented for acceptance before a specified date or before the occurrence of a specified event. Except where a bill must be presented for acceptance under paragraph 2 (b) or (c) of article 49, the drawer may stipulate that it must not be presented for acceptance.
2. If a bill is presented for acceptance notwithstanding a stipulation permitted under paragraph 1 of this article and acceptance is refused, the bill is not thereby dishonoured.
3. If the drawee accepts a bill notwithstanding a stipulation that it must not be presented for acceptance, the acceptance is effective.

Article 51

A bill is duly presented for acceptance if it is presented in accordance with the following rules:

(a) The holder must present the bill to the drawee on a business day at a reasonable hour;
(b) Presentment for acceptance may be made to a person or authority other than the drawee if that person or authority is entitled under the applicable law to accept the bill;
(c) If a bill is payable on a fixed date, presentment for acceptance must be made before or on that date;
(d) A bill payable on demand or at a fixed period after sight must be presented for acceptance within one year of its date;
(e) A bill in which the drawer has stated a date or time-limit for presentment for acceptance must be presented on the stated date or within the stated time-limit.

Article 52

1. A necessary or optional presentment for acceptance is dispensed with if:
   (a) The drawee is dead, or no longer has the power freely to deal with his assets by reason of his insolvency, or is a fictitious person, or is a person not having capacity to incur liability on the instrument as an acceptor; or
   (b) The drawee is a corporation, partnership, association or other legal entity which has ceased to exist.
2. A necessary presentment for acceptance is dispensed with if:

(a) A bill is payable on a fixed date, and presentment for acceptance cannot be effected before or on that date due to circumstances which are beyond the control of the holder and which he could neither avoid nor overcome; or

(b) A bill is payable at a fixed period after sight, and presentment for acceptance cannot be effected within one year of its date due to circumstances which are beyond the control of the holder and which he could neither avoid nor overcome.

3. Subject to paragraphs 1 and 2 of this article, delay in a necessary presentment for acceptance is excused, but presentment for acceptance is not dispensed with, if the bill is drawn with a stipulation that it must be presented for acceptance within a stated time-limit, and the delay in presentment for acceptance is caused by circumstances which are beyond the control of the holder and which he could neither avoid nor overcome. When the cause of the delay ceases to operate, presentment must be made with reasonable diligence.

Article 53

1. If a bill which must be presented for acceptance is not so presented, the drawer, the endorsers and their guarantors are not liable on the bill.
2. Failure to present a bill for acceptance does not discharge the guarantor of the drawee of liability on the bill.

Article 54

1. A bill is considered to be dishonoured by non-acceptance:

(a) If the drawee, upon due presentment, expressly refuses to accept the bill or acceptance cannot be obtained with reasonable diligence or if the holder cannot obtain the acceptance to which he is entitled under this Convention;

(b) If presentment for acceptance is dispensed with pursuant to article 52, unless the bill is in fact accepted.

2. (a) If a bill is dishonoured by non-acceptance in accordance with paragraph 1 (a) of this article, the holder may exercise an immediate right of recourse against the drawer, the endorsers and their guarantors, subject to the provisions of article 59.

(b) If a bill is dishonoured by non-acceptance in accordance with paragraph 1 (b) of this article, the holder may exercise an immediate right of recourse against the drawer, the endorsers and their guarantors.

(c) If a bill is dishonoured by non-acceptance in accordance with paragraph 1 of this article, the holder may claim payment from the guarantor of the drawee upon any necessary protest.

3. If a bill payable on demand is presented for acceptance, but acceptance is refused, it is not considered to be dishonoured by non-acceptance.

Section 2. Presentment for payment and dishonour by non-payment

Article 55

An instrument is duly presented for payment if it is presented in accordance with the following rules:

(a) The holder must present the instrument to the drawee or to the acceptor or to the maker on a business day at a reasonable hour;

(b) A note signed by two or more makers may be presented to any one of them, unless the note clearly indicates otherwise;

(c) If the drawee or the acceptor or the maker is dead, presentment must be made to the persons who under the applicable law are his heirs or the persons entitled to administer his estate;

(d) Presentment for payment may be made to a person or authority other than the drawee, the acceptor or the maker if that person or authority is entitled under the applicable law to pay the instrument;

(e) An instrument which is not payable on demand must be presented for payment on the date of maturity or on one of the two business days which follow;

(f) An instrument which is payable on demand must be presented for payment within one year of its date;

(g) An instrument must be presented for payment:

(i) At the place of payment specified on the instrument;

(ii) If no place of payment is specified, at the address of the drawee or the acceptor or the maker indicated in the instrument; or

(iii) If no place of payment is specified and the address of the drawee or the acceptor or the maker is not indicated, at the principal place of business or habitual residence of the drawee or the acceptor or the maker;

(h) An instrument which is presented at a clearing-house is duly presented for payment if the law of the place where the clearing-house is located or the rules or customs of that clearing-house so provide.

Article 56

1. Delay in making presentment for payment is excused if the delay is caused by circumstances which are beyond the control of the holder and which he could neither avoid nor overcome. When the cause of the delay ceases to operate, presentment must be made with reasonable diligence.

2. Presentment for payment is dispensed with:

(a) If the drawer, an endorser or a guarantor has expressly waived presentment; such waiver:

(i) If made on the instrument by the drawer, binds any subsequent party and benefits any holder;

(ii) If made on the instrument by a party other than the drawer, binds only that party but benefits any holder;

(iii) If made outside the instrument, binds only the party making it and benefits only a holder in whose favour it was made;

(b) If an instrument is not payable on demand, and the cause of delay in making presentment referred to in paragraph 1 of this article continues to operate beyond thirty days after maturity;

(c) If an instrument is payable on demand, and the cause of delay in making presentment referred to in paragraph 1 of this article continues to operate beyond thirty days after the expiration of the time-limit for presentment for payment;

(d) If the drawee, the maker or the acceptor has no longer the power freely to deal with his assets by reason of his insolvency, or is a fictitious person or a person not having capacity to make payment, or if the drawee, the maker or the acceptor is a corporation, partnership, association or other legal entity which has ceased to exist;

(e) If there is no place at which the instrument must be presented in accordance with subparagraph (g) of article 55.

3. Presentment for payment is also dispensed with as regards a bill, if the bill has been protested for dishonour by non-acceptance.

Article 57

1. If an instrument is not duly presented for payment, the drawer, the endorsers and their guarantors are not liable on it.
2. Failure to present an instrument for payment does not discharge the acceptor, the maker and their guarantors or the guarantor of the drawee of liability on it.

Article 58

1. An instrument is considered to be dishonoured by non-payment:

(a) If payment is refused upon due presentment or if the holder cannot obtain the payment to which he is entitled under this Convention;

(b) If presentment for payment is dispensed with pursuant to paragraph 2 of article 56 and the instrument is unpaid at maturity.

2. If a bill is dishonoured by non-payment, the holder may, subject to the provisions of article 59, exercise a right of recourse against the drawer, the endorsers and their guarantors.
3. If a note is dishonoured by non-payment, the holder may, subject to the provisions of article 59, exercise a right of recourse against the endorsers and their guarantors.

Section 3. Recourse

Article 59

If an instrument is dishonoured by non-acceptance or by non-payment, the holder may exercise a right of recourse only after the instrument has been duly protested for dishonour in accordance with the provisions of articles 60 to 62.

A. Protest

Article 60

1. A protest is a statement of dishonour drawn up at the place where the instrument has been dishonoured and signed and dated by a person authorized in that respect by the law of that place. The statement must specify:
   (a) The person at whose request the instrument is protested;
   (b) The place of protest;
   (c) The demand made and the answer given, if any, or the fact that the drawee or the acceptor or the maker could not be found.
2. A protest may be made:
   (a) On the instrument or on a slip affixed thereto ("allonge"); or
   (b) As a separate document, in which case it must clearly identify the instrument that has been dishonoured.
3. Unless the instrument stipulates that protest must be made, a protest may be replaced by a declaration written on the instrument and signed and dated by the drawee or the acceptor or the maker, or, in the case of an instrument domiciled with a named person for payment, by that named person; the declaration must be to the effect that acceptance or payment is refused.
4. A declaration made in accordance with paragraph 3 of this article is a protest for the purpose of this Convention.

Article 61

Protest for dishonour of an instrument by non-acceptance or by non-payment must be made on the day on which the instrument is dishonoured or on one of the four business days which follow.

Article 62

1. Delay in protesting an instrument for dishonour is excused if the delay is caused by circumstances which are beyond the control of the holder and which he could neither avoid nor overcome. When the cause of the delay ceases to operate, protest must be made with reasonable diligence.
2. Protest for dishonour by non-acceptance or by non-payment is dispensed with:
   (a) If the drawer, an endorser or a guarantor has expressly waived protest; such waiver:
      (i) If made on the instrument by the drawer, binds any subsequent party and benefits any holder;
      (ii) If made on the instrument by a party other than the drawer, binds only that party

but benefits any holder;

(iii) If made outside the instrument, binds only the party making it and benefits only a holder in whose favour it was made;

(b) If the cause of the delay in making protest referred to in paragraph 1 of this article continues to operate beyond thirty days after the date of dishonour;

(c) As regards the drawer of a bill, if the drawer and the drawee or the acceptor are the same person;

(d) If presentment for acceptance or for payment is dispensed with in accordance with article 52 or paragraph 2 of article 56.

Article 63

1. If an instrument which must be protested for non-acceptance or for non-payment is not duly protested, the drawer, the endorsers and their guarantors are not liable on it.
2. Failure to protest an instrument does not discharge the acceptor, the maker and their guarantors or the guarantor of the drawee of liability on it.

B. Notice of dishonour

Article 64

1. The holder, upon dishonour of an instrument by non-acceptance or by non-payment, must give notice of such dishonour:
   (a) To the drawer and the last endorser;
   (b) To all other endorsers and guarantors whose addresses the holder can ascertain on the basis of information contained in the instrument.
2. An endorser or a guarantor who receives notice must give notice of dishonour to the last party preceding him and liable on the instrument.
3. Notice of dishonour operates for the benefit of any party who has a right of recourse on the instrument against the party notified.

Article 65

1. Notice of dishonour may be given in any form whatever and in any terms which identify the instrument and state that it has been dishonoured. The return of the dishonoured instrument is sufficient notice, provided it is accompanied by a statement indicating that it has been dishonoured.
2. Notice of dishonour is duly given if it is communicated or sent to the party to be notified by means appropriate in the circumstances, whether or not it is received by that party.
3. The burden of proving that notice has been duly given rests upon the person who is required to give such notice.

Article 66

Notice of dishonour must be given within the two business days which follow:

(a) The day of protest or, if protest is dispensed with, the day of dishonour; or

(b) The day of receipt of notice of dishonour.

Article 67

1. Delay in giving notice of dishonour is excused if the delay is caused by circumstances which are beyond the control of the person required to give notice, and which he could neither avoid nor overcome. When the cause of the delay ceases to operate, notice must be given with reasonable diligence.
2. Notice of dishonour is dispensed with:
   (a) If, after the exercise of reasonable diligence, notice cannot be given;
   (b) If the drawer, an endorser or a guarantor has expressly waived notice of dishonour; such waiver:
      (i) If made on the instrument by the drawer, binds any subsequent party and benefits any holder;
      (ii) If made on the instrument by a party other than the drawer, binds only that party but benefits any holder;
      (iii) If made outside the instrument, binds only the party making it and benefits only a holder in whose favour it was made;
   (c) As regards the drawer of the bill, if the drawer and the drawee or the acceptor are the same person.

Article 68

If a person who is required to give notice of dishonour fails to give it to a party who is entitled to receive it, he is liable for any damages which that party may suffer from such failure, provided that such damages do not exceed the amount referred to in article 70 or article 71.

Section 4. Amount payable

Article 69

1. The holder may exercise his rights on the instrument against any one party, or several or all parties, liable on it and is not obliged to observe the order in which the parties have become bound. Any party who takes up and pays the instrument may exercise his rights in the same manner against parties liable to him.
2. Proceedings against a party do not preclude proceedings against any other party, whether or not subsequent to the party originally proceeded against.

Article 70

1. The holder may recover from any party liable:
   (a) At maturity: the amount of the instrument with interest, if interest has been stipulated for;
   (b) After maturity:
      (i) The amount of the instrument with interest, if interest has been stipulated for, to the date of maturity;
      (ii) If interest has been stipulated to be paid after maturity, interest at the rate stipulated, or, in the absence of such stipulation, interest at the rate specified in paragraph 2 of this article, calculated from the date of presentment on the sum specified in subparagraph (b) (i) of this paragraph;
      (iii) Any expenses of protest and of the notices given by him;
   (c) Before maturity:
      (i) The amount of the instrument with interest, if interest has been stipulated for, to the date of payment; or, if no interest has been stipulated for, subject to a discount from the date of payment to the date of maturity, calculated in accordance with paragraph 4 of this article;
      (ii) Any expenses of protest and of the notices given by him.
2. The rate of interest shall be the rate that would be recoverable in legal proceedings taken in the jurisdiction where the instrument is payable.
3. Nothing in paragraph 2 of this article prevents a court from awarding damages or compensation for additional loss caused to the holder by reason of delay in payment.
4. The discount shall be at the official rate (discount rate) or other similar appropriate rate effective on the date when recourse is exercised at the place where the holder has his principal place of business, or, if he does not have a place of business, his habitual residence, or, if there is no such rate, then at such rate as is reasonable in the circumstances.

Article 71

A party who pays an instrument and is thereby discharged in whole or in part of his liability on the instrument may recover from the parties liable to him:

(a) The entire sum which he has paid;
(b) Interest on that sum at the rate specified in paragraph 2 of article 70, from the date on which he made payment;
(c) Any expenses of the notices given by him.

CHAPTER Ⅵ. DISCHARGE

Section 1. Discharge by payment

Article 72

1. A party is discharged of liability on the instrument when he pays the holder, or a party subsequent to himself who has paid the instrument and is in possession of it, the amount due pursuant to article 70 or article 71:
   (a) At or after maturity; or
   (b) Before maturity, upon dishonour by non-acceptance.
2. Payment before maturity other than under paragraph 1 (b) of this article does not discharge the party making the payment of his liability on the instrument except in respect of the person to whom payment was made.
3. A party is not discharged of liability if he pays a holder who is not a protected holder, or a party who has taken up and paid the instrument, and knows at the time of payment that the holder or that party acquired the instrument by theft or forged the signature of the payee or an endorsee, or participated in the theft or the forgery.
4. (a) A person receiving payment of an instrument must, unless agreed otherwise, deliver:
      (i) To the drawee making such payment, the instrument;
      (ii) To any other person making such payment, the instrument, a receipted account, and any protest.
   (b) In the case of an instrument payable by instalments at successive dates, the drawee or a party making a payment, other than payment of the last instalment, may require that mention of such payment be made on the instrument or on a slip affixed thereto ("allonge") and that a receipt therefor be given to him.
   (c) If an instrument payable by instalments at successive dates is dishonoured by non-acceptance or by non-payment as to any of its instalments and a party, upon dishonour, pays the instalment, the holder who receives such payment must give the party a certified copy of the instrument and any necessary authenticated protest in order to enable such party to exercise a right on the instrument.
   (d) The person from whom payment is demanded may withhold payment if the person demanding payment does not deliver the instrument to him.
   Withholding payment in these circumstances does not constitute dishonour by non-payment under article 58.
   (e) If payment is made but the person paying, other than the drawee, fails to obtain the instrument, such person is discharged but the discharge cannot be set up as a defence against a protected holder to whom the instrument has been subsequently transferred.

Article 73

1. The holder is not obliged to take partial payment.
2. If the holder who is offered partial payment does not take it, the instrument is dishonoured by non-payment.

3. If the holder takes partial payment from the drawee, the guarantor of the drawee, or the acceptor or the maker:
   (a) The guarantor of the drawee, or the acceptor or the maker is discharged of his liability on the instrument to the extent of the amount paid;
   (b) The instrument is to be considered as dishonoured by non-payment as to the amount unpaid.
4. If the holder takes partial payment from a party to the instrument other than the acceptor, the maker or the guarantor of the drawee:
   (a) The party making payment is discharged of his liability on the instrument to the extent of the amount paid;
   (b) The holder must give such party a certified copy of the instrument and any necessary authenticated protest in order to enable such party to exercise a right on the instrument.
5. The drawee or a party making partial payment may require that mention of such payment be made on the instrument and that a receipt therefor be given to him.
6. If the balance is paid, the person who receives it and who is in possession of the instrument must deliver to the payor the receipted instrument and any authenticated protest.

Article 74

1. The holder may refuse to take payment at a place other than the place where the instrument was presented for payment in accordance with article 55.
2. In such case if payment is not made at the place where the instrument was presented for payment in accordance with article 55, the instrument is considered to be dishonoured by non-payment.

Article 75

1. An instrument must be paid in the currency in which the sum payable is expressed.
2. If the sum payable is expressed in a monetary unit of account within the meaning of subparagraph (l) of article 5 and the monetary unit of account is transferable between the person making payment and the person receiving it, then, unless the instrument specifies a currency of payment, payment shall be made by transfer of monetary units of account. If the monetary unit of account is not transferable between those persons, payment shall be made in the currency specified in the instrument or, if no such currency is specified, in the currency of the place of payment.
3. The drawer or the maker may indicate in the instrument that it must be paid in a specified currency other than the currency in which the sum payable is expressed. In that case:
   (a) The instrument must be paid in the currency so specified;
   (b) The amount payable is to be calculated according to the rate of exchange indicated in the instrument. Failing such indication, the amount payable is to be calculated according to the rate of exchange for sight drafts (or, if there is no such rate, according to the

appropriate established rate of exchange) on the date of maturity:

(i) Ruling at the place where the instrument must be presented for payment in accordance with subparagraph (g) of article 55, if the specified currency is that of that place (local currency); or

(ii) If the specified currency is not that of that place, according to the usages of the place where the instrument must be presented for payment in accordance with subparagraph (g) of article 55;

(c) If such an instrument is dishonoured by non-acceptance, the amount payable is to be calculated:

(i) If the rate of exchange is indicated in the instrument, according to that rate;

(ii) If no rate of exchange is indicated in the instrument, at the option of the holder, according to the rate of exchange ruling on the date of dishonour or on the date of actual payment;

(d) If such an instrument is dishonoured by non-payment, the amount payable is to be calculated:

(i) If the rate of exchange is indicated in the instrument, according to that rate;

(ii) If no rate of exchange is indicated in the instrument, at the option of the holder, according to the rate of exchange ruling on the date of maturity or on the date of actual payment.

4. Nothing in this article prevents a court from awarding damages for loss caused to the holder by reason of fluctuations in rates of exchange if such loss is caused by dishonour for non-acceptance or by non-payment.

5. The rate of exchange ruling at a certain date is the rate of exchange ruling, at the option of the holder, at the place where the instrument must be presented for payment in accordance with subparagraph (g) of article 55 or at the place of actual payment.

Article 76

1. Nothing in this Convention prevents a Contracting State from enforcing exchange control regulations applicable in its territory and its provisions relating to the protection of its currency, including regulations which it is bound to apply by virtue of international agreements to which it is a party.

2. (a) If, by virtue of the application of paragraph 1 of this article, an instrument drawn in a currency which is not that of the place of payment must be paid in local currency, the amount payable is to be calculated according to the rate of exchange for sight drafts (or, if there is no such rate, according to the appropriate established rate of exchange) on the date of presentment ruling at the place where the instrument must be presented for payment in accordance with subparagraph (g) of article 55.

(b) (i) If such an instrument is dishonoured by non-acceptance, the amount payable is to be calculated, at the option of the holder, at the rate of exchange ruling on the date of dishonour or on the date of actual payment.

(ii) If such an instrument is dishonoured by non-payment, the amount is to be calculated, at the option of the holder, according to the rate of exchange ruling on the date of presentment or on the date of actual payment.

(iii) Paragraphs 4 and 5 of article 75 are applicable where appropriate.

Section 2. Discharge of other parties

Article 77

1. If a party is discharged in whole or in part of his liability on the instrument, any party who has a right on the instrument against him is discharged to the same extent.
2. Payment by the drawee of the whole or a part of the amount of a bill to the holder, or to any party who takes up and pays the bill, discharges all parties of their liability to the same extent, except where the drawee pays a holder who is not a protected holder, or a party who has taken up and paid the bill, and knows at the time of payment that the holder or that party acquired the bill by theft or forged the signature of the payee or an endorsee, or participated in the theft or the forgery.

CHAPTER Ⅶ. LOST INSTRUMENTS

Article 78

1. If an instrument is lost, whether by destruction, theft or otherwise, the person who lost the instrument has, subject to the provisions of paragraph 2 of this article, the same right to payment which he would have had if he had been in possession of the instrument. The party from whom payment is claimed cannot set up as a defence against liability on the instrument the fact that the person claiming payment is not in possession of the instrument.
2. (a) The person claiming payment of a lost instrument must state in writing to the party from whom he claims payment:

   (i) The elements of the lost instrument pertaining to the requirements set forth in paragraph 1 or paragraph 2 of articles 1, 2 and 3; for this purpose the person claiming payment of the lost instrument may present to that party a copy of that instrument;

   (ii) The facts showing that, if he had been in possession of the instrument, he would have had a right to payment from the party from whom payment is claimed;

   (iii) The facts which prevent production of the instrument.

   (b) The party from whom payment of a lost instrument is claimed may require the person claiming payment to give security in order to indemnify him for any loss which he may suffer by reason of the subsequent payment of the lost instrument.

(c) The nature of the security and its terms are to be determined by agreement between the person claiming payment and the party from whom payment is claimed. Failing such an agreement, the court may determine whether security is called for and, if so, the nature of the security and its terms.

(d) If the security cannot be given, the court may order the party from whom payment is claimed to deposit the sum of the lost instrument, and any interest and expenses which may be claimed under article 70 or article 71, with the court or any other competent authority or institution, and may determine the duration of such deposit. Such deposit is to be considered as payment to the person claiming payment.

Article 79

1. A party who has paid a lost instrument and to whom the instrument is subsequently presented for payment by another person must give notice of such presentment to the person whom he paid.
2. Such notice must be given on the day the instrument is presented or on one of the two business days which follow and must state the name of the person presenting the instrument and the date and place of presentment.
3. Failure to give notice renders the party who has paid the lost instrument liable for any damages which the person whom he paid may suffer from such failure, provided that the damages do not exceed the amount referred to in article 70 or article 71.
4. Delay in giving notice is excused when the delay is caused by circumstances which are beyond the control of the person who has paid the lost instrument and which he could neither avoid nor overcome. When the cause of the delay ceases to operate, notice must be given with reasonable diligence.
5. Notice is dispensed with when the cause of delay in giving notice continues to operate beyond thirty days after the last day on which it should have been given.

Article 80

1. A party who has paid a lost instrument in accordance with the provisions of article 78 and who is subsequently required to, and does, pay the instrument, or who, by reason of the loss of the instrument, then loses his right to recover from any party liable to him, has the right:
   (a) If security was given, to realize the security; or
   (b) If an amount was deposited with the court or other competent authority or institution, to reclaim the amount so deposited.
2. The person who has given security in accordance with the provisions of paragraph 2 (b) of article 78 is entitled to obtain release of the security when the party for whose benefit the security was given is no longer at risk to suffer loss because of the fact that the instrument is lost.

Article 81

For the purpose of making protest for dishonour by non-payment, a person claiming payment of a lost instrument may use a written statement that satisfies the requirements of paragraph 2 (a) of article 78.

Article 82

A person receiving payment of a lost instrument in accordance with article 78 must deliver to the party paying the written statement required under paragraph 2 (a) of article 78, receipted by him, and any protest and a receipted account.

Article 83

1. A party who pays a lost instrument in accordance with article 78 has the same rights which he would have had if he had been in possession of the instrument.
2. Such party may exercise his rights only if he is in possession of the receipted written statement referred to in article 82.

CHAPTER Ⅷ. LIMITATION(PRESCRIPTION)

Article 84

1. A right of action arising on an instrument may no longer be exercised after four years have elapsed:
   (a) Against the maker, or his guarantor, of a note payable on demand, from the date of the note;
   (b) Against the acceptor or the maker or their guarantor of an instrument payable at a definite time, from the date of maturity;
   (c) Against the guarantor of the drawee of a bill payable at a definite time, from the date of maturity or, if the bill is dishonoured by non-acceptance, from the date of protest for dishonour or, where protest is dispensed with, from the date of dishonour;
   (d) Against the acceptor of a bill payable on demand or his guarantor, from the date on which it was accepted or, if no such date is shown, from the date of the bill;
   (e) Against the guarantor of the drawee of a bill payable on demand, from the date on which he signed the bill or, if no such date is shown, from the date of the bill;
   (f) Against the drawer or an endorser or their guarantor, from the date of protest for dishonour by non-acceptance or by non-payment or, where protest is dispensed with, from the date of dishonour.
2. A party who pays the instrument in accordance with article 70 or article 71 may exercise his right of action against a party liable to him within one year from the date on which he paid the instrument.

CHAPTER Ⅸ. FINAL PROVISIONS

Article 85

The Secretary-General of the United Nations is hereby designated as the Depositary for this Convention.

Article 86

1. This Convention is open for signature by all States at the Headquarters of the United Nations, New York, until 30 June 1990.
2. This Convention is subject to ratification, acceptance or approval by the signatory States.
3. This Convention is open for accession by all States which are not signatory States as from the date it is open for signature.
4. Instruments of ratification, acceptance, approval and accession are to be deposited with the Secretary-General of the United Nations.

Article 87

1. If a Contracting State has two or more territorial units in which, according to its constitution, different systems of law are applicable in relation to the matters dealt with in this Convention, it may, at the time of signature, ratification, acceptance, approval or accession, declare that this Convention is to extend to all its territorial units or only to one or more of them, and may amend its declaration by submitting another declaration at any time.
2. These declarations are to be notified to the Depositary and are to state expressly the territorial units to which the Convention extends.
3. If a Contracting State makes no declaration under paragraph 1 of this article, the Convention is to extend to all territorial units of that State.

Article 88

1. Any State may declare at the time of signature, ratification, acceptance, approval or accession that its courts will apply the Convention only if both the place indicated in the instrument where the bill is drawn, or the note is made, and the place of payment indicated in the instrument are situated in Contracting States.
2. No other reservations are permitted.

Article 89

1. This Convention enters into force on the first day of the month following the expiration of twelve months after the date of deposit of the tenth instrument of ratification, acceptance, approval or accession.
2. When a State ratifies, accepts, approves or accedes to this Convention after the deposit of the tenth instrument of ratification, acceptance, approval or accession, this Convention enters

into force in respect of that State on the first day of the month following the expiration of twelve months after the date of deposit of its instrument of ratification, acceptance, approval or accession.

Article 90

1. A Contracting State may denounce this Convention by a formal notification in writing addressed to the Depositary.
2. The denunciation takes effect on the first day of the month following the expiration of six months after the notification is received by the Depositary.
   Where a longer period for the denunciation to take effect is specified in the notification, the denunciation takes effect upon the expiration of such longer period after the notification is received by the Depositary. The Convention remains applicable to instruments drawn or made before the date at which the denunciation takes effect.

당좌계정거래약관

제1조(약관의 적용 등) ① 당좌계정(이하 "이 계정"이라 함)거래는 수신거래기본약관과 이 당좌계정거래약관을 적용한다.

② 은행은 이 계정거래를 제1항의 약관 외에 각 개설점이 참가한 어음교환소의규약에 따라 처리한다.

제2조(수표용지, 어음용지) 은행은 거래처의 요청에 따라 필요하다고 인정되는 수량의 수표용지, 어음용지를 교부한다.

제3조(지급) ① 은행은 제2조에 따라 교부한 용지로 발행한 수표나 약속어음에 의해서만 이 계정에서 지급한다. 환어음일 경우에는 금융기관이 교부한 용지로 개설점을 지급장소로 하여 발행한 어음을 거래처가 인수한 때에만 지급한다.

② 은행은 수표가 지급제시기간이 지난 뒤에 제시되더라도 지급하고 약속어음과 환어음은 지급제시기간 안에 제시된 때에만 지급한다.

③ 수표·어음을 지급할 때에는 부가금액에 불구하고 주금액란에 적힌 금액을 지급금액으로 처리한다.

제4조(지급의 특례) 제3조 제1항에 불구하고 거래처가 부담하여야 할 다음 각 호의 채무가 있는 경우 은행은 수표에 의하지 아니하고 다른 데에 우선하여 이 계정에서 지급 또는 대체결제 할 수 있다.

1. 각종 이자, 보증료, 수수료
2. 수입어음 원금, 수출어음 부도대전
3. 어음교환소규약에 의한 제재금
4. 콜자금거래에서 콜자금 결제통지서 또는 콜자금 상환영수증에 의하여 청구 받은 금액
5. 그 밖에 대체결제가 필요하다고 인정되는 채무

제5조(일부지급 등) ① 은행은 이 계정의 지급자금(당좌대출한도 포함. 이하 같음)을 초과하는 금액의 수표·어음은 지급하지 아니한다.

② 은행은 한 장의 수표·어음금액의 일부지급도 하지 아니한다.

③ 같은 날 안에 여러 장의 수표·어음·제4조의 채무, 그 밖의 지급 등을 하여야 할 경우 그 총액이 이 계정의 지급자금을 초과하는 때는 제4조의 채무를 먼저 지급하고, 그 외에는 거래처의 요청이 있는 경우에는 요청내용에 따라 지급하기로 하며, 거래처의 별도 요청이 없는 경우에는 은행의 판단에 따라 처리하기로 한다.

제6조(초과지급) ① 제5조 제1항에 불구하고 은행이 재량에 의하여 지급자금을 초과하여 수표나 어음을 지급한 경우 거래처는 청구 있는 대로 그 초과지급금을 변제하여야 한다.

② 제1항에 따른 변제가 지연된 때에는 거래처는 초과지급금에 대하여 법령이 정하는 제한 내에서 은행이 정한 율로 연 365일의 일일 단위로 계산한 지체일수에 해 당하는 지연배상금을 더하여 변제하여야 한다.

③ 은행이 제1항에 의한 초과지급을 한 뒤에 이 계정에 입금 또는 계좌송금된 자금은 제1항, 제2항의 초과지급금과 지연배상금의 변제에 우선 충당한다.

④ 제1항, 제2항의 초과지급금과 지연배상금의 변제가 없는 경우에는 은행은 그 채권과 거래처의 제 예치금 등 채권과를 통지에 의하여 상계하거나 거래처를 대리하여 제 예치금, 기타의 채권을 환급받아 변제에 충당할 수 있다.

⑤ 제1항에 의한 초과지급금이 있는 경우 거래처는 이 계정에 입금 또는 계좌송금된 증권을 그 초과지급금과 지연배상금의 담보로서 은행 앞으로 양도한 것으로 한다.

제7조(수표의 지급보증 처리) 거래처로부터 수표의 지급보증신청이 있는 경우 은행은 지급보증에 갈음하여 은행의 자기앞수표를 발행하여 주고 그 금액을 이 계정에서 뺀다.

제8조(발행일·수취인란이 백지인 수표·어음처리) 거래처가 수표·어음을 발행하거나 환어음을 인수하는 때에는 수표요건·어음 요건을 되도록 빠짐없이 적어야 한다. 은행은 수표나 만기일이 적힌 어음으로서 발행인이 적히지 아니한 것, 또는 어음으로서 수취인이 적히지 아니한 것이 지급제시된 때에는 그대로 지급하며 이 처리로 말미암아 거래처에게 손해가 생겨도 은행은 그 책임을 지지 아니한다.

제9조(달력에 없는 날짜가 적힌 수표·어음처리) 은행은 발행일자나 지급일자가 2월 30일, 9월 31일 등 달력에 없는 날짜로 적힌 수표·어음을 지급제시 받았을 때에는 그 달 말일로 보고 지급하기로 하며 이로 말미암아 거래처에게 손해가 생겨도 은행은 그 책임을 지지 아니한다.

제10조(횡선수표 처리) ① 횡선수표가 지급제시된 경우 그 뒷면에 거래처의 신고인감(또는 서명감)과 맞는다고 인정되는 인영이 찍혀 있는 경우에는 그 지급제시자에게 지급할 수 있기로 한다.

② 제1항에 따른 처리로 수표법 제38조 제5항에 의한 손해가 생겨도 은행은 그 책임을 지지 아니하며 만일 은행이 제3자에게 손해를 배상한 때에는 발행인에게 그 금액을 상환청구할 수 있기로 한다.

제11조(자기거래어음 등 처리) 어음행위에 이사회 승인, 사원총회 승인, 기타 이에 준하는 절차를 필요로 하는 경우라도 은행은 그 승인 등의 유무에 관하여 조사를 하지 않고 지급할 수 있기로 하며 이 처리로 말미암아 거래처에게 손해가 생겨도 은행은 그 책임을 지지 아니한다.

제12조(지시금지 처리) ① 배서로 양도할 수 있는 수표나 어음에 지시금지의 뜻을 적어서 발행한 경우 그 수취인에 대하여는 거래처의 지급정지 서면요청이 없는 한, 은행은 지급제시 있는 대로 지급한다.

② 거래처는 제1항의 지시금지의 뜻을 적을 경우 누구나 알아볼 수 있는 크기의 글자로 분명히 적어야 하며 보통의 주의로써 알아보기 어렵게 적어 그 사실을 모르고 지급제

시자에게 지급함으로써 거래처에게 손해가 생겨도 은행은 그 책임을 지지 아니한다.

제13조(모조용지 처리 등) ① 수표·어음으로 사용한 용지를 육안에 의하여 상당한 주의로 써 살피고 제2조에 의하여 교부한 용지라고 인정하여 처리한 경우에는 그 용지에 관하여 모조·변조·유용 등의 사고로 말미암아 거래처에게 손해가 생겨도 은행은 그 책임을 지지 아니한다.

② 이 약관 및 따로 정한 수표책·어음책의 주의사항을 위반함으로 말미암은 손해에 대하여도 제1항과 같기로 한다.

제14조(인감신고 및 대리인거래 처리) ① 거래처는 수표·어음 및 제신고서류 등 이 계정거래에 사용할 인감(서명감)을 은행에 미리 신고하여야 한다.

② 거래처가 대리인에 의하여 거래하고자 할 때에는 대리인의 성명과 인감을 제1항에 준하여 신고하여야 한다.

③ 제2항의 신고가 있는 경우 은행은 그 대리인에 대한 신용상태를 확인하여 수표·어음의 유통질서를 해칠 우려가 있다고 인정되는 상당한 사유가 있는 때에는 대리인의 지정을 제한할 수 있다.

④ 거래처가 대리인으로 하여금 수표·어음을 발행하게 할 경우에는 수표·어음면에 거래처(본인)·대리인·대리관계를 표시하게 하여야 하며 은행은 대리인 명의만으로 발행한 수표·어음을 지급거절할 수 있다.

제15조(이자) 당좌예금에는 이자를 붙이지 아니한다.

제16조(잔액·거래명세 정리 교부) 거래처가 이 계정의 잔액·거래명세조회를 요청하는 경우에는 은행은 당좌계정거래명세장을 정리 교부하거나 거래명세와 잔액을 적은 당좌계정거래명세표를 작성 교부한다. 이 명세장(명세표)에 대하여는 그 교부일로부터 2주일 안에 거래처의 서면이의가 은행에 도달하지 아니하면 거래처가 그 계산을 승인한 것으로 본다.

제17조(양도·질권설정 금지) 당좌예금은 양도하거나 질권설정할 수 없다.

제18조(해지) ① 거래처는 형편에 따라 언제든지 서면통지에 의하여 이 계정거래를 해지할 수 있다.

② 은행은 거래처가 이 약관을 위반하거나 수표·어음의 유통질서를 해칠 우려가 있는 경우 및 1년 이상 거래를 중단하여 거래계속의 가능성이 없는 경우에는 서면통지에 의하여 이 계정거래를 해지할 수 있다.

③ 은행이 거래처에 대한 어음교환소의 거래정지처분에 따라 이 계정거래를 해지하는 경우에는 그 해지 통지의 도달 여부에 불구하고 그 통지를 발송한 때 해지한 것으로 본다.

제19조(거래종료 후 처리) ① 이 계정거래가 해지나 그 밖의 사유로 종료된 경우에는 그 전에 발행한 수표나 약속어음 또는 인수한 환어음이 지급제시 되더라도 은행은 지급의무를 지지 아니한다.

② 이 계정거래가 종료된 때에는 거래처는 사용하지 아니한 수표용지·어음용지를 곧 개설점에 반환하고 이 계정의 결제를 마쳐야 한다.

제20조(당좌계정 개설보증금) ① 거래처는 이 계정거래를 개시할 때 따로 정한 당좌계정

개설보증금(이하 “보증금”이라 함)을 은행에 별단예금으로 예치하여야 한다.

② 이 계정거래가 종료된 때에는 은행은 제1항의 보증금으로 거래처가 부담하여야 할 이 거래에 관한 채무의 변제에 충당한다.

③ 은행은 제2항의 절차를 마치고 사용하지 아니한 수표용지·어음용지를 모두 회수한 다음에 보증금의 잔액을 환급한다. 그러나 이미 발행한 수표·어음으로서 지급 제시되지 않은 것이 있을 때에는 어음교환소규약에서 정한 부도어음제재금 및 부도반환 수수료 상당액을 빼고 환급한다.

事 項 索 引

【ㅈ】

【ㅊ】

梁 東 錫

〈약　　력〉

朝鮮大學校 法學科 卒
成均館大學校 大學院(法學博士)

美國 The University of Michigan Law School 客員研究員 (1986, 조선대학교 지원)
日本 立命館大學(1994, 한국 학술진흥재단 지원)
獨逸 함부르크大學 客員研究員(1996, 조선대학교 지원)
日本 早稻田大學 客員研究員(2002, 일본 학술진흥재단 지원)
美國 The University of Washington Law School (2008, SBS문화재단 지원) 客員研究員
BK21 1차 핵심분야 기업지배구조개선 전문연구인력 양성 팀장(학술진흥재단, 1999-2001)
BK21 2차 핵심분야 경영환경변화에 따른 기업관련법제 연구팀장(학술진흥재단, 2003-2005)
조선대학교 대외협력부장
조선대학교 법과대학장

〈주요 저서〉

대소회사구분입법론(법문사, 1995)
어음·수표법 강의(고시연구사, 2000)
법과 현대사회(조선대출판부, 1997, 공저)
여성과 법률(조선대출판부, 1998, 공저)
東アジアの會社法(日本 法律文化史, 2003, 공저)
中國會社法(진원사, 2007)
유가증권법리와 어음·수표법(개정판)(법영사, 2011)

〈주요 논문〉

大小會社區分立法論
企業支配構造改善, 執行任員制度導入
韓國における企業支配構造に関する最近の動向(Ⅰ-Ⅱ)
Current Corporate Governance Structure in Korea(Ⅰ-Ⅳ)
중국의 기업법제개혁과 지배구조의 개선 등 多數

金 在 亨

〈약　　력〉

조선대학교 법정대학 법학과 졸업
조선대학교 대학원 법학석사 및 법학박사

미국 에모리 대학교 (Emory Univ. School of Law) 객원교수
일본 와세다 대학교 (早稻田大學 法科大學院) 객원교수
조선대학교 학생처장
광주광역시교육청 공직자윤리위원회 위원(現)
한국상사법학회 이사(現)
한국상사판례학회 이사(現)
한국비교사법학회 이사(現)
한국기업법학회 부회장(現)

〈주요 저서〉

폐쇄기업법(조선대학교출판부, 2006)
법과현대사회(조선대학교출판부, 1997)
여성과 법률(조선대학교출판부, 1996)

〈주요 논문〉

미국의 도드-프랭크법과 금융기관의 M&A동향(2013)
주식회사의 현물출자의 규제의 폐지에 관한 소고(2012)
일본의 신주예약권에 관한 최근의 동향과 시사점(2012)
위임장 '권유'의 개념과 적용범위(2010)
그 외 다수의 논문

제2판 유가증권법리와 어음·수표법

2011년 3월 15일 초 판발행
2014년 3월 10일 제2판발행

저　　자 양동석 · 김재형
발 행 인 고 준 영
발 행 처 **법 영 사**

저자와의 협의하에 인지첩부를 생략함

135 835 서울시 강남구 대치동 611
전화 (501)8898(대)　Fax (501)8895
등록 1987. 5. 11.　제3-125호(윤)
Homepage : www.bubyoungsa.co.kr
E-mail : bypuco@chol.com

※ 파본은 교환해 드립니다.　　정가 **25,000**원

ISBN 978-89-7032-291-9